CONSTITUIÇÕES REVOLUCIONÁRIAS

liderança carismática e Estado de Direito

CONTRACORRENTE

Bruce Ackerman

CONSTITUIÇÕES REVOLUCIONÁRIAS

liderança carismática e Estado de Direito

Tradução de Pedro Davoglio

SÃO PAULO

2022

CONTRACORRENTE

Alameda Itu, 852 | 1º andar |
CEP 01421 002
www.loja-editoracontracorrente.com.br
contato@editoracontracorrente.com.br

EDITORES
Camila Almeida Janela Valim
Gustavo Marinho de Carvalho
Rafael Valim
Walfrido Warde
Silvio Almeida

EQUIPE EDITORIAL
COORDENAÇÃO DE PROJETO: Juliana Daglio
REVISÃO: Amanda Dorth
REVISÃO TÉCNICA: Douglas Magalhães
DIAGRAMAÇÃO: Pablo Madeira
CAPA: Maikon Nery

EQUIPE DE APOIO
Fabiana Celli
Carla Vasconcellos
Fernando Pereira
Valéria Pucci
Regina Gomes
Nathalia Oliveira

Dados Internacionais de Catalogação na Publicação (CIP)
(Câmara Brasileira do Livro, SP, Brasil)

Ackerman, Bruce
Constituições revolucionárias : liderança carismática e Estado de Direito / Bruce Ackerman ; tradução Pedro Davoglio. -- São Paulo : Editora Contracorrente, 2022.
Título original: Revolutionary constitutions : charismatic leadership and the Rule of Law
ISBN 978-85-69220-94-7
1. Carisma (Traço de Personalidade) - Aspectos político 2. Constituições 3. Direito constitucional 4. Estado de Direito 5. Liderança política 6. Política internacional 7. Populismo I. Título.
22-103249 CDU-342

Índices para catálogo sistemático:
1. Estado de Direito : Constituição : Direito constitucional 342
Maria Alice Ferreira - Bibliotecária - CRB-8/7964

@editoracontracorrente
Editora Contracorrente
@ContraEditora

Para Susan, com amor.

SUMÁRIO

AGRADECIMENTOS

Embarquei nesta exploração durante a década de 1980. A Guerra Fria estava chegando ao fim, e me envolvi nessas discussões interdisciplinares muito gratificantes em Yale e Columbia sobre a promessa e as dificuldades da nova era que despontava – o que me levou a organizar estadias de verão em comunidades acadêmicas na Universidade de Roma e no Instituto de Análise Aplicada de Sistemas de Viena para enriquecer minha compreensão.

Esses encontros europeus levaram-me a candidatar-me a uma bolsa de um ano no Instituto de Estudos Avançados de Berlim. Quando cheguei, no outono de 1991, o Muro havia caído apenas dois anos antes – transformando o Instituto em um local de intenso debate entre os principais acadêmicos e atores políticos da Alemanha e do antigo bloco comunista. Sem as percepções extraordinárias geradas por essas discussões, eu nunca teria escrito *The Future of Liberal Revolution* (1992) para tentar dar sentido ao admirável mundo novo que estava surgindo. Esse esforço inicial me impulsionou em uma direção que moldou minha vida até os dias de hoje. Serei eternamente grato ao Instituto de Berlim por me dar essa oportunidade.

Yale foi especialmente generosa em apoiar minha pesquisa comparativa durante o próximo quarto de século. Além da assistência fornecida pela minha cátedra Sterling, a Universidade consentiu com licenças de pesquisa que me permitiram participar de discussões face a face com constitucionalistas sérios em todo o mundo. Estou em dívida com o Instituto Woodrow Wilson em Washington, o Seminário de Estudos Americanos de Kyoto no Japão, o Collegium Budapest, o Centro de Estudos Avançados em Palo Alto, a Universidade de Paris II, a Academia Americana em Berlim, o Rockfeller Institute em Bellagio, o Instituto Stellenbosch de Estudos Avançados da África do Sul e a Queen Mary University de Londres por me fornecerem tempo e os parceiros de conversa necessários para a pesquisa, redação e revisão que finalmente me permitiram finalizar este volume.

Durante todo o tempo que levei para compor esta obra, as grandes esperanças geradas pela queda do Muro de Berlim foram traídas por um ciclo crescente de alienação popular e autoritarismo sem lei. Essa crise de legitimidade exigirá atos inspirados de estadistas e cidadania se quisermos reverter a queda mundial rumo à ditadura. Mas também nos convida a colocar nossas dificuldades presentes em uma perspectiva histórica.

Os desafios que enfrentamos hoje não são de forma alguma únicos. Eles estão arraigados nos sucessos e fracassos dos grandes exercícios de construção constitucional ao longo do século XX. Embora compreender o passado nunca seja suficiente para resolver as crises do presente, isso fornece percepções preciosas sobre as raízes dos dilemas atuais e os riscos e recompensas de soluções potenciais.

Fui encorajado nessa crença pela recepção concedida aos primeiros esboços deste livro.

Graças a uma generosa doação do Fundo Oscar M. Ruebhausen, vinte juízes e acadêmicos viajaram de todo o mundo para New Haven para debater as questões levantadas em *Constituições Revolucionárias* em agosto de 2018. O professor Richard Albert, da Universidade do Texas, desempenhou um papel fundamental organizando este evento de três dias. Ele então dedicou muita energia e visão para editar os ensaios dos participantes de uma forma que permitisse sua publicação. Dois meses depois, voei para Milão e Trieste para participar de outra série de excelentes discussões que foram parte central das cerimônias de concessão de meu doutorado honorário em direito. Elas também serão publicadas. O objetivo deste livro é encorajar esses debates animados – que ajudam a aumentar as chances de sairmos das trevas atuais com estruturas constitucionais que respondam aos desafios do século XXI. Partes da introdução foram publicadas pela primeira vez em "Three Paths to Constitutionalism – and the Crisis of the European Union", *British Journal of Political Science*, vol. 45, nº 4, pp. 705–714, 2015. Disponível em: Doi:10.1017/S0007123415000150, © 2015 Cambridge University Press, e são reimpressas aqui com permissão.

Em um nível mais pessoal, minhas buscas comparativas proporcionaram a ocasião para a construção de uma teia de relacionamentos profissionais que se transformaram em amizades muito reais. Com desculpas aos inadvertidamente omitidos, destacarei Aharon Barak, Denis Baranger, Luís Roberto Barroso, Sergio Bartole, Olivier Beaud, Stephen Breyer, Steven Calabresi, Guy Canivet, Marta Cartabia, Sabino Cassese, Victor Ferreres Comella, Olivier Dutheillet de Lamothe, Alessandro Ferrara, Lech Garlicki, Stephen Gardbaum, Ruth Gavison, Dieter Grimm, Menaka Guruswamy, Brenda Hale, Noëlle Lenoir, Miguel Maduro, Ernst Gottfried Mahrenholz, Federico Mancini, Adam Michnik, Andrzej Rapaczynski, Franco Romani, Carlos Rosenkrantz, Amnon Rubinstein, Albie Sachs, Wojciech Sadurski, Laszlo Solyom, Michel Tropez, Pedro Cruz Villa e Patrick Weil.

Também estou em dívida com uma série notável de jovens acadêmicos que trabalharam como assistentes de pesquisa e agora embarcaram em carreiras notáveis: Diego Arguelhes, Jack Boegelin, Joshua Braver, Ana Beatriz Robalinho Cavalcanti, Chintan Chandrachud, Justin Collings, Tomas Dumbrovsky, François Expert, Juliana Pondé Fonseca, James Fowkes, Pardis Gheibi,

Farshad Ghodoosi, Sebastian Andres Guidi, Alon Gur, Michaela Hailbronner, Daniel Hessel, Stefan Jaggi, Andrea Katz, Alyssa King, Brendan Lim, Marianna Mao, Avi Nuri, Daniel Rauch, Yishai Schwartz, Bart Szewczyk, Scott Stephenson, David Stoleru, Raeesa Vakil, Rivka Weill e Youlin Yuan.

Apesar de todas as minhas explorações no exterior, Yale tem sido meu lar acadêmico por meio século. Não só proporcionou um ambiente intelectual extremamente estimulante, como também foi o local dos meus relacionamentos mais profundos. Anne Alstott, Ian Ayres, Jack Balkin, Oona Hathaway, Paul Kahn, Robert Post, Jed Rubenfeld, Scott Shapiro e Reva Siegel tornaram-se parte de minha vida. Outras amizades são ainda mais antigas. Algumas dessas fontes de inspiração já faleceram – Juan Linz, Alfred Stepan, Harry Wellington. Mas outras continuam a guiar meu futuro – Guido Calabresi, Mirjan Damaska, Owen Fiss, George Fletcher, Tony Kronman e Jerry Mashaw.

Minha dívida mais profunda é com minha esposa, Susan. Desde que nos apaixonamos como estudantes de graduação, ela tem sido a base de minha existência – tornando-me uma pessoa muito melhor do que eu teria sido sem suas demonstrações diárias de compaixão, inteligência e integridade moral. Também fiz o possível para ajudar na criação de nossos dois filhos, Sybil e John. Mas, em retrospecto, não fiz o suficiente. No entanto, minhas falhas não impediram Susan de lançar sua própria brilhante carreira interdisciplinar na interseção do direito e da economia política. Ao celebrarmos nosso quinquagésimo aniversário de casamento, também nos regozijamos com os esforços contínuos de nossos dois filhos para tornar o mundo um lugar melhor.

Muito obrigado.

PREFÁCIO

1.

A pluralidade do mundo ocidental resulta de múltiplas concepções de horizontes, tornada possível mediante a constituição de um aparato simbólico que procedeu ao contato entre um mundo antropomórfico e um mundo sacralizado. A fusão desses horizontes, realizada pela recepção helênica efetuada pelo mundo cristão, possibilitou ao Ocidente a abertura às demais concepções simbólicas, visto que a síntese operada por helênicos e romanos abriu o mundo por eles formado às suas influências, sejam elas árabes, otomanas, hindus, eslavas e, posteriormente, africanas e indígenas.

Tais influências são invariavelmente repostas pelas guerras de conquista e pelas excursões comerciais, tendo sofrido um notável incremento com as grandes navegações e com o período colonial subjacente. Em decorrência, a pluralidade constitutiva é catalisada pela assunção quase uniforme da livre iniciativa como conceito abrangente a dar vazão às pretensões ocidentais.

Por conseguinte, o caldeirão cultural propiciou a formação de uma multiplicidade de foros nos quais os modos de vida eram gestados, possibilitando uma autotutela, tendo em vista a definição das circunstâncias particulares a partir de dados e características específicas. As mediações existentes, ainda que indisponíveis aos indivíduos em virtude de sua dogmaticidade, representavam um substrato que não se tornava acessível, palpável, em decorrência da inexistência de uma instância administrativa. Posteriormente, à época do monopólio religioso empreendido pelo clero, houve a consagração da teoria dos dois mundos, firmada pela distinção entre sagrado e profano e pela posterior osmose entre ambos, de modo a formar um Direito que se expressa pelo simulacro.

Tais argumentos podem ser refutados invocando a complexidade do mundo moderno e seu pluralismo, como forma de dizer que em tal pluralidade somente o Direito pode, com sucesso, prescrever condutas. A juridicização seria a forma lógica da institucionalização, com a qual haveria a passagem da vontade à objetividade. Nesse cenário, caberia ao Direito exprimir institucionalmente as opiniões e vontades dissolvidas na soberania popular. Um outro argumento seria aquele que não identifica o Direito gestado pela sociedade com o estatal, fruto do processo legiferante. Haveria então, um Direito que perpassaria as relações, que brotaria espontaneamente das relações sociais e que não seria apreendido pelo processo legislativo.

Esses dois argumentos não são suficientes para enfrentar a estrutura jurídica ínsita ao Estado Democrático de Direito. Primeiro, porque é institucionalizado somente aquilo que é interpretado como necessário à ordem constituinte. Desse modo, há temas e necessidades simplesmente ignorados pelos poderes representantes; além disso, o caminho à institucionalização não é um caminho aberto, mas limitado pela ótica e pelos preconceitos do representante.

Segundo, além dos temas endógenos à produção normativa, existem outros de natureza constitucional. Para que uma norma (ou um projeto) seja admitida como pertencente à estrutura jurídica, se faz necessária a prova de compatibilidade entre aquilo que emana da soberania popular e o seu produto, a Constituição.

Desse modo, um consenso histórico prescreve indefinidamente seus ideais a todos que lhe sucederem, por meio de uma exigência que instaura a inércia. A estrutura é concebida de modo a que os propósitos atinentes ao período de concepção da Constituição ganhem efetividade por meio de um controle de admissão rigoroso que somente tolera as normas que se alinharem ao projeto vencedor e que ganhou status constitucional.

O que se discute, portanto, é se o Estado Democrático de Direito e sua manifestação, o constitucionalismo hodierno, não seriam uma forma aprimorada de Positivismo, no sentido de assumir o monopólio da normatividade, submetendo as demais disciplinas à sua formalização. O sistema posto pela Constituição passa a ser fechado, exatamente por inadmitir proposições que a contradigam. Nesse caso, a propalada pluralidade só admite identidade, tendo aversão à diferença conceitual ou a uma terceira perspectiva. Nesse caso, a única saída para a Constituição seria constituir-se como um sistema formal de controle de validade normativo. Ela jamais poderia propugnar pelo controle material das normas pois, como instância de controle de validade, sua tessitura deve ser permanente forjada.

Por exercer a primazia do ordenamento jurídico, a Constituição já opera com a compatibilização de diversos consensos históricos que se exprimem nos códigos e leis atinentes à regulação dos diferentes aspectos da vida. Nesses consensos, o quorum exigido para a modificação desses institutos lhes permite uma maior abertura à simetria entre a soberania popular e a legalidade. O problema consiste exatamente no acúmulo de tarefas avocado pela Constituição.

A democracia simplesmente não pode e não deve admitir que a Constituição se converta em reserva crítica, em monumento à transcendência, em subordinação material de legitimidade das normas. A Constituição, como obra do Direito, é simplesmente posta como reguladora; como estrutura do sistema jurídico. Do mesmo modo que já coube ao Código Civil o exercício de tal função, agora é a vez da Constituição desempenhar tal papel.

A Constituição, ao avocar tal perspectiva, rompe a correia de transmissão que transforma o Direito em porta-voz da soberania popular. Assim procedendo, transcender aquilo que é posto pelo Direito, abri-lo à historicidade, encontra na Constituição um obstáculo, pois qualquer forma de crítica só é possível na medida em que houver a submissão aos padrões por ela estabelecidos. A conjunção entre obrigatoriedade e legitimidade, pretendida pelo constitucionalismo atual, forma uma complementaridade ideológica que instaura a hegemonia estatal.

2.

Bruce Ackerman é um dos mais respeitados juristas dos Estados Unidos. Professor de Direito e Ciência Política na Yale University, é membro da American Academy of Arts and Sciences e do American Law Institute e autor de dezenas de livros sobre filosofia política, Direito Constitucional e políticas públicas. Em 2009, quando coordenávamos a "Coleção ANPR de Direito e Democracia", inauguramos a série de traduções de grandes autores internacionais com o seminal "A nova separação dos poderes", de sua autoria.

Colaborador do atual governo dos Estados Unidos da América, sob a presidência de Joe Biden, Bruce situa-se no centro do pensamento progressista estadunidense e tem promovido a interlocução com diversos países da Europa, da Ásia e das Américas a respeito de novos caminhos para a constitucionalismo, para o seu fortalecimento como instrumento de resolução dos conflitos políticos contemporâneos em todo o mundo, inclusive no Brasil. No ano de 2020, dando sequência a uma série de visitas ao país, participou de debates sobre nosso sistema presidencialista e chegou a sugerir a instalação de uma nova assembleia constituinte.

Neste *Constituições revolucionárias: liderança carismática e Estado de Direito*, o autor parte da análise dos casos da Índia e África do Sul, França, Itália e Polônia, Birmânia Israel e Irã e, por fim, dos Estados Unidos, para propor, de um lado, uma tipologia para as Constituições e, de outro, uma cronologia para o processo constituinte. Propõe, a partir desta cronologia, uma nova abordagem para o Direito Comparado, mediante a superação da dicotomia "common law" *versus* "civil law", centrada na questão dos mecanismos da atividade judiciária, tão diversos entre os países de tradição anlgo-americana e os de tradição continental. Em seu lugar, propõe-se o debate da legitimidade do regime como um todo, inclusive do movimento revolucionário que antecede a elaboração do texto constitucional.

Sua tríplice tipologia propõe a classificação das Constituições como resultado de três diferentes caminhos pelos quais as nações lograram assentar a legitimidade de seus pactos, ao longo do século XX, indicando suas vantagens e problemas. Em linhas gerais, segundo leciona, as Constituições do tipo 1 resultaram de uma completa ruptura com a ordem anterior à revolução, considerada ilegítima pelos insurgentes. No tipo 2, houve a convergência entre as reivindicações formuladas pelos líderes mais moderados dos movimentos populares e concessões estratégicas por parte do *establishment*, o que possibilitou uma reforma paradigmática, revigorando a legitimidade do sistema anterior, posto em xeque pelos insurgentes. Por fim, no tipo 3, a nova Constituição foi resultado de uma construção de elite, hipótese em que a população em geral permaneceu relativamente passiva ao esfacelamento das estruturas de governo e esse vácuo de poder foi ocupado por lideranças e movimentos não contemplados na velha ordem, dando ensejo a um rearranjo do pacto entre *insiders* e *outsiders*.

Haveria nesses três tipos de Constituição, segundo o autor, o esforço comum em demarcar um "novo recomeço" no tempo político, resultando sua legitimidade da capacidade de equilibrar a relação entre as tradições mais antigas e os novos elementos incorporados ao sistema, como resultado do esforço revolucionário de superação das ignomínias do passado. A tentação de situar a Constituição do Brasil nessa tipologia é irresistível desde o início do texto, mas recomenda-se avançar sobre o estudo de casos, para, ao final, tirar uma conclusão mais circunstanciada. O livro não trata especificamente do caso brasileiro, mas esperamos que o autor possa fazê-lo nos próximos volumes, já anunciados pelo professor Ackerman na introdução desta obra.

Em boa hora a Editora Contracorrente publica esta tradução, tão necessária à reflexão da atual crise política brasileira. Sem fazer julgamentos morais sobre os regimes revolucionários que analisa, o texto busca demonstrar o processo de construção da legitimidade da Constituição, mediante o exercício da autoridade pelos líderes do novo regime em resposta às aspirações das massas populares que apoiaram a revolução. Sua abordagem interdisciplinar, com recurso à sociologia e à economia, nos convida a sair do conforto da dogmática jurídica e do lugar-comum do debate constitucional brasileiro, encapsulado em uma teoria hermenêutica repetida nas escolas de Direito como um catecismo. Se conseguir este desiderato com o leitor terá cumprido o seu principal papel.

LUIZ MOREIRA

ANTONIO CARLOS BIGONHA

INTRODUÇÃO

CAMINHOS

O Direito legitima o poder. O constitucionalismo faz parte dessa dinâmica mais ampla – e desempenhou um papel cada vez mais dominante no século passado. Sua ascensão mundial remodelou profundamente as noções modernas de autoridade.

Mas como?

Muitos estudos históricos fornecem pistas sobre a ascensão do constitucionalismo em determinados regimes ou regiões. No entanto, é difícil organizar a complexidade desconcertante da experiência global em uma estrutura comparativa convincente. Podemos facilitar as coisas ao supor que o constitucionalismo é um ideal adaptável a todas as situações que anima um projeto comum em todo o mundo. Mas isso não parece verdadeiro (para dizer o mínimo).

Uma vez que reconhecemos as profundas diferenças existentes ao redor do globo, surge um grande problema: como distinguir o que é acidental do que é verdadeiramente fundamental?

Max Weber perguntou-se algo semelhante ao confrontar um universo político anterior. Ele também rejeitou a ideia de que o poder político apela para uma lógica de legitimação única – daí sua famosa distinção entre os diversos apelos à tradição, ao carisma e à racionalidade burocrática. Essa tricotomia permanece relevante, mas não é capaz de reconhecer os atrativos específicos do constitucionalismo.

Meu objetivo é preencher essa lacuna. Este é o primeiro de uma série de livros que exploram três caminhos diferentes pelos quais as constituições conquistaram legitimidade no século passado. Cada caminho gera um tipo ideal específico – com seu próprio conjunto de vantagens e problemas.

Não farei julgamentos filosóficos sobre os méritos absolutos de um ou outro tipo ideal.[1] Desejo compreender as diferentes dinâmicas históricas e culturais que transformaram cada um deles em poderosos mecanismos de legitimação ao longo do século XX.

Uma compreensão mais aprofundada do passado é especialmente importante neste momento. Com a erupção de crises constitucionais em todo o mundo, é tentador acreditar que todas elas são sintomas da mesma doença – o chamado populismo – e podem ser curadas de maneiras semelhantes.

Isso é um erro. Países que percorreram os três diferentes caminhos para o constitucionalismo enfrentam crises muito diversas. Embora eu considere uma variedade de medidas de reforma, o que é necessário com maior urgência é um diagnóstico das diferentes dificuldades enfrentadas pelos países que percorrem cada caminho – para que os cidadãos e líderes políticos possam ter uma noção

---

1 Leitores interessados em minha filosofia política devem consultar: ACKERMAN, Bruce. *Social justice in the liberal state*. New Haven: Yale University Press, 1980; ACKERMAN, Bruce. "What is neutral about neutrality?". *Ethics*, vol. 93, 1983, p. 372; ACKERMAN, Bruce. "Why dialogue?". *The Journal of Philosophy*, vol. 86, 1989, p. 5; ACKERMAN, Bruce. "Temporal horizons of justice". *The Journal of Philosophy*, vol. 94, 1997, p. 299.

mais profunda dos desafios que enfrentam ao sustentar suas tradições específicas no século XXI.

Meus três tipos ideais também permitirão uma forma de aprendizagem transnacional capaz de estabelecer mais distinções. Se, como sugiro, os países líderes da Europa provêm de caminhos constitucionais diferentes, essas diferenças deveriam ser tratadas com respeito, para que a União Europeia se sustente como uma força vital na próxima geração. Também tentarei persuadi-los de que meus três tipos ideais proporcionam percepções poderosas sobre os dilemas enfrentados pelas principais nações da África, Ásia, Oriente Médio e América do Sul. Esses tipos permitem percepções comparativas sobre dilemas comuns que, de outra forma, escapariam à atenção dos políticos nacionais, paralisados pelas características aparentemente únicas de suas crises domésticas.

Para enfatizar esse ponto, concluirei este livro com uma discussão sobre os Estados Unidos. Em vez de celebrar meu próprio país como um caso excepcional, farei esta pergunta: como os padrões de desenvolvimento constitucional no resto do mundo iluminam a experiência estadunidense moderna?

Meu projeto é ambicioso. Mas não deve ser confundido com outros mais ambiciosos. Para começar, quero distinguir minha investigação de um esforço maior para esclarecer o ideal do Estado de Direito. O constitucionalismo, no meu entender, envolve a imposição de restrições jurídicas significativas aos principais tomadores de decisões. Mas o ideal mais amplo do "Estado de Direito" lida principalmente com as técnicas pelas quais os principais tomadores de decisão tentam controlar a todos.

Muitos regimes autocráticos consideram o Estado de Direito um dispositivo extremamente útil para governar suas sociedades. Sob essa configuração, os autocratas afirmam seu direito arbitrário de estabelecer regras, mas exigem que a burocracia e o judiciário implementem seus comandos de maneira consistente e principiológica.

Assim entendido, o Estado de Direito é um princípio fundamental de legitimação por si só – que proporciona igualdade jurídica para todos, independentemente da posição social. Se o regime autocrático cumprir sua promessa, ele pode muito bem persuadir seus habitantes quanto à legitimidade do sistema. A administração imparcial também tem grande valor instrumental – facilitando o esforço dos principais tomadores de decisões para concretizar seus valores e programas de maneira eficiente.

Foi essa promessa de legitimidade e eficiência que inspirou os grandes monarcas iluministas da Europa do século XVIII; e tem sido perseguida desde então por muitas autocracias em todo o mundo, com resultados variados. Mas, por enquanto, é suficiente enfatizar que mesmo uma autocracia esclarecida continua sendo uma autocracia – não um Estado constitucional.

Da mesma forma, é bem possível que os regimes constitucionais fiquem dramaticamente aquém dos princípios do Estado de Direito. Os Estados Unidos, por exemplo, toleram muita arbitrariedade jurídica por parte de jurados e burocratas de baixo escalão. No entanto, as elites no topo das hierarquias executiva, judiciária, legislativa e militar enfrentam restrições fundamentais à sua liberdade de ação. Usando meus tipos ideais, espero esclarecer por que isso acontece – e por que lógicas de legitimação muito diferentes prevalecem em sistemas diferentes.

Ao mesmo tempo, não tentarei fornecer uma análise causal completa das condições sob as quais os regimes políticos se sustentam ao longo do tempo. Mesmo um governo constitucional que gera a crença ampla em sua legitimidade pode ser esmagado por uma derrota militar, uma depressão econômica ou alguma outra catástrofe. O inverso também pode ser verdadeiro: é possível que todos acreditem que a Constituição é uma farsa e, ainda assim, continuem apoiando o sistema, desde que ele proporcione prosperidade e segurança nacional.

No entanto, a presença ou a ausência de uma crença generalizada na legitimidade constitucional pode desempenhar um papel importante – às vezes, muito importante – na formação da vida política e social. Portanto, as diferentes dinâmicas que podem gerar tais compromissos merecem um estudo mais consistente.

Três tipos ideais

Vamos começar com um esboço dos três caminhos. No primeiro cenário, um movimento revolucionário faz um esforço consistente para mobilizar as massas contra o regime existente. Na maioria dos casos, isso leva a uma repressão sangrenta e ao reforço do *status quo*. Mas nos concentraremos aqui em histórias de sucesso – aquelas em que revolucionários outsiders conseguiram destronar da autoridade política membros do *establishment* em lugares como Índia, África do Sul, França, Itália, Polônia, Israel e Irã.

Apesar de suas diferenças óbvias, as constituições de todas essas nações estão enraizadas em uma experiência comum. Em cada uma delas, os insurgentes revolucionários conseguem manter uma luta contra a velha ordem por anos ou décadas antes de finalmente ascenderem politicamente.

Chamaremos isso de Tempo Um – sua definição mais específica será uma preocupação recorrente em nossos estudos de caso. Mas, por enquanto, apenas um ponto precisa ser enfatizado. Durante seu respectivo Tempo Um, os insurgentes não contam apenas com a força bruta em sua batalha contra o *status quo*. Eles também denunciam o regime existente como ilegítimo e apelam aos seus concidadãos para se unirem na resistência à ordem existente. Na verdade, essas declarações revolucionárias de princípio desempenham um papel central na sustentação do movimento, especialmente durante os períodos de adversidade. Durante os momentos sombrios, os ativistas enfrentam a perspectiva de detenção ou morte nas mãos do antigo regime. No entanto, eles se recusam a desistir de sua luta contra um governo que consideram profundamente ilegítimo – e é natural que digam ao mundo por que estão certos em pensar assim.

Esses pronunciamentos revolucionários preparam o terreno para a construção do novo regime no Tempo Dois. A Fundação é tipicamente um tempo político de alta energia, no qual líderes e seguidores estão unidos por longos anos de sacrifício comum. Agora que o movimento insurgente chegou ao poder, uma opção distinta aparece: ele pode traduzir sua política de alta energia em uma Constituição que visa prevenir uma recaída nos abusos do passado e comprometer a república com os novos princípios proclamados durante a longa e difícil luta do Tempo Um. Para invocar um termo weberiano que costuma ser empregado abusivamente – que definirei precisamente mais tarde – chamo isso de constitucionalização do carisma revolucionário.

Essa é uma opção, não um imperativo. Consideraremos casos em que o movimento ascendente não consegue aproveitar sua oportunidade no Tempo Dois. Mas já dissemos o suficiente para contrastar esse cenário revolucionário com dois caminhos muito diferentes que também geraram construções constitucionais bem-sucedidas ao longo do século XX.

Em meu segundo tipo ideal, a ordem política é construída por insiders pragmáticos, não por outsiders revolucionários. Ao confrontar movimentos populares que defendem mudanças fundamentais, o *establishment* responde com concessões estratégicas que dividem os outsiders em dois campos: radical e moderado. Os insiders então convidam os outsiders moderados a abandonarem seus irmãos radicais e se juntar ao *establishment* político no governo do país. Essa estratégia de cooptação culmina em uma legislação de reforma paradigmática que permite que outsiders "sensatos" se juntem ao *establishment* – revigorando assim as reivindicações de autoridade legítima do *establishment*.

A Grã-Bretanha oferece um exemplo paradigmático. Durante as Guerras Napoleônicas, sua elite governante repudiou a revolução como modelo para uma transformação legítima. Mas na geração seguinte, o sistema se recusou a apoiar os partidários da linha dura, como o duque de Wellington, que estava determinado a reprimir todos os esforços de mudanças fundamentais. Em vez disso, insiders "moderados" procuraram outsiders "sensatos" para apoiarem a Lei de Reforma de 1832. Isso preparou o terreno para novos atos de cooptação estratégica em momentos posteriores de confronto popular. Durante o século XX, talvez o exemplo mais saliente foi a Lei do Parlamento de 1911, que legitimou a política de redistribuição característica do moderno Estado de bem-estar.

Esses marcos representam elementos fundamentais da constituição britânica, mas carecem de declarações de princípios vibrantes como as encontradas, digamos, na revolucionária Declaração de Direitos da África do Sul. Tampouco foram adotados em nome de um movimento mobilizado que comprometeu o Povo com um "novo começo" de sua vida política. Em vez disso, surgiram como concessões estratégicas adotadas por meio da adaptação pragmática de instituições legislativas preexistentes para acomodar as demandas de outsiders "sensatos" que se tornaram insiders.[2]

Esses grandes estatutos de reforma parecem tão diferentes das constituições revolucionárias que os estudiosos frequentemente negam que os britânicos tenham uma constituição. Essa afirmação pode fazer sentido se o constitucionalismo designar um tipo ideal único para todos os casos. Mas é precisamente isso que nego. Os países que percorrem o caminho do *establishment* de fato dão grande valor a realizações como a Lei do Parlamento. Conforme as gerações posteriores são socializadas nos marcos da elite governante, são treinadas para usar esses precedentes de

2 MURKENS, Jo. "Unintended democracy". *In*: GROTKE, Kelly; PRUTSCH, Marcus (Coord.). *Constitutionalism, legitimacy and power*: nineteenth-century experiences. Nova York: Oxford University Press, 2014, pp. 351-370.

governo responsável ao lidarem com os desafios populistas de seu próprio tempo.

O exemplo de adaptação pragmática da Grã-Bretanha influenciou muitas partes da comunidade internacional – de maneira mais notável a Austrália, o Canadá e a Nova Zelândia, que compartilham uma desconfiança em relação aos princípios revolucionários e enfatizam a importância da adaptação prudente. Outras formas de constitucionalismo pró-*establishment* surgiram na Escandinávia, na América Latina e na Ásia. Estudaremos suas variações a partir de temas comuns no próximo volume. Mas esse segundo tipo ideal também fornecerá um ponto de referência para o presente estudo – uma vez que os movimentos revolucionários muitas vezes enfrentam esforços para cooptá-los ao regime do *establishment*, e suas respostas podem moldar profundamente seu sucesso em constitucionalizar seu carisma quando finalmente são bem-sucedidos em conquistar o alto comando.

***

Outsiders revolucionários versus insiders responsáveis: os dois primeiros tipos ideais surgem de lutas agudas, mas geram resultados diferentes. No cenário de prevalência dos insiders, o *establishment* político faz concessões estratégicas que minam o ímpeto outsider; sob o cenário de preponderância dos outsiders, o *establishment* é esmagado por uma ordem constitucional revolucionária.

Mas a mudança de regime às vezes ocorre sem a pressão de uma revolta popular de massas, e isso requer o acréscimo de um terceiro tipo ideal. Vamos chamá-lo de construção de elite.

Nesse cenário, o antigo sistema de governo começa a se desfazer, mas a população em geral permanece relativamente passiva nos bastidores. O vácuo de poder que surge daí é ocupado por elites políticas e sociais anteriormente excluídas, que atuam como a força principal na criação de uma nova ordem constitucional.

Às vezes, a nova constituição permite que as antigas elites retenham uma parcela significa do poder; às vezes não. Mas sejam quais forem as particularidades, o do novo regime é construção de uma elite, não uma criação revolucionária.

As construções de elite também são distinguíveis das constituições de insiders. No cenário de preponderância dos insiders, o *establishment* político permanece no controle da situação, fazendo concessões estratégicas que tiram o vento das velas do movimento insurgente. No terceiro modelo, o regime existente está passando por uma crise tão severa que os insiders políticos podem nutrir a esperança de reterem uma parcela do poder apenas por meio de um elaborado pacto com as elites dos outsiders.

Esse pacto insiders-outsiders gera uma constituição de aparência muito diferente da confusão de estatutos de reforma que servem como precedentes de governo responsável no modelo em que prepondera o *establishment*. Em vez disso, é um documento elaborado no qual ambos os lados definem e se comprometem com as novas regras do jogo.

Ao elaborar esses textos, os protagonistas da elite podem tomar de empréstimo muitas disposições originadas em outros lugares – muitas vezes de constituições que surgiram de experiências revolucionárias anteriores. Por exemplo, suas constituições tipicamente afirmam falar em nome do Povo. Apesar de tais afirmações retóricas, as elites em ascensão não foram, de fato, impulsionadas à existência por um movimento de massas de cidadãos ativistas que lutaram em nome do Povo.

A Espanha nos oferece um exemplo revelador. A morte de Franco lançou o regime falangista em uma crise de sucessão. Assombrados pelas memórias da Guerra Civil Espanhola, os moderados liderados pelo rei Juan Carlos evitaram outra agitação revolucionária ao chegarem a um acordo com os inimigos mais ferrenhos de Franco. Resistindo às pressões da linha dura, o jovem rei nomeou como primeiro-ministro Adolfo Suárez, que estendeu a mão a adversários ferrenhos – em especial Santiago Carrillo, líder do Partido Comunista ilegal. Com o apoio do chefe do Estado-Maior do Exército e do líder da Igreja Espanhola, Suárez fez com que a legislatura falangista aprovasse uma Lei de Reforma Política, preparando o cenário para eleições livres que incluíssem os comunistas. Quando o eleitorado deu aos extremistas de esquerda e de direita baixos níveis de apoio, a elite moderada ficou em posição de formular uma constituição democrática, que foi aprovada pela maioria dos eleitores em um referendo.

Essas votações foram importantes, mas não devem ser confundidas com o tipo de mobilização de massas que serve como motor principal do constitucionalismo revolucionário. Em vez disso, foi a ação decisiva do rei em 1981 – frustrando um golpe militar contra o governo eleito – que consolidou a Constituição da elite como um elemento crucial de legitimação do novo sistema.[3]

O caso espanhol serviu como ponto de referência central para a discussão acadêmica da grande onda democrática que atingiu seu clímax com a queda da União Soviética após 1989. Mas esses eventos recentes não devem ofuscar uma virada anterior em que a dinâmica elitista desempenhou um papel. Em especial, as constituições da Alemanha e do Japão do pós-guerra foram construídas por elites em uma época em que as massas haviam sido esmagadas por uma derrota devastadora. Mas, em contraste com a Espanha, as elites alemã e japonesa estavam sob a supervisão humilhante de ocupantes estrangeiros. Apesar disso, essas

3 LINZ, Juan; STEPAN, Alfred. *Problems of democratic transition and consolidation*: Southern Europe, South America, and Post-Communist Europe. Baltimore: John Hopkins, 1996; FERNANDEZ-MIRANDA, Alfonso; FERNANDEZ-MIRANDA, Pilar. *Lo que el Rey me ha pedido*. Barcelona: Plaza y Janés, 1995. Jose Maravall, em *The Transition to Democracy in Spain*, enfatiza o papel das greves de massas no prosseguimento do processo, mas não questiona a base do que afirmo (MARAVALL, José. *The transition to democracy in Spain*. Londres: Croom Helm, 1982).

construções constitucionais têm se mostrado notadamente robustas por mais de duas gerações.

No entanto, elas apresentam problemas de legitimação mais próximos do caso espanhol e muito diferentes das constituições que resultam das duas primeiras vias. Nossa próxima tarefa é diagnosticar essas diferenças.

Diferentes tipos, diferentes problemas

Constitucionalizando o carisma

O grande problema que surge no caminho do constitucionalismo revolucionário é o espectro da ditadura totalitária. Lênin e Mao – não menos que Nehru, Mandela, De Gasperi, de Gaulle, Walesa, Ben-Gurion e Khomeini – chegaram ao poder após desafios revolucionários ao antigo regime. No entanto, as constituições geradas pelo Partido Comunista serviram como meros dispositivos de propaganda para o terror stalinista e maoísta e não conseguiram impor restrições significativas aos autoritarismos subsequentes de Nikita Khrushchev ou Xi Jinping.

Por muito tempo, essas usurpações comunistas foram vistas como consequências quase inevitáveis de revoluções "reais". Mas essa é uma distorção da Guerra Fria – como pretendo mostrar nos estudos de caso a seguir. No momento, adiarei as comparações entre revoluções constitucionais e totalitárias e me concentrarei na maneira como as revoluções constitucionais enfrentam um conjunto característico de problemas de legitimação muito diferente daquele que enfrentam os países que percorrem os caminhos do *establishment* e do elitismo.

Esses problemas surgem na dinâmica específica de constitucionalização do carisma – uma noção que invocarei para sugerir uma analogia com um processo semelhante, mas diferente, que Weber retratou notoriamente ao descrever a *burocratização* do carisma ao longo do tempo. Enfatizarei dois aspectos fundamentais dessa dinâmica: um político e outro jurídico.

Minha análise política enfatiza a maneira como a legitimidade revolucionária da geração fundadora enfraquece com o tempo. Durante o Tempo Um, o próprio ato de ingressar no partido revolucionário era perigoso – corre-se o risco de violenta repressão pelo antigo regime. A experiência de sacrifício comum estabelece um vínculo carismático entre os líderes revolucionários e seus seguidores, que legitima suas novas constituições no Tempo Dois. Esse vínculo entre o movimento de alta energia e o texto legal é importante, mas serve apenas como estágio inicial de um processo de longo prazo. Enquanto a geração revolucionária viver, as memórias de sua luta contra o antigo regime serão um recurso-chave por meio do qual o governo revolucionário legitimará o uso do poder; os orgulhosos pronunciamentos no texto constitucional desempenham apenas um papel secundário.

Mas à medida que a geração fundadora morre, o regime revolucionário enfrenta um *vácuo de legitimidade* no Tempo Três. Por um lado, a nova geração tem uma compreensão muito diferente do papel dos partidos políticos que lideraram a revolução anterior. Durante os dias de insurgência, a simples decisão de ingressar no movimento era perigosa, com riscos de detenção, prisão ou algo pior. Mas agora o antigo partido revolucionário serve como um caminho para o poder. Isso significa que atrairá inúmeros oportunistas que pouco se importam com os antigos ideais – embora haja outros tipos mais idealistas que procurarão revigorá-los. No entanto, os idealistas da segunda geração não podem reivindicar a autoridade carismática conquistada por seus antecessores. Afinal, a primeira geração não se restringiu a falar de revolução; eles arriscaram muito para que ela acontecesse. Mas os idealistas da nova geração estão bem cientes de que estão construindo sobre o legado dos fundadores.

Um processo análogo também ocorre entre os milhões de pessoas comuns que viveram a revolução. Embora elas deem pouca atenção à política atual na capital distante, para elas a revolução permanece uma realidade vital durante o Tempo Dois, com pais alimentando seus filhos com relatos (frequentemente floreados) de seus próprios pequenos sacrifícios em nome da insurgência durante seu período de provação. Mas esses relatos vívidos começam a desaparecer à medida que os veteranos morrem e deixam seus filhos com memórias evanescentes.

Em suma: tanto no nível da elite quanto no das massas, a autoridade política move-se em direção à *normalização da política revolucionária*.

O oposto é verdadeiro entre os advogados e outros profissionais encarregados de interpretar o significado duradouro da constituição. Os advogados ganham a vida persuadindo funcionários poderosos em nome dos interesses de seus clientes. Isso significa que, durante o Tempo Um, a maioria dos profissionais estava profundamente empenhada em dominar os legalismos imperantes do antigo regime. Uma vez que esse regime tenha sido repudiado no Tempo Dois, esses veteranos terão reivindicações de autoridade problemáticas à medida que adaptam seus argumentos jurídicos para levar em conta a nova ordem jurídica revolucionária.

Haverá exceções. Alguns advogados radicais terão apoiado o movimento durante o Tempo Um e podem ganhar grande proeminência no processo de redação constitucional no Tempo Dois. Mas mesmo depois de seu texto revolucionário ser proclamado em nome do Povo, haverá muito trabalho a fazer antes que a profissão como um todo possa assimilar totalmente os princípios constitucionais da revolução em seu repertório de argumentos jurídicos. Por definição, os princípios radicais anunciados na Fundação perturbam muitas noções jurídicas mais antigas – e leva muito tempo para que advogados e juízes reorientem suas noções antigas para construir novas soluções doutrinárias para uma série de problemas práticos. Durante as primeiras décadas, isso exigirá uma boa dose de cautela ao lidarem com potenciais confrontos com os líderes governamentais carismáticos encarregados dos ramos políticos – que previsivelmente acusarão o judiciário de fazer política se ele tentar usar seus legalismos à moda antiga para vetar iniciativas importantes promovidas pelo partido do movimento no poder. Em vez de arriscar a humilhação institucional, as cortes normalmente desenvolverão suas primeiras doutrinas constitucionais em questões menos provocativas – construindo um corpo cada vez mais elaborado de opiniões autorizadas que servirão como base para uma maior autoconfiança profissional com o passar dos anos. Embora os juristas do Tempo Dois estejam perfeitamente cientes da fragilidade de seus esforços para chegar a um ajuste com a constituição revolucionária, os advogados e juízes do Tempo Três usam esses julgamentos anteriores com crescente autoconfiança como precedentes oficiais em seus esforços para resolver disputas acirradas entre políticos rivais.

Isso significa que o Tempo Três será marcado por uma série de crises de sucessão – nas quais um judiciário cada vez mais confiante enfrentará uma classe política cada vez mais normalizada em uma luta intensa para ocupar o vácuo de legitimidade deixado pela geração anterior. Por um lado, os políticos continuarão a afirmar que os antigos partidos políticos ainda são os principais portadores do espírito revolucionário; por outro, os profissionais do direito insistirão que suas doutrinas constitucionais estão mais profundamente arraigadas na Fundação do que qualquer coisa que os políticos da segunda geração tenham a oferecer.

Essas lutas por autoridade assumem diferentes formas em diferentes lugares, mas em muitos casos, o Judiciário consegue fazer com que os ramos políticos reconheçam a contragosto as reivindicações dos juízes à autoridade constitucional suprema. No entanto, esse desenvolvimento no Tempo Três permanece vulnerável por algum tempo – e seu destino final depende do sucesso dos profissionais jurídicos em consolidar as afirmações de supremacia das cortes superiores nas décadas subsequentes, durante o Tempo Quatro.

Nos capítulos a seguir, exploraremos variações cruciais desses temas. Mas um ponto é suficiente por enquanto: o processo de quatro estágios levanta problemas de legitimação categoricamente diferentes daqueles que surgem de políticas que seguem as outras duas vias constitucionais.

Desestabelecimento

Consideremos o paradigma de governo responsável por *insiders*. Esses regimes rejeitam a própria ideia de que um movimento de massas liderado por agitadores *outsiders* pode falar legitimamente pelo Povo. Um governo sério não pode se basear em tal armadilha populista. Em vez disso, está fundamentado na capacidade de elites experientes de convencer os *outsiders* "sensatos" a abandonar os agitadores extremistas e se juntar ao antigo *establishment* na adaptação pragmática do sistema para atender às necessidades dos "novos tempos".

Dentro dessa estrutura, não há espaço para os juízes invalidarem legislações com a alegação de que violam os princípios fundamentais estabelecidos "pelo Povo" na Fundação – pela simples razão de que nenhuma dessas transformações revolucionárias é reconhecida como legítima. Em vez disso, discursos sobre soberania popular são descartados como ficções jurídicas que escondem o papel crucial das elites de Estado no processo democrático. Nesse entendimento, os eleitores enfrentam Manifestos Eleitorais concorrentes, preparados por líderes dos partidos políticos rivais, descrevendo seus planos de ação caso obtenham a aprovação dos eleitores nas próximas eleições. Quando o partido triunfa no dia da eleição, seus líderes *conquistam* o direito democrático de transformar seu manifesto em direito. Assim que a nova primeira-ministra conquistar o apoio do parlamento, ela tem todo o direito de insistir na aprovação das iniciativas de seu partido, mesmo que elas repudiem legislações importantes aprovadas por parlamentos anteriores. É totalmente antidemocrático que, com base na legislação mais antiga, cortes rejeitem esses novos estatutos como inconsistentes com as "normas constitucionais".

Segue-se que reivindicações de supremacia judicial não têm papel adequado neste segundo tipo ideal. No entanto, o paradigma oferece um espaço para o Judiciário desempenhar uma função importante, embora secundária, dentro do sistema em evolução. Afinal, os juízes são parte importante do *establishment* governante. Por temperamento e treinamento, eles têm uma vantagem comparativa na reflexão sobre o significado dos grandes acordos constitucionais do passado, e são frequentemente chamados a aplicar seu entendimento desses precedentes na resolução de casos concretos. Consequentemente, suas opiniões judiciais podem alertar a liderança política para a presença de questões jurídicas fundamentais que, de outra forma, elas poderiam ignorar ao lidar com problemas concretos atuais.

No entanto, e em contraste com o modelo revolucionário, há um limite definido para a autoridade das cortes. Os juízes podem insistir que o parlamento em exercício análise com atenção as questões jurídicas fundamentais levantadas por suas inovações estatutárias. Mas se o primeiro-ministro obtiver apoio parlamentar pela segunda vez, as cortes devem suspender sua resistência. Embora os juízes possam desempenhar um papel construtivo ao devolver um estatuto problemático para reconsideração, eles devem reconhecer a autoridade democrática do parlamento para exigir que as cortes implementem fielmente a nova legislação na segunda vez. Embora uma primeira rodada de idas e vindas possa desempenhar um papel útil, uma segunda rodada equivaleria a um desafio total ao mandato obtido pelo partido na última eleição.

Essa "forma branda" de revisão judicial é categoricamente distinta da "forma dura" afirmada pelas cortes durante os Tempos Três e Quatro na vida política dos regimes revolucionários.

Em países que percorrem esse caminho, a morte da geração da Fundação abre um vácuo de legitimidade que as cortes preenchem com sucesso, afirmando que servem como defensoras supremas do legado da constituição revolucionária – e que os líderes políticos mais oportunistas da nova geração devem se submeter aos esforços profissionais do judiciário para salvaguardar os princípios fundamentais que motivaram a luta anterior pela libertação.

A distinção entre revisão judicial "dura" e "branda" tornou-se cada vez mais importante durante a era do pós-guerra, na qual as cartas nacionais e internacionais de direitos humanos obtiveram relevância política crescente. Isso proporcionou uma abertura para os juízes na Grã-Bretanha, na comunidade internacional e em outras jurisdições estabelecidas se envolver em diferentes formas de revisão "branda", requisitando que os governos democraticamente eleitos reconsiderem as propostas legislativas que ameacem minar o consenso crescente sobre direitos humanos fundamentais. No entanto, essa forma branda de revisão judicial é categoricamente diferente das reivindicações de supremacia judicial comuns em outros sistemas. Serve para complementar, não desafiar, as premissas básicas do *establishment* – desde que as cortes deixem claro que, ao cabo, irão ceder à soberania parlamentar.[4]

Em contraste, o surgimento de referendos populares levanta um desafio fundamental à via do *establishment* – e que não tem contrapartida nos regimes revolucionários. Como as constituições do tipo um são fundadas em narrativas baseadas em atos anteriores de sacrifício coletivo contra governos ilegítimos, seus redatores não levantarão objeções de princípio ao uso de referendos em momentos posteriores do desenvolvimento constitucional. Quando devidamente estruturados, eles podem servir como um foco para

---

4 GARDBAUM, Stephen. *The new Commonwealth model of constitutionalism*. Nova York: Cambridge University Press, 2013; STEPHENSON, Scott. *From dialogue to disagreement in comparative rights constitutionalism*. Annandale: The Federation Press, 2016.

movimentos de base revitalizados expressarem a vontade de "Nós, o Povo" em ocasiões futuras, quando políticos eleitos atacarem os entendimentos fundamentais. A única questão no interior do paradigma revolucionário é prudencial: é possível desenhar o processo de referendo de forma que possa ser desencadeado por amplos movimentos de base, mas não por interesses especiais?

O referendo representa uma ameaça muito mais profunda à tradição do *establishment*. Em vez de permitir que a liderança parlamentar testada pelo tempo tenha a chance de encontrar soluções sensatas para problemas urgentes, os referendos abrem caminho para apelos demagógicos aos cidadãos comuns, que não têm o tempo e o conhecimento necessários para tais escolhas fatídicas.

Para o presente propósito, a recente votação britânica que endossou a saída da União Europeia sugere a profundidade da crise de legitimação que os referendos podem gerar. Para começar, a decisão do governo de Westminster de convocar um referendo em 2016 não deve absolutamente nada ao espírito revolucionário que leva os movimentos populares a consolidar os referendos em suas constituições. Ao contrário, a decisão britânica foi produto de decisões de curto prazo de políticos que não estavam para brincadeira, e que optaram por usar o recurso do referendo sem levar em conta suas implicações constitucionais de longo prazo.

As raízes da tragicomédia de 2016 remontam ao início da década de 1970, quando os primeiros-ministros Edward Heath e Harold Wilson convenceram os britânicos a se unirem à Europa. Até esse ponto, o *establishment* de Westminster havia olhado com desdém para a tendência continental de convocar referendos nacionais quando as coisas ficavam difíceis. Como consequência, quando o primeiro-ministro Heath triunfantemente trouxe para casa um acordo com Bruxelas para aderir ao Mercado Comum, ele não considerou seriamente submetê-lo a aprovação em um referendo especial. Em vez disso, seguiu a tradição da Lei da Grande Reforma e apresentou os termos básicos de seu acordo com Bruxelas ao Parlamento para aprovação – apenas para encontrar oposição feroz na Câmara dos Comuns.

Embora a maioria dos votos no "não" tenha vindo do Partido Trabalhista, alguns nacionalistas conservadores também desafiaram o primeiro-ministro de seu próprio partido e se juntaram à oposição. No entanto, Heath aprovou sua iniciativa no Parlamento por margens bastante estreitas. Em 1º de janeiro de 1973, a Grã-Bretanha entrou na Europa de uma forma que vindicou a tradição de Westminster de governo responsável.

Entretanto, a tradição começou a se desfazer quando Heath convocou uma eleição antecipada no início de 1974, esperando que seu dramático feito europeu fosse recompensado com uma aprovação retumbante nas urnas. Isso não aconteceu. Em oposição a isso, Harold Wilson prometeu aos eleitores que conseguiria um acordo melhor de Bruxelas se chegasse ao poder. Quando seu Partido Trabalhista saiu da eleição com o maior número dos assentos, Wilson tornou-se primeiro-ministro; mas ele enfrentou um problema especial: embora tivesse chegado ao topo, seu partido tinha 33 membros a menos do que os 334 necessários para uma clara maioria na Câmara dos Comuns. Dado seu controle instável sobre o Parlamento, ele foi obrigado a contar com votos conservadores para obter o apoio da maioria para o novo acordo da UE que conseguiu negociar em Bruxelas. No entanto, esse apelo aos parlamentares conservadores alienou muitos de seus parlamentares trabalhistas, ameaçando seu governo de um colapso iminente.

Essa perspectiva levou Wilson a convocar um referendo sobre seu Novo Acordo com Bruxelas. Nesse cenário, ele poderia evitar um voto de desconfiança por tempo suficiente para pedir aos eleitores que apoiassem sua iniciativa europeia; se conseguisse, poderia reafirmar sua autoridade sobre sua frágil coalizão parlamentar, alegando que eles deveriam respeitar o "julgamento do Povo" e passar para outras questões em que estavam unidos.

A corrida final de Wilson no Parlamento foi bem-sucedida. Seu Novo Acordo para a Europa obteve o apoio de dois terços dos eleitores, permitindo-lhe cambalear como primeiro-ministro por um tempo.[5] Contudo, ao voltar-se para o referendo, Wilson não prestou absolutamente nenhuma atenção aos perigos que ele representava para os princípios fundamentais da democracia ocidental. Foi apenas o seu problema de gestão de coalizão de curto prazo que o levou a romper com a tradição de Westminster exemplificada pela Lei da Grande Reforma de 1832 e a pela Lei do Parlamento de 1911. Na verdade, seu estatuto de convocação do referendo o designou formalmente como meramente consultivo. No entanto, tal advertência estatutária apenas demonstrou o desprezo caracteristicamente britânico de Wilson por princípios constitucionais abstratos. Ele não levou a sério a possibilidade de que, se seus oponentes ganhassem o refendo, eles poderiam insistir que o Parlamento era obrigado a dar ouvidos ao "julgamento do Povo".

Além disso, a votação de 2 terços no "sim" parecia redimir o desdém de Wilson por contrafactuais. Talvez seu uso pontual do referendo tivesse conseguido resolver a questão europeia de uma vez por todas. Independentemente do que se pudesse falar à época, a manobra de Wilson revelou a notável capacidade do *establishment* de "passar por cima" das crises constitucionais com grande sucesso, precisamente por se recusar a ceder ao hábito francês de debate feroz em torno de princípios constitucionais abstratos.

Não foi isso que ocorreu. O referendo do Brexit está forçando a Grã-Bretanha a enfrentar a crise de legitimação da qual Wilson conseguiu escapar em 1975. Quarenta anos depois, David Cameron se viu precisamente na mesma posição de Wilson. Ele era um primeiro-ministro pró-Europa à frente de um partido com uma poderosa facção anti-Europa – cuja oposição à União

---

5 BUTLER, David; KITZINGER, Uwe. *The 1975 referendum*. Basingstoke: Macmillan, 1996.

Europeia tornava cada vez mais difícil para ele governar com eficácia em Westminster. Como Wilson, ele tentou obter um negócio melhor de Bruxelas, a fim de satisfazer as reclamações cada vez mais vociferantes de seus oponentes. Mas quando seus críticos se recusaram a ser pacificados, ele agarrou-se desesperadamente ao poder, invocando o precedente de Wilson e convocando um referendo na esperança de liderar uma coalizão multipartidária pró-Europa à vitória. Como seu predecessor, ele não considerou seriamente as implicações constitucionais mais profundas de uma votação negativa.

A esse respeito, pelo menos, as tendências pró-*establishment* de Cameron eram ainda mais pronunciadas que as de Wilson. O líder conservador veio de uma família rica. O jovem David foi educado em Oxford, onde seu excelente desempenho lhe permitiu entrar facilmente nos escalões superiores do Partido Conservador, culminando em sua eleição como líder. Esse membro paradigmático do *establishment* britânico estava despreparado para levar a sério a noção de que conservadores dissidentes e membros indignados do Partido da Independência do Reino Unido (UKIP) poderiam ter sucesso em seus esforços para explorar os preconceitos das massas a favor do "não", contra o esforço sensato do primeiro-ministro para renegociar o acordo da Grã-Bretanha com Bruxelas.

Como Wilson, Cameron teve o cuidado de especificar no estatuto especial que convocou o referendo que seus resultados eram estritamente consultivos. Mas assim que as urnas fecharam, os "populistas" vitoriosos insistiram que sua vitória por 52% a 48% representava a autoridade do Povo, que não poderia ser ignorada legitimamente por Westminster. Eles também defenderam a visão mais firme possível sobre o significado do veredicto popular – insistindo em um Brexit "duro", no qual a Grã-Bretanha romperia todos os laços com a União Europeia.

O caos institucional se seguiu quando Cameron renunciou em desgraça, abrindo espaço para um de seus principais oponentes tomar seu lugar. Mas então, algo bastante revelador aconteceu. Depois de algumas manobras frenéticas, os conservadores se afastaram dos principais apoiadores do Brexit, que haviam esfaqueado Cameron pelas costas, e abraçaram outro membro do *establishment* governante. A nova primeira-ministra, Theresa May, tinha servido lealmente a Cameron como ministra do Interior e apoiado lealmente sua posição pró-Europa durante a campanha do referendo. Mas ao se posicionar para o cargo principal, ela repentinamente mudou de lado e passou a defender o Brexit "duro" exigido pelos populistas. Sua dramática reviravolta preparou o terreno para mais um esforço consagrado pelo tempo de cooptação do *establishment*. Ao se voltar para ela como primeira-ministra, o *establishment* deu o devido reconhecimento ao impulso populista – assim como fizera em pontos de inflexão cruciais, começando com a Lei de Reforma de 1832. No entanto, esperava manter sua autoridade ao apresentar um membro paradigmático do *establishment* como um humilde servidor da vontade do Povo.

Depois de instalada como primeira-ministra, a nova líder do *establishment* recusou-se a permitir que seus críticos parlamentares bloqueassem a rápida implementação da votação de 52% a 48%. Em vez disso, ela insistiu que poderia simplesmente dizer à rainha Elizabeth para exercer sua prerrogativa real de informar à União Europeia que a Grã-Bretanha estava partindo, sem qualquer necessidade de aprovação legislativa em Westminster.

O esforço de May para driblar o parlamento remetia a uma era pré-democrática, quando os reis tinham poder efetivo, mas ao longo dos séculos a Prerrogativa Real havia se tornado meramente simbólica, com a rainha submetendo-se ao primeiro-ministro como porta-voz oficial da Câmara dos Comuns. Ao ignorar os fundamentos dessa convenção moderna, May estava propondo usar a Prerrogativa Real – dentre todas as opções – como um aríete para reivindicar a soberania popular acima do princípio profundamente arraigado da soberania parlamentar.

Em um estilo caracteristicamente britânico, May não estava totalmente interessada em confrontar os paradoxos constitucionais que estava provocando. Para ela, a prerrogativa tinha apelo simplesmente como uma solução para um problema muito prático: dado o forte sentimento pró-Europa de muitos membros do parlamento, não estava claro se ela poderia obter o apoio da maioria para o Brexit na Câmara dos Comuns, e a Prerrogativa Real permitiria a ela evitar uma derrota humilhante que poderia levar à sua queda.

No entanto, o caráter centralizador de sua proposta gerou protestos ruidosos em outros lugares – levando a um esforço igualmente notável de usar as cortes para impedir que sua iniciativa monarquista/populista morresse. Esse apelo era em si profundamente problemático – em nenhum momento da história recente os juízes reivindicaram autoridade para servir como árbitros finais do significado da constituição britânica. No entanto, seis meses depois do referendo de junho, a Suprema Corte fez exatamente essa alegação, invalidando a proposta de uso da prerrogativa pela Sra. May como um ataque inconstitucional ao princípio da soberania parlamentar.

O cenário estava armado para um confronto alucinante: a Corte se levantava em defesa do Parlamento enquanto a rainha afirmava a supremacia da soberania popular – com a primeira-ministra torcendo por ela.[6] Como resolver essa disputa em torno dos princípios fundamentais da constituição britânica?

Ela foi conduzida de maneira tipicamente britânica: avançando com dificuldade sob a liderança do *establishment*. Em vez de agravar a crise denunciando a decisão da Corte como ilegítima,

---

6 O referendo do Brexit, junto com suas consequências, provocou uma tempestade de comentários, que não tentarei resumir. Para a notável afirmação da Suprema Corte do Reino Unido de sua autoridade para impedir o primeiro-ministro de atacar o princípio da soberania parlamentar por meio de seu apelo à prerrogativa real, ver R (Miller) v. Secretary of State for Exiting the European Union [2017] UKSC 5.

May voltou a Westminster sem mais comentários sobre os princípios constitucionais basilares e conseguiu aprovar seu projeto de lei do Brexit no Parlamento. No entanto, apesar do fracasso de seus críticos em bloquear a aprovação de um projeto de lei forte, sua vocal oposição a alertou de que não poderia contar com o Parlamento para ratificar o acordo de saída que ela esperava negociar com Bruxelas.

Paradoxalmente, isso a levou a dar um passo que agravou ainda mais a situação constitucional britânica. Ela convocou uma eleição parlamentar "antecipada" em junho de 2017, apelando aos eleitores para retificarem sua decisão do Brexit e ampliar a maioria conservadora.

May tinha todos os motivos para esperar o sucesso. Tanto as pesquisas de opinião quanto os especialistas estavam unidos na previsão de uma vitória esmagadora sobre sua oposição fragmentada e desmoralizada. No entanto, eles estavam errados novamente. Em vez de dar à primeira-ministra um apoio esmagador, os eleitores lhe deram um "parlamento suspenso" – no qual os desmoralizados conservadores perderam a maioria – e May não podia mais esperar formar uma coalização na Câmara dos Comuns para aprovar a ampla legislação necessária à sua ruptura decisiva com o Continente.

Ninguém sabe o que isso significará para o futuro relacionamento da Grã-Bretanha com a União Europeia. Mas para os propósitos atuais, estou mais interessado em enfatizar como esta última volta do parafuso aprofunda a confusão constitucional da Grã-Bretanha. Comecemos com um contrafactual: suponhamos que a eleição antecipada tivesse de fato gerado uma avalanche conservadora. Nesse cenário, o novo Parlamento teria confirmado a posição de May de que tinha a obrigação de acatar o referendo de 2016 e endossar a legislação abrangente necessária para um Brexit "duro". Isso teria criado um precedente decisivo – estabelecendo que Westminster tinha a responsabilidade constitucional de seguir o julgamento do Povo expressado no referendo.

O "parlamento suspenso", em vez disso, forçará uma reavaliação agonística. Isso exigirá que o público em geral e as classes políticas façam uma pergunta muito diferente: o que tem prioridade na determinação do futuro constitucional da Inglaterra – a votação de 2016 no referendo ou a votação de 2017 para o Parlamento?

Ainda mais importante: como essa questão será resolvida – por meio de outra eleição antecipada para o Parlamento, de outro referendo ou de alguma combinação de ambos?

Os britânicos podem muito bem-estar à altura da ocasião e responder de maneira relativamente decisiva. Sob esses cenários otimistas, veremos a revitalização da longa tradição de governo parlamentar do país ou a construção de uma versão de soberania popular do século XXI – ou algum híbrido contendo os dois elementos. Quaisquer que sejam os detalhes, a Inglaterra sairia disso como um paradigma constitucional que tem ampla credibilidade entre o público em geral e a elite governante.

Há também um cenário mais sombrio no horizonte. Nesse futuro alternativo, o *establishment* político da Inglaterra não conseguiria chegar a uma solução sensata para o problema do Brexit. Em vez disso, a competição entre partidos rivais apenas geraria um padrão de "parlamentos suspensos" e referendos indefinidos que levariam a uma confusão crescente – ainda mais exacerbada por pronunciamentos agonísticos da Suprema Corte durante o percurso. Na próxima década, a própria noção de que o governo britânico pode contar com um legado constitucional relativamente coerente parecerá cada vez mais problemática – levando a uma profunda confusão entre as elites políticas e uma ampla alienação do público em geral.[7]

---

7 Para mais reflexões sobre cenários mais sombrios, ver ACKERMAN, Bruce. "Why Britain needs a written constitution-and can't wait for Parliament to write one". *The Political Quarterly*, vol. 89, jun. 2018. Disponível em: https://doi.org/10.1111/1467-923X.12524. Acessado em: 06.01.2022.

Ao levantar essa perspectiva, meu objetivo não é prever o futuro, mas considerar uma questão fundamental. Afinal, a versão pró-*establishment* da democracia de Westminster foi uma das maiores histórias de sucesso dos últimos dois séculos. No entanto, o episódio do Brexit ensina que um grande sucesso histórico pode não ser suficiente para impulsionar um paradigma de legitimação para o futuro. Às vezes, cambalear pode ser suficiente se uma nação tiver sorte; mas há ocasiões em que os líderes políticos devem olhar além dos próprios interesses de curto prazo para sustentar a legitimidade de sua estrutura de governo mais ampla. *O caráter de estadistas de líderes constitucionais pode desempenhar um papel fundamental na sustentação da legitimidade política, e seu fracasso pode minar os paradigmas mais arraigados.*

Autenticidade

Com isso em mente, nos voltemos ao nosso último tipo ideal. As construções de elite carecem dos recursos de legitimação disponíveis às constituições geradas pelos dois paradigmas anteriores. Por um lado, os redatores não podem alegar que representam movimentos revolucionários que travaram uma longa luta pelos princípios consagrados em seu novo sistema jurídico superior; por outro lado, eles não representam uma elite política estabelecida que guiou com sucesso a nação por gerações. Como, então, a constituição elitista garantirá sua legitimidade diante da população em geral?

Com dificuldade.

Chamaremos isso de problema de autenticidade, algo que pode ser visto hoje na Espanha. Apesar de seu desempenho relativamente positivo na última geração, a Constituição elaborada em Madri na década de 1970 encontrou ampla resistência no País Basco por décadas. Mais recentemente, provocou uma crise ainda mais aguda na Catalunha – com um partido do movimento revolucionário pela independência catalã insistindo que a Constituição espanhola é uma afirmação de poder de cima para baixo que não representa a vontade autêntica da nação catalã.

Adiarei uma análise mais detida do caso espanhol para o próximo volume. Para os propósitos atuais, ele serve como um exemplo contemporâneo dos problemas de autenticidade que muitos países enfrentam. A questão surge de forma mais aguda quando, ao contrário da Espanha, a nova Constituição é o produto da derrota militar e da ocupação estrangeira. Nesse cenário, as elites domésticas elaboram os termos de seu "novo começo" sob a supervisão direta de seus conquistadores militares. Nesses casos, por que essas construções de elite deveriam seguir obtendo o apoio do público em geral, uma vez que a ocupação militar chega ao fim e a Constituição deve se sustentar por si mesma, apesar de sua associação estigmatizante com a derrota militar?

Às vezes, essa pergunta não tem resposta. Consideremos os colapsos constitucionais ocorridos recentemente no Iraque e no Afeganistão, quando esses regimes foram obrigados a se rearranjar depois que os Estados Unidos retiraram a maior parte de suas forças militares.

Às vezes, a questão surge após um longo período de quietude. Consideremos o Japão de hoje, onde o governo Abe está contestando o Artigo de Paz da Constituição imposto pelo General MacArthur. Se Abe tiver sucesso, isso pode muito bem ser a arma de abertura em sua campanha mais ampla por um repúdio radical à Constituição MacArthur como expressão inautêntica dos valores japoneses.[8]

Mas, em alguns casos, essa questão está inculcada tão profundamente na consciência política que não é capaz de provocar ansiedade coletiva. Essa é precisamente a situação da Alemanha

---

8 ACKERMAN, Bruce; MATSUDAIRA, Tokujin. "Dishonest Abe". *Foreign Policy*, jun. 2014. Disponível em: https://foreignpolicy.com/2014/06/24/dishonest-abe/. Acessado em: 06.01.2022.

hoje. Como o país evitou um confronto sério com o fato de sua Lei Básica de 1949 ter sido criada em condições militares que comprometiam gravemente suas reivindicações de autenticidade?

É claro que a ocupação dos Aliados na Alemanha não foi tão onipresente quanto no Japão. Mas ainda assim era opressora. No fim da guerra, cada uma das Quatro Potências controlava uma parte da Alemanha – e nenhuma estava disposta a permitir que seus residentes elaborassem sua própria forma de governo. Enquanto os soviéticos seguiram seu próprio caminho, os três aliados ocidentais se reuniram em Londres para estabelecer as condições sob as quais os alemães ocidentais teriam permissão para agir. O Protocolo de Londres, como foi chamado, dirigia-se aos líderes dos governos recém-criados nas zonas estadunidense, britânica e francesa. Eles foram orientados a enviar representantes a um Conselho Parlamentar, que submeteria a Constituição a aprovação em referendo. Ao insistir no voto popular, os Aliados pretendiam salvaguardar a nova Constituição contra-acusações posteriores de inautenticidade.

No entanto, o Conselho Parlamentar rejeitou esse pedido. Embora seus líderes devessem suas posições de proeminência política aos Aliados, eles se recusaram a convocar um referendo e enfatizaram que não acreditavam que sua carta merecesse o *status* de uma Constituição. É por isso que preferiram chamá-la de "Lei Básica", e afirmaram em seu Artigo Final que uma Constituição verdadeiramente autêntica só poderia ser alcançada quando os alemães orientais pudessem se libertar do controle soviético e se juntar aos ocidentais em uma nova Assembleia Constituinte que falasse por toda a nação alemã.[9]

---

9 Para uma análise mais complexa da resistência do Conselho Parlamentar, ver ACKERMAN, Bruce. "Populismus heist angst vor dem volk". *In*: SCHERER, Bernd; ARNOLD, Sven (Coord.). *Die alte und die neue welt*: transatlantische Gespräche. Göttingen: Wallstein, 2008.

Quando confrontados com esse notável ato de resistência, os Aliados acharam prudente recuar. No entanto, eles estavam certos em acreditar que isso exacerbaria seu problema de autenticidade. Um importante estudioso, Donald Kommers, relata: "As pesquisas de opinião mostraram isso... a maioria dos inquiridos nem tinha conhecimento da existência do Conselho Parlamentar. Em maio de 1949, uma pesquisa descobriu que dois terços deles não tinham certeza do que era a Lei Básica". Ele conclui acertadamente que, ao perder a chance de aprovar a Lei Básica, "os eleitores da Alemanha Ocidental foram privados do conhecimento que poderiam ter adquirido... se uma campanha popular de ratificação tivesse ocorrido".[10]

Nesse contexto, a mais famosa inovação constitucional da Lei Básica assume um aspecto paradoxal. Em disposições repetitivas, suas "cláusulas pétreas" declaram que a dignidade humana, a democracia e o Estado de Direito servem como princípios fundamentais da Nova República e nunca poderão ser revogados por emendas posteriores. Mas o que significa para uma "Lei Básica" enfaticamente provisória insistir que a dignidade humana é um valor eterno da República? Ou que a democracia é eterna, quando os alemães não puderam votar na própria Lei Básica?

O problema de autenticidade surgiu novamente em 1989. Com os manifestantes de rua da Alemanha Oriental desafiando o governo comunista ao proclamar "Nós somos o Povo", o vice-presidente da Corte Constitucional da Alemanha Oriental, Ernst Gottfried Mahrenholz, insistiu que o Artigo Final da Lei Básica exigia que o chanceler Helmut Kohl convocasse uma Assembleia Constituinte de *todo* o povo alemão para forjar uma verdadeira

---

10 KOMMERS, Donald. *Germany's Constitutional Odyssey*, cap. 3 (no prelo).

Constituição.[11] Embora Mahrenholz tenha argumentado de forma mais persuasiva, muitos outros fizeram exigências semelhantes.

Helmut Kohl não estava entre eles. A última coisa que ele queria era uma grande quantidade de comunistas da Alemanha Oriental e de esquerdistas da Alemanha Ocidental em uma Assembleia Constituinte para contestar a legitimidade de seu governo. Ele se recusou a acatar o Artigo Final e planejou a reunificação por meio de um dos acordos internacionais mais curiosos da história do direito. Tradicionalmente, um tratado é negociado por Estados soberanos para regular relações futuras entre si. Mas o chamado "Tratado de Reunificação" extinguiu a RDA no momento em que o acordo foi assinado. Não conheço nenhum outro "tratado" que tenha funcionado como um pacto de suicídio.[12]

No entanto, um quarto de século depois, a Alemanha conseguiu esquecer o fato de que, tanto em 1949 quanto em 1989, sua elite política se recusou a colocar a Constituição diante dos eleitores para seu julgamento ponderado.

Como explicar esse ato de amnésia coletiva?

Durante as décadas de 1950 e 1960, foi o Milagre Econômico, não a Lei Básica, que desempenhou o papel central na legitimação da ascensão da República Federal das cinzas da catástrofe nazista. Se houve um símbolo proeminente da Nova Alemanha durante esse período, foi o marco alemão, não as "cláusulas pétreas". Somente nas décadas posteriores a Corte Constitucional Alemã conseguiu transformar a Lei Básica em um elemento central da identidade política alemã – tanto que a substituição do marco

---

11 MAHRENHOLZ, Ernst. *Die Verfassung und das Volk*. Munique: C. F. von Siemens Stiftung, 1992.

12 Para um tratamento extenso das características revolucionárias da reunificação alemã que são tipicamente ignoradas nas análises constitucionais, ver JAGGI, Stephan. *The 1989 revolution in East Germany and its impact on unified Germany's constitutional law*. Baden-Baden: Nomos, 2016.

alemão pelo euro na década de 1990 pôde ocorrer sem o trauma nacional que teria acompanhado uma mudança semelhante na década de 1960.

Mas mais uma vez, o papel da Corte na Alemanha era muito diferente daquele desempenhado pelos judiciários resultantes dos dois cenários anteriores. Ela não enraizou a Lei Básica nas conquistas revolucionárias do passado constitucional – uma vez que não havia nenhuma. Nem se envolveu em um empreendimento colaborativo com os ramos políticos do *establishment*, como o judiciário fez na Grã-Bretanha e na União Europeia. Seu caminho para o sucesso foi extremamente complexo e tentarei fazer-lhe justiça no próximo livro.[13] Nesta introdução, é mais importante considerar como as origens elitistas do constitucionalismo alemão se encaixam em minha análise trinária da situação particular que confronta a busca de legitimidade da União Europeia.

A crise da UE: um diagnóstico cultural

Há um desacordo permanente sobre a natureza da União Europeia. Alguns acreditam que ela é amplamente comparável a outras grandes federações – em especial os Estados Unidos. Outros a veem como única.

Argumento a favor de seu caráter único. As nações líderes da Europa chegam à União por caminhos diferentes: as Constituições da Alemanha e da Espanha são construções de elite; a França, a Itália e a Polônia seguiram o caminho revolucionário; a Grã-Bretanha provém da tradição pró-*establishment*.

---

13 Para discussões recentes, ver COLLINGS, Justin. *Democracy's guardians*: a history of the German Federal Constitutional Court, 1951-2001. Nova York: Oxford University Press, 2016; HAILBRONNER, Michaela. "Rethinking the rise of the German Constitutional Court: from anti-Nazism to value formalism". *International Journal of Constitutional Law*, vol. 12, 2014.

Não é de admirar que esses países tenham dificuldade em encontrar um caminho comum para a uma união mais aperfeiçoada. Para franceses e italianos, é perfeitamente aceitável que um movimento popular lance um movimento transnacional por uma Europa mais unida – e se esse movimento ganhar tração, ele pode preparar o caminho para uma Assembleia Constituinte que poderia legitimamente apresentar uma nova Constituição federativa para ratificação pelo Povo da Europa em um referendo.

Os alemães, no entanto, veem os referendos em toda a UE como veículos que permitiriam aos populistas demagógicos repudiar os direitos humanos fundamentais em nome do Povo. Dado esse perigo claro e presente, é mais sensato confiar nas cortes constitucionais para servirem como árbitros finais em conflitos entre a União Europeia e os seus Estados membros.

A Inglaterra seguirá um terceiro caminho se ela reconsiderar o Brexit e entrar novamente na União. Em vez de recorrer às cortes ou a referendos para resolver questões fundamentais de princípio, ela encorajaria os líderes políticos do continente a procurarem soluções que fizessem algum sentido.

Em contraste, os Estados Unidos não apresentam uma divisão semelhante quando se trata da questão fundamental da legitimidade. Da Fundação em diante, o paradigma revolucionário permaneceu central para a experiência estadunidense – com movimentos políticos mobilizados transformando repetidamente os princípios fundamentais durante a Reconstrução, o New Deal e a Revolução dos Direitos Civis.[14]

---

14 Analiso o desenvolvimento da tradição revolucionária dos Estados Unidos da América ao longo dos séculos em *We the people*, ver ACKERMAN, Bruce. *We the people*. Cambridge: Harvard University Press, 1991; ACKERMAN, Bruce. *We the people*. Cambridge: Harvard University Press, 1998; ACKERMAN, Bruce. *We the people*. vol. 3, Cambridge: Harvard University Press, 2014.

Essa tradição revolucionária dificilmente imuniza os Estados Unidos das crises do século XXI – guerra sem fim, crescente desigualdade econômica, intensificação da divisão cultural, iminente catástrofe ecológica. Mas um paradigma comum organiza o esforço coletivo estadunidense para enfrentar esses problemas. Vemos repetidamente movimentos populares de direita e de esquerda apelando aos seus concidadãos para arrancar o "*establishment* de Washington" do poder e gerar um apoio amplo e profundo para uma ruptura decisiva com o passado corrupto. A grande questão é qual partido-movimento terá sucesso em mobilizar o Povo à maneira de George Washington, Abraham Lincoln, Franklin Roosevelt ou Martin Luther King Jr.

Os estadunidenses de hoje, como os dos séculos anteriores, enfrentam os desafios postos pelo movimento político carismático de reforma revolucionária – e o capítulo final deste livro explorará como esse paradigma dá uma forma específica às profundas dificuldades que o país enfrenta na Era Trump.

Mas, por enquanto, o ponto-chave a ser enfatizado é que a crise da União Europeia tem um formato muito diferente. Como seus Estados-membros provêm de diferentes paradigmas de legitimação, eles nem mesmo concordam quanto ao caminho apropriado a seguir para a resolução de crises que ameaçam esfacelar a União – com Alemanha, França, Itália, Polônia e Grã-Bretanha predispostas a responder de maneiras muito diferentes a problemas comuns.

Esses conflitos profundos poderiam ter sido amenizados se a história europeia recente tivesse tomado um rumo diferente. Há uma década, os Estados membros da União Europeia reuniram-se na Convenção de Bruxelas para lançar um apelo aos Povos da Europa para que ratificassem um Tratado Constitucional. Se essa campanha tivesse sido bem-sucedida, a Europa estaria em uma posição muito melhor para lidar com a escalada da crise que ameaça o futuro da União.

Esse ponto é ignorado por estudiosos que enfatizam que, depois que os eleitores da França e da Holanda rejeitaram o tratado proposto, as elites políticas se reuniram em Lisboa e impuseram um novo acordo que continha muitos dos mesmos termos e que atualmente fornece a estrutura básica para a União. Mas o acordo de Lisboa e acordos posteriores foram construções de elite que tentaram evitar a consideração autoconsciente de seus méritos pelos cidadãos comuns. Essa década de evasão está permitindo que os crescentes movimentos de protesto retratem a União Europeia como uma força estrangeira dominada por tecnocratas bitolados, com os políticos da UE servindo como ornamento pseudodemocrático.

Existe uma saída para esse impasse?

Não sei. Meu objetivo é o diagnóstico, não a cura. Entretanto, há algum consolo em refletir sobre uma limitação básica de minha análise. Como Weber enfatizou, nenhuma política do mundo real expressa perfeitamente qualquer tipo ideal. Um tipo pode predominar – no caso da União Europeia, esse tipo é o constitucionalismo de elite –, mas experiências históricas particulares podem muito bem gerar contratemas a partir de paradigmas concorrentes. Em vez de desejar a pureza de um único tipo ideal, um caminho elaborado por estadistas pode muito bem envolver a síntese criativa de temas transculturais com ampla ressonância em toda a União.

Estaremos em uma posição melhor para explorar essa possibilidade no final do segundo livro, uma vez que tenhamos pavimentado um caminho por meio de estudos de caso que explorem a dinâmica constitucional que impulsionou diferentes Estados-membros em direções tão diferentes.

Mas uma coisa deve ficar clara: é melhor ter autoconsciência sobre o trilema da União Europeia do que fingir que ele não existe.

PARTE I

REVOLUÇÕES CONSTITUCIONAIS

CAPÍTULO I

CONSTITUCIONALIZANDO A REVOLUÇÃO?

O pensamento grego clássico é completamente antipático à noção de mudança política repentina. Para Platão e Aristóteles, uma quebra dramática com o passado localizava a política no limiar de um declínio catastrófico.

As religiões semitas inverteram a relação entre passado e futuro. Para Moisés, Jesus e Maomé, a adoração de ídolos do passado era o problema, não a solução. O desafio era repudiar suas tentações e transformar a autoridade secular, fazendo-a respeitar a Palavra de Deus. O presente revolucionário, marcado pela revelação da vontade divina na Terra, representava um "novo começo" triunfante, não um momento catastrófico de desordem política.

Uma ruptura com o passado político não seria suficiente para assegurar a salvação. A redenção final só poderia vir pela transcendência de todo o mundo temporal – garantindo a alguém seu lugar de direito na ordem eterna. Mas enquanto a humanidade permanecia presa no interior de sua espiral moral, o desafio para o governo secular era romper com o passado pagão, adotar a verdade divina balizada pelas escrituras sagradas e evitar futuras recaídas nas más práticas do passado.

O Iluminismo Europeu deflagrou um ataque às religiões semitas ao refundar a autoridade política sobre a vontade do Povo, em detrimento da vontade de Deus. Mas os revolucionários do Iluminismo não chegaram ao ponto de rejeitar a compreensão judaica/cristã/muçulmana da relação entre passado, presente e futuro. De 1776 em diante, eles recusarem-se a sucumbir aos medos neoclássicos da mudança política repentina. Eles insistiram que era correto e apropriado que o Povo se levantasse contra as injustiças do antigo regime, e criasse um "novo começo" revolucionário que romperia com o passado e daria um novo curso admirável ao futuro.[15]

Essa relegitimação secular de um "novo começo" revolucionário teve enorme impacto nos últimos 250 anos – gerando um padrão complexo de conquistas e catástrofes pelo mundo.[16] Meu objetivo central é identificar e analisar esses padrões de legitimação.

Dividirei as revoluções modernas em dois grandes tipos. Na *variante totalizante*, o movimento de mobilização popular pretende uma reconstrução da raiz às folhas de todos os aspectos da vida social e política. Essa aspiração legitima as piores patologias do século XX. Se o objetivo é construir um paraíso iluminista na Terra, é necessária a liderança de um partido revolucionário obstinadamente dedicado a essa tarefa inspiradora – esmagando implacavelmente os dissidentes reacionários e expurgando os

15 BERMAN, Harold. *Law and revolution*: the formation of the western legal tradition. Cambridge: Harvard University Press, 1983; BRUNKHORST, Hauke. *A critical theory of legal revolutions*. Londres: Bloomsbury, 2014.

16 Meu pensamento foi influenciado por Hannah Arendt, *On Revolution* (1963) [ed. bras.: ARENDT, Hannah. *Sobre a revolução*. Trad. Denise Bottmann. São Paulo: Companhia das Letras, 2011]; BLUMENBERG, Hans. *The Legitimacy of the Modern Age* (1966); VOEGELIN, Eric. *The New Science of Politics* (1951) [ed. bras.: VOEGELIN, Eric. *A nova ciência da política*. Trad. José Viegas Filho. 2ª ed. Brasília: Editora Universidade de Brasília, 1982].

membros do partido que se desviam da missão sagrada. O partido-Estado pode também promulgar uma constituição que expresse seus ideais-guia, mas ele não permite que o "legalismo burguês" bloqueie os esforços da vanguarda revolucionária para redimir o julgamento da história.

Vemos essa lógica em ação no Reinado de Terror durante a Revolução Francesa. Mas ela chega a seu auge com Stálin e Mao – que reivindicaram o marxismo "científico" como justificativa para a morte e degradação de dezenas de milhões na luta do Partido para garantir o triunfo da classe trabalhadora.

Uma vez que os comunistas legitimaram a reconstrução totalizante da sociedade, a mesma lógica foi apropriada por seus mais determinados oponentes. Obviamente, Adolf Hitler repudiou os apelos universalistas dos marxistas aos trabalhadores do mundo, mas compartilhou de sua crença de que a ditadura do partido era a única forma séria de estabelecer o paraíso na Terra.

Invoco esses exemplos famosos para enfatizar o contraste com um segundo tipo de revolução, cuja dinâmica analisaremos nos capítulos a seguir.

1.1 Revolução em escala humana

Revoluções em escala humana envolvem muita ambição – na verdade, são o empreendimento coletivo mais ambicioso que os seres humanos podem efetivamente realizar. Mas elas não tentam uma transformação total da sociedade. Elas se concentram em *esferas específicas da vida social ou política*. Os ativistas são mobilizados em torno do repúdio às crenças e práticas dominantes nas *esferas sobre as quais recaem preocupações revolucionárias*, deixando intactos os costumes preponderantes em outras esferas.

A revolução é bem-sucedida quando reorganiza *fundamentalmente* as crenças e práticas dominantes em um período *relativamente* curto. No longo prazo, a reorganização radical no(s) domínio(s)-alvo(s) pode levar a transformações significativas em outros domínios – mas isso não é inevitável. Ao contrário, essas esferas relativamente intactas da vida social podem permanecer robustas por muito tempo. Em contraste com os totalizadores, nenhuma revolução em escala humana marca o fim da história.

É por isso que uma constituição é tão importante. Uma vez que os revolucionários conquistam o poder, faz sentido forjar os compromissos específicos que inspiraram seu movimento a fazer tais sacrifícios para destruir o antigo regime durante o Tempo Um. O texto constitucional compromete o novo regime com uma série de *reformas revolucionárias*, e não com uma transformação totalizante da velha ordem.

Para colocar a questão de maneira mais afirmativa, a Assembleia Constituinte servirá como um fórum central para um debate mais amplo que tenta, em primeiro lugar, atingir as esferas da vida política e social nas quais uma reforma profunda é mais imperativa e, em segundo lugar, especificar os compromissos constitucionais necessários para alcançar as reformas revolucionárias indispensáveis.

Não há respostas fáceis. Alguns revolucionários buscarão mudanças maiores; alguns se concentrarão em alvos mais estreitos. A questão crucial é se os diferentes elementos da liderança podem forjar termos capazes de conquistar o amplo apoio do movimento popular. Se a coalizão revolucionária for bem-sucedida, o Tempo Dois culmina em uma Constituição amplamente reconhecida como obra de Nós, o Povo; caso contrário, o regime deve se legitimar em momentos posteriores, sem os recursos fornecidos por esse sucesso inicial.

Resumi muitas coisas nos últimos cinco parágrafos. Repassaremos tudo isso com mais cuidado.[17]

---

17 Para uma revisão poderosa da literatura atual, ver JACOBSOHN, Gary. "Theorizing the constitutional revolution". *Journal of Law and Courts*, vol. 2, 2012.

1.1.1 Revoluções "políticas"

A vida política e social moderna se organiza em esferas relativamente autônomas. Em qualquer momento e lugar, os princípios e práticas prevalentes em determinas esferas diferem dramaticamente – a maneira como se espera que nos comportemos dentro da família difere radicalmente das normas predominantes no trabalho, na escola, na igreja ou no campo dos esportes. Pessoas "normais" estão constantemente fazendo as mudanças necessárias à medida que se movem de uma esfera para outra da vida diária. Enquanto negociam as demandas imperativas de seu "mundo da vida", elas às vezes podem dar uma olhada em um jornal ou site da internet para acompanhar as batalhas políticas em andamento na capital distante. Na maioria das vezes, elas se contentam em permanecer à margem enquanto se ocupam das demandas mais urgentes da vida cotidiana. No entanto, elas podem muito bem-estar abertas aos apelos de ativistas de movimentos que visam a recrutá-las para seus esforços contínuos para superar a resistência desses centros de poder remotos e responder afirmativamente a suas demandas por uma revolução em escala humana.

Consideremos o movimento das mulheres e o modo como desafiam forças profundamente arraigadas de dominação masculina em diferentes esferas da vida econômica. Se as mulheres tivessem se contentado com micromudanças em sua vida cotidiana, a geração atual teria testemunhado apenas mudanças graduais em uma direção vagamente igualitária. Em todo o mundo, as mulheres estão construindo movimentos sociopolíticos que insistem conscientemente em reformas fundamentais nas expectativas institucionalizadas que prevalecem em cada uma das esferas sociais. É preciso muita coragem para que ativistas adiram a essas campanhas – já que os homens no comando geralmente respondem com punições por seus questionamentos destrutivos ao *status quo*. Mesmo assim, as ativistas persistem, vinculando suas demandas em casa, no trabalho e em outras esferas cruciais a uma visão mais ampla de uma sociedade mais justa. Essa mobilização em diversas esferas teve consequências muito diferentes em diferentes partes do mundo – em alguns lugares, gerando uma reação violenta; em outros, uma revolução em escala humana.

No entanto, mesmo onde foi mais bem-sucedido, o movimento das mulheres não exigiu de forma alguma uma revolução total contra todas as formas de opressão econômica e social, nem mesmo insistiu em uma transformação fundamental do sistema político. Isso poderia ser de fato necessário em monarquias tradicionalistas como a Arábia Saudita. Mas em muitos outros lugares, o sucesso do movimento em realizar as mudanças constitucionais e legislativas necessárias pode servir para confirmar a legitimidade da ordem política transformada – ao demonstrar sua capacidade de resposta a mudanças fundamentais nas atitudes e práticas sociais.

Este livro trata, então, de um caso especial – em que o alvo de transformação é o próprio regime político. Ao focar no Estado, os revolucionários em escala humana na Índia, na África do Sul e em outros lugares muitas vezes se encontrarão lutando contracorrentes totalizantes, que os denunciam como "meros" reformadores que não têm a coragem exigida por suas convicções. Mas, apesar desses ataques previsíveis, as transformações revolucionárias de regime alcançadas pelos partidos do Congresso da Índia e da África do Sul não foram atos de traição covarde ao ideal leninista/maoísta. Ao contrário, elas procederam do reconhecimento de que apenas deuses podem revolucionar tudo de uma vez, e que meros mortais alcançarão maior progresso concentrando suas energias em transformações constitucionais que permitam ao novo regime mirar naquelas injustiças profundamente arraigadas cuja reforma é requerida com mais urgência em seu momento histórico particular.

Agora que localizamos o constitucionalismo revolucionário como uma espécie de um gênero familiar, valerá a pena elaborar suas características específicas.[18]

---

18 Quando visto em termos disciplinares, este livro é parte de uma virada metodológica mais ampla, que enfatiza o papel das organizações sociais

1.1.2 Autoconsciência

Um movimento não pode ser revolucionário sem se apresentar como portador de princípios grandiosos e estritos que exigem uma ruptura com o regime atual. Os líderes do movimento não devem se restringir a promover uma crítica pública que ataca o regime existente como ilegítimo. A crítica deve obter o apoio autoconsciente de ativistas de base, que a empregam em suas campanhas para gerar amplo apoio público. É claro que diferentes protagonistas diferirão em sua atenção aos princípios do movimento – com muitos gastando mais de seu tempo na tarefa urgente de defender a insurgência contra os esforços do antigo regime para destruí-la. No entanto, mesmo os ativistas mais obstinados precisam acreditar que seus sacrifícios valem a pena – caso contrário, eles desistiriam da luta. É precisamente o objetivo da crítica autoconsciente do movimento tranquilizá-los quanto a esse assunto crucial.

O requisito de "autoconsciência" pode ser cumprido por muitas ideologias diferentes, desde que permaneçam em uma escala humana. Um apelo à libertação nacional pode servir como elemento-chave, como na Índia ou na Polônia, mas uma revolução também pode apelar à grandeza imperial, como na França gaullista. Pode ser social-democrata, como na maioria dos nossos casos; ou pode ser neoliberal, como na Polônia. Pode emitir uma condenação abrangente de práticas profundamente arraigadas de dominação social, como na Índia e na África do Sul, ou pode fechar os olhos para a história passada de injustiça racial do país, como na Polônia; pode combinar temas liberais e igualitários em uma série de variações, ou pode repudiar os ideais ocidentais de secularismo

---

mobilizadas por mudanças sociais. TARROW, Sidney; McADAM, Doug; TILLY, Charles. *Dynamics of contention*. Nova York: Cambridge University Press, 2001 (Sociologia); KNOTT, Sarah. "Narrating the age of revolution". *The William and Mary Quarterly*, vol. 73, 2016 (História); KALYVAS, Andreas. *Democracy and the politics of the extraordinary*. Nova York: Cambridge University Press, 2008 (Ciência Política).

em um esforço coletivo para construir uma constituição digna de uma República Islâmica, como no Irã.

Por enquanto, é mais importante contrastar o modo revolucionário de autoapresentação com outro tipo ideal familiar: o evolucionista que nega estar fazendo qualquer coisa nova e se autodescreve como proponente de algumas alterações pragmáticas do *status quo*. Às vezes, essa forma modesta de autoapresentação pode muito bem render grandes resultados no mundo real – na verdade, apresentaremos uma série de tais "histórias de sucesso" no próximo volume, no qual investigarei os caminhos pró-*establishment* (Tipo Dois) e o elitista (Tipo Três) para o governo constitucional. Mas o fato de esses três caminhos às vezes serem bem-sucedidos não significa que os revolucionários estão fadados à construção de governos constitucionais – como nossos estudos de caso demonstram, isso simplesmente não é verdade.

1.1.3 Partidos do movimento

A maioria dos movimentos revolucionários fracassa. Para começar, nunca é suficiente que as massas atendam "espontaneamente" ao apelo por mudança inundando as ruas durante um dia ou uma semana de manifestações. Cada uma de nossas histórias de sucesso envolve anos de atividade organizacional dedicada. Essa é a característica comum que conecta os movimentos liderados pelos partidos do Congresso na Índia e na África do Sul, aqueles liderados pela Resistência francesa e italiana contra os nazistas e fascistas durante a Segunda Guerra Mundial, a luta do movimento Solidariedade contra o comunismo polonês e o esforço conjunto de movimentos seculares e religiosos para derrubar o Xá. Durante o período sustentado de rebelião (Tempo Um), os ativistas do movimento não apenas arriscam serem mortos ou presos por se envolver em uma série de atos corajosos de oposição. Eles constroem partidos-movimento organizados que conectam ativistas de base a líderes revolucionários ascendentes nos níveis regional e nacional.

Essas conexões institucionais geram um sentido de engajamento conjunto em um projeto coletivo para chegar ao controle do Estado em nome do Povo. Se não fosse assim, de que outra maneira explicar a disposição dos ativistas – tanto de base quanto na liderança – de colocar suas vidas em risco pelo bem comum?

1.1.4 Dilemas da transição revolucionária

Do ponto de vista do antigo regime, toda essa agitação revolucionária é obra de demagogos que exploram o descontentamento das massas ignorantes – e o governo existente tentará previsivelmente esmagar o movimento em nome da lei e da ordem.

Mas às vezes o antigo regime terá poucas opções a não ser recuar diante do partido do movimento em ascensão. Os britânicos haviam ficado tão enfraquecidos por sua "vitória" na Segunda Guerra Mundial que não podiam mais manter sua autoridade sobre a Índia. Da mesma forma, a derrota dos nazistas abriu caminho para os partidos do movimento de Resistência preencherem o vácuo deixado pela queda da França de Vichy e da Itália fascista; o súbito colapso do regime do Xá criou um vácuo de legitimidade no Irã.

Em outros casos, o regime estabelecido se envolve em uma luta contínua com os insurgentes – antes de ser finalmente derrotado por seus antagonistas revolucionários. A dinâmica da tomada de poder parece muito diferente na África do Sul de Mandela, na França de De Gaulle e na Polônia de Walesa. Mais uma vez, surgem temas comuns que escapam à visão totalitária. Na visão leninista-maoísta, os "verdadeiros" revolucionários lutam contra o regime existente até o amargo fim. Depois de destruírem a oposição no campo de batalha, há apenas duas maneiras de lidar com os antagonistas derrotados – matá-los ou mandá-los para "campos de reeducação" até que se tornem apoiadores do novo regime por meio de lavagem cerebral. Meu modelo alternativo enfatiza possibilidades menos coercitivas – especialmente o caminho para uma transição negociada – que geram questões de legitimação muitos diferentes.

Consideremos o *problema da reorganização democrática*. Durante o Tempo Um, o antigo regime fez o possível para empurrar os revolucionários à clandestinidade em um esforço de reestabelecimento de sua autoridade. Como consequência, o sentimento de unidade dos insurgentes é sustentado pelo carisma pessoal de alguns líderes distantes – normalmente na prisão ou no exílio –, cujos grandes sacrifícios expressam a necessidade imperiosa de dar continuidade à luta revolucionária em nome do Povo.

À medida que o antigo regime reconhece relutantemente que deve negociar com seus antagonistas e os líderes revolucionários vão à mesa de negociações, a organização de novas eleições terá grande destaque na agenda. A liderança em ascensão precisa de vitórias eleitorais para estabelecer um mandato efetivo, a fim de transformar fundamentalmente o *status quo*.

No entanto, a organização revolucionária fragmentada está mal preparada para operar na política democrática. Se os principais líderes esperam vencer as eleições, eles devem construir uma rede nacional capaz de indicar um conjunto confiável de candidatos e levar seus apoiadores de base às urnas no dia da eleição – e devem ter sucesso em questão de meses, não de anos.

O fracasso tem um preço alto. Por um lado, a organização fragmentada pode gerar uma série de partidos revolucionários que contestam a autoridade da liderança para falar em nome do Povo. A luta crescente pode impossibilitar as facções concorrentes de elaborar uma constituição que expresse os princípios que motivaram os grandes sacrifícios do Tempo Um. Pior ainda, a revolução pode ser sequestrada por oponentes mais bem organizados, que são hostis a todo o esforço de ruptura com o passado.

De Gaulle, Mandela e Walesa lutaram contra essa situação de maneiras diferentes. O ponto-chave a ser enfatizado é que seu problema de legitimação é categoricamente diferente das "soluções negociadas" provenientes políticas que percorrem outros caminhos para o constitucionalismo. Em países onde as massas permaneceram à margem – como na Espanha pós-Franco ou na Alemanha e no Japão do pós-guerra –, as elites puderam construir suas novas constituições sem se preocupar se seu acordo seria obstado pela mobilização revolucionária. Embora tivessem muitos outros problemas, eles podiam presumir com segurança que eram os atores operacionais dominantes.

Os líderes revolucionários enfrentam uma realidade diferente. Quando confrontam o antigo regime na mesa de negociações, não é suficiente chegar a um acordo de transição satisfatório. Eles estão perfeitamente cientes de que, fora da mesa de negociações, existem revolucionários rivais que podem condená-los por consentirem com uma "barganha corrupta" com seus adversários capitais. Se essa acusação de traição ressoar entre os ativistas de base, será muito mais difícil para o partido do movimento sair das eleições de transição que se avizinham com uma vitória esmagadora. Uma das compensações da análise comparativa será um vislumbre dos paradoxos gerados por esforços muito diferentes para resolver esses dilemas da transição revolucionária.

1.1.5 O caráter fundamental

Depois que os *outsiders* finalmente chegarem ao poder no Tempo Dois, qual será a grande mudança que devem promulgar na Constituição para que o novo regime possa ser considerado "revolucionário"?

Uma vez que as revoluções em escala humana não objetivam uma ruptura totalizante com o passado, a nova Constituição constituição pode muito bem incorporar antigos entendimentos constitucionais e práticas governamentais. Mas esses elementos tradicionais operam de maneiras que anteriormente teriam parecido profundamente problemáticas ou totalmente escandalosas.

Chamarei isso de *adaptação não convencional*: as tradições mais antigas continuam a operar, mas apenas de modo a reconhecer a legitimidade do esforço revolucionário para marcar um "novo começo" no tempo político. Cada um de nossos estudos de caso revelará variações sobre esse tema não convencional. Eles também levantarão uma questão mais ampla: o conjunto de velhos e novos elementos constitucionais em construção representa uma ruptura suficientemente fundamental com o passado a ponto de ser considerado verdadeiramente "revolucionário"?

Dada a escala humana do empreendimento, não pode haver esperança de uma reposta incontestável. Mesmo no momento de sua adoção inicial, os "radicais" denunciarão a nova Constituição como uma "traição" às ambições mais grandiosas do movimento, enquanto os revolucionários "conservadores" previsivelmente discordarão de seus esforços para transformar as bases da política e da vida social.

Não faz sentido escolher lados nesses debates inevitáveis. Numa revolução em escala humana, "o caráter fundamental" da transformação é essencialmente contestável. Enquanto revolucionários de todos os matizes estão dominando o processo de redefinição constitucional e os defensores amargurados do antigo regime foram empurrados para a margem, a questão-chave é se os revolucionários recém alçados ao poder podem elaborar uma constituição que se relacione de modo plausível com a visão do bem público que animou sua longa batalha no deserto.

Essa argumentação é suficiente para meus propósitos. Não pretendo fazer julgamentos morais sobre regimes revolucionários particulares. Meu objetivo é compreender a dinâmica de legitimação por meio da qual uma ou outra Constituição constituição realiza sua reivindicação central de autoridade na organização do novo regime – tanto em face das elites governantes recém-chegadas ao poder quanto dos milhões de seguidores que apoiaram o esforço coletivo para revolucionar o sistema.[19]

---

19 Difiro do professor Jacobsohn, (JACOBSOHN, Gary. "Theorizing the constitutional revolution". *Journal of Law and Courts*, vol. 2, 2012), que

1.1.6 Duas formas de "carisma"

O "carisma" terá um papel central em minha análise, então vale a pena tentar esclarecer de maneira preliminar essa noção sabidamente escorregadia.

Distinguirei duas formas. Chamarei a primeira de *carisma organizacional*: ativistas de base passam a se identificar profundamente com a luta do partido do movimento para ascender politicamente. Eles não veem as organizações como o Solidariedade na Polônia, o Partido do Congresso na Índia ou o CNA (Congresso Nacional Africano) na África do Sul como grupos de interesses especiais engajados em manobras misteriosas nos distantes corredores do poder. Eles os veem como o meio organizacional pelo qual suas próprias lutas de base podem transformar o Estado em um motor de mudança legítima. Com o tempo, os ativistas locais se empenham em um esforço contínuo para persuadir seus amigos e vizinhos a se juntarem à organizado do partido-movimento e a fazer pequenos e grandes sacrifícios pelo bem público (conforme o diálogo do partido-movimento em curso o define e redefine no tempo).

O *carisma da liderança* é um fenômeno específico. Não se deve confundi-lo com o carisma da Madison Avenue, exibido por estrelas de cinema glamorosas e coisas do tipo. Muitos líderes revolucionários – Nehru, Mandela, De Gasperi, por exemplo – careciam de glamour reluzente. Eles devem sua centralidade simbólica à estória que os ativistas do movimento contam a si mesmos sobre as origens e os objetivos de sua luta revolucionária. Outros – como

---

avalia o *status* "revolucionário" das constituições, julgando seu impacto de longo prazo. Os participantes de uma revolução não estão equipados com bolas de cristal – o impacto de longo prazo só pode ser avaliado retrospectivamente. Este livro, em contraste, visa descrever os dilemas básicos, tal como os próprios antagonistas os entendem, suscitados pelos esforços para constitucionalizar as revoluções à medida que surgem em diferentes fases do desenvolvimento revolucionário.

de Gaulle, Walesa ou Khomeini – geraram formas especiais de magnetismo político, mas também rivais em potencial.

O que os separou de todos foi o fato de estarem no lugar certo no momento certo da luta revolucionária – e seus atos decisivos de sacrifício serviram como exemplos paradigmáticos para a luta mais ampla por um "novo começo" na vida política da nação. Para colocar a questão em termos não carismáticos: os líderes simbólicos devem sua centralidade ao papel que desempenham na *narrativa revolucionária* que as pessoas comuns contam a si mesmas sobre o significado de sua luta coletiva mais ampla pela redefinição política.

A relação entre carisma organizacional e da liderança é complexa. Às vezes, os líderes simbólicos farão todo o possível para aumentar o apelo carismático dos partidos de seus movimentos; às vezes farão o oposto e destruirão as organizações de seus movimentos para construir seu próprio culto à personalidade. Mas em todas as ocasiões, a relação entre a liderança e as organizações de base desempenhará um papel importante na dinâmica pela qual o carisma é ou não constitucionalizado no Tempo Dois.

1.2 O desafio revolucionário nas abordagens convencionais

Minha investigação é semelhante à maneira convencional como os juristas pensam a mudança constitucional, mas difere dela. O paradigma profissional reinante é fornecido pelo Positivismo Jurídico. Essa escola de pensamento desenvolveu muitas variantes concorrentes, mas todas insistem que o direito é analiticamente distinto de outras fontes de compromisso normativo.

Dada essa premissa, os positivistas tentam fornecer uma "regra de reconhecimento" que possibilite aos cidadãos entender o que "o direito" exige deles. Essa regra mestra permite que todos, independentemente de suas convicções morais particulares, reconheçam o que devem fazer para se qualificar como cidadãos cumpridores do direito de seu Estado particular. É claro que as leis podem acabar se tornando tão injustas que as pessoas podem se recusar a obedecê-las. Mas o positivista insiste que mesmo quando os cidadãos se envolvem em atos de desobediência civil, eles ainda podem distinguir entre o que exige a "lei" e o que exige a "moralidade pessoal" – mesmo que apenas para declarar que a moralidade pessoal exige que eles desobedeçam a lei.

Minha visão é positivista em um aspecto fundamental. Analisarei desenvolvimentos revolucionários mesmo que eles lancem o Povo na direção "errada" – conforme definida por meus próprios ideais morais. Colocarei entre parênteses meus próprios compromissos filosóficos para propor um argumento diferente. Independentemente de estarem "certos" ou "errados", os partidos dos movimentos revolucionários enfrentam a mesma série de problemas de legitimação ao constitucionalizar seu carisma ao longo do tempo.

Me afasto dos positivistas quando se trata de definir a natureza da revolução constitucional. Isso ocorre porque fazemos perguntas diferentes. Os positivistas não perguntam como um regime se legitima. Eles simplesmente desejam identificar as regras fundamentais pelas quais um determinado regime distingue o direito do não direito. Se, por exemplo, o Estado é subitamente dominado por legisladores que transformam os princípios básicos de maneira drástica, os positivistas não consideram essa mudança como "revolucionária" se for promulgada em conformidade com a Constituição preexistente. Somente quando essas regras fundamentais são quebradas os positivistas reconhecem que algo "revolucionário" está acontecendo.

É aqui que nos afastamos. A definição positivista é ao mesmo tempo extensiva demais e de menos para meus propósitos. É abrangente demais porque uma ruptura decisiva com a "regra de reconhecimento" estabelecida pode ser alcançada por qualquer dos três caminhos. Suponhamos, por exemplo, que a nova ordem constitucional seja uma construção da elite imposta em violação à antiga regra de reconhecimento. Isso é suficiente para torná-la revolucionária para o positivista, mas não para se enquadrar nos critérios estabelecidos por mim, pois o novo regime não é o produto de um movimento mobilizado que repudiou conscientemente o antigo regime para exigir um "novo começo" em nome do Povo.

O positivismo também é pouco extensivo. Alguns movimentos insurgentes no Tempo Um conseguem constitucionalizar suas revoluções no Tempo Dois *sem* quebrar nenhuma das normas do antigo regime para emendas formais. Isso ocorreu na África do Sul, por exemplo. No entanto, a legalidade formal da ascensão de Mandela à presidência não foi o motivo pelo qual milhões de ativistas do CNA o saudaram como legítimo – nem foi o motivo por que muitos defensores do *apartheid* o reconheceram como digno de respeito. Embora a ligação legalista de um regime revolucionário com o passado possa desempenhar um papel secundário na obtenção de legitimidade constitucional, a relação entre suas experiências no Tempo Um e no Tempo Dois é muito mais importante. Como veremos, o sucesso em constitucionalizar o carisma no Tempo Dois criará um conjunto específico de problemas de legitimação em estágios posteriores de desenvolvimento – especialmente quando a geração fundadora começar a morrer (Tempo Três) e seus sucessores procurarem dar prosseguimento aos princípios da revolução canonizados pela Constituição (Tempo Quatro).

1.2.1 Repensando o direito comparado?

Minha dinâmica de quatro estágios também contesta um segundo paradigma reinante. Por muito tempo, os comparatistas começaram seus trabalhos dividindo o universo jurídico em duas esferas distintas – a cultura da *common law* do mundo anglófono e a cultura da *civil law* continental.

Essa abordagem familiar não chega ao cerne da questão. As constituições da Índia e da África do Sul são provenientes da *common law*; as da França, Itália e Polônia, da *civil law*. Essas diferentes tradições jurídicas moldaram cada uma das respostas específicas de cada regime revolucionário aos desafios da constitucionalização do carisma. No entanto, elas desempenharam papeis secundários. O destino do regime dependeu de maneira crucial dos modos de política constitucional pelos quais cada partido do movimento e instituição política enfrentou a dinâmica de quatro estágios que impulsiona o processo de legitimação. As contribuições específicas das tradições da *common law* e da *civil law* só podem ser avaliadas no interior dessa estrutura mais ampla.

Isso me leva a outra crítica relacionada. As perspectivas convencionais adotam uma abordagem centrada nas cortes. Tal foco faz parecer sensato adotar a divisão *common law/civil law* como base de comparação – porque ela ajuda a explicar as grandes diferenças que, sem dúvida, existem nos estilos anglo-americano e continental de revisão judicial.

Em contraste, começo com o problema de legitimar o regime como um todo – incluindo todas as instituições-chave do regime revolucionário em ascensão. Meu desafio é explorar o processo dinâmico pelo qual as cortes podem – ou não – desempenhar um papel cada vez mais legítimo no sistema em evolução ao longo do tempo.

De maneira ainda mais ampla, mostrarei que os regimes que viajam pelos caminhos descritos como pró-*establishment* e elitista (Tipos Dois e Três) enfrentam desafios de legitimação que são muito diferentes daqueles encontrados no percurso revolucionário – e que os juízes desempenham papéis diversos ao enfrentá-los. Em contraste, muitos trabalhos recentes obscurecem essas diferenças e tratam as cortes constitucionais como se estivessem envolvidas em um debate mundial sobre o significado da "liberdade de expressão" ou da "dignidade humana". Isso é um erro.

1.2.2 Uma "terceira onda"?

O constitucionalismo comparado é um negócio acadêmico em expansão hoje em dia.[20] Como não sou o primeiro a propor um novo caminho a ser seguido, vale a pena destacar alguns aspectos importantes em que minha abordagem difere da de meus colegas desbravadores.

Trabalhos recentes em direito e ciência política focaram em caminhos mais elitistas. A cultura acadêmica atual foi profundamente moldada por *The Third Wave* de Samuel Huntington, publicado em 1991. Enquanto o Muro de Berlim estava caindo, Huntington relacionou os eventos surpreendentes no mundo comunista às transições democráticas então recentes na América Latina e no Sul da Europa. Ele acreditava que eles representavam uma "terceira onda" do constitucionalismo, que diferia de suas predecessoras precisamente por depender da negociação das elites para facilitar o caminho para uma transição democrática bem-sucedida. As opiniões de Huntington foram reforçadas pelos estudos comparativos pioneiros de Juan Linz e Alfred Stepan, que também enfatizaram o papel central das "transições pactuadas" em movimentos recentes para a democracia liberal.[21]

Este livro enfatiza experiências constitucionais diferentes. Os revolucionários na Índia ou na França do pós-guerra conseguiram forjar constituições sem uma negociação séria com representantes do antigo regime. Quando os revolucionários negociam com o antigo regime, como na África do Sul ou na Polônia, o processo de negociação é profundamente moldado pela política de alta energia na sociedade em geral.

---

20 Para uma visão mais positiva dos desenvolvimentos acadêmicos recentes, ver HIRSCHL, Ran. *Comparative matters*: the renaissance of comparative constitutional law. Nova York: Oxford University Press, 2014.

21 LINZ, Juan; STEPAN, Alfred. *Problems of democratic transition and consolidation*: Southern Europe, South America, and Post-Communist Europe. Baltimore: John Hopkins, 1996.

Para explorar mais essas complexidades, consideremos o trabalho influente de Tom Ginsburg e seus associados. Eles dominaram a agenda acadêmica da última década ao aliar a abordagem da "Terceira Onda" com modelos de comportamento político baseados em "atores racionais". Seus estudos concentram-se no momento em que o antigo regime começa a negociar uma transição pacífica à democracia com os reformadores constitucionais. À medida que os dois lados começam a fazer propostas, eles descobrirão que compartilham um interesse comum. Enquanto vislumbram uma nova era de eleições livres, os políticos rivais não podem ter certeza de como se sairão nas urnas. Dadas as incertezas da transição, ambos os lados correm sério risco de perder eleições importantes e se ver à mercê da maioria.

Para reduzir o risco de que o pior cenário se realize, ambos os lados podem achar vantajoso limitar o poder da maioria eleita de causar danos graves a seus interesses fundamentais – e conceder a uma corte constitucional independente o poder para fazer cumprir essas limitações constitucionais contra os vitoriosos do sorteio democrático. Ginsburg chamou de "seguro racional" essas restrições constitucionais ao governo da maioria por um judiciário independente.[22]

A análise de Ginsburg é perspicaz, mas não faz justiça aos dilemas das transições revolucionárias. Como nossos estudos de caso demonstrarão, líderes como Mandela ou Walesa não podem permitir que rivais os denunciem por negociar com representantes amplamente desprezados da ordem existente – e isso remodela profundamente o caráter de seus confrontos com o antigo regime na mesa de negociações de maneiras que a sabedoria convencional não é capaz de explicar.

O professor Ginsburg também assumiu a liderança em um segundo empreendimento interdisciplinar, que visa aproveitar a

---

22 GINSBURG, Tom. *Judicial Review in New Democracies*, pp. 22–35, 2012.

revolução computacional para a análise constitucional comparada. Ele liderou um esforço para construir um elaborado banco de dados, que contém todas as constituições criadas em todo o mundo nos últimos dois séculos.[23] Para permitir a manipulação por computador, as constituições são tratadas de maneira severamente reducionista. Cada texto é divido em trechos – de forma que disposições semelhantes em diferentes constituições possam ser identificadas independentemente de seu tempo ou cultura. Assim, os únicos grandes temas considerados são aqueles redutíveis a termos formalistas: a constituição era parlamentarista ou presidencialista? Foi aprovada em referendo? E assim por diante.

O computador faz uma varredura nesses trechos e é capaz de esclarecer padrões interessantes de evolução ao longo do tempo. Mas ele não pode substituir as abordagens holísticas que consideram os esforços dos participantes engajados para legitimar sua autoridade em culturas e contextos históricos específicos. À medida que elaboram seus projetos de fundação, os protagonistas enraizados culturalmente não veem trechos do texto como fins em si mesmos – mas como elementos em seu esforço mais amplo para obter reconhecimento de sua autoridade constitucional.

Ainda assim, o analista orientado pelo computador é encorajado a ignorar precisamente essa dimensão do processo de legitimação – porque ele não pode ser expresso quantitativamente. Em vez disso, os métodos de Ginsburg o predispõem a teorias da mudança constitucional que banalizam o papel do autossacrifício revolucionário e da agência coletiva.[24]

---

23 O trabalho do Comparative Constitutions Project está disponível em: http://comparativeconstitutionsproject.org/.

24 Esse processo de banalização é visível em: GINSBURG, Tom; LANSBERG-RODRIGUEZ, Daniel; VERSTEEG, Mila. "When to overthrow your Government: the right to resist in the world's Constitutions". *UCLA Law Review*, vol. 60, 2013, que vincula constituições que consagram o "direito à resistência" a cenários que envolvem a ruptura repentina da ordem anterior. Depois de medir a "ruptura" em termos quantitativos, os autores – para

1.3 Poder constituinte?

Essa abordagem reducionista também é característica dos esforços dos principais teóricos políticos contemporâneos para justificar sistemas de freios e contrapesos. Destacadamente, Jan Elster rejeita a própria ideia de agência coletiva que é central para o projeto revolucionário – mais uma vez adotando uma abordagem baseada em atores racionais.

Na visão dele, os formuladores constitucionais encaram um problema semelhante ao dilema clássico enfrentado por Ulisses quando considera as medidas preventivas contra o esforço das sereias para atrair seu navio ao desastre. Para evitar essa ameaça, Ulisses ordena que seus marinheiros coloquem cera nos ouvidos para que não ouçam o canto das sereias.

Elster aconselha os legisladores a adotarem precauções semelhantes. Eles devem projetar o navio do Estado moderno reconhecendo que os cidadãos podem sucumbir a momentos de paixão no futuro – e criar um sistema de direitos fundamentais e controles institucionais que permitam ao governo permanecer mais ou menos em seu curso até a onda de emoções baixar.[25]

---

seu crédito – reconhecem que essas medidas numéricas são inadequadas. Como consequência, eles fornecem uma série de "anedotas" extraídas de casos particulares para ajudar a explicar a incorporação seletiva do "direito à resistência" em casos de transições com ruptura. Mas esses fragmentos de análise qualitativa, focalizando uma disposição particular e episódios particulares, não servem como substitutos adequados aos relatos holísticos e multigeracionais da legitimação revolucionária do tipo que apresentamos aqui.

25 Elster desenvolveu esse tema com profundidade crescente ao longo de sua carreira. Ver ELSTER, Jon. *Ulysses and the sirens*. Cambridge: Cambridge University Press, 1984; ELSTER, Jon. *Ulysses Unbound*. Cambridge: Cambridge University Press, 2000; ELSTER, Jon. *Securities against Misrule*. Cambridge: Cambridge University Press, 2013. Stephen Holmes também fez contribuições importantes a partir de *Passions and Constraint* (HOLMES, Stephen. *Passions and constraint*: on the theory of liberal democracy. Chicago: University of Chicago Press, 1995).

Mas no cenário revolucionário que exploraremos, a constituição resulta de um período de insurgência apaixonada contra o antigo regime. A liderança do movimento entra na Assembleia Constituinte orgulhosa dos grandes sacrifícios que seus seguidores fizeram pelo bem comum; ela não vê o compromisso apaixonado com medo e hesitação; insiste que é sua mais alta obrigação constitucionalizar os princípios que motivaram sua luta de libertação passada em nome do Povo.

Para dizer o mínimo, essa não é a mentalidade capturada pela invocação de Ulisses e as sereias por Elster. No entanto, o caminho revolucionário de fato gera arranjos constitucionais que impõem restrições poderosas aos possíveis autocratas. O desafio é entender como e por que isso aconteceu repetidamente ao longo do século XX.

***

No entanto, se retrocedermos uma geração ou mais, de fato encontraremos grandes pensadores cujos escritos mantém sua importância de maneira duradoura. Uma das grandes contribuições de Hannah Arendt ao pensamento político foi apresentar uma defesa vibrante das revoluções em escala humana. Eu a sigo ao não permitir que as catástrofes decorrentes das visões totalizantes de um Lênin ou de um Hitler nos levem a rejeitar o próprio ideal do constitucionalismo revolucionário. Como ela, insisto que os cidadãos podem alcançar um sentido superior de agência coletiva, desde que limitem suas ambições transformadoras.

Mas discordo da maneira como Arendt define esses limites. Ela insiste que os aspirantes a revolucionários devem resistir à tentação de colocar o problema da justiça social e econômica no centro de seu programa. Em vez de enfatizar as "questões sociais", como ela as chama, eles deveriam se concentrar na construção de novas instituições políticas capazes de fornecer um espaço para o engajamento cidadão. Na visão dela, precisamente a preocupação exclusiva dos revolucionários estadunidenses com a construção de instituições políticas explica seu grande sucesso na fundação da Nova República. Em contraste, seus companheiros revolucionários na França perderam sua República quando se desviaram para demandas de igualdade social e econômica – essas aspirações mais amplas destruíram seu senso comum de cidadania e os dividiram em uma série de facções em conflito.[26]

No entanto, Arendt não vai além do final do século XVIII para testar sua tese em relação a experiências mais recentes de revoluções em escala humana. Esse é precisamente o meu projeto aqui – e ele estabelece que o medo de Arendt da "questão social" não pode fazer justiça aos fatos. As lutas do Partido do Congresso da Índia e do CNA da África do Sul contra as injustiças sociais e econômicas foram centrais para seu sucesso final na legitimação de suas novas Constituições em nome do Povo. Depois da Segunda Guerra Mundial, os "novos começos" constitucionais alcançados na França e na Itália foram legitimados por movimentos de Resistência nos quais sociais-democratas e comunistas desempenharam papeis centrais.

Com exceção da África do Sul, esses contraexemplos estavam disponíveis a Arendt. Mas escrevendo durante a luta da Guerra Fria contra o comunismo, ela não foi capaz de avaliar as conquistas constitucionais da social-democracia. Em vez disso, ela tratou a revolução do século XVIII nos Estados Unidos da América como se fosse a grande exceção às revoluções totalitárias da modernidade. Mas quando olhamos para o século XX como um todo, fica claro que a "questão social" impulsionou o constitucionalismo em muitas ocasiões.

Minha análise dessas revoluções constitucionais também requer que confrontemos as afirmações de um teórico muito diferente: Carl Schmitt. Como ele, enfatizo os laços carismáticos característicos

---

26 ARENDT, Hannah. *Sobre a revolução*. Trad. Denise Bottmann. São Paulo: Companhia das Letras, 2011.

que ligam um movimento revolucionário à sua liderança. Para Schmitt, no entanto, a própria ideia de "constitucionalizar o carisma" é um oximoro, que oculta uma escolha dicotômica – *ou* as elites governantes sacrificam seu vínculo autêntico com o Povo seguindo o "Estado de Direito" constitucional *ou* cedem o poder a um Líder Supremo que pode inspirar seu Povo a se comprometer com a autotransformação totalizante. Para Schmitt, as massas que gritam "Heil Hitler" são o único fundamento verdadeiro de um regime revolucionário. Mas, mais uma vez, os exemplos de Nehru ou Mandela servem para refutar essa abordagem em termos de ou isso/ou aquilo.[27]

As trágicas tentações do culto ao herói algumas vezes destruíram os fundamentos constitucionais dos regimes revolucionários. Mas isso não é inevitável. Schmitt, como Arendt (mas por razões muito diferentes), está simplesmente errado quanto aos fatos. Repetidamente, vemos líderes de movimentos, em colaboração com ativistas de base, canalizarem suas políticas de alta energia em constituições que servem de fato, tanto às elites quanto aos cidadãos comuns, como um legado duradouro de seus grandes atos de sacrifício coletivo.

Apesar de todas as minhas diferenças com Arendt e Schmitt, partimos do mesmo lugar – a importância da política revolucionária para lidar com a modernidade. Em contraste, um terceiro grande pensador político, Joseph Schumpeter, queria banir a própria ideia de uma revolução em escala humana dos debates acadêmicos sérios. Na visão dele, apenas o desastre aguarda as nações que dependem do Povo para autorizar um novo começo em sua vida política. Como os eleitores são basicamente "não inteligentes e irresponsáveis", levar seus julgamentos a sério "pode ser fatal". A única forma

---

27 Esforços recentes para revigorar uma abordagem schmittiana incluem KAHN, Paul. *Political theology*: four new chapters on the concept of sovereignty. Nova York: Columbia University Press, 2011; MOUFFE, Chantal. *Agonistics*: thinking the world politically. Londres: Verso, 2013.

sólida de governo é baseada nos julgamentos disciplinados de elites bem treinadas. Eleições regulares às vezes podem varrer políticos entrincheirados do poder e interromper os arranjos corruptos existentes. Mas embora choques aleatórios possam reiniciar o jogo, a operação do sistema não será melhorada se os vencedores levarem a sério a soberania popular. Em vez de ceder aos preconceitos das massas ignorantes, eles deveriam contar com as energias criativas dos empresários do livre-mercado e dos inovadores da sociedade civil para impulsionar suas nações adiante.[28]

Na última geração, os neo-schumpeterianos desfrutaram de um grande renascimento intelectual, com cientistas sociais elaborando modelos matemáticos que tratam os eleitores como consumidores espetacularmente desinformados em um "mercado" político dominado por atores de elite que oferecem "marcas" concorrentes destinadas a promover seu estreito interesse próprio.[29] Esse esforço interdisciplinar tem reforçado muito tendências semelhantes no direito constitucional comparado – nas quais, como vimos, os estudos inovadores são dominados por análises de *big data* que testam uma série de hipóteses baseadas em estreitos interesses próprios.

Entretanto, pretendo mostrar que o constitucionalismo revolucionário foi uma força dinâmica no século XX e continua sendo uma poderosa realidade nos dias de hoje. Para enfrentar esse fato, devemos passar da economia à sociologia para uma visão interdisciplinar. Na última geração, o estudo dos movimentos sociais ganhou um lugar central nesta disciplina – o que já levou a uma

---

28 SCHUMPETER, Joseph A. *Capitalism, Socialism and Democracy* (3rd ed. 1950). [SCHUMPETER, Joseph A. *Capitalismo, socialismo e democracia*. Trad. Luiz Antonio Oliveira de Araújo. São Paulo: Unesp, 2017].

29 Adam Przeworski é o principal acadêmico contemporâneo que traz temas neo-schumpeterianos à análise constitucional comparativa. PRZEWORSKI, Adam. *Democracy and the limits of self- government*. Cambridge: Cambridge University Press, 2010.

série promissora de debates interdisciplinares com acadêmicos do direito.[30] Espero sinceramente que este livro incentive mais colaborações no futuro.

1.4 Estudos de caso: uma visão geral

Até agora, me contentei com um esboço abstrato da dinâmica de quatro fases do constitucionalismo revolucionário – que vai da insurgência mobilizada (Tempo Um) à fundação constitucional (Tempo Dois) seguindo da crise de sucessão (Tempo Três) à consolidação (Tempo Quatro). Mas é hora de sermos mais específicos.

A Parte 1 deste livro enquadra-se nessa avaliação abstrata com estudos de casos de quatro países em três continentes, argumentando a partir de pares. Ela começa com uma comparação entre "novos começos" na Índia (Capítulo 2) e na África do Sul (Capítulo 3); e, em seguida, passa a considerar os esforços dos movimentos da Resistência na França (Capítulo 4) e na Itália (Capítulo 5) para inscrever suas lutas de libertação nacional nas constituições do pós-guerra. Apesar das enormes diferenças nas condições sociais e econômicas e nas culturas políticas e jurídicas, os quatro países representam variações na dinâmica de quatro estágios exibida pelas revoluções em uma escala humana.

A Índia é a maior democracia constitucional do mundo. Ela exibe muitas imperfeições, mas o mesmo acontece com muitos outros países. No entanto, ninguém pode negar que sua Constituição de

30 TARROW, Sidney. "The people maybe? Opening the civil rights revolution to social movements". *Tulsa Law Review*, vol. 50, 2014. Para tendências promissoras em outros campos, ver as fontes: TARROW, Sidney; McADAM, Doug; TILLY, Charles. *Dynamics of contention*. Nova York: Cambridge University Press, 2001; KNOTT, Sarah. "Narrating the age of revolution". *The William and Mary Quarterly*, vol. 73, 2016; KALYVAS, Andreas. *Democracy and the politics of the extraordinary*. Nova York: Cambridge University Press, 2008.

1950 continua a fornecer estruturas centrais de legitimação para seu governo democrático no século XXI.

Esse ponto simples representa um grande problema à sabedoria convencional. Para começar, a Índia carece do que a literatura convencional chama de "pré-condições para a democracia". Sua pobreza avassaladora, o analfabetismo e o sistema de castas parecem condenar o país a um sistema autoritário no qual as eleições são regularmente fraudadas e as cortes não conseguem restringir o poder das elites políticas entrincheiradas.

Os prospectos parecem ainda mais sombrios quando a diversidade étnica e linguística da Índia é levada em consideração. Na Europa, essa diversidade é tipicamente tratada como um fator importante que enfraquece o movimento em direção a uma União Europeia mais forte. No entanto, isso não derrotou a operação de um poderoso governo central em um subcontinente que contém o dobro da população da União.

Não é necessário exagerar. Nova Delhi se envolveu em longas lutas militares contra as minorias rebeldes. A operação de seu sistema constitucional no mundo real é deficiente em aspectos fundamentais. Mas isso também é verdade nos Estados Unidos, na Europa e na América Latina. A questão não é se o governo Índia, ou qualquer outro, cumpre perfeitamente seus ideais. A questão do mundo real é: como a ordem constitucional da Índia sustentou sua ampla legitimidade de base sob tais circunstâncias desfavoráveis?

O enigma só pode ser solucionado se levarmos a sério tanto o papel revolucionário do Partido do Congresso na mobilização de um vasto movimento popular em apoio à independência nacional, quanto o seu sucesso em constitucionalizar sua política de alta energia durante a era Nehru. Essas conquistas estabeleceram o fundamento para uma resolução extremamente criativa de uma crise de sucessão após a morte de Nehru, que permitiu o aparecimento da Suprema Corte indiana como o defensor supremo do legado constitucional revolucionário da nação.

O processo de quatro estágios da Índia se desdobrou ao longo de um século – estendendo-se da transformação, por Mahatma Gandhi, do Congresso em um movimento bem-organizado no início do século XX até as consolidações constitucionais do início do século XXI – e ainda não chegou ao fim. Ao contrário, ele fornece um pano de fundo essencial para uma avaliação do esforço atual do primeiro-ministro Narendra Modi, e seu movimento nacionalista hindu, para revolucionar o entendimento arraigado da Suprema Corte em relação aos princípios fundamentais da nação.

A história centenária da Índia não apenas emoldura sua situação constitucional atual. Também serve como referência para a análise de outros países que passaram por revoluções mais recentes – e, portanto, não confrontaram crises de sucessão ou esforços posteriores de consolidação. A África do Sul é um exemplo disso. Sua Constituição data apenas de 1996, e o país continua nas garras de uma luta crescente entre rivais políticos que buscam preencher o "vácuo de legitimidade" deixado por Nelson Mandela. É muito cedo para dizer se a nova geração de estadistas estará à altura dos desafios necessários à sustentação da ordem constitucional.

No entanto, uma comparação sistemática com os desenvolvimentos indianos nos Tempos Um, Dois e Três fornecerá uma série de percepções. Tal como sua contraparte indiana, o Congresso Nacional Africano só chegou ao poder após décadas de mobilização e luta contra o regime estabelecido. Há também muitos paralelos nas formas como Mandela/CNA e Nehru/CNI transformaram seu carisma revolucionário em autoridade constitucional em sua ascensão ao poder.

Existem também diferenças. O braço militar do CNA, a Lança da Nação, desempenhou um papel crítico na vitória do CNA, uma vez que foi necessária uma guerra de guerrilha sustentada contra o regime do *apartheid* para forçá-lo a aceitar a necessidade de negociações. A campanha revolucionária do CNI pela independência foi muito menos violenta – em parte porque a resposta da

Grã-Bretanha foi menos repressiva. Embora o Raj tenha prendido repetidamente Gandhi e Nehru e incontáveis seguidores por seus atos de desobediência civil, o Partido do Congresso foi capaz de impulsionar seu movimento sem se envolver em uma guerra de guerrilha como a travada pelo CNA. Além disso, o Congresso chegou ao poder após a Segunda Guerra Mundial, sem as negociações elaboradas exigidas no caso da África do Sul, uma vez que não enfrentou nada que se assemelhasse à oposição entrincheirada do regime do *apartheid*. Em vez disso, o governo de Clement Attlee decidiu que a Grã-Bretanha estava tão enfraquecida pela Segunda Guerra Mundial que não poderia mais manter seu império indiano e que o CNI era o único partido-movimento bem-organizado que poderia, de maneira plausível, evitar o caos total.

Tanto o "cenário de declínio do império" da Índia quanto o "cenário de revolução-negociação" da África do Sul ressurgirão em casos posteriores – portanto, esta comparação inicial de pares servirá para desenvolver questões a serem elaboradas posteriormente na Parte 2 do livro.

O mesmo se aplica às crises de sucessão que os regimes enfrentaram depois que Nehru e Mandela deixaram o palco político – criando "vácuos de legitimidade" que políticos rivais buscaram preencher com suas próprias reivindicações de liderança. Diferentes rivais têm diferentes tipos de qualificações – alguns têm uma conexão familiar com Nehru/Mandela; outros desenvolveram grandes habilidades burocráticas durante o governo do CNI/CNA; outros conquistaram autoridade carismática por meio de suas atividades de base. Faz uma grande diferença qual desses tipos vence a luta que se segue – e como os perdedores lidam com suas derrotas. Mas também importa o modo como as cortes constitucionais respondem às oportunidades e perigos trazidos pela escalada da competição no interior da elite política.

Enquanto o constitucionalismo indiano conseguiu sobreviver à crise de sucessão da década de 1970, a luta na África do Sul está atingindo seu clímax só agora. Como sempre, não sugiro que minhas comparações com a Índia permitem previsões confiáveis sobre o destino do legado constitucional de Mandela e sua geração revolucionária. Mas espero que as comparações sistemáticas com a Índia forneçam percepções que escapam às análises convencionais que miram os desenvolvimentos sul-africanos de um ponto de vista mais estreito.

A discussão África do Sul/Índia prepara o terreno para a segunda comparação de pares na Parte 1: os esforços de construção da constituição na França e na Itália após a Segunda Guerra Mundial. Mais uma vez, vemos movimentos insurgentes levando seus povos a um "novo começo" – desta vez, em suas lutas para repudiar os regimes autoritários do marechal Pétain e de Benito Mussolini. Mas, em contraste com o CNA/CNI, nenhum partido do movimento desempenhou um papel dominante na mobilização da oposição aos dois governos pró-nazismo durante a guerra. Em vez disso, em ambos os países a resistência veio de três partidos políticos distintos – o comunista, o socialista e o democrata cristão – com ideologias, lideranças e organizações concorrentes. Quando os aliados derrotaram de maneira decisiva a Alemanha em 1945, os três partidos da resistência enfrentaram uma questão óbvia: eles continuariam a colaborar por tempo suficiente para forjar uma nova estrutura constitucional capaz de definir o "novo começo" pelo qual seus ativistas clandestinos haviam sacrificado tanto? Ou começariam imediatamente a competir uns com os outros, perdendo a chance de organizar seus seguidores em uma ampla campanha popular de base por uma Constituição da Resistência que cristalizasse os princípios de sua luta comum?

Chamaremos isso de *problema de coordenação* – e não seria fácil resolvê-lo. Em ambos os casos, a coalizão de três partidos aceitou o desafio – primeiro elaborando um acordo sobre um texto constitucional comum e, em seguida, conquistando o apoio da maioria em referendos populares marcados por níveis extraordinários de participação popular e autoconsciência política.

Mesmo assim, havia uma grande divergência. Na França, mas não na Itália, os líderes civis da resistência foram desafiados por um comandante militar, Charles de Gaulle, que reivindicava autoridade superior para falar em nome do Povo. Nesse aspecto, a França se parece mais com a África do Sul do que com a Itália: Nelson Mandela também enfrentou desafios formidáveis para obter o apoio da poderosa força militar, a Lança da Nação, que desempenhou um papel central na insurreição. Não obstante, ele finalmente conseguiu obter o consentimento da Lança para suas iniciativas constitucionais.

Isso não ocorreu na França. O general surgiu como o principal opositor da proposta de Constituição que a coligação civil de três partidos oferecia ao Povo num referendo nacional. Na opinião de De Gaulle, o projeto de constituição comunista/socialista/democrata cristão que obteve o consentimento da Assembleia Constituinte não ia suficientemente longe na revisão do sistema parlamentar da Terceira República. Ele exortou o Povo a repudiar a iniciativa da coalizão nas urnas, abrindo assim o caminho para o apoio popular a sua própria proposta de uma revolução constitucional mais abrangente. Ele insistia que apenas uma estrutura "semipresidencial" muito diferente, que concedesse amplos poderes ao chefe de Estado, poderia permitir que a França prosperasse no mundo do pós-guerra. Desnecessário dizer que o general acreditava que seu papel durante a guerra o tornara a pessoa óbvia para servir como o primeiro presidente da nação.

Depois de uma luta política acirrada, os partidos da resistência saíram das urnas na dianteira. No entanto, o general recusou-se a reconhecer a legitimidade da Quarta República e organizou um partido-movimento gaullista para dominar os partidos civis nas primeiras eleições organizadas sob a nova Constituição. Mas quando seu novo partido perdeu fôlego no início da década de 1950, o general parecia condenado à irrelevância política. Ele retirou-se para sua propriedade rural em Colombey-les-Deux-Églises e permaneceu afastado das disputas partidárias que ele desprezava

– até que todo o regime enfrentou uma grave crise, que finalmente o levou a encerrar seu exílio político autoimposto e retornar ao poder como o herói da resistência.

Como consequência, as histórias francesa e italiana divergem em um momento crítico. Na Itália, observaremos variações da dinâmica de vários estágios que se desenrolou na Índia e na África do Sul – com a corte constitucional italiana saindo de uma crise de sucessão com amplo reconhecimento político como guardiã legal privilegiada dos princípios revolucionários da nação.

As coisas tomaram um rumo diferente na França. A devastadora derrota do país em Dien Bien Phu em 1954 foi seguida de uma série de reveses militares humilhantes no Norte da África. Cada vez mais, o alto comando do exército começou a culpar seus comandantes civis por não terem dado apoio total à sua missão – e quando o governo não satisfez as demandas deles, eles finalmente organizaram uma tentativa séria de tomar o poder em Paris. Em um esforço desesperado para debelar um golpe militar, os líderes da Quarta República se voltaram para de Gaulle, que viu esta como sua última chance de redimir a visão de um governo presidencial forte, rejeitada pelos eleitores uma década antes.

Agindo com velocidade vertiginosa, o general assumiu o poder no fim de 1958 e obteve uma grande vitória para sua Constituição revolucionária em um referendo popular no ano seguinte – sendo em seguida eleito presidente da Quinta República.

A Parte 2 começa analisando o triunfo tardio de De Gaulle. Isso nos convidará a refletir sobre alguns paralelos marcantes com nossos casos anteriores – em particular, os eventos da Índia que, em última instância, permitiram que a Suprema Corte se estabelecesse como a principal defensora da Constituição revolucionária de 1950. Se meu argumento de que a República gaullista enfrentou crises de legitimação semelhantes em pontos de inflexão críticos for persuasivo, isso reforçará minha tese básica. Afinal, a França e a Índia são muito diferentes uma da outra – cultural, econômica e socialmente. Mesmo que nos limitemos a fatores políticos e jurídicos, diferenças marcantes permanecem. O sistema indiano é parlamentarista; o francês, presidencialista. As cortes indianas operam de acordo com as premissas da *common law*; o judiciário francês opera como um sistema paradigmático da *civil law*. No entanto, a dinâmica revolucionária de quatro estágios ainda fornece percepções organizadoras que ultrapassam essas linhas clássicas de comparação.

Desenvolvo meu argumento em dois capítulos. O Capítulo 7 é dedicado aos esforços de De Gaulle para constitucionalizar sua República presidencialista durante seu tempo no poder; o Capítulo 8 analisa a luta de seus sucessores para lidarem com o legado deixado por ele. Seu sucesso relativo em sustentar a legitimidade da Quinta República teve um impacto mundial – mais de trinta e cinco países adotaram o modelo gaullista de "semipresidencialismo" nos últimos sessenta anos.

Visto de longe, o novo modelo francês prometia evitar os perigos das alternativas mais familiares. Por um lado, os sistemas parlamentares europeus frequentemente experimentaram grande instabilidade – com gabinetes multipartidários perdendo repetidamente o apoio de membros-chave de suas coalizões de governo. Em comparação, uma presidência ao estilo francês promete maior estabilidade no médio prazo. Por outro lado, sistemas presidencialistas de estilo estadunidense notoriamente levam à paralisia se a presidência e o legislativo são controlados por partidos políticos antagônicos. Em contraste, o modelo francês prometia uma nova saída para esses impasses – mais notavelmente, ao autorizar o presidente a ameaçar a dissolução antecipada do Parlamento a menos que seus líderes adotem uma abordagem mais colaborativa. Estabilidade + colaboração = o que mais se poderia querer?

Meu estudo de caso da Polônia (Capítulos 9 e 10) serve como um chamado a uma reavaliação. O Solidariedade foi um dos maiores movimentos revolucionários dos tempos modernos

– com milhões de ativistas engajados em uma década de luta antes de forçarem os comunistas a recuar em 1989. Refletindo o amplo apelo do modelo francês, a liderança nacional do Solidariedade adotou um sistema semipresidencialista ao negociar sua transição pacífica ao poder em 1989.

Com resultados desastrosos. Eles não reconheceram o perigo na época, mas seu projeto "semipresidencialista" criou uma estrutura que encorajava a liderança revolucionária a se dividir em facções rivais – tentando Lech Walesa e seu colega de longa data, Tadeusz Mazowiecki, a competirem pela presidência. Quando Walesa se saiu vitorioso, ele alegou que os eleitores tinham dado a ele um mandato especial para governar em seu nome – apenas para descobrir que a liderança parlamentar do Solidariedade rejeitava sua reivindicação de falar pelo Povo de um lugar privilegiado. A competição contínua entre o presidente e o parlamento impossibilitou os dois lados de elaborarem uma nova Constituição para apresentar ao povo polonês.

Pior ainda, o amargo conflito de facções gerou uma alienação generalizada do público em geral. Ao cabo, Walesa, Mazowiecki e outros líderes ajudaram a inspirar milhões de poloneses comuns a se juntarem à luta do Solidariedade contra o comunismo, às vezes com grande sacrifício pessoal, durante a década de 1980. No entanto, a luta entre o presidente e o parlamento fez parecer que esses mesmos líderes tinham se esquecido do motivo pelo qual organizaram o Solidariedade inicialmente. Em 1995, os eleitores ficaram totalmente revoltados e varreram os velhos revolucionários do poder – substituindo-os por políticos que haviam colaborado visivelmente com o antigo regime comunista. Pois esses "comunistas reformados" pelo menos prometiam acabar com as calúnias e construir um governo sóbrio e estável. Uma vez no poder, a liderança pós-Solidariedade aproveitou a oportunidade para finalmente propor uma nova Constituição para a Polônia – que foi aprovada por margem estreita em um referendo caracterizado pela apatia generalizada e pela abstenção dos eleitores. O semipresidencialismo, em suma, desempenhou um papel central, embora pouco reconhecido, no fracasso do Solidariedade em constitucionalizar seu carisma.

Suponhamos que você esteja convencido. Mesmo assim, isso apenas levanta uma questão maior. Para colocar a questão em termos de tipos ideais: mesmo que a Constituição da Polônia de 1997 seja representada o mais adequadamente como uma construção de elite do Tipo Três, em vez de uma constituição revolucionária do Tipo Um, essa alteração de percurso é realmente tão importante?

Consideraremos essa questão ao lidar com as últimas duas décadas da política constitucional polonesa (Capítulo 10), mas ela também se destaca em nosso próximo estudo de caso comparado. Por todos os tipos de razões, os comparatistas não têm o hábito de comparar os desenvolvimentos constitucionais de Irã e Israel. No entanto, ambos os governos nasceram de revoluções – com os xiitas no Irã e os sionistas na Palestina lutando para estabelecer um "novo começo" na identidade política de sua nação. As duas políticas revolucionárias começam a divergir no Tempo Dois, mas de uma forma contraintuitiva.

A Declaração de Independência de Israel comprometeu publicamente o governo provisório sionista com a rápida promulgação de uma constituição – mas David Ben-Gurion repudiou essa promessa assim que se saiu vitorioso das urnas e seu partido-movimento, o Mapai, tornou-se o ator decisivo na Assembleia Constituinte de Israel. Em vez disso, ele convenceu o Knesset a adiar a constitucionalização para um futuro indefinido. Como veremos no Capítulo 11, a construção de um sistema sério de freios e contrapesos não foi levada a sério até a geração seguinte, no Tempo Três, quando o país enfrentou sua própria versão de uma crise de sucessão.

Em contraste, como veremos no Capítulo 12, o Aiatolá Khomeini seguiu um curso muito diferente. Sua oposição revolucionária ao Xá o forçou ao exílio por treze anos – de modo que ele ainda vivia em Paris quando a autoridade do Xá começou a se desintegrar a olhos vistos. Enquanto se preparava para seu retorno triunfante, Khomeini recorreu a um parceiro de confiança, Hassan Habibi, para preparar um projeto de constituição a ser apresentado à nação após sua chegada à pátria. Esse "projeto de Paris" fazia a reivindicação chave de que o Irã revolucionário deveria se transformar em uma *República* Islâmica – comprometida tanto com os valores islâmicos quanto com o autogoverno republicano. Após sua chegada ao Irã, o Aiatolá deu alta prioridade à realização dessa visão constitucional. Seu governo provisório rapidamente convocou eleições para uma Assembleia Constituinte, conhecida como Conselho de Especialistas Constitucionais, e uma versão revisada do "projeto de Paris" foi apresentada como base para o debate popular na campanha eleitoral. Essa foi a primeira vez que os iranianos elegeram representantes desde a queda do Xá, e a única missão do Conselho era enquadrar o significado constitucional da política de alta energia que estava impulsionando a revolução. Uma vez reunido, o Conselho passou três meses debatendo o projeto provisório, o que levou a uma revisão fundamental. O Conselho, então, apresentou sua proposta final aos eleitores, que a aprovaram em dezembro de 1979 – apenas dez meses depois de o Aiatolá ter retornado à sua terra natal.

Chegamos, então, ao nosso primeiro paradoxo: em Israel foram os sociais-democratas liberais como David Ben-Gurion que deixaram passar a oportunidade de constitucionalizar o carisma revolucionário de seu movimento; enquanto isso, o líder religioso supremo do povo iraniano seguiu gente como Mandela e de Gaulle e aproveitou o momento de fundação para estabelecer a constituição da República Islâmica com base na soberania popular.

Esse primeiro paradoxo leva a outro. Como sugeri, a adoção do semipresidencialismo na Polônia está na raiz do fracasso do Solidariedade em mobilizar o amplo consentimento popular para uma constituição revolucionária no Tempo Dois. No entanto, a adoção do semipresidencialismo ao estilo francês é responsável pelo notável sucesso do Irã em sustentar um sistema constitucional de freios e contrapesos no longo prazo.

O projeto original da Constituição do Irã não foi apenas escrito em Paris; foi em grande parte obra de Hassan Habibi, que recebera seu doutorado em direito e sociologia pela Sorbonne. Era natural que Habibi se voltasse para a forma de governo que ele conhecia melhor – a Quinta República Francesa – como fonte de inspiração. Seu projeto foi fortemente inspirado – tanto na linguagem, quanto na estrutura – no original gaullista. Ao longo dos debates de 1979, o Conselho de Especialistas Constitucionais revisou o projeto de Habibi para enfatizar o caráter islâmico do "novo começo" do Irã – principalmente, ao incorporar a posição de Líder Supremo na estrutura gaullista. Mas não tentou uma revisão completa das disposições substantivas e estruturais que Habibi havia tomado emprestadas da Quinta República. Como consequência, um presidente eleito pelo Povo, junto com outras instituições de inspiração francesa, manteve um lugar de destaque na ordem constitucional iraniana.

A presidência de estilo francês teria um papel decisivo no longo prazo. Quando o Aiatolá morreu em 1989, sua saída de cena gerou uma crise de sucessão característica. Como nos casos de Nehru e Mandela, De Gasperi e de Gaulle, não havia ninguém na elite revolucionária iraniana que pudesse se equiparar remotamente ao carisma pessoal do falecido Khomeini. Além disso, Ali Khamenei, seu sucessor como Líder Supremo, foi escolhido deliberadamente apesar de sua falta de credenciais religiosas elevadas. A escolha de um clérigo de segunda categoria abriu caminho para que presidentes ao estilo francês eleitos pelo Povo reivindicassem mandatos dos eleitores para perseguir políticas contrárias ao líder já não tão supremo. Eleição após eleição, o equilíbrio de autoridade entre o líder e o presidente variou – dependendo do caráter dos mandatos presidenciais específicos e da habilidade de Khamenei em manipular as formidáveis alavancas do poder institucional disponíveis a ele. No entanto, o Irã é atualmente uma república islâmica paradigmática – com a reivindicação do Líder Supremo de representar a vontade de Deus em constante disputa com a reivindicação do presidente de representar a vontade do Povo. É um grande erro confundir esse sistema de freios e contrapesos com os regimes autoritários que prevalecem na Arábia Saudita e em outras partes do Oriente Médio.

Portanto, a experiência negativa polonesa com o modelo francês não pode ser generalizada em uma regra rígida. Às vezes, o semipresidencialismo mina o constitucionalismo revolucionário; às vezes, o promove. Mas devemos aguardar o desenvolvimento total de nossos estudos dos casos polonês e iraniano antes de podermos nos envolver em uma análise disciplinada dos fatores que desempenharam um papel positivo ou negativo no processo geral de legitimação.

Até este ponto da discussão, estive olhando para trás, para algumas das maiores revoluções constitucionais do século XX. Meu objetivo é convidá-los a se juntar ao esforço de construir uma estrutura que permitirá novas percepções sobre seu caráter específico. Se meu modelo de Quatro Tempos se provar útil, ele deve também fornecer uma melhor compreensão dos problemas fundamentais enfrentados pelos exercícios de constitucionalismo revolucionário do século XXI.

O Capítulo 11 explora essa possibilidade considerando a situação difícil que Aung San Suu Kyi enfrenta na Birmânia. A partir de 1989, ela passou a maior parte do tempo na prisão ou em prisão domiciliar, depois que os militares reprimiram brutalmente uma insurgência popular que apoiava seu apelo por um "novo começo". Mas um movimento revolucionário ressurgente forçou os militares a recuarem e conceder a ela uma posição central no atual governo. Mesmo assim, sua autoridade efetiva é profundamente restringida pela Constituição que os generais impuseram à nação em 2010. Como consequência, ela enfrentou algumas questões fundamentais ao assumir o poder: deveria mobilizar seu movimento em prol de uma nova Assembleia Constituinte que poderia eliminar essas limitações – correndo o risco de os militares responderem com outra rodada brutal de repressão? Ou deveria adiar o esforço de constitucionalizar o carisma de seu movimento e se envolver em uma negociação de elite com os generais, a fim de facilitar o caminho para uma transição negociada à democracia?

Não há resposta fácil para essas perguntas – ela exige que Aung San Suu Kyi pese os riscos da repressão militar e os benefícios de convocar seu movimento para repudiar a Constituição dos generais de 2010 e empreender um "novo começo" revolucionário na identidade constitucional do país. No entanto, nossos estudos de caso do século XX esclarecem os riscos envolvidos e sugerem que a escolha de Su Kyi por um caminho elitista preparou o cenário para a trágica expulsão de centenas de milhares de refugiados ruaingas do país.

Volto-me finalmente para minha própria terra natal, os Estados Unidos, e considero como as pesquisas deste livro sobre "novos começos" tentados na África, Ásia e Europa esclarecem a crise constitucional do país na era de Trump. Existe algo realmente específico nos grandes pontos de inflexão do desenvolvimento constitucional estadunidense? Ou eles são mais bem compreendidos como variações de temas representados em outras partes do mundo durante o século XX?

Em outras palavras: os Estados Unidos da América são realmente um caso excepcional?

Convido meus leitores a fazerem essa pergunta à medida que avançam na consideração dos estudos dos casos concretos. Esboçarei minhas próprias respostas no Capítulo 13.

CAPÍTULO II

CONSTITUCIONALISMO DO PARTIDO MOVIMENTO: ÍNDIA

Existem três bastiões do constitucionalismo democrático na Ásia: Índia, Japão e Austrália/Nova Zelândia. Cada sistema está ancorado em muitas décadas de prática bem-sucedida, e haveria grandes consequências se esses países não fossem capazes de revigorar seus legados do século XX. Esses contratempos não apenas lançariam uma sombra sobre os esforços de construção constitucional mais recentes na região. Os principais fracassos teriam significado histórico mundial, dada a ascensão da Ásia a potência mundial no século XXI.

A Ásia, como a Europa, é um lugar de muitos paradigmas. A constituição da Índia é revolucionária; a do Japão é uma construção de elite. A Austrália e a Nova Zelândia adaptaram tradições pró-*establishment* herdadas de Westminster. Seria um erro começar nossa investigação com conversa fiada sobre o "constitucionalismo asiático". O assunto é mais bem abordado se considerarmos cada um dos principais regimes como um exemplo de seu respectivo tipo ideal.

Dada minha preocupação com o constitucionalismo revolucionário, me concentrarei aqui na Índia e adiarei outros regimes asiáticos para volumes posteriores. A experiência da Índia fornece um ponto de partida particularmente útil, uma vez que permite uma perspectiva multigeracional sobre a dinâmica de quatro estágios característica desse tipo ideal. Começaremos no Tempo Um, com Gandhi e Nehru transformando o Partido do Congresso (conhecido simplesmente como Congresso) em um movimento de massas durante a primeira metade do século XX – e então nos voltaremos ao esforço do Tempo Dois para constitucionalizar a política revolucionária na Fundação, e depois passaremos à amarga crise de sucessão do Tempo Três e, finalmente, ao esforço da Suprema Corte no Tempo Quatro para se estabelecer como o principal defensor dos princípios constitucionais legados pela Constituição revolucionária estabelecida pelos Fundadores.

Essa história de um século servirá como ponto de referência ao longo deste livro, mas será particularmente útil em nosso segundo estudo de caso: o da África do Sul. Existem algumas semelhanças impressionantes entre o Congresso Nacional Africano e seu homólogo indiano. No entanto, os dois movimentos de libertação nacional assumem formas diferentes durante seus períodos de insurgência – em parte por causa das maneiras muito diferentes pelas quais os regimes britânico e africâner enfrentaram o surgimento das ameaças revolucionárias.

Em termos gerais, os governos respondem às insurgências combinando duas estratégias: coerção e cooptação. Mas as combinações podem ser muito diferentes. Os britânicos usaram a força na Índia com frequência, mas também tentaram domar o Congresso oferecendo-lhe um papel secundário no governo imperial. Gandhi inicialmente resistiu a essas ofertas, mas o Congresso de Nehru aceitou o convite britânico e participou vigorosamente das eleições para as assembleias consultivas estabelecidas pelo Raj. Isso não apenas exigiu que o Congresso se engajasse no árduo trabalho político envolvido na organização de um partido-movimento. As vitórias do partido nas urnas permitiram que seus líderes usassem as assembleias coloniais como plataformas para legitimar suas reivindicações de falar pelo Povo.

O regime do *apartheid* na África do Sul foi muito mais brutal. Ele deflagrou um esforço militar intensivo para esmagar o CNA. Isso impossibilitou os insurgentes de estabelecerem um partido-movimento bem-organizado como o indiano. Em vez disso, a repressão dos africâneres dividiu a liderança do CNA em duas. Nelson Mandela e seus companheiros revolucionários foram aprisionados na Ilha Robben, enquanto Oliver Tambo montava um CNA no exílio a partir de movimentos muito díspares. Ao mesmo tempo, simpatizantes do CNA que se mantiveram no país foram levados à clandestinidade e não tinham capacidade para coordenar seus esforços locais com outros ativistas em outras cidades e regiões.

Junto com sua campanha contínua de repressão, o governo do Partido Nacional da África do Sul fez esforços intermitentes de cooptação. Mas sua forte dependência da força bruta minou a confiança necessária para que o CNA levasse esses gestos a sério. Em vez disso, a violência sistemática do regime levou o CNA a patrocinar um formidável exército de guerrilha, a Lança da Nação – que a liderança civil do CNA tinha dificuldade de controlar.

Esses diferentes padrões de desenvolvimento do movimento na Índia e na África do Sul fizeram uma grande diferença no Tempo Dois – quando os dois movimentos revolucionários elaboraram constituições em nome do Povo. Nelson Mandela enfrentou problemas para obter o apoio de seus partidários fragmentados em uma escala que Nehru e seus aliados não encontraram. A resposta de Mandela a esse "problema de coordenação" preparará o terreno para uma análise de problemas análogos levantados por divisões semelhantes em estudos de caso posteriores.

O caso indiano oferece uma segunda perspectiva de orientação. A experiência de democracia constitucional da África do Sul já dura um quarto de século. Embora todos os presidentes da República revolucionária tenham desempenhado papeis significativos na luta de libertação, nenhum deles tinha a centralidade carismática de Mandela. Sua saída do cargo levou a uma série de crises de sucessão, à medida que os principais concorrentes competiam pela posição.

Isso também ocorreu na Índia – que passou por uma crise particularmente explosiva. Embora a transição da África do Sul para o Tempo Três permaneça uma dúvida, a história muito mais longa da Índia nos permite ver como ela conseguiu resolver seu dilema de uma forma que permitiu à Suprema Corte e outras instituições independentes estabelecerem-se como os defensores proeminentes do legado revolucionário da nação.

Mas chega de adiantar as próximas atrações.

2.1 Tempo Um: a transformação do Congresso

Quando o Congresso foi fundado, ele não tinha ambições revolucionárias nem apelo de massas. Foi uma criação das elites anglófilas no final do século XIX – que se inspiraram nas ideias de John Stuart Mill e outros liberais para juntar-se aos britânicos no governo do subcontinente. As elites que entraram no serviço civil imperial e nas assembleias coloniais em resposta ao convite de Westminster enfrentaram um obstáculo formidável: a extraordinária diversidade linguística, religiosa, política e social do subcontinente parecia condenar um projeto tão grandioso. Para preencher as enormes lacunas que separavam comunidades específicas, as elites teriam que realizar nada menos do que uma reavaliação fundamental de seu relacionamento com a sociedade tradicional. Embora suas famílias já tivessem desempenhado um papel de liderança nas culturas dominantes de sua região, eles teriam que se preparar para se engajar no grande projeto de construir uma Índia Esclarecida que abrangesse todo o subcontinente.[31] O Partido do Congresso

---

31 SEN, Sarbani. *The constitution of India*: popular sovereignty and democratic transformations. Nova York: Oxford University Press, 2007, pp. 45-52.

serviu como o principal veículo para coordenar os esforços desses ocidentalizadores para participar do governo do império.

Depois que Gandhi retornou à Índia em 1915, ele desafiou cada vez mais essa visão evolucionista e elitista. Ele pediu ao Congresso que repudiasse o legado britânico de governo de cima para baixo e se engajasse em uma mobilização de baixo para cima para a construção de uma Índia independente baseada na rica diversidade da vida da aldeia e regional.[32]

A ascensão de Gandhi à presidência do Partido do Congresso em 1921 sinalizou uma vitória sobre a velha guarda, mas não garantiu o triunfo decisivo de sua visão. Ao contrário, líderes mais jovens como Nehru e outros socialistas democráticos viam Gandhi como um romântico pouco prático. Do ponto de vista deles, sua idealização da vida na aldeia ocultava a ignorância generalizada, as desigualdades e os ódios religiosos que eram realidades cotidianas da experiência vivida.

A solução dada por eles: manter a ênfase anterior do Congresso em obter o controle das instituições do Estado, mas desta vez para fins revolucionários. Não bastava colaborar com os britânicos, ou mesmo se libertar do império e declarar independência. O desafio era construir um Estado social e democrático forte que pudesse assumir a liderança na transformação de padrões arraigados de casta e classe que geravam opressão das massas.[33]

---

32 MANTENA, Karuna. "On Gandhi's critique of the state: sources, contexts, conjunctures". *Modern Intellectual History*, vol. 9, 2012, p. 535.

33 Para visões diferentes das perspectivas concorrentes, ver ANDERSON, Perry. *The Indian ideology*. Nova Delhi: Three Essays Collective, 2012; NUSSBAUM, Martha. *The clash within*: democracy, religious, violence, and India's future. Londres: Belknap Press, 2007; NANDA, Bal (*et al.*). *Gandhi and Nehru*. Nova Delhi: Oxford University Press, 1979. Os partidos socialista e comunista também desempenharam um papel na luta de independência, mas nunca foram capazes de desafiar a posição dominante do Congresso. GUHA, Ramachandra. *India after Gandhi*: the history of the world's largest democracy. Londres: Macmillan, 2007, pp. 24/25.

Dado seu profundo desacordo, o conflito entre gandhianos e nehruvianos poderia ter dividido o Congresso em organizações rivais com visões concorrentes. Mas isso não aconteceu. As campanhas de desobediência civil de Gandhi serviram aos propósitos de curto prazo tanto dos centralizadores quanto dos descentralizadores – abalando as reivindicações britânicas de autoridade de maneiras que mobilizaram um apoio de massas crescente para as mudanças fundamentais.

Os britânicos também ajudaram a manter o Congresso unido. O Raj respondeu às manifestações de massas com violência e detenções – enfatizando a necessidade de ambas as alas unirem forças em uma luta comum pela independência. Mas a repressão não foi tão generalizada a ponto de destruir o Congresso como uma presença social. Gandhi, Nehru e muitos outros foram para a prisão várias vezes, mas eles voltavam regularmente para liderar novas rodadas de protestos, catalisando inúmeras manifestações de baixo para cima em nível local.

Embora o movimento tenha mantido seu ímpeto, os britânicos não foram capazes de oferecer ao Partido do Congresso um papel sério no governo imperial. Durante o primeiro terço do século, apenas uma pequena minoria de nativos – aproximadamente 3% da população – tinha permissão para escolher representantes nas assembleias consultivas que os britânicos tinham construído para ajudar a governar o subcontinente. Mesmo esse pequeno grupo só poderia escolher uma minoria de delegados – a maioria era nomeada pelo Raj, sem qualquer simulação de participação popular.[34] Isso facilitou a tarefa de Gandhi de persuadir o Congresso a denunciar as eleições imperiais como farsas e organizar boicotes nas urnas para protestar contra seu caráter fraudulento.

---

34 O Ato do Conselho de 1861 criou a estrutura consultiva básica, que evoluiu lentamente em direções mais inclusivas. MUKHERJEE, Mithi. *India in the shadows of empire*: a legal and political history, 1774-1950. Nova Delhi: Oxford University Press, 2010; SARKAR, Sumit. *Modern India, 1885-1947*. Londres: Macmillan, 2005, pp. 14-19.

Mas as visões conflitantes apresentadas por Gandhi e Nehru foram postas à prova com a aprovação da Lei do Governo da Índia de 1935. A nova iniciativa expandiu o sufrágio para 29% da população e abriu todas os assentos nas assembleias provinciais ao voto popular.[35] Se o Congresso apresentasse seus próprios candidatos, ele poderia usar as assembleias como plataformas para ampliar seu apelo de massas.

Já em 1929, Gandhi, com 62 anos, entregou a presidência do Congresso a Nehru, de 40; mas em 1934 Gandhi renunciou inteiramente ao Congresso, divorciando-se do esforço da próxima geração para obter o controle democrático das posições de alto comando.[36] Isso marcou um momento crítico em que o Congresso, de maneira autoconsciente, deixou de ser um movimento de protesto e se tornou um partido-movimento com o objetivo de obter o controle do Estado. Essa transformação provocou um grande aumento no engajamento popular. À medida que o Congresso apresentava candidatos para as novas assembleias, o número de membros do partido disparou de 500 mil em 1935 para 4,5 milhões em 1938. Quando os votos foram contados, o partido do movimento dominou oito das onze assembleias provinciais e assumiu o controle de metade dos assentos abertos a eleição popular na assembleia legislativa central em Nova Delhi.[37]

---

35 SATHE, S. P. "India: from positivism to structuralism". *In*: GOLDSWORTHY, Jeffrey. *Interpreting constitutions*: a comparative study. Nova York: Oxford University Press, 2006.

36 ANDERSON, Perry. *The Indian ideology*. Nova Delhi: Three Essays Collective, 2012, pp. 49-55; NUSSBAUM, Martha. *The clash within*: democracy, religious, violence, and India's future. Londres: Belknap Press, 2007, p. 120; NANDA, Bal (*et al.*). *Gandhi and Nehru*. Nova Delhi: Oxford University Press, 1979.

37 TOMLINSON, B. R. *The Indian National Congress and the Raj*. Londres: Macmillan, 1972, pp. 32-48 e 71/72. O número de nomeações imperiais ainda era grande na Assembleia Legislativa Central, mas o Congresso ganhou 44 dos 88 assentos abertos a eleição. TOMLINSON, B. R. *The Indian National Congress and the Raj*. Londres: Macmillan, 1972, pp. 42/43.

Apesar da oposição de Gandhi ao governo burocrático centralizado, ele preparou o terreno para esse sucesso. Durante seu tempo de liderança, ele desenvolveu redes consultivas elaboradas que vinculavam a liderança nacional do Congresso às organizações provinciais e locais.[38] Ele também permaneceu uma figura carismática muito depois de sua renúncia formal à presidência do partido – desempenhando um papel central nas manifestações de massas do *Quit India* durante a Segunda Guerra Mundial.[39]

No entanto, as amplas vitórias eleitorais do Congresso em 1937 resolveram decisivamente uma questão fundamental na mente do público: a luta revolucionária seria travada, antes de mais nada, por uma cidadania mobilizada que não apenas exigia independência, mas apoiava o esforço do Congresso para obter o controle das instituições centrais e permitir ao Povo da Índia quebrar o domínio de casta e classe e alcançar a justiça do mundo real para todos.[40]

Após a conclusão da Segunda Guerra Mundial, o Congresso enfrentou um Império Britânico dramaticamente enfraquecido pela guerra contra os nazistas. Com a chegada da paz, o arqui-imperialista Winston Churchill foi prontamente afastado do cargo e o novo governo trabalhista de Clement Attlee não estava disposto a

38 Perry Anderson percebe a importância da ênfase dada por Gandhi aos vínculos organizacionais entre os níveis nacional e local: ANDERSON, Perry. *The Indian ideology*. Nova Delhi: Three Essays Collective, 2012, p. 17.

39 ANDERSON, Perry. *The Indian ideology*. Nova Delhi: Three Essays Collective, 2012, pp. 43/44. ("O movimento *Quit India* foi imposto por Gandhi a uma relutante Liderança do Congresso, que não estava convencida. Esse foi seu lance final").

40 À medida que o conflito entre hindus e muçulmanos no pós-guerra aumentou, Gandhi reconheceu que havia sido deixado de lado: "Houve um tempo em que a minha voz era forte. Então, todos obedeciam ao que eu dizia; agora nem o Congresso, nem os hindus, nem os muçulmanos me ouvem". ALAM, Javeed. "The nation and the State in India". *In*: HASAN, Zoya (*et al.*). *India's living constitution*: ideas, practices, controversies. Londres: Anthem, 2005, pp. 83 e 96.

desperdiçar seus escassos recursos em uma luta de tudo ou nada pela hegemonia imperial.

Em vez disso, Attlee fez um despacho ao último vice-rei imperial, Lord Moutbatten, para que estabelecesse uma estrutura constitucional para uma Índia independente antes de a Grã-Bretanha sair de cena. Mountbatten inicialmente pretendia estabelecer um sistema federativo para todo o subcontinente – permitindo que tanto muçulmanos quanto hindus exercessem poderes substanciais de autogoverno onde fossem a maioria regional. Essa parecia uma perspectiva razoável, já que o chefe da Liga Muçulmana, Mohammed Jinnah, afirmava os mesmos princípios políticos propostos por Nehru. Ambos eram socialistas democráticos com fortes convicções iluministas, comprometidos com a criação de uma identidade constitucional para o subcontinente que transcendesse as divisões religiosas e étnicas.[41]

No entanto, os esforços iniciais de Mountbatten para preencher essa lacuna fracassaram. Em vez de gastar mais tempo e esforço tentando obter amplo apoio para uma solução federativa, os britânicos simplesmente desistiram e retiraram-se de cena. Isso criou um vácuo militar, que permitiu que os ódios religiosos explodissem em assassinatos em massa em uma escala trágica – forçando milhões de muçulmanos e hindus a fugir pelas fronteiras contestadas que separavam a Índia do Paquistão para salvar suas vidas.

A Ásia não se recuperou desse desastre sangrento – que gerou uma série de guerras e continua a ameaçar a paz. Mas para os nossos objetivos atuais, apenas um ponto é importante: a criação

41 Em contraste com o Congresso, a Liga Muçulmana carecia de vínculos bem desenvolvidos entre os principais líderes e seguidores, característicos de um "partido-movimento" de fato. Ainda em 1943, por exemplo, a Liga carecia de uma organização de base forte em Punjab, um pilar do novo Estado do Paquistão. TUDOR, Maya. *The promise of power*: the origins of democracy in India and autocracy in Pakistan. Cambridge: Cambridge University Press, 2013, pp. 123/124.

do Paquistão moldou profundamente a trajetória da Índia ao constitucionalismo revolucionário. Isso significava que a Assembleia Constituinte convocada por Mountbatten não era o cenário de uma negociação complexa entre os líderes do Partido do Congresso e da Liga Muçulmana sobre os termos do destino político de seu subcontinente. A repartição do território reduziu a população muçulmana da Índia a 11%, permitindo ao Congresso dominar os procedimentos.[42] A Assembleia fez uma série de concessões significativas aos muçulmanos e a outros grupos minoritários, mas não havia mais dúvidas de que o Partido do Congresso indiano estava dando as cartas. A Índia, em suma, serve como um caso paradigmático que envolve a construção de um novo regime por um partido-movimento *hegemônico*.[43]

2.2 Tempo Dois: da revolução à Constituição

Quando vista através das lentes jurídicas tradicionais, a Assembleia Constituinte indiana não se qualifica como uma assembleia revolucionária. Nas formas prevalecentes de Positivismo Jurídico, o estatuto da Assembleia é definido pela resposta a uma única pergunta: ela foi convocada de modo a romper com as "regras de reconhecimento" estabelecidas pelo regime anterior?

A resposta é não. Todos os comentadores reconhecem que a Assembleia Constituinte foi construída por Lord Mountbatten e funcionou estritamente de acordo com sua concessão legal de autoridade. Na verdade, os procedimentos de Mountbatten

---

42 Após a repartição, a parcela de assentos do Congresso na Assembleia Constituinte indiana aumentou de 69% para 82%. SATHE, S. P. "India: from positivism to structuralism". *In*: GOLDSWORTHY, Jeffrey. *Interpreting constitutions*: a comparative study. Nova York: Oxford University Press, 2006, p. 215.

43 LERNER, Hanna. *Making constitutions in deeply divided societies*. Nova York: Cambridge University Press, 2011, pp. 109-151 – que observa esse ponto, mas não reflete suficientemente sobre sua importância.

enfatizaram seu papel organizador no caso. Ele se recusou a ordenar novas eleições para permitir que os eleitores escolhessem seus representantes para a Assembleia – sob o argumento de que uma acirrada disputa eleitoral inflamaria ainda mais a forte tensão entre hindus e muçulmanos. Em vez disso, ele pediu às assembleias provinciais já existentes que elegessem representantes para compor a nova instituição.[44]

Mesmo esse gesto foi comprometido por um déficit democrático fundamental – a última eleição para essas legislaturas havia sido realizada no inverno de 1945-1946. Embora o Congresso tivesse obtido uma vitória abrangente, as questões constitucionais não estavam na ordem do dia – na verdade, nem mesmo estava claro se o subcontinente seria dividido em dois. Do ponto de vista positivista, a Assembleia Constituinte era uma criatura *exclusiva* de Lord Mountbatten, sem qualquer vínculo jurídico com a soberania popular.

Pior ainda, depois que os três anos de trabalho árduo da Assembleia culminaram em um projeto de Constituição em 1950, ela não apresentou sua iniciativa ao público geral para um debate autoconsciente e decisão em um referendo. Em vez disso, alegou ter autoridade suficiente para promulgar a Constituição por conta própria. Em muitos outros lugares ao redor do mundo, tais afirmações de poder de cima para baixo condenaram todo o projeto – com o público em geral olhando com descrença para a arrogância institucional exibida na capital do país.

No entanto, isso não ocorreu no caso da Assembleia Constituinte da Índia. Por que não?

---

44 Para um breve resumo, ver MEHTA, Uday. “Indian constitutionalism: the social and the political vision”. *In*: JAYAL, Niraja; MEHTA, Pratap. *The Oxford companion to politics in India*. Nova Delhi: Oxford University Press, 2010, pp. 15 e 19; RAO, Benegal Shiva. *The framing of the Indian constitution*: select documents. Nova Delhi: Indian Institute of Public Administration, 1967, pp. 292-294.

Como poderia tal fantasma do Império Britânico estabelecer de maneira confiável uma Constituição em nome de "Nós, o Povo da Índia"?

Os positivistas não oferecem recursos para responder a essa pergunta.[45]

***

É Jawaharlal Nehru, e não Hans Kelsen, quem dá a resposta em seu grande discurso de 1947, marcando o momento em que a Índia declarou sua independência da Grã-Bretanha em 15 de agosto:

> Há muitos anos, tivemos um encontro com o destino, e agora chega a hora em que resgataremos nossa promessa, não de maneira completa ou em total medida, mas substancialmente. Ao bater da meia-noite, quando o mundo for

45 Na Lei de Independência da Índia de 1947, o Parlamento britânico confirmou formalmente a autoridade da Assembleia Constituinte para promulgar uma constituição. Também autorizou a Assembleia a servir de base para um governo interino, chefiado por Nehru, que promulgou amplas iniciativas legislativas exigidas por uma série de problemas urgentes. Como parte desse acordo provisório, a Grã-Bretanha manteve a soberania nominal. Mountbatten não serviu mais como vice-rei, mas se tornou governador-geral. Embora tenha continuado a desempenhar um importante papel político até deixar o país em junho de 1949, sua posição formal o confinou às mesmas funções limitadas exercidas por representantes da Coroa em outros domínios autônomos. Após sua partida, um importante político do Congresso, Chakravarti Rajagopalachari, tornou-se o primeiro e último indiano a servir como chefe do Raj britânico – com seu cargo desaparecendo com a promulgação da Constituição em 1950. Nesse momento de transição, a Assembleia Constituinte frisou que falava em nome de "Nós, o Povo da Índia", recusando-se a submeter a Constituição à aprovação formal do governador-geral, uma vez que a República recém-criada se tornaria, dali em diante, totalmente independente da Grã-Bretanha. Para um trabalho cuidadoso sobre os paradoxos jurisprudenciais levantados por essa corrida final em torno da aprovação do governador-geral, ver SWAMINATHAN, Shivprasad. "India's benign constitutional Revolution". *The Hindu*, nov. 2016. Disponível em: http://www.thehindu.com /opinion/lead/India%E2%80%99s-benign-constitutional-revolution/article12318419.ece. Acessado em: 06.01.2022.

> dormir, a Índia despertará para a vida e a liberdade. Chega um momento, que raramente acontece na história, quando saímos do velho para o novo, quando uma era termina e a alma de uma nação, há muito reprimida, encontra expressão. É justo que neste momento solene assumamos o juramente de dedicação ao serviço da Índia e do seu povo e à causa ainda maior da humanidade.
>
> (...) Terminamos hoje um período desafortunado e a Índia se reencontra. A conquista que hoje celebramos é apenas um passo, uma abertura de oportunidade para os triunfos e conquistas maiores que nos esperam. Somos corajosos e sábios o suficiente para agarrar esta oportunidade e aceitar o desafio do futuro?
>
> Liberdade e poder trazem responsabilidade. A responsabilidade recai sobre esta Assembleia, um órgão soberano que representa o povo soberano da Índia. Antes do nascimento da liberdade, suportamos todas as dores do parto e nossos corações estão pesados com a lembrança dessa tristeza. No entanto, o passado acabou e é o futuro que nos chama agora. Esse futuro não é de tranquilidade ou descanso, mas de incessante empenho para que possamos cumprir as promessas que tantas vezes assumimos e a que assumiremos hoje.[46]

Quem é o "nós" que confronta esse "encontro com o destino"? É o Partido do Congresso, cujos milhões de ativistas fizeram inúmeros sacrifícios durante os "longos anos" de luta revolucionária em nome do povo da Índia. Foi essa luta, não as formas jurídicas imperiais, que trouxe a Índia a "um momento, que raramente acontece na história, quando saímos do velho para o novo, quando uma era termina e a alma de uma nação, há muito reprimida, encontra expressão".

---

46 NEHRU, Jawaharlal. "Speech on the granting of independence, 14 August 1947". *In*: MacARTHUR, Brian. *The penguin book of twentieth century speeches*. Londres: Viking, 1992, pp. 234-237.

Em outros lugares, tal afirmação extática de autoridade carismática serviu de base para o Líder Supremo e seu partido expressarem a "alma da nação" de maneira totalitária. Mas esse é exatamente o movimento que Nehru não faz. Em vez disso, ele está *transferindo* muito autoconscientemente a autoridade revolucionária conquistada pelo Congresso à Assembleia – invocando o carisma de seu partido-movimento para transformar a criação jurídica do vice-rei no "órgão soberano que representa o povo soberano da Índia". Esse é o primeiro passo de uma dinâmica contínua que produzirá a constitucionalização do carisma.

Nehru também expõe a agenda substantiva da Assembleia de uma forma reveladora: o desafio, ele explica, é "cumprir as promessas que nós [o Congresso] assumimos tantas vezes e que assumiremos hoje". Isso serve como um exemplo concreto da *lógica da reafirmação* que desempenhou um papel fundamental em meu relato abstrato do tipo ideal revolucionário. Neste modelo, o ponto básico da Constituição é olhar tanto para o passado quanto para o futuro – alertando o Povo de que o novo regime está determinado a evitar que o governo traia os ideais centrais que justificaram a mobilização anterior do movimento contra o antigo regime: "Antes do nascimento da liberdade, suportamos todas as dores do parto e nossos corações estão pesados com a lembrança dessa tristeza. No entanto, o passado acabou e é o futuro que nos chama agora".

Nehru está criando aqui o vínculo entre o Tempo Um e o Tempo Dois, que é central para a lógica de reafirmação da constituição revolucionária.

Ao mesmo tempo, o significado duradouro dos ideais revolucionários do Povo deve ser definido de uma forma distinta: "Liberdade e poder trazem responsabilidade". Nehru e o Congresso não estão dando um grande salto em direção à utopia: "resgataremos nossa promessa, não de maneira completa ou em total medida, mas substancialmente". Este é precisamente o ponto de uma revolução em escala humana: construir uma constituição que estabeleça um conjunto de "compromissos" que servirão de guias eficazes para a "busca incessante" por um futuro melhor.

O caráter revolucionário desses esforços foi simbolizado pelo papel de B. R. Ambedkar na elaboração do texto constitucional. Entre todos os membros da liderança nacional, ele se destacou como um intocável entre os hindus de casta superior que dominavam os altos escalões. Ao servir como principal arquiteto da Constituição, Ambedkar estava quebrando todos os princípios de legitimação da sociedade indiana tradicional, que condenava os intocáveis como párias.

Mas esse era exatamente o ponto – sua quebra da tradição apenas aumentou a autoridade da Assembleia para promulgar uma Constituição iluminista em nome do Povo.

A carreira profissional de Ambedkar transmitia a mesma mensagem. Apesar de seu desprezível *status* de casta, ele conseguiu obter uma educação ocidental e provou-se um aluno muito destacado – ganhando bolsas de estudo na Universidade de Columbia e na London School of Economics, sendo também admitido na Ordem dos Advogados britânicos. Quando retornou à Índia, ele poderia facilmente ter desfrutado de uma carreira distinta como advogado do *establishment*. Mas ele dedicou suas energias para liderar um movimento em nome dos direitos dos intocáveis. Esse envolvimento de alto risco poderia tê-lo levado ao empobrecimento pessoal e à prisão. No entanto, esse encrenqueiro revolucionário havia se tornado o principal modelador da vontade constitucional da nação – um papel que ele desempenhou com grande distinção, trazendo para a empreitada uma mente brilhante e uma educação iluminista cosmopolita.[47]

---

47 JAFFRELOT, Christophe. *Dr. Ambedkar and Untouchability*: analysing and fighting caste. Londres: Hurst, 2005, pp. 106-114, que sugere como os ideais liberais e democráticos de Ambedkar suavizaram os compromissos mais socialistas do Congresso de Nehru sem eliminá-los. Esses pontos são

Com o apoio de Nehru, Ambedkar e seus colegas forjaram uma carta revolucionária. Seu caráter transformador é facilmente ignorado pelos legalistas convencionais, que enfatizam que quase três quartos do texto derivaram da Lei do Governo da Índia de 1935.[48] Mas em revoluções em escala humana, o caráter de uma Constituição não pode ser determinado por uma contagem de palavras. A questão crítica é se os novos textos e padrões institucionais revisam fundamentalmente o significado do todo.

Por esse critério, a Constituição indiana qualifica-se claramente. Para começar, a ordem imperial impunha restrições dramáticas ao sufrágio; em contraste, "Nós, o Povo da Índia", abrimos as urnas para todos os adultos, independentemente de casta, gênero ou alfabetização. A Assembleia seguiu essa visão de cidadania comum com amplas concessões de poder ao governo para erradicar as desigualdades arraigadas da vida tradicional – autorizando intervenções ativas do Estado em uma escala anteriormente inimaginável. No entanto, essas concessões de autoridade para a transformação permaneceram limitadas. A Constituição salvaguardou enfaticamente as liberdades políticas clássicas e também concedeu proteções liberais aos direitos de propriedade privada.

Essa combinação autoconsciente de autoridade para transformar e limitação fundamental revolucionou outro legado imperial.

---

reconhecidos, embora a contragosto, no relato ferozmente crítico de Perry Anderson sobre o nascimento da República Indiana. ANDERSON, Perry. *The Indian ideology*. Nova Delhi: Three Essays Collective, 2012, pp. 137-139.

48 Em um texto de referência, Subhash Kashyap enfatiza que "os pais fundadores deixaram bem claro que não estavam escrevendo em uma lousa em branco. Eles tomaram uma decisão consciente de não se afastar totalmente do passado, mas construir sobre a estrutura existente e a experiência de instituições já estabelecidas". *Our Constitution: An Introduction*, pp. 4/5 (2004). A palavra-chave aqui é "afastamento *completo*", o que supõe que qualquer coisa menor que uma ruptura totalizante marca a Constituição como não revolucionária.

Dado o *status* da Constituição como lei suprema, não era mais aceitável que a nova Suprema Corte indiana funcionasse como humilde servidora de um Parlamento ao estilo de Westminster. Em vez disso, a Corte recebeu expressamente a autoridade para derrubar legislações consideradas inconstitucionais.

Mais uma vez, essa reforma radical foi restringida por freios e contrapesos. A Constituição não só tornou relativamente fácil para o Parlamento sobrepujar os juízes pela aprovação de emendas constitucionais formais. Também restringiu o escopo da revisão judicial a uma (longa) lista de liberdades liberais estabelecidas na Parte III do texto. Em contraste, a Parte Quatro estabelecia um programa ambicioso para a transformação social e econômica igualitária – e a Corte não recebeu autoridade semelhante para invalidar os esforços do Parlamento para alcançar a justiça social no mundo real.

Esta divisão limpa e organizada, no entanto, não poderia resolver todos os problemas de jurisdição da nova Corte – especialmente no que se refere à propriedade privada. Como a Parte Três concedeu proteção substancial aos direitos de propriedade, uma Corte agressiva poderia sabotar prontamente as ambições redistributivas da Parte Quatro.

Como resolver essa tensão?[49]

***

Essa questão assumiu rapidamente uma forma muito concreta. Assim que a Constituição entrou em vigor, as cortes superiores de

---

49 Não posso fazer justiça a todos os compromissos revolucionários do texto Fundador – muitos dos quais geraram vasta literatura. Para uma descrição holística perceptiva, ver MEHTA, Uday. "Indian constitutionalism: the social and the political vision". *In*: JAYAL, Niraja; MEHTA, Pratap. *The Oxford companion to politics in India*. Nova Delhi: Oxford University Press, 2010, pp. 15-27.

algumas províncias anularam atos abrangentes de expropriação de proprietários feudais pelas legislaturas provinciais.[50] Enquanto os litigantes corriam para a Suprema Corte, Nehru agiu rapidamente para prevenir uma crise iminente. Ele não estava disposto a permitir que os juízes se sobrepusessem ao compromisso do Parlamento com a redistribuição da propriedade como parte da campanha contínua do Congresso contra a pobreza generalizada, o analfabetismo e a subordinação social. A Constituição permitia emendas por dois terços do Parlamento; e como a maioria do Congresso excedia essa margem, Nehru teve poucos problemas para aprovar a Primeira Emenda para lidar com a ameaça iminente do judiciário. A emenda negou retroativamente ao judiciário jurisdição sobre os processos pendentes – dando fim à contestação imediata à legitimidade dos avanços social-democratas do Congresso.

Mas a Primeira Emenda foi muito além disso. Ela concedeu a todas as futuras maiorias parlamentares a autoridade para blindar suas iniciativas legislativas da invalidação judicial, ao listá-las em um Nono Apêndice especial criado para esse fim. Essa disposição fundamental não continha quaisquer limites explícitos – o Parlamento poderia exercer esse poder extraordinário de pôr os juízes de lado ao listar qualquer legislação no Apêndice.

No entanto, os juízes se recusaram a desafiar esse esforço flagrante de empurrá-los a um papel subordinado:

> Sem dúvida, os criadores de nossa constituição, seguindo o modelo americano, incorporaram certos direitos fundamentais... e os tornaram imunes à interferência de leis feitas pelo Estado. Consideramos... difícil, na ausência de uma

50 MERILLAT, Herbert Christian Laing. *Land and the constitution in India*. Londres: Columbia University Press, 1970, pp. 126-136; AUSTIN, Granville. *Working a democratic constitution*: the Indian experience. Nova York: Oxford University Press, 1999, pp. 69-98.

> indicação clara em contrário, tornar esses direitos imunes a emendas constitucionais.[51]

Ao longo de seus catorze anos no cargo, Nehru fez uso repetido do poder de emenda parlamentar para superar a resistência judicial – e tem sido regularmente criticado por legalistas por isso. Mas essa crítica tem uma visão muito curta.[52] Os juízes estavam certos em reconhecer que não poderiam vencer uma luta total pela supremacia judicial contra Nehru. Como vimos, a reivindicação da Constituição de falar em nome de "Nós, o Povo" foi estabelecida apenas por meio do exercício da autoridade carismática de Nehru e do Congresso – sem nem mesmo a necessidade de um referendo em que os eleitores ratificassem sua iniciativa. Durante o período de fundação, foi a memória viva dos grandes sacrifícios feitos por milhões durante o período de insurgência no Tempo Um, não o texto constitucional do Tempo Dois, o principal motor da legitimidade popular que conectava o Parlamento em Nova Delhi com o povo indiano.

Ao mesmo tempo, tanto o Parlamento quanto a Suprema Corte estavam agindo de maneiras que facilitariam a constitucionalização mais profunda do carisma quando as vívidas memórias desses tempos revolucionários começassem a desvanecer. Mais fundamentalmente, Nehru optou por *emendar o texto em vez de ignorá-lo* sempre que ele ameaçava minar seu programa parlamentar. Dessa forma limitada, mas importante, ele estava consolidando o

---

51 Shankari Prasad v. Union of India, 1951 AIR 458.

52 CHANDRACHUD. "Nehru, Non-Judicial Review and Constitutional Supremacy". *Indian Journal of Constitutional & Administrative Law*, 45, 2018 (discute vetos parlamentares durante a ascensão de Nehru). O exercício contínuo desse poder de revisão foi apenas uma afirmação de autoridade carismática de Nehru. Para outra visão, ver KUMARASINGHAM, Harshan. *A political legacy of the British Empire*. Londres: Tauris, 2013 (que descreve o envolvimento pessoal de Nehru na seleção de 4 mil candidatos do Partido do Congresso para parlamentos regionais e nacionais e sua hegemonia inconteste sobre o gabinete).

princípio de que a Constituição, e não o carisma pessoal ou organizacional, acabaria por servir como base para a legitimidade em estágios posteriores do desenvolvimento político do país.

Não menos significativo, a Suprema Corte não foi nada silenciosa durante os catorze anos da ascensão de Nehru. Em vez disso, identificou uma série de questões sobre as quais poderia falar com autoridade, *sem* passar por cima do parlamento. Essas decisões não apenas ajudaram a estabelecer a autoridade da Corte como um elemento importante – se não decisivo – no novo sistema de governo. Elas também inauguraram uma revolução cultural na profissão jurídica.

As gerações anteriores de advogados indianos foram totalmente socializadas na tradição de Westminster de soberania parlamentar – na qual a própria ideia de revisão judicial era condenada como ilegítima. Mas a profissão foi cada vez mais obrigada a deixar de lado essa premissa fundamental, à medida que a Corte começou a proferir importantes decisões que declaravam a legislação inconstitucional. Assim que a Constituição passou a ser tratada como lei na corte, advogados habilidosos não tiveram escolha a não ser se adaptar a essa nova realidade jurídica – caso contrário, seriam derrotados por seus oponentes mais atualizados, que invocariam o acumulado de precedentes constitucionais para vencer casos pendentes.[53]

Durante o longo mandato de Nehru como primeiro-ministro, essas recorrentes batalhas judiciais estavam preparando o terreno para novas questões, tão logo o primeiro-ministro deixasse a cena e entregasse o poder a seus sucessores. A nova liderança continuaria a blindar somente algumas legislações da revisão judicial, de acordo com o Nono Apêndice, permitindo assim às cortes anular

53 Para um relato inovador sobre litígios constitucionais durante a ascensão de Nehru, ver DE, Rohit. *A people's constitution*: the everyday life of law in the Indian republic. Nova Jersey: Princeton University Press, 2018.

outros atos legislativos significativos como inconstitucionais? Ou ela insistiria que, como na Grã-Bretanha, o judiciário *nunca* deveria reivindicar autoridade para invalidar atos do Parlamento?

Ao mesmo tempo, o judiciário enfrentaria suas próprias decisões fatídicas: continuaria a permitir que o Parlamento usasse o Nono Apêndice como atalho para desviar de sua jurisdição? Ou acabaria com esse artifício e tornaria muito mais difícil para a nova liderança parlamentar sobrepujar os julgamentos judiciais?

2.3 Tempo Três: crise de sucessão

Cinco dias após a morte de Nehru, um de seus assessores, inteligente, mas sem brilho, Lal Bahadur Shastri, foi eleito o segundo primeiro-ministro da nação. Agindo com velocidade vertiginosa, os chefes regionais do partido do Congresso – conhecidos como Sindicato – selecionaram Shastri para se antecipar ao desafio de uma personalidade ascendente de Gujarat: o carismático Morarji Desai estava claramente decidido a se erigir como um forte líder nehruviano da nação.[54] Quando Shastri morreu de um ataque cardíaco em 1966, o Sindicato mais uma vez vetou Desai e escolheu a filha de Nehru como substituta segura:

> Indira Gandhi não era inexperiente. Havia muito ela atuava como anfitriã de seu pai e às vezes o acompanhava em viagens ao exterior. Ela também se envolvia na política... Mais obviamente, para um eleitorado que primava pelo heroísmo da luta pela liberdade, ela parecia perfeita. Nehru de nascimento, tornou-se uma Gandhi por casamento... Mas ela sofria da considerável desvantagem de ser mulher. Reconhecendo seu apelo ao eleitorado, os fazedores de reis

---

54 Durante seu breve mandato, Shastri exibiu de fato mais independência do que o Sindicato desejava. GUHA, Ramachandra. *India after Gandhi*: the history of the world's largest democracy. Londres: Macmillan, 2007, pp. 389-441.

> sentiram-se tranquilos com isso. Uma vez no cargo, ela não deveria representar nenhum desafio à autoridade deles sobre o partido ou o governo.[55]

Veremos este movimento novamente: os membros da família de um porta-voz revolucionário dominante são obviamente atrativos para líderes partidários menos carismáticos. Por um lado, a associação familiar do candidato ajuda a sustentar o apelo do partido-movimento às massas; por outro lado, especialmente se o candidato for jovem e inexperiente, a elite partidária estabelecida pode estar bastante confiante em sua capacidade de manipular o membro da família de modo a garantir que seja ela, e não o novato, quem determinará a política do mundo real.

Neste caso, o gambito pseudocarismático do Sindicato provou-se espetacularmente malsucedido. Apesar do uso de sua figura revolucionária, o Partido do Congresso sofreu um grande revés nas eleições de 1967 – com sua parcela de assentos parlamentares caindo de 73% para 55%. Isso representou o início de uma nova era constitucional, pois o Congresso havia perdido a maioria parlamentar absoluta necessária às emendas formais. Em termos operacionais, isso significava que o primeiro-ministro não poderia mais anular decisões da Suprema Corte pelo expediente simples de ordenar que seus apoiadores seguissem a disciplina partidária em momentos críticos.[56]

---

55 KEAY, Jon. *Midnight's descendants*: south Asia from partition to the presente day. Londres: William Collins, 2014; GUHA, Ramachandra. *India after Gandhi*: the history of the world's largest democracy. Londres: Macmillan, 2007, pp. 405/406.

56 RUPARELIA, Sanjay. *Divided we govern*: coalition politics in modern India. Nova York: Oxford University Press, 2015, pp. 57-59; GUHA, Ramachandra. *India after Gandhi*: the history of the world's largest democracy. Londres: Macmillan, 2007, p. 420 (tabela 6).

Ao mesmo tempo, os juízes estavam construindo sua autoridade constitucional. No ano da morte de Nehru, a Corte reafirmou o poder de emenda constitucional do plenário do Parlamento. Mas apenas três anos depois, uma maioria de 6 a 5 declarou no caso *Golaknath* que o Parlamento não poderia afrontar os direitos fundamentais (conforme interpretados pela Corte) estabelecidos pela Parte III da Constituição.[57]

A constitucionalização do carisma avançava a passos largos: a energia revolucionária do partido-movimento estava em declínio; a legitimidade da intervenção judicial aumentava. Mas os termos da luta pela sucessão mudaram drasticamente após a primeira campanha eleitoral de Indira Gandhi em 1967. Em um movimento dramático, ela voltou-se contra o Sindicato e anunciou sua intenção de revigorar a visão socialista de seu pai. Embora sua vitória eleitoral fosse pálida em comparação com a de Nehru, ela reivindicou um mandato popular para redimir a esperança de seu pai de que as gerações futuras aprofundassem o compromisso revolucionário da geração fundadora com a justiça social.

Quando os chefes do partido resistiram, Gandhi conduziu seus partidários a uma ruptura com o Partido (Reformista) do Congresso, deixando a velha guarda presidir a organização estabelecida, que rapidamente perdeu sua influência. Junto com outros grupos de esquerda, ela conquistou forte apoio parlamentar para um programa socialista revigorado – nacionalizando os bancos, expropriando tradicionais príncipes indianos e avançando com uma série de medidas de bem-estar para as classes mais baixas.

Ao entrar na campanha eleitoral de 1971 com a promessa de "erradicar a pobreza", ela esmagou a oposição – seu partido

57 Comparar Sajjan Singh v. State of Rajasthan, 1965 AIR 845, 1965 SCR (1) 933, que reafirma Shankari Prasad, *com* Golaknath v. State of Punjab, 1967 AIR 1643, 1967 SCR (2) 762.

obteve 352 dos 518 assentos, recuperando a maioria necessária para emendas formais.[58] Ela passou a promulgar uma série de disposições constitucionais que blindaram suas iniciativas legislativas da revisão judicial – forçando uma colisão frontal com a Corte.

Lembremos que, em 1967, uma Corte profundamente dividida afirmou sua autoridade no caso *Golaknath* para invalidar emendas que violavam direitos fundamentais. Mas a situação política mudou dramaticamente nesse meio-tempo. Quando a decisão do caso *Golaknath* foi anunciada, a autoridade revolucionária do Congresso estava em declínio, com o Sindicato usando Gandhi como um dispositivo de propaganda para sustentar uma maioria parlamentar simples. Mas em seis curtos anos, os ministros da Corte enfrentaram uma situação totalmente diferente. Em sua campanha eleitoral de 1971, Gandhi atacou a decisão do caso *Golaknath* como um obstáculo ilegítimo ao mandato que o Povo lhe concedera para realizar uma ampla campanha antipobreza. Dois anos depois, os juízes foram obrigados a confrontar a reafirmação revolucionária de autoridade de Gandhi no caso *Kesavananda Bharati*,[59] que tratava de emendas recentes que autorizavam aspectos-chave de seu programa de nacionalização e expropriação.

A Corte respondeu reformando o caso *Golaknath*. Mas os treze magistrados da Corte escreveram onze votos explicando o que deveria substituí-lo, se algo. Seis simplesmente abandonaram o campo e reconheceram o poder de uma supermaioria parlamentar do plenário para emendar a Constituição da maneira que quisesse.

---

58 GUHA, Ramachandra. *India after Gandhi*: the history of the world's largest democracy. Londres: Macmillan, 2007, p. 447. A ascendência política de Gandhi foi reforçada pela rápida vitória militar da Índia sobre o Paquistão em dezembro de 1971. Para uma discussão mais elaborada de todo o período, ver AUSTIN, Granville. *Working a democratic constitution*: the Indian experience. Nova York: Oxford University Press, 1999, pp. 293-534.

59 AIR 1973 SC 146.

Mas sete afirmaram que a Corte detém autoridade para derrubar as emendas que minam "a estrutura constitucional básica".[60]

O significado dessa fórmula vaga permaneceu obscuro – foi definido de forma diferente nos diferentes votos, e a maioria dava sustentação a todas as nacionalizações de Gandhi. No entanto, os veredictos advertiam a primeira-ministra de que a Corte ainda não havia desistido de sua pretensão de ser o guardião supremo do legado nehruviano herdado da luta do Congresso pela independência.

Gandhi respondeu com um tiro de aviso. Até então, o cargo de presidente da Corte havia sido preenchido com base na antiguidade, sem levar em conta as visões constitucionais dos juristas que o ocupavam. Mas desta vez seria diferente – Gandhi providenciou que um dissidente do caso *Kesavananda* assumisse o cargo principal, no lugar de juízes mais graduados que apoiavam a doutrina da "estrutura básica".[61]

Isso abriu espaço para outro confronto no ano seguinte, em um caso em que a própria primeira-ministra era parte do litígio. A disputa envolvia o cumprimento das leis eleitorais por Gandhi em sua campanha parlamentar de 1971. Após anos de disputa jurídica, uma Corte inferior considerou Gandhi culpada de pequenas violações eleitorais. Em seguida, chegou à conclusão explosiva de que essas infrações a desqualificavam para a função de primeira-ministra.

---

60 No último momento, o presidente da Corte distribuiu uma "ementa" da decisão, que afirmava a doutrina da "estrutura básica". Enquanto sete juízes elaboraram seus pontos de vista sobre essa doutrina em seus votos, nove assinaram a "ementa" sem mais comentários. Para um relato detalhado, ver ANDHYARUJINA, T. R. *The Kesavananda Bharati case*: the untold story of struggle for supremacy by Supreme Court and parliament. Nova Delhi: Universal Law Publishing, 2011, pp. 50-62.

61 AUSTIN, Granville. *Working a democratic constitution*: the Indian experience. Nova York: Oxford University Press, 1999, pp. 278-282; GUHA, Ramachandra. *India after Gandhi*: the history of the world's largest democracy. Londres: Macmillan, 2007, pp. 472/473.

Essa bomba gerou de imediato uma apelação à Suprema Corte. Gandhi tinha todos os motivos para esperar que os ministros lhe devolvessem rapidamente à sua posição. O raciocínio jurídico da corte inferior era muito frágil, e até mesmo um tribunal autoconfiante faria uma pausa antes de reivindicar o direito de demitir a primeira-ministra em exercício. Além disso, os ministros eram tudo menos autoconfiantes: não apenas haviam protagonizado uma retirada desordenada no caso *Kesavananda*, mas o presidente da Corte recém-nomeado por Gandhi previsivelmente usaria seus consideráveis poderes para convencer seus colegas da necessidade de autocontenção.[62]

Mesmo assim, Gandhi recusou-se a esperar por sua vitória judicial quase certa. Ela usou a decisão da corte inferior como pretexto para declarar um amplo estado de emergência – prendendo seus principais oponentes parlamentares e outros dissidentes importantes, inclusive muitos líderes da luta pela independência. Ignorando o boicote da oposição ao Parlamento, ela promoveu outra rodada de legislações de emergência abrangentes e promulgou emendas formais blindando essas medidas de revisão judicial. Ao mesmo tempo, lançou uma ampla campanha de propaganda, buscando mobilizar o apoio popular para seu Partido do Congresso Reformado.

Seu sucesso foi relativo. Enquanto a censura agressiva reprimia conhecidas vozes de oposição, um aspecto de seu programa gerou uma grande reação. Enfatizando que a prosperidade futura da Índia estava ameaçada pela superpopulação, ela nomeou seu

---

62 Ao lidar com questões constitucionais, a Corte se reúne em turmas de cinco ou mais, com bancadas maiores tendo o poder de reformar julgamentos feitos anteriormente pelas menores. Por convenção, o presidente da Corte "desempenha um papel importante não apenas ao decidir quais casos são analisados pelas bancadas maiores, mas também quais casos são analisados por quais juízes". ROBINSON, Nick. "Structure Matters: the impact of Court Structure on the Indian and U.S. Supreme Courts". *The American Journal of Comparative Law*, vol. 61, 2012, pp. 186/187.

filho Sanjay para liderar uma campanha agressiva de esterilização compulsória. Não menos notável, ela nem mesmo aprovou uma legislação concedendo a seu filho um cargo oficial para o exercício de poderes extraordinários – aparentemente, sua palavra bastava. Não pode haver melhor evidência da afirmação ilegal de autoridade carismática por Gandhi.[63]

Apesar de seu grave desafio ao constitucionalismo, a Corte permaneceu resolutamente à margem. Com o novo presidente da Corte no controle, ela recusou-se a intervir em casos que envolviam os mais flagrantes abusos dos poderes de emergência.[64]

Mas em seguida, Gandhi foi vítima de sua própria propaganda. Convencida de sua popularidade, ela encerrou o estado de emergência após 21 meses e convocou uma eleição parlamentar em 1977 para ratificar seu corajoso salto para o autoritarismo. Para legitimar seu esperado triunfo, ela libertou seus oponentes do confinamento e permitiu que disputassem as eleições. Assim que as portas da prisão se abriram, esses velhos revolucionários deram um jeito de superar suas grandes diferenças ideológicas para estabelecer uma nova Aliança Janata, liderada pelo rival de Gandhi, Morarji Desai. Nas palavras dele, a oposição recém-unida

---

63 GUHA, Ramachandra. *India after Gandhi*: the history of the world's largest democracy. Londres: Macmillan, 2007, p. 509 (Sanjay Gandhi opera como um "centro de poder extraconstitucional"); CHANDRA, Bipan; MUKHERJEE, Mridula; MUKHERJEE, Aditya. *India since independence*. Nova Delhi: Penguin, 2008, p. 327.

64 A. D. M. Jabalpur v. Shivakant Shukla, 1976 SC 1207. O presidente da Corte recém-nomeado por Gandhi selecionou a turma de cinco juízes que decidiu, com uma única dissidência, que o *habeas corpus* estava totalmente indisponível durante o estado de emergência. AUSTIN, Granville. *Working a democratic constitution*: the Indian experience. Nova York: Oxford University Press, 1999, pp. 340-344, (o "capítulo mais sombrio" da história da Corte); KALYANI, Ramnath. "ADM Jabalpur's antecedents: political emergencies, civil liberties, and arguments from colonial continuities in India". *The American University International Law Review*, vol. 31, 2016.

prometia "retificar a Constituição... para garantir que um estado de emergência como este nunca [mais] possa ser imposto".[65]

O apelo desesperado de Desai a favor da Constituição parecia destinado ao fracasso. A Janata tinha apenas dois meses para transmitir sua mensagem; e os quatro partidos políticos em sua ampla coalizão sofreram grandes danos organizacionais durante o período anterior. Apesar dessas desvantagens avassaladoras, a campanha antiemergência ressoou poderosamente entre os eleitores indianos comuns – que concederam à Janata uma maioria decisiva de 298 assentos, contra 153 assentos conquistados pelo Congresso Reformado (uma perda de 200 assentos em comparação com o Parlamento anterior!).[66]

No entanto, a nova coalizão não conseguiu aproveitar ao máximo seu mandato popular. Nos três anos seguintes, suas facções ideologicamente divergentes foram incapazes de realizar um governo estável; primeiros-ministros subiram e caíram em uma luta incessante pelo poder.[67] No entanto, o disciplinado ministro da justiça da Janata cumpriu sua promessa de campanha de eliminar as emendas da era da emergência que haviam "contaminado" a Constituição.

A iniciativa colocou a Sra. Gandhi em uma situação delicada: como líder da oposição, ela se juntaria à maioria da Janata para condenar sua própria conduta?

Quaisquer que fossem seus sentimentos pessoais, ela não tinha escolha. Do ponto de vista prático, ela teria que votar "sim". Se esperava recuperar o poder, era imperativo dizer ao eleitorado – em

---

65 GUHA, Ramachandra. *India after Gandhi*: the history of the world's largest democracy. Londres: Macmillan, 2007, pp. 523-530.

66 GUHA, Ramachandra. *India after Gandhi*: the history of the world's largest democracy. Londres: Macmillan, 2007, p. 522.

67 GUHA, Ramachandra. *India after Gandhi*: the history of the world's largest democracy. Londres: Macmillan, 2007, pp. 332-334.

termos inequívocos – que ela nunca mais se envolveria em tomadas de poder como aquelas que provocaram seu repúdio popular. Quando o debate constitucional chegou ao fim em dezembro de 1978, o público testemunhou um espetáculo notável: Morarji Desai da Janata *e* Indira Gandhi do Congresso Reformado juntaram-se a uma grande maioria parlamentar para aprovar emendas que garantiam que não haveria outra rodada de abuso dos poderes de emergência.

A "crise de sucessão" da Índia estava terminando – e de uma forma que mantinha uma relação marcante com a Fundação. Em 1950, Nehru e Ambedkar criaram uma Constituição que buscava evitar que o Partido do Congresso traísse os princípios revolucionários que sustentaram o partido-movimento durante suas décadas de insurgência. Uma geração depois, a mesma lógica de reafirmação constitucional estava sendo reencenada – com uma reviravolta histórica: assim como o movimento revolucionário do Congresso preparou o caminho para a Constituição de Nehru no Tempo Dois, os *outsiders* insurgentes da Janata, liderados por militantes do período anterior de luta por independência, prepararam o caminho para uma *reafirmação popular* dos princípios de 1950 no Tempo Três.

A virada paradoxal envolvia a identidade dos *insiders* entrincheirados. Os imperialistas britânicos foram alvo durante o Tempo Um; mas a própria filha de Nehru (e seu filho) foi alvo durante o Tempo Três. Uma vez entrincheirados no poder, eles se apresentaram como os herdeiros legítimos dos dias de glória da revolução – desta vez insistindo que seu Partido do Congresso Reformado não precisava de restrições constitucionais em sua luta crescente contra as forças das trevas que estavam condenando as massas à ignorância, à pobreza e à subordinação.

No entanto, em 1978, a decisão de Gandhi de se juntar a Desai para revogar as emendas de emergência significou seu reconhecimento público de que ela havia errado. Seu apelo por uma revolução ilimitada foi repudiado por meios revolucionários: a Janata, e não o Congresso Reformado, mobilizou com sucesso os cidadãos para renovar o compromisso do República com uma revolução em escala humana, com base nos princípios fundamentais elaborados por Ambedkar e o Partido do Congresso em 1950.

A reviravolta de Gandhi no Parlamento também serviu como uma preliminar crucial para a reentrada da Suprema Corte no palco. Dado o fracasso flagrante dos juízes em defender a Constituição durante o estado de emergência, havia uma necessidade imperiosa de reabilitar suas reputações manchadas. Embora o Parlamento tivesse revogado muitas das emendas de Gandhi, ele não eliminou todas elas – deixando espaço para a Corte se juntar à operação de limpeza.

A decisão do caso *Minerva Mills* em 1980 representou uma reviravolta em relação ao caótico julgamento do caso *Kesavananda* em 1973. Naquela época, Gandhi tinha acabado de conquistar uma vitória acachapante nas urnas e a Corte reviu sua pretensão, no caso *Golaknath*, de servir como guardiã suprema dos direitos fundamentais da Constituição. O caso *Kesavananda* não apenas carimbou as emendas recentes de Gandhi; mas apenas uma pequena maioria foi corajosa o suficiente para sugerir *in dicta* que a Corte reservava o direito de defender a "estrutura básica" da Constituição em alguma ocasião futura. Uma vez que os juízes não puderam concordar nem mesmo quanto ao significado de "básica", a determinação da Corte de montar uma defesa séria da Constituição de Nehru foi posta em séria dúvida.

Desta vez, o caso *Minerva Mills* transformou a fórmula da "estrutura básica" em uma arma poderosa. Com uma única dissidência, os ministros eliminaram elementos-chave das emendas de emergência que o Parlamento havia deixado em vigor.[68]

---

68 AUSTIN, Granville. *Working a democratic constitution*: the Indian experience. Nova York: Oxford University Press, 1999, pp. 505-507.

O *timing* da Corte foi importante. Quando a decisão do caso *Minerva Mills* foi anunciada em 1980, a coalizão Janata havia entrado em colapso, um governo interino assumiu o seu lugar e a Sra. Gandhi acabara de obter uma vitória esmagadora como a única esperança da Índia de um governo estável.

O caso *Minerva Mills*, no entanto, exigiu que ela aceitasse o caráter limitado de seu mandato renovado pelos eleitores. Se ela atacasse a decisão, isso permitiria que seus oponentes se unissem em torno da única questão que lhes permitia superar suas diferenças políticas. Mais uma vez, Desai e seus parceiros da Janata convocariam seus seguidores para tomar as ruas em defesa da Constituição. Talvez esta segunda contrarrevolução tivesse se mostrado menos bem-sucedida – mas a Sra. Gandhi não pretendia tirar a prova. Ela não fez absolutamente nada para se opor à decisão da Corte – perseguindo uma agenda agressiva que provocou muitas crises políticas, mas que nunca levantou questões que provocassem um confronto direto com a Corte.

2.4 Tempo Quatro: codificação

Quando a Sra. Gandhi foi assassinada em 1984, os líderes de seu partido político seguiram a mesma fórmula de sucessão usada da última vez – selecionar seu único filho sobrevivente, Rajiv, como primeiro-ministro. Mas desta vez eles conseguiram o que queriam: um descendente atraente, mas inexperiente, da dinastia Nehru, que não balançaria o barco.

A ascensão de Rajiv tranquilizou os chefes do partido, mas levantou um sério problema em uma segunda frente. À medida que o passado revolucionário do Congresso desvanecia na vida cotidiana, sua posição política era contestada por um novo conjunto de rivais. A estrutura federal do país permitiu que os partidos regionais ganhassem uma representação poderosa em assembleias provinciais apelando para elementos etnolinguísticos dominantes localmente. Uma vez que esses partidos regionais conquistaram uma posição na política local, eles puderam nomear sua própria chapa de candidatos ao Parlamento nacional e competir com a chapa do Congresso com sucesso crescente.

Isso significava que o Congresso não poderia mais formar sozinho um governo de maioria em Nova Delhi. Em vez disso, para manter o controle do Parlamento, sua liderança foi obrigada a se envolver na construção de coalizões cada vez mais complexas com os partidos regionais.[69] Ao longo das décadas, essas coalizões lideradas pelo Congresso se afastaram dos ideais socialistas e começaram a abrir a economia para empresas privadas – mas isso aconteceu por meio de política de elite e de pressão do Banco Mundial, não de um novo movimento de massas exigindo uma adesão revolucionária ao neoliberalismo.

Conforme a política de alta energia declinava no Parlamento, a Suprema Corte tornou-se um guardião cada vez mais confiante do legado constitucional. Decisões específicas provocaram acaloradas controvérsias políticas, mas nenhuma gerou uma crise de legitimidade semelhante às intensas lutas relativas ao estado de emergência.

Com o tempo, a autoridade judicial foi reforçada por reações em círculo: a nova geração de advogados foi socializada em uma cultura profissional que os ensinou a ver a Constituição por meio de uma densa teia de doutrinas judiciárias que se assemelhavam à "lei dos advogados" em campos doutrinários tradicionais; armados com essas ferramentas profissionais, eles podiam derrubar iniciativas legislativas com crescente confiança profissional, enquanto coalizões parlamentares fracas lutavam para responder decisivamente – às vezes obtendo sucesso, às vezes fracassando.

---

69 RUPARELIA, Sanjay. *Divided we govern*: coalition politics in modern India. Nova York: Oxford University Press, 2015, p. 95.

Em suma, a experiência indiana fornece um exemplo vívido da dinâmica de "consolidação" descrita de forma mais abstrata no Capítulo 1. Por um lado, a política de massas de alta energia declinou, sendo substituída por elites que circulavam e negociavam em uma capital remota; por outro, a autoconfiança da ordem jurídica aumentou, criando um ambiente favorável ao desenvolvimento profissionalmente disciplinado da doutrina constitucional.

Em termos gerais, grande parte da jurisprudência da Corte enfatizava a relevância duradoura dos compromissos constitucionais da era da fundação. Enquanto a ideologia socialista predominou, os ministros da Corte não se preocuparam muito com reivindicações de direitos sociais a saúde, moradia ou subsistência mínima. Mas à medida que a política revolucionária foi desaparecendo, os juízes estenderam cada vez mais suas preocupações ao destino dos oprimidos – apesar de o mundo político ter evoluído na direção neoliberal.[70] Durante a última década, a Corte também abriu novos caminhos ao impor padrões constitucionais de transparência e responsabilidade ao Executivo – permitindo que os juízes se apresentassem como um bastião da integridade em um sistema político visivelmente marcado por oportunismo crasso.[71]

Os últimos trinta anos de desenvolvimento da jurisprudência também permitiram à Corte traduzir suas prerrogativas especiais de defender a "estrutura básica" em elementos doutrinários lapidares:

---

70 Ao mesmo tempo, os juízes estruturaram suas novas doutrinas para permitir a adaptação contínua às mudanças nas realidades políticas. Para uma análise perspicaz: KHOSLA, Madhav. "Making social rights conditional: lessons from India". *International Journal of Constitutional Law*, vol. 8, 2010.

71 MEHTA, Pratap. "The Indian Supreme Court and the art of democratic positioning". *In*: TUSHNET, Mark; KHOSLA, Madhav. *Unstable constitutionalism*: law and politics in south Asia. Nova York: Cambridge University Press, 2016, p. 233, embora eu me afaste de Mehta quanto ao tratamento da dinâmica judicial, que toma partido de uma versão extremamente forte de realismo jurídico que ignora o papel independente da legitimidade na análise do comportamento judicial.

> É quase unânime que há pelo menos cinco características que podem ser consideradas essenciais e básicas. A primeira é o secularismo; a segunda, a democracia; a terceira, o Estado de Direito; a quarta, o federalismo; e a quinta, um judiciário independente com poder de revisão judicial.[72]

O consenso profissional sobre esses cinco pontos permitiu à Corte consolidar ainda mais a sua posição em 2007. Sua decisão no caso *Coelho vs. Estado de Tamil Nadu* fechou a última "saída de emergência" que permitia a uma maioria parlamentar fugir do esforço judicial de defesa da estrutura básica contra-ataques políticos.[73]

Vale a pena refletir sobre o caso *Coelho* – tanto porque ele é o ponto culminante num caminho de um século de desenvolvimento constitucional quanto porque enquadra o esforço atual do primeiro-ministro Narendra Modi para revolucionar a estrutura básica que a Corte está tentando defender.

***

Comecemos relembrando o momento em que Nehru e o Congresso estavam saindo triunfantes de sua longa luta pela independência. Assim que o movimento revolucionário promulgou sua Constituição, Nehru imediatamente enfrentou uma série de ações judiciais que atacavam a validade constitucional de seu programa de redistribuição de terras. Ele respondeu com a aprovação da Primeira Emenda no Parlamento. Essa disposição não apenas revogava a jurisdição da Suprema Corte nos casos pendentes. Ela autorizava o Parlamento a blindar futuras legislações controversas

---

72 KRISHNASWAMY, Sudhir. *Democracy and constitutionalism in India*: a study of the basic structure doctrine. Nova Delhi: Oxford University Press, 2009, p. 159. Ver também S. R. Bommai v. Union of India (1994) 3 SCC 1.

73 I. R. Coelho (Falecido) representado por LRS v. Estado de Tamil Nadu e Outros, AIR (SC) 861 (2007).

de revisão judicial, colocando-as em um Nono Apêndice, criado especialmente para esse propósito.

A resposta imediata da Corte foi a capitulação total. Somente quando Nehru saiu de cena é que ela deu o primeiro passo em direção à autoafirmação no caso *Golaknath*. E mesmo assim, sua declaração de independência acabou sendo distintamente provisória – com juízes totalmente incapazes de salvaguardar os direitos constitucionais mais fundamentais durante o estado de emergência de Indira Gandhi. Foi somente depois do repúdio popular à guinada de Gandhi em direção ao autoritarismo que a Corte aproveitou a crise de sucessão para obter amplo reconhecimento político como defensora proeminente da Constituição. Não havia nada de inevitável no caso *Minerva Mills*. Se a Corte não tivesse aproveitado o momento, sua pretensão de servir como guardiã suprema da Constituição poderia nunca ter sido reconhecida.

De fato, apesar do poderoso ressurgimento da Corte após a crise de sucessão, o Nono Apêndice permaneceu disponível para uma série de governos de coalizão a fim de evitar confrontos diretos com o judiciário. Além disso, esses governos fizeram uso enérgico dessa saída de emergência, colocando 271 legislações (de importância variável) no Apêndice depois que a doutrina da estrutura básica foi anunciada pela primeira vez.[74]

Mas uma vez que a Corte conseguiu consolidar sua posição em outras frentes, ela lançou em 2007 um ataque direto contra essa última barreira à sua supremacia constitucional.[75] O caso *Coelho* reinterpretou o Nono Apêndice para barrar seu uso futuro como uma saída de emergência. Em seguida, foi além ao declarar que

---

74 VENKATESAN, V. "Judicial challenge". *Frontline*, pp. 5 e 8, fev. 2007.

75 Curiosamente, uma turma da Suprema Corte fez um esforço anterior para destronar o Nono Apêndice imediatamente após o assassinato da Sra. Gandhi, e.g., Ajoy Kumar Banerjee v. Union of India, AIR 1984 SC 113, mas a Corte não foi bem-sucedida nesse ataque.

todas as leis incluídas no Apêndice de 1973 estariam agora abertas a contestações baseadas na “estrutura básica”.

Para resumir: o Nono Apêndice serviu inicialmente como uma expressão do carisma revolucionário do Congresso durante o Tempo Dois; mas no Tempo Três, a Corte estava indo para a ofensiva e o Parlamento estava fazendo uso do Apêndice para evitar a predominância da Corte em casos especiais; no entanto, foi somente durante o Tempo Quatro, depois que a Corte consolidou sua autoridade constitucional em outras frentes e o Partido do Congresso decaiu em uma política clientelista, que os ministros da Corte finalmente puderam dar cabo do Nono Apêndice e declarar que a Corte, doravante, defenderia os fundamentos nehruvianos contra todas as formas de agressão política.

Mas tal declaração de um corpo de juízes de elite é realmente compatível com o paradigma revolucionário que legitima o regime indiano em sentido mais amplo?

Essa foi a questão levantada pela ampla vitória eleitoral de Narendra Modi e seu Partido Bharatiya Janata, em 2014. Essa foi a primeira vez desde 1984 que um único Partido obteve uma maioria parlamentar absoluta. Além disso, o PBJ não conquistou a maioria com uma política meramente clientelista (embora, é claro, isso nunca esteja ausente do mundo real). Ele apelava explicitamente aos cidadãos comuns para varrer os herdeiros políticos do grande passado do Congresso e usar o PBJ como um veículo popular para revolucionar os fundamentos da vida política indiana.

A natureza deste “novo começo” é, como sempre, controversa. Para começar, Modi prometeu romper com a onipresente burocracia estatal herdada do passado socialista do Congresso. Mas ele não estava apenas prometendo varrer o legado do excesso de regulamentação burocrática. Ele também almejava uma revolução na identidade constitucional nehruviana da Índia.

O PBJ de Modi está profundamente arraigado no movimento nacionalista hindu – que, desde a luta pela independência, opõe um desafio fundamental ao secularismo do Congresso – um elemento central da "estrutura básica" que a Corte se comprometeu a garantir.[76] O primeiro movimento de Modi para se preparar para essa batalha de alto risco lembrava uma tática semelhante empreendida por Indira Gandhi enquanto ela preparava seu próprio (e muito diverso) desafio ao legado da Fundação. Lembre-se de que Gandhi manipulou o processo de nomeação judicial para permitir que um de seus seguidores chegasse ao cargo de Presidente da Corte e, assim, engendrou a aquiescência da Corte em todos os ataques chocantes realizados pelo estado de emergência contra os fundamentos constitucionais.

Logo após assumir o cargo, Modi fez um esforço semelhante – criando uma coalização supermajoritária para uma emenda constitucional que permitiria que seus seguidores obtivessem rapidamente o controle sobre a liderança da Corte.[77] Mas, ao contrário da retirada humilhante do judiciário diante de Gandhi, os juízes de então se recusaram a permitir que a iniciativa de Modi fosse adiante. Sua decisão de outubro de 2015 derrubou a Comissão Nacional de Nomeações Judiciais, criada pela emenda de Modi, como uma violação da "estrutura básica" da constituição.[78]

A votação da turma foi de 4 a 1, mas os cinco juízes produziram mil páginas de decisão, fornecendo uma grande margem de manobra caso o confronto entre os ramos escalasse. Se uma

---

76 KRISHNASWAMY, Sudhir. *Democracy and constitutionalism in India*: a study of the basic structure doctrine. Nova Delhi: Oxford University Press, 1994, p. 159.

77 PARLIAMENTARY RESEARCH SERVICE. "The national Judicial Appointments Commission Bill, 2014". Disponível em: http://www.prsindia.org/billtrack/the-national-judicial-appointments-commission-bill-2014-3359. Acessado em: 06.01.2022.

78 Associação dos Advogados Especiais da Suprema Corte v. União da India, 2015 SCC OnLine SC 1322.

disputa séria surgir, os nacionalistas hindus no governo e os secularistas iluministas da Corte contarão histórias muito diferentes sobre a luta que deu origem à Índia independente. Eles também apresentarão interpretações rivais sobre o estado de emergência e suas consequências. Esses debates sobre o significado do passado revolucionário enquadrarão um debate fundamental sobre o futuro constitucional.

Só o tempo dirá se a versão secularista ou hindu-nacionalista da Fundação da Índia triunfará decisivamente, ou se surgirá uma combinação mais complexa de narrativas históricas e princípios fundamentais.[79]

Uma coisa é certa: seja qual for o resultado, ele surgirá apenas depois de outra rodada de política de alta energia, na qual um lado finalmente obtém a autoridade carismática para reafirmar ou modificar os princípios nehruvianos em nome de Nós, o Povo do Século XXI.

Esse é o ponto chave para nossos propósitos. No prosseguimento da argumentação, compararei o paradigma revolucionário aos dois outros caminhos traçados na Introdução. Quando os sistemas políticos percorrem esses caminhos alternativos para o constitucionalismo, a mobilização política de massas pode ser uma ameaça profunda à ordem legítima. Da perspectiva do *establishment* e das elites, os apelos "populistas" não são uma parte legítima do processo pelo qual o Povo se envolve em atos de redefinição política. Eles nada mais são do que esforços de agitação de demagogos, que buscam destruir as conquistas constitucionais efetivadas por uma elite de estadistas.

Os apelos à mobilização popular desempenham um papel muito diferente em países como a Índia. Em lugares com tradições

---

79 NEEDHAM, Anuradha; RAJAN, Rajeswari. *The crisis of secularism in India*. Durham: Duke University Press, 2007.

revolucionárias, eles servem como parte legítima do processo por meio do qual cada geração confronta o projeto em andamento de autodefinição constitucional. Às vezes, o resultado será uma reafirmação mobilizada de princípios estabelecidos por uma geração revolucionária anterior; às vezes, o resultado será sua revisão abrangente.

Mas em todos os momentos, essas lutas levantarão uma questão mais fundamental: os vencedores usarão seu mandato popular como trampolim para a repressão autoritária? Ou serão obrigados a reconhecer que o Povo autorizou apenas uma revolução em escala humana e que mesmo os partidos mais triunfantes do movimento são obrigados a respeitar os limites constitucionais de seu poder?

CAPÍTULO III

A LUTA PELA SUPREMACIA: ÁFRICA DO SUL

O declínio e a queda do império serão o mote de nossas investigações. A desintegração imperial abre espaço para que as nações emergentes definam suas identidades constitucionais. Mas um movimento de massas mobilizado não se levantará invariavelmente para preencher o vácuo deixado pela dissolução da hegemonia. Em alguns casos, as elites políticas em ascensão conseguem construir uma nova ordem política sem a participação popular em larga escala – e considerarei esses cenários no próximo volume.

Mas como a Índia demonstra, o "cenário de declínio do império" também desempenha um papel fundamental em nosso estudo atual – e compará-la com a África do Sul nos permite explorar as variações desse tema. Como a Índia, a África do Sul moderna surge do declínio do Império Britânico, mas com uma grande diferença – a natureza do colapso imperial.

O controle britânico efetivo sobre a Índia se desintegrou no rescaldo da Segunda Guerra Mundial – com Lord Mountbatten procurando desesperadamente por termos que permitissem ao governo de Attlee fugir da responsabilidade adicional de manter a lei e a ordem no subcontinente. Dada a ampla organização do Congresso Nacional Indiano, ele era o único partido-movimento capaz de assumir o fardo do governo. Depois que o Congresso assumiu o poder (Tempo Dois), ele estava em uma posição ideal para constitucionalizar seu carisma durante o período de fundação. Dada a ausência de resistência britânica e de grandes rivais políticos, não havia forças externas contestando a legitimidade do projeto constitucional do Partido do Congresso.

Teria sido perfeitamente possível que Nehru e Ambedkar se recusassem a levar essa tarefa a sério. Na verdade, isso é precisamente o que estava acontecendo na China no mesmo período: Mao e o Partido Comunista recusaram-se conscientemente a permitir que o "constitucionalismo burguês" operasse como um constrangimento em seu esforço revolucionário para levar o povo chinês a uma ruptura com sua identidade política.

Meu argumento é mais limitado: o Congresso não apenas rejeitou a ditadura ao estilo de Mao, mas estava em uma posição especialmente privilegiada para canalizar sua política de alta energia para os compromissos solenes de uma Constituição revolucionária. Sem dúvida, Nehru e Ambedkar poderiam ter fracassado. Mas dadas as décadas de trabalho organizacional nas bases e a ausência de concorrentes sérios, os líderes simbólicos em Nova Delhi estavam particularmente bem-posicionados para falar pelo Povo de uma maneira que dezenas de milhões de cidadãos engajados considerassem verossímil.

Quando nos voltamos para a África do Sul, o declínio do Império Britânico no pós-guerra deixou o Congresso Nacional Africano (CNA) em uma situação muito diferente. Foram os africanos brancos, não os africanos negros, que assumiram o controle do destino da nação quando a Grã-Bretanha desistiu do controle efetivo. Depois de obter uma grande vitória parlamentar nas eleições (totalmente brancas) de 1948, o Partido Nacional (PN) endureceu as linhas de separação racial que se desenvolveram durante o período de domínio britânico. Uma zona que continha 90% das terras era reservada aos brancos; a outra, que continha 10% do território, foi distribuída entre vários bantustões nativos organizados em linhas étnicas, linguísticas e tribais. O regime dos bantustões forneceu à república do *apartheid* uma justificativa jurídica para as restrições draconianas aos negros que viviam na vasta área branca. Afinal, os Estados europeus tradicionalmente limitaram os direitos dos "estrangeiros residentes" que optaram por permanecer em solo estrangeiro em vez de retornar à sua terra natal. Se isso era aceitável para a Europa antes do advento da Comunidade Econômica Europeia, por que não seria para a África do Sul?

O Reino Unido respondeu de maneira ambígua. Como o resto do mundo, recusou-se a estender reconhecimento aos bantustões; mas também se recusou a assumir a liderança na penalização dos sul-africanos pelo tratamento dispensado a milhões de "estrangeiros residentes" negros que viviam na zona branca. Os estadunidenses estavam satisfeitos em seguir o exemplo dos britânicos nessa questão. Foi apenas em meados da década de 1980 que Thatcher e Reagan relutantemente mudaram de rumo e apoiaram sanções sérias.

Isso significa que, para toda uma geração, o "declínio do império" gerou cenários muito diferentes na Índia e na África do Sul. Em vez de pavimentar o caminho para o poder, como ocorreu com o Congresso Indiano, a retirada britânica da África do Sul serviu como prelúdio para uma luta de tudo ou nada entre a República do *apartheid* e o revolucionário CNA – que denunciava os bantustões como fraudes e exigia direitos iguais para todos os sul-africanos, independentemente de sua raça ou local de residência.

Para enquadrar esses dois cenários muito diferentes, começarei com o Tempo Um. No caso da Índia, as táticas de desobediência civil de Gandhi prepararam o caminho para a ascensão do Congresso Nacional Indiano (CNI) como um partido-movimento bem-organizado na década de 1930 – permitindo-lhe obter grandes vitórias nas eleições para as assembleias consultivas organizadas pelos britânicos. Como consequência, a reivindicação do CNI de falar pelo Povo em sua campanha pela independência na década de 1940 tinha raízes em relações comprovadas pelo tempo nos níveis nacional, regional e de base da organização.

Em contraste, o CNA saiu de sua luta de libertação contra o *apartheid* em uma condição de fragmentação total. Embora também tenha se engajado em campanhas de desobediência civil ao estilo de Gandhi durante as primeiras décadas do domínio branco, isso apenas provocou uma crescente demonstração de força da República da África do Sul (RAS). A repressão levou os ativistas do CNA à clandestinidade, tornando difícil para eles coordenar esforços de resistência em diferentes áreas da África do Sul. Também forçou grande parte da liderança do CNA a deixar o país. Oliver Tambo, o chefe do CNA no exílio, só conseguiu manter contato intermitente com Nelson Mandela e outros líderes carismáticos durante seus 25 anos de prisão na Ilha Robben e na prisão de Pollsmoor.

A repressão empreendida pelo regime do *apartheid* também levou o CNA a formar sua própria organização de guerrilha, a Lança da Nação, que se envolveu em um amargo combate militar com as forças de segurança da RAS. Isso significa que o CNA enfrentou um problema no Tempo Um que esteve ausente na Índia: sua liderança civil fragmentada poderia sustentar seu controle sobre os comandantes militares da força de combate da Lança?

Quando o regime do *apartheid* perdeu o controle do poder durante a década de 1980, o CNA enfrentou um segundo problema. A RAS tentou cooptar os elementos mais moderados do movimento de libertação, oferecendo aos seus líderes um poder significativo, mas não decisivo, nos arranjos do governo reformado. O regime do *apartheid* tinha bons motivos para acreditar que essa técnica poderia funcionar. Sua campanha contínua de repressão fragmentou o CNA em pelo menos quatro componentes:

Mandela e seus companheiros de prisão, o CNA oficial no exílio, a Lança da Nação e o movimento clandestino doméstico. Esse fracionamento encorajou o governo do *apartheid* a tentar criar divisões entre facções "moderadas" e "extremistas" – e atrair os moderados a um papel subordinado em um regime "reformado" dominado pelos brancos.

Esse é precisamente o curso seguido pelos principais políticos do PN durante o final da década de 1980 – embora apenas com grande dificuldade, uma vez que enfrentaram um problema de fracionamento próprio. Muitos africâneres seguiram apoiando a linha-dura, bem como líderes poderosos das forças de segurança nacional, e eles estavam determinados a continuar a campanha total do regime contra os "terroristas" do CNA.

Ao cabo, o presidente F. W. de Klerk conseguiu prevalecer sobre seus oponentes brancos – libertando Nelson Mandela e entrando em negociações para uma nova Constituição. O início dessas negociações chamou a atenção do mundo – e rendeu a Mandela e de Klerk o Prêmio Nobel por seus atos notáveis como estadistas. Mas todos esses elogios levaram a um grande mal-entendido sobre sua realização.

Em termos gerais, os observadores passaram a ver a África do Sul como um exemplo paradigmático de uma revolução de "terceira onda" – na qual os membros moderados do *establishment* negociam com sucesso com os *outsiders* moderados nos termos de uma transição democrática.[80] Isso é um erro. Como veremos, Mandela só conseguiu forçar de Klerk a chegar a um acordo mobilizando os elementos díspares de seu movimento – incluindo a

80 Devo a ESTERHUYSE, Willie. *Endgame*: secret talks and the end of apartheid. Cape Town: Tafelberg, 2012, e a fontes semelhantes, muitas percepções. No entanto, a "análise de dentro" de Esterhuyse subestima enormemente o papel decisivo da mobilização de massas na quebra da ordem estabelecida.

Lança da Nação – e ameaçando destruir a República e construir uma nova ordem revolucionária de baixo para cima.

Mesmo com o confronto escalando para proporções de crise, Mandela pretendia manter as forças do CNA comprometidas com uma revolução em escala humana – razão pela qual a Constituição desempenhou um papel tão central na definição dos termos da vitória final do partido-movimento.

Mais uma vez, as abordagens convencionais à revolução constitucional do CNA não lhe fazem justiça. Estudiosos de direito comparado enfatizaram corretamente a influência mundial das decisões redigidas por importantes juízes de sua Corte Constitucional na expansão do escopo dos direitos humanos. Mas enfatizarei uma dimensão diferente – apontando para a maneira como Mandela usou a Constituição como um símbolo central para coordenar os elementos díspares do CNA e resgatar a reivindicação do partido-movimento de falar em nome de Nós, o Povo. Em suma, o patriotismo constitucional forneceu o veículo para reconstituir o CNA como uma organização de base bem-organizada, que expressava as aspirações do mundo real por justiça social expressas pela esmagadora maioria dos sul-africanos.

Essa característica *constitutiva* da Constituição permite uma transição natural à série de crises provocadas pela saída de Mandela da presidência em 1999. Me concentrarei nas maneiras como seus sucessores foram limitados pelo legado constitucional da Fundação em sua luta pelo poder – gerando uma série de choques que mais recentemente culminaram na conquista da presidência por Cyril Ramaphosa.

Mais uma vez, olharei para a experiência indiana em perspectiva. Nehru, não menos que Mandela, foi um líder carismático que conseguiu constitucionalizar a política de alta energia de seu movimento revolucionário. Como no caso de Mandela, a saída de cena de Nehru gerou uma série de jogos de poder que ameaçaram varrer o legado constitucional da Fundação. Como essas lutas indianas se comparam àquelas enfrentadas pela África do Sul desde que Mandela deixou a presidência em 1999?

Proponho, então, considerar os casos da Índia e da África do Sul como variações de temas comuns que minha Introdução expôs ao descrever as crises de legitimação enfrentadas pelos regimes revolucionários durante as crises de sucessão no Tempo Três. Mas um esforço sério para desembaraçar essas linhas exige que comecemos a análise em um ponto muito anterior.

3.1 Tempo Um: a repressão totalizante e suas implicações revolucionárias

Mahatma Gandhi nos fornece um ponto de partida sugestivo – porque ele passou vinte anos realizando agitação revolucionária na África do Sul antes de retornar à Índia em 1915. Gandhi chegou à África do Sul em 1893, após completar sua formação jurídica na Grã-Bretanha, e logo liderou uma campanha por direitos iguais para os asiáticos que estavam migrando da Índia para essa colônia britânica rica em recursos. Em duas décadas, seu Congresso Indiano obtivera apenas algumas vitórias parciais enfrentando a forte oposição dos colonizadores brancos. No entanto, o trabalho de Gandhi ajudou a inspirar os esforços das elites negras ocidentalizadas para estabelecer o Congresso Nacional Africano em 1912.

Lembremos que o Congresso Nacional Indiano teve origens elitistas semelhantes na década de 1890 – e levou vinte anos para Gandhi e outros transformá-lo em um movimento de massas. Também levou uma geração até o CNA realizar uma transição semelhante. O evento catalítico foi a criação da Liga da Juventude do CNA em 1943 por jovens recém-formados na universidade, como Nelson Mandela, Walter Sisulu e Oliver Tambo. Esses ativistas usaram a Liga da Juventude como trampolim para tomar o poder do Comitê Executivo do CNA durante o período imediatamente posterior à guerra.[81] Quando os africâneres chegaram ao poder para impor medidas draconianas de *apartheid* contra os negros, o CNA assumiu a liderança dos protestos de massas da Campanha de Desafio de 1952. Em seguida, juntou-se a aliados nativos, negros e brancos para organizar um Congresso do Povo, que em 1955 aprovou uma Carta da Liberdade, que definia os objetivos do movimento de libertação. A visão da Carta era bastante semelhante à estabelecida pelo CNI na Índia – clamando por uma África do Sul democrática que garantisse os direitos fundamentais a todos os cidadãos, independentemente de classe ou cor, e exigindo a redistribuição de terras e outras intervenções do Estado para alcançar a igualdade social e econômica.[82]

Essa seria a última vez que a RAS permitiria que uma assembleia da oposição mobilizada se reunisse em território sul-africano pelos próximos trinta anos – e a Carta permaneceu um ponto de referência ideológica durante todo esse amargo período. Não obstante, seu constitucionalismo iluminista foi cada vez mais questionado em duas frentes. Por um lado, os nacionalistas negros do dissidente Congresso Pan-Africanista (PAC) atacaram a visão multirracial do CNA. Por outro lado, ativistas do Partido Comunista (PC) denunciaram o “constitucionalismo burguês” da Carta. Essa crítica foi particularmente saliente porque os membros do Partido desempenharam um papel importante no interior do próprio CNA – com Nelson Mandela servindo como membro secreto do Comitê Central do PC.[83]

---

81 JOHNS, Sheridan; DAVIS JUNIOR, Hunt. *Mandela, Tambo, and the African National Congress - the struggle against apartheid, 1948–1990*: a documentary survey. Nova York: Oxford University Press, 1991, pp. 17-21.

82 FEDERATION OF SOUTH AFRICAN WOMEN. “The freedom charter”. *Historical Papers Research Archive*, 2013. Disponível em: http://www.historicalpapers.wits.ac.za/inventories/inv_pdfo/AD1137/AD1137-Ea6-1-001-jpeg.pdf. Acessado em: 06.01.2022.

83 ELLIS, Stephen. *External mission*: the ANC in exile, 1960–1990. Nova York: Oxford University Press, 2013; SEEKINGS, Jeremy. *The UDF*: a history of the

O CNA atingiu um ponto de inflexão em 1960, quando a polícia disparou contra manifestantes não violentos que protestavam contra a "lei do passe" em Sharpeville. Diante dos atos abrangentes de repressão, seus líderes perderam as esperanças de mudança pacífica por meio de táticas de desobediência civil como as de Gandhi. Oliver Tambo já tinha sido forçado a fugir do país e começou a montar um CNA no exílio, estabelecendo um quartel-general permanente em Lusaka, Zâmbia, em 1963.[84] Isso se tornou um ímã para militantes que cruzavam a fronteira para treinar como guerrilheiros na ala militar do CNA, a Lança da Nação. O próprio Mandela apoiou totalmente essa virada para a violência antes de ser capturado e condenado à prisão perpétua, junto com outros líderes carismáticos que permaneceram no país.[85]

Durante as décadas seguintes, e em forte contraste com o caso indiano paralelo, o CNA não existiu como um movimento bem-organizado em sua terra natal. Houve esforços contínuos para estabelecer conexões com sindicatos e grupos clandestinos, mas os ataques da guerrilha da Lança contrapostos avançados vulneráveis eram a principal evidência da presença do CNA no país. Apesar dos surtos episódicos de agitação civil, as forças de segurança do governo foram geralmente bem-sucedidas em manter a ordem – e desestabilizaram ainda mais o CNA exilado por meio de assassinatos encobertos.

O CNA teve mais sucesso em obter reconhecimento internacional – embora esses esforços tenham ficado seriamente comprometidos durante a Guerra Fria pela presença de comunistas entre as lideranças exiladas. Com Moscou servindo como a principal fonte de fundos do CNA, Oliver Tambo não estava em posição de

---

united democratic front in South Africa. Oxford: James Currey, cap. 1, 2000.

84 MacMILLAN, Hugh. *The Lusaka years*: the ANC in exile in Zambia. Auckland Park: Jacana, 2013.

85 ELLIS, Stephen. *External mission*: the ANC in exile, 1960–1990. Nova York: Oxford University Press, 2013, p. 21.

repudiar o Partido Comunista da África do Sul (PCAS) – embora, como socialdemocrata, ele tentasse dar ao CNA um perfil político mais inclusivo.[86]

Contudo, o governo do *apartheid* teve muito sucesso em retratar o CNA como uma frente comunista com o objetivo de impor sua vontade revolucionária por meio da força militar. Ainda em 1985, Margaret Thatcher o condenava como um "grupo terrorista" semelhante à Organização para a Libertação da Palestina e ao Exército Republicado Irlandês. Ela usou sua considerável influência para bloquear a imposição de sanções econômicas ao regime racista da África do Sul pela União, sob o argumento de que ele desempenhava um papel essencial na luta mundial contra o comunismo.[87] A administração Reagan demonstrou uma relutância semelhante.[88]

O catalisador para uma mudança política significativa não foi a pressão externa, mas o protesto estudantil de massas dentro do país durante o final dos anos 1970. A óbvia alienação da geração mais jovem levou o governo de P. W. Botha, anteriormente linha-dura, a mover-se em uma direção mais pragmática. No início da década de 1980, Botha tentou cooptar as forças moderadas da oposição em uma frente comum contra o CNA e o PCAS. Suas reformas constitucionais criaram um "Parlamento trilateral", no qual assembleias eleitas por comunidades indígenas e de cor

---

86 GERHART, Gail; GLASER, Clive. *From protest to challenge - a documentary history of African Politics in South Africa, 1882–1990*: challenge and victory, 1980–1990. Bloomington: Indiana University Press, pp. 149-152, 2010; MacMILLAN, Hugh. *The Lusaka years*: the ANC in exile in Zambia. Auckland Park: Jacana, 2013, pp. 16/17, 190, 202 e 212.

87 ESTERHUYSE, Willie. *Endgame*: secret talks and the end of apartheid. Cape Town: Tafelberg, 2012, p. 49.

88 MacMILLAN, Hugh. *The Lusaka years*: the ANC in exile in Zambia. Auckland Park: Jacana, 2013, p. 209. ("Somente em 1986 o alto comissário britânico na Zâmbia, Kevin White, e o embaixador estadunidense, Paul Hare, foram autorizados por seus governos a se encontrar com Tambo").

(miscigenadas) se juntariam à câmara exclusivamente branca. A câmara branca continuaria a desempenhar o papel dominante no sistema reformado; e os negros permaneceriam inteiramente sem representação, mas a iniciativa de Botha marcou uma ruptura com o passado rígido de exclusão.

Também explorou uma tendência mundial de "consociacionalismo" em sociedades multiculturais. Os consociacionalistas argumentam que o princípio fundamental de "uma pessoa, um voto" não é adequado para países que incluem comunidades culturais divergentes. Eles temem que o sufrágio igualitário permita um sistema de "o vencedor leva tudo" que reprima sistematicamente as minorias discretas e isoladas. Eles apoiam estruturas constitucionais, como parlamentos com várias câmaras, que exigem que o grupo numericamente dominante se engaje na construção de consensos antes que a legislação seja promulgada.[89] Ao apelar para a democracia consociacional, diferentemente da versão "uma pessoa, um voto", a visão de Botha estava bem de acordo com o pensamento ocidental dominante da época.

No entanto, o "Parlamento trilateral" ficou muito aquém do ideal consociacional, uma vez que Botha recusou-se a criar uma quarta câmara concedendo à maioria negra uma voz na nova ordem constitucional. Em vez disso, seu governo continuou a insistir que os negros eram apenas cidadãos dos bantustões tribais e podiam ser brutalmente subordinados como "estrangeiros residentes" nas áreas brancas. Mas Botha não se contentou em usar métodos do estado policial em sua campanha contra o CNA. Ele forneceu apoio político ao Partido da Liberdade Inkatha (IFP), um contramovimento

---

89 LIJPHART, Arend. *Patterns of democracy*: government forms and performance in thirty - six countries. 2ª ed. New Haven: Yale University Press, 2012. Lijphart continuou a defender uma Constituição da África do Sul baseada em princípios consociacionais até 1998, mesmo depois de o país ter adotado o princípio de "uma pessoa, um voto". LIJPHART, Arend. "South African democracy: majoritarian or consociational?". *Democratization*, vol. 5, pp. 144-150, 1998.

liderado por Mangosuthu Buthelezi, que buscava revigorar o governo em sua terra natal KwaZulu e, assim, fornecer o modelo para uma autogestão política vibrante nos outros bantustões.[90]

Enquanto moderados de outras raças consideravam as aberturas de Botha, os racistas brancos da linha dura responderam com alarde. Botha reagiu convocando um referendo exclusivamente para brancos para demonstrar amplo apoio à sua iniciativa por parte de seus principais constituintes no Partido Nacional (NP) dominante. Mas a linha-dura formou um novo Partido Conservador (PC) e exortou os brancos a votarem "não", com grande sucesso junto a sua base africâner. No entanto, Botha conseguiu o apoio de uma ampla coalizão de progressistas das comunidades africâner e inglesa – vencendo seu referendo por uma margem de 2 para 1.

Isso abriu caminho para as eleições para as câmaras de negros e indígenas em 1983 e 1984 – gerando outro confronto entre radicais e moderados. Desta vez, a divisão ocorreu no lado mais escuro da linha de cor. Os moderados das duas comunidades minoritárias viram as novas câmaras como movimentos progressistas, mas os radicais convocaram boicotes eleitorais para protestar contra a exclusão dos negros. O boicote rapidamente se transformou no maior movimento *antiapartheid* em solo sul-africano desde o início da década de 1960. Como o CNA e o PCAS permaneceram banidos da política, uma nova organização guarda-chuva, a Frente Democrática Unida (UDF) veio à tona. Esse "grupo surpreendentemente diverso em termos geográficos e sociais" era uma coalizão de centenas de organizações distintas, mas "com algumas exceções, todas eram lideradas por ativistas que se consideravam apoiadores ou mesmo membros do CNA".[91]

---

90 Buthelezi fundou o Partido da Liberdade Inkatha em 1975 com o consentimento do CNA, mas havia transformado do PLI em uma força independente em 1979.

91 SEEKINGS, Jeremy. *The UDF*: a history of the united democratic front in South Africa. Oxford: James Currey, cap. 1, 2000, p. 59.

Isso permitiu ao CNA manter sua centralidade simbólica – embora sua liderança presa e exilada tivesse pouca conexão com a nova rodada de protestos.[92] Enquanto o governo de Botha conseguiu convocar suas novas assembleias, a UDF manteve seu ímpeto para além das eleições, conseguindo três milhões de apoiadores em 1985, com líderes como Desmond Tutu e Helen Joseph obtendo destaque.

Essa onda de violência culminou em uma greve de massas de 1,5 milhão de trabalhadores pelo COSATU, um movimento sindical negro em ascensão, em maio de 1986. Com a Lança da Nação ampliando seus ataques armados, o governo de Botha desistiu de seus esforços de propaganda – declarando um estado de emergência em 1986, e deflagrando um esforço desesperado de suas forças militares e de segurança para esmagar o levante e proteger as fronteiras.

3.1.1 Dividir e conquistar?

Botha permaneceu um defensor ferrenho do *apartheid* em público, mas começou a jogar um jogo diferente em particular. Assim como ele já havia tentado cooptar indígenas e negros moderados, iniciou uma campanha de cooptação semelhante com a liderança negra.

Mandela foi a chave para essa estratégia. Após duas décadas de humilhação diária na Ilha Robben, ele foi transferido, junto com seus camaradas, para a prisão de segurança máxima de Pollsmoor, no continente. No entanto, seus contatos como os insurgentes fora da prisão eram frágeis, na melhor das hipóteses. Se Botha pudesse persuadi-lo a fazer uma negociação constitucional pragmática que preservasse os elementos centrais do poder branco, isso previsivelmente

92 SPARKS, Allister. *Tomorrow is another country*. Nova York: Farrar, Straus & Giroux, 1994, p. 57.

dividiria o restante do movimento – com a UDF, o CNA no exílio e o COSATU se dividindo em facções favoráveis e contrárias a Mandela.[93] Isso daria ao seu Partido Nacional o parceiro de negociação que desejava para chegar a um acordo constitucional que preservasse os fundamentos da supremacia branca – enquanto os radicais negros protestavam de maneira ineficaz nas margens.

Mandela estava bem ciente desses perigos quando foi abordado pela primeira vez por emissários do governo em 1985. Mesmo assim, ele decidiu seguir em frente. Sem buscar a aprovação de seus companheiros prisioneiros políticos em Pollsmoor – muito menos de seus colegas exilados no Comitê Executivo do CNA – ele iniciou negociações secretas. Só então ele informou alguns líderes de sua decisão e obteve o consentimento relutante deles para servir como o único representante do CNA nas negociações ultrassecretas com o governo do PN.[94]

No entanto, a aquiescência de seus colegas de liderança não cegou Mandela para a realidade de sua situação. Em contraste com o CNA no exílio, ele não tinha laços pessoais com a nova geração de ativistas da UDF e do COSATU que entravam em cena. Ele não poderia contar com a lealdade pessoal deles se surgisse com um acordo secreto com Botha que minasse suas expectativas.

Seu relacionamento com a Lança da Nação era ainda mais problemático. Se os guerrilheiros acreditassem que ele os estava

---

93 SPARKS, Allister. *Tomorrow is another country*. Nova York: Farrar, Straus & Giroux, 1994, p. 71. Apesar das negativas que se ouve hoje daqueles que estiveram envolvidos, é difícil escapar à conclusão de que o objetivo das conversações do governo com Mandela era explorar a possibilidade de cooptá-lo como líder... [dos] moderados – junto com membros exilados do CNA que os analistas do governo consideravam nacionalistas e moderados, em comparação com os comunistas e outros militantes.

94 MANDELA, Nelson. *Long walk to freedom*. Nova York: Litte, Brown and Company, pp. 464-467, 1994. Para uma análise perspicaz, ver READ, James; SHAPIRO, Ian. "Transforming power relationships: leadership, risk, and hope". *American Political Science Review*, vol. 108, 2014.

traindo, reagiriam à traição intensificando sua campanha armada contra os negros que estavam colaborando com o inimigo.

Reconhecendo esses riscos, Mandela recusou-se a fazer as concessões necessárias para um progresso sério com os emissários de Botha. As negociações não foram a lugar algum até que Botha sofreu um derrame em 1989, e F. W. de Klerk o substituiu como chefe do governo do Partido Nacional.

3.1.2 Reavaliação agonística

Mesmo assim, muitos confrontos violentos seriam necessários antes que de Klerk pudesse obter o apoio dos brancos para uma solução constitucional séria. Nesse ínterim, o CNA no exílio seria um espaço crucial para repensar a posição mais ampla do movimento sobre o papel do constitucionalismo na definição do futuro da África do Sul.

Duas grandes mudanças internacionais desencadearam essa reavaliação agonística. Por um lado, o estado de emergência declarado por Botha em 1986 teve um impacto devastador na sustentação da República do *apartheid* no exterior. Margaret Thatcher e Ronald Reagan foram finalmente obrigados a apoiar embargos econômicos e outras iniciativas destinadas a forçar a África do Sul a realizar negociações sérias com o CNA. Por outro lado, a ascensão de Mikhail Gorbachev ao poder tornou cada vez mais claro que o CNA não podia mais contar com os soviéticos como seu principal fornecedor de recursos e armas na luta contra o regime do *apartheid*.[95]

Como chefe do CNA no exílio, Oliver Tambo agiu rapidamente para explorar as novas possibilidades abertas por essas mudanças na relação Oriente-Ocidente. De início, ele entrou em conversas

95 KLUG, Heinz. *Constituting democracy*: law, globalism, and South Africa's political reconstruction. Cambridge: Cambridge University Press, 2000, p. 78.

ultrassecretas na Grã-Bretanha com autoridades sul-africanas e a comunidade empresarial, com o objetivo de estabelecer uma base para negociações sérias com o governo do *apartheid*. Tambo designou seu protegido, Thabo Mbeki, para assumir a liderança diplomática do CNA, e os dois lados realizaram doze sessões de fortalecimento de confiança entre 1987 e 1990 no luxuoso cenário de Mells Park, em Somerset. Sem dúvida, essas conversas foram significativas para a construção de confiança mútua, mas sua importância foi exagerada em relatos posteriores. Como todos reconheceram, as principais decisões estavam sendo tomadas por Mandela nas condições adversas da prisão de Pollsmoor, não por Mbeki nos arredores chiques de Mells Park. Somente se Mandela se mantivesse firme e rejeitasse todos os "compromissos" oferecidos por Botha, as empresas pressionariam o governo a entregar o poder real à maioria negra.[96]

Uma segunda iniciativa seria mais significativa. Com Thatcher e Reagan finalmente apoiando um boicote econômico efetivo, Tambo encorajou o CNA a repensar seus objetivos fundamentais agora que sua luta revolucionária tinha uma perspectiva real de superar a resistência branca. Durante as longas décadas de exílio do CNA, não houve necessidade de ir além da Carta da Liberdade de 1955 – cujos amplos compromissos socialdemocratas eram suficientes para mobilizar a resistência contínua no país e o apoio internacional no exterior. Mas uma vez que negociações sérias com o regime do *apartheid* surgiram no horizonte, era imperativo para o CNA transformar a Carta em propostas constitucionais concretas, para que pudesse ir para a mesa de negociações com um conjunto claro de prioridades.

Embora estivesse avançando, Tambo teve um grande problema político. Uma vez que o CNA começasse a tratar de assuntos sérios,

---

96 MacMILLAN, Hugh. *The Lusaka years*: the ANC in exile in Zambia. Auckland Park: Jacana, 2013, p. 254.

o esforço de redação precipitaria profundos conflitos ideológicos. Os comunistas não eram fortes apenas no Comitê Executivo do CNA, mas sobretudo entre os quadros armados da Lança da Nação. A extrema-esquerda olhava com grande desconfiança para o compromisso de Tambo com a socialdemocracia como uma forma de "constitucionalismo burguês", que trairia sua luta armada contra a arraigada estrutura de poder racista. Em vez disso, pediam por uma constituição de "poder popular", que comprometeria o CNA com a destruição implacável da supremacia branca em todas as suas formas econômicas e sociais.

Tambo não se opunha apenas a essa visão totalizante de revolução. Ele reconhecia que seu apoio beneficiaria a linha-dura do *apartheid* e seus apologistas estrangeiros, que sempre insistiram que o CNA era apenas uma frente comunista. Em janeiro de 1986, ele habilmente criou um comitê constitucional representativo de todas as facções, mas selecionou cuidadosamente seus membros para garantir o direcionamento do debate interno. O presidente era Jack Simons – um distinto acadêmico especializado em direito tradicional africano, membro do Comitê Central do Partido desde sua fuga para o exílio em 1965. Apesar de seus compromissos comunistas, Simon mantinha uma forte crença na democracia multipartidária. O mesmo acontecia com Kader Asmal, que havia fugido da África do Sul para se tornar professor de direito na Irlanda e uma das principais vozes do movimento internacional *antiapartheid*.

No entanto, foi Albie Sachs quem desempenhou um papel fundamental – combinando um conhecimento impressionante sobre direito constitucional com um compromisso pessoal de longa data com a luta. Trabalhando juntos, os membros do comitê elaboraram um conjunto de princípios lapidares, que se concentrava no sufrágio universal, na democracia multipartidária e em uma declaração de direitos – e postergava as questões da nacionalização e outros tópicos importantes. De maneira previsível, o projeto do comitê foi denunciado como "muito apegado a noções liberal-democráticas" por um grupo de trabalho de extrema-esquerda da executiva do CNA, que o condenou por não expressar os objetivos radicais da "luta revolucionária".

Como comunista, Simons era o presidente ideal para evitar essa crítica. Aqui está um parágrafo especialmente revelador da resposta de seu comitê à executiva do CNA:

> Em um nível profundo, uma constituição é a encarnação da vontade da nação; para gozar de legitimidade, deve vir do povo. Em outras palavras, os autores de uma constituição devem ter um mandato popular. É por isso que a Carta da Liberdade foi tão importante. A Carta da Liberdade, redigida com base nas reivindicações e aspirações populares trazidas para Kliptown de toda a África do Sul, incorporou a vontade genuína do povo. Mas o Congresso do Povo na década de 1950 também foi a última vez em que o movimento se reuniu e foi capaz de conceder um mandato a seus líderes. *Portanto, produzir uma constituição agora seria altamente problemático; pressuporia que um grupo de especialistas poderia redigir o documento e apresentá-lo ao povo com argumentos sobre por que ele serviria aos seus melhores interesses. Tal abordagem inverte a ordem correta, pois a constituição viria de líderes e especialistas técnicos, como os de nosso comitê, mas não do povo. Portanto, prosseguir com a redação de uma constituição [neste] momento minaria a natureza do verdadeiro constitucionalismo em nosso país exatamente no momento em que uma ordem constitucional livre e democrática era seriamente contemplada pela primeira vez na traumática história da África do Sul.*[97]

É difícil imaginar uma declaração mais autoconsciente dos princípios centrais do constitucionalismo revolucionário. Em seu

97 ASMAL, Kader; HADLAND, Adrian; LEVY, Moira. *Kader Asmal*: politics in my blood - a memoir. África do Sul: Jacana Media, 2011, p. 109 (citando passagens no texto e localizando-as no contexto). Itálicos adicionados.

contexto histórico, essa resposta não despertou apenas interesse intelectual. Para começar, ajudou a impulsionar a campanha de Tambo, permitindo-lhe em 1987, obter a aprovação do Comitê Executivo para a abordagem básica descrita no projeto. Na próxima fase, o CNA não se contentaria com menos do que o sufrágio universal – o que lhe garantiria uma vasta maioria parlamentar nas primeiras eleições democráticas. Ao mesmo tempo, seu reconhecimento da legitimidade da democracia multipartidária, junto com uma declaração de direitos, oferecia à minoria branca espaço político e a garantia constitucional de seus interesses fundamentais.

Não menos importante, os princípios constitucionais do CNA forneceram um recurso precioso para Nelson Mandela quando ele finalmente saiu da prisão no início de 1990 para reivindicar centralidade simbólica num movimento ainda desorganizado. Seu *status* de herói era amplamente reconhecido pela nova geração de ativistas da UDF e pelos sindicalistas do COSATU – bem como pelos exilados do CNA que retornavam e pelos guerrilheiros insurgentes da Lança. Mas ele estivera isolado da realidade das lutas entre facções por décadas – e enfrentaria enormes dificuldades caso tivesse recebido a tarefa de obter o consentimento das diferentes facções ideológicas para um conjunto comum de princípios.

No entanto, Tambo e o comitê constitucional já haviam feito esse trabalho por ele. Em vez de ter que consolidar um conjunto de princípios comuns, Mandela enfrentou uma tarefa mais gerenciável. Seu sucesso seria medido por sua capacidade de garantir amplo apoio popular para o programa constitucional já existente do CNA.

Isso não seria fácil. Mas, por ora, é mais importante enfatizar um argumento comparativo. Embora existam muitas semelhanças entre o CNA e o Partido do Congresso da Índia, havia uma diferença crucial entre suas situações quando os dois movimentos revolucionários entraram em seus períodos de fundação (Tempo Dois). Ao longo do período de insurgência do Congresso (Tempo Um), ele criou estruturas institucionais poderosas, conectando milhões de ativistas locais a lideranças regionais e nacionais. Foi esse acúmulo de *carisma organizacional* que permitiu a Nehru e Ambedkar afirmar, com ampla credibilidade, que a Constituição de 1950 expressava a vontade do Povo da Índia – apesar da ausência de referendos ou de qualquer outro legalismo especialmente convincente para apoiar essa afirmação. Em contraste, dada sua repressão sistemática pelo movimento do *apartheid*, o Congresso Nacional Africano carecia de qualquer estrutura semelhante que conectasse líderes a seguidores em uma linha de massas. O CNA serviu mais como um símbolo evocativo do que como realidade organizacional capaz de integrar as aspirações do movimento desarticulado por um "novo começo". Como consequência, Nelson Mandela enfrentou um problema distinto quando foi finalmente libertado da prisão em 1990. Embora Nehru e Ambedkar tivessem condições para constitucionalizar o carisma *organizacional* do Congresso, ele não tinha. Em vez disso, seria obrigado a empregar seu carisma *pessoal* em uma campanha pela Constituição, o que permitiria ao CNA construir laços organizacionais sólidos com seus milhões de seguidores.

Em suma, a África do Sul foi o local do constitucionalismo *construtivo*: o sucesso ou fracasso do esforço de Mandela para mobilizar o apoio das massas à Constituição teria um papel fundamental para determinar se ele poderia transformar o CNA de um símbolo evocativo em um partido-movimento bem-organizado, capaz de falar com credibilidade por Nós, o Povo da África do Sul.

3.2 Tempo Dois: constitucionalismo construtivo?

As negociações de Mandela da prisão não deram em nada até que Botha sofreu um derrame em 1989 e o Partido Nacional colocou F. W. de Klerk em seu lugar como presidente. No entanto, seria difícil para de Klerk oferecer a Mandela um acordo que enfraquecesse dramaticamente o *apartheid*. Uma grande reviravolta provocaria forte reação da linha dura de seu Partido Nacional no poder. Se os rebeldes do partido não conseguissem derrubar seu novo líder, de Klerk poderia esperar que um grande número bandeasse para o Partido Conservador de extrema direita[98] e apelasse para que o eleitorado exclusivamente branco o retirasse do cargo na primeira oportunidade.

O novo presidente também enfrentava um desafio relativo a suas forças militares e de segurança. Depois de trinta anos de guerra contra os "terroristas comunistas do CNA", essas forças obedeceriam às suas ordens de fazer as pazes com o inimigo?

Essa questão tornou-se cada vez mais evidente nos cinco anos seguintes, à medida que Mandela e de Klerk lutavam para encontrar uma solução que pudesse obter o consentimento de suas frágeis coalizões. Quando de Klerk assumiu o poder em 1989, a batalha entre a Lança da Nação e as forças de segurança da RSA tirou a vida de 2 mil sul-africanos. Mas a paz não foi restaurada magicamente depois que de Klerk legalizou o CNA e libertou Mandela da prisão em 1990. Ao contrário, a luta militar se intensificou – o número de mortos triplicou de 2 mil para 6 mil por ano à medida que as negociações avançaram em 1994. Como o banho de sangue continuou, os líderes militares de ambos os lados ameaçaram derrubar seus chefes civis se eles traíssem seus sacrifícios sangrentos capitulando ao inimigo.[99]

---

98 JUNG, Courtney; LUST-OKSAR, Ellen; SHAPIRO, Ian. "Problems and prospects for democratic settlements: South Africa as a model for the middle East and Northern Ireland?" *The Real World of Democratic Theory*, pp. 80 e 103, 2011.

99 STIFF, Peter. *Warfare by other means*: South Africa in the 1980s and 1990s. Alberton: Galago, 2001; TURTON, Anthony. *Shaking hands with Billy*: the private memoirs of Anthony Richard Turton. Durban: Just Done Productions, 2010, p. 300 (fig. 2, que apresenta as contas anuais de mortes compiladas pelo South African Institute of Race Relations [Instituto Sul Africano de Relações Raciais]).

Nossa próxima tarefa é descrever como as lideranças políticas da RSA e do CNA enfrentaram as contestações internas e como a Constituição permitiu que ambos os lados resolvessem seus conflitos de uma forma que considerada amplamente legítima.

3.2.1 O giro de De Klerk

De Klerk foi chamado de "presidente", mas funcionou como o primeiro-ministro do sistema de Westminster – subindo ao poder em setembro de 1989 após uma vitória estreita do Partido Nacional. Dado seu apoio frágil, de Klerk tentou reforçar sua posição convocando rapidamente uma eleição entre o eleitorado branco – mas de uma forma que intensificou seus problemas de legitimação ao lidar com os desafios revolucionários lançados pela Frente Democrática Unida, a Lança e o CNA no exílio.

Desde a década de 1940, os presidentes sul-africanos foram fortes defensores do *apartheid* – e quando os colegas parlamentes de De Klerk votaram nele para primeiro-ministro, não estavam de forma alguma apoiando uma grande mudança no *status quo*. Ao buscar um mandato do eleitorado branco nas eleições antecipadas, de Klerk manteve sua postura linha-dura.

Na verdade, ele fez uma campanha excepcionalmente reacionária. Em resposta à crise crescente, os liberais brancos organizaram um Partido Democrata para obter apoio parlamentar para uma abordagem mais inclusiva das relações raciais. De Klerk respondeu denunciando seu novo rival como um traidor, pois alguns de seus líderes haviam se reunido publicamente com o CNA.[100]

A isca racial provou-se muito bem-sucedida. Não só o PN ganhou uma maioria parlamentar, como os conservadores de direita conquistaram 30% dos assentos adicionais. Esse resultado

---

100 SPARKS, Allister. *Tomorrow is another country*. Nova York: Farrar, Straus & Giroux, 1994, p. 94.

parecia dar a de Klerk uma única opção: continuar no caminho de Botha. Afinal, os resultados das votações empurraram os democratas liberais para as margens do parlamento, com menos de um quinto dos assentos, dando ao primeiro-ministro muito pouco espaço de manobra.[101]

No entanto, foi precisamente neste ponto que de Klerk chocou sua base ao dar um giro de 180 graus. Ele anunciou a libertação de Mandela e de outros prisioneiros políticos, a legalização de todos os grupos proibidos, incluindo os comunistas e a Lança da Nação, e o início das negociações para uma futura Constituição.

Dado o contexto político e militar, seria um erro superestimar o alcance dessa iniciativa. Embora tenha exigido muita coragem, ela não implicava em ceder poder de governo à maioria negra. Ao contrário, o principal objetivo de De Klerk era negociar um acordo constitucional que garantisse à minoria branca um poder de veto contínuo. Assim como Botha alcançara as comunidades indígenas e de cor com seu parlamento tripartite, de Klerk oferecia uma visão ampliada da democracia consociacional à comunidade negra.

Essa não era uma diferença pequena – ela permitiria que os negros desempenhassem um papel político de liderança pela primeira vez desde o início do colonialismo branco. Mas de Klerk continuou a insistir que qualquer constituição aceitável deveria assumir uma forma consociacional, permitindo que cada comunidade racial vetasse qualquer mudança importante no *status quo*. Apesar de sua insistência nesse ponto-chave, o Partido Conservador, linha-dura, denunciou sua "traição" à supremacia branca – e passou a vencer uma série de eleições parciais quando os eleitores responderam ao seu apelo.

---

101 SOUTH AFRICA PARLIAMENTARY CHAMBER. *House of Assembly elections held in 1989*. Disponível em: http://www.ipu.org/parline-e/reports/arc/2291_89.htm. Acessado em: 07.01.2022.

Essa série de vitórias deu a de Klerk pouca escolha a não ser convocar um referendo apenas para brancos para demonstrar que ele realmente tinha o apoio da maioria dos eleitores. Ao apelar desordenadamente a seus eleitores, ele fez uma concessão fundamental, em um esforço desesperado a favor do voto no "sim": "Não diremos sim a um plano de suicídio... Deve haver proteção eficaz contra a dominação das minorias... *seja numa primeira fase ou numa constituição totalmente abrangente*".[102]

Esse compromisso deu a ele uma vitória convincente no referendo de março de 1992. Mas isso o colocou em conflito agudo com a exigência fundamental do CNA de "que o povo tenha o direito de votar sob um sistema de sufrágio universal baseado no princípio de uma pessoa, um voto". Em vez de autorizar uma reaproximação, a "vitória" de De Klerk no referendo parecia criar um abismo intransponível entre seu governo e o CNA.

3.2.2 O giro de Mandela

Ao mesmo tempo, Mandela estava lidando com seus próprios problemas. Sua libertação da prisão abriu caminho para uma viagem triunfante pela Europa e pelo sul da África. No entanto, obter apoio de seu próprio movimento fragmentado revelou-se muito mais difícil. Quando os líderes exilados do CNA voltaram para casa, eles se juntaram a Mandela, em agosto de 1990, em um gesto conciliatório a de Klerk – anunciando a suspensão da luta armada enquanto os dois lados se reuniam em negociações constitucionais sérias.

Mas como no caso de De Klerk, a oferta de um ramo de oliveira provocou uma reação poderosa. Assim como o presidente

---

102 SABC Network (Johannesburg), 24 fev. 1992 (declaração de De Klerk, dando início à sua campanha para o referendo) (itálicos adicionados). Ver em geral, SHAPIRO, Ian; JUNG, Courtney. "South Africa's negotiated transition: democracy, opposition, and the new Constitutional order". *In*: ______. *Democracy place*. Londres: Conell University Press, pp. 194-294, 1996.

foi desafiado pela direita, Mandela foi repreendido pela esquerda. Ele se juntou aos exilados do CNA que retornavam para anunciar a suspensão das hostilidades sem consultar a nova geração de ativistas da UDF. Quando apresentados a um fato consumado, esses novatos reagiram com indignação – organizando uma série de protestos que forçaram a liderança da velha guarda a voltar atrás. Com a Lança dando continuidade a seus ataques, o CNA agora proclamava 1991 como "o ano da ação de massas", defendendo greves de massas e marchas de protesto nas quais comunistas e outros radicais desempenhariam papeis de liderança.

Negociações secretas entre Mandela e de Klerk não conseguiram preencher a lacuna que separava suas posições políticas. Não houve nenhum sinal oficial de progresso até dezembro de 1991 – quase dois anos completos após a libertação de Mandela da prisão. Esse foi o momento em que os dois lados finalmente conseguiram engajar-se nas negociações públicas da Convenção por uma África do Sul Democrática (CODESA).

3.2.3 Crise existencial?

A sessão de abertura foi um grande evento midiático. O governo e o CNA estavam no centro do palco, mas a CODESA incluía uma gama muito ampla de partidos de oposição de todos os quadrantes do espectro político.

As coisas começaram muito mal, com de Klerk contestando a legitimidade de seu principal parceiro de negociação:

O cerne do problema é o seguinte:

> O CNA ainda não encerrou o que ele mesmo definiu como "luta armada" ...
>
> A estipulação no Acordo de Paz de que nenhum partido político terá um exército privado põe um ponto de interrogação

> quanto à participação do CNA em uma Convenção que ocorre, essencialmente, entre partidos políticos.
>
> Não se pode confiar totalmente em uma organização que se compromete com soluções negocias pacificamente se ela permanece comprometida com a luta armada.
>
> O próprio espaço de negociação de uma nova constituição que construímos na Codesa obriga que o CNA e outros que desejem participar encerrem a luta armada antes que se possa realmente realizar acordos de paz vinculativos, legítimos, confiáveis e críveis.[103]

Ao que Mandela replicou:

> O sr. de Klerk lançou hoje... um ataque ao Congresso Nacional Africano e, ao fazê-lo, não foi franco. Até mesmo o chefe de um regime ilegítimo, desacreditado e minoritário deve respeitar certos padrões morais. Ele não tem desculpas... [dado seu fracasso] em levantar bandeiras morais... [não é] de admirar que o Partido Conservador tenha feito uma incursão tão séria em sua base de poder.[104]

Para dizer o mínimo, essa abertura não apoia a visão padrão hoje em dia da África do Sul como um caso paradigmático de "transição negociada", na qual elites realizaram mudanças delicadas por meio de colaboração esclarecida. Uma nação em choque estava testemunhando algo muito diferente: um confronto revolucionário entre lideranças *outsiders* e lideranças *insiders*, cada qual lutando para manter o apoio de seus partidários altamente mobilizados,

---

103 CODESA: *Opening Statement by State President F.W. de Klerk* (20 dez. 1991). Disponível em: http://www.anc.org.za/content/codesa-opening-statement-state-president-fw-de-klerk.

104 CODESA: *Response by Nelson Mandela, to the Opening Statement by State President F. W. de Klerk* (20 dez. 1991). Disponível em: http://www.anc.org.za/content/codesa-response-nelson-mandela-opening-statement-state-president-fw-de-klerk.

militarizados e polarizados – contestando o direito um do outro de sentar-se à mesma mesa de negociação.

A CODESA continuou cambaleando por alguns meses – durante os quais vários grupos de trabalho produziram relatórios sobre uma série de questões fundamentais. Mas caberia a de Klerk e Mandela determinar se eles poderiam consertar as coisas nos bastidores.

O momento crítico chegou quando de Klerk saiu vitorioso de seu referendo exclusivo para brancos em março: será que ele daria um novo giro e abandonaria sua exigência de um regime constitucional que contemplasse um Governo de Unidade Nacional permanente (a saber, um veto branco)?

A resposta é não. Enquanto as negociações ficavam estagnadas, o regime do *apartheid* mais uma vez começou a fortalecer o Partido da Liberdade Inkatha, liderado pelo antigo aliado KwaZulu do Partido Nacional, Mangosuthu Buthelezi, como rival de Mandela e do CNA – afirmando que Buthelezi tinha um apoio mais amplo na comunidade negra.[105]

Ao mesmo tempo, os radicais do CNA e da federação trabalhista africana abandonaram a CODESA para retomar sua campanha de ação de massas. Isso culminou em uma grande paralisação em 12 de junho, que interrompeu completamente a produção industrial do país.[106]

Essa demonstração de solidariedade negra foi rapidamente seguida por um surto de violência entre os negros – com a polícia sul-africana olhando com indiferença enquanto trinta e nove

---

105 SHAPIRO, Ian; JUNG, Courtney. "South Africa's negotiated transition: democracy, opposition, and the new Constitutional order". *In*: ______. *Democracy place*. Londres: Conell University Press, 1996, p. 201.

106 SPITZ, Richard; CHASKALSON, Matthew. *The politics of transition*. Johannesburg: Witwatersrand University Press, 2000, p. 28.

manifestantes pacíficos do CNA foram abatidos por homens armados, aparentemente aliados do Inkatha.[107] Essas cenas sangrentas levaram ao colapso formal da CODESA e a uma intensificação da violência política – com 1.525 incidentes e 240 mortes, marcando um novo recorde no mês seguinte.[108]

De Klerk e Mandela responderam com esforços desesperados para pacificar suas alas militares. De Klerk condenou o "exército privado" do CNA e Mandela advertiu que "seria um erro grave se o governo imaginasse que o recurso à repressão e o uso de poder militar e de polícia... pode ser um meio de resolver o conflito".[109]

Mesmo assim, o governo permaneceu decidido – suas forças de segurança dispararam contra 80 mil manifestantes do CNA em setembro, quando tentaram derrubar o governo oficial de um dos bantustões estabelecido sob o regime do *apartheid*.[110]

A sensação de crise existencial foi intensificada com a aproximação do prazo final. O mandato de cinco anos do Parlamento existente estava programado para expirar em 1994, e outra eleição sob a antiga Constituição do *apartheid* provocaria uma escalada catastrófica do conflito militar e social.

---

107 SPARKS, Allister. *Tomorrow is another country*. Nova York: Farrar, Straus & Giroux, pp. 133-152, 1994, fornece um relatório analítico convincente.

108 SHAPIRO, Ian; JUNG, Courtney. "South Africa's negotiated transition: democracy, opposition, and the new Constitutional order". *In*: ______. *Democracy place*. Londres: Conell University Press, 1996, p. 199.

109 EBRAHIM, Hassem. *The soul of the nation*: constitution-making in South Africa. Cape Town: Oxford University Press, pp. 577 e 587, 1998 (Resposta de Mandela a de Klerk, 9 de julho de 1992). Para toda a série de debates públicos, ver EBRAHIM, Hassem. *The soul of the nation*: constitution-making in South Africa. Cape Town: Oxford University Press, pp. 532-576, 1998.

110 SHAPIRO, Ian; JUNG, Courtney. "South Africa's negotiated transition: democracy, opposition, and the new Constitutional order". *In*: ______. *Democracy place*. Londres: Conell University Press, 1996.

3.3 Constitucionalizando a revolução

Com o tiquetaque das bombas-relógio, legal e literalmente, só havia uma maneira de Mandela reafirmar sua liderança revolucionária. Ele teria que demonstrar à sua base cada vez mais cética que as negociações com de Klerk ainda ofereciam um caminho plausível para um nova África do Sul.

Isso exigiria um compromisso sério: de Klerk não estava nem um pouco disposto a renunciar à sua exigência de divisão consociacional do poder, enquanto o CNA estava firmemente comprometido com uma democracia majoritária de uma pessoa, um voto. Na CODESA, os dois lados já haviam tentado preencher essa lacuna deixando a resolução final para o próximo Parlamento – que, pela primeira vez, seria eleito por sul-africanos de todas as raças. Nesse ínterim, os participantes da CODESA se concentraram em definir uma Constituição provisória que garantisse ao Partido Nacional, na prática, um veto efetivo em um governo de transição de unidade nacional. No entanto, a CODESA demonstrou que esse plano de duas etapas, aparentemente sensato, não levaria a lugar nenhum – com os dois lados interrompendo as negociações e agravando ainda mais o conflito.

Mandela não teve escolha a não ser tentar novamente. Se desistisse, poria em risco a sua posição de líder simbólico de todo o movimento. Sua confissão pública de fracasso abriria o caminho para militantes radicais que haviam negado sistematicamente a possibilidade de uma transição pacífica. Na verdade, seu último esforço nas negociações já estava gerando forte resistência de sua base cada vez mais militarizada e radicalizada. Ele obteve o apoio para sua abordagem em duas etapas na reunião anual do CNA em dezembro, mas com grande dificuldade – e somente depois de prometer que a divisão do poder chegaria a um fim decisivo quando uma Constituição permanente fosse escrita após as próximas eleições.[111]

---

111 SHAPIRO, Ian; JUNG, Courtney. "South Africa's negotiated transition: democracy, opposition, and the new Constitutional order". *In*: _____.

Portanto, o CNA e o governo permaneceram em desacordo na questão-chave – a divisão do poder seria um expediente temporário ou uma característica permanente da nova África do Sul? No entanto, a escalada de violência e contramobilizações representavam uma profunda ameaça à liderança de De Klerk tanto quanto à de Mandela – forçando cada um deles a um esforço desesperado para abrir um caminho constitucional.

Em 1° de abril, dez meses após o colapso da CODESA, iniciou-se um novo "processo de negociação multipartidária" (MPNP) em Kempton Park, nos arredores de Joanesburgo. Os procedimentos formais eram ainda mais elaborados desta vez, com um Conselho de Negociação proveniente de um amplo espectro político que ia desde partidos da direita africâner até rivais do CNA, como o Congresso Pan-Africanista, o governo KwaZulu e delegações de líderes tradicionais africanos.

Muito disso era fachada. O governo e o CNA concentraram suas energias em negociações bilaterais e só mais tarde confrontaram os outros participantes com a "escolha" de carimbar seus acordos conquistados a duras penas. Ao confrontar tais *fatos consumados*, alguns atores importantes – mais notavelmente, Buthelezi do KwaZulu – saíram e se recusaram a retornar. Embora a maioria dos outros tenha assinado, ninguém se deixou enganar por esse consenso. A fragilidade de todo o processo foi dramatizada no início, quando militantes de direita assassinaram Chris Hani, um membro sênior do CNA e chefe do Partido Comunista – provocando uma nova onda de protestos que ameaçou minar as negociações quando elas estavam apenas começando.

Embora de Klerk ainda fosse presidente, foi Mandela quem respondeu ao assassinato de Hani com um discurso transmitido à nação pela televisão, pedindo calma. Ele então se dedicou à longa tarefa de chegar a um acordo com de Klerk. Enquanto as sessões

---

Democracy place. Londres: Conell University Press, 1996.

formais do MPNP avançavam rapidamente, cada líder despachou um emissário de confiança para sondar o outro lado – com Cyril Ramaphosa desempenhando esse papel para Mandela e Rolf Meyer para de Klerk. Essas negociações secretas de cima para baixo, e não os processos elaborados de baixo para cima, foram cruciais para o sucesso da empreitada.

3.3.1 O paradoxo da Constituição provisória

Depois de alguns meses, os dois lados fizeram um anúncio importante: os sul-africanos de todas as raças iriam às urnas pela primeira vez na história, em 24 de abril de 1994.

Mesmo assim, de Klerk e Mandela continuaram distantes em uma série de questões cruciais. Inicialmente, os principais líderes do CNA queriam que a "Constituição provisória" da primeira fase se concentrasse no estreito conjunto de questões necessárias para fazer o novo governo decolar: ela deveria garantir os direitos políticos necessários para eleições livres e estabelecer as regras básicas de um "governo de unidade nacional". Mas deveria adiar as decisões sobre questões polêmicas, como direitos sociais e econômicos, para depois das eleições – quando a primeira assembleia verdadeiramente representativa assumiria a tarefa de redigir uma Constituição permanente.

Essa demanda fazia todo o sentido da perspectiva do CNA. Todos esperavam que os sul-africanos negros comparecessem às urnas em grande número e proporcionassem ao partido do movimento uma retumbante maioria parlamentar. Isso daria ao CNA a vantagem quando chegasse a hora de forjar uma Constituição permanente.

De maneira previsível, de Klerk agiu na direção oposta. Ele insistiu que a "constituição provisória" deveria fornecer uma estrutura abrangente que garantisse à minoria branca um veto efetivo em revisões radicais do *status quo* social e econômico. Como os representantes de De Klerke pressionavam para expandir a agenda além do estreito escopo especificado por Mandela, sua iniciativa teve uma recepção paradoxal.

Lembremos que o CNA já havia se comprometido com um conjunto de princípios constitucionais – e esses princípios enfatizavam a grande importância dos direitos fundamentais. Como consequência, os principais advogados e ativistas políticos que representavam o CNA em Kempton Park estavam abertos aos esforços de De Klerk para ampliar o escopo da negociação provisória. Certamente, o comitê de redação não tinha recebido um mandato indefinido e havia sido formalmente instruído a se restringir a um conjunto limitado de direitos políticos.

Mas Mandela não estava monitorando o trabalho deles de perto. Em vez disso, sua atenção estava voltada para a questão crucial de definir os termos precisos nos quais ele compartilharia o poder com de Klerk no governo de "unidade nacional" que resultaria das próximas eleições parlamentares.

Como consequência, a equipe jurídica do CNA, apoiada por uma variedade de ativistas de base, pressionou por uma declaração de direitos fundamentais muito mais ampla do que Mandela queria. Um dos principais participantes foi Albie Sachs, que em 1987 cumprira um papel decisivo para convencer o CNA no exílio a adotar seus princípios constitucionais, e mais tarde serviria como juiz na nova Corte Constitucional do país. Conforme ele descreveu, "o processo de redação foi um caso de tentativa e erro".[112] Constrangidos por prazos curtos, "chegamos um tipo engraçado de Declaração de Direitos... nem completa, global e bem-acabada... mas tampouco minimalista".[113] Ao mesmo tempo, o governo de

---

112 SPITZ, Richard; CHASKALSON, Matthew. *The politics of transition*. Johannesburg: Witwatersrand University Press, 2000, p. 255.

113 SPITZ, Richard; CHASKALSON, Matthew. *The politics of transition*. Johannesburg: Witwatersrand University Press, 2000, p. 408.

Klerk ficou mais do que feliz em assinar a iniciativa de Sachs – pois sua declaração de direitos incluía a proteção dos direitos de propriedade, de importância crucial para a minoria branca.[114]

Os dois lados então criaram a Corte Constitucional na esperança de que suas belas palavras tivessem um significado duradouro. Na década de 1990, a revisão judicial havia percorrido um longo caminho desde a década de 1940, quando o consenso britânico e continental prevalente a condenava como uma novidade antidemocrática estadunidense. Cinquenta anos depois, sucessos em lugares tão diferentes como a Índia e a Alemanha fizeram com que as supremas cortes parecessem um componente óbvio de qualquer democracia liberal. Mas desta vez, a equipe jurídica deu à sua nova Corte Constitucional uma missão sem precedentes.

Como vimos, a Constituição de Kempton Park foi explicitamente rotulada como "provisória", o que indicava claramente que a Constituição permanente do Parlamento recém-eleito poderia mudá-la do modo que a nova maioria achasse melhor. Mas foi precisamente esse ponto básico que os participantes de Kempton Park questionaram. Seu texto "provisório" concedeu à Corte Constitucional recém-criada o poder sem precedentes de invalidar as disposições da carta "final" que violassem os princípios fundamentais de seu texto "interino".

Esse claro improviso era politicamente problemático e juridicamente insano. Se, por exemplo, os sul-africanos negros elegessem uma maioria parlamentar dominada por membros de esquerda do CNA, eles poderiam decidir adotar uma Constituição que eliminaria as proteções da propriedade previstas no texto "interino" e autorizaria extensas redistribuições para as vítimas da opressão branca. Se isso acontecesse, dificilmente alguns juízes da Suprema Corte poderiam impedir.

---

114 SPITZ, Richard; CHASKALSON, Matthew. *The politics of transition*. Johannesburg: Witwatersrand University Press, pp. 313-329, 2000.

Apenas uma coisa estava clara: a própria noção de que uma Corte Constitucional deveria intervir para proteger os direitos de propriedade dos brancos teria destruído os entendimentos jurídicos fundamentais. Segundo as doutrinas dominantes, é óbvio que uma Constituição final supera qualquer acordo "preliminar" que conduza a ela. Se a Corte Constitucional provisória alegasse ter a "palavra final" diante de uma Assembleia Constituinte eleita pelo Povo, não se poderia esperar que juristas sérios – na África do Sul ou em qualquer outro lugar – apoiassem tal afirmação implausível de poder judicial bruto.

Então, o que os negociadores esperavam alcançar com sua notável inversão da sabedoria jurídica convencional?

A questão mais uma vez desafia o consenso acadêmico atual sobre o papel do judiciário nas transições democráticas. Como já expliquei, a visão dominante supõe que a África do Sul representa um caso clássico de uma transição de "terceira onda", em que as massas permanecem à margem enquanto as elites políticas negociam seu caminho para uma transição pacífica da autoridade. Nesse cenário, as cortes constitucionais desempenham uma "função garantidora", afiançando a ambos os lados que seu acordo será respeitado assim que as eleições alterarem o equilíbrio de poder existente.

Mandela se viu em uma situação muito diferente. Embora suas décadas na Ilha Robben lhe tivessem dado carisma pessoal, o CNA não lhe fornecia o carisma organizacional necessário para garantir o controle sobre os movimentos de base dinâmicos que varriam o país. Além disso, os confrontos cada vez maiores entre as forças de segurança do governo e a Lança desafiavam a própria ideia de que uma transição pacífica era uma opção séria. Como Kader Asmal, um participante particularmente perspicaz, sugere, é um erro ver a "transição da África do Sul para a democracia como um acordo negociado. Talvez uma descrição mais adequada seria uma negociação bem-sucedida de um tratado de paz entre os partidos beligerantes".[115]

A partir dessa vantagem, a concessão de poder de veto de Kempton Park às cortes desempenhou uma função distinta. Embora sua concessão de poder judicial extraordinário tenha rompido com as categorias jurisprudenciais padrão, os legalismos enfáticos do texto "provisório" conseguiram transformar um "tratado de paz" em algo mais – um meio pelo qual Mandela e de Klerk poderiam reunir suas frágeis coalizões para abraçar o constitucionalismo revolucionário.

Do lado de Mandela, o pacto provisório fornecia ao CNA a plataforma necessária para persuadir os eleitores a rejeitar um futuro de convulsão violenta e abraçar a perspectiva de uma revolução em escala humana. Ao apresentar algo "provisório" como *juridicamente* vinculativo, a Constituição estava permitindo a Mandela constituir o CNA como um partido do movimento que poderia falar com *credibilidade* pelo Povo – desde que, é claro, o CNA conseguisse obter uma vitória esmagadora nas urnas.

Paradoxalmente, um importante oponente do CNA ajudou a consolidar as reivindicações de autoridade de Mandela. Mangosuthu Buthelezi, e seu Partido da Liberdade Inkatha, havia desafiado muito o ideal de Mandela de uma nação unitária em que todos os sul-africanos fossem cidadãos iguais – oferecendo, em vez disso, uma visão associativa na qual as comunidades negras se engajariam na democracia de base em suas diferentes pátrias. Depois de sair de Kempton Park, Buthelezi a princípio estava inclinado a boicotar as eleições parlamentares, mas foi persuadido a reconsiderar sua posição e patrocinou uma formidável lista de candidatos para levantar um desafio fundamental ao apelo do CNA aos sul-africanos de todas as cores e culturas para

---

115 ASMAL, Kader; HADLAND, Adrian; LEVY, Moira. *Kader Asmal*: politics in my blood - a memoir. África do Sul: Jacana Media, 2011, pp. 132/133.

unir-se em torno de de uma constituição comum. No entanto, a intervenção eleitoral de Buthelezi não foi capaz de privar o CNA de uma vitória parlamentar esmagadora – confirmando assim a centralidade de Mandela e de seu partido-movimento no esforço coletivo de falar pelo Povo.

A Constituição "provisória" desempenhou uma função política semelhante para de Klerk. Como o Inkatha, o Partido Conservador da linha dura saiu de Kempton Park e anunciou um boicote às eleições. Mas, ao contrário do Inkatha, permaneceu à margem, permitindo que uma nova Frente da Liberdade entrasse em campo com uma lista de candidatos pedindo aos eleitores brancos que repudiassem o acordo elegendo os candidatos da Frente ao Parlamento.

A Constituição "provisória" desempenhou um papel fundamental ao permitir que de Klerk desarticulasse essa iniciativa contrarrevolucionária. Em seu apelo à comunidade branca, ele enfatizou que as cortes poderiam soar o alarme se o CNA sucumbisse a expropriações e nacionalizações abrangentes – proporcionando assim aos seus constituintes a melhor esperança de paz e prosperidade na nova África do Sul.

Esse apelo se provou eficaz. Mas não seria suficiente para proteger de Klerk de um desafio muito diferente. Depois de travar décadas de guerra contra o "CNA dominado pelos comunistas", os principais generais consideraram o acordo de De Klerk uma rendição covarde em um momento em que a vitória estava ao seu alcance. Reconhecendo o perigo, de Klerk exonerou vinte e três militares da linha dura. Mas isso não foi suficiente para evitar uma tentativa de golpe militar pouco antes das eleições de 23 de abril. Embora o golpe tenha fracassado, a violência de ambos os lados alcançou novos patamares enquanto o país ia às urnas.[116]

---

116 STIFF, Peter. *Warfare by Other Means*, pp. 557-586 (1996).

A escolha entre violência totalizante e constitucionalismo revolucionário não poderia ser mais clara.

3.3.2 O Mandato

Os eleitores deram a Mandela o mandato decisivo de que ele precisava para legitimar sua reivindicação de falar pelo Povo: o CNA e seus aliados comunistas obtiveram 62% dos votos, seis vezes mais que os 11% obtidos pelo partido Inkatha de Buthelezi. Ao mesmo tempo, o Partido Nacional de De Klerk obteve o apoio de 20% do eleitorado, dez vezes o obtido por seus rivais conservadores. De acordo com as regras da Constituição provisória, apenas os partidos com mais de 10% dos votos podiam participar da divisão do poder – com os dois principais partidos selecionando os vice-presidentes para servir sob Mandela em seu Governo de Unidade Nacional.[117] Ao mesmo tempo, o acordo provisório comprometia a assembleia recém-eleita a aprovar uma Constituição permanente até o final de 1995.

Muito dependeria de como Mandela lidaria com esses compromissos. Se ele tratasse seus vice-presidentes como meros subordinados, sujeitos ao seu comando, ele destruiria rapidamente a visão colaborativa expressa nas eleições. Mas Mandela resistiu à tentação autoritária – em parte porque fez uma escolha sábia ao escolher Thabo Mbeki como vice-presidente do CNA para lidar o vice-presidente de Klerk. Mbeki servira com grande inteligência e disciplina como o principal diplomata do CNA no exílio. Não menos importante, sua personalidade pública era distante e imparcial, e não representava nenhum desafio ao grande carisma pessoal de Mandela. Como consequência, o presidente poderia permitir que Mbeki e de Klerk dominassem o palco público, especialmente no

---

117 Como o Inkhata ultrapassou (por pouco) o limite de 10%, ele obteve um assento no cabinente, embora não tenha tido influência significativa nos principais desenvolvimentos.

que se referia à política interna, ao mesmo tempo que reservava para si apenas as decisões mais importantes. Esse novo padrão deu realidade política ao compromisso da Constituição provisória com um governo de unidade nacional.

Também preparou o terreno para negociações sérias de sua substituição permanente. A assembleia de Kempton Park tentou canalizar o debate instruindo a Corte Constitucional a invalidar quaisquer revisões "permanentes" que ofendessem a declaração de "princípios fundamentais" anunciada pelo texto "provisório". Mas havia uma questão que era sensível demais para as cortes decidirem – o futuro do consociacionalismo. A Constituição permanente, como sua antecessora, daria ao Partido Nacional o poder de vetar as iniciativas do CNA? Ou seguiria a prática tradicional de Westminster e daria à maioria parlamentar poderes para neutralizar os protestos da uma coalizão minoritária liderada pelo PN?

O CNA e o PN estavam em desacordo nessa questão crítica – com o partido de De Klerk assumindo uma linha tão dura nas negociações que os principais cientistas políticos previam o sucesso de um arranjo consociacional permanente.[118]

No entanto, o CNA não estava disposto a negociar o princípio de "uma pessoa, um voto" estabelecido pela Carta da Liberdade na década de 1950 e confirmado pela declaração de princípios constitucionais do partido na década de 1980. Mandela apoiara o consociacionalismo no curto prazo, mas a concessão de poder veto à comunidade branca preservaria uma forma de *apartheid* para sempre. Isso significaria trair o compromisso defendido pelos revolucionários durante décadas de insurgência.

---

118 LIJPHART, Arend. *Patterns of democracy*: government forms and performance in thirty - six countries. 2ª ed. New Haven: Yale University Press, 2012.

Nessa questão central, o CNA seguiu o mesmo caminho do Tempo Um-Tempo Dois que o Congresso Nacional Indiano: o país despontou como uma democracia de maiorias honrando o princípio da igualdade eleitoral que fora a base de décadas de sacrifício coletivo. Em 20 de junho de 1996, o serviço de De Klerk como vice-presidente sob o regime "provisório" chegou ao fim, e Mbeki permaneceu como único vice-presidente de Mandela sob a nova ordem política estabelecida por "Nós, o Povo da África do Sul", nas palavras de seu Preâmbulo, "em honra àqueles que tombaram por justiça e liberdade em nossa terra".

Ao mesmo tempo, a Declaração de Direitos permanente permitiu que o Partido Nacional protegesse seus interesses centrais – especialmente quando se tratava de propriedade privada. Como o documento provisório já oferecia fortes proteções à propriedade, os poderes extraordinários que havia concedido à Corte Constitucional sem dúvida ajudaram de Klerk a desistir de suas exigências de poder de veto. Seria difícil para alguns juízes enfrentar um poderoso impulso do CNA em direção à expropriação, mas a presença taciturna da Corte serviria como caução contra um ataque dramático aos direitos de propriedade.

A Declaração de Direitos também comprometeu o país com amplas garantias sociais e econômicas, especialmente no tratamento da discriminação racial no setor privado. Tomada em sua totalidade, a combinação de regra da maioria e direitos fundamentais poderia servir como uma plataforma na qual negros e brancos pudessem se unir em uma cidadania comum. Portanto, não é surpreendente que quando a Constituição foi submetida à Corte para revisão final, os ministros tiveram pouca dificuldade em aprová-la, com exceções relativamente pequenas.

Obviamente, o significado prático da Declaração de Direitos dependeria da maneira como a Corte interpretaria seu significado ao longo do tempo. A Constituição provisória deu ao CNA controle efetivo sobre a escolha dos onze ministros da corte.[119] Mas era crucial para Mandela tranquilizar os brancos moderados de que a Corte não seria dominada por lacaios do CNA. O presidente fez um ótimo trabalho para atender a essas expectativas. Ele nomeou não apenas juristas ilustres, como Arthur Chaskalson e Albie Sachs, que deram suas vidas ao movimento. Mas também outros que, embora simpatizantes do CNA, haviam passado suas vidas profissionais trabalhando na estrutura jurídica do antigo regime.

A seleção equilibrada de Mandela não foi suficiente para estabelecer a Corte como um ator sério no sistema de freios e contrapesos. O público em geral não estava familiarizado com essa nova corte e não estava inclinado a lhe conceder o benefício da dúvida. As pesquisas públicas em 1996 e 1987 indicaram que "apenas 27,9% dos sul-africanos apoiavam a Corte num sentido indicativo de legitimidade institucional".[120] Nesse momento de fundação da política de alta energia, foi o amplo compromisso do Povo com o CNA – conforme expresso por sua grande vitória nas urnas e a chegada de Mandela à presidência – que serviu como expressão paradigmática da soberania popular.

Nesse aspecto, a situação era bastante semelhante ao caso indiano. Tal como aconteceu com Mandela e o CNA, Nehru e o CNI não confiaram no judiciário para dar legitimidade a sua reivindicação de falar em nome do Povo. Na verdade, quando a Suprema Corte indiana desafiou aspectos-chave do programa legislativo de Nehru, os juízes foram obrigados a recuar desordenadamente. Foi somente durante a crise de sucessão no Tempo Três que os juízes indianos conseguiram obter amplo reconhecimento como guardiões constitucionais do legado revolucionário do Congresso.

---

119 ROUX, Theunis. *The politics of principle*: the first South African Constitutional Court, 1995-2005. Cambridge: Cambridge University Press, 2013, pp. 166-168.

120 ROUX, Theunis. *The politics of principle*: the first South African Constitutional Court, 1995-2005. Cambridge: Cambridge University Press, 2013, p. 34.

Na África do Sul, entretanto, a Corte não esperou por uma geração para reivindicar um papel semelhante de tutela. Ela se afirmou rapidamente em uma série de questões polêmicas – em 1995, invalidou a pena de morte; em 1996, derrubou um decreto de Mandela que violava um estatuto parlamentar; e, uma década depois, legalizou o casamento entre pessoas do mesmo sexo e desafiou a primogenitura masculina.[121]

Essas decisões foram intensamente controversas – com pesquisas sugerindo, por exemplo, que 75% da população se opunha à abolição da pena de morte.[122] Por que, então, os juízes seguiram nessa direção, apesar do risco de reação política que poderia ter prejudicado gravemente a legitimidade da Corte nas décadas seguintes?

A resposta está, em parte, na notável capacidade de Mandela como estadista – revelada claramente em sua resposta à decisão final da Corte de negar sua autoridade para revisar legislações por meio de decreto executivo. Enquanto muitos líderes de um movimento triunfante responderiam agressivamente a tal repreensão judicial, Mandela imediatamente sinalizou aquiescência, anunciando que "não foi a primeira nem será a última [vez que] a Corte Constitucional auxiliou o governo e a sociedade a garantir a constitucionalidade e a governança eficaz".[123]

---

121 S. v. Makwanyane, 119 (3) SA (CC), 1995 (6) 665 (CC); Executive Council of the Western Cape Legislature [Conselho Executivo da Legislatura do Cabo Ocidental] v. President of the Republic of South Africa [Presidente da República da África do Sul], 1995 (4) SA 8787 (CC), 1995 (10) BCLR 1289 (CC); Minister of Home Affairs v. Fourie, 2006 (1) *SA* 524 ((CC) 2006 BCLR 335 (CC)); Bhe v. Khayelitsha Magistrate, 2005 *SA* 580 (CC), 2005 (1) BCLR 1 (CC).

122 PLESSIS, Max du. "Between apology and utopia: the Constitutional Court and public opinion". *South African Journal on Human Rights*, vol. 18, 2002, pp. 1 e 5/6.

123 KLUG, Heinz. *Constituting democracy*: law, globalism, and South Africa's political reconstruction. Cambridge: Cambridge University Press, 2000, p. 150.

No entanto, seria um erro enfatizar excessivamente o papel do caráter pessoal – Nehru não era um estadista menos qualificado que Mandela. Suas diferentes respostas também revelam os diferentes papéis que as duas Constituições desempenharam na legitimação das reivindicações dos diferentes partidos do Congresso de falar pelo Povo. Durante o Tempo Um, o Congresso Indiano construiu uma organização sólida, que conectava milhões de membros de base a lideranças regionais e nacionais. Essa experiência de unidade partidária foi crucial para a legitimação da Constituição no Tempo Dois. Em contraste, décadas de repressão da RSA haviam fraturado gravemente o movimento de libertação da África do Sul – tornando o apelo do CNA ao constitucionalismo um método-chave por meio do qual os diferentes fragmentos poderiam se tornar uma força política coerente no momento de transição do Tempo Um para o Tempo Dois.

Foi precisamente o sucesso do CNA em Kempton Park em traduzir na Constituição provisória seus compromissos fundamentais com a dignidade humana e a igualdade que permitiu a seus elementos díspares – que iam desde os exilados políticos que retornaram, passando pelos guerrilheiros da Lança até militantes de base e sindicalistas da UDF – ver o constitucionalismo como uma expressão de seu compromisso conjunto com uma nova África do Sul. Esses revolucionários comprometidos não tiveram dificuldade para compreender que, assim como esses princípios igualitários minaram o *apartheid*, também desafiavam outras práticas muito mais controversas entre o público em geral – como a pena de morte, a discriminação de gênero e a desigualdade social e econômica.

Depois que o CNA obteve uma vitória eleitoral esmagadora, seus líderes políticos ficaram felizes em contar com a ajuda da Corte para fazer cumprir os princípios igualitários revolucionários do CNA em casos particularmente controversos. Além disso, o estilo de engajamento da Corte contribuiu muito para o seu notável sucesso inicial. Embora suas decisões pioneiras tenham frequentemente ganhado atenção mundial, a Corte não impôs suas decisões com base no "tudo ou nada". Em vez de dizer ao Parlamento ou ao público em geral que havia descoberto a única "resposta certa" para as questões colocadas pelo texto constitucional, adotou uma abordagem mais flexível. Por um lado, insistiu que a Constituição de fato levantava um desafio de princípio a um ou outro aspecto do *status quo*. Mas, por outro lado, deu ao Parlamento grande margem de manobra na formulação de remédios eficazes para que o país cumprisse de maneira realista suas obrigações.

Estudos recentes iluminaram muito essa dinâmica nas últimas duas décadas.[124] Para nosso propósito, apenas um ponto precisa ser enfatizado. O sucesso contínuo da Corte na colaboração com o CNA forneceu à África do Sul um recurso distinto para lidar com uma série de crises de sucessão enfrentadas desde que Mandela renunciou à presidência.

3.4 Tempo Três: crise de sucessão

Embora a Constituição permanente permitisse a Mandela dois mandatos no cargo, ele se aposentou voluntariamente ao cabo de seu primeiro mandato, em 1999 – em forte contraste com Nehru, que manteve o poder até que a morte o forçou a sair.

A autocontenção de Mandela estabeleceria um precedente constitucional de grande consequência uma década depois. Mas no curto prazo, sua partida gerou um problema de sucessão bastante semelhante ao da Índia.

---

124 FOWKES, James. *Building the constitution*: the practice of constitutional interpretation in post-apartheid South Africa. Cambridge: Cambridge University Press, 2016; ROUX, Theunis. *The politics of principle*: the first South African Constitutional Court, 1995-2005. Cambridge: Cambridge University Press, 2013.

3.4.1 Estágio Um: uma luta pelo poder tripartite

Lembremos do cenário que se seguiu à morte de Nehru. Três competidores surgiram para reivindicar o lugar mais alto. Um deles era seu assessor de confiança (Shastri), que não tinha carisma, mas era hábil em política organizacional. Outro era um político muito dinâmico em ascendência (Desai), que prometia dar nova energia ao partido-movimento. Finalmente, havia a filha de Nehru (Indira Gandhi), que tentava herdar o carisma que seu pai conquistou ao longo de décadas de sacrifício.

As mesmas escolhas se apresentaram na África do Sul. O Shastri de Mandela era Thabo Mbeki, que efetivamente lidara com os negócios do governo como vice-presidente durante os cinco anos anteriores, mas era indiferente e distante ao se relacionar com o público. Seu Desai era Cyril Ramaphosa, cujo estilo de liderança carismática contrastava fortemente com o do tecnocrático Mbeki. Finalmente, o equivalente sul-africano da filha de Nehru era a esposa de Mandela, Winnie – que, como Indira, buscava revitalizar os compromissos revolucionários do Partido do Congresso com a socialdemocracia e a redistribuição econômica.

Como Nehru morreu no cargo, ele deixou a escolha final de seu sucessor para as lideranças regional e nacional do partido. Em contraste, a renúncia voluntária de Mandela significa que ele poderia desempenhar um grande papel na seleção de seu sucessor. Se, por exemplo, ele tivesse tentado obter a presidência para sua esposa, isso teria minado dramaticamente o *status* da África do Sul como uma república constitucional, empurrando o país no caminho de um sistema hereditário de dominação autoritária. Mas, por uma variedade de razões pessoais e ideológicas, Mandela recusou-se a manter a presidência na família. Ele também rejeitou Ramaphosa, mais independente e dinâmico – escolhendo o fiel, mas apagado, Mebki em vez de seu concorrente mais carismático. Ocorreu na África do Sul o mesmo que na Índia: a partida do Grande Líder abriu o caminho para o Seguidor Leal, apesar dos apelos de figuras mais carismáticas.

Nesse ponto, nossos dois estudos de caso divergem. Shastri morreu em um ano, reabrindo a luta pela sucessão. Isso pavimentou o caminho para a reafirmação dos ideais socialistas por Indira Gandhi – gerando novas rodadas de mobilização popular, crise constitucional e a ascensão final da Suprema Corte como o defensor institucional mais confiável da herança constitucional da Índia.

Em contraste, Mbeki permaneceu uma força poderosa na década seguinte. Ele evitou com sucesso que Winnie obtivesse a indicação do CNA para a vice-presidência – promovendo seu associado de longa data, Jacob Zuma, à posição depois que chegou à presidência em 1999.[125] Nesse ínterim, o carismático, mas independente Ramaphosa, abandonou a esfera política para seu rival e voltou-se para o setor privado, onde se tornou um dos mais ricos empresários negros da nova África do Sul.

Assim que o novo presidente desviou dessas ameaças mais sérias à sua autoridade, ele achou o desempenho de Zuma cada vez mais preocupante. Embora Mbeki tivesse desempenhado magnificamente o papel de "seguidor leal" como vice de Mandela, Zuma não tinha as habilidades tecnocráticas nem o temperamento sóbrio para desempenhar uma função semelhante. Ele, no entanto, cumprira longos anos na prisão ao lado de Mandela na Ilha Robben. Em 2001, Mbeki estava cada vez mais convencido de que seu vice estava conspirando com Ramaphosa e outros para negar-lhe um segundo mandato, e reagiu à ameaça antes que ela ganhasse força na convenção partidária do CNA.

Agindo com sua prudência usual, o presidente não tentou negar a renomeação de Zuma como vice-presidente, mas tentou

---

125 GEVISSER, Mark. *A legacy of liberation*. Londres: Macmillan, 2009, p. 322, para as negociações políticas envolvidas.

desacreditá-lo e, assim, manter o controle do poder mesmo após o término de seu segundo mandato.

Sua chance veio em 2005. Um dos associados próximos de Zuma foi condenado a quinze anos de prisão por atos escandalosos de corrupção. Embora o vice-presidente tenha declarado sua inocência, o presidente o demitiu – e acrestou o insulto à injúria ao nomear seu arquirrival para o posto.[126]

3.4.2 Estágio Dois: tomada autoritária/reforço constitucional

Ao mesmo tempo, os apoiadores de Mbeki começaram a agitar balões de ensaio em favor de uma emenda constitucional que lhe permitisse cumprir um terceiro mandato. Foi aqui que o precedente de Mandela provou ser de grande significado; se o grande homem recusara a tentação de uma presidência vitalícia, com que direito seu leal seguidor poderia tentar se alçar a tal *status*?

O presidente foi obrigado pelos antigos líderes do CNA a negar publicamente suas ambições de um terceiro mandato em 2006.[127] Mas suas ações transmitiam uma mensagem muito diferente. Nas palavras de um biógrafo admirado, ele adotou uma "abordagem cada vez mais autoritária do poder. Uma consequência foi politizar a burocracia, tornando todas as nomeações suscetíveis de indicação; outra foi impor todas as nomeações provinciais e locais, como as de presidente da câmara e prefeito, a partir do centro, ao invés de permitir que fossem eleitos".[128]

Enquanto Mbeki estava ocupado fabricando um grupo imponente de *apparatchiks*, Zuma lançou sua própria campanha

---

126 GEVISSER, Mark. *A legacy of liberation*. Londres: Macmillan, 2009, p. 323.

127 SHAPIRO, Ian; TEBEAU, Kathleen. "Introduction". *In*: ______. *After apartheid*: reinventing South Africa? Charlottesville: University of Virginia Press, 2011.

128 GEVISSER, Mark. *A legacy of liberation*. Londres: Macmillan, 2009, p. 325.

presidencial em 2009. Para dizer o mínimo, ele não era um candidato ideal. Além das acusações de corrupção em torno dele, ele foi obrigado a enfrentar um julgamento por estuprar a filha de um amigo próximo. Embora tenha sido absolvido, as evidências apresentadas lhe foram muito prejudiciais.

No entanto, suas credenciais revolucionárias eram impecáveis. Antes de sua prisão na Ilha Robben, Zuma desempenhara um papel heroico como chefe de inteligência do CNA; e após sua libertação, depois de uma década de prisão, ele desempenhou um papel importante no movimento guerrilheiro. Apesar de suas falhas pessoais, sua personalidade extrovertida fornecia um contraste vívido ao frio e distante Mbeki. À medida que as ações cada vez mais autoritárias do presidente ameaçavam empurrar os militantes dos velhos tempos para a periferia, em 2007 a base do movimento apoiou a campanha de Zuma para a chefia do CNA – uma posição que servira a Mandela e Mbeki como plataforma para suas próprias campanhas presidenciais.

Chocado com a perspectiva da redenção de seu rival, Mbeki rompeu precedentes e anunciou que também concorreria a outro mandato como presidente do CNA. Isso teria permitido que ele continuasse governando o país, controlando a delegação parlamentar do CNA e ordenando o apoio a um de seus lacaios à presidência, enquanto Mbeki continuava a exercer controle efetivo.

O impasse Mbeki-Zuma transformou a convenção do CNA de 2007 em uma arena constitucional crucial. Ambos os lados organizaram listas rivais de delegados e fizeram esforços enérgicos para obter apoio popular. Assim que a convenção foi aberta, tornou-se cenário de esforços desesperados de *lobby* de última hora. Mas no final do dia, os antigos revolucionários liderados por Zuma levaram vantagem sobre a nova geração de *apparatchiks* nomeados pelo presidente em exercício – obtendo 60% dos votos e repudiando a determinação implacável de Mbeki de permanecer no poder por trás do trono.

Esse momento é amplamente reconhecido como um "ponto de inflexão quase tão significativo quanto a vitória de Nelson Mandela em 1994 e a transição para a democracia" – mas de um tipo bastante diferente.[129] Enquanto 1994 marcou o avanço decisivo do triunfo revolucionário, 2007 marcou o ponto em que os revolucionários outrora triunfantes conseguiram preservar seu legado constitucional contra um ataque autoritário.

A resposta da Índia ao regime de emergência nos oferece um ponto de comparação esclarecedor. Por um lado, Mbeki estava percorrendo um caminho muito diferente daquele escolhido por Indira Gandhi. Ela rompeu com a Constituição nehruviana com o fundamento de que a nova geração de políticos do *establishment* havia traído os ideais socialistas do Partido do Congresso revolucionário, e que o estado de emergência fornecia o único meio pelo qual um novo movimento de massas poderia revitalizar esses compromissos fundadores. Mbeki não fez nenhum apelo semelhante. Em vez de se dedicar à renovação dos ideais socialdemocratas expressos pelo CNA durante a Fundação,[130] ameaçava zombar da Constituição colocando-se à frente de um aparato burocrático do partido e transformar o presidente constitucional em seu fantoche.

No entanto, a manobra de Mbeki foi finalmente derrotada pela mesma dinâmica que parou Gandhi. Em ambos os casos, o ataque à Constituição Fundadora no Tempo Três provocou uma contramobilização por parte dos revolucionários dos velhos tempos. Esses veteranos foram postos de lado por Gandhi e Mbeki, e foram ainda mais enfraquecidos por seus próprios desacordos

---

129 GEVISSER, Mark. *A legacy of liberation*. Londres: Macmillan, 2009, p. 327. Ver também SHAPIRO, Ian; TEBEAU, Kathleen. "Introduction". *In*: ______. *After apartheid*: reinventing South Africa? Charlottesville: University of Virginia Press, 2011, pp. 2/3.

130 O cenário de Indira Gandhi poderia muito bem ter se tornado uma realidade sul-africana se Winnie Mandela tivesse saído vitoriosa de uma das crises de sucessão geradas pela partida de seu marido da presidência.

ideológicos. No entanto, a ameaça autoritária representada por Gandhi e Mbeki levou os grupos de oposição fragmentados a suspender suas disputas e fazer um esforço desesperado para salvar a Constituição revolucionária que coroara seus sucessos anteriores. Em cada caso, esses contra-ataques de última hora pareciam condenados ao fracasso. No entanto, em ambos, o espírito revolucionário estava suficientemente vivo para permitir aos militantes dos velhos tempos angariar apoio popular para sua causa.

Seu sucesso assumiu diferentes formas institucionais. Quando Gandhi tentou legitimar seu estado de emergência convocando uma eleição antecipada, os eleitores deram ao Partido Janata uma vitória impressionante nas urnas. A tomada de poder de Mbeki foi frustrada em um estágio anterior. Os revolucionários da velha guarda mobilizaram apoio suficiente na convenção do CNA para impedir seu esforço de manter-se no poder indefinidamente com o apoio de seu aparato partidário. Isso levou, como no caso de Gandhi, a um cenário em que a centralidade da Constituição revolucionária como símbolo de legitimidade política foi significativamente reforçada.

O reforço simbólico ocorreu por diversos meios institucionais. Na Índia, o repúdio dos eleitores a Gandhi acabou levando-a a reconhecer o papel da Suprema Corte como guardiã suprema da estrutura básica da Constituição. Na África do Sul, a humilhação de Mbeki ocorreu sem a necessidade de uma nova eleição. Agora que Zuma era o chefe do partido, ele imediatamente providenciou para que a delegação parlamentar do CNA isolasse Mbeki, nomeando os seguidores de Zuma para cargos importantes no gabinete. O presidente sofreu outro golpe quando um respeitado juiz da Suprema Corte o condenou por encorajar dissimuladamente a continuidade dos processos criminais contra Zuma por acusações de corrupção. Isso precipitou uma apaixonada sessão de emergência do Comitê Executivo do CNA, que terminou com a decisão de "destituir" Mbeki da presidência sete meses antes do término oficial de seu mandato.

Essa medida não tinha base na Constituição escrita – que só permite ao Parlamento destituir um presidente por meio de um voto de desconfiança ou de um processo de impeachment. Mas como o CNA controlava o Parlamento, Mbeki deixou o cargo sem lutar. Não menos importante, Zuma não tentou preencher o vácuo ocupando imediatamente o posto de seu rival. Em vez disso, ele deixou a presidência nas mãos de um zelador e converteu sua fortuna eleitoral nas eleições seguintes, em 2009.

O ato de autocontenção de Zuma transformou o significado da eleição. Se ele tivesse assumido imediatamente o poder em 2008, poderia ter usado todos os recursos da presidência para transformar a eleição em uma vitória carimbada por sua tomada de poder inconstitucional. Ao submeter-se a um zelador, Zuma entrou na campanha eleitoral em pé de igualdade com seus rivais – que fizeram dos perigos da continuação do governo do CNA um tema importante de suas campanhas. Foi só depois de liderar seu partido à vitória, apesar desses desafios, que Zuma conquistou a presidência.

Essa transição ordeira reforçou amplamente o precedente constitucional estabelecido pela recusa de Mandela em servir por mais de um mandato presidencial. Não apenas a ordem de cima para baixo de Mbeki entrou em colapso, mas Zuma também reivindicou a Constituição deixando para os cidadãos da África do Sul a determinação da sucessão de Mbeki.[131]

Esse ponto crucial é facilmente apagado em meio às muitas manchetes que relatam um ou outro dos pecadilhos de Zuma. Nenhuma de suas falhas pessoais deve obliterar o fato de que, nesse momento de autodefinição constitucional, ele tomou o caminho certo.

---

131 Zuma estava bem ciente do significado constitucional da autocontenção. Na verdade, ele se opôs ao "*recall*" inicial de Mbeki pelo CNA, argumentando em particular que o presidente "deveria ter permissão para partir com dignidade e que sua permanência no cargo era necessária para uma transição suave". GEVISSER, Mark. *A legacy of liberation*. Londres: Macmillan, 2009, p. 335.

3.4.3 Estágio Três: declínio e queda?

Daí em diante, tudo foi ladeira abaixo. Durante seu mandato, Zuma estava empenhado em transformar o sistema constitucional em um motor de enriquecimento pessoal para ele e seus comparsas.

Este é o ponto em que a ascensão precoce da Corte Constitucional à centralidade começou a fazer a diferença. Dado o padrão de deferência institucional às suas decisões nas duas décadas anteriores, a Corte ganhou a legitimidade necessária para um confronto direto com o presidente.

Mas não até que outras formas de freios e contrapesos tivessem se esgotado. Quando Zuma servia como vice-presidente, seu escandaloso modo de proceder já o havia exposto a 783 acusações criminais de corrupção, fraude e extorsão. Essas acusações foram suspensas assim que ele conseguiu tirar Mbeki do poder. No entanto, a protetora publica, Thuli Madonsela, usou a independência que lhe foi concedida pela Constituição para deflagrar sua própria investigação sobre os crimes de Zuma.

Os advogados do presidente envolveram-se em táticas protelatórias que impediram Madonsela de levá-lo ao julgamento final até 2014, quando ela publicou uma condenação severa de seus procedimentos. Um ponto particular de controvérsia envolveu a apropriação de fundos do Estado por Zuma para construir um palácio em sua propriedade. A protetora ordenou que ele devolvesse o dinheiro, e Zuma recusou-se categoricamente, desafiando diretamente o sistema constitucional de freios e contrapesos.

Foi aqui que a Corte Constitucional interveio. Em março de 2016, manteve por unanimidade a ordem da protetora e determinou que Zuma havia "falhado em defender, cumprir e respeitar a constituição". Também condenou o Parlamento controlado pelo CNA por "desprezar" suas obrigações quando aprovou uma resolução anulando as conclusões da protetoria pública e as substituiu por uma declaração pró-Zuma dos "fatos". Contra o apagamento pelo CNA da decisão feita cuidadosamente pela protetória, a Corte declarou que "o Estado de Direito está morto".[132]

Em poucas semanas, a oposição parlamentar entrou com a primeira moção de impeachment da história da África do Sul. A maioria do CNA votou contra, mas o debate colocou tanto o partido quanto Zuma na defensiva – levando o presidente a devolver mais de U$ 12 milhões ao Tesouro.

Esse gesto não foi suficiente para isolar Zuma da reação dos eleitores. Na verdade, a defesa feita pelo CNA no parlamento de seu chefe corrupto foi um presente político para seus oponentes, liderados pela Aliança Democrática. Esse partido era tradicionalmente o lar de brancos liberais que rejeitaram o *apartheid*. Mas o crescente desencanto popular com a corrupção dentro do CNA levou a Aliança a ampliar seu apelo para além das linhas raciais – culminando com a eleição de um líder parlamentar negro, Mmusi Maimane, em 2015. No que tange a Maimane, chegara a hora em que os sul-africanos parariam de celebrar os grandes triunfos de Mandela no passado, e passariam a enfrentar o desafio de garantir um governo limpo, constitucional e eficaz para o futuro. Os processos de impeachment no Parlamento proporcionaram um foro convincente para Maimane apresentar o seu caso. Embora tenha perdido a votação no Parlamento, ele estava vencendo a batalha pela opinião pública.

Ao mesmo tempo, o judiciário estava dramatizando a perda de credibilidade do presidente em uma segunda decisão notável. Lembremos que, enquanto Zuma estava se preparando para sua candidatura inicial à presidência, ele enfrentava 783 acusações criminais – convenientemente retiradas pelo promotor para abrir

---

132 LAING, Aislinn. "Jacob Zuma faces impeachment as court rules he failed to uphold South Africa's Constitution". *The Telegraph*, 2016. Disponível em: http://www.telegraph.co.uk/news/2016/03/31/zuma-faces-impeachment-bid-as-top-court-rules-he-broke-constitut/. Acessado em: 07.01.2022.

caminho para sua corrida presidencial em 2009. Mas, de repente, em 2016, a segunda corte mais alta do país considerou que essa decisão era "inexplicável" e "irracional" e que "sr. Zuma deve enfrentar as acusações, conforme descritas no indiciamento".[133]

Neste contexto, o excelente desempenho de Maimane nos procedimentos do impeachment forneceu uma plataforma nacional para a Aliança obter vitórias sem precedentes na Cidade do Cabo e outros municípios nas eleições locais de agosto de 2016. Se o partido mantivesse seu ímpeto, teria uma boa chance de obter uma vitória no ciclo eleitoral de 2019.

A crise de sucessão do país estava chegando ao clímax – quando eleitores poderiam muito bem repudiar a reivindicação do CNA de ser o veículo institucional duradouro do legado heroico da luta de libertação. Esse perigo claro e presente tornou-se grande quando os membros leais ao partido se reuniram em 2017 em uma Convenção do CNA para escolher seu candidato à presidência para as próximas eleições.

A Constituição impedia Zuma de cumprir um terceiro mandato consecutivo, mas ele estava determinado a sustentar seu regime flagrantemente corrupto. Na hora da necessidade, Zuma voltou-se para sua ex-esposa, Nkosazana Dlamini-Zuma, com quem manteve laços pessoais íntimos apesar de seu divórcio em 1998. Quando o problema eclodiu, ele podia contar com ela para intervir no processo judicial que, caso contrário, poderia resultar em condenações criminais. Entretanto, a intervenção dela em seu nome seria um ataque flagrante ao Estado de Direito – permitindo que Zuma e seus amigos continuassem seus esquemas de fraude multibilionária enquanto Nkozana Dlamini-Zuma presidia os destroços.

---

133 BLAIR, David. "Jacob zuma 'should' face 783 criminal charges, declares South African court". *The Telegraph*, 2016. Disponível em: http://www.telegraph.co.uk/news/2016/04/29/south-african-court-clears-way-for-jacob-zuma-to-face-783-crimin/. Acessado em: 07.01.2022.

Para ter certeza, a história pregressa de Dlamini-Zuma poderia permitir que ela fornecesse uma aparência de respeitabilidade para a destruição de facto do sistema constitucional. Ela não era uma mera preposta. Havia sido uma importante militante *antiapartheid*, que serviu com distinção em uma série de altos cargos desde os dias de Nelson Mandela. Sua ascensão à presidência serviria para legitimar – na medida do possível – a realidade de um regime cleptocrático.

3.4.4 Redenção constitucional?

A questão, simplesmente, era se a convenção do CNA repudiaria Zuma e Dlamini-Zuma e nomearia um candidato capaz de persuadir um eleitorado alienado de que, apesar da corrupção de Zuma, o legado constitucional de Mandela poderia ser revitalizado sob um novo presidente do CNA.

Essa foi precisamente a questão levantada por Cyril Ramaphosa, cujas atividades recentes lhe permitiram apresentar-se como um candidato presidencial do CNA capaz de restaurar a reivindicação de integridade do partido. Lembremos de que Ramaphosa serviu como assessor de confiança de Mandela nas negociações cruciais de Kempton Park e foi o principal concorrente de Mbeki na disputa para suceder Mandela como presidente. No entanto, apesar de seu dinamismo político, não conseguiu interromper a trajetória de Mbeki até o poder – levando-o a abandonar a vida pública e se transformar em um dos principais empresários negros do país.

Após vinte anos de sucesso no setor privado, sua grande fortuna fez dele um candidato particularmente atraente. Em contraste com a confirmação de Dlamini-Zuma do decaimento do partido na corrupção, Ramaphosa não estava concorrendo ao cargo para enriquecer. Em vez disso, ele poderia ser apresentado aos eleitores como a última e melhor esperança do CNA de restaurar sua reivindicação de falar pelo Povo da África do Sul.

Em termos operacionais, a escolha entre Ramaphosa e Dlamini-Zuma seria determinada pelos 5 mil delegados enviados à convenção pelos capítulos locais do CNA e organizações aliadas. Dado o controle de Zuma sobre o aparato do partido, Dlamini-Zuma entrou na competição com uma vantagem esmagadora. A questão, simplesmente, era se a tradição evolucionária do CNA permanecia suficientemente robusta entre os ativistas de base para que eles pudessem fazer pender a balança para o lado de Ramaphosa.

A resposta foi "sim", mas por uma pequena margem. Ramaphosa venceu por 2.440 a 2.261 – meros 179 votos. Não menos significativo, a mobilização popular foi tão impressionante que Zuma aceitou o resultado, reconhecendo que apelos legalistas só provocariam manifestações de massas que levariam à humilhante retirada de sua esposa da disputa.

A convenção de dezembro deixou Ramaphosa no controle do partido, mas Zuma estava determinado a permanecer como presidente – embora, em circunstâncias idênticas, ele tenha forçado Mbeki a deixar a presidência em 2009, depois que obteve a nomeação do CNA para a próxima eleição. No mínimo, ele estava determinado a permanecer no cargo, a menos que Ramaphosa lhe desse um perdão que lhe permitisse escapar de um futuro processo criminal. Mas Ramaphosa recusou-se a fazer tal acordo, pois isso comprometeria profundamente sua credibilidade desde o início de seu o governo. Ele deixou claro que se Zuma não concordasse em deixar o cargo, o CNA se juntaria à oposição parlamentar para realizar seu impeachment.

Quando confrontado com a perspectiva de humilhação pública, Zuma finalmente capitulou e renunciou "voluntariamente", permitindo que Ramaphosa fizesse o juramento oficial como Presidente da República em 15 de fevereiro de 2018.

Esses eventos dramáticos ocuparam o centro da consciência nacional, com cidadãos comuns testemunhando a revitalização do CNA com uma mistura complexa de orgulho e ansiedade – orgulho pela declaração de Ramaphosa do legado de Mandela; ansiedade pela estreiteza da derrota de Zuma.

A resposta do resto do mundo foi menos complicada. As notícias da África do Sul geraram muitos aplausos em um momento em que a democracia constitucional sofria golpes devastadores em vários outros lugares. Mas o objetivo deste livro é ir além do debate atual sobre a "crise da democracia" e enquadrar os eventos recentes em uma perspectiva mais ampla.

É precisamente por isso que comparei a África do Sul com a Índia ao longo desta exploração. Não apenas os partidos do Congresso dos dois países compartilharam aspirações semelhantes, mas a história de 75 anos da Índia como uma democracia constitucional oferece uma perspectiva distinta da experiência de 25 anos da África do Sul. Se olharmos para trás para considerar como a Índia estava se saindo em sua marca de um quarto de século, descobriremos que ela também enfrentava uma angustiante crise de sucessão– mas de um tipo diferente. A Constituição da Índia de 1950 não corria o risco de servir como uma folha de figueira simbólica para uma cleptocracia corrupta. Estava sob ataque direto de Indira Gandhi, que jogou os líderes revolucionários dos velhos tempos na prisão durante um estado de emergência que durou 21 meses.

Ela então encerrou o estado de emergência para convocar uma eleição rápida, que esperava vencer em uma avalanche que lhe daria um mandato popular para a destruição total do legado constitucional deixado por Nehru e Ambedkar. No entanto, sua eleição antecipada não seria crível se ela e seu Novo Partido do Congresso concorressem sem oposição. Então ela libertou seus oponentes desorganizados e desmoralizados da prisão para que eles pudessem oferecer alguma oposição simbólica – e assim legitimar sua reivindicação de falar pelo Povo.

As diferenças óbvias entre o declínio cleptocrático da África do Sul e a reafirmação revolucionária da Índia não devem nos cegar para semelhanças cruciais. No caso indiano, a questão crucial era se os oponentes de Gandhi poderiam superar suas tremendas vantagens organizacionais e de alguma forma organizar um movimento de base para derrotar seu Novo Congresso nas eleições. No caso da África do Sul, a questão decisiva era se os oponentes de Zuma poderiam superar seu controle do aparelho do partido com um movimento de base capaz de derrotar Dlamini-Zuma na convenção do CNA.

Em ambos os casos, a resposta foi "sim" – e o resultado foi o revigoramento dos legados constitucionais deixados pelo Congresso Nacional Indiano em 1950 e pelo Congresso Nacional Africano em 1995. Além disso, a dinâmica sul-africana no Tempo Três confirma um otimismo cauteloso – sugerindo que a recente resolução pelo país de sua crise de sucessão pode muito bem servir como prelúdio para um sistema de competição partidária que quebrará o monopólio do CNA sobre o governo nacional durante o Tempo Quatro.

Meu argumento otimista segue três etapas. Primeiro: em contraste com a Índia, a ameaça cleptocrática à Constituição da África do Sul representada por Zuma era muito menos séria do que o ataque totalizante de Gandhi. Não quero minimizar as dificuldades que Ramaphosa enfrentou para superar o controle de Zuma sobre o aparato do partido com uma vitória de 2.440 a 2.261 na convenção do CNA. No entanto, eles empalidecem em comparação com aquelas enfrentadas pelos oponentes políticos presos de Gandhi, que saíram de seu confinamento durante o estado de emergência com apenas dois meses para desafiar seu Novo Congresso em eleições cruciais. Sua capacidade de organizar um novo partido do movimento – Janata – e alcançar uma vitória abrangente em todo o país sobre o aparelho entrincheirado de Gandhi é um ponto alto da história do constitucionalismo revolucionário no século XX.

Ainda assim, paradoxalmente, é o caráter relativamente pouco espetacular do triunfo de Ramaphosa que prepara o palco para o segundo passo de meu argumento. Como você deve lembrar, assim que o Janata conquistou sua maioria parlamentar decisiva, começou imediatamente a pagar um preço por sua fraca organização partidária. A única coisa que unia suas diferentes facções ideológicas e regionais era a oposição veemente às ambições autoritárias de Gandhi. Depois que seu Novo Partido do Congresso sofreu uma derrota decisiva, as facções ideológicas e regionais do Janata não tinham nada que as unisse – o que levou a uma série de dissoluções de gabinete e gerou iniciativas políticas divergentes que minaram a confiança pública. Essa instabilidade permitiu que Gandhi derrotasse o Janata na eleição seguinte, depois de deixar claro que nunca mais tentaria desmontar o legado constitucional da Fundação.

Em contraste, Ramaphosa revigorou o legado de Mandela por meio da *reforma interna* do CNA, e não por meio de seu *deslocamento externo* por um novo partido-movimento. Portanto, ele está no comando dos consideráveis recursos organizacionais do CNA enquanto tenta reunir seu partido e seu país em torno de iniciativas políticas concretas. Em contraste com o Janata, é altamente improvável que seu CNA revitalizado gere uma crise aguda de governabilidade. Embora as políticas de Ramaphosa possam muito bem provocar grande oposição, os principais críticos não virão do CNA, mas de partidos políticos rivais.

Isso leva à terceira e última etapa de meu argumento. Dada a revitalização do CNA, o caminho está aberto para o principal partido da oposição, a Aliança Democrática, despontar como um forte competidor em um vigoroso sistema bipartidário. Para ver a ligação entre as etapas dois e três, suponhamos que a crise de sucessão da África do Sul tivesse chegado a um desfecho menos feliz. Nesse cenário sombrio, Zuma venceria Ramaphosa por uma margem estreita na convenção do CNA e conseguiria que Dlamini-Zuma concorresse como candidata à presidência do CNA em 2019. Isso teria deixado o destino da Constituição de Mandela nas mãos da Aliança Democrática. Será que ela poderia de alguma forma mobilizar uma maioria para derrotar Dlamini-Zuma e repudiar a reivindicação do CNA de ser o representante privilegiado das conquistas revolucionárias da nação?

Se a Aliança tivesse sucesso nesse cenário, isso poderia muito bem ter empurrado o CNA para a periferia política. Uma vez instalada no cargo, a Aliança poderia muito bem se tornar o partido político dominante por muito tempo – levando a uma variedade de tentações autoritárias familiares. No entanto, como o CNA foi bem-sucedido em sua renovação interna, a Aliança só poderá chegar ao poder vencendo Ramaphosa nas próximas eleições presidenciais, em 2019.

Isso será difícil, dada a enorme boa vontade que o CNA e seu novo presidente geraram com a vitória sobre Zuma. Mas chegará um momento em que os sul-africanos comuns se cansarão das políticas obsoletas perseguidas por Ramaphosa ou seus sucessores e decidirão dar à Aliança, ou a algum outro grupo de oposição, uma chance de tentar algo novo. Portanto, não é um delírio supor que em 2023 ou 2027, a África do Sul será governada por um partido que não o CNA – anunciando definitivamente a transição do Tempo Três para o Tempo Quatro do ciclo de vida do constitucionalismo revolucionário.

A resolução muito diferente da crise de sucessão da Índia no Tempo Três levou a uma transição muito diferente para o Tempo Quatro. Dado o fracasso do Janata em obter credibilidade como partido do governo, o Partido do Congresso permaneceu dominante no cenário nacional durante o início do século XXI – tentando compensar sua óbvia perda de fervor revolucionário com a criação de coalizões de governo com partidos provinciais baseados em várias regiões do país. Apenas recentemente Narendra Modi, com seu PBJ, criou um partido-movimento capaz de empurrar o Congresso para a periferia política – atualizando os perigos que a dominação de um único partido representa para o governo constitucional.

É claro que as coisas podem ser muito diferentes em uma ou três décadas. Talvez a África do Sul seja dominada por crises que levem ao surgimento de um ditador demagógico. Talvez as ameaças de Modi à tradição de Nehru/Ambedkar levem a modificações modestas ou ao fortalecimento enfático dos princípios do Iluminismo afirmados em 1950. O futuro está cheio de surpresas.

No entanto, espero que minha comparação inicial entre Índia e África do Sul incentive a continuidade da leitura e a consideração dos exercícios adicionais de constitucionalismo revolucionário ao longo do século XX – e das maneiras pelas quais eles podem enriquecer nossa compreensão da revolta populista contra o *establishment* político que atualmente varre o mundo.

CAPÍTULO IV

DA RESISTÊNCIA FRANCESA À QUARTA REPÚBLICA

Apesar de todas as suas diferenças, as experiências da Índia e da África do Sul estão ligadas por quatro características comuns. Em cada país, os *outsiders* revolucionários começaram como (1) um movimento *social* que se transformou em (2) um partido *político* que acabou obtendo (3) *centralidade organizacional* na luta contra o antigo regime (4) de uma forma que fortaleceu um pequeno número de líderes com *centralidade simbólica*. Esta conjunção permitiu que o CNI e o CNA afirmassem que suas Constituições eram algo mais do que rabiscos legalistas em pedaços de papel. Em vez disso, os dois partidos do Congresso foram capazes de obter o reconhecimento popular de suas constituições revolucionárias como expressões *autênticas* dos princípios que inspiraram uma geração a se sacrificar muito em apoio às lutas de libertação do CNI/CNA.

Muitas insurgências não exibem essa conjunção quádrupla. Os movimentos revolucionários podem carecer de uma ampla base social; ou se dividir em facções; ou seus líderes simbólicos podem atacar uns aos outros de maneiras que minam as reivindicações de autenticidade da Constituição. Cada uma dessas fragmentações, como vou chamá-las, pode moldar a dinâmica da legitimação constitucional – para melhor ou para pior. Um dos nossos objetivos é entender como.

Minhas discussões sobre a França e a Itália do pós-guerra dão um passo nessa direção. Mas antes de mergulharmos, algumas reflexões orientadoras sobre a variedade de fragmentações possíveis podem ser úteis.

4.1 Fragmentações

Falar sobre "movimentos sociais" é muito popular hoje em dia. Como o termo tem muitos significados diferentes, é melhor começar enfatizando que, para mim, a orientação de um movimento em direção ao poder de Estado é de importância decisiva. Muitos movimentos não direcionam suas energias para os acontecimentos distantes em curso nas capitais, muito menos para tentar revolucionar os princípios básicos do regime existente. Eles se concentram em uma ou mais esferas da vida social ou econômica – o local de trabalho, a família, a igreja ou outras instituições culturais – e trabalham no nível de base para mudar as práticas locais de interesse imediato para as pessoas comuns. Com o tempo, esses esforços locais podem se acumular em um amplo movimento de baixo para cima, que pode lançar as bases para uma transformação revolucionária das instituições da ponta. Mas isso não é, de modo algum, inevitável.

Consideremos a Índia. Durante o início do século XX, Gandhi não organizou suas campanhas de desobediência civil em um esforço para catapultar o Partido do Congresso ao poder sobre as instituições centrais imperiais que governavam o Raj. Em vez disso, seu objetivo era libertar a vida local do controle britânico centralizado. Isso permitiria ao Congresso desempenhar uma função diferente. Na visão antiestatista de Gandhi, seu movimento deveria funcionar como um veículo para encorajar as diversas culturas do subcontinente a florescer nas bases, sem a interferência de cima para baixo dos burocratas imperiais. O Congresso de Gandhi certamente se qualificava como um movimento social poderoso, mas ainda não tinha se tornado um *partido-movimento.*

Essa mudança não ocorreu até a década de 1930 – quando líderes como Nehru transforaram o Partido do Congresso em um veículo para obter o controle eleitoral das assembleias consultivas criadas sob a Lei do Governo da Índia de 1935. Assim que o partido do movimento em ascensão venceu as eleições, ele usou essas assembleias como trampolim para uma luta crescente pela libertação nacional. Nesse esforço, os vínculos organizacionais do Congresso com ativistas nacionais, regionais e locais foram um recurso precioso. Mesmo quando os ativistas estavam totalmente engajados em campanhas de base por justiça social, era fácil conectar esses engajamentos a iniciativas geradas em nível regional e nacional. Com o tempo, essas interações contínuas levaram milhões de membros da base do partido a se identificar fortemente com os esforços de líderes como Nehru e Ambedkar para romper com o passado e criar um começo constitucional para o futuro.

Esse tipo de engajamento de massas com a política nacional acontece raramente. Dadas as constantes pressões da vida cotidiana – ganhar a vida, criar uma família e coisas do gênero – a maioria das pessoas tem coisas melhores a fazer do que seguir os incessantes movimentos e negociações da elite do poder em capitais distantes como Nova Delhi. De modo geral, elas ignoram essas questões e as deixam para o pequeno número de viciados em política em seu meio. A atenção dessas pessoas é captada por uma variedade de razões – que vão desde o compromisso ideológico até esforços egoístas para conseguir um cargo. Mas de modo geral, a massa da população permanece relativamente distanciada – ocasionalmente saindo para votar ou protestar, mas sem demonstrar compromisso sustentado dia a dia (e mesmo mês a mês).

Em contraste, as condições especiais criadas por um partido-movimento geram uma conexão orgânica entre os sacrifícios revolucionários da vida cotidiana e as lutas da liderança para reivindicar a voz de Nós, o Povo, no topo. Quando o Congresso convocou manifestações de massas do "Quit India" durante a Segunda Guerra Mundial, os milhões que foram às ruas não estavam satisfeitos com a visão de Gandhi de diversidade na base. Eles exigiam uma ruptura revolucionária, liderada pelo Partido do Congresso, que estabeleceria uma identidade nacional indiana baseada nos princípios fundamentais da socialdemocracia.

Quando comparado ao seu homólogo indiano, o Congresso Nacional Africano teve maior dificuldade para estabelecer conexões firmes entre os ativistas de base e a liderança nacional durante as décadas de conflito militar com o regime do *apartheid*. Mas como vimos, o CNA finalmente conseguiu integrar seus fragmentos revolucionários em torno da luta de Mandela pela Constituição durante o final da década de 1980 e início da década de 1990.

Em contraste, as experiências constitucionais da França e da Itália exibiram uma estrutura diferente após a Segunda Guerra Mundial. Como na Índia e na África do Sul, os partidos do movimento revolucionário desempenharam o papel central na legitimação de novas Constituições – baseando sua autoridade para falar pelo Povo em seu engajamento na resistência contra Hitler e seus colaboradores franceses e italianos. Mas desta vez, nenhuma organização de massas única surgiu dos destroços da França de Pétain ou da Itália de Mussolini. Em contraste com o CNA e o CNI, três movimentos partidários distintos – os comunistas, os socialistas e os democratas-cristãos – assumiram a dianteira com organizações e lideranças rivais. Essa forma de fracionamento introduziu um novo problema na dinâmica da criação constitucional revolucionária ao fim da guerra.

Chamemos isso de problema de *desintegração*: durante o período de insurgência, a luta contra os regimes Pétain/Mussolini/

nazista exigiu que os três movimentos partidários mantivessem uma frente única. Mas assim que se saíram vitoriosos no Tempo Dois, seus conflitos ideológicos e organizacionais ameaçaram separá-los. Daí o problema: a coalizão de guerra permaneceria intacta por tempo suficiente para legitimar uma nova ordem constitucional em nome de Nós, o Povo da França ou da Itália? Ou os partidos do movimento concorrentes se desintegrariam em frações rivais antes que pudessem participar conjuntamente da formulação de uma constituição revolucionária a ser aprovada por camadas mais amplas de cidadãos?

Na França e na Itália, os três partidos do movimento se mostraram à altura do desafio da fragmentação. Eles permaneceram unidos por tempo suficiente para elaborar uma nova Constituição e obter o consentimento dos eleitores para seus "novos começos".

A situação francesa foi complicada por uma forma diferente de fragmentação. Embora os comunistas, socialistas e democratas-cristãos franceses tenham conquistado três quartos do dos votos da população para a Assembleia Constituinte do pós-guerra, Charles de Gaulle não se impressionou com o apoio eleitoral esmagador da coalizão. Ele baseava sua própria reivindicação de legitimidade revolucionária em algo diferente. Na opinião de De Gaulle e de seus seguidores, sua liderança bem-sucedida na luta das Forças Franceses Livres contra Vichy lhe dava autoridade para falar pelo Povo de uma maneira que transcendia as disputas ideológicas mesquinhas dos três partidos da resistência.

A fragmentação entre os ramos militar e civil do movimento revolucionário não é exclusiva da França. Já vimos isso, de forma menos aguda, na África do Sul. Mas no caso de De Gaulle, ela gerou um conflito aberto durante a Fundação revolucionária da Quarta República. Enquanto a coalizão civil de três partidos elaborava os termos constitucionais de seu "novo começo", o general de Gaulle lançou uma vigorosa campanha para derrotar suas iniciativas quando fossem submetidas à aprovação popular em referendos nacionais. Ao cabo, a campanha do General fracassou, e a coalizão de partidos da resistência, como seus colegas italianos, conseguiu o apoio autoconsciente dos cidadãos para a estrutura básica da Quarta República.

No entanto, a fragmentação militares-civis fez uma grande diferença ao longo do tempo. A República Italiana do século XXI permanece ancorada nas decisões constitucionais moldadas pelos partidos do movimento de Resistência. Mas durante a primeira década da Quarta República, o General de Gaulle organizou um partido-movimento próprio para continuar sua campanha contra Constituição dos civis. No início da década de 1950, no entanto, o esforço de contramobilização do General provou-se um enorme fracasso.

Essa foi a gota d'água para o General. Ele abandonou os remanescentes de seu partido-movimento e se retirou para um exílio autoimposto em sua propriedade rural em Colombey-les--Deux-Églises. Quando os dias de glória de sua liderança durante a guerra começaram a desaparecer da memória pública, ele sinalizou ostensivamente o fim de sua carreira política. Apenas uma crise crescente gerada pela Guerra da Argélia deu abertura para seu retorno ao centro das atenções. Com a liderança civil da Quarta República em desordem, o General fez um último esforço para levar o povo francês a rechaçar a Constituição do pós-guerra e apoiar a visão radicalmente diferente de governo democrático da Quinta República.

Isso não foi fácil – e a Parte 2 explorará a dinâmica complexa que permitiu a de Gaulle ter superado um obstáculo após o outro durante seus dez anos como presidente da Nova República. Neste capítulo, tenho um propósito diferente. Meu objetivo é levar a sério a Quarta República, em vez de tratá-la como um prelúdio ao retorno triunfante do General. Tentarei resgatar o sentido da promessa e os perigos do constitucionalismo revolucionário como foram realmente vivenciados no início da era pós-guerra. Quando os líderes da resistência francesa e italiana lutavam para elaborar suas estruturas de governo legítimo do pós-guerra, ninguém poderia prever como suas iniciativas funcionariam ao longo das décadas; mas os protagonistas estavam muito cientes de que seu empreendimento fracassaria se não pudessem resolver seus problemas de fragmentação – e obter o consentimento mobilizado dos eleitores franceses e italianos comuns para as Constituições revolucionárias propostas em seu nome.

Temos muito a aprender comparando seus esforços nesse sentido.

4.2 Tempo Um: a dualidade da Resistência

É sabido que a Resistência francesa estava dividida entre forças dentro e fora do país. A Resistência interna se expressava em padrões sociais complexos – variando de círculos secretos a esforços de pequena escala para proteger vítimas específicas da opressão nazista e de Vichy. Esses engajamentos secretos convergiram na criação de partidos-movimento clandestinos maiores, que davam apoio a bandos guerrilheiros armados envolvidos em ataques de guerrilha contra os regimes nazista e de Vichy.

A Resistência doméstica dependia fortemente dos Aliados para obter ajuda financeira e material. A reivindicação de De Gaulle à liderança dependia ainda mais da ajuda estrangeira. Quando o General fugiu para Londres após a derrota militar, foi só pela intervenção pessoal de Winston Churchill na BBC que de Gaulle pôde fazer um dramático apelo aos seus compatriotas, pelo rádio, para pegarem em armas contra os nazistas. Seis semanas depois, apenas 7 mil franceses haviam cruzado o canal em resposta a seu chamado.

De Gaulle não se intimidou com essa parca resposta. Ao se colocar à frente desse pequeno bando como comandante da França Livre, ele insistiu que era o único porta-voz legítimo de seu Povo cativo. Como a Resistência francesa interna ainda não existia, Churchill tinha pouca escolha a não ser ceder às pretensões de De Gaulle, fornecendo os recursos militares essenciais para organizar seu "exército". No entanto, à medida que as forças alemãs dominavam cada vez mais a Europa durante os primeiros anos da guerra, as repetidas demonstrações de independência política de De Gaulle levaram Churchill, junto com Roosevelt, a tentar substituí-lo por um comandante mais tratável das Forças Francesas Livres.[134]

Para conter esses esforços, de Gaulle montou uma campanha habilidosa para obter credibilidade junto aos movimentos antinazistas clandestinos que ganhavam força na França. À medida que seus eloquentes discursos no rádio começaram a atingir públicos maiores, seu principal agente na França ocupada, Jean Moulin, estabeleceu com sucesso um Conselho Nacional da Resistência em maio de 1943. O Conselho serviu então como veículo do General para distribuir armas e dinheiro a uma ampla gama de grupos de oposição.

Esses grupos entraram na Resistência depois de anos de intensa rivalidade política durante a Terceira República – com comunistas, socialistas e democratas-cristãos engajados em acirrada competição ideológica pelo apoio popular.[135] A ajuda material do Conselho Nacional ajudou a garantir sua cooperação, mas fatores mais

---

134 O reconhecimento internacional da autoridade de De Gaulle para representar a França veio lentamente – primeiro da União Soviética, depois da Grã-Bretanha e, finalmente, dos Estados Unidos. Mas em 1943, de Gaulle finalmente garantiu sua posição. CRÉMIEUX-BRILHAC, Jean-Louis. *La France libre*. Paris: Gallimard, 1996; SHENNAN, Andrew. *De Gaulle*. Nova York: Longman, 1993, pp. 16-36.

135 "Democracia cristã" era um termo familiar na Itália, que se referia aos católicos que rejeitavam o apelo do Papa para boicotar a política secular. Mas não era usado na França para descrever católicos com inclinações semelhantes, cujos ativistas expressavam esse compromisso no Partido Republicano Popular, bem como em outros grupos. Dada a variedade terminológica, às vezes uso o termo "democratas cristãos" para que comparações com a Itália sejam mais facilmente compreensíveis.

fundamentais também estavam em ação. Como François Goguel explica, "os resistentes de todas as crenças políticas" enfrentaram "perigos comuns... na luta clandestina" e foram "os contatos pessoais criados por essa solidariedade" que levaram à "reconciliação de partidos que antes se opunham".[136] Para pôr o argumento de Goguel em meus termos: apesar do potencial de fragmentação entre os líderes partidários tradicionais, os militantes de base de todos os partidos estavam envolvidos em ações que os colocavam em sério perigo – e foi essa experiência de sacrifício comum pelo bem público que os uniu como movimento.

Dado o apoio dos líderes do partido e a experiência dos militantes clandestinos, as eloquentes transmissões de rádio de De Gaulle permitiram que ele despontasse como o porta-voz privilegiado da Resistência para milhões de ouvintes passivos que viviam sob as condições opressivas da guerra imposta pelos nazistas. No mesmo período, de Gaulle estava fortalecendo suas forças militares no exterior – mudando-se de Londres para Argel e apelando aos franceses no norte da África para ajudar a transformar seu exército em uma força de combate formidável, que acabou chegando a 400 mil soldados.[137]

Sem essas notáveis realizações organizacionais em casa e no exterior, é impossível entender a conduta do General após seu triunfante retorno a Paris em agosto de 1944.

4.3 Tempo Dois: do triunfo ao confronto

A batalha final por Paris envolveu uma fusão dramática entre Resistência interna e externa – fora da cidade, os Franceses Livres juntaram-se às forças Aliadas para vencer o Exército Alemão;

---

136 GOGUEL, François. *France under the Fourth Republic*. Trad. Pierce. Nova York: Cornell University Press, 1952, p. 6.

137 JENNINGS, Eric. *La France libre fut africaine*. Paris: Perrin, 2014.

dentro, os guerrilheiros da Resistência lançaram um levante que rompeu a desesperada defesa de última hora dos alemães.

4.3.1 O momento de De Gaulle

Quando os alemães tombaram sob esse ataque em duas frentes, de Gaulle começou a estabelecer um governo provisório de maneira notável. Ele não apenas repudiou a legitimidade da ordem constitucional estabelecida por Vichy, mas também se recusou a tratar a Constituição da Terceira República como válida, criando um vácuo de legitimidade que ele então preencheu... *ele mesmo*. Agindo unilateralmente em nome do povo francês, o General estabeleceu um governo provisório para definir os rumos futuros da República.

Em teoria, os porta-vozes da resistência interna podiam ter se rebelado contra a afirmação carismática de autoridade constituinte de De Gaulle. Mas, dado o sucesso do General em construir o Conselho Nacional da Resistência durante a guerra, era muito mais sensato que comunistas, socialistas e democratas-cristãos continuassem sua cooperação no momento de triunfo de De Gaulle. Os principais líderes de todos os três partidos do movimento aceitaram nomeações para o governo provisório do General. Mas eles acreditavam enfaticamente que os sacrifícios que todos haviam feito pela Resistência interna os habilitava a falar pelo Povo da França com uma autoridade igual à de De Gaulle.

Não menos significativo, o próprio General reconheceu que havia limites para sua própria legitimidade. Embora tivesse repudiado unilateralmente a Terceira República, ele não tinha interesse em preencher o "vácuo de legitimidade" encenando um golpe com a ajuda de suas agora formidáveis Forças Francesas Livres. Em vez de desempenhar o papel de um Bonaparte moderno, ele rapidamente agiu para constitucionalizar seu carisma. Com a guerra na Europa terminando, seu governo interino convocou eleições livres em outubro de 1945, quando os eleitores poderiam autorizar seus representantes recém-eleitos a elaborar uma nova Constituição para a Quarta República.[138]

Ao delinear o mandato da Assembleia Constituinte, de Gaulle exerceu uma autocontenção significativa. Ele não supôs que seus pronunciamentos anteriores tivessem conquistado um repúdio decisivo à Terceira República. Em vez disso, quando foram às urnas, os cidadãos tiveram a oportunidade de votar "não" à questão sobre se desejavam autorizar seus representantes a redigir uma nova Constituição para a Quarta República. Se os votos contra vencessem, a nova Assembleia simplesmente reassumiria os poderes que anteriormente possuía sob o regime pré-guerra e continuaria com os negócios de sempre. Mas quando as cédulas foram contadas, 96% estavam marcadas com o "sim".

Isso significava que a fonte de legitimação da Constituição não seria a criação triunfante de um governo provisório por De Gaulle em abril de 1944, mas o consentimento popular quase universal de outubro de 1945. O comparecimento eleitoral notavelmente

---

138 Ao final de sua vida, ao olhar para essa decisão, de Gaulle descreveu assim suas motivações:

> A partir do momento em que as armas pararam de disparar, eu decidi qual seria minha linha de ação. Sem procurar levar ao ostracismo os representantes eleitos, assumindo assim características de um novo opressor que sucede a outros, e evitando minha própria destruição caso adotasse uma posição que a tendência geral da opinião na França e em todo o Ocidente logo teria tornado insustentável, vi que deveria, pelo tempo que fosse necessário, deixar o sistema partidário exibir sua nocividade mais uma vez, determinado como estava a não agir como disfarce ou figura meramente decorativa para ele. Então eu iria embora, mas intacto. Assim, quando chegasse o momento, poderia ser mais uma vez o refúgio do país, quer pessoalmente, quer através do exemplo legado. *Entretanto, com um olhar para o futuro, e antes de a Assembleia ser eleita, introduzi o sistema de referendo, fiz o povo decidir que daí em diante a sua aprovação direta seria necessária para que a Constituição fosse válida, e assim criei os meios democráticos para um dia fundar uma boa eu mesmo, para substituir à má que estava para ser inventado pelos e para os partidos.* GAULLE, Charles de. *Memoirs of hope*: renewal and endeavor. Trad. Kilmartin. Nova York: Simon and Schuster, 1971, pp. 7/8 (ênfase nossa).

alto aumentou ainda mais a legitimidade da Assembleia. Oitenta por cento dos cidadãos votaram, com as mulheres participando pela primeira vez de uma eleição nacional. Além disso, 75% dos eleitores escolheram um dos três partidos do movimento, deixando de lado os partidos políticos que tradicionalmente dominavam a Terceira República. É difícil imaginar uma demonstração mais convincente de que o Povo francês estava apoiando um "novo começo" de sua vida política.[139]

Os resultados eleitorais também enfatizaram o problema de fragmentação que aguardava o esforço de construção constitucional. Os comunistas ficaram em primeiro lugar, com 26,1% dos votos, com os socialistas logo atrás (com 23,8%).[140] Essa foi uma vitória impressionante dos dois partidos marxistas. Mesmo antes da guerra, os dois partidos já haviam conquistado uma grande vitória em 1936 – obtendo 35% dos votos como parte de uma Frente Popular mais ampla, que levou o socialista moderado Leon Blum ao poder. Mas Blum precisava do apoio de grupos não socialistas da Frente para manter o apoio parlamentar. Em contraste, os dois partidos marxistas agora controlavam conjuntamente a maioria dos assentos – expressando amplo reconhecimento público de seu papel proeminente na liderança da luta clandestina contra os nazistas.

Ao mesmo tempo, o partido Democrata Cristão, chamado de "republicanos populares", também obteve impressionantes 24,9%, terminando à frente dos socialistas, em segundo lugar, somente atrás dos comunistas. Os líderes desse grupo também se distanciaram enfaticamente dos antigos partidos da Terceira República, demonstrando que os eleitores mais moderados também estavam

---

139 Para uma avaliação penetrante, ROSANVALLON, Pierre. *Le sacre du citoyen*: histoire du suffrage universel en France. Paris: Gallimard, 1992, pp. 393-412.

140 WILLIAMS, Philip. *Crisis and Compromise*: Politics in Post-War France. 3ª ed. Londres: Longmans, 1964, pp. 20-22; GILES, Frank. *The locust years*: the story of the Fourth French Republic. Londres: Secker & Warburg, 1991, pp. 19/20..

determinados a se libertar da política do passado. No entanto, a solidariedade entre esses partidos durante a guerra começou a se desintegrar à medida que se iniciaram as deliberações constitucionais. Os dois partidos marxistas se dividiram fortemente na questão da democracia – a maioria dos comunistas ansiava por uma "ditadura do proletariado" leninista, enquanto a maioria dos socialistas era socialdemocrata. Nessa questão fundamental, eles estavam mais próximos dos republicanos populares – que se juntaram a eles temendo um golpe leninista se o Partido Comunista continuasse sua ascensão em eleições futuras.

Ao mesmo tempo, um segundo conflito ideológico dividiu o triunvirato em linhas diferentes – os dois partidos marxistas eram fortemente secularistas, mas os republicanos populares eram católicos comprometidos. Comunistas *versus* democratas, secularistas *versus* católicos: esses eram conflitos sérios, mas como nosso próximo estudo de caso sugerirá, os comunistas, socialistas e democratas-cristãos italianos foram capazes de forjar uma Constituição mesmo diante de fortes desacordos sobre as mesmas questões.

A grande diferença entre os dois casos tinha a ver com o General de Gaulle. Os italianos não tinham um líder militar da Resistência que fosse remotamente comparável em estatura. Na França, a fragmentação militares/civis teria um impacto decisivo.

4.3.2 Presidencialismo?

Quando a Assembleia se reuniu, os três partidos do movimento reafirmaram a posição de De Gaulle como chefe do governo provisório. Acostumado a comandar, o General imediatamente começou a empurrar os partidos civis em uma direção que nenhum deles queria seguir. Os líderes dos três grupos queriam reformar, mas não abolir, a tradição de governo parlamentar herdada da Revolução Francesa.

De Gaulle tinha algo muito diferente em mente. Ele exigia a criação de uma presidência poderosa que lhe permitisse passar de líder carismático das Forças Francesas Livres a líder constitucional da Quarta República.

O presidencialismo de De Gaulle gerou suspeitas particularmente intensas na maioria marxista. Católico devoto, de Gaulle estava mais próximo da orientação dos Republicanos Populares (RP) – que afirmavam a necessidade de um Estado forte para conter os excessos do capitalismo, mas se opunham ao marxismo em geral e ao comunismo em particular. Se de Gaulle tivesse assumido publicamente a liderança do RP, ele poderia tê-lo tornado uma força poderosa na formulação da Constituição. O partido já havia pontuado 25% nas urnas e, com o popular General no comando, poderia esperar superar os comunistas em eleições futuras. Dado o catolicismo conservador de De Gaulle, a delegação do RP também seria atraída por sua visão de uma presidência forte. Um presidente de Gaulle, junto com um primeiro-ministro do RP no Parlamento, serviria como a mais potente combinação contra a ameaça marxista que se aproximava.

Apesar dessa lógica política avassaladora, o General recusou-se a usar o partido RP como veículo para suas ambições constitucionais. Ele se considerava o líder carismático da nação, não um mero chefe do partido. Ele se recusou a se rebaixar assumindo a liderança partidária do RP. Em vez disso, voltou-se à terapia de choque para atingir seus objetivos.

Sem nem mesmo notificar seus aliados potenciais no RP, ele anunciou abruptamente sua renúncia como chefe do governo interino logo após o início das deliberações da Assembleia. Seu objetivo era demonstrar que, em sua ausência, a coalizão comunista/socialista/republicana popular se desintegraria rapidamente em facções ideológicas rivais que não poderiam fornecer a direção forte de que o país precisava para sair da miséria do pós-guerra. Isso não deixaria ao triunvirato outra escolha a não ser pedir ao

General para salvar a nação, presidindo a partir de uma Constituição presidencialista que lhe concederia amplos poderes.[141]

A jogada de De Gaulle fracassou. Sua renúncia gerou instabilidade de curto prazo no topo do governo provisório, mas não interrompeu o avanço da Constituição. Apesar de sua oposição ao marxismo, os republicanos populares recusaram-se a apoiar a incursão do General no deserto. Em vez disso, se juntaram a seus camaradas de guerra em um esforço comum para definir os princípios fundamentais da Constituição.

A questão principal dizia respeito aos freios e contrapesos. Os dois partidos marxistas compartilhavam da visão gaullista de que havia muita instabilidade durante a Terceira República. Como consequência, eles apresentaram uma variedade de propostas que ajudariam um governo a manter-se no cargo depois de obter o apoio de uma maioria parlamentar.[142] Mas o RP rejeitou essas iniciativas, temendo que pudessem servir de trampolim para uma ditadura marxista se os comunistas continuassem sua dramática ascensão eleitoral.

---

141 Como relata Goguel: Em sua carta de demissão, o General explicou isso... ele há muito defendia que sua tarefa "deveria terminar quando os representantes da nação fossem reunidos novamente e quando os partidos políticos estivessem em posição de assumir suas responsabilidades". Ele disse que concordou em permanecer no poder após a eleição da Assembleia Constituinte apenas "para facilitar uma transição necessária" e afirmou que "essa transição está concluída". A última afirmação não tinha base factual...

A verdadeira razão para a renúncia do General foi o desejo de forçar os partidos a darem mais atenção a seus desejos do que estavam dispostos até então. Sem dúvida, ele pensou que se renunciasse, a Assembleia Constituinte, dividida em vários partidos claramente antagônicos entre si, seria incapaz de eleger um novo Presidente Provisório e esperava que, após um período indefinido de impotência, ela seria obrigada a fazer um novo apelo a ele. Então ele estaria em posição de impor seus pontos de vista aos partidos. GOGUEL, François. *France under the Fourth Republic*. Nova York: Cornell University Press, 1952, pp. 7/8.

142 BOUGRAB, Jeannette. *Aux origines de la Constitution de la IVe République*. Paris: Dalloz, 2002, pp. 284-313.

Isso levou o RP a tentar convencer os socialistas a abandonar seus aliados marxistas e criar um mecanismo institucional que pudesse efetivamente restringir a ação da Assembleia Nacional. Mas depois de esforços sérios para chegar a um compromisso, os dois lados não conseguiram encontrar um terreno comum – e a aliança comunistas-socialistas, junto com alguns companheiros de viagem, aprovou sua Constituição parlamentar na assembleia por uma votação de 309 a 249.[143]

Essa votação serviu apenas como prelúdio para uma decisão final dos eleitores. Pouco depois de sua entrada triunfante em Paris, de Gaulle havia proclamado que caberia ao Povo, em um referendo especial, decidir o destino da proposta da Assembleia. Agora que o General estava na oposição, era ainda mais difícil ignorar esse decreto – uma vez que o referendo fornecia a única forma de estabelecer que, apesar da oposição carismática de De Gaulle, a Constituição da Assembleia realmente tinha o apoio autoconsciente do povo francês.

Um elemento chave na iniciativa da Assembleia estava centrado em seu esforço para redefinir os direitos fundamentais para o século XX. Sua proposta de Constituição reafirmava a relevância duradoura dos direitos democráticos liberais enunciados na grande Declaração dos Direitos do Homem e do Cidadão de 1789. Mas dava igual importância ao compromisso da Nova República com a igualdade social e a dignidade do trabalho, redefinindo o próprio significado de "liberdade, igualdade, fraternidade". Essa transformação revolucionária da tradição revolucionária francesa serviu de base para um esforço coordenado dos comunistas e socialistas para enraizar sua iniciativa na soberania popular.

De Gaulle e os republicanos populares não conseguiram exibir uma unidade semelhante. Diferentes líderes do RP apresentaram

143 GOGUEL, François. *France under the Fourth Republic*. Nova York: Cornell University Press, 1952, p. 10.

críticas desconexas à iniciativa marxista. O próprio de Gaulle recusou-se terminantemente a entrar no debate. Seu silêncio ostentoso era eloquente à sua própria maneira – exortando os eleitores a considerá-lo, em vez dos movimentos partidários em disputa, como o verdadeiro representante do Povo.

Os cidadãos responderam a essa notável demonstração política com outra participação de 80% em maio de 1946. Mas os resultados das eleições revelaram uma grande divisão entre os representantes civis e militares da vontade popular – com o eleitorado rejeitando a Constituição da Assembleia por uma margem de 53% a 47%.[144] Esse resultado não pegou o triunvirato comunistas/socialistas/republicanos populares de surpresa. Eles haviam antecipado tal possibilidade e previsto explicitamente que a derrota de sua iniciativa levaria à eleição de uma segunda Assembleia Constituinte para formular outra proposta constitucional.

Essa outra votação ocorreu no mês seguinte – e revelou que de Gaulle estava começando a pagar um alto preço por sua recusa de se envolver na política partidária. Se ele tivesse organizado um novo partido do movimento gaullista, poderia ter oferecido ao eleitorado uma lista de candidatos comprometidos com sua visão presidencialista. Mas por ter permanecido indiferente, o melhor que podia esperar era uma grande demonstração de apoio popular à lista de candidatos apresentada pelo RP, uma vez que esse partido antimarxista liderara a bem-sucedida campanha do "não". No entanto, ele recusou-se até mesmo a apoiar publicamente a chapa do RP, evitando assim que o partido extraísse o máximo de vantagem de sua impressionante vitória no referendo inicial.

Como consequência, a segunda Assembleia Constituinte acabou muito parecida com a primeira quando os votos foram contados em junho de 1946. Apesar de sua liderança na campanha

---

144 MORABITO, Marcel. *Histoire constitutionnelle de la France de 1789 a nos jours*. 12ª ed. Paris: Montchrestien, 2012, p. 395.

do "não", o RP somou apenas três pontos percentuais à sua contagem, obtendo 28% do total de votos. Isso mal foi suficiente para superar a parcela de 26% conquistada pelos comunistas. Pior ainda para o General, os socialistas conseguiram 21%. Isso significava que os dois partidos marxistas, junto com seus companheiros de viagem, manteriam o controle sobre os procedimentos.

Ainda assim, o RP tinha agora um trunfo: se os comunistas e socialistas aprovassem outra versão de democracia parlamentar, o RP poderia liderar outra campanha pelo "não", exortando os eleitores a ensinar à esquerda que ela não poderia continuar ignorando o Povo. Ao mesmo tempo, de Gaulle estava mudando de rumo. Depois de ficar tanto tempo à margem, ele finalmente quebrou o silêncio em um discurso em Bayeux – esboçando um quadro que antecipava a Constituição da Quinta República.[145] Na visão dele, a Assembleia Constituinte recém-eleita deveria desenhar a presidência "para harmonizar os interesses gerais... com a orientação geral ao Parlamento... de servir como árbitro de dificuldades políticas inesperadas... [e] se o país estiver em perigo, ser o fiador da independência nacional". Dadas essas grandes tarefas, ele insistia que uma Constituição adequada deveria criar um colégio eleitoral especial para escolher o "árbitro" e o "fiador" da nação – visto que isso permitiria a de Gaulle ascender à sua nova e elevada posição sem nunca reconhecer o papel legítimo desempenhado pela política partidária na vida de sua República presidencialista.

Ao finalmente intervir em um momento em que a nova Assembleia estava começando a trabalhar, de Gaulle pretendia minar seus esforços táticos de construção de coalizões. Mas produziu o efeito oposto. Isso forçou os republicanos populares a repensar sua

---

145 Sobre a influência de longo prazo desse discurso, JANOT. "Du discours de Bayeux a la Constitution de la Ve République". 108 *Espoir* 12, 1996 (por um redator da Constituição de 1958). Sobre a influência de WAHL, Nicholas. "Aux origines de la nouvelle Constitution". *Revue française de science politique*, vol. 9, 1959.

estratégia: se eles jogassem seu trunfo agora, opondo-se à segunda Constituição de inspiração marxista, seria o General quem lideraria a campanha do "não" – talvez organizando um movimento gaullista que empurraria o RP para a periferia. E se ele se saísse vitorioso, a terceira Assembleia Constituinte não teria escolha a não ser se curvar à vontade do General.

Mais uma vez, a fragmentação entre as autoridades militares e civis moldava a dinâmica – especialmente para o RP, que pretendia preservar sua posição de partido central na vida da Nova República. Como consequência, os líderes partidários voltaram à mesa de negociações e concordaram em apoiar a nova iniciativa da esquerda de criar uma câmara alta – o Conselho da República – que poderia atrasar, mas não derrotar, as iniciativas legislativas da Assembleia Nacional. Como o Conselho foi elaborado de uma maneira que favorecia os conservadores, havia a promessa de limitação às fortes iniciativas marxistas se a aliança comunistas/socialistas continuasse a obter maiorias na Assembleia Nacional. Esse controle foi reforçado ainda mais em relação às emendas constitucionais, com o Conselho desempenhando um papel ainda mais significativo.[146]

A nova Constituição também atenuava a forte afirmação contida no projeto anterior quanto ao poder do Estado para nacionalizar a indústria de grande escala ao permitir que os acionistas reivindicassem compensação pelos bens expropriados. Mas para tornar essa garantia efetiva, a Constituição teria que criar um tribunal constitucional comprometido com sua aplicação. Embora fizesse gestos simbólicos nessa direção, o texto não obrigava sua criação, e nada foi feito para tornar o tribunal uma realidade institucional.[147] Os governos socialistas, se tivessem mantido suas

---

146 O segundo projeto também aumentou marginalmente a autoridade da presidência, em grande parte cerimonial.

147 O artigo 91 previa uma "comissão constitucional", presidida pelo presidente da República, composta por dez membros eleitos pela Assembleia Nacional

fortes maiorias de esquerda na Assembleia Nacional, estariam livres para superar a oposição da câmara alta e impor medidas abrangentes de nacionalização sem enfrentar demandas judiciais sérias de compensação aos capitalistas lesados.

Em suma, a segunda Assembleia criou uma forte estrutura parlamentar, semelhante àquela contra a qual os republicanos populares haviam feito campanha da primeira vez. No entanto, o partido relutantemente juntou-se a seus aliados dos tempos de guerra na defesa da revisão – ao mesmo tempo minimizando sua distância em relação a de Gaulle, argumentando que a Constituição poderia ser "aperfeiçoada" mais tarde, se necessário, com as emendas apropriadas.[148]

De Gaulle não ficou impressionado. Ele condenou o RP por sua "traição" e exortou o país a votar "não".[149] Mais uma vez, ele pagou um alto preço por se recusar a sujar as mãos com os pregos e parafusos da política. Sua forte oposição gerou muita hesitação nos eleitores e um declínio no comparecimento de 80% para 70%. Mas, na ausência de uma organização partidária gaullista mobilizada, os partidos da resistência fizeram um trabalho melhor para convencer seus seguidores a comparecer às urnas. Em 13 de outubro de 1946, a Constituição foi ratificada por uma margem

---

e pelo Senado, juntamente com os presidentes de ambas as câmaras. Sua função era "examinar se os estatutos promulgados pela Assembleia Nacional implicam uma revisão da Constituição", mas ela não desempenhou qualquer papel durante a vida da Quarta República. Da mesma forma, o Conselho de Estado [*Conseil d'Ètat*], em sua capacidade jurisdicional, seguiu consistentemente sua regra, promulgada pela primeira vez em 1936, impedindo os litigantes de apelar à Constituição em seus desafios específicos ao exercício da autoridade pública.

148 GOGUEL, François. *France under the Fourth Republic*. Nova York: Cornell University Press, 1952, p. 16.

149 O discurso de De Gaulle's na Épinal foi paradigmático. Ver "Speech Delivered at Épinal on September 29th, 1946". *Discours et messages II Dans l'attente*, 1970, p. 26.

de 54% a 46%, com os votos no "sim" superando os votos no "não" em mais de um milhão.[150]

Essa intensa rodada de engajamento dos cidadãos chegou ao fim no mês seguinte com a eleição de uma Assembleia Nacional para servir pelos próximos cinco anos. Pela primeira vez, uma União Gaullista entrou em campo – mas o General não empenhou seu apoio explícito e seus candidatos receberam apenas 3% dos votos e nenhum dos 627 assentos da Assembleia. Os três partidos do movimento de Resistência obtiveram 72% dos votos e 457 assentos – embora suas solidariedades dos tempos de guerra logo tenham se desintegrado à medida que fortes diferenças ideológicas os colocaram em conflito.[151]

À medida que seus conflitos aumentavam no Parlamento, o general finalmente passou à ofensiva. Em abril de 1947, ele anunciou a criação da União do Povo Francês – conclamando todos os cidadãos a superar os rígidos compromissos partidários e se dedicar ao interesse nacional (definido, é claro, por você sabe quem). De maneira característica, o General não avisou com antecedência de seus planos às lideranças partidárias existentes – nem mesmo aos republicanos populares, que o público passara a ver como seu principal apoiador político.

Isso praticamente garantiu uma resposta hostil do RP. Para demonstrar sua independência, o partido exigia que seus membros fizessem uma escolha existencial: eles poderiam permanecer leais ao RP ou juntar-se à União – mas não ambos. Os partidos marxistas fizeram uma exigência idêntica. Apesar dessa demonstração enfática de oposição civil, o General rapidamente atraiu meio

---

150 GOGUEL, François. *France under the Fourth Republic*. Nova York: Cornell University Press, 1952, pp. 16/17.

151 Para uma rica discussão sobre política partidária, ver WILLIAMS, Philip. *Crisis and Compromise*: Politics in Post-War France. 3ª ed. Londres: Longmans, 1964, pp. 59-182.

milhão de seguidores à União, cujos candidatos obtiveram grandes vitórias em Paris e outras grandes cidades nas eleições municipais de outubro de 1947.[152]

A União também se tornou uma força parlamentar. Ganhou posição ao oferecer aos antigos partidos da Terceira República um meio de se reabilitarem. Apesar de esses legatários do antigo regime deterem 25% dos assentos da Assembleia, os partidos da Resistência se recusavam a negociar com eles para a composição de seus governos de coalizão. Mas os representantes mais centristas dos antigos partidos radical e moderado agora se juntaram a um "intergrupo" organizado pela União, na esperança de escapar de seu *status* de párias ao aceitar de Gaulle como seu líder titular.

A ameaça parlamentar gaullista aumentou quando a aliança dos três partidos se desintegrou. A causa precipitante foi a oposição comunista à guerra do Vietnã, que levou o socialista Paul Ramadier e demitir os vermelhos de seu governo em maio de 1947. Com a direita gaullista e a esquerda comunista no ataque, não estava claro se o centro poderia se sustentar. Mas para a decepção de De Gaulle, os socialistas e os republicanos populares conseguiram atrair um número suficiente de conservadores moderados para sustentar um governo de Terceira Força durante todo o mandato de cinco anos da Assembleia.

A eleição de novembro de 1951 foi uma luta acirrada – com os eleitores dando um duro golpe na legitimidade da Quarta República. Os comunistas e os gaullistas ficaram por cima – com 26% e 22% dos votos – deixando apenas 52% de apoio a um grupo ideologicamente díspar de partidos da Terceira Força. Embora uma mudança de última hora na lei eleitoral tenha permitido que eles traduzissem sua maioria absoluta em 62% dos assentos, seria difícil para essa coalizão manter governos estáveis nos anos seguintes.

---

152 WILLIAMS, Philip. *Crisis and Compromise*: Politics in Post-War France. 3ª ed. Londres: Longmans, 1964, pp. 28-47.

De Gaulle, no entanto, ajudou a Terceira Força ao não dar à União uma liderança eficaz. Ele recusou-se a se rebaixar concorrendo a um assento na Assembleia Nacional, e escolheu lidar com sua delegação de uma maneira distante, de cima para baixo. Esse estilo autoritário levou os membros a desertarem em votações parlamentares importantes e provocou a saída de um total de 45 membros do partido. Com sua bancada nacional em desordem, os eleitores impuseram à União um grande revés nas eleições municipais de 1953, acelerando seu declínio político.

O próximo grande teste viria com as eleições de 1956 para a Assembleia Nacional. Antecipando mais uma humilhação, de Gaulle anunciou sua aposentadoria da política e a dissolução da União em novembro de 1955 – deixando uma retaguarda gaullista no Parlamento que agora lutaria sem contar com seu apoio. Enquanto meditava em silêncio em seu retiro interiorano em Colombey-les-Deux-Églises, o General de 65 anos parecia um homem sem futuro político. Como Churchill, Roosevelt e Stálin, ele garantira um lugar na história como líder heroico de seu país na luta contra Hitler. Mas enquanto suas contrapartes estavam ajudando – de uma forma ou de outra – a moldar a ordem mundial emergente, ele fracassou completamente.

Nesse ponto, a lição da experiência revolucionária francesa parecia clara. Para argumentar nos termos da distinção desenvolvida no Capítulo 1: o carisma pessoal de De Gaulle podia ser suficiente para impedir a conquista constitucional do *carisma organizacional* a partir dos partidos do movimento de Resistência; mas não o era, por si só, para permitir ao herói militar vencer uma segunda revolução *outsider* e levar o Povo a repudiar a Quarta República civil em nome de uma Constituição presidencialista.

Como, então, o derrotado de Gaulle conseguiu retornar à cena política apenas três anos depois e vencer onde antes havia fracassado tão dramática e repetidamente?

Adiarei minha resposta até examinarmos a experiência de constitucionalismo revolucionário da Itália. Essa comparação não é apenas reveladora por si só, mas também ajuda a esclarecer questões levantadas pela ascensão de De Gaulle ao poder em 1958 e a maneira notável como seu carisma pessoal foi constitucionalizado ao longo do próximo meio século.

CAPÍTULO V

REVOLUÇÃO CONSTITUCIONAL NA ITÁLIA

Tanto a Índia quanto a África do Sul herdaram a tradição da *common law* do Império Britânico; e ambas conseguiram criar cortes constitucionais como componentes críticos de suas constituições revolucionárias. A França, em contraste, é um exemplo paradigmático do sistema da *civil law* na Europa; mas nada semelhante a uma corte constitucional foi implantado durante a Quarta República.

Essa constatação simples põe em questão algo que afirmamos na Introdução. Sugeri que a divisão clássica entre os sistemas da *civil law* e da *common law* não nos ajuda a compreender a dinâmica institucional específica por trás da ascensão mundial do constitucionalismo. No entanto, a ausência de algo semelhante a uma corte constitucional na Quarta República desafia essa tese. Pior ainda, o contraexemplo é particularmente preocupante porque pretendo descrever a dinâmica específica do constitucionalismo revolucionário – e a rejeição da revisão judicial tem tudo a ver com a Revolução Francesa. Desde os dias de glória de 1789, a tradição francesa tem rejeitado o "governo por juízes" como inconsistente com o governo por Nós, o Povo.

Entrentanto, a experiência italiana sugere que a Quarta República é uma exceção à regra. Desde a reunificação da Itália em 1870, seu judiciário foi organizado segundo a linha francesa – a Corte de Cassação julga disputas entre partes privadas e o Conselho de Estado trata de processos judiciais contra autoridades públicas. Como os franceses, os juízes italianos dependem muito do apoio da academia jurídica para lidar com problemas difíceis de interpretação dos estatutos, mas todo o *establishment* jurídico rechaça a invalidação desses estatutos pelas cortes. Não menos do que os franceses, os juízes e acadêmicos italianos condenam tais intervenções como fundamentalmente ilegítimas. No entanto, essa tradição civil profundamente arraigada não impediu a ascensão da revisão judicial sob a constituição revolucionária da Itália no pós-guerra.

A principal diferença entre os dois casos é a ausência de uma figura militar italiana remotamente comparável ao general de Gaulle. Como consequência, os políticos civis da Itália não tiveram que enfrentar contestações à sua autoridade por parte de um general carismático. Em vez disso, eles puderam dar mais atenção às maneiras pelas quais a revisão judicial prometia consolidar a legitimidade revolucionária de sua Constituição ao longo do tempo.

O caso italiano é particularmente útil para explorar essa hipótese porque sua Assembleia Constituinte era dominada pelos mesmos partidos e movimentos que controlavam a agenda na França. Mais uma vez, veremos comunistas, socialistas e democratas cristãos lutando pelo poder enquanto, simultaneamente, elaboram uma estrutura constitucional para regular sua competição futura. No entanto, desta vez vemos a Assembleia preparando o caminho para o surgimento de uma Corte Constitucional como resposta a uma crise de sucessão no Tempo Três.

Meu argumento também desafiará uma segunda tendência importante na academia contemporânea. Esses observadores analisam o surgimento das cortes constitucionais por meio de um modelo de política de "atores racionais". Nesse relato conhecido, a revisão judicial aparece como uma solução "racional" a um problema de negociação enfrentado por partidos rivais à medida que elaboram sua nova Constituição. Conforme tentam chegar a um acordo, os negociantes reconhecem que suas posições relativas de poder mudarão com o tempo – o que leva os atores recém-empoderados a violar os termos do pacto conquistado a duras penas. Para reduzir esse perigo, eles recorrem a uma corte relativamente neutra – dando-lhe o poder de invalidar legislações que rompam os termos de sua negociação constitucional inicial.[153]

Chamaremos isso de *função segurança*. Meu argumento é que esse esquema não faz justiça aos casos da Índia e da África do Sul. Este capítulo mostrará que o caso italiano também exibe a dinâmica característica dos quatro estágios do caminho revolucionário. Depois de expor as variações específicas desses temas cada vez mais familiares no caso italiano, o Capítulo 6 refletirá sobre as principais lições a serem aprendidas com as experiências da Índia, África do Sul, França e Itália.

5.1 Tempo Um: o repúdio a Mussolini

Durante o século XIX, a Itália seguiu o caminho "do *establishment*" para o constitucionalismo. Nesse tipo ideal, o regime existente é capaz de cooptar mobilizações revolucionárias por meio de concessões estratégicas.

A história começa em 1848. O rei Carlos Alberto da Sardenha-Piemonte havia governado anteriormente como um monarca absoluto. Mas ele salvou seu trono da ameaça populista ao emitir

153 GINSBURG, Tom. *Judicial Review in New Democracies*, pp. 22-35, 2012, que elabora a "função de seguro" no contexto de modelos de atores racionais no interior de constituições elitistas. Este capítulo explora as diferentes dinâmicas – mais populistas e ideológicas – que podem gerar um papel de "seguro" análogo para uma corte constitucional em cenários revolucionários.

um Estatuto real que criava um Parlamento para as classes proprietárias – enquanto reservava poderes amplos e mal definidos para a monarquia.[154] Durante a geração seguinte, a Casa de Sabóia de Alberto enfrentou um segundo desafio revolucionário quando as forças militares de Garibaldi tentaram derrubá-la no contexto de esforço maior para unificar a Itália como uma República. Mas Vítor Emanuel II e seu primeiro-ministro, o conde de Cavour, conseguiram cooptar Garibaldi para sua própria campanha, cujo objetivo era fazer da monarquia o motor da unidade italiana.[155] Como consequência, o Estatuto de Alberto permaneceu o ponto de referência constitucional para o Reino da Itália de 1848 até o final da Segunda Guerra Mundial – com o rei e seus conselheiros/burocratas reais envolvidos em uma série de reinterpretações altamente criativas do Estatuto, que respondiam a mudanças políticas dramáticas.

A famosa "flexibilidade" do *Statuto* foi bem aproveitada durante a primeira metade do século no país. Quando a Casa de Sabóia assumiu o poder sobre os Estados Papais, concluiu com sucesso sua campanha pela unificação italiana – mas a tomada de Roma em 1870 teve um alto preço político. Declarando-se um "prisioneiro no Vaticano", Pio IX exortou os católicos da Itália a repudiar a monarquia triunfante. Dada a oposição intransigente do papado, o rei não teve escolha a não ser confiar em nacionalistas seculares para conseguir governar o país.

O apelo do papa para que os verdadeiros crentes boicotassem as eleições parlamentares foi igualmente contraproducente – levando uma série de governos reais a aumentar sua legitimidade

---

154 MANCA, Anna. "State Building by Means of Constitution in the Italian Constitutional Monarchy". *In*: GROTKE, Kelly; PRUTSCH, Marcus (Coord.). *Constitutionalism, legitimacy and power*: nineteenth-century experiences. Nova York: Oxford University Press, 2014, pp. 49 e 56.

155 SMITH, Denis Mack. *The making of Italy, 1796–1866*. Londres: Macmillan, 1988; RIALL, Lucy. *Risorgimento*: the history of Italy from Napoleon to nation-state. Nova York: Macmillan, 2009.

expandindo o direito ao voto para maximizar a participação. Embora a extensão do direito de voto à classe trabalhadora tenha ajudado a sustentar o sistema, ela também fortaleceu a representação parlamentar dos partidos de esquerda, cujas ideologias "ímpias" eram mais ofensivas ao papado.

Com o fim da Primeira Guerra Mundial, os esforços contínuos da monarquia para adaptar o Estatuto à mudança das condições levaram ao desastre. Quando Benito Mussolini arquitetou sua marcha sobre Roma em outubro de 1922, as forças fascistas não estavam em posição de suplantar o regime parlamentar existente. O rei Vítor Emanuel III poderia muito bem ter usado sua autoridade constitucional para pedir a um primeiro-ministro liberal que formasse um governo determinado a manter os fascistas sob controle. Mas o rei usou sua autoridade "flexível" para nomear Mussolini, abrindo caminho para que *Il Duce* esmagasse a oposição parlamentar e usasse o monarca como uma figura decorativa, meramente simbólica, para seu sistema fascista.

A decisão fatídica do rei manchou suas reivindicações de legitimidade depois que as tropas de Mussolini perderam o controle do país em 1943. Vendo a escrita na parede, Vítor Emmanuel mais uma vez afirmou sua autoridade, sob o flexível *Statuto*, para adaptar seu regime à mudança dos tempos. Ele não apenas destituiu Mussolini do poder em 25 de julho de 1943, mas ordenou imediatamente que *Il Duce* fosse isolado em um campo de detenção ultrassecreto. Ao mesmo tempo, nomeou o marechal de campo Badoglio como chefe de seu governo.

Essas etapas dramáticas não significaram uma ruptura nítida com o passado. Badoglio havia sido marechal de campo do exército italiano em 1940, e perdera seu emprego apenas porque suas tropas perderam batalhas críticas quando a guerra eclodiu.[156] Assim que o rei o chamou de volta ao poder em 1943, Badoglio

---

156 ELLWOOD, David. *Italy, 1943–1945*. Leicester: Leicester University Press, 1985.

assegurou publicamente aos nazistas que a Itália permaneceria um membro leal do Eixo.

Mas ao mesmo tempo, ele iniciou negociações secretas com os Aliados para se juntar à guerra contra Hitler – e conseguiu chegar a um acordo provisório em 3 de setembro. No entanto, ele se recusou a tornar o acordo público, pois esperava melhorar seus termos por meio de algumas negociações de última hora. Os Aliados responderam furiosamente a esse estratagema. Em 8 de setembro, anunciaram unilateralmente os termos do acordo secreto que haviam realizado com Badoglio.

Os alemães responderam de maneira decisiva a esse ato de traição. Seu enorme exército permaneceu no controle do norte do país e assumiu imediatamente o controle das tropas italianas que antes haviam lutado ao seu lado – colocando-as em campos de concentração após desarmá-las. Os nazistas também se moveram para o sul com velocidade vertiginosa – ocupando Roma em dois dias e forçando o rei e seu governo a fugir da cidade e buscar segurança com os Aliados, que vinham lutando para subir a península a partir da Sicília.

Os alemães então humilharam a monarquia ainda mais, descobrindo rapidamente o local "secreto" onde Mussolini fora detido. Depois de libertar *Il Duce* em um ataque relâmpago, eles o despacharam para o norte para servir como figura decorativa da recém-proclamada República Social Italiana. Com o exército do rei totalmente desmobilizado, havia apenas uma força capaz de desafiar o regime fantoche dos nazistas: os guerrilheiros do movimento de Resistência, que haviam criado governos revolucionários de base em áreas-chave e finalmente conseguiram capturar e matar Mussolini durante os últimos dias da guerra.

Esse triunfo simbólico sobre *Il Duce* foi adiado por muito tempo. Os Aliados desembarcaram pela primeira vez na Sicília em julho de 1943, mas não lutaram para chegar a Roma até junho de 1944 e só conseguiram obter o controle das grandes cidades do norte durante a primavera de 1945 – auxiliados por um levante geral proclamado pelo Comitê de Libertação Nacional Italiano. Durante esse longo período, os Aliados reconheceram o rei como o chefe do governo legítimo da Itália; mas dada a longa colaboração de Vítor Emanuel com o regime fascista, o povo italiano concordaria?

Essa é precisamente a pergunta que Palmiro Togliatti, chefe do Partido Comunista, fez a si mesmo quando retornou à Itália após dezessete anos no exílio. O Partido desempenhara um papel de liderança na Resistência do Norte – ofuscando os papeis (significativos) desempenhados pelos socialistas e democratas-cristãos.[157] Muitos militantes esperavam um repúdio total ao rei e um chamado inspirador para uma revolução marxista.

Togliatti os desapontou ao retornar a Salerno, a capital provisória do governo do rei. Em uma virada dramática em março de 1944, ele anunciou que o Partido Comunista se uniria aos socialistas e aos democratas cristãos em um "governo de unidade nacional" sob a monarquia.[158] Colaborar com Vítor Emanuel, afirmou ele, era a única maneira de resolver a crise de legitimidade gerada por "um governo investido de poder, mas privado de autoridade por falta de apoio dos partidos de massa". Do contrário, conjuntura evoluiria para "um ambiente favorável às intrigas reacionárias e, portanto, ao renascimento de um movimento fascista, ao mesmo tempo que enfraqueceria e desacreditaria nosso país".[159]

---

157 Ver em geral, COPPA, Frank; REPETTO-ALAIA, Margherita. *The formation of the Italian republic*: proceedings of the International symposium on postwar Italy. Nova York: Lang, 1993.

158 Em geral, ELLWOOD, David. *Italy, 1943–1945*. Leicester: Leicester University Press, 1985.

159 SECCHIA, Pietro; FRASSATI, Filippo. *Storia della resistenza*: la guerra di liberazione in Italia, 1943-1945. Roma: Riuniti, 1965, pp. 527-530; AGOSTI, Aldo. *Palmiro Togliatti*: a biography. Londres: Tauris, 2008, p. 149.

Ao entrar no governo, Togliatti permaneceu um republicano implacável e recusou-se a apoiar a monarquia ou seu *Statuto* como bases apropriadas para o futuro do país. Ele simplesmente adiou essas questões constitucionais até que fosse possível derrotar os nazistas de uma vez por todas. Os líderes socialistas assumiram uma posição semelhante. No entanto, a entrada dos marxistas no governo do rei fez uma grande diferença na fase seguinte da dinâmica constitucional.

5.2 Tempo Dois: constitucionalizando a revolução

Quando de Gaulle fez sua entrada triunfal em Paris em 1944, ele preencheu o vácuo de legitimidade ao estabelecer unilateralmente um governo provisório. Quando os três partidos do movimento francês aceitaram posições em seu regime provisório, eles criaram imediatamente uma estrutura para a competição contínua entre os partidos da Resistência liderados por civis e o comandante militar das Forças Francesas Livres pela autoridade para falar em nome do Povo.

A decisão de Vítor Emanuel de destituir Mussolini abriu um caminho diferente. Em vez de abrir um completo vácuo de legitimidade, o rei poderia preencher o vazio oferecendo o flexibilíssimo *Statuto* como base para um governo de transição para a era do pós-guerra.

Isso é o que tornou a virada de Togliatti em Salerno tão importante. Se o líder comunista tivesse dado o apoio de seu partido aos militantes marxistas que assumiram o controle das cidades e vilas do norte ao final da guerra, seus Comitês de Libertação Nacional teriam proclamado um Estado Operário – levando o país à beira da guerra civil. Em vez disso, a entrada de Togliatti no "governo de unidade nacional" do rei empurrou a política em uma direção diferente – adiando um ataque frontal ao antigo regime e seu *Statuto* até a derrota final dos nazistas.[160]

Assim que o debate constitucional italiano começou, ele imediatamente se afastou do caminho francês. Dado o colapso total de Vichy, de Gaulle e os líderes da Resistência dos três partidos do movimento estavam essencialmente discutindo entre si sobre qual o melhor projeto constitucional para seu "novo começo". Em contraste, quando os líderes da Resistência italiana lançaram uma forte crítica ao *Statuto*, eles enfrentaram uma forte resposta dos conservadores constitucionais. Para eles, não havia necessidade de uma ruptura revolucionária com o passado monárquico. O rei deveria simplesmente responder às realidades do pós-guerra apoiando mais uma reinterpretação do *Statuto* que havia demonstrado sua flexibilidade repetidamente ao longo do século anterior.

Como consequência, os italianos comuns logo estariam se fazendo uma pergunta diferente da que seus colegas franceses enfrentavam. Quando os franceses fossem às urnas, eles estariam escolhendo entre os desígnios revolucionários oferecidos por de Gaulle e os partidos do movimento formado durante a Resistência. Em contraste, os italianos se estariam perguntando se havia necessidade de uma ruptura revolucionária com o passado ou se deveriam continuar avançando no caminho do *establishment* indicado pelo *Statuto*.

Mas estou adiantando a história.

Já apresentei os papéis desempenhados pelo rei e por Togliatti na formulação dessa questão, mas é hora de voltar os holofotes para outro ator fundamental: Alcide De Gasperi e seus democratas cristãos.

---

160 Além dos comunistas, socialistas e democratas cristãos, três outros partidos desempenharam um papel secundário no Comitê de Libertação Nacional: os democratas trabalhistas (DDL), o Partido da Ação (PDA) e os liberais (PLI). VENTRESCA, Robert. *From fascism to democracy*: culture and politics in the Italian election of 1948. Toronto: University of Toronto Press, 2004, p. 29.

5.2.1 De Gasperi como revolucionário?

De Gasperi é tipicamente retratado como um mestre da política que conseguiu transformar os democratas cristãos na força dominante do governo italiano pelo restante do século XX. Mas na época da queda de Mussolini, ele era um *outsider* revolucionário, não um *insider* pragmático, que conclamava seus companheiros católicos a repudiar o antigo desprezo do papado pelo envolvimento político democrático com liberais seculares e marxistas.

A hostilidade papal ao nacionalismo italiano remontava à unificação do país no século XIX, mas começou a diminuir quando Bento XV suspendeu a proibição absoluta do papado à participação católica nas eleições parlamentares – dando origem à formação de um Partido Popular (PP) em 1919, baseado nos princípios da igreja de responsabilidade coletiva pelo bem-estar social.[161] De Gasperi desempenhou um papel no PP desde o início, mas só ascendeu como seu líder efetivo nos meses finais da luta do PP contra a instalação da ditadura de Mussolini.

Quando *Il Duce* baniu toda a oposição pública em 1927, De Gasperi foi imediatamente perseguido e jogado na prisão.[162] Com sua saúde se deteriorando rapidamente, ele poderia muito bem ter morrido por suas convicções democráticas. Mas em 1929, o arcebispo de Trento conseguiu arranjar sua libertação – apenas para De Gasperi descobrir que ele era agora um pária na sociedade fascista. Ele não conseguia arranjar um emprego, o que o deixou em uma situação desesperadora. Mais uma vez, porém, a igreja veio em seu socorro – oferecendo-lhe uma posição humilde como catalogador na Biblioteca do Vaticano, que ele aceitou com gratidão.[163]

---

161 CRAVERI, Piero. *De Gasperi*. Bologna: II Mulino, 2006, pp. 79-85.

162 CRAVERI, Piero. *De Gasperi*. Bologna: II Mulino, 2006, pp. 101/102.

163 CARRILLO, Elisa. *Alcide De Gasperi*: the long apprenticeship. Notre Dame: University of Notre Dame Press, 1965, pp. 45-100.

No mesmo momento, porém, o Papa Pio XI repudiava os princípios fundamentais aos quais De Gasperi havia dedicado sua carreira política. Nos Acordos de Latrão de 1929, Pio XI e Mussolini puseram fim à hostilidade amarga entre a Igreja e o Estado que prevalecera durante a era democrática anterior.[164] Em seu lugar, eles estabeleceram formalmente termos de acomodação mútua. Mussolini afirmou o catolicismo como "a única religião do Estado" e concedeu total soberania à Cidade do Vaticano.[165] Em troca, o papa prometeu neutralidade absoluta na luta de Mussolini contra seus oponentes estrangeiros – mais notavelmente, a União Soviética, a França e a Grã-Bretanha. Apesar das dramáticas diferenças entre a ditadura soviética e a democracia ocidental, Pio XI considerava os três países fundamentalmente semelhantes em seu repúdio à reivindicação da Igreja Católica de *status* privilegiado como religião do Estado – e assim deu a Mussolini a liberdade para se aliar com o lado que ele acreditava que promoveria a causa fascista.

Isso foi demais para De Gasperi.[166] Apesar de suas profundas convicções religiosas e da dívida pessoal com a igreja por sua sobrevivência física, ele se recusou a se juntar aos líderes católicos em seu coro elogioso aos Acordos de Latrão.[167] Ele também não

---

164 KERTZER, David. *The Pope and Mussolini*. Nova York: Random House, 2014, pp. 3-111.

165 *Lateran Treaty*, art. 1 (1929).

166 As convicções revolucionárias de De Gasperi foram talvez expressas de forma mais eloquente em uma carta escrita à sua esposa durante os últimos meses de sua prisão pelos fascistas:

> Eu poderia, talvez, ter sustentado minhas ideias com menos ferocidade? Certamente o teria feito se aqueles que se dizem católicos gostassem de mim... não tivessem aplaudido tanto o sucesso [fascista] e, com essa atitude, feito os outros acreditarem que a Igreja estava [nos] abandonando... Esta é a tragédia do meu, do nosso sacrifício. GASPERI, Alcide de. *Lettere dalla prigione, 1927-1928*. Roma: Cinque lune, 1974, pp. 102-104 (tradução minha).

167 Até Togliatti reconheceu de má vontade as credenciais antifascistas de De Gasperi. TOGLIATTI, Palmiro. *De Gasperi il restauratore*: è possibile un giudizio

desempenhou nenhum papel no esforço contínuo do Vaticano para encorajar os verdadeiros crentes a se unirem a organizações fascistas em apoio ao regime de Mussolini.[168] Em vez disso, ele escolheu permanecer na obscuridade como um bibliotecário de baixo escalão e escrever uma série de ensaios, assinados e apócrifos, que reafirmavam a necessidade de uma abordagem *democrata* cristã à política.[169]

Depois que Mussolini se juntou à guerra de Hitler em 1940, De Gasperi foi além dos pronunciamentos pessoais para assumir a liderança na organização de uma série de reuniões clandestinas com católicos de mentalidade semelhante. Em 1943, essa colaboração rendeu um elaborado Manifesto, publicado sob o pseudônimo de Demófilo, que foi amplamente divulgado na clandestinidade. Em contraste com os marxistas, esse programa para a democracia cristã reafirmava a propriedade privada como um direito fundamental. Mas também enfatizava a necessidade crítica de intervenção estatal contínua para eliminar os abusos do capitalismo de livre mercado. Ele insistia que o Estado deveria

> eliminar aquelas concentrações industriais e financeiras que são a criação artificial do imperialismo econômico e modificar as leis que favorecem a concentração dos meios de produção e da riqueza em poucas mãos. Isso levará, além disso, à demolição de monopólios que não são... de fato inevitáveis. Para os que permanecerem, o controle público

---

equanime sull'opera di Alcide Degasperi? Roma: Gaffi, 1974, pp. 102-104.

168 TRANIELLO, Francesco. "Political Catholicism, Catholic Organization, and Catholic Laity in the Reconstruction Years". *In*: COPPA, Frank; REPETTO-ALAIA, Margherita. *The formation of the Italian republic*: proceedings of the International symposium on postwar Italy. Nova York: Lang, 1993, pp. 29-35; ver também, KERTZER, David. *The Pope and Mussolini*. Nova York: Random House, 2014.

169 Para um ensaio cheio de percepções, enfatizando esse aspecto do pensamento de De Gasperi, ver CAU, Maurizio. "Alcide De Gasperi: a political thinker or a thinking politician?" *Modern Italy*, vol. 14, 2009, pp. 431-444.

> deve ser imposto, ou, caso se mostre mais eficiente e uma compensação justa seja paga, essas propriedades devem ser nacionalizadas e postas preferencialmente sob gestão colaborativa com os trabalhadores.[170]

O Manifesto também apoiava uma pesada tributação redistributiva e um ambicioso programa de obras públicas.[171]

De Gasperi então desafiou as leis fascistas para lançar um apelo aos católicos para saírem da clandestinidade e estabelecerem um novo Partido Democrata Cristão em uma convenção de fundação. Quando essa reunião ocorreu em 1944, Mussolini havia caído e os democratas cristãos já haviam aderido ao governo de unidade nacional. Mas De Gasperi, após sua eleição como líder pela convenção, continuou a deixar claras as intenções revolucionárias de seu partido:

> Em nome da solidariedade dos partidos antifascistas, estamos sacrificando muitos programas específicos. No entanto, não deixemos que ninguém se iluda; se amanhã a lei for ameaçada e violada, e desejos tirânicos e ditatoriais entrarem em pauta... não nos permitiremos ser surpreendidos como o país foi surpreendido em 1922 [quando o rei nomeou Mussolini como chefe de governo]. À ameaça que vem da direita ou da esquerda, ofereceremos toda a resistência, ativa ou passiva, de que o povo será capaz.[172]

Ao apelar ao Povo para que resistisse ao totalitarismo de esquerda e de direita, De Gasperi se viu no mesmo lugar que Togliatti – embora tivesse sido muito mais consistente do que o comunista

---

170 GASPERI, Alcide de; GUISO, Nicola (Coord.). *Idee sulla democrazia cristiana*. Roma: Cinque lune, 1974 (tradução minha).

171 GASPERI, Alcide de; GUISO, Nicola (Coord.). *Idee sulla democrazia cristiana*. Roma: Cinque lune, 1974.

172 TUPINI, Giorgio. *I democratici cristiani*. Milão: Garzanti, 1954, pp. 83-85.

ao insistir durante toda sua carreira política na importância do constitucionalismo.[173] No entanto, sua decisão conjunta de se aliar aos socialistas para entrar no governo do rei teve um impacto profundo sobre as altas instâncias legislativas nos anos seguintes.

***

Quando vista através de uma lente comparativa, a trajetória revolucionária de De Gasperi dificilmente poderia ser definida como singular. A carreira de Nelson Mandela oferece um paralelo notável. Como De Gasperi, Mandela primeiro ganhou proeminência política como principal oponente de um regime cada vez mais repressivo, que o levou a pagar um preço ainda maior na Ilha Robben e na Prisão de Pollsmoor. Os dois homens reingressaram na vida pública em um momento em que a ordem estabelecida perdia seu domínio militar. Naquela época, eles estavam na casa dos 60 anos e décadas de sacrifício haviam conferido a cada um deles a autoridade carismática que os capacitou a servir como um símbolo central para um partido do movimento que almejava um novo começo constitucional.

Seus princípios fundamentais eram mais semelhantes do que diferentes. É fácil ignorar essa convergência ideológica porque os dois homens partiram de pontos muito diferentes. Mandela foi um comunista que se tornou socialdemocrata; De Gasperi, um católico que rompeu com o papa para insistir em um amplo programa de intervenção governamental inspirado nos ideais católicos de justiça social. Em ambos os casos, seus compromissos sociais-democratas em comum permitiram a cooperação pragmática com outros

---

173 Mesmo quando De Gasperi estava lutando contra Mussolini na década de 1920, ele enfatizou que a divisão crucial "não era entre liberalismo e fascismo, mas entre o Estado de Direito desenvolvido nas constituições modernas e o antigo estado policial que está ameaçando reaparecer disfarçado [sob o fascismo]". PICCOLI, Paolo. VADAGNINI, Armando. *De Gasperi*: un trentino nella storia d'Europa. Soveria Mannelli: Rubbetino, 2004, p. 161 (tradução minha).

elementos do movimento revolucionário, cujos objetivos de longo prazo iam do Estado operário ao liberalismo do *laissez-faire*.

No entanto, os dois homens enfrentaram desafios organizacionais diferentes. Quando Mandela saiu da prisão, ele teve que consolidar seus laços com o CNA que retornava do exílio, incluindo a Lança da Nação, bem como com os movimentos de libertação domésticos saídos da clandestinidade. De Gasperi enfrentou organizações elaboradas criadas pelos fascistas para mobilizar milhões de partidários católicos no regime totalitário de Mussolini. Como consequência, sua primeira prioridade foi separar os grupos católicos de base de sua fidelidade a *Il Duce* e convencê-los a devotar suas energias para apoiar o novo movimento democrata cristão em sua competição contínua com seus concorrentes marxistas e liberais.

O sucesso de modo algum era certo. Depois de mais de uma década de elogios católicos a Mussolini e aos acordos de Latrão, a queda de *Il Duce* poderia simplesmente ter levado a uma desilusão generalizada dos católicos com qualquer forma de envolvimento político. Mas o esforço democrata cristão foi notavelmente bem-sucedido nos anos seguintes, gerando um novo partido do movimento para encampar sua missão específica.[174]

Já enfatizei uma grande diferença entre os dois casos. Embora o Congresso Nacional Africano tenha permanecido um local de conflito entre militantes marxistas e sociais-democratas, a centralidade do CNA no movimento facilitou que Mandela obtivesse amplo reconhecimento de sua centralidade simbólica de todo o movimento revolucinário. Em contraste, De Gasperi teve que lidar com o abismo organizacional que separava seu novo movimento democrata cristão dos concorrentes marxistas bem estabelecidos.

---

174 PASQUINO, Gianfranco. "Italy's transition to democracy, 1943–1948". *In*: O'DONNELL, Guillermo (*et al.*). *Transitions from authoritarian rule*: southern Europe. Baltimore: Johns Hopkins, 1986, pp. 60 e 66.

A mudança de posição de Togliatti em Salerno foi decisiva aqui. Se o líder comunista tivesse apoiado uma revolução proletária total, De Gasperi nunca teria estado em posição de construir uma frente única com os marxistas. Mas a mudança de Togliatti abriu caminho para que os partidos do movimento católico e comunista formassem uma coalizão convincente sob a égide do rei.

Quando confrontados com essa demonstração de unidade nacional, os estadunidenses e os britânicos deram ao governo provisório de Vítor Emanuel um grau surpreendentemente amplo de margem de manobra política. Afinal, os Aliados poderiam ter tratado a Itália como a Alemanha e o Japão – impondo uma longa ocupação militar ao seu inimigo devastado pela guerra. Mas trataram os italianos mais como os franceses – dando à coalizão de democratas cristãos, socialistas e comunistas uma grande margem de manobra para definir sua nova identidade constitucional (mais ou menos) em seus próprios termos.[175]

5.2.2 O nascimento da república

Apesar da decisão de Vítor Emanuel de destituir e prender Mussolini, logo ficou claro que o público em geral nunca perdoaria sua colaboração íntima com os fascistas. Em um esforço desesperado para salvar a Casa de Sabóia, ele nomeou seu filho, o príncipe herdeiro Umberto, chefe de Estado com autoridade para presidir o governo provisório. Respondendo às demandas dos partidos do movimento na coalizão, Umberto convocou uma Assembleia

175 Enquanto permaneceu no cargo, Churchill direcionou o apoio dos Aliados ao rei, não à Resistência. Assim que Churchill deixou o cargo, os estadunidenses assumiram o comando: “Mas, ao contrário da determinação de Churchill, os estadunidenses não tinham uma política específica para a Itália, ou qualquer projeto claro para a formação do sistema político italiano”. PASQUINO, Gianfranco. “Italy’s transition to democracy, 1943–1948”. *In*: O’DONNELL, Guillermo (*et al.*). *Transitions from authoritarian rule*: southern Europe. Baltimore: Johns Hopkins, 1986, p. 60.

Constituinte em junho de 1944. Como na França, o processo se acelerou início de 1946 após a derrota de Hitler.[176]

Isso exigiu que o governo provisório enfrentasse uma questão preliminar. Seria o caso de propor um referendo aos eleitores para que eles decidissem explicitamente se a Itália deveria repudiar a monarquia e estabelecer uma Constituição para a República Italiana, ou simplesmente de solicitar aos eleitores que elegessem representantes para uma assembleia nacional que tomaria essa decisão em seu nome?

Os comunistas e socialistas não viam necessidade de um referendo. Eles eram republicanos enfáticos e estavam confiantes de que as chapas marxistas conquistariam uma maioria parlamentar – não havia necessidade então, de um plebiscito autorizando sua ruptura revolucionária com o *Statuto*. Mas De Gasperi tinha uma visão diferente. Ele agora se tornara chefe do governo provisório e, embora uma clara maioria de seu partido fosse a favor de uma república, ele reconhecia que o sul da Itália continuava fortemente monarquista. Se essa região aceitasse a legitimidade da Nova República, seria melhor que a Casa de Sabóia não fosse destronada por um decreto imposto a partir de Roma; seu destino deveria ser determinado por um ato autoconsciente de soberania popular.[177]

A resposta popular foi tremenda, com um comparecimento às urnas de quase 90%. Um mês antes da votação, em junho de 1946, o rei fez um último esforço para salvar a monarquia – abdicando formalmente em favor de seu filho Umberto II. Esse gesto

---

176 Ver em geral, BURATTI, Andrea. FIORAVANTI, Marco (Coord.). *Costituenti ombra*: altri luoghi e altre figure della cultura politica italiana, 1943-48. Roma: Carocci, 2010.

177 Embora sua defesa do referendo tenha permitido a De Gasperi encobrir uma divisão dentro de seu partido, (GAMBINO, Antonio. *Storia del dopoguerra*: dalla liberazione al potere DC. Roma: Laterza, 1974, pp. 130/131) ela era inteiramente consistente com seu compromisso contínuo com a soberania popular.

provou-se insuficiente: a República triunfou por uma margem de 54% a 46%.[178] Os eleitores também colocaram a coalisão comunistas/socialistas/democratas cristãos em uma posição de comando. Em conjunto, o referendo e a eleição transmitiram uma mensagem decisiva: o Povo manifestou-se em número avassalador para exigir a construção de uma Constituição democrática que marcaria um "novo começo" de sua vida política.

Esse foi precisamente o mesmo mandato que os eleitores franceses haviam dado à sua própria coalizão comunistas/socialistas/republicanos populares oito meses antes. Mas a correlação entre os três partidos do movimento de Resistência era diferente. Na França, os comunistas venceram e os dois partidos marxistas conquistaram a maioria dos assentos – o que permitiu a eles apresentar sua primeira proposta constitucional contra a dissidência dos republicanos populares (o análogo francês dos democratas cristãos italianos).

---

178 As urnas também revelaram uma forte divisão regional: dois terços do Sul votaram na Monarquia, mas o Norte mais populoso apoiou a República por uma margem igualmente assimétrica. Ver MINISTÉRIO DO INTERIOR. "Referendum sulla forma istituzionale dello stato". Disponível em: http://elezionistorico.interno.gov.it/index.php?tpel=F&dtel=02/06/1946&tpa=I&tpe=A&lev0=0&levsut0=0&es0=S&ms=S. Acessado em: 11.01.2022.

As tensões aumentaram quando monarquistas na mais alta corte da Itália protelaram a certificação da votação final. Apesar dessa desaceleração judicial, o governo de unidade nacional imediatamente emitiu uma proclamação declarando a Itália uma República e designando De Gasperi chefe de Estado provisório. MONTANELLI, Indro; CERVI, Mario. *Storia d'Italia*. Milão: Rizzoli, 2006, pp. 306-317.

Cabia a Umberto II dar o próximo passo. Ele obedeceria à ordem do governo de deixar a Itália imediatamente ou escalaria o confronto permanecendo no país até que a corte tomasse uma decisão final?

Umberto respondeu com uma desistência. MONTANELLI, Indro; CERVI, Mario. *Storia d'Italia*. Milão: Rizzoli, 2006, pp. 317-322. O ato final de Umberto redimiu a insistência de De Gasperi em um referendo popular: teria ocorrido a mesma transição suave se a Assembleia Constituinte de 600 membros, em vez do próprio povo, tivesse repudiado o rei e proclamado uma república?

Na Itália, os democratas cristãos ficaram em primeiro lugar com 35% dos votos (e assentos), à frente dos socialistas (com 21%) e dos comunistas (com 19%). Os dois partidos marxistas somavam formidáveis 40%, mas não podiam impor sua vontade à maneira da esquerda francesa. Eles foram obrigados a chegar a um acordo com os democratas cristãos sobre um sistema de freios e contrapesos que imporia restrições significativas à Câmara dos Deputados.

O debate italiano diferia também em um segundo aspecto. Na França, a questão central era a crítica de De Gaulle ao governo parlamentar – que, segundo ele, explicava o desastroso fracasso da Terceira República em defender o país contra a ameaça nazista. Os italianos também confrontavam seu fracasso em preservar a democracia liberal antes da guerra, mas a história recente lhes ensinara uma lição diferente. A fonte de seu colapso catastrófico foi a "flexibilidade" do rei para interpretar o *Statuto*. Isso permitiu que Vítor Emmanuel desse a Mussolini a chance de se tornar primeiro-ministro em 1922, quando outros líderes democráticos poderiam ter obtido apoio parlamentar – e a nova Constituição deveria evitar esse erro a todo custo.

Nunca mais se deveria permitir que a classe política repetisse o erro catastrófico de Vítor Emanuel – esse era o credo central de todos os revolucionários italianos, independentemente do partido. Eles insistiram que o "flexível" *Statuto* tinha de ser substituído por uma Constituição "rígida", que impusesse restrições juridicamente vinculativas aos futuros homens de governo. Depois de vinte anos de *Il Duce*, a visão gaullista de uma liderança presidencial forte algo a ser evitado – especialmente para De Gasperi.

Desde dezembro de 1945, De Gasperi servia como chefe do governo de unidade nacional do rei, exercendo poderes de decreto real outorgados pelo *Statuto* – e continuou a usar esses poderes, com o apoio dos representantes recém-eleitos, durante os dezoito meses necessários à elaboração de uma proposta constitucional. A interação dinâmica das funções da assembleia como órgão constituinte e legislatura provisória gerou complexidades inesperadas ao longo do tempo. Mas para fins de clareza, tomarei como ponto de partida seus desafios constitucionais.

5.2.3 A Constituição "rígida"

O referendo, juntamente com a vitória decisiva dos partidos do movimento revolucionário, deixou claro que a Constituição "rígida" da República deveria ter como objetivo impedir a ascensão de futuros Mussolinis. A única questão séria era como cumprir esse objetivo.

Um dos alvos era a supercentralização do poder. A criação de governos regionais relativamente autônomos tornaria a tomada de poder em Roma mais difícil de sustentar. A Assembleia também construiu um Senado relativamente poderoso para controlar um líder partidário com uma grande maioria na Câmara dos Deputados. Mas a criação da Corte Constitucional foi um assunto mais controverso.

De Gasperi insistira na necessidade de revisão judicial já na década de 1920, enfatizando novamente sua importância no Manifesto clandestino de 1943.[179] Os marxistas eram mais céticos. Uma coisa era construir instituições eleitas pelo Povo nas regiões e o Senado como freios e contrapesos às afirmações de poder da Câmara; outra bem diferente era atribuir essa tarefa a juízes não eleitos. Togliatti vislumbrava um dia em um futuro não muito distante em que alguns juízes poderiam invalidar legislações socialistas promovidas por uma coalizão marxista com maioria em ambas as casas do Parlamento – o que o levou a condenar qualquer

179 Demofilo (pseudônimo de Alcide De Gasperi), "Le Idee Ricostruttive dela Democrazia Cristiana", em Edizione Cinque Lune, *Atti e documenti dela Democrazia Cristiana*, pp. 12-15 (1959) (defendendo uma corte que "protegesse o espírito e a letra da Constituição... contra todos os abusos dos poderes públicos").

constituição que tolerasse a frustração da vontade popular por uma minúscula elite jurídica.[180]

Mesmo assim, os marxistas controlavam apenas 40% da Assembleia – portanto, os democratas cristãos mais à esquerda podiam responder às suas preocupações sem abandonar sua própria campanha por uma Corte Constitucional. Eles fizeram isso apoiando uma declaração de direitos que ia muito além da concepção liberal clássica.[181] Depois de proclamar a Itália como uma "República Democrática, baseada no trabalho", as disposições iniciais do documento de fundação insistiam que "os deveres fundamentais de solidariedade política, econômica e social [devem] ser cumpridos".[182] Seguia-se uma série de quarenta e duas disposições que traduziam essas grandes abstrações em um conjunto complexo de direitos e deveres afirmativos.[183] Em vez de convidar a Corte Constitucional a impor suas noções elitistas de direitos fundamentais às maiorias parlamentares, essas disposições detalhadas provavelmente desencadeariam os instintos legalistas dos juristas e os convidariam a realizar leituras disciplinadas de textos específicos característicos da tradição cidadã. Embora não pudesse haver garantias, essa perspectiva conseguiu acalmar os temores marxistas de um golpe judicial, fazendo-os aceitar a nova Corte como parte legítima do esforço da Constituição "rígida" para se antecipar a futuros Mussolinis.

---

180 Togliatti, por exemplo, denunciou a "estranheza (*bizzarria*) da Corte Constitucional", afirmando que ela foi proposta simplesmente porque seus oponentes temiam "que amanhã possa haver uma maioria que seja expressão direta e livre das classes trabalhadoras, que desejam profundamente renovar a estrutura social, econômica e política do país". Seduta Pomeridiana 1998 (11 mar. 1947).

181 AGOSTI, Aldo. *Palmiro Togliatti*: a biography. Londres: Tauris, 2008, p. 187; CRAVERI, Piero. *De Gasperi*. Bologna: II Mulino, 2006, p. 339.

182 Constituição Italiana (1948), art. 2º.

183 Constituição Italiana (1948), arts. 13-54.

Certamente, um pequeno quadro de juristas desempenhou um grande papel na redação das disposições constitucionais cruciais – uma vez que pequenas mudanças no texto poderiam convidar a grandes mudanças no desenvolvimento doutrinário. Mas suas discussões técnicas esotéricas não deveriam desviar a atenção do quadro geral: foi a ampla demanda popular por uma Constituição "rígida" que consagrasse os direitos sociais, não as opiniões legalistas de uma elite jurídica, que impulsionou o processo. Tomando emprestada uma formulação perspicaz de Piero Calamandrei, o principal jurista da assembleia: "Para compensar as forças da esquerda por uma revolução não realizada, as forças da direita não mostraram oposição a uma revolução prometida na constituição".[184]

A aceitação pela direita de uma "revolução na constituição" parece menos surpreendente se lembrarmos que De Gasperi levou seu Partido Democrata Cristão a afirmar o princípio da propriedade privada apenas como parte de um programa maior de redistribuição, que visava a um forte Estado de bem-estar.[185] A formulação de Calamandrei enfatiza que *todos os três* movimentos da Resistência estavam tentando canalizar a política de alta energia do momento em uma Constituição "rígida", estabelecendo a República Italiana como uma socialdemocracia distinta dos regimes fascista e liberal clássico da primeira metade do século XX.

Dada sua ambição comum de marcar um "novo começo", a Assembleia não perdeu muito tempo do debate no plenário com argumentações esotéricas invocando Hans Kelsen ou John Marshall.

---

184 ELIA, Leopoldo. "Opening Address: the Republican Constitution and the Development of Democracy in Italy". *In*: COPPA, Frank; REPETTO-ALAIA, Margherita. *The formation of the Italian republic*: proceedings of the International symposium on postwar Italy. Nova York: Lang, 1993, p. 13 (citando Calamandrei).

185 Maurizio Cau nota a ênfase de De Gasperi's no "corporativismo" nos anos pós-guerra, CAU, Maurizio. "Alcide De Gasperi: a political thinker or a thinking politician?" *Modern Italy*, vol. 14, 2009, p. 442.

Eles se concentraram em um problema mais prático. Durante as décadas anteriores, muitos juristas importantes se engajaram ou expressaram simpatia pela ordem jurídica fascista. Como consequência, os marxistas insistiram que todos os membros da Corte deveriam ser nomeados pelo Parlamento – uma vez que este corpo seria controlado por partidos antifascistas no futuro visível. Mas essa abordagem encontrou resistência por parte dos legalistas mais tradicionais, que temiam que os líderes parlamentares favorecessem a nomeação de lacaios dos partidos em detrimento de juristas sérios.

Quando confrontada com esse dilema genuíno, a Assembleia lutou para chegar a um compromisso sensato, que exigia que o Parlamento partilhasse o poder com instituições menos partidárias. Segundo esse acordo, o Parlamento selecionaria cinco membros, e outros cinco seriam escolhidos por juízes de carreira. Os redatores deixaram as cinco nomeações restantes a cargo do presidente da República, um estadista sênior que normalmente exercia funções cerimoniais, mas cuja independência institucional o estimularia a ir além de pequenas considerações políticas ao realizar as nomeações. Para aumentar ainda mais a credibilidade da nova Corte, a Constituição exigia credenciais jurídicas distintas de todos os membros e limitava seu período no cargo a um único mandato não renovável de doze anos (posteriormente reduzido para nove).[186]

Nesse ponto, a Assembleia se deparou com um problema diferente: como encaixar sua nova Corte Constitucional no sistema judiciário tradicional, que contava com um conjunto de práticas bastante arraigado. Como os franceses, os italianos construíram uma cultura profissional que repousava sobre duas instituições distintas – a Corte de Cassação e o Conselho de Estado – para desenvolver doutrinas jurídicas de direito público e privado em

---

186 BARSOTTI, Vittoria (*et al.*). *Italian constitutional justice in global context*. Oxford: Oxford University Press, 2015, pp. 12-16.

colaboração próxima com os principais especialistas da academia. Essas instituições e tradições de longa data enfrentariam um desafio existencial assim que a Corte Constitucional entrasse em cena. A Corte poderia percorrer todo o cenário jurídico, usando os textos revolucionários da Constituição como uma plataforma para proclamar novas doutrinas até então desconhecidas do direito italiano. Como reconciliar a revolução no direito constitucional que estava por vir com o trabalho das cortes e dos especialistas acadêmicos que antes haviam exercido um controle inquestionável?

A Assembleia não teve tempo para pensar na resposta. Quando se reuniu pela primeira vez no outono de 1946, selecionou uma comissão de 75 membros para formular uma proposta abrangente que serviria de base para as discussões plenárias. Quando esses debates começaram no início de 1947, eles se mostraram muito frutíferos – com toda a Câmara revisando substancialmente os esboços preparatórios num esforço para construir um amplo apoio. Durante esse processo de negociação, era sensato adiar a discussão mais detida sobre a missão precisa da Corte Constitucional – dado que isso dependeria de uma série de outros elementos da nova estrutura. Somente em novembro a Assembleia começou a se concentrar nas questões levantadas pelo desenho da Corte e, a essa altura, seu tempo estava se esgotando. Ela havia prometido ao povo italiano que a Constituição entraria em vigor no dia do Ano Novo de 1948 – que marcava a passagem de um século desde que o rei Alberto proferira seu *Statuto* em 1848. Ela estava determinada a cumprir esse compromisso.

Isso envolvia mais do que símbolos. Assim que a Constituição assentasse a República numa base sólida, a nação poderia se voltar às eleições parlamentares que definiriam o seu curso político pelos próximos cinco anos. Se a Assembleia tivesse violado o prazo de 1º de janeiro, o governo provisório teria um incentivo para prolongar o processo constitucional e continuar usando seus poderes sob o desacreditado *Statuto* para promulgar mais legislações sem outro teste eleitoral. Uma vez que todos os partidos concorrentes acreditavam que essas eleições poderiam mudar o equilíbrio parlamentar a seu favor, eles estavam ansiosos para encerrar a era da provisoriedade.

Como consequência, a Assembleia deixou os artigos sobre o judiciário incompletos quando a Constituição entrou em vigor. O texto do Dia de Ano Novo simplesmente autorizava o presidente, o judiciário e o Parlamento a nomear cinco dos quinze juízes da Corte e concedia ao novo tribunal o poder de determinar "a legitimidade constitucional das leis". A Assembleia então retornou em 22 de janeiro para uma sessão final, na qual aprovou um "estatuto constitucional" que preenchia alguns dos espaços em branco.[187] No entanto, mesmo esse texto suplementar estava incompleto e exigiria que o novo Parlamento promulgasse mais legislações antes que a Corte pudesse realmente passar a existir.

Uma vez eleito, o Parlamento respeitaria esse compromisso?

Afinal, o público em geral não estava familiarizado com a prática da revisão judicial. Se o Parlamento matasse a Corte Constitucional por inação, quase ninguém notaria – a não ser alguns especialistas. Para os italianos comuns, as coisas seguiriam como sempre – com a Corte de Cassação e o Conselho de Estado incorporando os novos textos constitucionais de maneiras que não exigiam que eles revisassem radicalmente suas formas tradicionais de fazer justiça.

Na verdade, demorou oito anos até que a Corte Constitucional finalmente decidisse seu primeiro caso. Exploraremos a política que levou a essa longa pausa, mas também faremos uma pergunta mais fundamental: por que o Parlamento não deixou a Corte permanecer no limbo para sempre, recusando-se a permitir que ela jamais viesse a existir?

O mistério se aprofunda quando uma característica-chave da jurisprudência italiana é considerada. Como suas contrapartes

---

187 BARSOTTI, Vittoria (*et al.*). *Italian constitutional justice in global context*. Oxford: Oxford University Press, 2015, pp. 17-19.

francesas, as cortes italianas estavam totalmente convencidas de que a revisão judicial no estilo estadunidense era profundamente ilegítima. Enquanto os tribunais tradicionais – a Corte de Cassação e o Conselho de Estado – continuassem a operar no topo da hierarquia judicial, eles nunca derrubariam iniciativas políticas importantes aprovadas pela maioria política reinante. Se, entretanto, o Parlamento aprovasse os projetos necessários para dar vida à Corte, seus juízes recém-nomeados bem poderiam tomar medidas agressivas para invalidar legislações promulgadas pelo governo em curso. Por que qualquer político sensato desviaria sua rota para construir tal Frankenstein constitucional quando nenhum grande movimento popular o exigia?

5.3 Da fundação à crise de sucessão

Para responder a essa pergunta, comecemos com a luta pelo poder político durante o período da fundação. Embora democratas cristãos e marxistas tenha colaborado na elaboração de uma Constituição confiável, as coisas evoluíram de forma diferente em uma segunda frente. Uma vez eleitos para o cargo em 1946, os representantes também serviam como um Parlamento provisório, com um governo de coalizão exercendo amplos poderes legislativos sob o *Statuto*. No início, De Gasperi incluiu todos os três partidos do movimento em seu governo, mas logo iniciou os preparativos para expulsar os comunistas e seus aliados próximos e formar uma coalizão centrista com a ajuda de socialistas democráticos de esquerda e antifascistas conservadores de direita.

Já em janeiro de 1947, De Gasperi foi a Washington e obteve o apoio de Truman para sua estratégia. Ele voltou a Roma com um empréstimo financeiro modesto, mas simbolicamente significativo, de U$ 100 milhões para a reconstrução italiana.[188] Seu sucesso diplomático lhe proporcionou certo capital político quando, no

188 GINSBORG, Paul. *A history of contemporary Italy*: society and politics, 1943-1988. Londres: Penguin, 1990, p. 103.

mês seguinte, teve de enfrentar demandas muito mais punitivas de compensação de guerra: era o preço a ser pago pela conclusão de um tratado de paz formal com a Grã-Bretanha.

De Gasperi não teve escolha a não ser assinar o tratado; e estava feliz por poder dividir a culpa com os comunistas e socialistas de esquerda em seu gabinete. Mas assim que o acordo foi concluído, em maio, ele os demitiu do governo. Isso significava que, durante seus meses finais, a Assembleia levaria uma existência esquizofrênica – com o governo provisório centrista determinando a política atual, enquanto a coalizão de todos os três partidos da Resistência continuava a operar como força motriz nas questões constitucionais. A cisão da personalidade da Assembleia teve um efeito paradoxal. Em vez de provocar calúnias partidárias, encorajou certa sobriedade – ouso dizer estadista?

Com os marxistas comandando 40% da Assembleia, os democratas cristãos não podiam ter certeza de que controlariam o governo depois da próxima eleição. Calamandrei expressou isso de maneira eloquente quando a Assembleia finalmente concentrou sua atenção sobre a Corte Constitucional. Em 28 de novembro, ele protestou no plenário contra uma atitude que creditava à busca pela coalização governista de seu estreito interesse próprio. Ele instou o governo De Gasperi a adotar uma abordagem diferente:

> [Deve-se tentar] resolver os problemas levando em conta o modo como os veria se amanhã ocupasse os assentos da oposição. Ouvi de um amigo, um pintor, que uma das maneiras de ver se um desenho está bem feito é virá-lo e olhá-lo de cabeça para baixo: assim os erros aparecem mais facilmente. O mesmo se aplica quando temos que estudar questões constitucionais que devem ser resolvidas *sub specie aeternitatis* [para a eternidade]. Senhores colegas, vejam o quadro ao contrário e ponham-se por um momento, esquecendo a vossa sólida maioria, na posição

da minoria: proporiam as alterações que hoje defendem se estivessem na oposição?[189]

Esse é precisamente o tipo de coisa que John Rawls teria dito se fosse transportado magicamente para a Roma de 1947. Mas De Gasperi rejeitou o convite e se recusou vestir um "véu da ignorância" rawlsiano. Ele simplesmente adiou as questões cruciais de estrutura para um futuro indefinido – deixando o texto constitucional tão indeterminado que a nova corte não poderia existir a menos que políticos posteriores tomassem uma posição mais decisiva.

Como veremos, a década de 1950 mobilizou atores que estavam realmente à altura desse desafio. Mas eles não o enfrentaram de maneira rawlsiana. Em vez de seguir Calamandrei em uma busca por uma solução *sub specie aeternitatis*, transcendendo seu tempo e lugar, os protagonistas políticos criaram a Corte em resposta a uma preocupante crise de sucessão que abalava a Nova República em seus alicerces.

5.4 Crise de sucessão

A crise começou efetivamente após a segunda eleição parlamentar italiana, em 1951. Mas para preparar o terreno, devemos começar com a primeira disputa eleitoral, que ocorreu rapidamente após a promulgação da Constituição no dia de Ano Novo. Em abril de 1948, os democratas cristãos enfrentaram a coalizão marxista em uma batalha campal pelo futuro da República.

Sua luta foi intensificada pelo golpe de fevereiro na Tchecoslováquia – no qual os stalinistas destruíram um governo muito semelhante à coalizão comunistas/socialistas/democratas cristãos

---

189 CALAMANDREI, Piero. *House of Representatives, Session n.* 597.24052/3 (20 nov. 1950).

que governara a Itália anteriormente. Agora que De Gasperi havia expulsado a esquerda linha-dura de sua coalizão governamental, será que os comunistas e seus aliados socialistas conseguiriam persuadir seus compatriotas a aderir à União Soviética na Guerra Fria iminente?

Com a CIA injetando dinheiro no Partido Democrata Cristão da Itália e a Comintern fazendo o mesmo pelos comunistas, os dois lados fizeram um grande esforço de mobilização popular na campanha eleitoral. O resultado foi um apoio retumbante à liderança de De Gasperi – com os democratas cristãos conquistando 48,5% dos votos, o que se traduziu em uma maioria absoluta dos assentos tanto na Câmara dos Deputados quanto no Senado. Além disso, um novo partido socialista – os sociais-democratas – obteve 7% dos votos com uma plataforma anticomunista. Isso deixou a Frente Democrática, dominada pelos comunistas, com apenas 31% dos votos e assentos.[190]

De Gasperi poderia ter usado sua vitória para formar um governo exclusivamente democrata cristão. Mas ele não cedeu a essa tentação, e continuou a incluir outros partidos de centro-direita em sua coalizão de governo. Ao mesmo tempo, ele fez gestos enfáticos para a esquerda – criando um sistema de seguridade social e outros programas que sustentavam os compromissos sociais-democratas da Constituição.

A esquerda descartou esses movimentos como meras folhas de figueira para um capitalismo renascente. No entanto, seria um equívoco afirmar que, ao formar uma série de governos de coalizão durante o mandato de cinco anos do Parlamento, De Gasperi estava envolvido em uma guerra total contra os princípios constitucionais estabelecidos pela Assembleia Constituinte em nome do Povo. Certamente, ele estava dando a eles um toque democrata

---

190 GINSBORG, Paul. *A history of contemporary Italy*: society and politics, 1943-1988. Londres: Penguin, 1990, pp. 115-118.

cristão, e não marxista. Mas quem disse que os marxistas detêm o monopólio da social-democracia?[191]

No entanto, os resultados das eleições marcaram uma reorientação dos partidos em conflito para a Constituição revolucionária. Na Assembleia Constituinte, os comunistas e os socialistas foram céticos em relação a uma Corte Constitucional – temendo que as elites judiciais vetassem as iniciativas socialistas quando a esquerda chegasse ao poder.[192] Mas agora que haviam sido empurrados para a margem política, eles tinham uma visão diferente. Eles viam a Constituição como um monumento duradouro ao seu papel como líderes antifascistas na Assembleia Constituinte. Dado esse entendimento, a revisão judicial não parecia mais um empreendimento elitista. Em vez disso, a Corte Constitucional parecia ser um mecanismo promissor para preservar o compromisso fundamental do Povo com a social-democracia contra a ameaça de um capitalismo politicamente ascendente.

A questão era se os democratas cristãos concordariam. Agora que o "véu da ignorância" havia sido levantado, eles tinham pouco a ganhar – e muito a perder – apoiando a aprovação parlamentar de uma lei da corte. Uma vez que a Corte passasse a existir, ela poderia muito bem eliminar elementos-chave do programa legislativo de De Gasperi. Por que ele correria esse risco?[193]

---

191 Ver em geral, MOYN, Samuel. *Christian human rights*. Philadelphia: University of Pennsylvania Press, 2015.

192 Enquanto era ministro da Justiça, Togliatti havia examinado cuidadosamente o judiciário fascista para garantir sua lealdade ao novo regime. Esse movimento aplacou significativamente as ansiedades sobre o futuro papel do judiciário. AGOSTI, Aldo. *Palmiro Togliatti*: a biography. Londres: Tauris, 2008, pp. 164 e 186.

193 Havia, é claro, uma consideração compensatória: talvez a maré política mudasse no longo prazo e a corte democrata cristã derrubasse algumas iniciativas socialistas futuras. Mas, dada a vitória arrebatadora de De Gasperi nas urnas, essa parecia uma perspectiva distante – ao passo que o risco de

De Gasperi estava entre a espada e a parede. Sua oposição ao *Statuto* "flexível" foi central nas décadas de luta contra o fascismo. Além disso, a defesa de uma Corte Constitucional desempenhou um papel importante em sua campanha por uma Constituição "rígida". Mas ele também não estava disposto a permitir que uma corte do mundo real anulasse suas iniciativas do mundo real.

Ele respondeu a esse dilema de maneira maquiavélica. Apoiou publicamente os esforços de Calamandrei e outros juristas para iniciar o complexo processo de comitê necessário para preparar um projeto de lei para aprovação parlamentar. Ao mesmo tempo, trabalhou nos bastidores para garantir que a deliberação do comitê ocorresse em um ritmo glacial.[194] Como consequência, o Parlamento não recebeu o projeto de lei até pouco antes de seu mandato expirar em 1953.[195]

Essa proposta de última hora teria garantido a De Gasperi um papel dominante na seleção dos nomeados para a Corte de quinze membros. Lembre-se de que a Constituição dava ao Parlamento, assim como ao presidente, o poder de nomear cinco juízes constitucionais cada um – com membros da carreira judiciária escolhendo os cinco restantes. Segundo o projeto de lei que De Gasperi levou ao plenário, bastaria uma maioria parlamentar simples para aprovar as nomeações – dando ao primeiro-ministro o controle do processo. De Gasperi também desempenharia um

---

curto prazo de invalidação pela Corte de iniciativas democratas cristãs era muito real.

194 Calamandrei denunciou a obstrução dos democratas cristãos tanto no Parlamento quanto em uma série de ensaios. CALAMANDREI, Piero; BOBBIO, Norberto (Coord.). *Scritti e discorsi politici*. Florença: La Nuova Italia, 1966, pp. 546-595. Para uma avaliação recente, ver SIMONCINI, Andrea. "L'istituzione della Corte costituzionale e la sua affermazione". *Giornale di Storia Costituzionale*, 2006, p. 295.

195 BARSOTTI, Vittoria (*et al.*). *Italian constitutional justice in global context*. Oxford: Oxford University Press, 2015, pp. 19-24, para uma maior elaboração da discussão apresentada aqui.

papel decisivo nas cinco nomeações presidenciais, uma vez que o projeto de lei só permitia ao presidente nomear juízes que tivessem obtido a aprovação prévia do primeiro-ministro e de seu gabinete.

O caráter de autofortalecimento da iniciativa de De Gasperi provocou uma rebelião de Calamandrei e outros constitucionalistas, que denunciaram a medida no plenário. Ainda mais significativo, o presidente Luigi Einaudi se recusou a apoiar o jogo de poder do primeiro-ministro.

Einaudi havia sido eleito pelo Parlamento para seu cargo basicamente cerimonial em maio de 1948, quando De Gasperi estava expulsando os comunistas e socialistas de esquerda de seu governo. Para o primeiro-ministro, a ascensão de Einaudi à presidência foi uma oferta de paz ideal aos partidos de centro-direita de que precisava para sua nova coalizão. Einaudi fora monarquista ao longo da vida, mas rompeu com o rei durante a guerra e fugiu para a Suíça, onde passou a denunciar Mussolini publicamente. Esse passo dramático, bem como seu recente sucesso como chefe do Banco da Itália, fizera dele a escolha ideal para a nova maioria parlamentar, que agora incluía partidos de centro-direita que haviam feito campanha pela monarquia no referendo de 1946.

Como Einaudi nunca foi um democrata cristão, nada o impedia de denunciar o esforço de torná-lo um lacaio de De Gasperi. Ele ameaçou renunciar se o Parlamento aprovasse a proposta original.

Com as eleições gerais se aproximando, o primeiro-ministro não estava disposto a desafiar o presidente. A perspectiva de Einaudi condená-lo por comportamento semelhante ao de Mussolini teria sido um golpe terrível para sua campanha. Em vez de brincar com fogo, De Gasperi aceitou emendas que autorizavam o presidente a fazer cinco nomeações sem obter a aprovação prévia do primeiro-ministro e de seu gabinete. Obrigado a recuar, o primeiro-ministro também aceitou o pedido de Calamandrei para condicionar a nomeação dos cinco indicados ao apoio de uma supermaioria parlamentar. Na prática, isso deixava o primeiro-ministro com o controle de apenas duas ou três nomeações – uma vez que ele seria obrigado a aceitar algumas nomeações da esquerda para obter a supermaioria necessária para toda a chapa. O projeto virou lei juntamente com o término do mandato parlamentar.

Esse foi um passo significativo: no fim das contas, De Gasperi havia dado seu apoio a uma Corte que poderia operar de forma realista como defensora constitucional das conquistas revolucionárias com as quais os democratas cristãos – não menos que os marxistas – se comprometeram em sua luta contra o fascismo.

No entanto, a Corte dificilmente seria uma prioridade para De Gasperi, uma vez que ele estava de olho nas eleições seguintes. Ele tinha 72 anos na época, e reconhecia que as eleições parlamentares de 1953 serviriam como seu teste eleitoral final antes que a liderança de seu partido passasse a seus sucessores. (Na verdade, ele morreu no ano seguinte). Agora era o comunismo, não o fascismo, a principal ameaça à sua visão da democracia cristã. E ele estava determinado a garantir seu legado político mudando as regras eleitorais do jogo.

5.4.1 A derrota de De Gasperi

Nos termos da nova legislação eleitoral, qualquer coalizão política que obtivesse 50% dos votos receberia *dois terços* dos assentos na Câmara dos Deputados. Como os democratas cristãos tinham somado 48,5% dos votos nas eleições anteriores, esse superbônus prometia garantir a supremacia política do partido de De Gasperi por um futuro indefinido.

A legitimidade desta "lei trapaça", como foi chamada ironicamente por seus oponentes, tornou-se a questão central na eleição – ao passo que o estatuto da Corte, feito de última hora, foi ignorado durante a campanha. De maneira previsível, a esquerda organizou uma frente única para derrotar esse esforço flagrante para deixá-la permanentemente à margem. Mas desta vez os marxistas tiveram a adesão de grupos centristas menores – muitos com raízes na Resistência.

No entanto, a coalizão democrata cristã parecia certa de que os superaria. Ela não só partia de uma base eleitoral forte; mas também poderia apontar aos eleitores comuns ganhos econômicos reais obtidos sob o Plano Marshall como prova dos benefícios da aliança com os Estados Unidos, efantizando os perigos de se alienar do Ocidente ao votar nos comunistas num momento de escalada da Guerra Fria.

Esses apelos concorrentes geraram um comparecimento notável de 94% - e um resultado ainda mais notável. Os eleitores deram um sério golpe da democracia cristã, reduzindo seu apoio de 48,5% para 40,1%. Ainda mais importante, os parceiros de centro-direita do partido não conseguiram compensar esse déficit – contribuindo com apenas 9,8% dos votos para a coalizão. Isso somava 49,9% - um pouco abaixo da maioria necessária para o superbônus.

Em circunstâncias normais, 49,9% teriam representado uma vitória impressionante, permitindo que De Gasperi continuasse a servir como o único primeiro-ministro do país desde a Fundação da República. Olhando apenas para as estatísticas, sua posição parecia ainda mais impressionante, uma vez que os comunistas e seus aliados socialistas de esquerda só melhoraram sua votação de 31% para 35% - dando a ele bastante margem para construir uma maioria estável de centro-direita.

Pior para os números. Todos entenderam que as eleições de 1953 não foram eleições comuns. Elas representavam o repúdio popular às reivindicações carismáticas de De Gasperi à liderança baseada em seu papel histórico na Resistência antifascista. Quando o novo Parlamento entrou em sessão, De Gasperi imediatamente caiu do poder – deixando seus sucessores lutando de forma inconclusiva pela ascendência política. No entanto, eles podiam concordar em uma coisa: deveriam não só negar o título de primeiro-ministro ao herói da Resistência, mas também destituí-lo de sua posição formal como chefe do Partido Democrata Cristão – um cargo que ele ocupou continuamente desde que lançou as convocatórias para sua criação durante os dias sombrios do fascismo.

De Gasperi morreu poucos meses depois, provocando uma manifestação popular de gratidão por suas extraordinárias contribuições à nação. Mas faltava um item em sua longa lista de realizações. Embora tenha dado muito à nação, ele não foi capaz de cimentar sua política anticomunista pós-Resistência como fundamento da República. A centro-direita manteve sua ascendência política durante todo o período da Guerra Fria, mas nunca conseguiu obter um mandato popular decisivo para realizar emendas constitucionais capazes de obliterar os princípios revolucionários expressos na Fundação. Pelo contrário: passados três quartos de século, a Constituição italiana mantém a estrutura socialdemocrata construída pelos três partidos do movimento da Resistência.

5.4.2 A ascensão da Corte

Uma coisa é uma Constituição anunciar princípios fundamentais; outra bem diferente é o judiciário transformá-los no direito vivo da República. Embora as fundações jurídicas estivessem agora concluídas, a Corte não podia entrar em funcionamento sem a nomeação de todos os quinze juízes – e o Parlamento teve grande dificuldade para fazer as suas cinco nomeações. Os democratas cristãos e seus aliados próximos controlavam cerca de 45% dos assentos; mas o projeto de lei revisado exigia o apoio de uma supermaioria; e sem De Gasperi, os líderes em disputa do partido não tinham autoridade para convencer aliados de direita suficientes a votar em uma lista plausível de nomeações de centro-direita. O impasse continuou por dois anos, com a esquerda exigindo repetidamente participação no poder de nomeação. Com o passar dos meses e dos anos, o fracasso recorrente tornou-se um constrangimento cada vez maior para a coalizão governista, agora chefiada pelo democrata cristão Antônio Segni.

A única maneira de Segni ser decisivo era fazer grandes concessões à esquerda.[196] Em novembro de 1955, a Câmara dos Deputados finalmente aprovou uma lista de cinco juízes que incluía apenas duas nomeações democratas cristãs – junto com um comunista, um socialista e um liberal. A diversidade ideológica do grupo foi reforçada por Giovanni Gronchi, o novo presidente da República, que nomeou "um liberal pré-fascista, um católico independente, um democrata cristão..., um técnico com simpatias monarquistas e um jurista republicano".[197] Com a adição de cinco juízes profissionais, o pessoal da Corte teve um perfil distinto. Em vez de parecerem decalques da coalizão governante, os juízes resultantes da solução do impasse político tinham experiências profissionais que lhes davam a credibilidade de que precisavam para estabelecer um papel independente para si próprios.

Isso não estava predeterminado de modo algum. Suponhamos, por exemplo, que as eleições de 1953 tivessem sido um pouco diferentes – e que os democratas cristãos e seus aliados obtivessem 50,1% e não 49,9% dos votos. Nesse cenário, um triunfante De Gasperi teria continuado no cargo até sua morte. Governando com o benefício do superbônus, ele estaria no comando firme de uma maioria de dois terços do Parlamento. Com a esquerda totalmente à margem, ele teria agido rapidamente para nomear cinco juízes fortes de centro-direita para a Corte. Dada a liderança de De Gasperi, o presidente Einaudi poderia muito bem ter adicionado mais cinco iguais.[198]

---

196 PALADIN, Livio. *Per una storia costituzionale dell'Italia repubblicana*. Bologna: Il Mulino, 2004, p. 130 (análise de ciência política).

197 BONINI, Francesco. *Storia della Corte costituzionale*. Roma: La Nuova Italia, 1996, p. 95.

198 Einaudi não era apenas um forte defensor da revisão judicial de estilo estadunidense, mas também um defensor da resistência da velha Corte ao New

Nesse cenário, a reivindicação de independência política da Corte não teria credibilidade. Num momento em que a centro-direita e a esquerda marxista se preparavam para debater as questões candentes da década de 1950, a Corte seria apenas outra arma política empregada pela coalizão democrata cristã dominante.

Em suma, uma Corte forte e independente foi um resultado direto da crise de sucessão gerada pela saída de cena de De Gasperi. Dado o seu resultado, o grupo de juízes politicamente diversos e profissionalmente proeminentes poderia aspirar a um papel muito diferente. Em vez de tomar partido na política, eles poderiam se tornar os defensores da Constituição antifascista que os democratas cristãos e os marxistas haviam forjado juntos na Fundação.

Mas eles teriam que agir rapidamente. Caso contrário, sua instituição nascente seria marginalizada pelo tradicional judiciário italiano. Em uma disposição transitória, a Assembleia Constituinte concedeu às cortes ordinárias o poder de interpretar o texto constitucional até a criação da nova Corte. Como o período de gestação durou oito anos, esses juízes responderam a quase 200 casos concretos, nos quais expressaram um ceticismo crescente sobre a reivindicação de supremacia da Constituição. Em vez disso, eles escolheram entender seu papel constitucional provisório de acordo com sua tradição jurídica profundamente arraigada de oposição ao "governo dos juízes". Em sua nova jurisprudência, as cortes ordinárias só se sentiam confortáveis em conceder à Constituição o mesmo *status* atribuído à legislação ordinária. Assim como um estatuto de 1948 revogou leis anteriores, o mesmo aconteceria com a Constituição de 1948. Mas eles não estavam inclinados a alegar que a Constituição os autorizava a invalidar leis aprovadas por maiorias políticas após essa data.

Deal. EINAUDI, Luigi. "Major et Sanior Partes, or on toleration and political adhesion". *In*: EMPOLI, Domenico da (*et al.*). *Luigi Einaudi*: selected political essays. Nova York: Macmillan, 2014, pp. 122 e 126/127.

Mesmo ao lidar com estatutos anteriores, as cortes seguiam uma tradição de longa data, concedendo ampla liberdade de ação ao Parlamento e à burocracia. Esses atos radicais de deferência protegeram muitas leis fascistas de críticas sérias. Eles também banalizaram a garantia de direitos sociais pela nova Constituição, tratando-os como meros ideais programáticos que exigiam mais legislações. Em suma, quando a nova Corte realizou sua primeira sessão em 1956, os princípios constitucionais promulgados em nome do povo italiano estavam caminhando para o esquecimento jurídico.[199]

Mas o repúdio eleitoral à "lei trapaça", seguido pelo repúdio democrata cristão a De Gasperi, criou um "vácuo de legitimidade" que abriu caminho para que os quinze juízes recém-nomeados tomassem medidas decisivas com notável rapidez.[200] A primeira decisão da Corte envolveu um estatuto fascista paradigmático, que exigia que os cidadãos obtivessem permissão formal da polícia antes de divulgar suas opiniões em cartezes ou panfletos. Isso criou uma contestação baseada no Artigo 21: "Todos têm o direito de expressar livremente seus pensamentos pela fala, pela escrita ou qualquer outra forma de comunicação". Apesar da abrangência dessa garantia, as cortes ordinárias mantiveram trinta condenações criminais contestadas com base Constituição. Ao defender essas condenações diante da nova Corte, o procurador-geral apresentou uma argumentação ampla que teria isolado de escrutínio toda a legislação fascista. Em sua visão, cabia às cortes ordinárias determinar a continuidade da validade dos estatutos aprovados antes de 1948 – uma vez que elas podiam desempenhar essa função sob o tradicional princípio que exigia que os juízes eliminassem os estatutos anteriores quando fossem incompatíveis com a legislação

199 BARSOTTI, Vittoria (*et al.*). *Italian constitutional justice in global context*. Oxford: Oxford University Press, 2015, pp. 24-27.

200 Para uma análise incisiva da opinião da Corte, ver BARSOTTI, Vittoria (*et al.*). *Italian constitutional justice in global context*. Oxford: Oxford University Press, 2015, pp. 30-35.

posterior. Em vez de se sobrepor ao judiciário tradicional, a nova Corte deveria se limitar à avaliação dos estatutos modernos aprovados após essa data – foi apenas aqui que o *status* da Constituição como lei *suprema* entrou em ação.

Os juízes rejeitaram esse papel de preencher lacunas. Não apenas derrubaram a lei fascista que autorizava a censura policial. Também rejeitaram veementemente a interpretação aplicada pelas cortes ordinárias durante os oito anos anteriores que banalizava os direitos sociais. A Corte negou que essas garantias devessem ser vistas como meros objetivos programáticos dirigidos ao Parlamento; eram, em vez disso, fontes vitais de leis superiores que exigiam elaboração judicial. Com o anúncio de seu Julgamento n. 1, a Corte avisou os ramos políticos de que estava determinada a servir como guardiã suprema dos princípios fundadores da República revolucionária agora que a luta contra Mussolini estava se tornando coisa do passado.

O modo como a Corte proferiu seu Julgamento n. 1 foi quase tão importante quanto o próprio conteúdo. Como seus colegas franceses, os juízes italianos normalmente tomam suas decisões de forma lapidar – citando disposições legais relevantes, sem apresentar argumentos elaborados para suas conclusões jurídicas. Esta última tarefa é realizada por juristas universitários, cujos comentários fornecem a estrutura mais ampla para decisões caso a caso.

Os juízes romperam com essa tradição profundamente arraigada. Eles se recusaram a permitir que a comunidade acadêmica explicasse o significado constitucional de seus julgamentos para o mundo exterior. Eles falariam em sua própria voz, escrevendo opiniões alentadas que ancorariam o debate profissional e público.

Além disso, todos os pronunciamentos seriam emitidos em nome da Corte, sem quaisquer votos concordantes ou divergentes. Ao dar este passo final, os juízes não estavam fazendo nada de extraordinário. As cortes continentais abjuraram durante séculos a redigir opiniões individuais, conhecidas no mundo anglófono. Mas agora que a Corte era a principal porta-voz de suas próprias posições, sua insistência na unanimidade ampliou sua reivindicação de centralidade. Os estudiosos não poderiam usar as opiniões divergentes como plataformas para a crítica. Se eles discordassem, teriam que lançar ataques diretos ao raciocínio da Corte – mas essa postura de confronto era profundamente incompatível para uma comunidade jurídica que estava engajada na colaboração contínua com os juízes por séculos.

O Julgamento n. 1 da Corte é frequentemente comparado a *Marbury vs. Madison*. Mas a analogia subestima muito o caráter revolucionário da decisão italiana. O caso número 1 transformou a própria ideia de autoridade jurídica no continente. Isso não teria acontecido se a política italiana tivesse tomado um rumo diferente e conseguido evitar a crise de sucessão gerada pela derrota de De Gasperi. Foi apenas essa crise que criou o vácuo de legitimidade necessário para a nomeação de juízes com a independência necessária para fazer avançar a afirmação radical da supremacia constitucional pela Corte.

5.5 Tempo Quatro: consolidação

No entanto, mesmo essa afirmação tinha limites. Os juízes substituíram decisivamente os centros tradicionais de autoridade jurídica, mas agiram com grande moderação na frente política. Os quinze anos seguintes viram a ascensão da Nova Esquerda e seu desafio ao *establishment* político. Uma vez que os democratas cristãos conseguiram manter sua ascendência eleitoral, a década de 1960 gerou uma série de confrontos de alto risco que poderiam ter levado à intervenção da Corte. Mas os juízes não desempenharam nenhum papel nessas lutas. Ao longo de todo esse período, eles invalidaram apenas as leis aprovadas durante a era fascista ou antes.[201] Essas leis tinham poucos defensores, de modo que a intervenção

201 BARSOTTI, Vittoria (*et al.*). *Italian constitutional justice in global context*. Oxford: Oxford University Press, 2015, pp. 35/36.

judicial acarretava poucos riscos de reação política. Além disso, a Corte habilmente encorajou o reconhecimento parlamentar de sua autoridade dentro dessa zona de segurança.

Mais uma vez, o Julgamento n. 1 pode servir de modelo. Embora os juízes tenham invalidado a garantia fascista de arbitrariedade absoluta para reprimir o discurso político, eles não impuseram uma proibição total aos esforços governamentais para restringir a distribuição de textos políticos e cartazes. Eles limitaram-se a depositar sobre o Parlamento o fardo de propor regras adequadas que respeitassem a importância fundamental da liberdade de expressão. Isso permitiu ao governo da época promulgar uma legislação que protegia seus interesses, reconhecendo simultaneamente a autoridade final da Corte sobre as regras do jogo. Após quinze anos de uma atitude engajada, a legitimidade da Corte estava firmemente arraigada na esfera política, não menos do que na esfera jurídica.

Somente neste ponto os juízes começaram a intervir nas questões polêmicas da política contemporânea. De maneira pouco surpreendente, isso impulsionou a Corte Constitucional a ir muito além de sua jurisprudência da primeira geração.

Mas deixarei que outros contem essa história.[202] É suficiente para nosso propósito ter traçado o caminho de desenvolvimento da Itália por quatro estágios – da (1) Resistência mobilizada passando por (2) uma Fundação revolucionária e pela (3) afirmação de supremacia judicial após uma crise de sucessão até (4) a consolidação política e jurídica da autoridade judiciária durante o meio século seguinte.

---

202 Para uma análise perceptiva, ver BARTOLE, Sergio. *Interpretazioni e trasformazioni della Costituzione repubblicana*. Bologna: Il Mulino, 2004; BARSOTTI, Vittoria (*et al.*). *Italian constitutional justice in global context*. Oxford: Oxford University Press, 2015.

5.6 Itália *versus* França

Esse padrão é familiar hoje em dia, mas sugere uma conclusão surpreendente. A ascensão do constitucionalismo na Itália é amplamente semelhante ao curso dos eventos na Índia e na África do Sul, apesar de todas as diferenças óbvias em suas condições sociais, econômicas e políticas. Mas é radicalmente diferente do caminho seguido na França, apesar das muitas semelhanças culturais e econômicas da Itália com seu vizinho do norte. Quando a Corte estava anunciando o Julgamento n. 1, nenhuma instituição francesa semelhante havia sequer existido. Em vez disso, a Quarta República ainda estava no poder, e Charles de Gaulle permanecia no exílio político autoimposto em sua propriedade rural. Foi apenas a derrubada posterior do regime existente pelo General de Gaulle que acabou gerando uma declaração de autoridade comparável pelo Conselho Constitucional da Quinta República – mas apenas depois de uma dinâmica semelhante que impulsionou a República Gaullista do Tempo Um ao Tempo Quatro.

Antes de analisar como a Quinta República complica nossa compreensão do constitucionalismo revolucionário, voltaremos a avaliar os temas maiores sugeridos por nossos primeiros quatro estudos de caso.

CAPÍTULO VI

UM RELATO DO PROGRESSO?

Me concentrei em dois aspectos da transição do Tempo Um para o Tempo Dois. O primeiro envolve a situação dos revolucionários "*outsiders*" à medida que se tornam "*insiders*"; a segunda lida com antigos "*insiders*" desalojados pelos "*outsiders*" triunfantes.

Comecemos com os *outsiders* tornando-se *insiders*. Em contraste com os Partidos do Congresso *hegemônicos* na Índia e na África do Sul, a Resistência na França e na Itália estava fragmentada em três partidos – comunistas, socialistas e democratas cristãos. Esses grupos emergiram de compromissos históricos e ideológicos distintos, com diferentes líderes simbólicos, de modo que previsivelmente tiveram maior dificuldade para sustentar a unidade organizacional necessária para obter amplo consentimento popular para um "novo começo" da vida constitucional.

Esse *problema de fragmentação* tornou-se mais agudo na França em virtude do sucesso de De Gaulle como líder militar das Forças Francesas Livres. À medida que os colaboracionistas nazistas caíram do poder, o General *outsider* lutou contra os *outsiders* dos partidos do movimento em esforços concorrentes para mobilizar o Povo em apoio a suas visões constitucionais rivais.

Em contraste, o problema da fragmentação na Itália exigia "apenas" a colaboração sustentada de marxistas ateus e religiosos católicos. Não foi uma tarefa fácil, mas a coalizão comunistas/socialistas/democratas cristãos conseguiu forjar uma Constituição apesar de seus crescentes desacordos políticos. Em contraste, seus homólogos franceses precisaram de duas Assembleias Constituintes para obter um mandato dos eleitores – e mesmo assim, o General continuou a apelar ao Povo para que mudasse de opinião.

Nos voltemos a seguir ao outro lado da transição: como os antigos "*insiders*" respondem a sua substituição por "*outsiders*" revolucionários?

Os casos "fáceis" – pelo menos analiticamente! – são representados pela Índia e pela França, onde as forças revolucionárias ocuparam um vácuo de poder deixado pelo colapso do antigo regime. No caso francês, a posição política dos colaboracionistas de Vichy foi totalmente destruída ao fim da Segunda Guerra Mundial. Enquanto de Gaulle e os partidos da Resistência debatiam a natureza da constituição da Quarta República, seu debate não foi ainda mais complicado por um movimento crível buscando preservar Vichy.

O caso indiano também tem origem na Segunda Guerra Mundial, mas desta vez foi a vitória britânica, não a derrota nazista, que gerou o colapso do antigo regime. O governo Attlee poderia ter escolhido manter as forças militares necessárias para sustentar a lei e a ordem no subcontinente e dar a Lord Moutbatten tempo adequado para construir uma constituição para todo o subcontinente que fosse capaz de obter o consentimento do Congresso e da Liga Muçulmana. Mas, dadas as terríveis perdas sofridas pela Grã-Bretanha durante a guerra, Attlee recusou-se a suportar o fardo militar, permitindo que a divisão continuasse – e deixando a Índia e o Paquistão enfrentarem os desafios do constitucionalismo por conta própria.

Vale a pena avaliar por que a Índia teve sucesso e o Paquistão não conseguiu gerar uma constituição confiável – especialmente porque a Liga Muçulmana liderada por Muhammed Jinnah foi inspirada por um programa secular e socialdemocrata, semelhante ao do Partido do Congresso de Nehru. Mas deixarei essa comparação trágica para outro momento. Por enquanto, é mais importante contrastar as histórias de sucesso na França e na Índia com as histórias de sucesso muito diferentes na Itália e na África do Sul.

Nesse segundo par de casos, os defensores do antigo regime não simplesmente entraram em colapso, mas permaneceram forças consideráveis durante a transição do Tempo Um para o Tempo Dois. Mas, mais uma vez, as fontes de poder dos veteranos eram diferentes. O governo do *apartheid* em Pretória comandava forças militares formidáveis, o que exigiu que Mandela se engajasse em negociações com de Klerk sobre uma Constituição provisória se esperava alcançar uma transição relativamente pacífica. Só então os dois lados poderiam abrir caminho para o repúdio decisivo ao *apartheid* na Constituição permanente promulgada pelo primeiro parlamento interracial.

O antigo regime também permaneceu uma força na Itália, mas por razões diferentes. Ao contrário de De Klerk na África do Sul, o governo do rei não estava em posição de usar a força militar para obrigar a Resistência revolucionária a sentar à mesa de negociações – pela simples razão de que o exército italiano havia se desintegrado totalmente quando Mussolini caiu do poder. Em vez disso, cabia a Togliatti e De Gasperi, e a seus respectivos movimentos, decidir se aceitavam o convite do rei para se juntar ao seu governo provisório de unidade nacional. Uma vez que deram esse passo, no entanto, foram obrigados a levar o *Statuto* a sério, assim como o CNA foi obrigado a levar a sério a Constituição provisória. Como na África do Sul, isso não impediu que os movimentos partidários da Resistência italiana transformassem seu governo provisório em uma plataforma para o lançamento de eleições livres que lhes permitiria substituir a monarquia e seu *Statuto* por uma Constituição Republicana que falava em nome do Povo.[203]

Tabela 6.1 - Transição do Tempo Um ao Tempo Dois

Insiders → Outsiders ↓	Hegemônico	Fragmentado
Colapso	Índia	França
Legado Constitucional	África do Sul	Itália

No entanto, outros movimentos revolucionários não tiveram tanto sucesso em se livrar dos *legados constitucionais* do antigo regime – e exploraremos as consequências infelizes de tais complicações na Parte 2. Mas por ora, a Tabela 6.1 resume os pontos básicos sobre *insiders* e *outsiders* abordados em nosso trabalho até aqui.

Podemos agora passar aos próximos estágios da dinâmica constitucional: crise de sucessão (Tempo Três) e consolidação da supremacia judicial (Tempo Quatro).

Quando Nehru, Mandela e De Gasperi deixaram o palco, foram substituídos por líderes que careciam de carisma pessoal comparável. Os membros não tão carismáticos da elite política começaram imediatamente a competir por posições no topo. Em cada caso, suas lutas internas criaram aberturas para os juízes afirmarem que eram eles, e não os líderes dos antigos partidos revolucionários, que deveriam ser invocados para salvaguardar os princípios constitucionais pelos quais o Povo havia sacrificado tanto durante sua luta contra o antigo regime.

203 Para reflexões recentes sobre os problemas distintos impostos por legados constitucionais, ver ARGUELHES, Diego. *Old courts, new beginnings*: judicial continuity and constitutional transformation in Argentina and Brazil. Universidade de Yale, 2014. Dissertação (Doutorado).

Uma coisa é apresentar tais afirmações em votos paradigmáticos no Tempo Três; outra bem diferente é obter sua ampla aceitação. Isso exigiu dos juízes postura de estadistas – tanto para definir o melhor momento para os pronunciamentos do judiciário, a fim de explorar configurações políticas momentâneas que encorajassem as elites governantes a aceitar tais reivindicações, quanto na escolha de casos que levantassem questões de princípio que pudessem ressoar no público em geral. Mesmo assim, as reivindicações judiciais de supremacia permaneceram frágeis e exigiram muito mais trabalho antes de se arraigarem na estrutura de governo em mutação.

Este é o negócio do Tempo Quatro – em que uma profissão jurídica cada vez mais autoconfiante se engaja em um processo de consolidação das reivindicações de supremacia pelo judiciário.

Índia e Itália fornecem exemplos clássicos dessa dinâmica intergeracional; a África do Sul apresenta uma variação importante da forma típica de desenvolvimento ideal. A Quarta República Francesa, no entanto, é a grande exceção – o judiciário não fez reivindicações semelhantes de supremacia durante a breve existência do regime. Contudo, a experiência da Quarta República fornece um pano de fundo essencial para a compreensão do ascenso da revisão judicial durante a Quinta República – que, como argumento no Capítulo 7, está de fato em conformidade com o modelo clássico tipificado pela Índia e pela Itália.

Portanto, nos concentraremos primeiro nos estudos de caso indiano e italiano. Apesar de todas as suas diferenças, há uma semelhança fundamental em seus padrões de evolução intergeracional. Durante o Tempo Dois, as cortes de ambos os países não foram capazes de afirmar sua supremacia constitucional em relação aos líderes carismáticos que levaram seus partidos do movimento a adotar Constituições revolucionárias em nome do Povo. Esse período de subordinação judicial chega ao fim apenas durante as crises de sucessão no Tempo Três.

Certamente, os modos de subordinação no Tempo Dois foram diferentes nos dois casos. Assim que a Constituição indiana entrou em vigor, Nehru e o Partido do Congresso promoveram uma notável emenda constitucional autorizando o governo a blindar suas iniciativas legislativas de todo escrutínio judicial, listando-as no Nono Apêndice. Quando essa afirmação abrangente da supremacia parlamentar chegou à Corte, os juízes capitularam completamente – recusando-se até a emitir opiniões que sugeriam, *in dicta*, que um dia eles poderiam restringir o escopo do Nono Apêndice. Em vez disso, a Corte contentou-se com intervenções constitucionais em questões relativamente incontroversas, que não provocariam reação parlamentar. Foi apenas a crise de sucessão devastadora provocada por Indira Gandhi que deu à Corte uma abertura política para declarar que dali em diante protegeria a "estrutura básica" da Constituição contra os esforços parlamentares para emendá-la.

A história italiana é estruturalmente semelhante, embora menos dramática. Enquanto Nehru aprovou uma emenda constitucional agressiva, De Gasperi evitou a ameaça de revisão judicial, protelando a implementação da legislação necessária para criar a Corte Constitucional até o fim de seu mandato.

Da mesma forma, a crise de sucessão italiana também foi muito menos intensa do que sua contraparte indiana. No entanto, a rejeição pelos eleitores da "lei trapaça" de De Gasperi foi uma repreensão decisiva à autoridade dos democratas cristãos para falar como voz legislativa superior do povo italiano. Mesmo que não tenha escalado até as alturas épicas alcançadas pelo repúdio popular da Regra de Emergência de Gandhi em 1977, a renúncia de De Gasperi, como a de Indira Gandhi, abriu um vácuo de legitimidade análogo que permitiu a entrada decisiva da Corte italiana no palco constitucional.

É verdade que as intervenções iniciais da Corte Constitucional italiana foram mais cautelosas do que as de sua contraparte indiana. Dada a enorme escala da derrota de Gandhi, aquela Corte estava em posição de varrer as principais emendas constitucionais aprovadas durante o estado de emergência – reivindicando uma autoridade notável para salvaguardar a "estrutura básica" da Constituição revolucionária de 1950 contra o repúdio por futuros políticos e partidos. Em contraste, a Corte italiana agiu com mais cautela, contentando-se em invalidar as leis fascistas por algumas décadas antes de desafiar legislações mais recentes. Além disso, ela nunca desenvolveu nada parecido com uma doutrina da "estrutura básica", que lhe permitisse afirmar a supremacia absoluta sobre as emendas aprovadas pelo Parlamento.

No entanto, como na Índia, os sucessos iniciais da Corte italiana durante o Tempo Três estabeleceram as bases para uma afirmação muito mais ampla de autoridade durante a geração seguinte, quando a Corte afirmou sua autoridade sobre uma gama cada vez mais ampla de questões polêmicas. Certamente, os cortes superiores desses dois países se expressaram nas linguagens jurídicas distintas da *common law* anglo-indiana e da *civil law* ítalo-continental, e por meio de diferentes arranjos institucionais. Conquanto, essas grandes diferenças entre a Índia e a Itália não devem nos cegar para o fato de que a mesma dinâmica de quatro estágios resultou de sua experiência revolucionária comum. De fato, dadas as diferenças dramáticas em quase todos os outros aspectos da vida econômica, social e cultural indiana/italiana, esse padrão de quatro estágios é bastante notável.

Em um grau significativo, o padrão expressa um desenvolvimento previsível da consciência jurídica ao longo do tempo. Durante o período de fundação, os juristas indianos/italianos foram rigorosamente treinados para enquadrar seus argumentos em um sistema jurídico baseado no princípio da soberania parlamentar. Grandes constitucionalistas como Ambedkar na Índia ou Calamandrei na Itália foram verdadeiramente excepcionais em seus esforços autoconscientes para desafiar esse princípio. Embora tenham conseguido criar um espaço para as cortes constitucionais no texto constitucional, os membros desses novos tribunais estavam perfeitamente cientes de que o grosso dos profissionais do Direito responderiam com ceticismo a suas afirmações iniciais de autoridade para invalidar legislações parlamentares. Além disso, eles poderiam ter certeza de uma resposta ainda mais hostil do público em geral se suas decisões provocassem oposição enfática de primeiros-ministros carismáticos como Nehru ou De Gasperi.

Foi apenas no Tempo Três, quando esses líderes simbólicos foram substituídos por sucessores menos carismáticos, que os membros da nova Corte puderam considerar seriamente um papel maior para si mesmos – no qual eles alegariam que eles, e não o Parlamento, eram os mais legítimos guardiões do legado constitucional da Revolução.

O sucesso não estava de modo algum garantido. Tanto na Índia quanto na Itália, exigia dos juízes uma postura de estadistas da mais alta ordem. Mesmo que a legitimidade de suas opiniões paradigmáticas fosse sustentável no curto prazo, a ascendência da Corte Constitucional sobre o Parlamento só se consolidou na geração seguinte.

Mais uma vez, as histórias indiana/italiana sugerem como a dinâmica da cultura jurídica auxiliou nesse processo do Tempo Quatro. Em ambos os países, os primeiros exercícios de revisão judicial da Corte tornaram-se a matéria-prima para um tipo familiar de debate doutrinário entre advogados, juízes e acadêmicos – servindo como pontos de partida para a elaboração de regras e princípios mais gerais necessários para resolver controvérsias posteriores.

Essa jurisprudência em desenvolvimento também preparou o caminho para uma mudança fundamental na formação das gerações seguintes de profissionais jurídicos. Eles não eram mais convidados a ver o direito constitucional como uma nova entrada em cena, contendo ideias revolucionárias categoricamente distintas da *hard law* em assuntos como contrato e propriedade. Em vez disso, palestras e manuais forneceram uma estrutura cada vez mais elaborada para o acúmulo jurisprudencial. Isso deu à nova geração de advogados as ferramentas culturais de que precisavam para tratar o direito constitucional como fundamentalmente semelhante a outros domínios jurídicos que eles poderiam discutir com autoconfiança profissional. Mais uma vez, esse ponto é fácil de ignorar porque as estruturas doutrinárias padrão anglo-indianas são muito diferentes de suas análogas ítalo-continentais.

Ao enfatizar essa notável semelhança, não sugiro que a profissionalização do direito constitucional no Tempo Quatro garanta que as conquistas passadas de juristas indianos ou italianos perdurarão enquanto esses países enfrentarem os desafios políticos, econômicos e militares do século XXI. Já vimos como o atual primeiro-ministro da Índia, Narendra Modi, está desafiando a defesa da herança revolucionária de Nehru pela Suprema Corte. Adiarei um exercício semelhante no caso italiano, uma vez que isso exigiria uma consideração mais elaborada dos esforços do país para integrar seu legado revolucionário com a ascensão da União Europeia – um assunto que tratarei no segundo volume.

Por enquanto, é mais importante integrar a África do Sul à análise indiana/italiana. Quando Ambedkar e Calamandrei estavam trabalhando no fim da década de 1940, a revisão judicial parecia uma exceção estadunidense à regra geral da soberania parlamentar – e até mesmo o brilho do exemplo estadunidense havia sido manchado pelo então recente esforço de Franklin Roosevelt para empacotar a Suprema Corte, a fim de sobrepor suas decisões que invalidavam legislações-chave do New Deal.

Em contraste, quando Mandela e de Klerk começaram sua difícil negociação no início da década de 1990, eles viviam em um universo jurisprudencial diferente. As Cortes Constitucionais da Índia e do continente consolidaram com sucesso a sua autoridade; e a Corte Warren estava inspirando emulações em escala mundial. O sucesso percebido da revisão judicial abriu uma nova possibilidade institucional. Talvez uma Corte constitucional não fosse apenas uma ferramenta valiosa para proteger o legado revolucionário contra sua traição por oportunistas políticos em momentos posteriores; talvez também pudesse servir como um veículo de curto prazo para fazer cumprir a negociação constitucional alcançada por Mandela e de Klerk enquanto tentavam construir uma transição pacífica do *apartheid*.

Como vimos, essa função de "salvaguarda" foi atribuída ao judiciário na Constituição provisória estabelecida na mesa redonda em Kempton Park em 1993, que exigia que a Corte determinasse se a Constituição permanente, negociada pelo primeiro Parlamento multirracial em 1997, era consistente com os princípios fundamentais alcançados em 1993. Como também vimos, a Corte não desempenhou agressivamente sua função de salvaguarda em sua operação efetiva. No entanto, seu novo papel durante a transição criou um ímpeto institucional que lhe permitiu despontar como um importante ator constitucional durante os anos de Mandela. Ao exercer formas duras de revisão judicial durante o período de fundação, a atividade da corte contrasta fortemente com a passividade de suas contrapartes indiana e italiana durante os anos em que Nehru e De Gasperi estavam no poder.

A conduta de Mandela no cargo também ajudou. Ele não respondeu à moda nehruviana quando a Corte impôs sérios limites aos seus próprios poderes. Em vez disso, ele deixou claro que obedeceria às opiniões dos juízes, mesmo quando eles circunscreveram sua esfera de ação independente.

Como consequência, a Corte estava em uma posição muito mais forte quando a saída de Mandela abriu o caminho para o competente, mas nada carismático, Thabo Mbeki ganhar a presidência em 1999. Embora os juízes continuassem a gerar opiniões paradigmáticas, eles não desempenharam um papel fundamental na primeira grande crise de sucessão do país em 2007 – quando Mbeki tentou permanecer no poder apesar da proibição da Constituição de um terceiro mandato presidencial. Em vez disso, foram os revolucionários dos velhos tempos do CNA, não a Corte, que desempenharam um papel decisivo de contrabalançar as ambições arrogantes de Mbeki.

Dez anos depois, as cortes desempenharam um papel mais significativo em travar o esforço semelhante de Jacob Zuma para se manter no poder, apesar da limitação de dois mandatos. Mais uma vez, no entanto, as decisões cruciais foram tomadas pelos revolucionários dos velhos tempos na convenção do CNA, com os juristas profissionais desempenhando apenas um papel de apoio.

É muito cedo para dizer se o novo presidente da África do Sul, Cyril Ramaphosa, terá sucesso em restaurar a confiança popular na Constituição revolucionária deixada por Mandela e um CNA muito diferente. Mesmo que ele e seus sucessores consigam reparar os danos causados por Zuma e seus comparsas corruptos, as histórias indiana/italiana ainda servem como contos exemplares. Eles sugerem que as cortes constitucionais ainda têm muito trabalho a fazer antes que possam consolidar sua autoridade durante o Tempo Quatro. Certamente, a Corte da África do Sul teve uma vantagem inicial sobre suas contrapartes indiana/italiana para ganhar respeito por suas opiniões paradigmáticas. Mas, à medida que as memórias da revolução sul-africana continuam a desvanecer na experiência vivida, permanece em aberto a questão de se a Corte conseguirá convencer a nova geração de que merece reconhecimento como guardião autorizado do legado constitucional da África do Sul.

***

Nesse contexto, a experiência francesa parece excepcional. Em contraste com Índia/Itália/África do Sul, a Quarta República não levou a revisão judicial a sério. Quando de Gaulle se opôs às iniciativas da Assembleia Constituinte, sua crítica enfatizou a importância de uma presidência forte, não de uma Corte independente.

A derrubada do regime do pós-guerra pelo General, no entanto, inicia uma história muito diferente – que contarei nos próximos dois capítulos. O Capítulo 7 lidará com os Tempos Um e Dois – explorando como o General e seus aliados conseguiram derrubar a Quarta República parlamentarista e mobilizar um amplo apoio popular para sua visão de uma Quinta República presidencialista. Embora a constituição revolucionária gaullista tenha inovado ao criar um Conselho Constitucional com poder de invalidar legislações, o Conselho se recusou a desafiar a conduta de De Gaulle, mesmo quando ela violava descaradamente comandos textuais explícitos. Ao subordinar-se ao carismático Fundador durante o Tempo Dois, o Conselho se conformava com o padrão praticado na Índia e na Itália.

O Capítulo 8 contudo, analisa os principais pontos de inflexão no desenvolvimento constitucional nas décadas posteriores à saída do General. Enquanto uma série de líderes políticos e partidos lutavam para obter o controle da presidência, eles criaram uma série de oportunidades para o Conselho afirmar um papel cada vez mais agressivo como defensor por excelência do legado constitucional da Fundação. Na década de 1990, a França passou do Tempo Três para o Tempo Quatro. De fato, durante a primeira década do século XXI, ela obteve uma confirmação decisiva de seu papel de tutela quando a França empreendeu uma reavaliação fundamental de sua herança gaullista em um processo deliberativo extraordinário. Como veremos, isso resultou na consolidação da autoridade constitucional do Conselho em uma ampla gama de questões sobre as quais não havia anteriormente exercido sua jurisdição. Tudo isso sugere que a curta experiência do país com a Quarta República deve ser tratada como uma exceção verdadeiramente excepcional à regra geral. No longo prazo, a Quinta República seguiu suas repúblicas irmãs da Índia e da Itália no mesmo caminho do Tempo Um ao Tempo Quatro (com a história mais curta da África do Sul apenas lhe dando a oportunidade de continuar suas formas distintas de luta no Tempo Três).

A dinâmica revolucionária da Quinta República não é apenas significativa em si mesma. O sistema francês também serviu de modelo para muitos outros esforços nacionais de reconstrução constitucional – de fato, o projeto da Quinta República foi muito mais influente do que a versão estadunidense de governo presidencialista. Dada sua influência generalizada nas últimas décadas, é importante considerar como as estruturas institucionais gaullistas moldaram a vida política das nações que as adotaram.

Começaremos esta investigação com a ruptura revolucionária da Polônia com o autoritarismo comunista em 1989. O Capítulo 9 explorará os acidentes históricos que levaram Lech Walesa e o Solidariedade a tomar emprestado o modelo gaullista e usá-lo como base para um arranjo constitucional provisório que permitiu a ascensão de seu partido-movimento ao poder em nome do Povo.

Mas Walesa não era de Gaulle. Apesar de sua centralidade carismática, sua eleição para a presidência não lhe permitiu ganhar o apoio de outros líderes do movimento que controlavam a delegação do Solidariedade no Parlamento. Em vez disso, isso levou a uma amarga luta pelo poder que dividiu o partido-movimento revolucionário em fragmentos – gerando uma crise de governabilidade que alienou cada vez mais dezenas de milhões de poloneses comuns que apoiaram entusiasticamente o Solidariedade durante sua década de luta revolucionária contra o Império Soviético na década de 1980.

O projeto gaullista também teve um impacto devastador na formulação de uma Constituição permanente. Apesar do reconhecimento da importância da tarefa, as fações rivais do Solidariedade não conseguiram superar suas divisões para chegar a um acordo sobre os termos de uma nova Constituição. Eles ainda estavam discutindo sobre as principais disposições quando os eleitores, revoltados com a contenda fracional em curso, tiraram o Solidariedade do cargo e elegeram uma nova coalizão, dominada por ex-comunistas, que prometia estabelecer o governo estável de que o país precisava para cumprir seu futuro social e seus desafios econômicos.

O Capítulo 10 considerará como esta coalizão pós-Solidariedade, liderada por conhecidos ex-comunistas, finalmente conseguiu promulgar a atual Constituição da Polônia em 1997. Dada sua compleição política, a coalizão que apoiava a Constituição não poderia alegar com credibilidade que estava falando pelo movimento revolucionário que fez tantos sacrifícios por um "novo começo" na vida política da nação durante a década de 1980. Em vez de servir como o compromisso culminante de um movimento revolucionário, a moderna Constituição polonesa é uma construção de elite.

Esse fato básico continua a assombrar a política polonesa. Desde 1997, demagogos nacionalistas condenaram repetidamente a Constituição de 1997 como obra das elites de Varsóvia que traíram as aspirações mais profundas do Solidariedade. Quando seus apelos populistas os levaram à vitória nas eleições parlamentares de 2015, eles desenvolveram sua crítica à autenticidade do documento a fim de legitimar seu ataque autoritário à estrutura constitucional existente.

O modelo gaullista tem grande responsabilidade por essa trágica reviravolta. Se Walesa e os outros líderes do Solidariedade tivessem permanecido fiéis ao modelo parlamentar, eles teriam tido muito mais sucesso na constituição do carisma de seu notável movimento de massas. Mas o modelo gaullista os seduziu para uma forma de fragmentação que eles teriam rejeitado de outra forma – e o povo polonês pode muito bem pagar um preço alto pela fragmentação inicial que impediu a legitimação triunfante de uma Constituição do Solidariedade em nome do Povo, logo após a revolução de 1989.

Continuaremos nossa investigação sobre a influência mundial do modelo gaullista em estudos de casos posteriores. O Capítulo 12, em especial, explora as maneiras surpreendentes pelas quais os revolucionários iranianos usaram de maneira consciente a Quinta República como um modelo para elaborar uma Constituição para sua República Islâmica em 1979. E como esse modelo continuou a moldar o desenvolvimento constitucional do Irã durante as décadas após a morte do aiatolá Khomeini em 1989, quando seu legado passou a seus sucessores menos carismáticos.

Mas, por enquanto, espero ter dito o suficiente para encorajá-los a se juntar a mim na exploração dos desenvolvimentos franceses que tiveram um impacto tão profundo no mundo desde que Charles de Gaulle liderou seu ataque revolucionário à Quarta República em 1958.

PARTE II

ELABORAÇÕES

CAPÍTULO VII

A REPÚBLICA DE DE GAULLE: O *OUTSIDER* RETORNA

Durante sua primeira década, a Quarta República Francesa exibiu um padrão familiar – com os movimentos partidários perdendo sua unidade revolucionária e energia política ao enfrentar uma série de questões políticas divisivas. Mas, à medida que avançava a década de 1950, o país enfrentou uma crise de sucessão especialmente dolorosa – com Charles de Gaulle derrubando com sucesso o regime parlamentar que ele não conseguiu substituir durante o período de política de alta energia e no referendo constitucional de 1946.

Essa reviravolta dramática foi o resultado de uma crise existencial provocada pela luta da Frente de Libertação Nacional (Front de Libération Nationale; FLN) pela independência da Argélia. A Quarta República respondeu com esforços brutais para reprimir a FLN e preservar o *status* da Argélia como parte integrante da França. Mas quando a ampla escalada militar não conseguiu esmagar a insurgência, o governo em Paris relutantemente começou a se engajar em uma reavaliação agonística – dando à FLN o horizonte de um dia ter sucesso em sua campanha pela independência. Essa perspectiva provocou uma reação enfática dos mais de um milhão de europeus que se estabeleceram na Argélia durante o século de hegemonia francesa. Eles tinham orgulho de sua identidade como cidadãos franceses. Para eles, o governo estaria se envolvendo em um terrível ato de traição se cedesse e permitisse que a FLN os afastasse de seus concidadãos na França metropolitana.

No outono de 1958, os colonos se rebelaram abertamente contra o governo central, ganhando o apoio de muitos comandantes militares que comprometeram suas forças para unir-se à luta pela glória da França. Na verdade, os generais comandantes no campo de batalha não se contentaram em patrocinar uma insurreição local na Argélia. Eles iniciaram planos para invadir o continente e varrer do poder os políticos mesquinhos de Paris. Com o país à beira da guerra civil, de Gaulle emergiu de seu exílio político autoimposto em Colombey-les-Deux-Églises para se oferecer como salvador da nação. Não era óbvio que apenas o herói das Forças Francesas Livres poderia preencher a lacuna entre os guerreiros indignados e os políticos em luta?

Essa não foi a primeira vez na história da França que líderes militares triunfantes se lançaram nesse papel. Napoleão I e Napoleão III preencheram o vácuo de legitimidade em momentos decisivos anteriores da história francesa. Os tempos haviam mudado e de Gaulle não queria se coroar rei, mas presidente da França. Para legitimar seu governo, ele teria que constitucionalizar seu carisma e demonstrar de forma convincente que o povo francês finalmente apoiava seu esforço de uma década para criar uma presidência poderosa que lhe permitiria superar a mesquinha política partidária e restaurar a França à sua antiga glória.

Como veremos, o sucesso do General em mobilizar o apoio público para seu "novo começo" deu início a uma dinâmica de longo prazo pelos próximos sessenta anos que foi semelhante, mas diferente do processo de desenvolvimento constitucional de quatro estágios demarcados na Parte 1.

Uma diferença merece destaque desde o início. Ela envolve a maneira como de Gaulle estabeleceu sua reivindicação de falar pelo Povo ao repudiar a Quarta República. Nehru, Mandela e De Gasperi ganharam uma centralidade simbólica comparável em virtude de sua liderança em um partido-movimento com forte apoio popular. Mas de Gaulle não foi impulsionado ao poder por uma rede semelhante de apoiadores enérgicos. Foi a memória coletiva do papel heroico do General na Resistência que o destacou como a última esperança da nação para evitar uma guerra civil catastrófica. Contando com o sucesso de De Gaulle em reunir a França durante os momentos mais sombrios do país, a antiga liderança da Quarta República concedeu poderes de emergência ao General depois de concluir relutantemente que ele não seria capaz de conter a rebelião militar sem sua ajuda.

Uma vez instalado como o último primeiro-ministro da Quarta República, de Gaulle agiu com velocidade vertiginosa para propor um novo quadro institucional que lhe concederia amplos poderes como presidente. Mas dada a ausência de um partido-movimento gaullista com raízes profundas no país, como ele poderia convencer a nação de que sua nova Constituição para a Quinta República era algo mais do que um pedaço de papel encobrindo a dura realidade de um golpe militar? Como estabelecer, em vez disso, que representava um esforço *autêntico* de Nós, o Povo para revolucionar as bases de seu governo?

O General voltou aos dias de glória da Segunda Guerra Mundial para encontrar uma resposta. Lembremos de que, ao chegar a Londres, ele foi à BBC para pedir ao povo da França que olhasse além das intrigas políticas de Vichy e continuasse a luta por uma França Livre. Desta vez, ele aproveitou a televisão para fazer um apelo carismático semelhante à nação, seguindo-o com um referendo no qual puderam demonstrar, por maioria decisiva, que sua proposta de Constituição tinha uma base sólida na soberania popular.

Soberania popular = carisma pessoal + mídia de massa + referendo especial. Como veremos, a fórmula realmente funcionou para gerar uma esmagadora maioria no referendo constitucional – e ampla aceitação da nova Constituição como um ato *legítimo* de Nós, o Povo. Dado seu sucesso inicial, de Gaulle repetidamente usou a mesma fórmula para sustentar a legitimidade revolucionária da recém-nascida Quinta República quando seus implacáveis oponentes tentaram repetidamente destrui-la.

Mas depois que ele deixou o palco político, seus sucessores menos carismáticos relutaram em se arriscar com apelos melodramáticos da televisão aos eleitores para legitimar seus próprios esforços para reformar o legado constitucional que o General havia deixado para trás. Em vez disso, presidentes, primeiros-ministros e juristas do Conselho Constitucional se engajaram em respostas mais graduais a uma série de crises de sucessão.

Essas reformas não desafiaram as premissas revolucionárias da ruptura original de De Gaulle com a Quarta República. Mas geraram uma dinâmica de adaptação institucional que, em última análise, meio século depois, consolidou o papel do Conselho Constitucional como guardião legal da República de maneiras que convidam à comparação com os processos de quatro estágios descritos em nossos estudos de caso anteriores.

7.1 Tempo Um: de Gaulle como revolucionário

Durante seu longo período no deserto, a crítica de De Gaulle à Quarta República foi clara e consistente. Em sua opinião, seu sistema parlamentarista gerou uma série interminável de governos de vida curta, incapazes de responder aos problemas de longo prazo que a nação enfrentava. A raiz do problema era o partidarismo egoísta: em vez de se unirem em um governo estável, os líderes partidários retiravam seu apoio ao primeiro-ministro sempre que pensavam que podiam negociar um caminho para uma posição de gabinete melhor no próximo governo de coalizão. Esse interminável jogo das cadeiras desviou a classe política das ações decisivas que permitiriam à França reconquistar sua posição central nos assuntos europeus e mundiais. De Gaulle insistia que apenas um presidente forte e independente, servindo por um longo prazo, seria capaz de restaurar a França à sua antiga grandeza. Em sua opinião, a "crise" argelina era apenas um sintoma de problemas mais profundos com o governo parlamentar.[204]

7.1.1 O que havia de errado com a Quarta República?

Esse diagnóstico gaullista começou a ressoar amplamente entre o público em geral, bem como entre o desmoralizado corpo de funcionários, enquanto buscavam uma explicação para a série de derrotas humilhantes da França no Vietnã, em Suez e na África do Norte durante a década de 1950.[205] No entanto, isso produziu muitos mitos. É verdade que a vida média de um governo de coalizão na Quarta República era de menos de um ano. Mas, como o cientista político Duncan MacRae demonstrou há muito tempo,

---

204 Se o governo de porta giratória era o problema, de Gaulle nunca considerou seriamente a solução da Alemanha Ocidental. De acordo com sua Lei Básica de 1949, uma maioria parlamentar não poderia derrubar um governo de coalizão por meio de um simples "voto de desconfiança". Antes que isso acontecesse, seus oponentes seriam obrigados a reunir uma nova maioria que votaria afirmativamente em um novo governo para substituí-lo. Essa exigência de um "voto de desconfiança construtivo" de fato funcionou para garantir um nível notável de estabilidade governamental. Ainda assim, ao delinear a constituição gaullista, Michel Debre nunca considerou seriamente esse dispositivo como uma alternativa séria ao modelo presidencialista, uma vez que teria exigido que de Gaulle se envolvesse em negociações diretas com líderes parlamentares para formar coalizões de governo no início de cada nova Assembleia Nacional eleita.

205 WINOCK, Michel. *L'agonie de la IVe République, 13 mai 1958*. Paris: Gallimard, 2006, pp. 116-123; ELGEY, Georgette. *Histoire de la IVe République*: la république des tourmentes, 1954–1959. Paris: Fayard, 2008, pp. 193-254. Para um relato com impressões da opinião pública que chega a uma conclusão semelhante, CHASTENET. "Apres la Tourmente". *La Vie Française* 1 (1958).

a alta rotatividade não era produto de um carreirismo míope.[206] Apesar das afirmações dos críticos, a alta rotatividade era algo positivo, que permitiu à Assembleia Nacional resolver grandes questões que poderiam ter escapado a soluções decisivas.

Para ver o ponto de vista de MacRae, comecemos com alguns números. Na década de 1950, comunistas, gaullistas e outros oponentes do regime controlavam 200 assentos na Assembleia Nacional. Isso criou uma "Terceira Força", com 400 representantes, que estava disponível para formar a maioria parlamentar em um governo de coalizão. Mas os partidos políticos desse grupo tinham divergências ideológicas agudas. Por exemplo, havia um conflito de longa data entre secularistas e católicos sobre a ajuda pública para escolas paroquiais. Para conseguir maioria parlamentar a favor da assistência, era necessário excluir secularistas mais radicais do governo de coalizão. Mas, uma vez que esse problema fosse resolvido, os secularistas seriam essenciais para lidar com outras questões polêmicas – ainda que sua entrada no governo causasse a saída de elementos mais fortemente católicos.

Com o tempo, a série de gabinetes de coalizão em mudança – muitos deles contendo apenas ligeiras modificações em termos de pessoal – marcou uma lista formidável de realizações. Para começar, os governos da Terceira Força criaram uma estrutura institucional distinta para o desenvolvimento econômico – contando fortemente com um serviço público meritocrático e a propriedade estatal para guiar o mercado em direções positivas.[207] Essa abordagem intervencionista gerou grandes ganhos para as classes trabalhadoras e

206 MacRAE JUNIOR, Duncan. *Parliament, parties and society in France, 1946–1958*. Nova York: St. Martin's Press, 1967. Este parágrafo e o seguinte resumem as principais descobertas do importante livro de MacRae.

207 NORD, Philip. *France's New Deal*: from the thirties to the postwar era. Princeton: Princeton University Press, 2012, p. 147; BERSTEIN, Serge. *The republic of de Gaulle, 1958–1969*. Trad. Morris. Cambridge: Cambridge University Press, 1993, p. 102.

médias em meados da década de 1950 – e forneceu o motor para grandes ganhos adicionais durante os primeiros anos da Quinta República.[208]

Os governos de coalizão também tomaram medidas agressivas para realizar o compromisso da nova Constituição com a justiça social. Rompendo com o passado, eles criaram sistemas abrangentes para proteger os idosos e os vulneráveis – ao mesmo tempo em que melhoravam amplamente as conquistas educacionais da nova geração.

A Terceira Força também deu seu apoio ao Tratado de Roma de 1957. Depois que de Gaulle chegou ao poder em 1959, ele considerou seriamente repudiar essa decisão, mas a aceitou com relutância. Da mesma forma, foi a Quarta, não a Quinta República que iniciou o programa da bomba atômica, que foi tão importante para os esforços de De Gaulle para afirmar a independência da França em relação aos Estados Unidos nas relações exteriores.[209]

Em suma, há muita pouca substância na imagem gaullista de políticos da Quarta República trocando cargos no gabinete em cego desrespeito ao bem público. Ao contrário, a Terceira Força construiu um legado institucional duradouro, promovendo o desenvolvimento econômico, garantias de bem-estar e o papel de liderança do país na construção da Europa.

O súbito colapso do regime parlamentarista pegou o público de surpresa.[210] Em 1957, Maurice Duverger – o maior cientista

---

208 GILES, Frank. *The locust years*: the story of the Fourth Republic, 1946–1958. Londres: Secker & Warburg, 1991, pp. 230/231

209 VAISSE, Maurice. "France's nuclear choice, 1945–1958". *Vingtieme Siecle Revue D'Histoire*, nº 36, 1992, p. 21.

210 CHEVALLIER, Jean-Jacques (*et al.*). *L'histoire de la Veme République*, 2015, p. 13, sugere que, depois de Dien Bien Phu, alguns membros da elite política passaram a reconhecer que "uma ampla reforma institucional por parte dos *insiders*" era necessária "a fim de evitar uma reforma por *outsiders*". Mas

político francês da época – concluiu que "nenhuma reforma fundamental das instituições francesas parece iminente".[211] Em janeiro de 1958, uma pesquisa de opinião pública reportou que apenas 13% da população apoiava o retorno de De Gaulle ao poder.[212]

Apenas um evento provocou o notável ressurgimento do General no final daquele ano – a ameaça de um golpe de Estado por um corpo politizado de oficiais militares severamente determinados a impedir a Quarta República de aceitar a independência da Argélia.[213]

7.1.2 O General e o paraquedista

O afastamento dos militares não pode ser atribuído ao apoio hesitante da Quarta República. A Terceira Força havia consistentemente apoiado uma campanha cada vez maior para esmagar a FLN e sustentar a hegemonia da França na Argélia. Paradoxalmente, foi precisamente esse apoio enérgico que levou à destruição da Quarta República.

As raízes do paradoxo são profundas. Em contraste com os britânicos, os políticos franceses se recusaram a se retirar do império

todos os sistemas em funcionamento contêm sua parcela de *insiders* céticos. Tais apelos por reformas não sugerem, por si só, que a República estava à beira de um colapso iminente.

211 DUVERGER, Maurice. *The french political system*. Chicago: University of Chicago Press, 1958, p. 190.

212 GILES, Frank. *The locust years*: the story of the Fourth Republic, 1946–1958. Londres: Secker & Warburg, 1991, p. 290.

213 Historiadores destacados, bem como intelectuais engajados como Raymond Aron e Pierre Avril compartilham desse julgamento. GILES, Frank. *The locust years*: the story of the Fourth Republic, 1946–1958. Londres: Secker & Warburg, 1991, pp. 329-365; WILLIAMS, Philip. *Crisis and compromise*: politics in the Fourth Republic. Londres: Longman, 1964, pp. 55-57; WINOCK, Michel. *L'agonie de la IVe République, 13 mai 1958*. Paris: Gallimard, 2006, pp. 116-123 (fornecem um relato detalhado).

na Ásia após a Segunda Guerra Mundial. Apesar do declínio do apoio do público em geral,[214] governos de coalizão despejaram vastos recursos militares em uma batalha de uma década contra a independência vietnamita – que gerou grandes déficits orçamentários e inflação significativa.[215] Foi apenas a derrota devastadora em Dien Bien Phu em 1954 que provocou uma reviravolta – o que, por sua vez, sugeria a resiliência constitucional da República.

Pierre Mendès-France estava no centro do drama do Vietnã. Durante a década anterior, ele fora uma força motriz por trás da reabilitação política do Partido Radical. Os radicais desempenharam um papel de liderança na Terceira República, mas o partido foi posto de lado pelos movimentos de resistência durante a fundação da Quarta República. No entanto, uma vez que os comunistas foram excluídos do governo, os socialistas democráticos e os republicanos populares tiveram pouca escolha a não ser se aproximar dos radicais – cujas tradições liberais e seculares os tornavam apoiadores naturais do regime.[216] Embora Mendès fosse amplamente receptivo a essas aberturas, ele era um oponente da Guerra do Vietnã – o que o tornava a escolha óbvia da Terceira Força para suceder Joseph Laniel como primeiro-ministro após o desastre de Dien Bien Phu.[217]

Um mês após sua investidura, Mendès negociou um armistício com Ho Chi Minh, reconhecendo a independência do Vietnã do Norte. Ele então avançou com iniciativas semelhantes para o

---

214 GILES, Frank. *The locust years*: the story of the Fourth Republic, 1946–1958. Londres: Secker & Warburg, 1991, p. 205.

215 TERTRAIS, Hugues. *Le piastre et le fusil*: le cout de la guerre d'indochine, 1945–1954. Paris: Comité pour l'histoire économique et financière de la France, 2002.

216 WILLIAMS, Philip. *Crisis and compromise*: politics in the Fourth Republic. Londres: Longman, 1964, pp. 115-131.

217 Entre 1952 e 1955, as despesas militares atingiram um terço do orçamento total. GILES, Frank. *The locust years*: the story of the Fourth Republic, 1946–1958. Londres: Secker & Warburg, 1991, p. 195.

Marrocos e a Tunísia. Mas, exatamente naquele momento, uma nova guerra de guerrilhas eclodiu na Argélia – colocando Mendès (e o socialista François Mitterrand, seu ministro do Interior) na defensiva.

Para seus oponentes nacionalistas, as "políticas de apaziguamento" de Mendès eram as culpadas pela campanha de violência organizada da FLN. Mendès respondeu enviando mais tropas para reprimir a revolta, mas isso não acalmou a ansiedade da direita – muito menos as de um milhão de colonos franceses determinados a manter seu domínio político e econômico sobre os nove milhões de muçulmanos da Argélia. Quando posto à prova, Mendès perdeu um voto de confiança em fevereiro de 1955 – permitindo que seu principal rival no Partido Radical, Edgar Faure, o substituísse como primeiro-ministro e continuasse a política de repressão militar.

Mendès não podia ser posto de lado. Durante o ano seguinte, seu desafio contínuo levou Faure a arquitetar a dissolução prematura do Parlamento – mas isso só aumentou ainda mais a rivalidade, permitindo que Mendès expulsasse Faure do partido. Ele então liderou seus radicais em uma coalizão mais ampla, a Frente Republicana, que clamava por uma resolução pacífica da crise argelina. Embora os comunistas não tenham aderido à Frente, eles seguiram a mesma linha. As duas campanhas de paz conquistaram o apoio da maioria nas urnas: a Frente Republicana, com 27% dos votos, e os comunistas, com 25%.

Quando o novo Parlamento se reuniu, Mendès não teve chance de reconquistar o cargo de primeiro-ministro – sua nomeação teria inflamado tanto os colonos argelinos que tornaria impossível uma solução negociada. Em vez disso, o cargo principal foi para Guy Mollet, cujo Partido Socialista fora um dos principais membros da Frente Republicana. Com a entrada de Mendès-France no governo, Mollet demitiu o fanático pró-ocupação Jacques Soustelle do cargo de governador-geral da Argélia, substituindo-o pelo general aposentado Georges Catroux, que havia apoiado publicamente as negociações.[218] Mollet então fez uma viagem a Argel – onde foi saudado por uma manifestação de 50 mil colonos que foram às ruas gritando "Enforquem Catroux". Somente a intervenção militar de paraquedistas, sob o comando do general Jacques Massu, conseguiu restaurar a ordem após o cair da noite. Mollet voltou a Paris profundamente abalado e imediatamente mudou completamente de posição – lançando mais 200 mil soldados em um esforço total para esmagar as forças de guerrilha da FLN.

Essa escalada gerou a dinâmica que levou à morte da Quarta República. Muitos oficiais já atribuíam sua derrota humilhante no Vietnã a Mendès-France e sua turma. Eles estavam determinados a evitar outra facada nas costas – e, ao contrário do que ocorrera no Vietnã, suas tropas podiam chegar até a França metropolitana. Se houvesse um impulso decisivo, eles invadiriam o país para impor sua vontade aos políticos?

Mollet e seus sucessores não quiseram descobrir. Eles continuaram uma política de repressão total nos próximos dois anos. Mas oficiais e civis nacionalistas não tinham nada garantido, tramando juntos um contra-ataque se Paris se envolvesse em uma reviravolta.[219] Não pode haver dúvida de que Jacques Soustelle e outros confidentes de De Gaulle estavam profundamente imersos nessa conspiração de direita – embora seja incerto o quanto eles informaram pessoalmente o General de suas atividades.[220]

Uma coisa é clara: o General se recusou a repudiar a rebelião de direita quando ela eclodiu em maio de 1958. O evento

---

218 GILES, Frank. *The locust years*: the story of the Fourth Republic, 1946–1958. Londres: Secker & Warburg, 1991, pp. 262/263.

219 GILES, Frank. *The locust years*: the story of the Fourth Republic, 1946–1958. Londres: Secker & Warburg, 1991, pp. 297-328; ELGEY, Georgette. *Histoire de la IVe République*: la république des tourmentes, 1954–1959. Paris: Fayard, 2008, pp. 496/497.

220 GILES, Frank. *The locust years*: the story of the Fourth Republic, 1946–1958. Londres: Secker & Warburg, 1991, pp. 310/311.

precipitante foi a escolha de Pierre Pflimlin pelo presidente René Coty para formar o próximo governo de coalizão. Ao contrário de seus antecessores, Pflimlin havia feito alguns gestos em direção a um acordo negociado – embora suas declarações contivessem muitas palavras falsas e equívocos.[221]

No entanto, sua escolha foi suficiente para despertar uma demonstração imediata de desafio de Raoul Salan, o comandante-em-chefe na Argélia. Seu telegrama para o General Ely, chefe do Estado-Maior em Paris, teria sido explosivo, mesmo se tivesse sido mantido em sigilo. Mas ele vazou imediatamente para os jornais:

> O Exército na Argélia está preocupada com seu senso de responsabilidade para com os homens que estão lutando e que correm o risco de fazer um sacrifício inútil se [o Parlamento] não estiver decidido a manter a Argélia francesa...
>
> O exército francês consideraria a rendição dessa parte do patrimônio nacional um ultraje. Sua reação desesperada é imprevisível. Peço-lhe que chame a atenção do Presidente da República para a nossa angústia, que só pode ser amenizada por um governo firmemente decidido a manter a bandeira francesa hasteada na Argélia.[222]

Salan já havia se distanciado de conspiradores de direita mais notórios – então seu aviso, coassinado por outros comandantes importantes, foi ainda mais sinistro.

Pflimlin recusou-se a ser intimidado. Ele rapidamente convenceu os principais políticos da Terceira Força a se juntarem ao seu

---

221 GILES, Frank. *The locust years*: the story of the Fourth Republic, 1946–1958. Londres: Secker & Warburg, 1991, pp. 318/319; DENQUIN, Jean-Marie. *1958*: la genese de la Veme République. Paris: Presses Universitaires de France, 1988, pp. 143/144.

222 GILES, Frank. *The locust years*: the story of the Fourth Republic, 1946–1958. Trad. Giles. Londres: Secker & Warburg, 1991, p. 321. O telegrama foi assinado também por outros importantes oficiais.

governo, apresentando seu gabinete para aprovação da Assembleia Nacional em 12 de maio.

Argel explodiu no dia seguinte, com grandes multidões tomando o prédio do governo-geral e proclamando um Comitê de Segurança Pública sob o comando do general Massu – a quem os ocupantes idolatravam por sua violenta repressão à FLN durante a Batalha de Argel.[223]

Mas esse ato de rebelião total não conseguiu dobrar os civis em Paris. Durante as primeiras horas de 14 de maio, por uma votação de 274 a 129 (com a maior parte, mas não todos, da direita juntando-se à maioria), a Assembleia Nacional autorizou solenemente o governo de Pflimlin a reprimir a "insurreição".

Esse foi o momento em que de Gaulle voltou à cena pública. Se ele tivesse apoiado Pflimlin inequivocamente, sua declaração poderia ter sido decisiva. Enquanto Massu se vangloriava da adulação das multidões, o general Salan deixava o prédio pela porta dos fundos – recusando-se, como comandante-em-chefe, a ser o responsável por deflagrar a insurreição. Dado o *status* heroico de De Gaulle, sua condenação da rebelião de Massu poderia muito bem ter levado Salan a liderar o corpo de oficiais para reafirmar sua fidelidade ao princípio do controle civil.[224]

De Gaulle escolheu um caminho diferente: "No passado, a nação, do fundo do coração, confiou em mim para conduzi-la em unidade para a sua salvação. Hoje, diante de um novo e grave julgamento, que o país saiba que me considero pronto para assumir os poderes da República".[225] No mesmo dia, Salan apareceu no ter-

---

223 GILES, Frank. *The locust years*: the story of the Fourth Republic, 1946–1958. Londres: Secker & Warburg, 1991, pp. 324-328.

224 GILES, Frank. *The locust years*: the story of the Fourth Republic, 1946–1958. Londres: Secker & Warburg, 1991, pp. 329-331.

225 GILES, Frank. *The locust years*: the story of the Fourth Republic, 1946–1958. Londres: Secker & Warburg, 1991, p. 330.

raço do prédio do governo-geral e apoiou o Comitê de Segurança Pública: "Vida longa à Argélia française! Viva de Gaulle!"

O comandante geral então se juntou a Massu para obter o consentimento dos comandantes regionais da França para um ataque a Paris – com paraquedistas da Argélia, batalhões do exército de Toulouse e unidades de tanques de Rambouillet servindo como elementos-chave na aventura estratégica. Os conspiradores a chamaram de Operação Ressurreição, mas não a mantiveram em segredo por muito tempo. Em 17 e 18 de maio, vazaram seus planos para de Gaulle, o governo Pflimlin e o presidente René Coty – forçando uma série de confrontos públicos e privados nos dias seguintes.

As conversas ganharam nova intensidade em 24 de maio, quando os rebeldes tomaram Corsica, instalando um Comitê de Segurança Pública em uma ilha que era oficialmente considerada uma província da França metropolitana. Chegou a Paris que a Operação Ressurreição era iminente – forçando as negociações a um clímax em 28 de maio, com de Gaulle ameaçando Coty e Pflimlin "a deixar que você resolva as coisas com os paraquedistas [enquanto eu] voltarei para a aposentadoria, com a dor como minha companheira".[226] Declarando o país "à beira da guerra civil", o presidente Coty, com o apoio de Pflimlin, ofereceu-se para apoiar a escolha de de Gaulle como primeiro-ministro pela Assembleia Nacional.[227] Foi só nesse ponto que a Operação Ressurreição foi cancelada.[228]

---

226 GILES, Frank. *The locust years*: the story of the Fourth Republic, 1946–1958. Londres: Secker & Warburg, 1991, p. 351.

227 GILES, Frank. *The locust years*: the story of the Fourth Republic, 1946–1958. Londres: Secker & Warburg, 1991, p. 352.

228 LACOUTURE, Jean. *De Gaulle*: the ruler, 1945-1970. Trad. Sheridan. Londres: Harvill, 1991, p. 175. Os constitucionalistas franceses normalmente banalizam o papel da Operação Ressurreição na superação da resistência da elite governante à tomada de poder de De Gaulle. Ver, por exemplo, o único parágrafo enigmático que o professor Jean-Marie Denquin dedica ao

Outros não se intimidaram tão facilmente. Estrelas políticas em ascensão como Mendès-France e François Mitterrand lideraram 250 mil parisienses nas ruas, em protesto contra a tomada de poder por de Gaulle como uma ameaça à República. Manifestações semelhantes em todo o país enfatizaram o contraste dramático com a entrada triunfante do General em Paris em 1944 em meio à aclamação universal da Resistência.[229]

De Gaulle não pôde responder na mesma moeda – apenas 500 legalistas se uniram à sua causa em uma marcha pela Champs-Élysées.[230] Em vez disso, ele se voltou para os próprios políticos que vinha denunciando por uma década – nomeando uma série de figuras do *establishment* para seu governo em troca de ajuda na aprovação de dois estatutos importantes na Assembleia Nacional.[231]

O primeiro concedia ao General e a seu gabinete o poder unilateral de governar por decreto pelos próximos seis meses. O segundo autorizava de Gaulle a orientar a construção de uma Constituição inteiramente nova. Não era preciso, explicou, seguir o precedente que ele ajudara a estabelecer em 1946 e pedir aos eleitores para elegerem uma nova Assembleia Constituinte para esse propósito. Para ele, uma "campanha eleitoral... criaria agitação nas mentes das pessoas", o que "seria prejudicial" dadas as

---

assunto em seu importante livro, DENQUIN, Jean-Marie. *1958*: la genese de la Veme République. Paris: Presses Universitaires de France, 1988, p. 170.

229 LE MONDE. *En province*. mai. 1958. Disponível em: https://www.lemonde.fr/archives/article/1958/05/30/en-province_2288198_1819218.html. Acessado em: 11.01.2022.

230 LE MONDE. *Plusieurs blessés*. jun. 1958. Disponível em: https://www.lemonde.fr/archives/article/1958/06/02/plusieurs-blesses_2304528_1819218.html. Acessado em: 11.01.2022.

231 GAULLE, Charles de. *Address to the National Assembly (June 1, 1958)*. Disponível em: http://www.charles-de-gaulle.org/wp-content/uploads/2017/03/Discours-prononcé-place-de-la-République-a-Paris.pdf.

incertezas prevalecentes.[232] Em vez disso, sua equipe de conselheiros redigiria a Constituição da Quinta República por sua própria autoridade e apresentaria aos eleitores uma escolha de "sim/não" sobre o produto acabado.

Ao assumir o poder constituinte, de Gaulle estava relembrando alguns dos momentos mais sombrios da história francesa – quando Napoleão III e o marechal Pétain intimidaram as Assembleias Republicanas anteriores e as levaram ao suicídio.[233] Mais uma vez, Mendès-France e Mitterrand se opuseram eloquentemente a esse movimento como um golpe de Estado – desta vez, no plenário da Assembleia Nacional.[234] Mas eles não podiam apontar uma violação técnica das regras constitucionais da Quarta República – e os novos aliados políticos de De Gaulle reuniram os votos necessários para o Parlamento assinar sua própria sentença de morte em 2 de junho de 1958.[235]

7.2 Constitucionalizando o carisma

Embora de Gaulle tenha se livrado do Parlamento, ele permaneceu como primeiro-ministro da Quarta República, exercendo

---

232 LACOUTURE, Jean. *De Gaulle*: the ruler, 1945-1970. Londres: Harvill, 1991, p. 179.

233 O Presidente Coty se envolveu em seu próprio exercício de intimidação. Ele ameaçou renunciar se a Assembleia Nacional não apoiasse sua nomeação de De Gaulle. Isso teria privado a Quarta República de um chefe de Estado em um momento de crise existencial. A ameaça sem precedentes de Coty provocou tamanho protesto que André Le Troquer, o presidente da Assembleia, teve problemas para garantir o encerramento do discurso de Coty por causa das altas denúncias do plenário. No entanto, ao enfrentar o abismo, a Assembleia Nacional nomeou de Gaulle por uma votação de 329 a 224. WINOCK, Michel. *L'agonie de la IVe République, 13 mai 1958*. Paris: Gallimard, 2006, pp. 266-274.

234 LACOUTURE, Jean. *De Gaulle*: the ruler, 1945-1970. Londres: Harvill, 1991, p. 178.

235 HAMON, Francis; TROPER, Michel. *Droit constitutionnel*. 36ª ed. Trad. Berstein. Paris: LGDJ, 2015, pp. 420-424.

seu poder de decreto com o apoio de um gabinete dominado pelos partidos do antigo regime. Mas ele teve o cuidado de reservar o Ministério da Justiça para seu assessor jurídico de longa data, Michel Debré, que começou a avançar no projeto de uma nova Constituição em ritmo extraordinário.

7.2.1 Uma constituição provisória?

Em algumas semanas, o Ministério estava produzindo um projeto de trabalho baseado no discurso de 1946 de De Gaulle em Bayeux, que denunciou a Constituição da Quarta República. A visão de Debré de uma presidência forte foi então submetida a um painel de revisão de seis membros, dominado por quatro líderes políticos dos antigos partidos. Previsivelmente, eles procuraram mudar o equilíbrio de poder em favor do controle parlamentar. A intensa negociação que se seguiu ocorreu em segredo – e em um momento particularmente contencioso, foi solicitado ao General que interviesse pessoalmente. Em um mês, um esboço dos princípios de trabalho foi submetido a uma comissão consultiva de elite; a maioria de seus trinta e nove membros vinha do Parlamento.[236]

Este grupo do *establishment* deliberou de 29 de julho a 16 de agosto. Mais uma vez, ele mirou na ainda poderosa presidência – desta vez emitindo uma crítica pública. Mas, infelizmente, o resto da França estava de férias em meados de agosto, e a voz da comissão mal podia ser ouvida entre as ondas quebrando na costa de resorts à beira-mar.

Ainda mais importante, de Gaulle se reuniu com a comissão em 8 de agosto e deixou claro que não iria ceder em questões-chave. O estatuto parlamentar que instituiu a comissão especificava que ela era apenas consultiva, de modo que o primeiro-ministro tinha

---

236 BERSTEIN, Serge. *The republic of de Gaulle, 1958–1969*. Cambridge: Cambridge University Press, 1993, pp. 6-8.

o direito de declarar que era hora de seguir em frente. Ele submeteu o texto revisado ao Conselho de Ministros e ao Presidente Coty em 3 de setembro, que o aprovaram para a apresentação aos eleitores em um referendo especial em 28 de setembro.

Do início ao fim, todo o processo durou três meses – e contrastou fortemente com o debate sustentado e mobilizado que acompanhou a Fundação da Quarta República durante todo o ano de 1946. No entanto, a estratégia de De Gaulle de cooptação da elite funcionou de maneira excelente nas urnas. Como o antigo *establishment* político havia cooperado ativamente no processo de construção da Constituição, os quatro principais partidos se manifestaram a favor do voto no "sim", empurrando oponentes como Mendès-France e François Miterrand para o deserto político.

Isso facilitou as coisas para a campanha do "sim", que afirmava que seus oponentes isolados de centro-esquerda eram meros peões em uma campanha do "não" dominada pelos comunistas, o único grande partido político da oposição. O público tinha pouco entendimento das verdadeiras questões constitucionais, mas o tema anticomunista forneceu uma mensagem convincente durante a campanha de quatro semanas, levando a uma vitória por 80% a 20% em 28 de setembro.[237]

A cooptação tinha seus custos. Por um lado, de Gaulle conseguiu muito do que queria: conquistou uma presidência independente do Parlamento e podia se transformar em ditador, com amplos poderes de decreto, se declarasse unilateralmente que existia uma emergência nacional na Argélia ou em qualquer outro lugar.

Mesmo durante tempos normais, os poderes legislativos do Parlamento eram restritos, permitindo que o presidente conduzisse os assuntos estrangeiros e militares em grande parte sem interferência

237 BERSTEIN, Serge. *The republic of de Gaulle, 1958–1969*. Cambridge: Cambridge University Press, 1993, pp. 13-16.

legislativa. Além disso, uma vez que um primeiro-ministro e seu gabinete obtivessem o apoio da maioria no Parlamento, a Constituição impunha limites severos à capacidade do Parlamento de retirá-lo do cargo e tornava muito difícil para seus membros derrotar o programa legislativo do governo no plenário da casa.[238]

Essas foram vitórias muito substanciais para a visão de De Gaulle da democracia presidencialista, mas não marcaram uma derrota final do princípio da supremacia parlamentar. Em primeiro lugar, a Assembleia Nacional continuou a ser o único órgão eleito diretamente pelos cidadãos. A presidência, com muito poder, seria selecionada por um Colégio Eleitoral criado especialmente para isso, cujos 80 mil membros eram em grande parte delegados eleitos localmente em áreas rurais. O Colégio certamente escolheria de Gaulle no curto prazo, mas sua composição representava um problema de longo prazo, quando o herói da Resistência se afastasse do palco político.

Nesse ponto, um presidente profundamente conservador, selecionado por um Colégio Eleitoral desorganizado, enfrentaria um primeiro-ministro que comandava a maioria da Assembleia Nacional eleita democraticamente. Dada a reivindicação problemática de autoridade do novo presidente, seria difícil para ele bloquear a aprovação do programa legislativo do primeiro-ministro. Talvez ele pudesse fazer isso se a nova Constituição definisse claramente seus poderes em relação ao primeiro-ministro e seu gabinete. Mas o texto era ambíguo nesse ponto – o resultado de um compromisso que Debré havia feito com o *establishment* do partido do antigo regime para garantir seu apoio. Isso deixou o primeiro-ministro como o único líder selecionado por meio de uma eleição genuinamente democrática, baseada no sufrágio universal – o que lhe

---

238 CHEVALLIER, Jean-Jacques (*et al.*). *L'histoire de la Veme République*, 2015, pp. 29-35; TROPER, Michel. "Constitutional law". *In*: BERMANN, George; PICARD, Etienne. *Introduction to French law*. Alphan aan den Rijin: Kluwer law international, 2008, pp. 22-29.

daria uma vantagem inestimável em qualquer confronto com um sucessor teleguiado por De Gaulle. Se a Constituição permanecesse inalterada, a Quinta República previsivelmente voltaria ao padrão estabelecido durante a Terceira e a Quarta Repúblicas – nas quais o presidente desempenhava um papel amplamente simbólico como chefe de Estado, e o primeiro-ministro estava no centro do poder, de modo que poderia manter sua maioria parlamentar.

De Gaulle estava totalmente ciente disso – e mais tarde ele tomaria medidas dramáticas para mudar a Constituição de 1958, a fim de garantir que seu legado presidencialista perdurasse após duas saídas de cena. Mas, de início, ele se concentrou em garantir sua posição no curto prazo. Depois de conseguir a cooperação da Terceira Força para obter um mandato decisivo para a Constituição em setembro de 1959, ele imediatamente partiu para o ataque. Depois de se tornar presidente formalmente em outubro, de Gaulle enfrentou seu próximo teste político em novembro, quando os eleitores voltaram às urnas para as primeiras eleições parlamentares da Quinta República. Desta vez, o presidente pediu ao Povo que rejeitasse a Terceira Força em favor de sua recém-criada União pela Nova República.

Seu apelo teve um sucesso notável. Apesar de seu caráter *ad hoc*, a nova União conquistou 198 assentos para seus candidatos, e os aliados gaullistas obtiveram 133 assentos adicionais – somando-se a uma forte maioria governista para o mandato de cinco anos do Parlamento. Em contraste, os partidos da Terceira Força juntos conseguiram um total de 124 assentos, e os comunistas se saíram ainda pior – perdendo um terço de seus votos e obtendo apenas 10 assentos.

Isso significava que de Gaulle não teria que lidar com um primeiro-ministro politicamente independente durante os primeiros anos da Quinta República. Em vez disso, a grande vitória da União confirmou o caráter decisivo do referendo anterior – dando a de Gaulle o apoio parlamentar de que precisava para estabelecer que sua visão de democracia presidencialista podia realmente funcionar na prática. A centralidade de De Gaulle foi ainda mais dramatizada quando o presidente recorreu a Michel Debré, o principal redator da Constituição, para servir como primeiro-ministro.

7.2.2 A revolução de De Gaulle

Apesar de seus triunfos eleitorais, o presidente e o primeiro-ministro logo se viram diante de um desafio muito sério, proveniente da dinâmica do Tempo Um que alçou o General ao poder. Como vimos, de Gaulle havia usado habilmente a ameaça de um golpe militar para intimidar os partidos políticos do *establishment* e obter seu apoio ao novo regime. Mas sua ascensão permaneceria vulnerável se ele não pudesse obter a aquiescência dos rebeldes argelinos.

Ao assumir o cargo como o último primeiro-ministro da Quarta República, de Gaulle encontrou uma Argélia controlada por comitês de segurança pública que haviam efetivamente substituído a autoridade governamental oficial. Ele respondeu rapidamente voando pelo Mediterrâneo para tranquilizar pessoalmente os colonos e os militares quanto a suas intenções – proclamando a famosa palavra de ordem "*Vive l'Algérie française!*" em seu discurso de 6 de junho.[239]

Mas nos meses e anos precedentes, os apoiadores argelinos de De Gaulle se convenceram de que ele estava traindo sua causa – e tentaram repetidamente tirá-lo do poder. De Gaulle respondeu com

---

239 O texto oficial do discurso de De Gaulle não inclui "a célebre frase 'Vive l'Algérie française'", embora várias testemunhas confirmem que ele fez essa declaração "em vez de 'Vive l'Algérie' que aparece no texto". BERSTEIN, Serge. *The republic of de Gaulle, 1958–1969*. Cambridge: Cambridge University Press, 1993, p. 31. As *Memórias* de de Gaulle, escritas após sua aposentadoria, revelam uma tendência semelhante de reescrever a história; ver LACOUTURE, Jean. *De Gaulle*: the ruler, 1945-1970. Londres: Harvill, 1991, pp. 188/189.

uma série de apelos carismáticos que foram cruciais para salvar a si mesmo e sua Constituição da destruição.

No entanto, mesmo esse sucesso não concluiu o exercício de De Gaulle de constitucionalização do carisma. Depois de debelar o risco de ser derrubado militarmente, ele passou a enfrentar os partidários da Quarta República – que, como os rebeldes argelinos, desempenharam um papel crucial em alçá-lo ao poder. Como vimos, figuras do *establishment* como Coty e Pflimlin cobraram um preço substancial para cooperar com o General – insistindo em um sistema constitucional no qual a presidência previsivelmente perderia muito de sua autoridade assim que o herói da Resistência saísse de cena. Se de Gaulle quisesse garantir seu legado constitucional para o futuro, só havia uma maneira de fazer isso: mudar a Constituição para permitir que os eleitores escolhessem o chefe do Executivo diretamente. Uma vez que o presidente fosse diretamente selecionado pelo voto popular, ele estaria em posição de alegar que ele, e não o primeiro-ministro, estava em posição de falar em nome do Povo.

Para mudar a Constituição era necessário o apoio da maioria absoluta de ambas as casas do Parlamento, e, como previsto, os membros da legislatura resistiram aos seus esforços para destruir seu *status* privilegiado como os únicos representantes eleitos diretamente pelos cidadãos. Em vez de arriscar uma derrota para os parlamentares, de Gaulle reafirmou sua autoridade para revolucionar a Constituição que ele próprio havia estabelecido apenas alguns anos antes. Mais uma vez, ele usou sua fórmula padrão – apelos midiáticos + referendo constitucional = de Gaulle como soberano popular. Esse movimento foi especialmente notável porque, como veremos, foi expressamente proibido pela Constituição da Quinta República!

Conquanto, o segundo esforço do General para constitucionalizar seu carisma foi bem-sucedido – criando uma base sólida para a presidência e preparando o terreno para seus sucessores disputarem o significado duradouro de seu notável legado constitucional durante o Tempo Três.

7.2.3 A crise argelina

Ao organizar as regras básicas para o referendo constitucional de setembro e para as eleições parlamentares de novembro, de Gaulle deu continuidade ao seu compromisso de junho com a "Algérie française". Durante a Quarta República, apenas uma fração da população argelina podia votar para eleger representantes na Assembleia Nacional. O sufrágio estava limitado a um milhão de colonos franceses na Argélia que haviam migrado de sua terra natal; os nove milhões de habitantes muçulmanos estavam excluídos. Mas com o alvorecer da Quinta República, todos poderiam votar – o que permitiria a todos os argelinos demonstrar sua condição de cidadãos franceses de pleno direito.

No entanto, a maneira como essas eleições foram conduzidas apenas confirmou as afirmações da FLN de que os argelinos nunca poderiam realmente se tornar franceses. A essa altura, de Gaulle havia acrescentado Jacques Soustelle a seu gabinete, em reconhecimento a seu papel central na conspiração que o alçara ao poder. Ideólogo de direita, Soustelle era agora ministro da Informação e estava em posição de zombar do referendo argelino. Colaborando com seus aliados militares, ele lançou o Ministério em um esforço intensivo de propaganda pelo voto no "sim" – reprimindo sistematicamente a campanha pelo "não". Essas manobras autoritárias se revelaram contraproducentes: quando as autoridades informaram que 96,5% dos votos vindos da Argélia eram no "sim", a notícia desacreditou todo o processo. As eleições de novembro geraram um resultado tão inacreditável quanto esse, com todos os 67 assentos da Assembleia Nacional da Argélia indo para candidatos que pediam uma forte "integração" de sua região à França metropolitana.[240]

---

240 Este resultado notável também se deveu a um boicote da FLN às eleições parlamentares. BERSTEIN, Serge. *The republic of de Gaulle, 1958–1969*. Cambridge: Cambridge University Press, 1993, p. 31. Ao fornecer anteriormente estatísticas sobre a grande maioria gaullista nessas eleições, eu estava

Ao mesmo tempo que os relatórios eleitorais oficiais proclamavam a decisão da Argélia de permanecer francesa, de Gaulle reafirmava seu controle efetivo sobre os comitês rebeldes de segurança pública. Em 13 de outubro, o general Salan, comandante-em-chefe argelino, recebeu a ordem de garantir "a retirada imediata" dos militares de "toda participação em organizações de natureza política". Diante desse comando inequívoco, Salan forçou o general Massu a renunciar à presidência do Comitê de Segurança Pública de Argel. De Gaulle então enganou Salan para aceitar uma "promoção" para um emprego que parecia impressionante – mas impotente – em Paris. Isso criou uma abertura que o permitiu substituir Salan pelo general Maurice Challe, leal a de Gaulle, em quem podia confiar para obedecer às ordens recebidas da metrópole.

O presidente então embarcou em um conjunto agressivo de medidas militares, econômicas e sociais com o objetivo de convencer a maioria muçulmana a abandonar a FLN e reafirmar sua identidade francesa. Apesar do forte apoio de Challe, essa iniciativa ambiciosa provou-se um fracasso, levando de Gaulle a concluir que a FLN estava na Argélia para ficar. Em setembro de 1959, ele começou a preparar o público para essa verdade amarga, declarando publicamente que os argelinos poderiam um dia ganhar sua independência se a maioria votasse para romper seus laços com a França em um referendo. No entanto, ele tentou adiar esse ajuste de contas exigindo que a FLN encerrasse sua guerra de guerrilha e esperasse quatro anos para permitir que as paixões esfriassem e ocorressem negociações sobre os termos precisos do referendo.

Apesar dessas ressalvas importantes, a declaração de De Gaulle gerou acusações previsíveis de traição por parte dos nacionalistas franceses em ambos os lados do Mediterrâneo. Pior ainda,

---

apenas relatando os resultados da França metropolitana, sem adicionar esses falsos números argelinos ao total.

o sucesso do presidente em colocar generais de alta visibilidade na linha de comando apenas levou a resistência militar à clandestinidade – com muitos oficiais de escalão inferior em conluio com grupos de colonos na Argélia e nacionalistas na França em novos atos de desacato.

Isso culminou em outro levante na cidade de Argel, em janeiro de 1960. De Gaulle respondeu com ações decisivas que rapidamente esmagaram a rebelião. Mas ele então procurou pacificar os nacionalistas obstinados desencadeando outro esforço desesperado para destruir o movimento guerrilheiro.[241] Todavia, essa campanha militar renovada falhou em restabelecer a aparência de lei e ordem. Depois de mais um ano de fracasso, de Gaulle deu mais um passo para reconhecer o inevitável. Ele apresentou uma proposta mais próxima, embora vaga, que reconhecia o direito da Argélia à autodeterminação.[242]

Seu anúncio catalisou mais gritos de indignação da direita. Enquanto o amargurado quadro de oficiais militares considerava seus próximos passos, de Gaulle se viu em uma encruzilhada. Ele poderia começar a negociar com a FLN com base em seus amplos poderes constitucionais sobre assuntos militares – e então tentar impor seu fato consumado a seus oponentes políticos – ou poderia tentar reforçar sua autoridade apelando ao povo francês para apoiar sua iniciativa – em referendo especial.

Os presidentes franceses depois de De Gaulle geralmente se recusaram a fazer tais apostas nas marés inconstantes da opinião pública.[243] Mas o General não era um político comum. Desde sua

---

241 BERSTEIN, Serge. *The republic of de Gaulle, 1958–1969*. Cambridge: Cambridge University Press, 1993, pp. 41/42.

242 LACOUTURE, Jean. *De Gaulle*: the ruler, 1945-1970. Londres: Harvill, 1991, pp. 287-300 (o "zigue-zague para a paz" de De Gaulle).

243 HAMON, Francis; TROPER, Michel. *Droit constitutionnel*. 36ª ed. Trad. Berstein. Paris: LGDJ, 2015, pp. 535/536. A única exceção – muito

entrada triunfante em Paris em 1944, ele repetidamente apelou ao povo francês por um mandato para estabelecer um "novo começo" na vida política da nação. Ao convocar um referendo mais uma vez, ele estava perfeitamente ciente do risco que corria. Afinal, foi precisamente o uso de referendos que o levarou ao retumbante repúdio de 1946.

Conquanto, ele agora tinha conseguido constitucionalizar seu carisma no referendo de 1958. Portanto, era inteiramente consistente com sua persona pública implementar a tática mais uma vez para estabelecer que o Povo apoiava seu apelo pera transformar a identidade constitucional da República ao permitir à Argélia cortar seus laços com a França.

Depois de uma campanha breve, mas intensa, de Gaulle venceu o referendo por uma maioria esmagadora. Os resultados da Argélia, porém, foram mais ambíguos. Setenta por cento dos votos registrados foram no "sim", mas mais de 40% da comunidade muçulmana boicotou a eleição a pedido da FLN.

Os colonos europeus da Argélia também estavam cada vez mais alienados, mas não precisavam de um boicote para enviar sua mensagem. Visto que a maioria vivia na cidade de Argel, eles podiam transmitir sua forte oposição votando "não" nas urnas da cidade – superando o voto no "sim" por uma margem de 70% a 30%. Esse forte "não" contrastava fortemente com o forte "sim" da nação como um todo, que aprovou a iniciativa de De Gaulle por uma margem de 75% a 25%.[244]

Pior ainda, os colonos e seus aliados militares estavam absolutamente indispostos a aceitar o julgamento feito pelos eleitores

---

importante – a essa regra diz respeito aos referendos sobre a relação da França com a União Europeia. Discutirei esses referendos no próximo volume.

244 WALKER, Mark. *The strategic use of referendums*: power, legitimacy, and democracy. Nova York: Macmillan, 2003, pp. 26-28.

da França metropolitana. O general Salan já havia fugido para a Espanha de Franco e estava ocupado organizando conspiradores militares e civis em uma Organização do Exército Secreto para se opor à iniciativa de De Gaulle pela força. Os primeiros ataques guerrilheiros do Exército Secreto foram um prelúdio para outro levante militar na cidade de Argel em abril de 1961.

Lembremos que, em um estágio anterior, de Gaulle substituiu o rebelde Salan pelo general Maurice Challe, que apoiou vigorosamente os esforços do presidente para virar a maré contra a FLN. De Gaulle recompensou Challe nomeando-o como comandante-em-chefe de todas as Forças Aliadas na Europa Central. Mas, neste momento crítico, Challe traiu seu benfeitor.

Ele renunciou repentinamente à sua posição de prestígio para se juntar a Salan e outros quando o Primeiro Regimento de Paraquedistas tomou o controle de Argel na noite de 21 de abril. No dia seguinte, os rebeldes colocaram todos os oficiais leais na prisão enquanto a população de colonos da cidade levantava-se nas ruas em apoio à rebelião. Challe e Salan então esperaram com expectativa que seus colegas oficiais iniciassem ações semelhantes no resto da Argélia, dando ímpeto a uma repetição da Operação Ressurreição – mas desta vez, com o objetivo de forçar de Gaulle a deixar o cargo.

O corpo de oficiais estava lotado de rebeldes, mas as fileiras estavam cheias de recrutas civis, e o destino do levante estava em suas mãos. Os oficiais "challistas" estavam no comando direto da base e acreditvam que isso lhes dava uma grande vantagem para obter apoio contra a "traição" de De Gaulle à *Algérie française.* Mas o presidente respondeu com uma demonstração decisiva de sua autoridade carismática.

Na noite de 23 de abril, de Gaulle foi à televisão apelar diretamente aos cidadãos-soldados da França, conclamando-os a rejeitar os comandos de seus superiores militares:

> Um poder insurrecional se instalou na Argélia com base em um pronunciamento militar. Esse poder tem uma fachada – um quarteto de generais aposentados – e tem uma realidade – um grupo de funcionários públicos politizados, delirantes e ambiciosos. Em nome da França eu ordeno que todos os meios, repito, todos os meios, sejam usados para bloquear o caminho desses homens até que possam ser derrotados. Eu proíbo todos os franceses, *e em primeiro lugar todos os solados*, de cumprir suas ordens.[245]

Foi essa afirmação de autoridade, não o exercício do poder de emergência em estado bruto, que mudou a maré. Em resposta ao apelo do presidente, os recrutas se recusaram de forma esmagadora a seguir seus oficiais – forçando o General Challe a reconhecer que seu esforço para reencenar 1958 havia falhado. Após dois dias de espera em vão por novas revoltas em toda a Argélia, ele se entregou às autoridades legais. Outros agressores como Salan recusaram-se a se render e foram para a clandestinidade com o Exército Secreto. No entanto, eles só podiam expressar sua oposição por meio de guerrilhas, incapazes de retirar as principais regiões do controle do governo legal.

O apelo de De Gaulle aos recrutas havia funcionado. Como seu discurso na televisão suplantou a autoridade de comando exercida face a face pelos oficiais challistas?

Ao ir ao ar, o presidente estava reencenando seus dias de glória em 1941, quando a BBC projetou sua voz pela primeira vez para seus concidadãos, instando-os a se levantarem e serem contados "em nome da França". Mas essa reencenação revolucionária foi apenas uma condição necessária, mas não suficiente, para o

---

245 HAMON, Francis; TROPER, Michel. *Droit constitutionnel*. 36ª ed. Trad. Berstein. Paris: LGDJ, 2015, p. 50 (ênfase minha); NASSIF, Hicham. "Generals and autocrats: how coup-proofing predetermined the military elite's behavior in the Arab Spring". *Political Science Quarterly*, vol. 130, 2015 (dependência do alto comando da obediência nas fileiras inferiores).

sucesso. Sua vitória anterior no referendo de janeiro também desempenhou um papel essencial.

Para esclarecer meu argumento, suponhamos que de Gaulle tivesse se recusado a convocar um referendo e começasse a negociar com a FLN com base nos amplos poderes sobre assuntos militares concedidos a ele pela nova Constituição. Nesse cenário, seu reconhecimento da FLN teria provocado ferozes respostas nacionalistas de seus oponentes no Parlamento e na imprensa – gerando grande confusão entre os recrutas quanto ao verdadeiro estado da opinião pública. Nesse contexto, é muito mais provável que eles tivessem obedecido às ordens de seus comandantes de continuar sua longa luta pela *Algérie française*. Foi apenas a larga votação no "sim" que fez o apelo de De Gaulle parecer tão atraente.

Se não estiver convencido, considere um cenário hipotético. Suponha (1) que de Gaulle convocasse um referendo, mas (2) perdesse por uma margem estreia, e (3) ainda assim avançasse, alegando (corretamente) que sua ampla concessão de autoridade constitucional ainda lhe permitia prosseguir com as negociações. Nesse cenário, pode haver alguma dúvida séria de que os conspiradores teriam levado seus oficiais "challistas" a uma rebelião aberta?

Heroísmo revolucionário + referendo popular = legitimação de um "novo começo". Paradoxalmente, essa fórmula gaullista clássica serviu para justificar a supressão de um levante militar do mesmo tipo que o havia alçado ao poder três anos antes.

Devo enfatizar o caráter limitado da vitória de De Gaulle. Após o golpe fracassado, ele achou difícil chegar a um acordo aceitável com a FLN. Demorou quase um ano para que o Acordo de Evian de março de 1962 preparasse o cenário para um referendo final sobre a independência da Argélia em julho. Enquanto as negociações avançavam de modo inconclusivo, o Exército Secreto continuou sua guerrilha contra a FLN na Argélia, mantendo vivas as esperanças dos colonos. Mesmo o Acordo de Evian não foi suficiente para acabar com a resistência. Em vez disso, o Exército Secreto lançou um esforço final desesperado para sabotar o acordo – lançando uma campanha de terra arrasada que levou à fuga desesperada de 700 mil colonos europeus para a França continental, deixando quase tudo para trás. Essa tragédia ridicularizou as promessas de um futuro brilhante feitas por De Gaulle aos colonos em 1958, quando estes apoiaram seu repúdio revolucionário à Quarta República.[246]

Mas isso não prejudicou nem um pouco a legitimidade política de De Gaulle. Ao contrário, o presidente apresentou o Acordo de Evian como um triunfo e exortou os eleitores do continente a apoiar a independência da Argélia em outro referendo especial. Quando 90% responderam em 8 de abril com um enfático "sim", a autoridade de De Gaulle para falar pelo Povo foi reforçada mais uma vez.[247]

Durante o mesmo período, os militares franceses na Argélia conseguiram apreender Salan e condená-lo à prisão perpétua. Oprimido por esses contratempos, o Exército Secreto anunciou um cessar-fogo no início de junho.

Isso preparou o terreno para a última fase do processo de Evian. Em 1º de julho, todos os eleitores da Argélia, incluindo os remanescentes da despedaçada comunidade de colonos, foram às urnas para votar na questão final da independência nacional. Quando 99,72% votaram no "sim", o presidente concedeu reconhecimento formal ao novo Estado soberano da Argélia em nome da Quinta República.

Ao encerrar a luta, de Gaulle não apenas evitou que a França metropolitana sofresse uma derrota traumática; ele não apenas reafirmou sua autoridade sobre o exército; ele realizou algo ainda

---

246 HAMON, Francis; TROPER, Michel. *Droit constitutionnel*. 36ª ed. Trad. Berstein. Paris: LGDJ, 2015, p. 70.

247 LACOUTURE, Jean. *De Gaulle*: the ruler, 1945-1970. Londres: Harvill, 1991, pp. 312-314.

mais fundamental. Resgatou a narrativa revolucionária que deu origem à Quinta República. Assim como em 1944, assim como em 1958, também em 1962, o *outsider* revolucionário levou o Povo a redefinir sua identidade constitucional após uma profunda crise militar.

7.2.4 Refundação revolucionária

Enquanto se vangloriava desses triunfos, de Gaulle estava bastante ciente da fragilidade de sua conquista. Como ele explica em suas memórias:

> Diante da crise nacional [em 1958], por acaso fui pré-ordenado como salvador do país, [o que me permitiu], com a concordância direta do povo, ou seja, em uma base eminentemente democrática, estabelecer instituições projetadas para abranger o futuro.[248]

No entanto, ele reconheceu que a presidência – a instituição central de seu novo projeto – realizou-se de uma forma profundamente comprometida, dado o papel do colégio eleitoral teleguiado na seleção do presidente. O Colégio não representaria um problema no curto prazo, uma vez que "em razão da história passada e das circunstâncias presentes, a forma de minha ascensão não seria mais do que uma formalidade". Mas isso levaria a uma crise previsível "quando as circunstâncias dramáticas e a pessoa excepcional" que criaram a Quinta República "tivessem desaparecido".[249]

Particularmente, não levo a sério a adoração autoindulgente de De Gaulle por si mesmo como um herói. Mas sua maneira

---

248 LACOUTURE, Jean. *De Gaulle*: the ruler, 1945-1970. Londres: Harvill, 1991, p. 306.

249 LACOUTURE, Jean. *De Gaulle*: the ruler, 1945-1970. Londres: Harvill, 1991, pp. 306/307.

egocêntrica de autoapresentação não deve nos cegar para a validade de sua percepção básica. De Gaulle estava certo ao insistir que a constitucionalização do carisma é um processo de longo prazo – e que sua saída do palco no Tempo Três previsivelmente geraria uma crise de sucessão distinta. Ele também estava certo ao temer que a eleição indireta por um Colégio Eleitoral colocaria o próximo presidente em grave desvantagem em futuras lutas pelo poder com primeiros-ministros que teriam o apoio de uma Assembleia Nacional eleita diretamente. Se de Gaulle pretendia preservar seu legado presidencialista, ele não tinha escolha a não ser liderar o Povo em uma campanha por mais uma transformação constitucional.

> A única maneira era a eleição do Presidente da República pelo Povo. Se ele fosse escolhido pelos franceses como um todo, ele seria "o homem da nação", investido assim aos olhos de todos, e aos seus próprios olhos, de uma responsabilidade primordial precisamente correspondente ao papel que lhe foi atribuído na Constituição.[250]

"Pelo bem do futuro", então, ele prosseguiu, "eu estava determinado a concluir o edifício [constitucional]" criando uma presidência verdadeiramente democrática "antes do final de meu mandato de sete anos" – e ele novamente recorreu ao referendo popular para obter legitimidade para esse esforço.[251]

Mas desta vez, ele encontrou um problema especial. Ao lidar com a crise argelina, a Constituição deu ao presidente autoridade unilateral para convocar um referendo com base em um projeto de lei relativo a qualquer "tratado que, embora não seja contrário

---

250 LACOUTURE, Jean. *De Gaulle*: the ruler, 1945-1970. Londres: Harvill, 1991.

251 LACOUTURE, Jean. *De Gaulle*: the ruler, 1945-1970. Londres: Harvill, 1991.

à Constituição, afete o funcionamento das instituições". No entanto, a convocação de uma eleição presidencial pelo Povo exigia uma emenda formal eliminando o Colégio Eleitoral – e o artigo 89 declarava expressamente que "o direito de propor emendas à Constituição pertence simultaneamente ao Presidente da República... *e aos membros do Parlamento*".[252]

As disposições adicionais estabeleceram um conjunto de obstáculos significativo. O primeiro-ministro recém-nomeado, Georges Pompidou, não só teria que obter a maioria necessária na Assembleia Nacional. Ele teria que persuadir o Senado a aceitar a iniciativa de De Gaulle. A câmara alta do Parlamento desempenhava um papel secundário na legislação ordinária, mas recebeu um poder de veto em questões constitucionais. Por ser composta de notáveis escolhidos por um Colégio Eleitoral semelhante ao envolvido na seleção presidencial, os senadores resistiriam previsivelmente ao ataque de De Gaulle ao princípio da eleição indireta.[253]

Esses obstáculos não eram intransponíveis. Os gaullistas obtiveram uma grande vitória nas eleições de 1959 para a Assembleia Nacional, o que lhes permitiu formar uma coalizão governamental que apoiou lealmente o programa do presidente durante tempos muito difíceis. É verdade que o presidente substituíra recentemente seu primeiro-ministro, Michel Debré, por outro fiel seguidor, Georges Pompidou. Mas isso deu ao recém-chegado um enorme incentivo para estabelecer sua credibilidade política, dando seguimento à iniciativa de De Gaulle na Assembleia. Depois que Pompidou executasse essa missão, seria difícil – para dizer o mínimo – para o Senado recusar a iniciativa conjunta de um presidente carismático e de um primeiro-ministro que contava com forte apoio de uma Assembleia eleita por voto direto. A

252 Ênfase minha.

253 A Seção 89 também permitia emendas sem a necessidade de um referendo se houvesse uma maioria de três quintos de ambas as casas reunidas em sessão conjunta.

vitória final não estava garantida, mas o presidente e seu novo primeiro-ministro poderiam muito bem ter saído triunfantes após uma luta política franca.[254]

Mas de Gaulle escolheu um caminho ainda mais arriscado. Ele simplesmente se recusou a jogar segundo as regras estabelecidas por sua própria Constituição. Um incidente dramático sem dúvida o empurrou para outra revolução da República. Em 22 de agosto, os agressores do Exército Secreto quase conseguiram assassinar ele e sua família em retaliação por sua "traição" na Argélia.[255] Esse evento chocante deu a de Gaulle uma abertura dramática para anunciar, enquanto o Parlamento estava em recesso, que iria prosseguir unilateralmente com um referendo sobre a emenda da eleição popular. Esse anúncio notável provocou uma tempestade de condenações vindas de todos os partidos políticos – exceto, é claro, a União Gaullista pela Nova República.[256]

O alvoroço popular foi reforçado pelos guardiões oficiais da Constituição da República. De Gaulle fez seu pronunciamento em 12 de setembro. No fim do mês, tanto o Conselho de Estado quanto o Conselho Constitucional o informaram de que sua iniciativa era totalmente inconstitucional. Cada um agiu de forma independente, mas suas condenações se reforçaram mutuamente. O Conselho de Estado havia se firmado como o grande árbitro do direito público ao longo do século anterior, com seus membros representando os mais ilustres juristas do país. Ao se levantar contra o General,

---

254 Discordo, contudo, que o referendo proposto por de Gaulle "certa[mente]" teria sido rejeitado pelo Senado – embora não haja nenhuma maneira de verificar tais contrafactuais. Ver JAUME, Lucien. "Constituent power in France: the revolution and its consequences". *In*: LOUGHLIN, Martin; WALKER, Neil. *The paradox of constitutionalism*: constituent power and constitutional form. Oxford: Oxford University Press, 2008, p. 82.

255 BERSTEIN, Serge. *The republic of de Gaulle, 1958–1969*. Cambridge: Cambridge University Press, 1993, p. 71.

256 LACOUTURE, Jean. *De Gaulle*: the ruler, 1945-1970. Londres: Harvill, 1991, pp. 488-495.

estavam cristalizando um consenso profissional, condenando a ação como um profundo atentado ao Estado de Direito.[257]

O Conselho Constitucional, em contraste, era um recém-chegado do ponto de vista institucional, sem análogo nas experiências anteriores de governo republicano na França. Muito simplesmente, Miche Debré projetou o Conselho como uma arma adicional para apoiar a forte presidência estabelecida pela Quinta República. Ele reconheceu que a Assembleia Nacional tentaria previsivelmente reafirmar a sua autoridade por meio do uso agressivo de seus poderes legislativos. Para se proteger contra essa ameaça, Debré construiu o Conselho para funcionar como o "cão de guarda" do presidente – concedendo-lhe autoridade para derrubar a legislação que invadia inconstitucionalmente as prerrogativas presidenciais, especialmente na condução de assuntos estrangeiros e militares.

Para criar a aparência necessária de imparcialidade, a Constituição exigia que o presidente compartilhasse o poder de nomeação para o Conselho com os chefes da Assembleia Nacional e do Senado. Cada um deles poderia selecionar três membros para mandatos de nove anos. Para aumentar seriedade do Conselho, os ex-presidentes da República – René Coty e Vincent Auriol – também atuaram como membros, mas durante o período de fundação essa fórmula somou uma clara maioria gaullista de seis – porque, além das nomeações do presidente, a Assembleia estava sob controle gaullista (o Senado, como veremos, era menos confiável).

A esmagadora maioria dos conselheiros eram políticos, com apenas alguns professores e juízes fornecendo uma perspectiva jurídica.[258] Como o Conselho era dominado por políticos seniores muito

---

257 CHEVALLIER, Jean-Jacques (*et al.*). *L'histoire de la Veme République*, 2015, p. 84.

258 O primeiro presidente do Conselho foi o conselheiro estratégico de longa data de De Gaulle, Leon Noel, que continuou a servir como conselheiro durante o mandato de seis anos de Noel.

amigos de De Gaulle, foi uma grande surpresa quando esse "cão de guarda" presidencial se virou para morder seu criador. Combinada com a condenação expedida pelos mandarins do Conselho de Estado, a mensagem era inequívoca: Charles de Gaulle, você está lançando um ataque revolucionário contra sua própria Constituição.

O presidente respondeu com raiva e desprezo. Como ele mais tarde disse em suas memórias: "Eu mesmo fui o principal inspirador das novas instituições... realmente foi o cúmulo da afronta me desafiar sobre o que elas queriam dizer".[259]

Nessa fase, o parecer dado por ambos os Conselhos era consultivo e estritamente confidencial. Mas em uma quebra chocante de protocolo, a opinião do Conselho de Estado vazou para o *Le Monde*, e o ex-presidente René Coty, agora membro do Conselho Constitucional, denunciou a ação de De Gaulle como um "golpe de Estado constitucional".[260]

De Gaulle não ficou impressionado. Quando o Parlamento voltou a se reunir em 2 de outubro, ele informou peremptoriamente que o referendo ocorreria em 28 de outubro. A Assembleia Nacional respondeu com um "voto de desconfiança". Com apenas a União Gaullista votando em apoio ao governo de Pompidou, a Assembleia retirou o governo do poder e censurou o presidente por "violar a Constituição".[261] Essa foi a primeira e única vez que o Parlamento depôs um primeiro-ministro em exercício nos sessenta anos de história da Quinta República.

---

259 DE GAULLE, Charles. *Memoirs of Hope*: Renewal and Endeavor. Trad. Kilmartin. Nova York: Simon & Schuster, 1971, p. 315.

260 VIANSSON-PONTÉ, Pierre. "Le Conseil d'État juge inconstitutionnel le recours a l'article 11". *Le Monde*, out. 1962 (relatando vazamento de informante "confiável").

261 BERSTEIN, Serge. *The republic of de Gaulle, 1958–1969*. Cambridge: Cambridge University Press, 1993, p. 73.

O presidente respondeu ampliando o ataque ao Parlamento. Ele manteve Pompidou como primeiro-ministro interino e ordenou que ele continuasse os preparativos para o referendo de 28 de outubro. Ele então dissolveu a Assembleia Nacional rebelde e convocou novas eleições para o final de novembro. Ele subiu ainda mais as apostas em um discurso televisionado no meio da frenética campanha de três semanas para o referendo:

> Se vocês rejeitarem minha proposta e seguirem o conselho dos velhos partidos que querem restaurar seu regime desastroso e de todos os subversivos que procuram uma saída para sua sedição; ou se a maioria for fraca, medíocre e indecisa, então nem é preciso dizer que minha tarefa será imediata – e irrevogavelmente – encerrada.[262]

Essa é uma passagem verdadeiramente notável. De Gaulle está comparando seus oponentes no Parlamento eleito democraticamente aos conspiradores sediciosos que tentaram matá-lo. Isso é pura demagogia, digna de um ditador de meia-tigela.

No entanto, permanece uma diferença significativa: o presidente não estava exigindo apoio inquestionável para seu culto à personalidade; ele estava ameaçando *renunciar* se os eleitores não apoiassem sua iniciativa ilegal. Além do mais, sua proposta não envolvia engrandecimento pessoal – digamos, declarando-o presidente vitalício. Ele estava totalmente preparado para testar sua popularidade quando seu mandato de sete anos terminasse em 1965, e ele seria obrigado a concorrer à reeleição. Em vez disso, ele estava apelando ao Povo para que preservasse o princípio constitucional da democracia presidencial depois que ele tivesse saído de cena.

---

262 BERSTEIN, Serge. *The republic of de Gaulle, 1958–1969*. Cambridge: Cambridge University Press, 1993, pp. 75/76.

Seu recurso teve êxito – embora não pela mesma margem que prevaleceu em 1959, quando a Constituição original foi aprovada. A participação eleitoral caiu de 85% para 78% e os votos no "não" aumentaram de 20% para 38%. No entanto, o nível de mobilização popular permaneceu alto, e a votação de 62% a 38% representou um forte mandato. Embora de Gaulle tenha ameaçado renunciar se obtivesse uma vitória "débil", ele foi firme em declarar que permaneceria no cargo, já que os eleitores haviam dado um apoio de fato decisivo à sua refundação revolucionária.

Isso deixou seus oponentes com apenas uma cartada. A Constituição permitia a eles apelar ao Conselho Constitucional em busca de uma declaração que invalidasse o referendo como inconstitucional. O Conselho fora projetado para um propósito muito diferente. Ele foi criado, não para impor sua vontade a de Gaulle, mas para ajudá-lo a derrubar as leis parlamentares que interferissem em seus poderes independentes em assuntos estrangeiros e militares. No entanto, como vimos, o "cão de guarda presidencial" já havia rosnado ameaçadoramente. Em sua declaração preventiva anterior, contudo, ele havia atuado em caráter puramente consultivo. Agora que o referendo havia ocorrido, a Constituição lhe concedia o poder de invalidar seus resultados – desde que um dos dirigentes da República invocasse a jurisdição do Conselho.

Apenas três agentes tinham esse poder – o próprio de Gaulle e os presidentes da Assembleia Nacional e do Senado. O chefe gaullista da Assembleia Nacional não tinha interesse em contestar o fato consumado do presidente, mas o presidente do Senado estava em uma posição muito diferente. Os gaullistas não tinham maioria na câmara alta, que era em grande parte selecionada por autoridades locais, e os conservadores mais tradicionais mantinham o equilíbrio de poder. Como consequência, a câmara elegeu Gaston Monnerville, um membro de centro-direita do Partido Radical, como seu presidente. Embora Monnerville tenha em geral apoiado o governo Debré, ele não era um lacaio gaullista, e começou a denunciar a iniciativa do presidente como "totalmente ilegal e inconstitucional" assim que foi anunciada.[263] Assim como de Gaulle estava dissolvendo a Assembleia Nacional em retaliação por seu "voto de desconfiança" contra Pompidou, Monnerville foi reeleito como presidente do Senado por uma margem de 212 a 3 – e tornou-se uma voz importante na campanha do "não" nas semanas anteriores à votação de 28 de outubro. Tão logo os resultados foram anunciados, Monnerville imediatamente jogou seu trunfo e pediu ao Conselho Constitucional que invalidasse os resultados do referendo unilateral de De Gaulle.

Isso colocou o jovem Conselho em um beco sem saída. Como seu conselho anterior a de Gaulle vazou para o público, isso prejudicaria seriamente sua posição caso o revertesse e apoiasse a tentativa do presidente de atropelar a Constituição. Sua súbita reversão teria consequências particularmente graves porque o Conselho não havia sido um ator importante no palco público anteriormente e um recuo covarde poderia desacreditá-lo para sempre.

Se, no entanto, os Conselheiros se mantivessem firmes e invalidassem o referendo, enfrentariam um perigo ainda maior. Com de Gaulle tendo dissolvido a Assembleia Nacional, os eleitores voltariam às urnas no final de novembro para eleger novos representantes – e de Gaulle faria da decisão do Conselho a peça central da campanha eleitoral. Previsivelmente, ele denunciaria o Conselho por desafiar a vontade do Povo e pediria aos eleitores um mandato para promulgar uma nova emenda constitucional que não apenas anulasse a decisão do Conselho, mas que também poderia prejudicar sua capacidade de contestar o presidente em momentos decisivos posteriores.

---

263 BARRILLON, Raymond. "A l'appel de M. Monnerville, les radicaux s'élèvent contre 'un référendum manifestement illégal et anticonstitutionnel'". *Le Monde*, out. 1962.

De maneira simples: votando "sim" ou "não" o Conselho recém-criado enfrentaria uma grave ameaça à sua posição futura. Portanto, não é muito surpreendente que ele tenha feito um esforço desesperado para escapar de seu dilema: ele recusou-se a tomar qualquer decisão sobre o ataque unilateral de De Gaulle, declarando que não tinha jurisdição sobre as iniciativas que haviam sido "adotadas por pessoas que seguiam um referendo, que constitui a expressão direta da soberania nacional". Para chegar a essa conclusão, o Conselho foi obrigado a distorcer o sentido claro do texto.[264] Sua credibilidade jurídica foi corroída ainda mais quando vazou a notícia de que a votação final foi de 6 a 4. Mas a decisão do Conselho de não tomar nenhuma decisão foi claramente a menos ruim – permitindo um recuo estratégico que abriria a possibilidade de ele se reabilitar em um momento político mais propício.[265]

Monnerville recebeu a notícia com desespero: "O Conselho acaba de cometer suicídio. Se o Conselho não tem competência para julgar uma violação tão patente e tão grave da constituição, quem o tem em nosso país?".[266]

Esse anúncio de "suicídio" acabou sendo claramente prematuro. Como veremos, o Conselho se reafirmaria com sucesso durante uma série de crises de sucessão depois que de Gaulle saiu de cena. No entanto, a pergunta final de Monnerville – "Quem"

264 A lógica do Conselho é tão rebuscada que a principal obra de referência sobre o assunto mal consegue conter sua incredulidade ao lidar com sua decisão. HAMON, Francis; TROPER, Michel. *Droit constitutionnel*. 36ª ed. Trad. Berstein. Paris: LGDJ, 2015, p. 753.

265 SWEET, Alec Stone. *The birth of judicial politics in France*: the Constitutional Council in comparative perspective. Nova York: Oxford University Press, 1992, pp. 65/66.

266 SWEET, Alec Stone. *The birth of judicial politics in France*: the Constitutional Council in comparative perspective. Nova York: Oxford University Press, 1992, p. 66 (citando Monnerville).

determina o sentido da constituição? – foi muito boa, e tentarei construir uma base para uma resposta cuidadosa.

Minha própria resposta: era o próprio Charles de Gaulle quem reivindicava a autoridade revolucionária para afirmar que o Povo autorizava sua "violação" da Constituição. Seu esforço para transformar a presidência foi apenas mais um de uma série de episódios que reencenaram a mesma fórmula de legitimação: soberania popular = carisma revolucionário pessoal + apelos midiáticos + referendos populares.

Isso é diferente da fórmula usada pelos partidos do movimento da Índia, África do Sul e da França e Itália do pós-guerra para legitimar seus constitucionalismos revolucionários. Se os líderes carismáticos desempenharam um papel importante, os movimentos de massas organizados foram ainda mais críticos. Em contraste, o carisma organizacional fornecido por apoiadores de base estava notavelmente ausente na iniciativa de cima para baixo de De Gaulle. Não obstante, sua fórmula de soberania popular parecia estar operando com um efeito de legitimação semelhante.

7.2.5 Estabilização?

A retirada humilhante do Conselho Constitucional permitiu a ele escapar de um golpe fatal, mas também deu a de Gaulle nova margem de manobra para montar sua estratégia de campanha para as eleições parlamentares em novembro. Em um discurso transmitido pela televisão à nação, ele afirmou que sua vitória no referendo "destacou um fato político fundamental de nosso tempo... os partidos do passado, reunidos por uma paixão profissional comum do momento, não representam a nação".[267] Ele apelou aos telespectadores para varrer os velhos partidos para as

[267] CHARLES, Gaulle de. "Television Address of November 7, 1962". Disponível em: http://www.inafr/video/CAF89051357.

margens e conceder um mandato decisivo à sua União Gaullista e, assim, vindicar sua última revolução.

Os eleitores deram a ele o que ele queria. Sua União obteve 42% dos votos, algo sem precedentes, o que garantiu a ela 233 assentos na Assembleia Nacional – apenas nove a menos que o necessário para uma maioria absoluta. Aliados próximos no Partido Republicano Popular (liderado por Valéry Giscard d'Estaing) ganharam 36 assentos, então o presidente e seu primeiro-ministro estavam no comando decisivo da nova ordem constitucional.

O próximo teste do novo regime aconteceria em dezembro de 1965, quando a Quinta República realizaria sua primeira eleição presidencial. Embora ele agora tivesse 75 anos, de Gaulle se recusou a ficar de lado e permitir que seu leal primeiro-ministro, Georges Pompidou, tomasse seu lugar. Dada a sua opinião elevada sobre si mesmo, isso não era muito surpreendente.

Seus oponentes políticos enfrentaram uma questão mais interessante. Eles boicotariam a eleição e continuariam a desafiar a legitimidade do esforço de De Gaulle para transformar a presidência em uma instituição plebiscitária? Ou os velhos partidos de esquerda e centro aceitariam as novas regras básicas e tentariam derrotar de Gaulle unindo-se a um candidato atraente que pudesse persuadir os eleitores a pôr fim às revoltas carismáticas do General e entregar a presidência a um porta-voz de uma nova geração em ascensão, que pudesse encampar os problemas específicos que os cidadãos comuns enfrentavam em suas vidas diárias?

Um boicote era mais fácil – pelo menos do ponto de vista organizacional. As eleições francesas são conduzidas em dois turnos: cada partido apresenta seu candidato no primeiro turno; se nenhum obtiver a maioria, os dois mais votados competem em um segundo turno. Essas regras exigiam que os partidos antigaullistas adotassem uma estratégia sofisticada. Se cada partido da oposição nomeasse seu próprio candidato no primeiro turno, eles estariam favorecendo de Gaulle. Como cada candidato previsivelmente conseguiria apenas uma pequena parcela dos votos, o general se destacaria acima de todos eles e obteria a maioria de votos de que precisava para uma vitória no primeiro turno.

Para evitar esse destino, a oposição teria que se empenhar em um esforço mais coordenado. Durante o primeiro turno, uma coalizão de partidos de esquerda e uma coalizão de centristas teriam que se unir para apoiar seu candidato favorito; elas então formariam, no segundo turno, uma frente única em torno do candidato da esquerda ou do centro que obtivesse a maioria dos votos contra de Gaulle. Isso exigiria que os líderes partidários cooperassem com seus rivais tradicionais desde o início da disputa eleitoral. Esse espírito público seria difícil de sustentar, especialmente porque de Gaulle seria o favorito para vencer, mesmo que os líderes da oposição se unissem em torno de um único vencedor no segundo turno. Por que não simplesmente boicotar todo o processo?

Os partidos de esquerda resistiram a essa tentação e apoiaram François Mitterrand; assim como os partidos do centro, que nomearam Jean Lecanuet. Esquerda e centro obtiveram 32% e 16% dos votos no primeiro turno – somando 48% contra os 44% de De Gaulle. Foi um revés espantoso para o General; todos esperavam que ele repetisse seus recentes triunfos eleitorais. Embora o General tenha conseguido vencer Mitterrand no segundo turno, por 54,5% a 44,5%, a eleição foi mais uma vitória da Constituição gaullista do que do próprio de Gaulle.[268]

O sucesso de Mitterrand em competir em termos mais ou menos iguais transformou a base da autoridade de De Gaulle. Durante o primeiro mandato do General, ele governou com base em sua reivindicação carismática, confirmada por repetidos plebiscitos, de falar pelo Povo durante um tempo de crise externa. Mas quando seu segundo mandato começou, ele governava como

---

268 BERSTEIN, Serge. *The republic of de Gaulle, 1958–1969*. Cambridge: Cambridge University Press, 1993, pp. 96-100 e 200/201 (tabela 21).

um presidente devidamente eleito, que ascendeu após uma vitória clara, mas dificilmente esmagadora. O carisma do General havia agora sido constitucionalizado, mas a participação engajada dos partidos do *establishment* de esquerda e de centro também serviu para legitimar o novo regime presidencialista. Pela primeira vez desde 1958, todos pareciam estar jogando pelas mesmas regras do jogo. Mas, como os eventos provariam, o novo regime teria que sobreviver a um teste final antes que seus fundamentos constitucionais estivessem seguros.

7.2.6 Reafirmação revolucionária?

O ano era 1968, e a ascensão da Nova Esquerda estava gerando crises constitucionais em escala mundial. Mas o desafio francês era distinto: os militantes da Nova Esquerda não apenas conseguiram mobilizar universidades e outros bastiões da classe média; eles também obtiveram uma forte resposta da classe trabalhadora – gerando a maior greve geral da história francesa moderna. Com os estudantes montando barricadas nas ruas e os trabalhadores cercando as fábricas, o governo estava perdendo o controle.[269]

Com a escalada da crise, François Mitterrand mais uma vez assumiu o centro das atenções. Em 28 de maio, ele propôs a formação de um governo provisório, chefiado por Mendès-France, para realizar novas eleições para o Parlamento e a presidência. Caso houvesse alguma dúvida, Mitterrand anunciou que mais uma vez concorreria à presidência em nome do Povo.

A autoridade de De Gaulle estava visivelmente desmoronando – e ele piorou as coisas no dia seguinte, quando abandonou repentinamente o Palácio do Eliseu e deixou Paris sem nem mesmo dizer

---

269 GILCHER-HOLTEY, Ingrid. *Die 'phantasie an die macht'*: mai 68 in Frankreich. Frankfurt am Main: Suhrkamp, 1995, pp. 171-278; KLIMKE, Martin; SCHARLOTH, Joachim (Coord.). *1968 in Europe*, 2006.

a Georges Pompidou para onde estava indo, ou por quê. Rumores selvagens circulavam: de Gaulle renunciou? Cometeu suicídio?

A verdade não era menos sinistra: o presidente havia cruzado secretamente o Reno para consultar o comandante das forças francesas na Alemanha, general Jacques Massu – o mesmo Massu que, em 1958, liderou o Comitê de Segurança Pública da Argélia pelo caminho rebelde que inicialmente alçou de Gaulle ao poder. No dia seguinte, o presidente voltou a Paris para um discurso na televisão, cuja solenidade lembrou seu apelo à nação quando os militares se rebelaram em 1962. Desta vez, ele declarou que os estudantes e trabalhadores eram apenas peões de uma conspiração comunista bem-organizada para tomar o poder em nome da revolução proletária. Estudiosos sérios não encontraram evidências para apoiar essa acusação.[270] No entanto, de Gaulle anunciou que estava preparado, como em 1961, para invocar seus amplos poderes de emergência para usar a força para acabar com o perigo.[271]

Mas ele adiou o uso dessa arma definitiva para propor uma solução política. Ele ignorou o apelo de Mitterrand por novas eleições presidenciais e se recusou a conceder autoridade provisória a Medès-France. Em vez disso, dissolveu a Assembleia Nacional e transformou as novas eleições de junho em mais um teste decisivo de sua liderança carismática. Ele encerrou seu discurso solene à nação com uma fórmula agora familiar – apelando aos eleitores para fornecerem à União Gaullista um mandato decisivo para defender a República.

---

270 LACOUTURE, Jean. *De Gaulle*: the ruler, 1945-1970. Londres: Harvill, 1991, p. 557.

271 De Gaulle não se dignou a mencionar Mitterrand pelo nome, mas ele claramente tinha seu arquirrival em mente ao alertar que os comunistas linha-dura "usariam a ambição e o ódio dos políticos de segunda categoria" para obter ascendência política. "Discurso de 30 de maio de 1968", *Discours et messages 5 Vers le terme,* 1970, pp. 344/345.

Será que a velha fórmula funcionaria?

Mitterrand provou-se um forte oponente em 1965. Mas agora ele enfrentava um novo desafio. Ele não só precisava do apoio dos partidos de centro-esquerda estabelecidos. Ele também teria que convencer os movimentos estudantis e operários da Nova Esquerda a se unirem às velhas organizações de centro-esquerda em um esforço mobilizado para obter votos. Para dizer o mínimo, seria difícil construir um partido-movimento confiável no curto espaço de uma campanha eleitoral parlamentar de três semanas.

A iniciativa de construção de coalizões de Mitterrand acabou sendo um fracasso miserável. Em vez de se unirem em torno dele, os líderes dos partidos do *establishment* o atacaram por anunciar sua candidatura presidencial sem obter sua aprovação prévia. Enquanto a Velha Esquerda discutia, os líderes ascendentes da Nova Esquerda alienaram o público em geral com suas travessuras contraculturais. Ao mesmo tempo, o movimento popular mais amplo se fragmentou em uma série de greves desarticuladas e manifestações disruptivas sem um foco claro.

Em contraste, a campanha gaullista demonstrou sua característica disciplina de cima para baixo, enquanto se adaptava habilmente ao temperamento da época. Pompidou estendeu a mão a trabalhadores e estudantes para satisfazer algumas de suas demandas, enquanto retratava o caos geral como mais uma evidência de uma "conspiração comunista". Para estabelecer seu apoio popular, os gaullistas também organizaram marchas disciplinadas em defesa da República.

Diante da escolha entre a ordem e o caos, os eleitores não hesitaram: deram aos gaullistas uma maioria absoluta – a primeira vez que um único partido conquistou essa distinção na história da política francesa. Na verdade, o governo poderia contar com três quartos da Assembleia Nacional, se os votos dos republicanos independentes de Giscard d'Estaing e outros apoiadores fossem adicionados à contagem.[272]

Apenas um mês antes, a República estava se desintegrando visivelmente; mas sua legitimidade democrática havia agora sido restaurada, com o triunfante Georges Pompidou conquistando um amplo mandato como primeiro-ministro após a vitória sem precedentes da União.

Isso não foi bom o suficiente para de Gaulle – porque Pompidou, e não ele mesmo, foi alçado ao papel de salvador nacional. Para grande surpresa do público geral, ele respondeu à vitória de Pompidou anunciando unilateralmente que seu primeiro-ministro havia "renunciado" e que nomearia outro assessor de longa data, Maurice Couve de Murville, para substituí-lo.[273] O novo Parlamento gaullista votou obedientemente seu apoio ao novo primeiro-ministro do general quando se reuniu em julho, mas isso não foi suficiente para satisfazer a necessidade do presidente de reafirmar sua centralidade simbólica. Ele imediatamente passou a reafirmar sua autoridade carismática, convocando mais um referendo sobre uma iniciativa constitucional.

Sua proposta representava uma resposta distinta à Nova Esquerda. Em um gesto para a revolta dos estudantes e trabalhadores de maio, a emenda proposta por de Gaulle permitiria que grupos de base participassem do aconselhamento do governo em nível regional; e reduziria os poderes do Senado teleguiado e eleito indiretamente. Mas o general deixou claro que havia algo muito mais importante em jogo do que os detalhes de sua proposta. Ele transformou o referendo em um voto de confiança em sua própria

---

272 GILCHER-HOLTEY, Ingrid. *Die 'phantasie an die macht'*: mai 68 in Frankreich. Frankfurt am Main: Suhrkamp, 1995, pp. 339-420 e 471-475.

273 BERSTEIN, Serge. *The republic of de Gaulle, 1958–1969*. Cambridge: Cambridge University Press, 1993, p. 228.

liderança – anunciando que renunciaria imediatamente se o voto no "não" vencesse.

Essa era, é claro, a técnica padrão de De Gaulle para revitalizar sua reivindicação de falar pelo Povo. Mas ele estava aplicando sua fórmula a novas condições. Em seu primeiro referendo em 1958, passando pelos plebiscitos sobre a crise argelina e a eleição popular do presidente, a renúncia de De Gaulle teria destruído a Quinta República. Mas desta vez sua renúncia simplesmente abriria o caminho para a presidência de Georges Pompidou – cujo triunfo nas eleições parlamentares o tornou a escolha óbvia do partido gaullista se o general se retirasse de cena. Ao retornar às urnas em abril de 1969, os eleitores não estavam envolvidos em uma decisão de vida ou morte sobre o destino da Quinta República. Ao contrário, era dolorosamente claro que o general de 78 anos estava chegando ao fim de sua carreira e que sua República não poderia durar muito se continuasse a depender de seus atos carismáticos de autoafirmação. Em vez disso, o país teria que encontrar uma maneira diferente de sustentar o legado constitucional do General.

O que nos leva a um aparente paradoxo: ao votar esmagadoramente pelo "sim" e favorecer os gaullistas nas eleições parlamentares de junho de 1968, os cidadãos prepararam o caminho para votar "não" ao próprio de Gaulle quando retornaram às urnas em abril do ano seguinte. Certamente, sua margem de derrota no referendo de abril foi estreita: 52% a 48%. No entanto, o presidente foi fiel à sua palavra e renunciou imediatamente, o que exigiu outra votação nacional pouco depois, em junho de 1969 – época em que Pompidou foi levado à presidência, por 58% a 42%, devido a uma oposição fragmentada e desmoralizada ainda cambaleando de sua derrota catastrófica de 1968.

De junho de 1968 a junho de 1969, os franceses foram às urnas três vezes em um único ano. No entanto, toda essa atividade extraordinária não era um sintoma de desintegração constitucional. Em vez disso, as mensagens complexas enviadas pelos eleitores permitiram que a Quinta República sobrevivesse à sua primeira crise de sucessão. Com Pompidou e a União no controle da presidência e do Parlamento, os eleitores deram aos gaullistas uma boa chance de demonstrar que a República de De Gaulle poderia durar sem de Gaulle.

O que os gaullistas fariam com essa extraordinária oportunidade?

CAPÍTULO VIII

RECONSTRUINDO A QUINTA REPÚBLICA

Uma vez que Pompidou instalou-se na presidência, sua situação era semelhante à de outros líderes que seguiram os passos de fundadores carismáticos – depois de Nehru, houve Shastri; depois de Mandela, Mbeki; depois de De Gasperi, Fanfani. Todos esses sucessores serviram por anos no círculo mais alto em torno do líder simbólico. Isso permitiu que cultivassem conexões íntimas com outros partidários leais, e deu a eles uma vantagem inestimável para ascender à posição mais alta assim que Nehru/Mandela/De Gasperi/de Gaulle saíram de cena.

No entanto, como suas contrapartes, Pompidou confrontou rivais que ocupavam outras posições importantes, que poderiam afirmar de forma plausível que a Constituição lhes dava poderes para operar como freios e contrapesos em relação às afirmações de poder do novo líder. Quando de Gaulle enfrentou demonstrações semelhantes de independência de seu primeiro-ministro ou do Conselho Constitucional, ele exigiu com sucesso que abandonassem suas pretensões de exercer controle sobre sua autoridade carismática e reconhecessem que ele, e somente ele, poderia falar decisivamente em nome do Povo.

Mas todos – incluindo o próprio Pompidou – reconheceram que ele não poderia fazer afirmações tão grandiosas com credibilidade. Ele não devia sua posição ao carisma pessoal, pois venceu a eleição presidencial de acordo com as regras constitucionais do jogo. Além disso, graças à política da década de 1960, a legitimidade dessas regras e a Constituição gaullista em geral, foram amplamente aceitas pelas elites governantes e pelo público geral.

Isso pôs Pompidou em uma situação difícil ao confrontar outros funcionários que afirmavam agressivamente sua própria autoridade constitucional para atuar como freios e contrapesos de seu poder. Se a Constituição gaullista era a base para a presidência de Pompidou, o que lhe dava autoridade para superar alegações de que a mesma Constituição concedia a seus rivais o direito de derrubar suas iniciativas?

Como em casos anteriores, o texto constitucional não era claro o suficiente para determinar definitivamente o resultado dessas lutas pelo poder. Em vez disso, foram resolvidas por meio de uma série de confrontos, que compensam a comparação com crises de sucessão análogas surgidas na Índia/África do Sul/Itália após a saída de Nehru/Mandela/De Gasperi.

Antes de iniciar uma análise comparativa, é melhor entendermos a dinâmica interna da experiência francesa – que se desenvolveu em três fases distintas. A primeira foi precipitada por um confronto direto entre Pompidou e o Conselho Constitucional, que considerou uma lei inconstitucional e conseguiu obter a relutante aquiescência do presidente e de seu partido parlamentar gaullista à sua reivindicação de autoridade.

Essa vitória foi extremamente frágil e poderia ser prontamente revertida por eventos subsequentes. Somente o resultado de uma segunda crise de sucessão permitiu ao Conselho obter reconhecimento como um ator poderoso na luta por legitimidade. Quando Pompidou morreu no cargo em 1974, a União Gaullista se dividiu em seus esforços para substituí-lo por seu primeiro-ministro Jacques Chaban-Delmas. A implosão gaullista permitiu que Valéry Giscard d'Estaing conquistasse a presidência com uma plataforma política centrista. Uma vez no cargo, Giscard tinha fortes motivos para se distinguir tanto dos gaullistas tradicionais como Chaban-Delmas quanto de rivais de esquerda como Mitterrand. Isso o levou a promover uma revisão constitucional que expandiu drasticamente a jurisdição do Conselho – e assim possibilitou ao novo presidente enfatizar que, ao contrário de seus oponentes de esquerda e de direita, ele estava profundamente empenhado em impor limites fundamentais ao legado de De Gaullle de repetidas violações do Estado de Direito.

Embora a expansão da autoridade do Conselho Constitucional por Giscard fosse muito importante, não seria suficiente para estabelecer com segurança o Conselho como uma presença institucional convincente. O último e maior teste veio na década de 1980, quando François Mitterrand e os socialistas obtiveram uma grande vitória sobre seus oponentes e ascenderam à presidência e ao Parlamento para desafiar os próprios fundamentos da República gaullista. O Conselho respondeu defendendo agressivamente o *status quo* constitucional – precipitando uma escalada de confrontos, à qual conseguiu sobreviver por pouco. Seu sucesso final em desviar o ataque de Mitterrand finalmente gerou o amplo apoio popular e da elite necessário para sustentar a sua legitimidade – pavimentando o caminho para uma maior consolidação da supremacia constitucional do Conselho durante as primeiras décadas do século XXI.

De vez em quando, este estudo de caso fará uma pausa para interlúdios comparativos. Mas é melhor começar mergulhando na dinâmica particular que levou a Quinta República aos Tempos Três e Quatro.

8.1 A ressurreição do Conselho Constitucional

Lembremos das condições paradoxais sob as quais de Gaulle deixou o palco político. Embora a Nova Esquerda o tenha empurrado para o precipício da derrota no início de 1968, ele conseguiu recuperar a iniciativa e convocar novas eleições parlamentares nas quais Pompidou e a União Gaullista obtiveram uma vitória esmagadora sobre a desorganizada coalizão da esquerda. O general renunciou somente depois de fracassar em sua campanha de referendo posterior, em restabelecer sua autoridade carismática sobre o vitorioso Pompidou.

Entretanto, assim que Pompidou ascendeu à presidência, ele enfrentou seu próprio problema de legitimação. Ele obteve 44% dos votos no primeiro turno da eleição, mas 35% das cédulas foram para candidatos de esquerda – com o partido comunista ganhando 21% e quatro outros partidos dividindo os 12% restantes. Essa divisão permitiu ao candidato centrista, Alain Poher, ficar em segundo lugar com 23% dos votos. Como Pompidou derrotou Poher por uma margem de 58% a 52% no segundo turno, o novo presidente estava perfeitamente ciente de que um terço do país permanecia profundamente alienado do regime.

Como ele lidaria com isso? Ele e o primeiro-ministro Chaban-Delmas buscariam alguma forma de reaproximação com a esquerda ou continuariam a basear sua liderança no perigo da Ameaça Vermelha?

A questão chegou ao centro das atenções como resultado de uma decisão do nível burocrático inferior de proibir um pequeno partido político de esquerda, La gauche prolétarienne, com uma lei promulgada durante a Terceira República que proibia as milícias privadas. Isso fez com que um grupo *ad hoc* de cidadãos, liderado por Simone de Beauvoir (com Jean-Paul Sartre como coadjuvante), se organizasse como Association des amis de la cause du peuple

– justamente o nome usado pelo jornal do partido banido.[274] Quando a Association solicitou ao prefeito de Paris o reconhecimento jurídico, as autoridades rejeitaram seu pedido, concluindo que a nova organização era apenas uma continuação do partido proibido. Após um recurso, um tribunal administrativo reverteu essa decisão, concedendo reconhecimento jurídico ao grupo da Nova Esquerda – ponto em que o governo de Pompidou entrou na briga.

Na demanda de Beauvoir, o tribunal administrativo baseou sua decisão em uma interpretação de longa data pelo Conselho de Estado de um famoso estatuto aprovado em 1901 – que protegia o direito fundamental à liberdade de associação política. O governo Chaban-Delmas respondeu propondo uma emenda estatutária que rejeitava as organizações que estavam "tentando reconstituir uma associação ilegal".[275] Essa iniciativa gerou um rebuliço entre os membros de esquerda da Assembleia Nacional, mas a maioria gaullista manteve-se firme e encaminhou o projeto ao Senado. Neste ponto, o principal constitucionalista dessa câmara, Pierre Marcilhacy, invocou um procedimento especial que permitia a uma maioria do Senado levantar objeções constitucionais aos projetos da Assembleia e exigir que a câmara baixa reconsiderasse sua votação anterior. Quando confrontado com a rejeição do Senado, o governo Chaban-Delmas recusou-se a ceder. O projeto foi aprovado pela Assembleia Nacional pela segunda vez, encaminhando-o para a promulgação, a menos que o Conselho Constitucional interviesse para declará-lo inconstitucional.[276]

---

274 WOLIN, Richard; KAIL, Michel. "Le moment maoiste parfait de Sartre". *Revue L'Homme et la Société*, vol. 187, 2013.

275 BOUDOU, Guillaume. "Autopsie de la décision du Conseil constitutionnel du 16 Juillet 1971 sur la liberté d'association". *Revue Française de Droit Constitutionnel*, nº 97, 2014, pp. 5-120; BEARDSLEY, James. "The constitutional council and constitutional liberties in France". *The American Journal of Comparative Law*, vol. 20, 1972, pp. 431-452.

276 POHER, Alain. *Trois fois president*: mémoires. Paris: Plon, 1993, pp. 213-216.

Mais uma vez, coube ao presidente do Senado decidir se invocava a jurisdição do Conselho. A essa altura, Gaston Monnerville deu lugar a Alain Poher, que enfrentava um problema especial de credibilidade. Ele havia sido o principal oponente de Pompidou na eleição presidencial de 1969 – perdendo de maneira esmagadora no segundo turno. Muitos veriam seu apelo ao Conselho como um ato meramente partidário. No entanto, depois de "muita hesitação", ele respondeu ao alvoroço cívico-libertário encaminhando o projeto de lei ao Conselho "para lançar alguma luz sobre o assunto".[277]

Isso colocou Gaston Palewski, o presidente do Conselho, no centro das atenções. Ele servira como associado próximo de De Gaulle desde a década de 1930, e sua nomeação foi uma recompensa por décadas de serviço leal. Mas ele conquistou a gratidão especial do General por liderar a campanha do referendo para a eleição popular da presidência. Como porta-voz público de De Gaulle, Palewski afirmou repetidamente que o presidente poderia contornar o Parlamento, apesar do comando textual em contrário. Olhando para trás em sua carreira, ele explicou sua extrema deferência em relação a de Gaulle de maneira reveladora:

> Pareceu-me absurdo explicar ao autor da Constituição como aquele texto deveria ser aplicado. Quando tentei fazer isso… o General simplesmente me explicou as razões precisas que o levaram a adotar tal e tal artigo – e eu não poderia virar a Constituição contra seu próprio autor![278]

---

277 SWEET, Alec Stone. *The birth of judicial politics in France*: the Constitutional Council in comparative perspective. Nova York: Oxford University Press, 1992, p. 67.

278 PALEWSKI, Gaston. "Propos". *La Nouvelle Revue des Deux Mondes*, jan. 1981, pp. 138/139.

Se o General tivesse permanecido no comando em 1971, Palewski sem dúvida teria prestado deferência novamente.[279] Mas Pompidou não possuía nem de longe o carisma de seu antecessor. Ele, como Palewski, havia alcançado sua posição atual servindo fielmente ao Salvador da República.

O caso, em suma, provocou uma disputa entre dois seguidores leais sobre o legado de seu líder carismático. Pompidou afirmou que ele, não menos que de Gaulle, merecia a deferência do Conselho. Mas Palewski tinha o poder de estabelecer que Pompidou não era de Gaulle – e que o Conselho tinha um papel fundamental de controlar as pretensões dos futuros presidentes à autoridade revolucionária de De Gaulle como única encarnação da vontade do Povo.

Será que ele faria isso?

Esse era um momento de vida ou morte. Dado o recuo humilhante do Conselho em 1962, uma segunda humilhação diante de Pompidou destruiria totalmente sua credibilidade como verdadeiro guardião da Constituição – e Palewski estava bem ciente disso.[280]

Um confronto com Pompidou seria inevitavelmente arriscado, mas as chances de vitória eram aumentadas por um fator político. Se o Conselho Constitucional atendesse ao pedido de Beauvoir, isso não traria aplausos apenas da esquerda. Ele também ganharia o apoio de muitos membros da direita, que apreciariam sua defesa vigorosa da liberdade política – deixando Pompidou em uma posição vulnerável.

Palewski e outros políticos experientes do Conselho aproveitaram a oportunidade. O Conselho anunciou que a iniciativa do

---

279 POHER, Alain. *Trois fois president*: mémoires. Paris: Plon, 1993, pp. 213-216 (citando Palewski que confidenciou que ele "precisa[va] fazer Pompidou entender que ele não é de Gaulle, é preciso dar-lhe uma lição e chamá-lo à ordem").

280 POHER, Alain. *Trois fois president*: mémoires. Paris: Plon, 1993, p. 138 (citando Palewski que enfatizou que a mudança para a eleição popular em 1962 tornava essencial "introduzir contrapesos reais em nossa Constituição").

governo violava os "princípios fundamentais reconhecidos pelas leis da República" e que era constitucionalmente inválida.

8.1.1 A vista da Itália

Analisarei a base jurídica da decisão do Conselho posteriormente. Por enquanto, é mais instrutivo notar alguns paralelos inquietantes entre a França e a Itália neste momento inicial de ascensão judicial. Também aqui, a Corte Constitucional recém-criada afirmou sua independência apenas depois de De Gasperi, o líder simbólico da Resistência a Mussolini, ter saído de cena, deixando um vácuo de legitimidade, a ser preenchido por juristas agressivos.

Além disso, as disputas específicas enfrentadas pelos dois tribunais levantaram os mesmos valores constitucionais. Assim como a polícia francesa havia reprimido um jornal dissidente, os italianos estavam reprimindo a distribuição de cartazes e panfletos de opositores. Em ambos os casos, a legitimidade da intervenção dos tribunais seria reconhecida, embora a contragosto, por amplos setores do governo, bem como pela oposição.

Também havia diferenças importantes. Obviamente, a Corte italiana estava invalidando uma lei do passado fascista, mas o Conselho Francês estava desafiando uma emenda estatutária aprovada pelo governo em exercício. Não menos importante, a autoridade constitucional da Corte italiana estava clara no texto – a única questão era se e quando o tribunal sairia de seu limbo textual. Em contraste, a autoridade do Conselho da França era profundamente problemática. De fato, o distinto professor gaullista que então fazia parte do Conselho, François Goguel, discordou de sua decisão junto com dois ex-ministros gaullistas.[281] Se Palewski tivesse se juntado a eles, ele teria poucos problemas para liderar o Conselho

---

281 LAURENS, André. "Le Conseil constitutionnel donne un coup d'arret au pouvoir et afirme son indépendance". *Le Monde*, jul. 1971.

na direção da contenção. Em contraste com a Itália, sua liderança ativista geraria uma grave crise constitucional na década seguinte.

Mas no curto prazo, a decisão do Conselho catalisou uma importante mudança nas atitudes parlamentares, que o ajudariam lutas futuras por maior autoridade.

8.1.2 Reorientação política

Durante o governo de Gaulle, a maioria dos políticos partidários ainda ansiava pelos bons e velhos tempos da Terceira e da Quarta Repúblicas, quando a Assembleia Nacional era suprema e "o governo por juízes" era um anátema. Mas a intervenção bem-sucedida do Conselho Constitucional em nome da liberdade de associação política precipitou uma mudança no sentimento prevalente tanto na esquerda quanto na direita.

O sinal mais notável veio na corrida para as eleições parlamentares de 1972. Desta vez, Mitterrand conseguiu obter amplo apoio para um Programa Comum Socialista-Comunista como base da campanha da esquerda. Em uma mudança dramática, o Programa endossava o princípio da revisão judicial – e até mesmo defendia a substituição do Conselho Constitucional por uma "Suprema Corte" para defender os direitos fundamentais. Foi uma reviravolta impressionante, especialmente por parte dos comunistas, que havia muito temiam que os juízes burgueses exercessem esse poder para defender os direitos de propriedade contra a legislação socialista aprovada por uma maioria da classe trabalhadora no Parlamento.[282]

A nova posição da esquerda também levantou uma questão fundamental: embora os julgamentos do Conselho tivessem assumido

282 PARTI COMMUNISTE FRANÇAIS. *Programme commun de gouvernement du Parti communiste et du Parti socialiste*. Paris: Editions sociales, 1972, pp. 145/146.

a forma dos votos judiciais clássicos da França, o painel era dominado por políticos seniores com pouca ou nenhuma inclinação para distinguir o direito da política. Além disso, a comunidade jurídica profissional ainda não havia se organizado para uma análise doutrinária séria das questões constitucionais. Alguns professores publicaram comentários em jornais, mas a discussão jurídica sistemática do trabalho do Conselho não começou até 1975.[283]

O Programa Comum da Esquerda de 1972 apontava para um problema real: a menos que fosse radicalmente reformado, o Conselho teria graves dificuldades para funcionar como um tribunal confiável. Por que não simplesmente substituí-lo, como sugeria o Programa Comum, por uma instituição séria nos moldes das cortes constitucionais que então operavam com sucesso na Itália e na Alemanha?

A necessidade de reforma se tornaria cada vez mais aparente à medida que a crise de sucessão passasse para sua próxima fase.

8.2 Desintegração gaullista e ascensão do Conselho

Em 1974, a morte repentina de Georges Pompidou exigiu a rápida organização de uma eleição especial para escolher seu sucessor. François Mitterrand foi a escolha óbvia da esquerda, mas a União Gaullista não estava preparada para preencher a lacuna deixada pela perda de Pompidou. O aparato do partido escolheu o primeiro-ministro de Pompidou, Jacques Chaban-Delmas, como seu candidato. Essa escolha, no entanto, provocou uma rebelião política de muitos políticos gaullistas, que acreditavam que o insípido Chaban-Delmas seria esmagado no debate público por Mitterrand, bem mais atraente.

---

283 FAVOREU, Louis. *Les grandes décisions du Conseil constitutionnel*. Paris: Sirey,1975, pp. 267-287.

Os dissidentes gaullistas, liderados por Jacques Chirac, apoiaram a candidatura independente de Valéry Giscard d'Estaing. Giscard apoiou de Gaulle quando ele se tornou presidente da Quinta República, mas não foi um confidente durante o longo exílio político do General. Seu mentor era Antoine Pinay, um líder conservador de longa data na Quarta República, que lhe deu um emprego como ministro júnior no primeiro governo gaullista. O jovem e dinâmico Giscard ascendeu então à chefia do Ministério da Economia e Finanças antes de ser forçado a sair em 1966 por Pompidou, que era então primeiro-ministro. Giscard respondeu organizando seu próprio partido parlamentar, os Republicanos Independentes, e embarcou em uma estratégia dupla – apoiar o governo contra a esquerda, mas condenar de Gaulle por seu "exercício solitário de poder". Após a sucessão de Pompidou à presidência, Giscard voltou ao seu antigo posto como ministro da Economia – simbolizando a ascensão de uma nova geração de políticos tecnocratas que prometiam liderar a nação a uma prosperidade cada vez maior.

No entanto, ele manteve sua independência política em relação ao gaullismo e continuou a liderar os Republicanos Independentes. Após a morte de Pompidou, ele entrou na corrida presidencial – derrotando facilmente Chaban-Delmas no primeiro turno por 33% a 15%. Mitterrand se saiu ainda melhor, com 43%. Isso levou a um segundo turno muito disputado, que Giscard venceu por apenas 50,89% a 49,19%.

Ao assumir o cargo, ele deu início a uma grande mudança no sistema de freios e contrapesos. Até agora, apenas os presidentes das duas casas do Parlamento, juntamente com o presidente da República, tinham o direito de contestar uma proposta de lei perante o Conselho Constitucional. Mas Giscard fez aprovar uma medida que autorizava sessenta membros da Assembleia Nacional ou do Senado a contestar a legislação pendente perante o Conselho. Isso deu a uma pequena minoria política o poder de contrabalançar as reivindicações da maioria governante de forma contínua.

O movimento de Giscard representa um desafio fundamental à escola da "escolha racional", reinante na ciência política, que supõe que os políticos estão estritamente preocupados em maximizar suas chances de reeleição. Dessa perspectiva, Giscard estava começando seu mandato com um ato extremamente irracional. Afinal, seria fácil para seus oponentes de esquerda (e talvez de direita) reunir os sessenta deputados necessários para apelar ao Conselho. Uma vez que o Conselho acabara de reivindicar um amplo mandato intervencionista no caso de Beauvoir, estaria em posição de sabotar elementos-chave de seu programa – tornando mais difícil, e não mais fácil, para ele chegar à reeleição em 1981. Por que Giscard toparia entrar no equivalente político de uma roleta russa?

Sua decisão torna-se inteligível apenas quando vista como uma resposta à sua posição distinta na política sucessória de De Gaulle. A primeira tarefa de Giscard como presidente era selecionar um primeiro-ministro que pudesse obter uma maioria sólida na Assembleia Nacional. Isso seria impossível se ele escolhesse alguém de seu próprio Partido Republicano Independente, que tinha apenas 55 assentos parlamentares. Para estabelecer as bases para um governo sólido de centro-direita, ele pediu que Jacques Chirac servisse como primeiro-ministro, ganhando assim o apoio dos 183 gaullistas na Câmara. Chirac ficou feliz em aceitar – depois de liderar a rebelião contra Chaban-Delmas, ele estava ansioso para demosntrar que também poderia superar este último.

Foi precisamente a ambição de Chirac que gerou o problema de Giscard. Giscard, não menos que Chirac, queria demonstrar que sua ascensão ao poder marcava uma ruptura com o velho governo dos sucessores imediatos de De Gaulle – e é aqui que a reforma constitucional de Giscard oferecia uma maneira promissora de se destacar.

Durante a década de 1960, Giscard gastou muita energia castigando de Gaulle por seus atos unilaterais de poder presidencial. Ao permitir que a oposição parlamentar tivesse acesso ao Conselho,

Giscard estava sinalizando que os sucessores de De Gaulle não podiam pretender legitimamente seu carisma fundador, e que os poderes da presidência só poderiam ser legitimamente exercidos dentro de uma estrutura mais ampla de freios e contrapesos.

Sem o firme empenho de Giscard nessa matéria, sua iniciativa nunca teria passado no Parlamento. Alguns gaullistas verdadeiros relutaram em apoiar qualquer mudança importante na Constituição do General. Muitos na esquerda se opuseram a sua reforma por ser modesta demais. Na opinião deles, o Conselho não era um local confiável para a defesa dos princípios fundamentais, pois era amplamente composto por políticos gaullistas que pensavam em termos de vantagem político-partidária. Eles continuaram a insistir que, em vez de expandir a jurisdição do Conselho, o Conselho Constitucional deveria ser substituído por uma Corte Constitucional séria, com juízes profissionais devotados ao Estado de Direito.

Giscard rejeitou tal mudança radical, acreditando que sua proposta mais modesta era um desenvolvimento evolutivo mais adequado. Ele deixou claro para a maioria parlamentar conservadora que expandir a jurisdição do Conselho era um elemento central de seu programa – e que ele estava preparado para retaliar deputados individuais que se recusassem a dar seu apoio. Essa foi uma ameaça poderosa no início de seu mandato de sete anos, e a centro-direita finalmente deu os votos necessários para aprovar a emenda constitucional.

8.3 A grande crise de sucessão

Isso preparou o cenário para o último ato do drama da sucessão. Muito antes de se candidatar à reeleição em 1981, as políticas centristas de Giscard haviam alienado Chirac, mais conservador – que renunciou em protesto, mas voltou à proeminência quando ganhou a eleição para prefeito de Paris em 1977. Ele então se posicionou como o candidato da direita para se opor à campanha de

Giscard para um segundo mandato. Ao mesmo tempo, Mitterrand renovou seu desafio à esquerda.

Essa constelação de forças políticas levou a outra intensa disputa entre três opções no primeiro turno da disputa presidencial. Giscard (com 28%) venceu por pouco Mitterrand (com 26%). Chirac terminou em terceiro – e respondeu a sua eliminação com grande amargura. Ele recusou-se a apoiar Giscard no segundo turno, enfraquecendo gravemente o esforço do presidente para reunir todos os eleitores conservadores contra a esquerda – o que permitiu a Mitterrand obter uma vitória de 52% a 48% no segundo turno.

Essa foi uma margem relativamente estreita, mas deu ímpeto político à esquerda quando a nação se voltou para as eleições parlamentares marcadas para o mês seguinte. Quando os votos chegaram, a esquerda atropelou os partidos conservadores em uma vitória esmagadora – obtendo 58% dos votos e 333 dos 491 assentos da Assembleia Nacional.

Levou vinte anos, mas a esquerda finalmente recuperou-se da derrota de Mitterrand para de Gaulle na primeira eleição presidencial de 1965. O arco da sucessão presidencial se completara: do carismático de Gaulle, passando por seu sucessor Pompidou e seu colaborador independente Giscard até seu enfático oponente Mitterrand.

O domínio gaullista do Conselho Constitucional perduraria durante os primeiros anos da ascensão da esquerda. Além disso, sua importância institucional havia sido amplamente reforçada por duas transformações anteriores. Como resultado de crises de sucessão anteriores, ele não apenas estabeleceu sua autoridade para invalidar a legislação proposta pelo governo; mas poderia invocar esse poder a mando de sessenta deputados da oposição.

Ainda assim, permaneceu um órgão claramente partidário. Oito dos nove conselheiros eram políticos conservadores, com Georges Vedel, um distinto professor de direito, como única exceção.

Como apenas três membros do Conselho são substituídos a cada três anos, Mitterrand teve a garantia de uma recepção hostil dos remanescentes gaullistas durante todo o mandato de cinco anos do Parlamento.

No entanto, os socialistas estavam determinados a transformar suas vitórias eleitorais em um programa legislativo que resgataria a missão histórica da esquerda. O novo primeiro-ministro de Mitterrand, Pierre Mauroy, propôs uma ampla nacionalização das grandes empresas e das altas finanças. Sob sua iniciativa, o Estado seria proprietário de todos os grandes bancos e de treze das maiores corporações do país. Mas antes que isso pudesse virar lei, o Conselho teria que julgar sua validade constitucional – o que gerou o último e mais feroz estágio da crise de sucessão.

8.3.1 Paradoxos jurídicos

Vamos começar com a estrutura constitucional que organizou a escalada do confronto. Isso exige que examinemos alguns quebra-cabeças alucinantes que têm sua origem na lógica jurídica implantada pelo Conselho em sua intervenção anterior no caos de Simone de Beauvoir.

Ao defender a liberdade de associação em 1971, o Conselho baseou seu caso nas linhas iniciais da Constituição da Quinta República, que a afirmava como "solenemente... vinculada... à Declaração dos Direitos do Homem... conforme confirmada e completada pelo preâmbulo da Constituição de 1946". Esse movimento dotou o Preâmbulo da *Quarta* República de um significado central para a *Quinta* República, levando a profundos problemas de interpretação.

Ao redigir o Preâmbulo em 1946, a Assembleia Constituinte deu-lhe uma estrutura de duas partes. Seu primeiro parágrafo olhava para o passado:

> No rescaldo da vitória dos povos livres sobre os regimes que procuraram escravizar e degradar a humanidade, o povo da França proclama novamente que todo ser humano, sem distinção de raça, religião ou credo, possui direitos sagrados e inalienáveis. Reafirma solenemente os direitos e liberdades do homem e do cidadão consagrados na Declaração de Direitos 1789 e os princípios fundamentais reconhecidos nas leis da República.

Mas o restante do Preâmbulo olhava para o futuro. Ele enfatizava que "as necessidades de nosso tempo" exigiam que a República transcendesse a visão liberal democrática do século XVIII dos "direitos e liberdades do homem e do cidadão". Em seguida, enumerava uma longa lista de "princípios políticos, econômicos e sociais" que acrescentavam uma visão muito ambiciosa da social-democracia. Para o presente propósito, o nono compromisso preambular é chave: "Todas as empresas que... adquirirem o caráter de serviço público ou monopólio de facto passam a ser propriedade da sociedade".

Essa disposição serviu de base para a argumentação do governo socialista a favor de uma nacionalização abrangente. Para seus oponentes conservadores, entretanto, a Declaração de 1789 permanecia primordial. Em sua opinião, o artigo 17 era o texto-chave: "Visto que a propriedade é um direito inviolável e sagrado, ninguém pode ser privado dela, exceto quando a necessidade pública, determinada por lei, o exigir claramente, e apenas sob a condição de que o proprietário tenha sido indenizado previamente e de modo equivalente". Se essa disposição do século XVIII permanecia decisiva, o ônus da prova recairia sobre o governo e seria necessária uma compensação justa. Em contraste, a disposição do século XX dava uma autorização geral para nacionalizações em casos envolvendo serviços "públicos" e monopólios "de facto"; e também minava o direito à indenização em tais casos, uma vez que o texto insiste que os detentores de propriedade privada devem reconhecer que seus ativos "se tornaram propriedade da sociedade".

Os Fundadores da Quarta República estavam bem cientes dessa tensão. Lembremos que eles conseguiram obter apoio público para sua Constituição do pós-guerra apenas na segunda vez, depois que seu primeiro projeto foi rejeitado pelos eleitores. Essa versão anterior continha uma elaborada carta de direitos que, entre outras coisas, fazia uma distinção nítida entre as proteções concedidas à propriedade pessoal e aquelas atinentes a ativos de capital detidos por grandes empresas – em desvantagem das grandes empresas.[284]

A segunda Convenção, entretanto, tentou ampliar o apoio popular abordando a questão polêmica da nacionalização apenas no Preâmbulo. Como regra geral, tais declarações preliminares são usadas como guias interpretativos para as disposições substantivas no corpo do texto, não como fontes independentes de direito.

No entanto, este é ponto em que a decisão do Conselho de 1971 no caso de Beauvoir revolucionou o entendimento jurídico. Ela deu ao preâmbulo de 1946 um significado jurídico operativo na Quinta República, que não existia na Quarta República. Não menos importante, ela repudiou o entendimento original da Assembleia Constituinte de uma segunda maneira. Em 1946, a esmagadora maioria rejeitou a própria ideia de que um Conselho de onze membros pudesse legitimamente derrubar a legislação apoiada por um governo eleito democraticamente. A Assembleia pretendia preservar a tradição francesa da supremacia parlamentar. No entanto, em 1971, o sucesso do Conselho em defender a liberdade de expressão estabeleceu uma forma de "governo por juízes" que a Assembleia Nacional teria considerado intolerável. Mas não pode haver dúvida de que a coalizão de esquerda no controle da Assembleia de 1946 realmente pretendia repudiar as noções de direitos de propriedade do século XVIII. Andre Philip, o presidente de seu comitê constitucional, deixou claro que "quando

284 DIGITHÈQUE MJP. *Constitution de la République française adoptée par l'Assemblée nationale constituante le 19 avril 1946*, art. 36. Disponível em: http://mjp.univ-perp.fr/france/co1946p.htm.

a propriedade privada... torna-se monopolista", a única "forma de os trabalhadores dessas indústrias" controlarem sua "gestão" é por meio da "transferência para a coletividade". Abordando as objeções da direita no plenário, ele enfatizou que "a diferença entre vocês e nós é que vocês ainda estão apegados a uma concepção de liberalismo econômico, [mas] a grande maioria desta Assembleia condenou [essa ideia]".[285]

Deixando essa história de lado, a própria linguagem do texto leva a uma conclusão semelhante: de que outra forma interpretar a afirmação de que a nacionalização de "todas as empresas que adquirem o caráter de... um serviço público ou monopólio de facto" são "especialmente necessários [em] nossos tempos"?

No início desta seção, prometi um "quebra-cabeças" jurídico. Se fiz meu trabalho adequadamente, agora poderei cumprir essa promessa. Se você estivesse no Conselho Constitucional no início da década de 1980, como interpretaria o significado *claro* de uma disposição de 1946 que *nenhum* de seus autores jamais supôs que seria legitimidade invocada em uma corte?

8.3.2 Paradoxo resolvido?

Desde o início, Mitterrand e Mauroy tomaram medidas extraordinárias para se armar para a luta constitucional que se aproximava. Tradicionalmente, todos os governos franceses recorrem aos juristas treinados do Conselho de Estado para obter aconselhamento jurídico. Mas neste caso, o gabinete convocou uma equipe de professores de direito simpáticos para desenvolver um relatório impressionante sintetizando seus argumentos antes mesmo de o governo apresentar

---

285 DÉBATS DE L'ASSEMBLÉE NATIONALE CONSTITUANTE. *Journal Officiel de la République Française*, Paris, n° 84, 28 ago. 1946, p. 3375. Disponível em: http://4e.republique.jo-an.fr/numero/1946_i84.pdf.

sua proposta de legislação ao Parlamento – o que alimentou um intenso debate sobre essas questões fundamentais.[286]

Quando o Conselho Constitucional recebeu o caso, no entanto, ele assumiu uma posição fortemente conservadora. Seu parecer anunciava que os compromissos coletivistas de 1946 poderiam apenas complementar, mas não modificar, o "inviolável e sagrado direito de propriedade" proclamado em 1789.[287]

Para defender-se da acusação de partidarismo flagrante, o Conselho rompeu com precedentes anteriores ao anunciar sua decisão. Como todos os tribunais franceses, ele já havia falado com uma voz unânime em nome da lei, recusando-se até mesmo a revelar o nome do autor de um voto. Mas, afastando-se de séculos de tradição, o Conselho identificou Georges Vedel como o principal responsável pela decisão. Vedel, o único professor de direito em um conselho formado por políticos gaullistas, era um jurista distinto que conquistou admiração genuína por uma vida inteira de realizações profissionais. Ao destacá-lo, o voto sugeria que sua incontestável competência jurídica poderia de alguma forma compensar a composição político-partidária do Conselho como um todo.[288]

De maneira previsível, esse gesto não conseguiu acalmar a oposição apaixonada do governo de esquerda e seus milhões de apoiadores em todo o país. Um aspecto mais consequente da decisão do Conselho, no entanto, permitiu uma pausa para reflexão. A defesa categórica da propriedade privada por Vedel poderia ter

---

286 FAVOREU, Louis (Coord.). *Nationalisations et constitution*. Paris: Economica, 1982, pp. 105-193.

287 ROGOFF, Martin. *French constitutional law*: cases and materials. Durham: Carolina Academic Press, 2011, pp. 210-212 (texto da decisão).

288 SWEET, Alec Stone. *The birth of judicial politics in France*: the Constitutional Council in comparative perspective. Nova York: Oxford University Press, 1992, p. 159.

invalidado todo o programa dos socialistas. Lembremos que a Declaração dos Direitos do Homem e do Cidadão de 1789 exigia uma demonstração da "necessidade pública" para as desapropriações. Se o Conselho tivesse negado que as nacionalizações generalizadas eram "necessárias", isso teria desencadeado uma luta de vida ou morte com o governo. Mas o Conselho recuou-se a decidir sobre essa questão, declarando apenas que os níveis estatutários de compensação oferecidos às grandes empresas não eram suficientemente "equitativos".

Isso invalidou a legislação do governo, mas também enquadrou as opções de Mitterrand enquanto ele considerava seu próximo movimento. Obviamente, ele poderia responder, à maneira de De Gaulle, convocando um referendo nacional sobre uma emenda constitucional que anulasse a decisão do Conselho e reafirmasse a centralidade dos princípios socialdemocratas proclamados pelo Preâmbulo. Essa perspectiva foi amplamente discutida na imprensa – com referências frequentes ao confronto de Franklin Roosevelt com a Suprema Corte na década de 1930.[289]

Mas depois de meditar sobre isso, Mitterrand escolheu um curso mais complacente.[290] Seu governo aprovou uma nova onda de legislações de nacionalização, mas acrescentou disposições que buscavam cumprir a demanda do Conselho por uma compensação mais justa. Isso forçou o Conselho a enfrentar a questão que

---

289 Maurice Duverger invocou o precedente do New Deal em "Volonté générale et texte des lois", *Le Monde* (3 dez. 1981). Em vez disso, seus oponentes apelaram da decisão da Suprema Corte no caso das Nixon Tapes, que "levou à rápida exclusão de um presidente com um dos mandatos populares mais fortes". GANTIER, Gilbert. "Devra-t-on, pourra-t-on dénationaliser?". *Le Monde*, 17 fev. 1982.

290 Como Mitterrand queria que o estatuto fosse aprovado rapidamente desta vez, ele estava disposto a aceitar níveis mais altos de compensação do que outros líderes socialistas. ATTALI, Jacques. *Verbatim I*: chronique des années, 1981-1986. Paris: Fayard, 1933, p. 156.

havia evitado anteriormente e considerar se todo o programa de nacionalização era "desnecessário".[291]

Desta vez, o governo deixou claro que outra invalidação do Conselho provocaria, de fato, um referendo especial sobre uma emenda constitucional que anularia sua decisão. Como o primeiro-ministro Mauroy explicou diante da Assembleia Nacional, "poderíamos ter..., ainda podemos, pôr a questão institucional [em um referendo]. Nós escolhemos não fazer isso... pela estabilidade do país".[292] No caso de o Conselho não entender a mensagem, a imprensa reportou Mitterrand dizendo que não toleraria mais resistência: "Uma vez, sim, duas vezes, não. O sr. Mitterrand nunca aceitaria isso".[293]

O Conselho respondeu permitindo que o programa de nacionalização entrasse em vigor – decepcionando amargamente a direita por sua contenção. No entanto, essa "mudança no tempo" dificilmente seria suficiente para garantir sua sobrevivência institucional. Se Mitterrand tivesse seguido com propostas mais radicais, os políticos conservadores do Conselho poderiam ter escalado ainda mais a luta com declarações adicionais de inconstitucionalidade.

Mas o caminho da política constitucional seguiu um curso diferente. Como o mandato de sete anos de Mitterrand se estendeu até 1988, seu próximo grande teste viria quando o Parlamento atingisse seu limite de cinco anos em 1986, exigindo outro turno

---

291 SWEET, Alec Stone. *The birth of judicial politics in France*: the Constitutional Council in comparative perspective. Nova York: Oxford University Press, 1992, p. 162.

292 *Débats parlementaires, Assemblée Nationale*, 26 jan. 1982, p. 550.

293 KEELER, John; STONE, Alec. "Judicial confrontation in Mitterrand's France". *In*: HOFFMAN, Stanley (*et al.*). *The Mitterrand experiment*: continuity and change in modern France. Cambridge: Polity Press, 1987, p. 170; ROLLAT, Alain. "Exprimant les réserves du gouvernement le PS met en cause, a son tour, le role du Conseil". *Le Monde*, jan. 1982.

eleitoral. Quando os resultados vieram, a esquerda foi derrotada por uma estreita margem por uma coalizão de direita liderada por Jacques Chirac. Isso levou a um período de "coabitação" – com Chirac como primeiro-ministro confrontando a visão socialista de seu arquirrival. De maneira previsível, sua coalizão parlamentar de governo rapidamente se movimentou para revogar o programa de nacionalização de seu antecessor. Dados os poderes limitados de Mitterrand em assuntos domésticos, não havia nada que ele pudesse fazer para impedir a iniciativa de Chirac.

Nem o Conselho Constitucional estava inclinado a bloquear a legislação. Ao contrário, apoiou energicamente o repúdio do parlamento à transformação da economia francesa por Mitterrand.[294] Na verdade, a vitória da centro-direita nas urnas forneceu uma perspectiva muito diferente sobre a resistência do Conselho ao programa socialista. Suas objeções iniciais não pareciam mais ser um esforço desesperado dos políticos gaullistas para reverter a luta heróica da esquerda contra a opressão capitalista da classe trabalhadora. Em vez disso, elas agora pareciam parte de uma negociação em vários estágios, envolvendo o presidente, o Parlamento e o Conselho, que permitia à nação francesa considerar e reconsiderar a forma de seu futuro político-econômico. Em suma, o período de coabitação entre Mitterrand e Chirac permitiu a construção de uma *narrativa constitucional* distinta, capaz de legitimar o papel ascendente do Conselho na separação de poderes.[295]

Mesmo antes de os socialistas perderem o controle do Parlamento, eles próprios começaram a contribuir para essa reorientação mais

---

294 ROGOFF, Martin. *French constitutional law*: cases and materials. Durham: Carolina Academic Press, 2011, pp. 103-105 (texto da decisão); LACOUTURE, Jean. *Mitterrand*: une histoire de français. Paris: Seuil, 1998, pp. 242-248 (contexto político).

295 FAVOREU, Louis. *Le politique saisie par le droit*: alternances, cohabitation et conseil constitutionnel. Paris: Economica, 1988 (declaração paradigmática da narrativa emergente).

ampla. Entre 1981 e 1986, quatro membros conservadores do Conselho chegaram ao fim de seus mandatos de nove anos – o que permitiu a nomeação de substitutos de esquerda. Isso bastou para transformar uma instituição enfaticamente de direita em um corpo bipartidário.

A legitimidade do Conselho foi ainda mais reforçada pela escolha de Robert Badinter como seu presidente por François Mitterrand. Depois de uma carreira notável como advogado ativista, Badinter ingressou no gabinete socialista como Ministro da Justiça e usou sua posição para liderar a promulgação de uma série de reformas, principalmente a abolição da pena capital. Sua nomeação em 1986 marcou a primeira vez que a presidência foi ocupada por um jurista distinto. Por si só, a ascensão de Badinter não teria sido suficiente para tirar o Conselho da beira da destruição. Mas permitiu-lhe desenvolver a dinâmica política de duas fases dos seis anos anteriores, na qual a composição do Conselho foi reequilibrada e seu ato inicial de invalidação foi legitimado.

Em suma, a conjunção paradoxal de três eventos – a nomeação de um presidente (Badinter) com distinção profissional, a mudança na composição política do Conselho e a derrota dos socialistas nas urnas – operou para aumentar consideravelmente a credibilidade constitucional da instituição. Ao longo dos nove anos seguintes, Badinter levaria o Conselho a tomar posições firmes em uma série de questões politicamente significativas. Mas sua própria legitimidade não estava mais em dúvida. Duas décadas após a partida de De Gaulle, ele administrou com sucesso uma série de "crises de sucessão" de uma forma que aumentou muito sua pretensão de servir como guardião legal da Constituição gaullista.

8.4 Um interlúdio comparativo: França e Índia como repúblicas irmãs

Essa dinâmica francesa é única? Ou tem alguma familiaridade com outros casos em que juristas ganharam proeminência durante crises de sucessão? Em caso afirmativo, qual estudo de caso lança mais luz?

Eu voto na Índia. A partida de Nehru, como a de De Gaulle, levou inicialmente à ascensão de um assessor leal, mas sem brilho. Como Georges Pompidou, Lal Bahadur Shastri acumulou poder durante o período de fundação ao implementar fielmente as agendas estabelecidas por Nehru/de Gaulle – sem nunca desafiar a autoridade carismática do chefe de Estado. Assim que esses líderes simbólicos deixaram o palco, no entanto, Shastri e Pompidou usaram suas conexões internas para obter a liderança na competição com rivais que tinham um apelo popular mais amplo.

Mas ambos morreram repentinamente após alguns anos no cargo, preparando o cenário para o surgimento de um líder mais independente da elite revolucionária. No caso da França, esse papel foi desempenhado por Giscard d'Estaing – um apoiador de De Gaulle, mas nunca membro de seu partido, que revigorou a política de centro-direita que tinha levado de Gaulle ao poder inicialmente. No caso da Índia, foi Indira Gandhi quem usou seu "carisma herdado" para revigorar os compromissos socialistas da Fundação revolucionária – para choque dos chefes do Partido do Congresso, que supunham que ela seria uma ferramenta flexível a serviço de seus interesses. Quando Gandhi conseguiu lançar um desafio revolucionário a esses *insiders* do Partido do Congresso, a crise de sucessão resultante abalou os próprios alicerces do regime constitucional.[296]

O momento análogo francês teve que esperar até que Mitterrand levasse a esquerda à vitória sobre Giscard em 1981. Mas quando ela veio, isso mais uma vez levou a um confronto dramático

296 De Gaulle também tinha um filho, Philippe, que tentou usar seu carisma herdado para estabelecer um novo partido, o Centre des Républicains Libres – que nunca chegou a lugar nenhum. GAULLE, Philippe de. *Mémoires accessoires, 1946–1982*. Paris: Plon, 1997.

contra os guardiões jurídicos do regime estabelecido. A luta de Mitterrand com o Conselho Constitucional não estava na mesma escala que o confronto de Gandhi com a Suprema Corte. Ela só atingiu o estágio em que ele ameaçou passar por cima do Conselho com uma emenda constitucional se este continuasse a resistir ao seu programa socialista. Em contraste, Gandhi de fato promulgou emendas para garantir suas iniciativas socialistas abrangentes – e então foi além para minar os esforços judiciais para proteger as liberdades civis durante seu período de emergência autoritária. Nada parecido com isso aconteceu na França.

No entanto, essa grande diferença não deve nos cegar para os padrões comuns que aparecem na vida dos dois regimes revolucionários. Durante os dois períodos de fundação, Nehru/de Gaulle humilharam decisivamente a Suprema Corte/Conselho Constitucional quando essas instituições legalistas tentaram bloquear elementos-chave de seus programas de transformação. Mas uma vez que esses líderes revolucionários foram sucedidos por pessoas relativamente insípidas, a Corte/Conselho rapidamente tomou medidas para aumentar sua independência – afirmando que eles, não os partidos políticos que lideraram a revolução, deveriam ser reconhecidos como os guardiões supremos da Constituição.

Essas reivindicações iniciais, no entanto, não foram suficientes para estabelecer a autoridade da Corte/Conselho. Eles se movimentando em um confronto crescente com as instituições políticas – que culminou em uma luta de vida ou morte com as forças ascendentes da esquerda, cujas iniciativas abrangentes desafiavam as premissas básicas das Constituições nehruviana/gaullista.

Em ambos os casos, a Corte indiana e o Conselho francês jogaram um jogo de espera – temendo que um esforço aberto para bloquear o programa da esquerda resultasse apenas em uma demonstração devastadora de impotência jurídica. Certamente, o recuo estratégico do Conselho da França na primeira rodada da crise da nacionalização pode parecer modesto quando comparado à rendição abjeta da Corte indiana durante o estado de emergência. No entanto, ambos os recuos foram vistos como vitórias dramáticas da esquerda – e ambos serviram para enfatizar o caráter provisório das reivindicações anteriores da Corte/Conselho de supremacia constitucional durante o intervalo entre a saída de De Gaulle/Nehru e o surgimento de um desafio fundamental ao regime governante.

Essa *estratégia de evasão judicial* permitiu que os legalistas evitassem o ataque direto de Mitterrand e Gandhi quando eles apelaram dramaticamente a um apoio popular renovado nas eleições parlamentares. Nesses momentos decisivos, a cruzada da esquerda foi derrotada nas urnas tanto na França quanto na Índia. Em vez de permitir que Mitterrand/Gandhi revolucionasse as bases constitucionais à maneira de seus predecessores gaullistas/nehruvianos, essas derrotas abriram caminho para que seus oponentes políticos repudiassem seus ataques à ordem estabelecida.

Foi nesse ponto que Mitterrand/Gandhi fizeram uma reviravolta dramática. Puseram fim às suas campanhas populares anteriores contra os juristas do Conselho/Corte e juntaram-se aos seus adversários políticos para afirmar o que negaram anteriormente: que o Conselho/Corte era de fato um guardião *legítimo independente* do legado constitucional da geração fundadora.

Essa afirmação autoconsciente assumiu formas diferentes nos dois casos. Na Índia, a hora da verdade veio imediatamente depois que Gandhi e seu Novo Partido do Congresso foram derrotados nas urnas. Com minoria no novo Parlamento, Gandhi e seu partido juntaram-se a seus oponentes para apoiar a revogação das emendas constitucionais do estado de emergência. Isso abriu caminho para a reafirmação da Corte, no caso *Minerva Mills*, de sua condição de guardiã final do legado constitucional indiano.

Mitterrand não sofreu uma derrota total à maneira de Gandhi. Dado o calendário eleitoral escalonado da França, ele permaneceu presidente, mesmo quando seus partidários perderam a eleição parlamentar seguinte para uma maioria de centro-direita.

No entanto, ele poderia ter continuado prontamente seu ataque ao Conselho, especialmente porque a oposição deste a seu programa inicial de nacionalização desempenhou um papel fundamental na recente derrota eleitoral da esquerda.

Mas, como Gandhi, ele seguiu um curso diferente – engajou-se em uma reviravolta dramática para aumentar, e não depreciar, a legitimidade do Conselho. Dadas as diferentes configurações institucionais da França e da Índia, essas duas reviravoltas assumiram formas diferentes. Na Índia, a decisão de Gandhi de votar pela revogação de suas emendas de emergência à Constituição foi um elemento vital em sua reabilitação política. Ela sinalizou que, no futuro, os eleitores poderiam renovar seu apoio ao Novo Congresso no entendimento de que Gandhi não usaria sua maioria parlamentar para engendrar outro *putsch* autoritário.

Além do mais, quando Gandhi liderou seu Novo Partido do Congresso à vitória na eleição parlamentar seguinte, ela cumpriu esse compromisso. Ela não mudou de curso mais uma vez, e abriu mão de desafiar a afirmação da Corte como defensora suprema da "estrutura básica" da constituição.

Sua contenção refletiu uma apreciação popular renovada das virtudes do constitucionalismo após os excessos do período de emergência. Mas isso foi também produto de cálculo político. Os inimigos de Gandhi haviam feito uma bagunça em seus esforços para garantir um governo estável, preparando o caminho para seu retorno ao poder. Mas um ataque à Corte teria revitalizado sua oposição, que estava desmoralizada e dividida. Se havia uma coisa em que podiam concordar, era a necessidade de evitar qualquer retorno ao Governo de Emergência. Se Gandhi atacasse mais uma vez a Corte, isso serviria como um grito de guerra para um novo movimento popular que a tiraria do poder nas eleições seguintes. Em suma, um ataque frontal à decisão do caso *Minerva Mills* não só teria gerado uma crise jurídica; isso poderia muito bem ter precipitado uma crise política e levado à derrota decisiva de Gandhi por seus oponentes políticos revigorados.

Uma mistura semelhante de princípios e prudência é visível na decisão de Mitterrand de encerrar sua luta contra o Conselho – embora o sistema francês lhe oferecesse um conjunto distinto de incentivos. Três membros deixavam o Conselho a cada três anos, o presidente, os líderes da Assembleia Nacional e do Senado tinham, cada um, o poder unilateral de nomear um sucessor para uma dessas vagas. Como consequência, os socialistas tiveram um incentivo político para continuar a corroer a maioria de direita do Conselho ao nomear substitutos de esquerda. Mesmo a derrota da esquerda nas eleições parlamentares ainda permitiu a Mitterrand nomear Robert Badinter como presidente do Conselho em 1986. Embora as realizações profissionais de Badinter fossem muito substanciais, sua nomeação também foi uma recompensa por seu serviço leal como Ministro da Justiça durante a crise.

Depois que Badinter tornou-se presidente, ele afastou o Conselho de seu apoio superagressivo aos direitos de propriedade, levando-o em direção a uma interpretação mais firme dos valores constitucionais relativos a liberdades civis. Isso permitiu que na década de 1990, o Conselho obtivesse um apoio político muito mais amplo. A esquerda juntou-se à centro-direita ao endossar suas iniciativas de liberdades civis, e a direita continuou a aplaudir a proteção moderada, mas contínua, dos direitos de propriedade.

O sucesso do Conselho em ampliar seu apoio político também teve um impacto profundo na evolução da compreensão dos profissionais jurídicos sobre a crise constitucional anterior. A reviravolta de Mitterrand permitiu à geração seguinte de advogados retirar a ênfase da experiência de quase-morte do Conselho conservador, ocorrida na esteira de sua oposição à iniciativa de nacionalização dos socialistas. Como no caso indiano, a profissão saiu da crise de sucessão com uma *narrativa profissional* afirmativa – que enfatizava o modo como a crise constitucional de uma década culminou em um reconhecimento enfático do papel legítimo do Conselho na elaboração de uma estrutura gaullista que recepcionava o valor duradouro *tanto* das liberdades civis *quanto* dos direitos de propriedade.

Outras semelhanças entre a França e a Índia surgem quando colocamos o Tempo Três contra o pano de fundo fornecido pelo curso dos desenvolvimentos revolucionários dos países durante o Tempo Um e o Dois. Como vimos, tanto de Gaulle quanto Nehru traduziram com sucesso sua política revolucionária no Tempo Um em um elaborado texto constitucional no Tempo Dois. No entanto, quando o Conselho/Corte ameaçou interpretar esses textos de maneiras que bloqueavam os projetos políticos centrais de De Gaulle/Nehru, eles foram imediatamente forçados a uma retirada humilhante. No caso francês, isso aconteceu em conexão com o esforço do Conselho para bloquear o referendo de De Gaule a favor da eleição popular dos presidentes. Na Índia, isso aconteceu quando Nehru respondeu à proteção dos direitos de propriedade pela Corte ao decretar as restrições abrangentes do Nono Apêndice ao seu poder de realizar revisões judiciais.

O equilíbrio da autoridade política/jurídica só começou a mudar com a saída de cena de De Gaulle/Nehru, à medida que o Conselho/Corte fazia reivindicações mais agressivas para controlar seus sucessores pouco carismáticos. Em ambos os casos, essa primeira rodada de afirmações legalistas foi distintamente provisória – como os dramáticos recuos antes de as políticas revolucionárias de Mitterrand e Indira Gandhi se estabelecerem. Foi apenas quando Mitterrand/Gandhi sofreram derrotas políticas nas urnas no Tempo Três que o papel central do Conselho/Corte na salvaguarda dos fundamentos constitucionais obteve maior reconhecimento público.

Essas rupturas jurídicas decisivas não ocorreram por meio do funcionamento inexorável da lógica legalista. Elas foram o produto de atitudes notáveis de estadistas, juristas e políticos, que operaram contra o pano de fundo de mobilizações e contramobilizações em andamento, que deram um significado mais profundo às manobras da elite de Paris e Nova Delhi. A combinação de reviravoltas dramáticas por Mitterrand e Gandhi, juntamente com intervenções oportunas do Conselho e da Corte, permitiram que esses tribunais obtivessem o reconhecimento bipartidário de seu papel como guardiões legais do legado revolucionário de sua República.

Quando o Conselho Constitucional francês e a Suprema Corte indiana conseguiram obter amplo apoio após as crises de sucessão, uma nova questão surgiu: será que eles aproveitariam seu sucesso e conseguiriam consolidar sua posição apesar dos esforços da geração seguinte de políticos para evitar ou desacreditar sua reivindicação como guardiões supremos da tradição constitucional revolucionária do país?

8.5 Consolidação

Voltemos à história francesa com essa questão em mente. Embora a derrota parlamentar da esquerda tenha forçado Mitterrand a enfrentar um parlamento de centro-direita liderado por Chirac, esse período de "coabitação" foi relativamente breve. O mandato presidencial de sete anos de Mitterrand estava chegando ao fim em 1988 – e seu sucesso ou fracasso em obter a reeleição moldaria o futuro do desenvolvimento político e constitucional. A campanha presidencial gerou um nível notável de engajamento público, com 85% do eleitorado indo às urnas para votar no segundo turno – que Mitterrand disputou contra Chirac.

Mitterrand venceu por 10 pontos percentuais, levando Chirac a renunciar ao cargo de primeiro-ministro. O presidente nomeou o socialista Michel Rocard para o lugar de Chirac e, em seguida, dissolveu o Parlamento na esperança de varrer seus oponentes do poder. Ao fazer isso, no entanto, Mitterrand deixou claro que não estava buscando um mandato renovado para outra rodada de nacionalizações. Rocard era o líder de uma facção modernizante do Partido

Socialista. Ele aceitava a economia de mercado e se concentrava em iniciativas que exigiam que os ricos compartilhassem sua riqueza com as classes trabalhadoras. Sua campanha eleitoral atraiu o centro, não a esquerda, pedindo aos eleitores que apoiassem uma "França Unida".

Ele conseguiu, mesmo que por pouco. Os socialistas e seus aliados conquistaram 276 assentos, enquanto a "União da Direita e do Centro" obteve 271. Os votos decisivos foram fornecidos pelos 27 membros comunistas, que deram a Rocard uma estreita maioria parlamentar.[297]

Este é o ponto em que a mudança anterior de Mitterrand no *status* do Conselho Constitucional teve um grande impacto. Mesmo se tivesse continuado sua guerra verbal contra o tribunal, ele não estava mais em posição de forçar o Conselho a reconsiderar sua posição na questão das nacionalizações. Mas agora que ele havia indicado Badinter, o novo presidente do Conselho tentou obter apoio para uma expansão dramática da autoridade de seu tribunal.

Com o apoio do governo, Badinter liderou uma campanha por uma emenda constitucional que permitiria aos cidadãos comuns invocar a jurisdição do Conselho e pedir a invalidação de estatutos que violassem seus direitos constitucionais.[298] Essa proposta teria redefinido radicalmente a missão do Conselho. Até o momento, ele apenas participava de conversas em Paris com o presidente, o primeiro-ministro e membros do Parlamento. Mas a emenda proposta concederia ao Conselho competência para responder diretamente a litigantes individuais que alegassem que seus direitos constitucionais haviam sido violados em casos e controvérsias particulares. Essa revisão não teria apenas permitido ao Conselho se transformar no principal defensor dos direitos humanos no país.

---

297 CHEVALLIER, Jean-Jacques (*et al.*). *Histoire de la Ve République, 1958–2015*. 15ª ed. Paris: Dalloz, 2015, pp. 29-35.

298 SÉNAT. *Projet de loi constitutionnelle n. 1203*. Disponível em: https://www.senat.fr/evenement/revision/pjlc90.html. Acessado em: 07.01.2022.

Também representava uma ameaça ao ambicioso programa regulatório de Rocard. Mesmo que sessenta membros do Parlamento não desafiassem uma nova lei proposta pelo governo socialista antes de ela entrar em vigor, os indivíduos afetados adversamente teriam o direito de apelar ao Conselho para invalidar a legislação mais tarde. No entanto, Rocard adotou a iniciativa de Badinter como parte de seu programa de modernização e a aprovou na Assembleia Nacional e no Senado em alguns anos.

Restava apenas um problema: as versões aprovadas pelas duas câmaras divergiam em detalhes importantes, e Badinter não conseguiu resolver essa disputa antes do mandato de cinco anos do Parlamento expirar, em 1993. Quando a esquerda perdeu essa eleição, sua iniciativa perdeu força política. No entanto, sua quase derrota forneceu um precedente crucial quando a campanha para consolidar a autoridade do Conselho voltou à agenda pública quinze anos depois.[299]

Nesse ínterim, o Conselho permaneceu ativo. Agora que a esquerda estava na minoria, sessenta membros da Assembleia ou do Senado invocavam regularmente seu direito de contestar as principais iniciativas dos governos conservadores – exigindo que o Conselho se engajasse em uma série de decisões concretas que serviam de munição para elaboradas discussões acadêmicas. Ao mesmo tempo, um número crescente de juristas profissionais tornaram-se conselheiros.[300] Embora tenham permanecido em minoria, sua presença melhorou a posição dos profissionais no tribunal.

---

299 CARCASSONNE, Guy. "Le Parlement et la QPC". *Pouvoirs*, vol. 137, 2011, pp. 73-81 (descrevendo os precedentes de 1993).

300 Entre 1959 e 1984, 31% dos membros do Consleho eram juristas e 69% eram políticos. Entre 1986, 44% eram juristas e 56% eram políticos. CARCASSONNE, Guy. "Les membres du Conseil Constitutionnel, 1958-2008". *Cahiers du Conseil Constitutionnel*, 2009, pp. 10-13 (complementado com dados mais recentes).

Especialmente porque a cultura jurídica mais ampla estava evoluindo em direções favoráveis. Durante todo o século entre 1870 e 1970, a tradição francesa foi profundamente cética em relação à noção de "governo por juízes" implícita na revisão judicial. Uma série de crises de sucessão permitiu ao Conselho desestabilizar esse consenso, mas seria necessário o trabalho de uma geração inteira antes que a legitimidade de seu empreendimento pudesse ser estabelecida dentro da comunidade jurídica mais ampla. À medida que os jovens juristas amadureciam, eles produziam um fluxo interminável de comentários profissionais "sérios" provocados por esta ou aquela decisão. Seu envolvimento contínuo teve uma consequência cultural mais ampla – adaptar a tradição francesa para a criação de um quadro jurídico distinto de análise crítica que estava inteiramente além dos horizontes doutrinários da geração que havia estabelecido a Quinta República.[301]

Na virada do século, jovens estudantes de direito e juízes em ascensão estariam criando uma nova ortodoxia. Eles estariam imersos em comentários que tratavam o trabalho do Conselho como responsável por levantar questões jurídicas fundamentais, e não apenas políticas. Paradoxalmente, o fato de apenas políticos dos poderes legislativo e executivo poderem invocar a jurisdição do Conselho facilitou esse processo. Quando fosse politicamente conveniente, a oposição parlamentar poderia prontamente apelar ao Conselho contra uma iniciativa do governo se obtivesse o apoio de sessenta deputados ou senadores dissidentes. Mas essas petições, junto com as petições relativamente raras do governo, somavam apenas quinze por ano. Embora as questões levantadas frequentemente fossem extremamente importantes, o ritmo lento das decisões permitiu que comentaristas profissionais as assimilassem na tradição jurídica francesa de

---

301 A mudança decisiva ocorreu na década de 1990, com a criação da *Revue Française de Droit Constitutionnel.*

maneira deliberada, sem serem soterrados por uma enxurrada de controvérsias discrepantes.

Esse desenvolvimento evolucionário preparou o cenário para a rodada mais recente de consolidação legalista, catalisada por Nicolas Sarkozy após sua vitória na eleição presidencial em 2007. Como candidato pela conservadora União por um Movimento Popular (UMP), Sarkozy procurou enfaticamente distinguir-se de Jacques Chirac, o líder cada vez mais impopular da UMP. Como parte desse esforço, ele se lançou como um reformador constitucional que iria "modernizar" o legado gaullista para enfrentar os desafios do século XXI. Ao obter uma vitória sobre a socialista Ségolène Royal, ele imediatamente resgatou sua promessa de campanha ao nomear um comitê especial para apresentar propostas concretas. Seu presidente, o ex-primeiro-ministro conservador Édouard Balladur, estendeu a mão aos principais políticos e juristas da oposição de esquerda – que colaboraram na formulação de um amplo programa de reformas.

Essa iniciativa encaixa-se perfeitamente em meu tema geral: a constitucionalização do carisma. Consideremos o tratamento da reforma do poder de emergência. De Gaulle insistiu em um texto constitucional que lhe desse discricionariedade total para declarar estado de emergência e governar por decreto sem levar em conta quaisquer direitos fundamentais garantidos pela Constituição. E, como vimos, ele fez pleno uso de seus poderes para sustentar a República durante seus primeiros anos de crise.

Ainda assim, o comitê Balladur impôs limites estritos aos futuros presidentes que reivindicassem autoridade semelhante. Daí em diante, eles poderiam exercer poderes extraordinários somente por um período limitado, fixado em no máximo sessenta dias – ponto em que teria que convencer o Conselho Constitucional de que a ameaça "grave e imediata" às instituições da República continuava a existir. Da mesma forma, um limite de dois mandatos foi explicitamente imposto aos presidentes, que também deveriam obter a aprovação parlamentar para algumas de suas principais nomeações.[302]

Como parte desse programa geral de limitação do executivo, o comitê Balladur deu maior destaque ao Conselho Constitucional. Não deu ao Conselho somente o poder de encerrar os estados de emergência presidenciais. Adotou uma versão da iniciativa anterior de Badinter e autorizou litigantes comuns a solicitar a revisão do Conselho de decisões de cortes inferiores que afetavam adversamente seus direitos constitucionais.

Ao dar esse passo, Balladur também revolucionou a relação do Conselho com o restante do Judiciário. Até então, ele havia julgado apenas projetos de lei que estavam pendentes no Legislativo – deixando para a Corte de Cassação (direito privado) e para o Conselho de Estado (direito público) interpretar a Constituição em ações judiciais tradicionais. Mas essas instituições agora seriam obrigadas a reconhecer a autoridade do Conselho para revisar seus julgamentos constitucionais.

Com essa reforma, o Conselho finalmente obteve uma posição semelhante à ocupada pela Corte Constitucional italiana, que também lutou para obter ascendência sobre os análogos italianos da Corte de Cassação e do Conselho de Estado. Certamente, os juristas italianos alcançaram esse objetivo muito mais rapidamente – aproveitando a crise de sucessão ocorrida na esteira da saída de De Gasperi do poder em 1953. Em contraste, a França experimentou meio século de crises de sucessão antes do comitê Balladur poder aproveitar uma oportunidade semelhante. No entanto, chegamos a um momento semelhante nos desenvolvimentos constitucionais italiano/francês. Para expor a ambição do comitê Balladur em uma

302 Comité de réflexion et de proposition sur la modernisation et le rééquilibrage des institutions de la Ve République présidé par BALLADUR, Edouard. *Une Ve République plus démocratique*. Paris: Fayard, 2008.

única linha: seu objetivo era consolidar a presidência gaullista no interior de uma estrutura de Estado de Direito muito mais forte.

Ao elaborar os termos complexos de sua revisão abrangente, os reformadores acrescentaram outro elemento que chamou muita atenção. Essa disposição em particular era mais simbólica que substancial. Mas, em contraste com suas iniciativas mais fundamentais a favor do de Estado de Direito, ele reforçou as reivindicações carismáticas da presidência. Pela primeira vez, autorizou o presidente francês, como seu homólogo estadunidense, a fazer um discurso anual na televisão voltado ao Parlamento e à nação em geral.

Quando vista a partir de certo ângulo, essa proposta dificilmente provocaria tremores de terra. Como vimos, de Gaulle foi repetidamente à televisão para reunir o Povo em torno de si em momentos críticos. Mesmo assim, ele apareceu na tela como uma figura solitária, falando ao povo francês com base em seu papel heroico durante a Resistência. Sarkozy não poderia apontar uma narrativa heroica semelhante para apoiar sua autoridade presidencial – ele estava vivendo no Tempo Quatro e sabia disso. Ele abraçou a proposta de Balladur porque ela lhe fornecia uma nova plataforma constitucional para ofuscar seus rivais políticos. Seus oponentes parlamentares não teriam escolha a não ser permanecer em respeitoso silêncio enquanto Sarkozy fazia seu discurso para uma audiência nacional. Todo o espetáculo reforçaria anualmente a reivindicação do presidente de servir como um seguidor digno de De Gaulle.

Naturalmente, essa perspectiva provocou uma hostilidade apaixonada dos oponentes de Sarkozy – que condenaram a medida como um ritual pseudo-real que impelia a República ao "hiper-presidencialismo".[303] Eles insistiram que o governo permitisse que votassem a proposta separadamente, para que pudessem rejeitá-la

303 FRANÇOIS, Bastien. *La constitution Sarkozy*. Paris: Odile Jacob, 2009, pp. 80/81.

sem colocar em risco todo o pacote de reformas. De maneira previsível, Sarkozy e seu primeiro-ministro, François Fillon, rejeitaram essa exigência. Eles apostaram que, no momento certo, poderiam obter as supermaiorias parlamentares exigidas para aprovar o pacote na íntegra.

Isso não seria fácil. As emendas constitucionais exigem o apoio de três quintos de todos os senadores e representantes em uma sessão especial conjunta do Congresso. A hora da verdade do comitê Balladur veio em uma reunião dramática em 21 de julho de 2008. Após intenso lobby de Sarkozy e Fillon, a revisão abrangente foi aprovada por uma vantagem de um único voto.[304]

As reformas de 2008 tiveram um impacto imediato sobre o Conselho Constitucional, que antes avaliava cerca de quinze demandas anuais dos poderes políticos. Nos cinco anos seguintes, foi obrigado a enfrentar 465 questões constitucionais levantadas por litigantes privados – multiplicando sua pauta por seis.[305] Isso não apenas transformou o serviço no Conselho em um trabalho de tempo integral, mas revolucionou o caráter do seu trabalho. Não era mais suficiente que os membros enfrentassem questões de interesse político corrente e de alta visibilidade; eles foram obrigados a lidar com uma série de questões jurídicas complexas levantadas por litigantes individuais que reivindicavam seus interesses individuais.

A Corte Constitucional italiana enfrentou um problema semelhante em sua instauração, mas tinha maior capacidade institucional para lidar com ele. Desde o início, foi dominada por juízes e professores de direito de grande distinção profissional. Em

---

304 LÉGIFRANCE. "Loi constitutionnelle n. 2008-724 du 23 juillet 2008 de modernisation des institutions de la Ve République". *Journal officiel "Lois et Décrets"*, 2008; AVRIL, Pierre; GICQUEL, Jean. "Chronique constitutionnelle française (1er juillet-30 septembre 2008)". *Pouvoirs*, vol. 128, 2008, pp. 156 e 179.

305 *Nouveaux Cahiers du Conseil constitutionnel*, nº 54, 2017, p. 309 (dados estatísticos até set. 2016).

contraste, a maioria dos conselheiros franceses ainda são políticos seniores familiarizados com os desafios da política, não com as complexidades da doutrina jurídica.

Isso significa que o Conselho da França terá dificuldades para fazer uma transição ao estilo italiano para sua nova função. Dada a explosão dos negócios jurídicos, haverá pressão para aumentar o número de juristas talentosos. Se e quando obtiverem a maioria, o Conselho se tornará mais agressivo ao afirmar o controle sobre as supremas cortes tradicionais – e a Corte de Cassação e o Conselho de Estado poderão resistir por meio de uma variedade de expedientes legalistas.[306]

Essa competição pela supremacia jurídica gerará grande paixão profissional e atenção política ocasional. No entanto, isso não deve obscurecer o ponto principal: o sucesso recente em "modernizar" a Constituição é outro passo decisivo da geração pós-gaullista para constitucionalizar a Fundação carismática da Quinta República no interior de um sistema sólido de freios de contrapesos.

Não estou sugerindo que o presente acordo institucional marcará o "fim da história". Novos movimentos partidários surgirão, proclamando a necessidade de um novo começo na vida política da nação – e eles podem um dia conseguir mobilizar o povo francês para apoiar a construção de uma Sexta República.

Meu argumento é mais modesto. Se e quando um partido-movimento revolucionário obtiver o controle da presidência e do Parlamento, não estará em posição de varrer a atual Constituição de maneira rápida como de Gaulle fez com a Terceira República em 1945 e a Quarta República em 1958. Em vez disso, enfrentará um Conselho Constitucional cuja autoridade para defender

---

306 HAMON, Francis; TROPER, Michel. *Droit Constitutionnel*. 36ª ed. Trad. Berstein. França: LGDJ, 2015, pp. 757-771; TUSSEAU, Guillaume. "La fin d'une exception française?". *Pouvoirs*, nº 137, 2011, pp. 5-11.

os princípios fundamentais da Quinta República é amplamente reconhecida e institucionalmente arraigada.

A maioria dos conselheiros serão remanescentes do antigo regime, e eles se lembrarão vividamente da resposta do Conselho em pontos de inflexão anteriores – mais notavelmente, sua resistência bem-sucedida às nacionalizações radicais da esquerda na década de 1980. Isso inspirará seus membros a emitir declarações de inconstitucionalidade que ressoem na cultura profissional e popular e, assim, ajudar a enquadrar as questões-chave para a série seguinte de campanhas eleitorais.

Somente se o presidente e seu partido-movimento continuarem a vencer eleição após eleição, eles finalmente ganharão autoridade *legítima* para repudiar a estrutura existente e inaugurar a Sexta República – e mesmo assim, sua Constituição pode muito bem ser profundamente moldada por rodadas iniciais de resistência do Conselho a seu programa transformador.

Não sou profeta. Neste livro, não tento perscrutar o futuro, mas refletir sobre o passado. Concluirei, então, oferecendo algumas reflexões sobre as dificuldades especiais que assombraram a experiência francesa do pós-guerra e as maneiras específicas pelas quais foram superadas.

Lembremos do "problema de coordenação" especial que aflige os esforços revolucionários de construção constitucional. Como o Capítulo 6 enfatizou, os líderes simbólicos dos movimentos revolucionários devem – de uma forma ou de outra – obter amplo reconhecimento dos militantes de base como porta-vozes legítimos do Povo durante seu período de insurgência (Tempo Um).

Esse é sempre um trabalho difícil. Mas fica mais fácil se a liderança e os seguidores conseguirem se organizar em um único partido-movimento abrangente – à maneira dos partidos do Congresso da Índia e da África do Sul. Em contraste, um partido hegemônico não surgiu na França ou na Itália do pós-guerra. Em vez disso, a derrota do totalitarismo nazifascista criou uma abertura para partidários de três movimento distintos – comunistas, socialistas, democratas cristãos – assumirem a tarefa de elaborar os termos constitucionais para o "novo começo" de sua nação.

Em ambos os casos europeus, essas três organizações partidárias distintas tiveram sucesso em constitucionalizar a política de alta energia da Resistência – antes de se separarem quando a Guerra Fria ganhou ímpeto. Mas os casos italiano e francês diferiram em um aspecto fundamental. Líderes civis como De Gasperi e Togliatti sacrificaram muito na luta contra o fascismo, mas não havia nenhuma figura militar – como de Gaulle – que afirmava falar pelo Povo de uma forma que transcendesse os três movimentos partidários.

A presença de tal *porta-voz transmovimentos* poderia muito bem ter facilitado que os três partidos da Resistência Francesa resolvessem seu "problema de coordenação" se de Gaulle tivesse usado sua autoridade simbólica singular para apoiar seus esforços de construção constitucional.

Mas o General moveu-se na direção oposta – exortando o Povo a repudiar a estrutura constitucional que os partidos do movimento trabalharam tanto para construir. Mesmo quando não conseguiu obter uma vitória no referendo decisivo de 1946, de Gaulle não desistiu. Ele se recusou a reconhecer a legitimidade do novo regime e aproveitou a oportunidade apresentada pela crise argelina para triunfar sobre seus antigos oponentes em 1958.

Esses fatos básicos levaram a uma grande diferenciação entre as experiências francesa e italiana. A França, mas não a Itália, se engajou em dois exercícios de constitucionalismo revolucionário desde a Segunda Guerra Mundial. Esse ponto simples exigiu que eu gastasse muito mais páginas sobre a experiência francesa.

No entanto, nossa longa jornada nos levou ao mesmo lugar: a França e a Itália contemporâneas se encontram mais ou menos no mesmo lugar. Cada país opera com uma ordem constitucional profundamente arraigada. Ao mesmo tempo, cada um está testemunhando o surgimento de partidos de movimentos que levantam desafios fundamentais aos princípios fundadores. No momento, esses aspirantes a revolucionários estão enfrentando formidáveis problemas de coordenação. Alguns apresentam fortes críticas de direita, alguns de esquerda e alguns de direções radicalmente novas. Embora essas diferentes insurgências "populistas" tenham apelo suficiente para obter um apoio eleitoral substancial, suas visões de um "novo começo" são tão díspares que ainda não estão em posição de reivindicar um mandato amplo e profundo para a mudança revolucionária.

Além disso, eles confrontam tribunais constitucionais que venceram uma longa luta para se estabelecerem como guardiões dos princípios da República existente. Como consequência, se esses movimentos transformadores díspares conseguirem obter uma ascendência política momentânea, eles não podem esperar que suas iniciativas fiquem sem controle. Suas iniciativas radicais serão examinadas por juristas profundamente comprometidos com a defesa da ordem constitucional existente.

É impossível prever o resultado do confronto que se seguirá. Talvez ele leve os insurgentes ideologicamente díspares a se desintegrarem em uma série de facções belicosas; talvez os provoque a se unirem em uma frente comum em torno de um conjunto coerente de princípios revolucionários; ou talvez leve os defensores da ordem constitucional existente a mobilizar um movimento de massas em sua defesa.

Uma coisa é certa. Dado o sucesso da Corte Constitucional italiana e do Conselho Constitucional francês em legitimar sua autoridade ao longo do último meio século, os partidários de um avanço revolucionário não levarão tudo com uma única vitória eleitoral. Os defensores jurídicos da ordem existente, em vez disso, rejeitarão seus esforços iniciais de revisão radical, exigindo que eles retornem aos eleitores repetidamente antes que possam afirmar com *credibilidade* que revolucionaram a República em nome do Povo.

Essa é precisamente a promessa do constitucionalismo revolucionário. Ele não garante que o futuro será melhor – ou pior – do que o passado. Mas insiste que as elites políticas devem obter o consentimento mobilizado e autoconsciente de seus concidadãos antes de romper com as vitórias conquistadas a duras penas no passado revolucionário e ganhar autoridade para traçar um caminho radicalmente diferente para o futuro.

CAPÍTULO IX

O TRIUNFO DO SOLIDARIEDADE NA POLÔNIA

A queda do Muro de Berlim provocou um coro triunfalista. Mas a experiência de um quarto de século serviu como um amargo choque de realidade: os 29 Estados do antigo bloco soviético tiveram um desempenho desanimador, com 16 deles reprovando nos testes democráticos mínimos.[307] Países que pareciam promissores há uma década – como a Hungria e a Polônia – estão atualmente à beira do colapso.

O caso polonês é de especial interesse, já que a maioria das transições do Leste Europeu foram lideradas por elites políticas provenientes de pequenos grupos dissidentes que não eram apoiados por movimentos de massa organizados. Em contraste, o Solidariedade foi uma das maiores mobilizações revolucionárias de todos os tempos – e estava profundamente comprometido com o constitucionalismo e a proteção dos direitos fundamentais. No entanto, Lech Walesa e seus companheiros revolucionários não

---

307 FREEDOM HOUSE. *Nations in Transit, 2015*. Disponível em: https://freedomhouse.org/sites/default/files/FHNIT201506.06.15FINAL.pdf.

conseguiram consolidar uma nova Constituição que seus concidadãos pudessem reconhecer como expressão autêntica da luta de uma década do Solidariedade contra a opressão comunista.

Por que?

Contingências e personalidades particulares desempenharam um grande papel – mas a influência do modelo constitucional fornecido pela Quinta República Francesa também. Em 1989, o regime gaullista havia saído de sua crise de sucessão decisiva de uma forma que impressionou muito os poloneses – e outras nações do Bloco Oriental – em luta para definir os termos de seu "novo começo". Apesar do triunfo dos Estados Unidos na Guerra Fria, esses países emergentes não basearam seus projetos constitucionais em uma presidência ao estilo americano. Eles construíram seus novos sistemas usando a Quinta República como modelo.

O sistema francês é normalmente chamado de "semipresidencialista" na literatura acadêmica. Mas esse é um nome impróprio – na verdade, os poderes do presidente francês excedem em muito os de seu homólogo americano. Ele não está apenas explicitamente protegido da interferência parlamentar em sua conduta militar e de relações exteriores. Ele também pode ameaçar dissolver a Assembleia Nacional e convocar novas eleições se esta resistir às suas iniciativas. Em contraste, o presidente americano não tem poder semelhante para intimidar e submeter o Congresso dos EUA. Para enfatizar esses pontos, chamarei o sistema francês de "superpresidencialista".

O modelo gaullista apresenta um problema especial quando usado em transições revolucionárias. Ele encoraja o movimento insurgente a se dividir em campos rivais – enquanto alguns líderes se concentram na presidência e outros no Parlamento para estabelecer suas reivindicações de representar o movimento como um todo. Além disso, o conflito contínuo entre os ramos rivais pode tentar o presidente a usar seus superpoderes para dissolver o Parlamento na esperança de que os eleitores lhe deem uma assembleia mais amigável para a próxima rodada de negociações constitucionais. No entanto, essa estratégia acaba dividindo o movimento revolucionário em partidos políticos hostis – que acusam uns aos outros de trair os princípios revolucionários que os uniram em sua luta anterior contra o antigo regime. Uma vez que os cidadãos comuns comecem a aceitar suas novas identificações partidárias, será cada vez mais difícil que uma Constituição proposta pela fragmentada elite revolucionária obtenha ampla aceitação popular como expressão fidedigna de Nós, o Povo.

Esse ciclo de fragmentação e alienação pode, é claro, ser evitado por determinados atos estadistas de líderes revolucionários no controle da presidência ou do Parlamento. Mas os esforços de construção de pontes estavam em falta na Polônia. A dinâmica de desintegração merece uma investigação cuidadosa, já que o Solidariedade parecia em uma posição particularmente privilegiada para resgatar o projeto constitucional revolucionário. Em contraste com a Índia e a África do Sul, a Polônia era étnica e culturalmente homogênea – ao contrário dos partidos do Congresso naqueles dois países, o Solidariedade não enfrentou o formidável desafio de unir grupos linguísticos e sociais díspares em um único movimento revolucionário em sua luta contra o antigo regime.

De maneira semelhante, o comunismo estava completamente desacreditado na Polônia pós-1989. Como consequência, a liderança do Solidariedade não enfrentou o problema encontrado na França e na Itália no pós-guerra – onde socialistas democráticos e democratas cristãos foram obrigados a elaborar uma nova carta política nas negociações com camaradas revolucionários que mal conseguiam esconder seu desdém pelo "constitucionalismo burguês". Em vez disso, a esquerda e a direita polonesa estavam unidas por sua oposição comum ao abuso ilegal dos direitos fundamentais pelo antigo regime.

O Solidariedade confrontou divisões ideológicas agudas em outros assuntos – mais notavelmente, na questão da relação igreja e Estado. Mas isso não é algo específico da Polônia. Os franceses e italianos enfrentaram a mesma divisão entre católicos e secularistas após a Segunda Guerra Mundial. Isso não os impediu de propor e ratificar suas Constituições revolucionárias.

Os poloneses fracassaram onde franceses e italianos tiveram sucesso – embora o Solidariedade tenha conquistado níveis verdadeiramente extraordinários de apoio popular. Como acredito que uma parcela significativa de culpa deve recair sobre o modelo gaullista, seguirei a história polonesa com algumas reflexões mais amplas sobre os "perigos do superpresidencialismo".[308] Mas como sempre, é melhor começar mergulhando nas particularidades de nosso estudo de caso.

9.1 Tempo Um: começo revolucionário

O Solidariedade nasceu em 1980 em meio a uma onda de greves provocada por medidas de austeridade impostas pelo governo comunista. Mas essa demonstração de resistência não foi suficiente para abalar os alicerces do regime. Os comunistas haviam superado levantes semelhantes no passado, e vale a pena começarmos com sua primeira grande crise em 1956.

Naquele momento, os soviéticos estavam esmagando a Revolução Húngara e ameaçavam esmagar os distúrbios poloneses pela força militar. Após um impasse tenso, no entanto, eles adotaram uma abordagem diferente. O Kremlin permitiu que Wladyslaw Gomulka formasse um governo polonês reformista, que relaxou o controle stalinista do Partido Comunista sobre a vida econômica e social do país.

Essa ruptura com a repressão totalitária rendeu a Gomulka o apoio popular, mas também tornou mais fácil para os grupos de

---

308 Minha fórmula retoma preocupações semelhantes expressas em LINZ, Juan. "The Perils of Presidentialism". *Journal of Democracy*, vol. 1, 1990, p. 51.

oposição organizar protestos e greves de massas por reformas mais abrangentes em 1968, 1979 e 1976.[309] Os comunistas reafirmaram seu controle em todas as ocasiões por meio de uma combinação de concessões estratégicas e do uso da força, mas seus oponentes também aprenderam algumas lições com a experiência. Nas primeiras ondas de resistência, intelectuais dissidentes e trabalhadores rebeldes não conseguiram coordenar suas atividades. No final da década de 1970, o Comitê de Defesa dos Trabalhadores (KOR) tentou preencher essa lacuna – com importantes intelectuais como Jacek Kurón e Adam Michnik pedindo "reformas de baixo para cima".[310] O regime respondeu de maneira relativamente tolerante – permitindo que o KOR e grupos semelhantes operassem abertamente na sociedade civil.[311] Isso preparou o caminho para um novo nível de coordenação.

O poder da oposição organizada ficou evidente durante a próxima rodada de distúrbios. Lutando com seu fraco desempenho econômico, o regime comunista impôs uma série de medidas de austeridade. Isso provocou uma greve nos Estaleiros Lênin em Gdansk em agosto de 1980, na qual os trabalhadores demonstraram alguma criatividade organizacional própria. Eles não apenas pararam de trabalhar, mas assumiram o controle de toda a instalação. Não pediram apenas aumentos salariais, mas contestaram a reivindicação comunista de liderança sobre o proletariado, exortando seus colegas de trabalho a se juntarem ao movimento. Depois de expulsar a administração dos Estaleiros, eles ergueram

---

309 STOKES, Gale. *From Stalinism to pluralism*: a documentary history of Eastern Europe since 1945. Nova York: Oxford University Press, 1991.

310 ARATO, Andrew. "Civil society against the State: Poland 1980–81". *Telos*, 1981, p. 23; ZUZOWSKI, Robert. "The polish intelligentsia: KOR and solidarity". *Australian Journal of Political Science*, vol. 26, 1991, p. 307.

311 OSA, Maryjane. *Solidarity and contention*: networks of Polish opposition. Minneapolis: University of Minnesota Press, 2003, p. 135; ZUZOWSKI, Robert. "The origins of open organized dissent in today's Poland: KOR and other dissident groups". *East European Quarterly*, vol. 25, 1991.

uma faixa na entrada proclamando: "PROLETÁRIOS DE TODAS AS FÁBRICAS – UNI-VOS!"[312]

O despontar de Lech Walesa simbolizava essa mensagem. Ele havia sido demitido dos Estaleiros durante as primeiras greves de 1976, mas conseguiu se esgueirar pelos portões quando a rebelião dos trabalhadores começou. Como Mandela, Nehru e De Gasperi, ele já havia se sacrificado por suas convicções; mas ele era proveniente de um lugar diferente na ordem social. Esses outros líderes revolucionários eram membros da elite educada que rejeitaram posições confortáveis para aderir à insurgência. Walesa era um *outsider*, tanto social quanto politicamente. Mas, como trabalhador perseguido, ele personificava de forma única o caráter revolucionário das demandas do Solidariedade. Aqui estava um trabalhador liderando um sindicato de trabalhadores em contra o Estado dos Trabalhadores.

O histórico de Walesa realçava sua centralidade simbólica, mas criou um problema especial. O Partido nunca permitiria que a ocupação revolucionária dos estaleiros pelo Solidariedade durasse para sempre. A menos que o sindicato pudesse de alguma forma obter um acordo satisfatório do *establishment* comunista, as forças militares do Pacto de Varsóvia esmagariam sua microrrevolução pela força bruta. No entanto, a liderança proletária do Solidariedade não tinha as habilidades necessárias para realizar negociações sérias com os *apparatchiks* do Partido.

Foi aqui que o KOR e seus aliados entraram em cena. Depois que 64 importantes intelectuais fizeram um apelo por uma resolução pacífica, dois dos signatários – Bronislaw Geremek e Tadeusz Mazowiecki – viajaram aos estaleiros para oferecer sua assistência aos grevistas no momento em que o governo decidiu iniciar as negociações.

---

312 ASH, Timothy Garton. *The Polish Revolution*: solidarity 1980-82. Londres: Jonathan Cape, 1983, p. 67.

O embrionário sindicato saudou os dois intelectuais dissidentes com entusiasmo: "Somos apenas trabalhadores", disse a eles Walesa, "esses negociadores do governo são homens educados, precisamos de alguém para nos ajudar".[313] Os dois homens foram instantaneamente constituídos como um "comitê de especialistas" para servir ao lado do comitê de greve do Solidariedade. Com a adesão de Kurón e Michnik, os trabalhadores adquiriram o poder de fogo intelectual necessário para falar a língua dos aparatchiks e chegar ao "sim".

No fim de agosto, a política de alta energia dos trabalhadores, juntamente com o domínio intelectual da linguagem do poder, culminou em um avanço. Superficialmente, assumiu a forma de um compromisso. Os comunistas reconheceram o direito do Solidariedade de operar como um sindicato independente do controle do Partido, e o Solidariedade reconheceu o "papel de liderança dos comunistas... no Estado".[314] Isso permitiu que ambos os lados reivindicassem vitórias simbólicas.

Mas os fatos falaram mais alto do que as palavras: o ponto mais importante é que o Partido estava tolerando a reivindicação do sindicato de operar independentemente de seu controle. Essa concessão notável proporcionaria uma abertura para a escalada da luta revolucionária contra o regime totalitário?

---

313 ASH, Timothy Garton. *The Polish Revolution*: solidarity 1980-82. Londres: Jonathan Cape, 1983, p. 55.

314 O acordo também comprometia o governo com uma ampla série de direitos fundamentais, ASH, Timothy Garton. *The Polish Revolution*: solidarity 1980-82. Londres: Jonathan Cape, 1983, pp. 73-76, mas o Partido enfatizou suas próprias garantias contra "perturbações ao sistema estabelecido de alianças internacionais". ASH, Timothy Garton. *The Polish Revolution*: solidarity 1980-82. Londres: Jonathan Cape, 1983, p. 67.

9.1.1 Mobilização de massas

A concessão do Partido teve um efeito eletrizante: em algumas semanas, três milhões de trabalhadores em 3.500 fábricas estavam formando seus próprios sindicatos do Solidariedade. No início da primavera, 9,5 milhões de pessoas haviam se inscrito – o que representava ¾ dos 12,5 milhões de trabalhadores industriais e comerciais do país![315] No mesmo período, 1,5 milhão de trabalhadores agrícolas – metade dos pequenos proprietários da Polônia – ingressaram no Solidariedade Rural.[316]

Essa explosão populista poderia ter gerado um caos total. Mas isso não aconteceu – e por uma razão simples. Em março, o Solidariedade já estava pagando 40 mil funcionários por seu trabalho na organização da energia das massas em uma estrutura institucional notável. Isso só foi possível porque os membros do Solidariedade contribuíam voluntariamente com 1% de seus salários como taxas sindicais – permitindo que um corpo de organizadores pagos sustentasse a pressão sindical nas fábricas de todo o país. O que também permitiu ao Solidariedade criar escritórios regionais e nacionais com funcionários em tempo integral capazes de coordenar protestos populares em campanhas mais amplas.[317]

Ao mesmo tempo, o Solidariedade estava construindo um precedente de democracia participativa nos Estaleiros Lênin. À medida que as paralisações ocorriam em outros locais importantes, as decisões da liderança estavam sujeitas à aprovação de uma assembleia de trabalhadores. Isso era válido tanto para o nível local quanto para o nacional, com comitês de "coordenação" de

---

315 ASH, Timothy Garton. *The Polish Revolution*: solidarity 1980-82. Londres: Jonathan Cape, 1983, pp. 80 e 163.

316 CRAMPTON, Richard. *Eastern Europe in the twentieth century - and after*. 2ª ed. Londres: Routledge, 2002, p. 157.

317 ASH, Timothy Garton. *The Polish Revolution*: solidarity 1980-82. Londres: Jonathan Cape, 1983, p. 55.

representantes dos trabalhadores definindo os termos da luta em andamento contra o regime.

No topo da nova pirâmide estava Walesa. Mas ele não ficou sozinho. Estava cercado por um círculo impressionante de novos dissidentes do KOR – e ele ganhou ainda mais força quando o governo comunista lhe deixou viajar ao Vaticano em janeiro de 1981 para uma audiência formal com o papa (polonês).

Tudo isso abalou o Partido Comunista em sua essência. Imediatamente após o Acordo dos Estaleiros Lênin, o Politburo demitiu o primeiro secretário Edward Gierek – tornando-o bode expiatório para o fraco desempenho econômico do país na década anterior. Seu novo líder, Stanislaw Kania, negociou um acordo difícil entre as facções reformistas e de linha dura enquanto formulava uma resposta às demandas do Solidariedade. Mas, na primavera, os três milhões de membros do Partido estavam claramente na defensiva – na verdade, 250 mil *apparatchiks* deixaram a organização, e mais um milhão protegeram suas apostas ao se inscreverem no Solidariedade enquanto mantinham-se filiados ao Partido![318]

Apesar dessas deserções, a liderança comunista tinha um trunfo: permanecia no controle firme das formidáveis forças militares e de segurança da Polônia. Isso poderia ser prontamente reforçado por 58 mil soldados soviéticos que estavam em solo polonês – bem como centenas de milhares do outro lado da fronteira. Afinal, os soviéticos invadiram a Hungria em 1956 e a Tchecoslováquia em 1968. Todos reconheciam que isso poderia acontecer novamente.[319] Mas o Solidariedade tinha sua arma definitiva: uma greve

---

318 ASH, Timothy Garton. *The Polish Revolution*: solidarity 1980-82. Londres: Jonathan Cape, 1983, p. 178.

319 KRAMER, Mark. "The Soviet Union, the Warsaw Pact, and the Polish Crisis of 1980–81". *In*: TREPANIER, Lee (*et al.*). *The solidarity movement and perspectives on the last de cade of the Cold War*. Polônia: Oficyna Wydawnicza, 2010, pp. 27 e 64.

geral que fecharia o país inteiro até que o Partido aceitasse suas principais demandas.

Essas ameaças mútuas geraram muitas idas e vindas durante o outono e o inverno, mas não forçaram concessões decisivas de nenhum dos lados. O grande desafio foi posto pela ênfase do Solidariedade em questões constitucionais – a proteção da dissidência e dos direitos humanos fundamentais; o controle da arbitrariedade burocrática por meio do Estado de Direito. O movimento revolucionário recusava-se a ser pacificado por gestos na frente econômica e sustentou suas demandas constitucionais com greves.

No entanto, isso ainda não fez com que as paralisações se tornassem uma greve nacional. Walesa e outros ameaçaram usar sua arma definitiva, mas não puxaram o gatilho.

9.1.2 Escalada ou negociação?

Enquanto o número de membros do Solidariedade chegava à marca de dez milhões em março, seu comitê de coordenação nacional renovou a ameaça de um fechamento em todo o país, mas desta vez estava falando sério – emitindo instruções detalhadas para uma "greve de ocupação" nacional nos moldes da ocorrida no Estaleiro Lênin.

Também aumentou a aposta ao preparar uma greve geral imediata caso o Partido ordenasse às suas forças de segurança a deposição das lideranças do Solidariedade e impusessem lei marcial em todo o país. Mais ameaçador ainda, o sindicato emitiu instruções "em caso de invasão" pelo exército soviético – conclamando dez milhões de seguidores a confundir os estrangeiros obliterando nomes de ruas, invertendo placas de sinalização e tornando "impossível" para eles requisitar suprimentos de comida.[320] Com os

320 ASH, Timothy Garton. *The Polish Revolution*: solidarity 1980-82. Londres: Jonathan Cape, 1983, pp. 263/264.

líderes do Partido correndo para Moscou para consultar Brejnev, a questão era: quem piscaria primeiro?

A resposta: Walesa. Certamente, ele procurou primeiro o conselho de Mazowiecki e Geremek, que o haviam servido bem nos Estaleiros; ele também consultou representantes da Igreja, que cada vez mais davam apoio público ao Solidariedade. Todos eles informaram que o risco de intervenção militar era muito grande. Mas foi Walesa, e apenas Walesa, quem tomou a decisão final – dizendo ao comitê de coordenação nacional que deveria recuar da ameaça de greve. Ele então chegou a um acordo para salvar as aparências com o governo, que não acatou as principais demandas do movimento.

Se essa decisão foi sábia ou não permanecerá sempre controversa.[321] Apenas uma coisa é clara. Ela desmoralizou as bases, minando o ímpeto revolucionário do Solidariedade.[322] Durante o semestre seguinte, os moderados do governo comunista tentaram cooptar os sindicalistas para o sistema; mas esses esforços foram finalmente reprimidos por uma facção linha dura que obteve a nomeação do general do exército Wojciech Jaruzelski como Primeiro Secretário do Partido. Em 13 de dezembro, o general declarou a lei marcial[323] - prendendo cerca de dez mil militantes, incluindo Walesa

---

321 ASH, Timothy Garton. *The Polish Revolution*: solidarity 1980-82. Londres: Jonathan Cape, 1983, pp. 172/173 (análise de cenários alternativos).

322 "Revolução" era a palavra usada com frequência – tanto pelo Solidariedade quanto por seus oponentes – para descrever a luta durante todo o período. ASH, Timothy Garton. *The Polish Revolution*: solidarity 1980-82. Londres: Jonathan Cape, 1983, p. 287.

323 A decisão de reprimir o Solidariedade foi provavelmente tomada na reunião entre Jaruzelski e Brejnev na Crimeia. KRAMER, Mark. "The Soviet Union, the Warsaw Pact, and the Polish Crisis of 1980–81". *In*: TREPANIER, Lee (*et al.*). *The solidarity movement and perspectives on the last de cade of the Cold War*. Polônia: Oficyna Wydawnicza, 2010, p. 48; RACHWALD, Arthur. *In search of Poland*: the superpowers'response to solidarity, 1980-1989. Califórnia: Hoover Institution Press, 1990, p. 20.

e outros líderes, sem julgamento e por tempo indeterminado.[324] Ao mesmo tempo, suas forças venceram a greve.[325]

Esses atos de repressão em massa conseguiram impor uma calma superficial à vida pública.[326] Como o Solidariedade foi empurrado para a clandestinidade, os militantes não puderam deixar de refletir sobre aquele momento em março no qual Walesa escolheu negociar e não a greve geral. Certamente, sua decisão pode (ou não) ter evitado um grande derramamento de sangue; mas abriu caminho para negociações desmoralizantes com o regime, o que acabou possibilitando uma resposta da linha dura.

Essa não seria a última vez que negociações entre elites minariam o impulso revolucionário do Solidariedade. Mas, como veremos, a dinâmica de desintegração seria muito diferente da próxima vez.

9.2 Tempo Um: ressurgência revolucionária

Jaruzelski restaurou a ordem pública, mas não conseguiu acabar com os revolucionários clandestinos – que mostraram resiliência notável nos sete anos seguintes.

324 EKIERT, Grzegorz. *The state against society*: political crises and their aftermath in East Central Europe. Princeton: Princeton University Press, 1996, p. 23. Um ano após a repressão, somente um pequeno número de líderes do Solidariedade permanecia sob custódia – Walesa foi libertado em novembro de 1982. STOKES, Gale. *The Walls Came Tumbling Down.* Nova York: Oxford University Press, 1993, p. 109.

325 ANDREW, Christopher. *The sword and the shield.* Nova York: Basic Books, 2000; LABA, Roman. *The roots of solidarity*: a political sociology of Poland's working-class and democratization. Princeton: Princeton University Press, 1991, p. 148.

326 OST, David. *Solidarity and the politics of anti-politics*: opposition and reform in Poland since 1968. Philadelphia: Temple University Press, 1990, p. 49.

9.2.1 Clandestinidade

Após três meses, o Solidariedade anunciou sua presença em Varsóvia com um jornal semanal, o *Tygodnik Mazowsze*. A publicação regular exigia um grande esforço organizacional. Para fugir da polícia secreta, a equipe estava constantemente mudando as impressoras e centros de distribuição de lugar. A resistência também enfrentou o trabalho interminável de recrutar milhares de militantes para entregar o jornal em fábricas e escritórios. Mesmo assim, foram capazes de fazer circular continuamente 80 mil cópias semanais na região de Varsóvia. De maneira semelhante, estruturas menores distribuíram jornais clandestinos em outras cidades importantes.[327]

Essas conquistas notáveis mantiveram o Solidariedade vivo como uma presença real no cotidiano polonês. Embora o governo tenha despojado o sindicato de qualquer papel nas negociações trabalhistas, não podia evitar intermináveis discussões populares provocadas pela entrega regular de jornais, panfletos e pronunciamentos no local de trabalho e em casa.

No entanto, a queda na clandestinidade gerou uma mudança na autoridade – afastando-a de líderes trabalhistas como Walesa e aproximando-a de intelectuais como Kurón e Michnik, que inundavam a imprensa com análises de eventos atuais que desafiavam a linha do Partido. Essas críticas prepararam o caminho para uma redefinição dos objetivos do Solidariedade. Quando o sindicato assumiu o controle de fábricas no início da década de 1980, ainda buscava uma versão democrática de socialismo – inspirada na experiência da Iugoslávia de empresas administradas por trabalhadores. Mas, em 1988, a imprensa clandestina voltou-se decisivamente para a economia de livre mercado como a força que

---

327 Para uma descrição especialmente vívida, ver PENN, Shana. *Solidarity's secret*: the women who defeated communism in Poland. Ann Arbor: University of Michigan Press, 2005, pp. 148-178.

libertaria a Polônia da estagnação econômica. Sob a nova visão, a privatização em massa de empresas estatais era a melhor maneira de injetar empreendedorismo e eficiência no sistema.[328]

Walesa não contestou essa mudança ideológica, mas também não desempenhou um papel sério em sua articulação. Sua autoridade simbólica foi reforçada pelo Prêmio Nobel da Paz concedido a ele em 1983, logo após sua libertação do confinamento. No entanto, foram os intelectuais de Varsóvia como Kurón e Michnik que ganharam cada vez mais destaque, graças às suas contribuições incisivas para a imprensa clandestina. A centralidade de Michnik foi ainda mais reforçada quando ele, e não Walesa, foi preso em 1985 em uma greve abortada nos Estaleiros Lênin. Com o passar dos anos, não era de forma alguma claro se o herói de 1980 recuperaria a posição carismática que conquistou ao liderar a ocupação dos Estaleiros Lênin.

9.2.2 Reafirmação revolucionária

O teste veio em 1988, quando o fraco desempenho econômico da Polônia provocou nova atividade grevista. A resposta inicial do regime foi mais do mesmo. Em maio, a tropa de choque expulsou brutalmente os trabalhadores que ocupavam a Siderúrgica Lênin. Em contraste com 1980, o governo recusou-se a conceder ao Solidariedade o direito de se organizar independentemente do Partido Comunista. Sua linha dura, no entanto, não teve sucesso em acabar com a agitação dos trabalhadores. Em três meses, uma nova campanha grevista começou a perturbar a aparência de lei e ordem.

A onda de greves de agosto não se compara às convulsões de 1980. Elas envolveram "apenas" trinta fábricas e 150 mil grevistas

---

328 BOHLE, Dorothee; NEUNHÖFFER, Gisela. "Why is there no third way?" *In*: PLEHWE, Dieter (*et al.*). *Neoliberal Hegemony*: a global critique. Londres: Routledge, 2006, pp. 89 e 94; OST, David. *Labor and Union Identity in Poland, 1989–2000*. Washington: NCEER, 2000.

– mas foram em grande parte impulsionadas por trabalhadores mais jovens, que reenergizaram o Solidariedade à medida que ele saía da clandestinidade. Com Walesa liderando outra greve ilegal nos Estaleiros Lênin, estava armado o cenário para um confronto revolucionário com o general Jaruzelski, que permaneceu como primeiro-secretário do regime comunista.

Jaruzelski se viu em uma posição frágil para negociar. Não estava mais claro que Moscou o apoiaria se ele respondesse com força bruta. Ainda havia muitos soviéticos linha-dura no Kremlin, mas Mikhail Gorbachev não era Leonid Brejnev: talvez a Perestroika levasse o Politburo a uma maior contenção. Se as tropas soviéticas permanecessem em seus acampamentos, será que um ressurgente Solidariedade sairia triunfante sobre as desmoralizadas forças polonesas de lei e ordem?

O primeiro instinto do regime foi, como sempre, oferecer aumentos salariais aos grevistas. Mas os trabalhadores se recusaram a interromper a greve até que o governo concedesse reconhecimento legal ao Solidariedade. Essa resposta enfatizou que o Solidariedade não se considerava um mero sindicato, mas um movimento revolucionário, levantando um desafio fundamental ao monopólio do Partido sobre a vida política e social.

Jaruzelski rejeitou a demanda do Solidariedade imediatamente. Dada a incerteza do apoio soviético, ele ofereceu metade do butim a Walesa. No fim de agosto, seu ministro de assuntos internos, general do exército Czeslaw Kiszczak, foi à televisão para convidar grupos "sociais e de trabalhadores" para mesas redondas "sem pré-condições" – abrindo caminho para negociações com o Solidariedade, apesar de sua ilegalidade formal. Ao mesmo tempo, Kiszczak acrescentou uma exigência inegociável: os grevistas teriam que voltar ao trabalho, ou o negócio estava encerrado.[329]

---

329 OSIATYNSKI, Wiktor. "The roundtable talks in Poland". *In*: ELSTER, Jon (Coord.). *The roundtable talks and the breakdown of communism*. Londres:

Walesa queria aceitar a oferta de Kiszczak. Mas os grevistas concordariam? Para reafirmar sua centralidade simbólica, Walesa já havia se juntado a seus antigos camaradas nos Estaleiros Lênin quando eles assumiram o controle da operação. Enquanto seu comitê de greve apoiou as negociações da mesa redonda, militantes mais jovens rejeitaram enfaticamente a proposta de Kiszczak. Walesa relembrou: "Fiquei tão impressionado [com a raiva deles] que não consegui dizer uma palavra. Eu não esperava esse grau de radicalismo, do tipo que pode alimentar uma guerra civil".[330]

Cinco dias depois, Walesa foi trancado em uma reunião de três horas com Kiszczak – apenas para encontrá-lo inabalável na questão fundamental do reconhecimento legal. Mesmo assim, Walesa concordou com as conversas da mesa redonda – assumindo o "maior risco de sua carreira política", nas palavras de um importante biógrafo.[331] Durante a semana seguinte, ele voltou ao chão de fábrica e convenceu os militantes a voltarem ao trabalho e darem uma chance às negociações.

9.3 Tempo Dois: transição negociada

Walesa convocou aliados conhecidos como Geremek e Mazowiecki para se juntarem a ele na mesa redonda. Ao confrontar seus parceiros de negociação, eles estavam criando um acordo que desafiava as categorias jurídicas padrão. Por um lado, Walesa e sua equipe representavam uma oposição *ilegal*; por outro, o governo

---

University of Chicago Press, 1996, pp. 21 e 28.

330 BOYES, Roger. *The naked president*: a political life of Lech Walesa. Londres: Secker and Warburg, 1994, p. 168; CASTLE, Marjorie. *Triggering communism's collapse*: perceptions and power in Poland's transition. Lanham: Rowman & Littlefield, 2003, p. 44.

331 BOYES, Roger. *The naked president*: a political life of Lech Walesa. Londres: Secker and Warburg, 1994, p. 169.

estabelecido estava preparado para debater publicamente com eles sobre mudanças fundamentais *na Constituição do regime.*

Vimos estruturas não convencionais semelhantes surgirem em outras situações revolucionárias. O confronto de Mandela com de Klerk na CODESA fornece um paralelo óbvio. Assim como as negociações de De Gaulle com o presidente René Coty durante os últimos dias da Quarta República. Mas é melhor adiar a análise das semelhanças e diferenças até vermos como a história polonesa acabou.

9.3.1 Um véu da ignorância?

Negociações secretas começaram em meados de setembro – com Walesa e alguns assessores negociando com Kiszczak no palácio Magdalenka em um subúrbio de Varsóvia. Ambos os lados acreditavam que o governo detinha a maioria das cartas. O Solidariedade ainda não estava nem perto do ápice alcançado em 1981.[332] Ao mesmo tempo, o governo ainda parecia disposto e capaz de esmagar o movimento com força militar como último recurso.

Essa assimetria percebida no poder de negociação acabou sendo mal interpretada – mas serviu de base para as negociações. Dado o aparente desequilíbrio de poder, nem mesmo estava claro se o governo estava falando sério sobre chegar a um acordo. Walesa já havia dado sua principal moeda de troca ao interromper a onda de greves. Agora que havia restaurado a lei e a ordem, Kiszczak recusou-se a retribuir.

Walesa apresentou uma exigência importante antes de consentir com a abertura formal das mesas redondas. Ele insistiu que o governo legalizasse o Solidariedade e reconhecesse seus negociadores

---

332 KUBIK, Jan; LINCH, Amy. "The original sin of Poland's Third Republic". *In*: ALEKSANDROWICZ, Dariusz (*et al.*). *The Polish solidarity movement in retrospect*: a story of failure or success? Berlim: GSFP, 2009.

como parceiros legítimos de negociação. Esse movimento tinha grande significado simbólico – se Kiszczak concordasse, ele estaria concedendo ao Solidariedade o mesmo *status* que obteve depois de sua greve de 1980 no Estaleiros Lênin.

Também tinha grande importância estratégica. Se a mesa redonda fosse aberta com o Solidariedade ainda carregando o estigma da ilegalidade, isso testaria duramente a paciência dos militantes de base que suspenderam sua campanha de greves relutantemente. Se eles relançassem uma nova rodada de agitação dos trabalhadores, isso deixaria claro que Walesa e outros veteranos não representavam mais a reivindicação do novo Solidariedade de falar pelo Povo.

No entanto, Kiszczak rejeitou veementemente a demanda de Walesa – abrindo a perspectiva de legalização apenas se as negociações tivessem sucesso. Com os dois lados endurecendo suas posições, as negociações do Magdalenka estavam rapidamente chegando a um impasse.[333]

No último momento, Jaruzelski tentou preencher a lacuna nomeando Mieczyslaw Rakowski como primeiro-ministro no final de setembro. Rakowski exibia uma personalidade pública que o diferenciava do apparatchik comunista padrão. Quando ele apareceu na televisão estatal, não se contentou com platitudes burocráticas. Ele projetou uma imagem forte de reformador econômico sério, determinado a gerar ganhos reais no padrão de vida. Ao nomeá-lo primeiro-ministro, Jaruzelski estava sinalizando uma nova disposição de fazer um acordo com Walesa, que permitiria a ambos os lados se unirem na liberalização do sistema sem provocar o exército soviético.

Algo análogo ocorreu na África do Sul em um momento semelhante de impasse – com de Klerk revertendo sua posição de

---

333 DOMBER, Gregory. *Empowering revolution*: America, Poland and the end of the Cold War. Chapel Hill: University of North Carolina Press, 2014, p. 215.

negociação linha-dura para obter o apoio de Mandela para um acordo de divisão de poder que aceitava muitos dos princípios fundamentais do antigo regime. Mas o esforço de Jaruzelski de cooptação estratégica obteve muito menos sucesso.[334]

Rakowski não era nenhum de Klerk. Ele há muito detestava Walesa e recusou-se a seguir adiante com gestos de boa fé que poderiam sugerir um desejo sério de chegar a um acordo. Em vez disso, ele intensificou a postura de confronto do regime ao anunciar sua intenção de fechar os Estaleiros Lênin por "razões econômicas". Embora ele nunca tenha realizado essa ameaça, era um ataque óbvio à autoridade simbólica de Walesa.[335] Ele então seguiu com outra manobra: permitiu que Walesa fosse à televisão estatal em novembro para debater com o líder do movimento sindical oficial comunista – esperando que o eletricista inculto se tornasse motivo de chacota.[336]

Esse foi um grande erro. O regime nunca permitiu que o líder do Solidariedade aparecesse na televisão oficial – e o debate foi uma sensação midiática. Com dezenas de milhões de pessoas assistindo, Walesa subjugou seu oponente apparatchik com uma argumentação incisiva. Até mesmo as pesquisas de opinião pública dos comunistas mostraram que o apoio a ele subiu à estratosfera.[337]

---

334 BOYES, Roger. *The naked president*: a political life of Lech Walesa. Londres: Secker and Warburg, 1994, p. 170.

335 Walesa denunciou o fechamento planejado como uma "provocação pessoal... contra o berço do Solidariedade". ASSOCIATED PRESS. "Walesa Says He'll Fight Government's Plans to Close Gdansk Shipyard" (31 out. 1988).

336 O chefe dos sindicatos comunistas, Alfred Miodowocz, aparentemente desafiou Walesa para um debate por iniciativa própria. Mas Rakowski permitiu que ele fosse em frente. Ver KOSZKOWSKI, Wojciech. "Points of departure". *In*: CHODAKIEWICZ, Jan (*et al.*). *Poland's Transformation*: a work in progress. Londres: Routledge, 2003, p. 38.

337 CASTLE, Marjorie. *Triggering communism's collapse*: perceptions and power in Poland's transition. Lanham: Rowman & Littlefield, 2003, p. 47.

Com a autoridade simbólica de Walesa retomada, Jaruzelski não teve escolha a não ser interromper as provocações de Rakowski e aceitar a necessidade de um envolvimento sério com o Solidariedade na mesa redonda. Antes que as negociações públicas pudessem começar, no entanto, o primeiro secretário teve que rechaçar a oposição da linha dura do Comitê Central do Partido – que temia que as negociações da mesa redonda, uma vez formalmente convocadas, pudessem sair de controle. Jaruzelski poderia muito bem ter falhado em conter seus críticos se os soviéticos tivessem apoiado seus oponentes. Mas Gorbachev não quis se comprometer – esperando para ver se o governo obteria o consentimento do Solidariedade para uma negociação que satisfizesse os requisitos de Moscou (quaisquer que fossem).

Isso permitiu a Jaruzelski obter o apoio do Comitê Central para sua iniciativa. Só então a mesa redonda começou formalmente, com longos discursos, no Palácio do Conselho dos Ministros, em 6 de fevereiro de 1989. Assim que os trabalhos se iniciaram, os negociadores se dividiram em subcomitês – com o grupo focado em questões políticas desempenhando um papel especialmente crítico. Os insurgentes foram representados pelo "Comitê de Cidadãos do Presidente do Solidariedade" – nomeado inteiramente por Walesa. O grupo incluía uma centena de intelectuais de ponta e representantes sindicais, liderados pelos antigos confidentes do presidente, Geremek e Mazowiecki.[338] O próprio Walesa não desempenhou um papel direto nas negociações do dia a dia. Em vez disso, ele viajou por todo o país mobilizando apoio à sua autoridade simbólica e reservando-se para outra rodada de sessões secretas de primeiro escalão no Magdalenka se as negociações públicas fracassassem. Nesse ínterim, Geremek e Mazowiecki fizeram um trabalho eficaz

---

338 KUBIK, Jan. *The Power of Symbols against the Symbols of Power*, p. 284, 2010; CASTLE, Marjorie. *Triggering communism's collapse*: perceptions and power in Poland's transition. Lanham: Rowman & Littlefield, 2003, pp. 67/68.

na coordenação de sua equipe de negociação, permitindo que o Solidariedade apresentasse uma frente unida no trato com o governo.

A unidade era especialmente importante, dado o formato da mesa redonda. Mesmo que as sessões dos subcomitês fossem secretas, a equipe de negociação do Solidariedade teve acesso sem precedentes aos meios de comunicação oficiais – seus porta-vozes ganharam trinta horas na televisão durante o processo.[339] Eles o usaram para obter grande vantagem. A máquina de propaganda comunista retratava regularmente o Solidariedade como um movimento caótico dividido entre fações em guerra. Mas a frente única dos negociadores transmitiu um sentimento de alta seriedade. Isso não apenas aumentou o apoio popular, mas permitiu que a equipe do Solidariedade concentrasse a atenção do público em suas demandas centrais.[340]

Em contraste, o governo foi representado por quatro grupos mal coordenados de diferentes ministérios. Isso permitiu certo grau de espontaneidade na mesa de negociações – com representantes do regime fazendo sugestões criativas nas sessões dos subcomitês antes de obter a aprovação formal de Jaruzelski e outros líderes importantes. Mas também levou a apresentações desarticuladas na mídia, que contrastavam fortemente com as performances disciplinadas do Solidariedade.

Em termos gerais, as prioridades dos dois lados eram claras: o Solidariedade queria o reconhecimento legal de sua legitimidade; os comunistas queriam um acordo em que os insurgentes aceitassem um papel estritamente subordinado no regime existente.

---

339 CASTLE, Marjorie. *Triggering communism's collapse*: perceptions and power in Poland's transition. Lanham: Rowman & Littlefield, 2003, p. 134.

340 OSIATYNSKI, Wiktor. "The roundtable talks in Poland". *In*: ELSTER, Jon (Coord.). *The roundtable talks and the breakdown of communism*. Londres: University of Chicago Press, 1996, pp. 33/34.

Mas o Comitê de Cidadãos rejeitou qualquer "reforma" que seu seguimento de massas condenaria como uma "traição".[341]

Opunha-se especialmente a qualquer esquema que se assemelhasse à técnica de "frente única" que o Partido havia implantado no passado para cooptar rivais em potencial. Quando os eleitores poloneses votavam para o Parlamento a cada quatro anos, encontravam uma chapa única que continha uma maioria de comunistas, mas também incluía candidatos de alguns grupos católicos e dos partidos "Camponeses Unidos" e "Democrata". Uma vez eleitos, todos os membros dessa "frente única" apoiavam a liderança do Partido em todos os assuntos importantes no Sejm, que na época era o Parlamento da Polônia.[342] De maneira previsível, o governo ofereceu repetidamente incluir membros do Solidariedade em sua "frente única" nas próximas eleições; e de maneira igualmente previsível, o Comitê de Cidadãos considerou isso totalmente inaceitável. Em vez disso, insistiu em um arranjo que permitisse ao Solidariedade apresentar-se aos eleitores como um partido independente.

Não obstante, o Comitê reconheceu que não poderia pressionar muito – uma vez que o Partido ainda estava em posição de responder com força militar. Como consequência, ofereceu um compromisso constitucional que dividia os assentos do Sejm em dois grupos distintos. Sua proposta permitia ao governo reservar a maioria dos assentos do Sejm para o Partido e seus fantoches da "frente única"; mas em troca, abriria uma minoria significativa de assentos para uma competição livre e justa. Se os candidatos do Solidariedade vencessem os indicados do Partido nesses assentos

---

341 OSIATYNSKI, Wiktor. "The roundtable talks in Poland". *In*: ELSTER, Jon (Coord.). *The roundtable talks and the breakdown of communism*. Londres: University of Chicago Press, 1996, p. 25.

342 SULA, Piotr. "Post-Communist Parties in Poland after 1989". *In*: BACKES, Uwe; MOREAU, Patrick (Coord.). *Communist and Post-Communist Parties in Europe*. Göttingen: Vandenhoeck & Ruprecht, 2008, pp. 311 e 312-314..

"abertos", isso permitiria à sua delegação parlamentar afirmar-se como *verdadeiro* representante do povo polonês.[343]

Depois de recusar essa iniciativa com uma variedade de respostas pouco convincentes,[344] o Partido finalmente apresentou uma contraproposta séria. Ele concordou em abrir uma minoria de assentos do Sejm, mas somente se o Solidariedade aceitasse novas salvaguardas institucionais que protegessem os principais interesses do Partido. Foi aqui que os comunistas se voltaram para a Quinta República Francesa como inspiração para seu compromisso constitucional. O projeto do Partido propunha a criação de uma presidência poderosa seguindo a linha gaullista, sob regras eleitorais que pareciam garantir a escolha do general Jaruzelski como presidente. Isso permitiria que ele usasse seus poderes superpresidencialistas para manter o controle do Partido Comunista, mesmo que a delegação do Solidariedade no Sejm conseguisse apoio público para iniciativas legislativas hostis.

A proposta de Kiszczak exigia uma mudança fundamental na Constituição polonesa de 1952, que anteriormente havia servido como uma folha de figueira para o controle totalitário. Do ponto de vista jurídico, essa Constituição criou um sistema clássico de supremacia parlamentar moldado na Terceira e na Quarta Repúblicas francesas – com a maioria do Sejm dando apoio a um Conselho de Ministros, que exercia autoridade executiva e controlava o curso do processo legislativo e da revisão constitucional. Ao voltar-se à Quinta República para proteger os interesses do Partido, Kiszczak não apenas adotou a presidência gaullista, mas também incluiu um Senado para servir como uma câmara alta que compartilharia os principais poderes com o Sejm.[345]

---

343 CASTLE, Marjorie. *Triggering communism's collapse*: perceptions and power in Poland's transition. Lanham: Rowman & Littlefield, 2003, pp. 72 e 104.

344 CASTLE, Marjorie. *Triggering communism's collapse*: perceptions and power in Poland's transition. Lanham: Rowman & Littlefield, 2003, pp. 104-114.

345 HAYDEN, Jacqueline. *The Collapse of Communist Power in Poland*. Inglaterra: Taylor & Francis, 2006, pp. 76-81.

Ele sugeriu que, como nos primeiros dias da Quinta República, o novo presidente polonês seria escolhido pelos membros do Sejm e do novo Senado reunidos como Assembleia Nacional. Essa configuração parecia garantir a seleção do general Jaruzelski como presidente – uma vez que a "frente única" dos comunistas tinha garantidos 65% dos assentos do Sejm e Kiszczak exigia o controle do Partido sobre o processo de preenchimento de todos os 100 assentos do Senado recém-criado.

Assim que Jaruzelski ascendesse à presidência, o compromisso do Partido lhe concederia superpoderes do tipo gaullista. Em primeiro lugar, ele possuiria grande autoridade e independência em assuntos estrangeiros e militares. Isso permitiria a ele assegurar aos soviéticos que a Polônia permaneceria leal ao Pacto de Varsóvia – um ponto chave, uma vez que a hegemonia militar soviética sobre a Europa Oriental ainda parecia um fato incontestável em fevereiro de 1989. Como consequência, o Comitê de Cidadãos não estava inclinado a negar ao general essa prerrogativa presidencial.

Mas ele teve uma visão muito mais sombria de um segundo aspecto da proposta. Mais uma vez, seguindo o manual de instruções de De Gaulle, o projeto do Partido dava ao presidente poderes para declarar estado de emergência e exercer poderes extraordinários para a restauração da lei e da ordem.[346] Isso tocou num ponto sensível.[347] O Comitê de Cidadãos irritou-se com a mera ideia de que Jaruzelski teria o poder de esmagar o Solidariedade mais uma vez e lançar o país de volta aos dias sombrios de dezembro de 1981. Aceitar tal disposição equivaleria a uma traição às aspirações revolucionárias do Solidariedade aos olhos de seus milhões de seguidores.

---

346 HAYDEN, Jacqueline. *The Collapse of Communist Power in Poland*. Inglaterra: Taylor & Francis, 2006.

347 CASTLE, Marjorie. *Triggering communism's collapse*: perceptions and power in Poland's transition. Lanham: Rowman & Littlefield, 2003, p. 116.

Com ambos os lados firmes, as negociações estavam à beira do colapso. Fora dos confins secretos das negociações da mesa redonda, confrontos violentos estavam estourando entre estudantes e a polícia em Poznan, e uma série de greves soava o alerta sobre outra onda de mobilizações do partido-movimento.[348] Em um esforço desesperado para sustentar as negociações, Walesa foi a Poznan para fazer um apelo direto: "Eu imploro de joelhos... vamos dar uma chance à mesa redonda. Se ela falhar, em abril ou maio convocarei uma luta decidida pela Polônia e por reformas".[349]

Depois de comprometer-se com um prazo, Walesa voltou ao Magdalenka em 2 de março para conversas decisivas com Kiszczak. (Jaruzelski estava fisicamente ausente, mas Kiszczak ostensivamente o envolvia em longos telefonemas em momentos cruciais).

Cercados por seus conselheiros mais próximos, os dois homens resolveram o problema do Sejm com relativa facilidade – concordando que os comunistas e seus aliados ficariam com 65% dos assentos, enquanto o Solidariedade teria permissão para competir pelos 35% restantes. O chamado "Sejm contratual" duraria quatro anos e parecia garantir o controle do Partido no curto prazo.[350] Dada essa concessão, Walesa estava determinado a rejeitar a presidência independente que os comunistas também exigiam – especialmente quando eles apresentaram outra proposta. Esse é o ponto em que Kiszczak propôs a criação de um Senado, insistindo que todos os seus cem membros fossem nomeados diretamente pelo presidente. Embora seus poderes fossem modestos, sua existência enfatizaria

---

348 CASTLE, Marjorie. *Triggering communism's collapse*: perceptions and power in Poland's transition. Lanham: Rowman & Littlefield, 2003, p. 118.

349 REUTERS. "Walesa Begs Workers to Give Talks a Chance" (1º mar. 1989).

350 ROTHSCHILD, Joseph. *Return to Diversity*. Nova York: Oxford University Press, 2007, p. 184.

ainda mais a recusa comunista de ceder poder real à minoria de representantes do Solidariedade na câmara baixa.[351]

Isso era demais para Walesa. Com o apoio dos sempre presentes Geremek e Mazowiecki, ele rejeitou a repentina adoção de freios e contrapesos pelos comunistas. Para ele, o Sejm contratual já havia dado ao Partido a maioria parlamentar necessária para governar nos próximos anos. Não havia necessidade de criar uma presidência e um Senado para garantir ainda mais a supremacia do Partido. Ele não podia concordar com uma constituição gaullista que, para os apoiadores do Solidariedade, endossaria explicitamente a autoridade de Jaruzelski para repetir as trágicas repressões de 1981.

Kiszczak estava igualmente intransigente. Ele deixou claro que a linha dura do Partido não aceitaria o acordo a menos que Jaruzelski recebesse o poder presidencial para fechar o Solidariedade caso ele ameaçasse assumir a dianteira do sistema. O impasse continuou por oito longas horas. Em seguida, outro membro da equipe do governo, Aleksander Kwaśniewski, quebrou o impasse ajustando a proposta de Kiszczak: talvez Walesa considerasse a presidência aceitável se Jaruzelski fosse destituído de seu poder de nomear o Senado – deixando seus cem membros serem eleitos livremente pelos cidadãos.

Walesa imediatamente demonstrou interesse, mas era tarde demais para que os exaustos negociadores discutissem a ideia seriamente. A reunião foi encerrada com a delegação do governo enfatizando que a sugestão de última hora de Kwaśniewski ainda não havia sido aprovada por Jaruzelski. No entanto, Walesa partiu com uma nova esperança. Geremek lembrou:

> Quando voltamos para Varsóvia [vindos do Magdalenka], eu disse que essa era uma proposta esplêndida para nós, porque,

---

351 HAYDEN, Jacqueline. *The Collapse of Communist Power in Poland*. Inglaterra: Taylor & Francis, 2006, pp. 81-85.

> mesmo que não obtivéssemos nada além disso, isso desmontaria o sistema, já que haveria uma instituição que seria a detentora da soberania polonesa. E o sistema totalitário não pode ser conciliado com a existência de nem mesmo uma única estrutura que seja realmente livre, democrática e independente.[352]

Em suma, um Senado eleito forneceria ao Solidariedade uma plataforma para constitucionalizar sua reivindicação de representar a demanda revolucionária do Povo por um "novo começo" na história polonesa.

Os comunistas estavam cientes do perigo, mas o subestimaram. Eram *apparatchiks* do partido sem experiência em eleições competitivas. Era fácil para eles exagerar sua capacidade de empregar ferramentas coercitivas tradicionais para fazer com que os eleitores votassem a favor dos candidatos da "frente única" nas disputas do Senado.[353]

Eles também estavam cientes de um perigo mais imediato. Se as conversas da mesa redonda fracassassem, os militantes do Solidariedade não permaneceriam quietos. Manifestações e greves estudantis violentas já estavam ocorrendo, enquanto os poloneses comuns começaram a se desesperar com a falta de progresso das negociações.

---

352 CASTLE, Marjorie. *Triggering communism's collapse*: perceptions and power in Poland's transition. Lanham: Rowman & Littlefield, 2003, p. 123. Ver também a reportagem reveladora de Jacek Kuroń no principal jornal clandestino do Solidariedade:

> Naquele momento, um dogma do sistema comunista desmoronou: haverá eleições livres na Polônia. Seu resultado mostrará, e daí em diante poderemos dizer: vocês de fato governam aqui, mas não por direito... *Afinal, se vencermos por uma maioria esmagadora, surgirá na Polônia uma autêntica representação da sociedade, falando com a sua própria voz*. CASTLE, Marjorie. *Triggering communism's collapse*: perceptions and power in Poland's transition. Lanham: Rowman & Littlefield, 2003, p. 123 (citando Tygodnik Mazowsze, 8 mar. 1989) (ênfase nossa).

353 CASTLE, Marjorie. *Triggering communism's collapse*: perceptions and power in Poland's transition. Lanham: Rowman & Littlefield, 2003, pp. 121/122.

Mas a agitação poderia facilmente fugir do controle, uma vez que Walesa saísse do Magdalenka e apelasse por apoio público.

Essa perspectiva explica a velocidade da resposta do governo. Na sessão seguinte do Magdalenka, Kiszczak anunciou que Jaruzelski havia endossado a proposta de Kwaśniewski. Isso chocou Walesa e sua equipe – e eles concordaram imediatamente com as linhas gerais de um compromisso: "Sejm contratual" + Senado livremente eleito + presidente poderoso.[354]

Seria necessário muito mais trabalho para acertar os detalhes. Dadas suas esperanças de vitória eleitoral, a primeira prioridade do Solidariedade era garantir ao Senado um papel significativo no sistema geral. Ele não contestou o poder do Sejm de escolher o primeiro-ministro, mas insistiu na participação do Senado no processo legislativo. Se a maioria do Senado rejeitasse um projeto de lei, o Sejm só poderia anular a rejeição com uma votação de dois terços – um pouco mais do que os 65% garantidos ao Partido e seus aliados da frente única na câmara baixa.

Quando o Solidariedade fez essa proposta, ela parecia amplamente simbólica – uma vez que exigia apenas que o Partido atraísse alguns deputados do Sejm eleitos livremente para o seu lado. Mas Kiszczak foi inflexível ao rejeitá-la. Para ele, não menos que para Walesa, o novo acordo constitucional era muito mais do que um exercício de *realpolitik*. Era uma luta por princípios de legitimação: o Partido não estava disposto a aceitar a afirmação revolucionária do Solidariedade de que seus representantes parlamentares poderiam rejeitar a orgulhosa afirmação dos comunistas de que representavam o Partido do Povo no Estado dos Trabalhadores.

Por dez longos dias, os dois lados rosnaram um para o outro em uma série de sessões no Magdalenka. Como narra um dos

354 HAYDEN, Jacqueline. *The Collapse of Communist Power in Poland.* Inglaterra: Taylor & Francis, 2006, pp. 81-85.

principais relatos, o Solidariedade parecia "apostar quase tudo nessa única questão". Se o problema da anulação dos vetos do Senado não pudesse ser resolvido, disse Geremek à equipe do governo, eles deveriam "esquecer a parte relativa ao presidente e ao Senado, e apenas prosseguir com as eleições do Sejm contratual".[355]

Observemos o paradoxo aqui: era o Solidariedade, não o Partido, que insistia em manter o sistema parlamentar clássico que governava formalmente o regime comunista desde 1952. Em contraste, a linha dura do Partido agora liderava a reivindicação por uma reforma constitucional abrangente, desde que ela permitisse que uma presidência ao estilo gaullista declarasse a lei marcial se o Solidariedade saísse do controle. Para salvar a mesa redonda do colapso, Kiszczak fez uma contraoferta de última hora: ele sugeriu que o presidente, assim como dois terços do Senado, tivesse o poder de vetar a legislação aprovada pela câmara baixa.

Na época, a contraoferta de Kiszczak era amplamente simbólica. O Sejm seria dominado pelo Partido, então era improvável que aprovasse projetos de lei que provocassem o veto de Jaruzelski. No entanto, a modificação aparentemente inócua de Kiszczak minava o desafio simbólico à autoridade do Partido: embora o Solidariedade tivesse originalmente apresentado o veto do Senado como um ataque ao controle comunista do Sejm, Kiszczak poderia vender sua contraoferta aos camaradas da linha dura como mais uma melhoria do poder presidencial de Jaruzelski.

O Solidariedade seguiu com relutância.[356] Kiszczak lhes dera o que realmente queriam – um Senado eleito livremente, no qual os representantes sindicais poderiam ganhar a maioria e confrontar

---

355 CASTLE, Marjorie. *Triggering communism's collapse*: perceptions and power in Poland's transition. Lanham: Rowman & Littlefield, 2003, p. 133.

356 CASTLE, Marjorie. *Triggering communism's collapse*: perceptions and power in Poland's transition. Lanham: Rowman & Littlefield, 2003, pp. 123/124 e 133.

o Partido em nome do Povo. A concessão de poder de veto à presidência parecia um preço pequeno a pagar pela perspectiva de tal vitória na luta por legitimidade.

No entanto, essa concessão de curto prazo teve consequências de longo prazo – operando como uma bomba relógio constitucional assim que o Solidariedade varreu os comunistas do poder. Como sugeri, o modelo gaullista tem a capacidade de dividir os movimentos revolucionários em facções à medida que líderes rivais competem pela presidência. Mas a concessão adicional de um veto presidencial tornou o problema ainda pior. Em contraste com a França, ela transformou o presidente polonês em um ator legítimo na política doméstica ordinária – gerando uma perspectiva sombria de escalada de conflito se o Parlamento fosse dominado por facções do Solidariedade controladas por rivais políticos do presidente. Nesse cenário, os dois lados poderiam se ver presos em um combate, já que o presidente do Solidariedade vetaria as iniciativas do primeiro-ministro do Solidariedade. A escalada do conflito apenas alienaria milhões de apoiadores do Solidariedade – que se afastariam em desespero quando seus heróis revolucionários não conseguissem estabelecer uma base sólida para um "novo começo" no Tempo Dois.

Devemos descrever a dinâmica de desintegração do Solidariedade em breve. Por enquanto, é mais importante avaliar a contribuição do modelo gaullista para o desastre polonês. Como vimos, a grande "crise de sucessão" da Quinta República na década de 1980 poderia ter tido um desfecho muito diferente. Em vez de redimir a Constituição existente, o conflito entre os socialistas de Mitterrand e o Conselho Constitucional poderia ter levado à sua substituição revolucionária por uma Sexta República que adotasse uma constituição parlamentar clássica. Nesse cenário, é muito duvidoso – para dizer o mínimo – que os protagonistas no Magdalenka teriam abraçado a desacreditada Quinta República como um marco para suas negociações. Na verdade, mesmo com o recente "sucesso" francês, apenas os comunistas eram defensores agressivos do modelo gaullista na mesa de negociações. O Solidariedade estava perfeitamente preparado para adotar um sistema puramente parlamentar, contanto que permitisse ao Sindicato ganhar voz independente nos arranjos de governo.

Ao mesmo tempo, é errado culpar os franceses pela insistência de última hora de Kiszczak em um veto presidencial. Embora a Quinta República conceda ao presidente amplos poderes em assuntos estrangeiros e militares, ela estabelece limites no que diz respeito à legislação interna. Dentro desse amplo domínio, o primeiro-ministro e sua coalizão parlamentar de governo desempenham o papel principal. Se o presidente não gostar do que o governo está fazendo, ele pode dissolver o Parlamento e convocar uma nova eleição – mas corre o risco de ser humilhado se a oposição obtiver uma vitória nas urnas. Enquanto ele permitir que o Parlamento continue, não pode se envolver em uma guerra contínua com seus antagonistas vetando iniciativas específicas. Mas em seu esforço para cumprir seus imperativos de negociação de curto prazo, os negociadores do Magdalenka foram além do protótipo francês para criar um sistema superpresidencialista – sem uma avaliação adequada dos perigos potenciais que surgiam no horizonte.

Embora o resultado no caso polonês tenha sido particularmente desastroso, ele nos alerta para um problema muito comum das negociações de elite em cenários revolucionários. Muito simplesmente, ambos os lados estão sob intensa pressão para chegar a um acordo antes que a mobilização popular exploda em confronto violento. Como consequência, eles não podem se dar ao luxo de pensar nas implicações de médio prazo dos projetos constitucionais alternativos. Em vez disso, pegam um ou outro modelo familiar da prateleira, adaptam-no para garantir um acordo rápido e esperam o melhor.

É por isso que os estudos acadêmicos sobre a operação de cada modelo no mundo real são importantes – eles podem levar a uma reavaliação de longo prazo dos diferentes pontos fortes e fracos de cada modelo e, assim, direcionar a próxima geração de líderes revolucionários para opções constitucionais mais construtivas em futuros pontos de inflexão.

Essa é, pelo menos, minha esperança.

9.3.2 O momento da verdade do Solidariedade

Quaisquer que sejam suas implicações de longo prazo, a mesa redonda foi um sucesso retumbante no curto prazo para a liderança do Solidariedade. Sua equipe de negociação não só usou a concessão sem precedentes de tempo de televisão para refutar a imagem propagada pelo governo de que eram irresponsáveis excêntricos.[357] O sucesso de Walesa em criar um Senado eleito de forma independente convenceu seus seguidores de que ele era de fato um estadista sério. Quando a mesa redonda foi concluída em abril, os índices de aprovação de Walesa dispararam para 82%.

No entanto, a direção do Partido Comunista não desistiu de seus esforços para atrair o público para o seu lado. Para demonstrar seu próprio zelo reformista, eles recorreram ao atual Sejm para aprovar as emendas constitucionais necessárias para formalizar o sistema de freios e contrapesos da mesa redonda. Foi fácil para a liderança obter o apoio necessário da "frente única", que permaneceu no poder até as eleições seguintes. O Sejm promulgou as emendas com uma velocidade vertiginosa – demonstrando que a mesa redonda revolucionária havia se tornado a autoridade constitucional legítima do país, enquanto o Sejm comunista havia sido reduzido a um cartório.

Abordagens legalistas não fazem justiça a essa mudança revolucionária. Um kelseniano estrito veria a mesa redonda como um mero evento "político", sem significado constitucional até que

---

357 CASTLE, Marjorie. *Triggering communism's collapse*: perceptions and power in Poland's transition. Lanham: Rowman & Littlefield, 2003, p. 134.

o Sejm dominado pelos comunistas a aprovasse pela supermaioria necessária. Mas nossos estudos da Índia e da África do Sul já desafiaram essa dicotomia estrita entre direito e política. Embora as revoluções constitucionais às vezes envolvam uma ruptura nítida com o passado, elas muitas vezes envolvem um período de adaptação não convencional das instituições existentes para fins de transformação. Em vez de parecer uma anomalia, a relação de legitimação transformativa entre a mesa redonda (ilegal) e o Sejm (legal) é uma característica comum das revoluções em escala humana.

Com as novas regras básicas estabelecidas, Walesa pressionou por eleições antecipadas para o Sejm contratual e para o Senado. Talvez surpreendentemente, o governo ficou feliz em concordar – primeiro, porque estava prevendo más notícias econômicas durante o verão e temia retaliação eleitoral; segundo, porque supôs que uma data antecipada lhe daria uma vantagem política avassaladora. Afinal, o Partido entraria na campanha comandando a mídia oficial e sua máquina de propaganda. Com a ajuda de seus dois milhões de *apparatchiks*, estaria em uma ótima posição para organizar um esforço de obtenção de votos em que milhões de poloneses comuns apoiariam os candidatos do Partido nas urnas.[358] Como poderia o Solidariedade, apenas saindo da clandestinidade, vencer um concorrente tão formidável?

O regime fixou a data das eleições para o início de junho, dando ao Sindicato apenas dois meses para conter o rolo compressor do Partido. Também promulgou uma lei eleitoral que esperava facilitar a vitória comunista mesmo na minoria de assentos do Sejm aberta a eleições competitivas. Sob as novas regras, qualquer pessoa que obtivesse 3 mil assinaturas em suas petições eleitorais poderia concorrer, o que encorajou muitos militantes revolucionários a entrarem na disputa. O Solidariedade apoiou apenas

358 KEMP-WELCH, A. *Poland under Communism*: a Cold War history. Nova York: Cambridge University Press, 2008, p. 369 (2,2 milhões de membros do partido na véspera das conversas de mesa redonda).

um único candidato em cada disputa. Mas não lhe foi permitido indicar seu apoio nas cédulas fornecidas aos eleitores. Os comunistas esperavam que essa configuração encorajasse um eleitorado mal-informado a dividir seus votos na oposição entre uma série de candidatos concorrentes. Em contraste, eles poderiam usar sua máquina burocrática para trazer os fiéis eleitores do Partido às urnas para depositar seus votos em um único apparatchik.

Se nenhum candidato obtivesse a maioria, a lei previa um segundo turno entre os dois mais votados do distrito. Em um cenário plausível, isso colocaria o candidato da "frente única" dos comunistas contra um oponente do Solidariedade que havia sido prejudicado por seus rivais caluniadores durante o primeiro turno da campanha. Em suma, essa configuração prometia ao Partido o melhor dos mundos: o Solidariedade não podia negar que tinha uma chance justa, mas seu mau desempenho zombaria de sua pretensão de falar pelo Povo.

Mas isso não ocorreu. Os comunistas e seus aliados fantoches, descostumados a eleições competitivas, realizaram campanhas difusas e desorganizadas. O Solidariedade saiu da clandestinidade com uma notável demonstração de coerência organizacional e determinação mobilizada.

9.3.3 Triunfo do partido-movimento

Quando o acordo da mesa redonda foi anunciado em abril, Walesa e sua equipe não tinham ligações estreitas com os trabalhadores e manifestantes que impulsionaram o movimento nos meses anteriores.[359] Agora que Walesa tinha conquistado um espaço para eleições livres, ele fez a jogada óbvia. Como chefe da "Comissão de

---

359 GRABOWSKI, Tomek. "The party that never was: the Rise and Fall of the Solidarity Citizens' Committees in Poland". *East European Politics and Societies*, vol. 10, 1996, p. 214 (descrição detalhada dos desenvolvimentos); CASTLE, Marjorie. *Triggering communism's collapse*: perceptions and power

Cidadãos do Presidente do Solidariedade", ele convocou militantes a organizar comitês semelhantes para conquistar as eleições.

Falar é fácil, e tais apelos normalmente não surtem efeitos. Mas desta vez ele desencadeou uma resposta extraordinária, com centenas de milhares de militantes respondendo ao chamado. Em maio, grupos de base em cidades maiores estavam se organizando nos bairros, preparando-se para uma campanha convincente que se iniciaria em junho. Esforços significativos estavam ganhando tração, mesmo em áreas rurais anteriormente passivas.

Os comitês de cidadãos eram diferentes dos sindicatos do Solidariedade em termos de filiação e ideologia. Durante o longo período da repressão, os sindicatos estavam banidos do local de trabalho, e a nova onda de greves era em grande parte liderada por trabalhadores mais jovens que resistiram ao controle de líderes sindicais mais velhos. Em contraste, os comitês de cidadãos eram organizados por homens e mulheres na casa dos trinta ou quarenta anos, que tinham lembrança da militância dos dias heroicos da década de 1980.

Havia também uma diferença de ideologia. O Solidariedade continuou sendo um sindicato de trabalhadores, que usava as questões do local de trabalho como trampolim para uma plataforma maior que exigia dignidade humana, democracia e Estado de Direito. As preocupações dos comitês de cidadãos eram sutilmente diferentes. Seus líderes normalmente não eram provenientes do chão de fábrica – muitos já estavam abrindo negócios no crescente setor privado. Eles responderam ao apelo de Walesa para "enfatizar sua identificação com o Solidariedade, para provar que ela não tinha sido perdida",[360] mas o fizeram de maneira distinta. Ao formar

in Poland's transition. Lanham: Rowman & Littlefield, 2003, pp. 41-44 (resumo mais breve).

360 GRABOWSKI, Tomek. "The party that never was: the Rise and Fall of the Solidarity Citizens' Committees in Poland". *East European Politics and*

espontaneamente comitês locais, eles negaram enfaticamente que estivessem estabelecendo um partido político normal com uma agenda voltada aos interesses dos trabalhadores ou fazendeiros ou outros grupos de interesse. Eles adotaram a postura característica de um partido-movimento – insistindo que estavam falando em nome de uma comunidade nacional unificada determinada a romper com o passado comunista.[361]

Nesse primeiro momento, as diferenças entre os sindicatos e os comitês eram mediadas por um reconhecimento comum de Walesa e sua equipe como porta-vozes proeminentes. Isso possibilitou a construção de uma infraestrutura de campanha em todo o país com notável rapidez. Em poucas semanas, a Comissão Nacional estava no centro de uma rede estabelecida por antigos militantes do Solidariedade em cada uma das 49 províncias da Polônia. Isso permitiu que Walesa e seu círculo apoiassem candidatos específicos para cada disputa "aberta" e contassem com os comitês provinciais para persuadir seus militantes locais a trabalharem por eles. Com muitas poucas exceções, os habitantes locais abraçaram as indicações de Walesa – militantes inundaram espaços públicos com cartazes mostrando Walesa abraçando a escolha do Solidariedade em cada disputa "aberta". Dada essa combinação notável de carisma pessoal e organizacional, a rede de cidadãos transformou o ritual de votação em um veículo para cidadãos comuns demonstrarem sua determinação em se levantar e ser contados a favor das demandas revolucionárias de Walesa e de seu Comitê Nacional.

Esse engajamento coletivo gerou uma grande avalanche no dia das eleições. Os candidatos dos comitês de cidadãos ganharam 160 dos 161 assentos "abertos" do Sejm e 92 dos 100 assentos do

---

Societies, vol. 10, 1996, p. 222 (tradução do original polonês).

361 GRABOWSKI, Tomek. "The party that never was: the Rise and Fall of the Solidarity Citizens' Committees in Poland". *East European Politics and Societies*, vol. 10, 1996, pp. 220-222.

Senado.[362] Como nenhum candidato obteve 50% de aprovação nos outros 8 assentos do Senado, a lei eleitoral de inspiração francesa exigia um segundo turno – com o Solidariedade terminando com vitória em 99 das 100 zonas eleitorais.

Os comunistas também foram humilhados na disputa por seus assentos "seguros" no Sejm. Para dar uma aparência de paridade com os assentos "abertos", os candidatos do Partido também deveriam ultrapassar o limite de 50% para vencer no primeiro turno. Para facilitar o máximo possível essa tarefa, a lei eleitoral estipulava que as cédulas para os indicados da "frente única" seriam contadas como "sim", a menos que os eleitores se dessem ao trabalho de riscar os nomes dos candidatos antes de depositá-las nas urnas.

Esse artifício não foi páreo para a energia organizacional dos comitês de cidadãos. Militantes de base convenceram a grande maioria a riscar os nomes dos candidatos da "frente única" patrocinados pelo Partido – que concorriam a 261 assentos "seguros".

Mas os comunistas trapaceariam e se declarariam vencedores na contagem oficial de votos? Os alemães orientais haviam manipulado descaradamente seus resultados eleitorais no mês anterior – gerando muita raiva, mas nenhuma grande manifestação pública.[363] Por outro lado, a oposição da Alemanha Oriental não era tão bem-organizada quanto o Solidariedade. Dado o impulso revolucionário do partido-movimento polonês, a liderança comunista sabia que enfrentaria greves massivas e manifestações de rua se renegasse o acordo da mesa redonda. Ela aceitou rapidamente os resultados oficiais e seguiu melancólica para o segundo turno, a fim de assegurar seus assentos protegidos no Sejm.

---

362 O Solidariedade obteve 64% dos votos nos assentos "abertos" do Sejm e 73% nas disputas para o Senado. CASTLE, Marjorie. *Triggering communism's collapse*: perceptions and power in Poland's transition. Lanham: Rowman & Littlefield, 2003, p. 196.

363 DALE, Gareth. *Popular Protest in East Germany*, 1999, p. 264.

Essa perspectiva era tão pouco inspiradora que a participação eleitoral no segundo turno caiu para 25%. Além disso, os comitês de cidadãos intervieram para apoiar cerca de setenta candidatos da "frente única" que se distanciaram, de uma forma ou de outra, de seus patrocinadores oficiais. Essa tática permitiu que sessenta desses quase independentes obtivessem vitórias no segundo turno sobre os defensores do regime.[364]

Enquanto os desmoralizados candidatos da "frente única" cambaleavam até a linha de chegada, o Partido sofria mais uma humilhação. A lei eleitoral reservava 35 assentos incontestes no Sejm para uma "lista nacional" de líderes – contanto que, mais uma vez, a maioria dos eleitores se abstivesse de riscar seus nomes antes de introduzirem seus votos impressos na urna. Surpreendentemente, vinte e três dos vinte e cinco chefes do Partido sofreram esse destino vergonhoso, incluindo o primeiro-ministro Rakowski e o ministro do interior Kiszczak.[365]

Esse resultado chocante colocou em questão todo o equilíbrio de poder no parlamento. Os redatores da lei eleitoral estavam tão confiantes de que a liderança nacional poderia superar a barreira dos 50% que deixaram de inserir uma cláusula de reserva para uma eleição de segundo turno. Se nada fosse feito, esses 33 assentos "nacionais" permaneceriam vagos, enfraquecendo seriamente o controle da maioria comunista sobre o Sejm.

9.4 Tempo Dois: o ponto de viragem

Isso forçou Walesa e sua equipe a enfrentarem uma questão fundamental: eles deveriam continuar sua colaboração na mesa

---

364 CASTLE, Marjorie. *Triggering communism's collapse*: perceptions and power in Poland's transition. Lanham: Rowman & Littlefield, 2003, p. 205.

365 CASTLE, Marjorie. *Triggering communism's collapse*: perceptions and power in Poland's transition. Lanham: Rowman & Littlefield, 2003, pp. 195/196 (resultados da eleição).

redonda com a liderança do Partido agora que os comunistas haviam sido repudiados de forma tão decisiva pelo Povo?

Geremek demorou apenas dois dias para dar uma resposta. Em uma entrevista coletiva em 6 de junho, ele declarou: "Assinamos [o acordo da mesa redonda] e respeitamos o princípio: *pacta sunt servanda*".[366] O Solidariedade não se oporia aos comunistas se o atual Sejm fantoche fizesse uma mudança legislativa de última hora para permitir uma eleição de segundo turno para preencher as 33 vagas – permitindo à "frente única" entrar no Sejm contratual com sua cota total de 65% de assentos reservados.

O anúncio de Geremek provocou protestos amargos. Afinal, o próprio partido era o culpado por sua situação jurídica- seu próprio parlamento fantoche havia aprovado a lei eleitoral que não previa um segundo turno para a lista nacional. Apesar do desmoronamento da liderança, a equipe jurídica do Comitê Nacional condenou publicamente a mudança estatutária de última hora como uma violação total do Estado de Direito.[367]

Eles estavam certos.[368] Mas os legalismos não chegavam ao cerne da questão. Os militantes do comitê de cidadãos denunciaram

---

366 CASTLE, Marjorie. *Triggering communism's collapse*: perceptions and power in Poland's transition. Lanham: Rowman & Littlefield, 2003, p. 202 (citando *Rzeczpospolita,* 7 jun. 1989); KEMP-WELCH, A. *Poland under Communism*: a Cold War history. Nova York: Cambridge University Press, 2008, p. 405 (descrevendo o confronto entre Geremek e importantes comunistas).

367 *Gazeta Wyborcza* (14 e 15 jun. 1989); CASTLE, Marjorie. *Triggering communism's collapse*: perceptions and power in Poland's transition. Lanham: Rowman & Littlefield, 2003, p. 202.

368 O problema jurídico foi criado pela recusa dos comunistas mais notáveis em arriscar mais humilhação ao concorrer novamente em âmbito nacional. Como consequência, o Sejm aboliu a lista nacional e criou trinta e três novos distritos eleitorais. Ao fazer isso, violou as regras constitucionais que haviam construído o novo Sejm em primeiro lugar. CASTLE, Marjorie. *Triggering communism's collapse*: perceptions and power in Poland's transition. Lanham: Rowman & Littlefield, 2003, p. 203.

amargamente um movimento da liderança nacional que parecia desafiar a vontade do povo polonês. Ameaçaram destacar representantes locais em comitês regionais e nacionais para uma retaliação severa caso permitissem que o Partido mantivesse seu controle do poder.[369]

Essas demandas de base também ressoaram entre os 160 membros eleitos do Sejm que se juntaram ao Clube Parlamentar dos Cidadãos. Certamente, o Clube seguiria o exemplo de Mazowiecki e Geremek, que, por sua vez, seguiriam o exemplo de Walesa (que não havia concorrido a um assento no parlamento). Mas será que seus membros se uniriam para exigir a reconsideração da decisão precipitada de Geremek de acatar o Acordo da Mesa Redonda?

9.4.1 O momento da verdade

A questão ganhou força quando o caráter abrangente da vitória do Solidariedade forçou a liderança comunista a se engajar em sua própria reavaliação agonística. Em 30 de junho, Jaruzelski chocou a nação ao se retirar da disputa pela presidência. Ele instou o Comitê Central do Partido a pedir a Kiszczak que concorresse em seu lugar.[370]

Essa não era uma proposta séria. Os eleitores rejeitaram explicitamente Kiszczak quando ele concorreu como candidato na lista nacional (na qual o nome de Jaruzelski não aparecia, uma vez que ele parecia destinado à presidência). Kiszczak também era um general que havia participado da campanha militar de Jaruzelski que reprimiu o Solidariedade em 1981. Se Jaruzelski não era mais aceitável para o povo polonês, Kiszczak também não o era.

---

369 CASTLE, Marjorie. *Triggering communism's collapse*: perceptions and power in Poland's transition. Lanham: Rowman & Littlefield, 2003.

370 CASTLE, Marjorie. *Triggering communism's collapse*: perceptions and power in Poland's transition. Lanham: Rowman & Littlefield, 2003, p. 206.

O Comitê Central do Partido reagiu com alarme ao anúncio de Jaruzelski – pedindo-lhe de maneira unânime que reconsiderasse sua posição. Mas o general hesitou e recusou-se a voltar à disputa, a menos que e até que Walesa lhe desse o aval.

O fato bruto é que o Partido não podia mais garantir sua ascensão à presidência. De acordo com a Constituição neogaullista, o cargo seria preenchido pelo Sejm e pelo Senado reunidos na Assembleia Nacional – com uma maioria absoluta de 270 votos exigidos para o candidato escolhido. Mas o Clube Parlamentar dos Cidadãos agora controlava 249 assentos (160 no Sejm, 99 no Senado), e os partidos fantoches dos comunistas, anteriormente subservientes, mostravam sinais de independência. Em uma enquete, 26 representantes da "frente única" do Sejm indicaram que votariam contra Jaruzelski. Isso não era surpreendente, uma vez que o futuro político desses partidos da "frente única" dependia de sua capacidade de convencer os eleitores de que não eram mais fantoches dos comunistas.[371]

Walesa estava enfrentando o momento da verdade: será que ele aproveitaria o momento e intensificaria a ruptura revolucionária do Solidariedade com o antigo regime? Ou continuaria a honrar seu Acordo da Mesa Redonda com Kiszczak e seus *apparatchiks*, apesar de seu dramático repúdio pelo povo polonês?

Depois de alguma hesitação, Walesa escolheu a colaboração. Ele disse a seus apoiadores parlamentares, em termos inequívocos, para providenciar a ascensão de Jaruzelski à presidência em conformidade com o Acordo da Mesa Redonda.

Essa decisão teve consequências fatais. Não apenas ameaçou alienar milhões de eleitores que haviam defendido o Solidariedade

371 TAGLIABUE, John. "Jaruzelski, Changing Mind, Will Seek Presidency". *The New York Times*, jul. 1989; CASTLE, Marjorie. *Triggering communism's collapse*: perceptions and power in Poland's transition. Lanham: Rowman & Littlefield, 2003, pp. 206/207.

nas urnas. Também tendeu a legitimar o modelo superpresidencialista gaullista – embora tenham sido os comunistas, não o Solidariedade, que originalmente insistiram em sua adoção nas negociações da mesa redonda.

Não devemos exagerar: como veremos, Walesa poderia ter mudado de direção mais tarde. Dado o seu significado definitivo, vale a pena considerar as implicações da recusa paradoxal de Walesa em aceitar o reconhecimento de Jaruzelski de que ele e seu partido tinham sido totalmente desacreditados pelo povo polonês.

9.4.2 Caminhos gaullistas ao poder

Se Walesa tivesse optado por um desafio revolucionário, ele poderia ter tirado o Partido do poder percorrendo dois caminhos institucionais diferentes. O mais óbvio seria reivindicar a presidência – ameaçando os partidos da "frente única" com uma retaliação eleitoral se eles não transferissem seu apoio do desacreditado Jaruzelski para o triunfante líder do Solidariedade. Uma vez instalado no cargo, Walesa poderia então nomear Geremek ou Mazowiecki como primeiro-ministro de um governo de coalizão apoiado pelos novos partidos independentes da "frente única" – deixando os comunistas à margem como uma minoria dissidente.

Ou ele poderia ter seguido um segundo caminho institucional para o mesmo destino: ele poderia graciosamente permitir que Jaruzelski assumisse a presidência, mas apenas com a condição de que assegurasse publicamente que não exerceria seus poderes superpresidenciais e nomearia Walesa como primeiro-ministro, dando seu apoio ao programa revolucionário do Solidariedade.

Uma vez empossado como presidente ou primeiro-ministro, Walesa estaria então em posição de liderar uma ruptura constitucional decisiva com o passado. Em um discurso à nação, ele poderia desenvolver uma variante polonesa de temas elaborados por Mandela, de Gaulle e De Gasperi em pontos análogos do desenvolvimento de seus países. O atual Sejm, ele insistiria, não tinha autoridade legítima para falar em nome do povo polonês quando apenas 25% de seus membros haviam sido eleitos livremente. No máximo, ele deveria exercer autoridade estritamente provisória até que uma assembleia genuinamente popular pudesse se reunir em Varsóvia – ocasião em que deveria elaborar uma nova Constituição que repudiasse definitivamente os princípios do antigo regime, apresentando-a ao Povo para sua aprovação final.

A lógica revolucionária de Walesa teria sido particularmente convincente, dada a situação da Constituição existente. Simplesmente, o documento era uma bagunça. Muitas das antigas disposições da Constituição da era comunista sobreviveram às violentas revisões promulgadas após a mesa redonda – gerando uma série de ambiguidades e inconsistências em questões cruciais que previsivelmente surgiriam nos negócios cotidianos do governo.[372]

Ao mesmo tempo, a convocação de novas eleições teria grandes atrativos políticos. Os comitês de cidadãos tinham atuado com extraordinário vigor durante as recentes eleições; um rápido chamado teria permitido ao novo partido do movimento obter outra vitória esmagadora e desempenhar o papel dominante na formulação da nova identidade constitucional da Polônia – à maneira do Congresso Nacional Indiano ou Africano. Sem dúvida, os comitês de cidadãos continham correntes ideológicas concorrentes e poderiam muito bem se dividir em partidos políticos rivais ao longo do tempo. Mas no futuro imediato, o movimento teria permanecido suficientemente unido para elaborar uma Constituição que os poloneses comuns pudessem prontamente ver como uma expressão de seus ideais revolucionários na derrubada do regime comunista.

---

372 BRZEZINSKI, Mark. *The struggle for constitutionalism in Poland*. Basingstoke: Macmillan, 2000 (citando comentário de um importante jurista).

9.4.3 A não decisão decisiva de Walesa

Walesa tinha os dois cenários em mente quando fez sua escolha fatídica no início de julho.

Ele achou a presidência tentadora, mas perigosa. Como Jaroslaw Kaczyński, o confidente político mais próximo de Walesa na época, lembrou: "Na época, pensei que ainda não havia chance de Walesa se tornar presidente – embora me pareça que ele já estava pensando nessa linha. Os russos provavelmente não eram o problema, mas nosso exército e nossa polícia não teriam concordado. Ainda assim, quem sabe – talvez eu estivesse errado?"[373]

O restante da Europa Oriental ainda não havia se levantado em julho de 1989, então a questão de Kaczyński permanecia real – se Walesa tivesse exigido a presidência, poderia muito bem ter provocado um confronto sangrento. Além do mais, quando o presidente George H. W. Bush visitou Walesa em 9 de julho, ele também pediu cautela, sugerindo que a ascensão de Jaruzelski à presidência proporcionaria um resseguro útil aos soviéticos; emissários do Vaticano enviaram uma mensagem semelhante.[374] No entanto, o risco de intervenção militar soviética estava diminuindo rapidamente. Ao mesmo tempo, não estava claro o quanto a ascensão de Jaruzelski afastaria os poloneses comuns da liderança revolucionária.

Ironicamente, Walesa anunciou sua decisão no Dia da Bastilha, em 14 de julho. Ele declarou que a situação "interna e externa" exigia que "alguém" do Partido Comunista fosse eleito presidente. Só então, Jaruzelski retomou publicamente sua candidatura. Mesmo assim, ainda foi difícil para ele obter a maioria necessária. Embora ninguém tenha concorrido contra ele, vinte e

---

373 BOYES, Roger. *The naked president*: a political life of Lech Walesa. Londres: Secker and Warburg, 1994, p. 191.

374 CASTLE, Marjorie. *Triggering communism's collapse*: perceptions and power in Poland's transition. Lanham: Rowman & Littlefield, 2003, p. 206.

seis membros dos partidos da "frente única" no Sejm recusaram-se a apoiar o general. O mesmo aconteceu com a esmagadora maioria do Clube Parlamentar dos Cidadãos.

Jaruzelski chegou ao cargo por um único voto, graças a Geremek, o líder recém-eleito do Clube. Exibindo suas habilidades como negociador, Geremek pressionou apenas o número suficiente de membros do Clube para garantir a vitória do general.[375] Refletindo sobre sua obra, Geremek observou que "não havia melhor maneira de realizar a eleição [de Jaruzelski] do que por apenas um voto".[376]

O presidente entendeu a mensagem. Durante seu mandato, ele nunca invocou nenhum dos amplos poderes concedidos pelo texto neogaullista. Com a presidência assumindo um papel de figurativo, a designação de um primeiro-minsitro tornou-se extremamente importante. Jaruzelski primeiro pediu a seu ministro do interior, general Kiszczak, que formasse um governo. Mas os antigos partidos da "frente única" dos comunistas se recusaram a apoiar um homem tão profundamente maculado por seu envolvimento proeminente com um regime desacreditado. No início de agosto, Walesa estava convidando publicamente esses antigos partidos fantoches a se juntarem ao Clube Parlamentar em um governo de coalizão; e no fim do mês, Jaruzelski relutantemente aceitou a necessidade de um não comunista servir como primeiro-ministro.[377]

---

375 TAGLIABUE, John. "Jaruzelski Wins Polish Presidency by Minimum Votes". *The New York Times*, jul. 1989; CASTLE, Marjorie. *Triggering communism's collapse*: perceptions and power in Poland's transition. Lanham: Rowman & Littlefield, 2003, p. 206.

376 CASTLE, Marjorie. *Triggering communism's collapse*: perceptions and power in Poland's transition. Lanham: Rowman & Littlefield, 2003, p. 207. Refletindo sobre seu trabalho, Geremek observou que "não havia melhor maneira de vencer [a] eleição do que por apenas um voto". CASTLE, Marjorie. *Triggering communism's collapse*: perceptions and power in Poland's transition. Lanham: Rowman & Littlefield, 2003, p. 207.

377 CASTLE, Marjorie. *Triggering communism's collapse*: perceptions and power in Poland's transition. Lanham: Rowman & Littlefield, 2003, pp. 208-210.

Agora cabia a Walesa pedir o cargo. Sua ascensão não lhe daria apenas uma voz decisiva em questões cruciais de curto prazo, mas também lhe permitiria dissolver o Parlamento, convocar uma rodada decisiva de eleições totalmente livres e, em seguida, presidir, à maneira de Mandela, a grande tarefa de promulgar uma Constituição para servir como o coroamento do Solidariedade.

Mas Walesa escolheu um curso diferente. Se ele se tornasse chefe de governo, seria obrigado a se envolver em negociações intermináveis para sustentar a delicada coalizão majoritária do Solidariedade até a próxima rodada de eleições. Em vez de se perder nos detalhes da política, ele optou por permanecer em Gdansk como chefe do sindicato Solidariedade e nomear um de seus associados de confiança como primeiro-ministro.

Bronislaw Geremek era o candidato óbvio. O grupo parlamentar do Solidariedade o selecionara como seu líder, e ele já estava exibindo habilidades formidáveis para reunir uma maioria instável no Sejm. Walesa tinha confiado em seus conselhos desde a época em que ele, junto com Tadeusz Mazowiecki, correu para Gdansk para apoiá-lo nos Estaleiros Lênin em 1980.

No entanto, sua nomeação teria desafiado a centralidade simbólica de Walesa – uma vez que Geremek era hábil em relações públicas e o primeiro-ministro teria dado a ele os holofotes diariamente. Em contraste, o outro "intelectual de Varsóvia" de confiança de Walesa, Tadeusz Mazowiecki, era notoriamente fraco em alcançar o público – trazendo um comportamento desgastado para a tela da televisão. Como consequência, sua seleção parecia oferecer a Walesa o melhor dos dois mundos. Ele poderia deixar a política do dia a dia e os problemas políticos para Mazowiecki, enquanto fazia grandes pronunciamentos públicos de Gdansk, sem Geremek desafiar seus ocasionais pronunciamentos "gerais" sobre o futuro da Polônia. Para garantir que o primeiro-ministro seguiria sua posição, Walesa poderia então enviar seus assessores pessoais de Gdansk para monitorar o desempenho do governo e alertá-lo sobre falhas.[378]

O distanciamento de Walesa também servia como uma forma de seguro político. Os poloneses tradicionais há muito olhavam com admiração para os enormes ganhos econômicos obtidos pelas economias de mercado do Ocidente – e esperavam ver um grande *boom* à medida que o governo revolucionário libertasse o país do comando opressor. Se Walesa se tornasse primeiro-ministro, ele assumiria a culpa caso seu governo frustrasse essas grandes expectativas. Em contraste, se Mazowiecki falhasse, Walesa estaria em posição de salvar a nação mais uma vez, substituindo-o em Varsóvia.[379]

Toda essa estratégia pode ter parecido muito sensata na época. Mas, como veremos, a dinâmica institucional deflagrada pela constituição gaullista levaria a uma tragédia constitucional em poucos anos.

---

378 JASIEWICZ, Krzysztof. "Poland: Wałesa's legacy to the presidency". *In*: TARAS, Ray. *Postcommunist presidents*. Nova York: Cambridge University Press, 1997, pp. 130 e 155.

379 BANAC, Ivo. *Eastern Europe in revolution*. Ithaca: Cornell University Press, 1992, p. 65; MILLARD, Frances. *Democratic elections in Poland, 1991–2007*. Londres: Routledge, 2010, p. 24.

CAPÍTULO X

O COLAPSO DO SOLIDARIEDADE: OS PERIGOS DO PRESIDENCIALISMO

Durante a primeira metade de 1989, o Solidariedade havia assumido a dianteira na luta mais ampla do Leste Europeu contra a hegemonia soviética. Sua ampla vitória nas eleições de junho para o Sejm contratual marcou a primeira vez que os anticomunistas saíram em vantagem ao lidar com o antigo regime. Mas durante a segunda metade do ano, o triunfo da Polônia foi substituído por eventos ainda mais dramáticos. Com a queda do Muro de Berlim, o compromisso da mesa redonda começou a parecer cada vez mais obsoleto. Enquanto os dissidentes estavam chegando ao poder em outros lugares, Jaruzelski ainda permaneceria presidente, e Mazowiecki, como primeiro-minsitro, ainda tinha que lidar com um grande bloco de *apparatchiks* comunistas que ocupavam assentos no Sejm contratual.

O caráter anacrônico da Constituição provisória da mesa redonda foi dramatizado ainda mais pela decisão do Partido Comunista Polonês de se dissolver em janeiro de 1990. Ao dar esse passo notável, os comunistas sinalizaram decisivamente seu reconhecimento de que o Povo havia repudiado o sistema soviético

– e que a única maneira de se reabilitarem em futuras eleições seria reorganizando-se, o que fizeram como Aliança da Esquerda Democrática. Seus parceiros da "frente única" embarcaram em mudanças de identidade semelhantes em seus esforços desesperados para se desligar do passado comunista.

No entanto, Mazowiecki se recusou a pedir ao presidente que dissolvesse o Sejm contratual e conduzisse eleições totalmente livres que abririam o caminho para uma Constituição revolucionária. Em vez de colocar a legitimidade política em primeiro lugar, sua principal prioridade era a economia. Seu jovem ministro das finanças, Leszek Balcerowicz, havia iniciado um plano abrangente para a rápida privatização das empresas socialistas. Os méritos a longo prazo da grande dose de "terapia de choque" do Plano Balcerowicz permanecerão para sempre controversos. Apenas uma coisa estava clara: o plano infligiria muita dor aos trabalhadores das indústrias anteriormente estatais, que previsivelmente descarregariam sua raiva contra o governo nas eleições seguintes. Mazowiecki respondeu a esse perigo claro e presente adiando uma nova eleição – esperando que os eleitores começassem a vislumbrar os benefícios de longo prazo dos deslocamentos de curto prazo do plano, no momento em que retornassem às urnas.[380]

Essas táticas protelatórias eram especialmente atraentes porque prometiam resolver os problemas imediatos de Mazowiecki na gestão da coalizão. Muitos membros da delegação parlamentar do Solidariedade eram sindicalistas e se opunham fortemente aos sacrifícios que a "terapia de choque" impunha aos trabalhadores das empresas estatais. Em contraste, muitos comunistas no Sejm estavam preparados para apoiar o plano. Havia uma lógica política por trás da repentina transformação dos marxistas em defensores do livre mercado. Embora o Partido tivesse se dissolvido, sua antiga

---

380 CANNON, Lucia. "Polish transition strategy". *In*: ZACEK, Jane; KIM, Ilpyong (Coord.). *The legacy of the Soviet bloc*. Gainesville: University Press of Florida, 1997, pp. 148/149.

liderança permaneceu no controle e tinha uma necessidade urgente de persuadir os eleitores de que sua recém-formada Aliança da Esquerda Democrática nunca voltaria aos maus e velhos tempos anteriores a 1989. A melhor maneira de estabelecer sua credibilidade era apoiar a legislação exigida pelo Plano Balcerowicz e, assim, participar da destruição do sistema soviético. Isso deu a Mazowiecki um poderoso incentivo para manter o Sejm contratual no poder, apesar de sua patente falta de legitimidade.[381]

As coisas pareciam muito diferentes quando vistas de Gdansk. Quando o ano de 1990 raiou, Walesa começou a condenar os "intelectuais de Varsóvia" no governo de Mazowieciki por sua reaproximação parlamentar com os *apparatchiks* do antigo regime. Como líder do sindicato Solidariedade, ele se apresentou cada vez mais como o defensor dos trabalhadores em indústrias públicas ameaçadas pela "terapia de choque". Após os sacrifícios heroicos da classe trabalhadora durante a década de 1980, os milhões de membros do Solidariedade estavam dispostos a permitir que o governo de Varsóvia colocasse em risco seus próprios meios de subsistência?[382]

---

381 A construção de Mazowiecki de uma coalizão com os comunistas é um tema comum nas principais análises. BOYES, Roger. *The naked presidente*: a political life of Lech Walesa. Londres: Secker & Warburg, 1994, p. 203; ASH, Timothy Garton. *The Polish revolution*: solidarity, 1980-82. Londres: J. Cape, 1983, p. 372; MILLARD, Frances. *Democratic elections in Poland, 1991–2007*. Londres: Routledge, 2009, p. 11.

382 Walesa ficou cada vez mais desencantado pelo modo como foi tratado pelo governo de Varsóvia assim que se instalou no cargo. Para sua consternação, Mazowiecki havia nomeado seu Conselho de Ministros sem nem mesmo consultá-lo. À medida que o governo engrenava, Walesa telefonava regularmente para aconselhá-lo e Mazowiecki ouvia obedientemente – mas depois o ignorava para seguir suas próprias políticas neoliberais. HAYDEN, Jacqueline. *Poles apart*: Solidarity and the new Poland. Dublin: Irish Academic Press, 1994, pp. 104/105; SIMPSON, Peggy. "The Troubled Reign of Lech Wałesa in Poland". *Presidential Studies Quarterly*, vol. 26, 1996, pp. 317 e 320.

Dada a configuração constitucional, só havia uma maneira de o herói da revolução deter esse ato de traição dos "intelectuais de Varsóvia". Ele não podia simplesmente exigir que o governo se subtemetesse a um voto de desconfiança e esperasse que o Sejm cumprisse suas ordens. Ao contrário, agora que Mazowiecki podia contar com os comunistas para apoiar o plano, ele podia se dar ao luxo de perder muitos representantes do Solidariedade e ainda vencer no Sejm.

A única esperança de Walesa era a presidência. Embora Jaruzelski tivesse garantido um mandato de seis anos, a decisão do Partido de se transformar na Aliança da Esquerda Democrática havia destruído a legitimidade residual do acordo da mesa redonda sob o qual o general havia conquistado o cargo. Jaruzelski reconheceu esse fato e indicou que estava preparado para partir graciosamente, embora seu mandato terminasse formalmente em 1995.

De acordo com as regras constitucionais estabelecidas no Magdalenka, isso deixava a escolha de seu sucessor para uma sessão conjunta do Sejm e do Senado. Mas dada a perda de credibilidade da mesa redonda, os protagonistas passaram a considerar se deveriam seguir o exemplo da França moderna e transformar a presidência em um cargo eletivo.

Walesa encarregou seu assessor de confiança, Jaroslaw Kaczyński, de explorar o assunto – e a princípio ele relatou que não havia necessidade de mudar o sistema, já que Walesa poderia obter maioria na sessão parlamentar conjunta. Mas o governo de Varsóvia recusou-se a concordar, insistindo em uma emenda constitucional que previsse a eleição popular. Quando lhe foi oferecida essa perspectiva, Walesa ficou feliz em concordar – ansioso pela legitimidade enormemente aumentada que se seguiria à sua eleição direta pelo Povo.[383] Com o Solidariedade unido nessa questão, o

383 MILLARD, Frances. *Democratic elections in Poland, 1991–2007*. Londres: Routledge, 2009, p. 23; JASIEWICZ, Krzysztof. "Poland: Wałesa's legacy

governo traçou um calendário eleitoral: primeiro, uma eleição para a presidência no fim de 1990; em seguida, uma votação para um novo Parlamento em 1991.

10.1 Os perigos do superpresidencialismo

Essa decisão apressada representou a sentença de morte do constitucionalismo revolucionário na Polônia. Walesa se considerava a escolha óbvia para a presidência, mas Mazowiecki desafiou seu ex-chefe em um esforço para manter o ímpeto por trás de seu programa radical de livre mercado. O conflito entre os dois revolucionários levou à dissolução caótica da rede de alta energia de comitês de cidadãos que haviam sido responsáveis pela grande avalanche eleitoral do ano anterior.

Lembre-se de que, durante a campanha eleitoral de junho de 1989, o sindicato Solidariedade forneceu amplos fundos para 49 comitês de cidadãos provinciais para coordenar os esforços de base. Mas depois da eleição, o sindicato tornou-se cada vez mais cético em relação ao foco distintamente cívico de seu parceiro e cortou o apoio financeiro. No entanto, o Comitê Nacional de Cidadãos conseguiu manter os vínculos entre esses movimentos populares, cuja notável vitalidade foi demonstrada na eleição nacional seguinte.

Embora o Partido Comunista tivesse sido oficialmente dissolvido em janeiro de 1990, os *apparatchiks* ainda controlavam governos locais em todo o país e usavam seu poder para frustrar as reformas iniciadas por Varsóvia. Para quebrar seu estrangulamento, o Sejm aprovou uma lei que concedia a cada uma das 2.300 comunidades da nação autoridade para governar a si mesmas em uma ampla gama de questões – com uma Câmara eleita localmente tomando as principais decisões. Isso significava que os poloneses

---

to the presidency". *In*: TARAS, Ray. *Postcommunist presidents*. Nova York: Cambridge University Press, 1997, pp. 130 e 132.

em todo o país votariam em 50 mil (!) vereadores para marcar sua entrada em uma nova era de vida democrática.

Havia apenas um problema: se os comitês de cidadãos permanecessem à margem, os *apparatchiks* entrincheirados garantiriam que seus candidatos ganhassem as eleições – proporcionando assim uma folha de figueira democrática para a continuidade de seu controle. Esse perigo foi suficiente para motivar 100 mil militantes a energizar e aprofundar a rede de cidadãos. Na primavera, grupos locais em toda a nação afirmavam ser a "única força política legítima... cujo mandato para governar derivava da luta de dez anos contra o regime comunista".[384] E mais uma vez, esses esforços revolucionários tiveram um sucesso retumbante – assim como os comitês de cidadãos esmagaram o Partido nas eleições parlamentares em junho anterior, eles varreram os *apparatchiks* locais do poder em uma avalanche em todo o país em maio.[385]

Mas, enquanto os comitês aguardavam ansiosamente a próxima competição entre Walesa e Mazowiecki em dezembro, eles enfrentaram um desafio muito diferente. Os militantes agora confrontavam a dolorosa tarefa de escolher entre dois heróis revolucionários. Quando os rivais lançaram suas campanhas presidenciais, os comitês de cidadãos tentaram organizar uma Conferência Nacional para tentar evitar a divisão.[386] No final de junho, os delegados se reuniram em uma Conferência Nacional preliminar para ouvir apelos como este:

---

384 GRABOWSKI, Tomek. "The Party that Never Was: the Rise and Fall of the Solidarity Citizens' Committees in Poland". *East European Politics & Societies*, vol. 10, 1996, pp. 214 e 229.

385 GRABOWSKI, Tomek. "The Party that Never Was: the Rise and Fall of the Solidarity Citizens' Committees in Poland". *East European Politics & Societies*, vol. 10, 1996, pp. 214 e 229.

386 GRABOWSKI, Tomek. "The Party that Never Was: the Rise and Fall of the Solidarity Citizens' Committees in Poland". *East European Politics & Societies*, vol. 10, 1996, pp. 243-245.

> A Polônia está dilacerada pela discórdia, manifestada pelo conflito inexplicável entre o Presidente do Solidariedade Lech Walesa e o Primeiro-Ministro Tadeusz Mazowiecki. Sr. Presidente! Sr. Primeiro-ministro! Vocês lutaram juntos contra o comunismo. Juntos, vocês podem e devem construir uma Polônia democrática e independente.[387]

Não era tarde demais para os dois protagonistas atenderem a esses apelos. Ao iniciarem suas campanhas, eles enquadraram as questões de uma maneira que permitia a reconciliação. Por seu lado, Walesa se absteve de um ataque frontal ao patrocínio do Plano Balcerowicz por seu rival. Em vez de mirar diretamente na "terapia de choque", ele acusou o governo de Varsóvia de destruir a alma do Solidariedade ao continuar sua colaboração parlamentar com os comunistas.

Da mesma forma, Mazowiecki não apresentou uma defesa de princípio de sua colaboração com os comunistas. Ele a descreveu como uma necessidade pragmática: dada a repartição de 35-65 do Sejm contratual, ela era essencial para sustentar a estabilidade política durante o período de transição.[388] Uma vez que o Parlamento eleito livremente tomasse seus assentos no ano seguinte, haveria tempo suficiente para se engajar em uma campanha mais agressiva para varrer os militares e burocratas remanescentes do antigo regime.

Como as posições públicas dos dois contendores não eram profundamente antagônicas, os militantes foram perfeitamente realistas ao demandarem uma Conferência nacional para pressionar os dois

---

387 GRABOWSKI, Tomek. "The Party that Never Was: the Rise and Fall of the Solidarity Citizens' Committees in Poland". *East European Politics & Societies*, vol. 10, 1996, p. 245.

388 SZULKIN, Ryszard. "The 1990 Presidential Election in Poland". *Scandinavian Political Studies*, vol. 16, 1993, pp. 359 e 362; MILLARD, Frances. *Democratic elections in Poland, 1991–2007*. Londres: Routledge, 2009, p. 23.

homens a um compromisso "óbvio". Nesse cenário, Mazowiecki apoiaria Walesa para presidente e Walesa retribuiria apoiando a continuidade de Mazowiecki como primeiro-ministro. Os líderes revolucionários então exortariam os comitês de cidadãos a se prepararem para mais um ano de engajamento eleitoral – primeiro mobilizando o Povo para uma vitória arrebatadora de Walesa e, em seguida, expulsando os ex-comunistas e seus companheiros de viagem nas eleições parlamentares.

Walesa rejeitou esses pedidos. Em vez disso, ele confiou em seu aliado próximo, Jaroslaw Kaczyński, para organizar um novo partido político, o Acordo do Centro (PC), para liderar sua campanha eleitoral.[389] Em 30 de junho, Walesa compareceu à assembleia preliminar dos comitês de cidadãos para lançar um esforço para torná-los a base de um partido-movimento que impulsionasse os ideais do Solidariedade ao futuro. Ele convocou os militantes a se unirem ao PC e apoiar sua "guerra no topo" contra Mazowiecki e suas políticas acomodacionistas. Ele então percorreu todo o país, denunciando os políticos comunistas por sabotar secretamente uma resposta justa e eficaz à estagnação econômica – e insistindo que sua remoção imediata era a chave para a prosperidade ao estilo Ocidental.

Mazowiecki respondeu da maneira usual – apresentando-se como um estadista sóbrio, em cujo julgamento os poloneses podiam confiar para conduzir o país em direção a uma moderna economia de mercado. Além disso, a estratégia do primeiro-ministro parecia estar dando frutos. Até o último mês da campanha, as pesquisas de opinião pública o colocavam à frente de Walesa, muitas vezes por margens significativas.[390] Com os ventos políticos a seu favor,

---

389 GRABOWSKI, Tomek. "The Party that Never Was: the Rise and Fall of the Solidarity Citizens' Committees in Poland". *East European Politics & Societies*, vol. 10, 1996, pp. 242-246.

390 BOYES, Roger. *The naked presidente*: a political life of Lech Walesa. Londres: Secker & Warburg, 1994, p. 251; BORRELL, John. "Poland: Electrician

o primeiro-ministro também formou seu próprio partido político, a União Democrática (DU) para combater o PC de Walesa/Kaczyński.[391]

Esses esforços de construção partidária de cima para baixo serviram apenas para afastar os poloneses comuns de ambos os protagonistas. Os dois novos partidos, quando somados, atraíram apenas 20 mil membros – em contraste com os 100 mil ativistas engajados nos comitês de cidadãos durante as eleições locais anteriores.[392] Esses esforços partidários rivais, portanto, deram um golpe mortal na rede de cidadãos – que se desintegrou rapidamente quando membros desmoralizados se concentraram em questões locais ou simplesmente desistiram da política para seguir suas novas vidas numa ordem social em rápida mudança.

Pior ainda, o vácuo do partido-movimento proporcionou uma abertura para um *outsider* político entrar na disputa. A nova estrela em ascensão era Stanislaw Tymiński, um multimilionário que emigrou da Polônia em 1968 e acumulou uma fortuna em circunstâncias questionáveis. Ele só havia retornado à sua terra natal em 1989 e, quando anunciou sua candidatura presidencial, ninguém levou a sério.

Por um lado, as regras básicas para a eleição impunham um obstáculo formidável a políticos independentes – exigindo que eles reunissem as assinaturas de 100 mil poloneses para poder entrar

---

vs. Intellectual". *Time*, 19 nov. 1990 (Mazowiecki ainda tinha 5 pontos de vantagem nas pesquisas de outubro); ORENSTEIN, Mitchell. *Out of the red*: building capitalism and democracy in postcommunist Europe. Michigan: University of Michigan Press, 2001, p. 38 (fig. 3).

391 GRABOWSKI, Tomek. "The Party that Never Was: the Rise and Fall of the Solidarity Citizens' Committees in Poland". *East European Politics & Societies*, vol. 10, 1996, p. 248.

392 GRABOWSKI, Tomek. "The Party that Never Was: the Rise and Fall of the Solidarity Citizens' Committees in Poland". *East European Politics & Societies*, vol. 10, 1996, p. 248 (que reporta dados de um mês antes da eleição).

na corrida.[393] Mas Tymiński poderia prontamente pagar a seus subordinados para reunir as assinaturas necessárias. Mesmo assim, sua campanha tinha a aparência de uma *egotrip* de um milionário: um mês antes da eleição de 25 de novembro, ele estava com 2% nas pesquisas.[394] Mas, quando os heróis do Solidariedade começaram a trocar acusações de colaboração com os comunistas ou de postura demagógica, o público geral afastou-se enojado. Mesmo que os poloneses não soubessem quase nada sobre o caráter ou as realizações de Tymiński, pelo menos esse *outsider* capitalista não estava maculado pela luta no interior do Solidariedade. Isso foi suficiente para persuadir 23% dos eleitores a apoiá-lo. Quando os resultados chegaram, isso permitiu ao recém-chegado derrotar o insípido Mazowiecki, que obteve apenas 18% dos votos.

Walesa terminou em primeiro com 40%, mas isso não foi suficiente para ganhar a presidência de acordo com as regras constitucionais. Como de costume, os poloneses seguiram o modelo francês, criando um sistema de dois turnos, que exigia que o candidato mais votado obtivesse 50% dos votos para evitar um segundo turno contra o segundo colocado. Como Walesa tinha ficado aquém disso, o país voltou às urnas duas semanas depois para fazer sua escolha entre o herói Revolucionário e o Salvador Capitalista.

Durante esse intervalo, Mazowiecki renunciou ao cargo de primeiro-ministro e cerrou fileiras com Walesa. Mas muitos outros líderes revolucionários não o fizeram. De modo mais notável, Adam Michnik fez uma denúncia contundente no principal jornal do Solidariedade:

---

393 MILLARD, Frances. *Democratic elections in Poland, 1991–2007*. Londres: Routledge, 2009, p. 23.

394 MILLARD, Frances. *Democratic elections in Poland, 1991–2007*. Londres: Routledge, 2009, pp. 25/26; BOYES, Roger. *The naked presidente*: a political life of Lech Walesa. Londres: Secker & Warburg, 1994, pp. 256/257; SIMPSON, Peggy. "The Troubled Reign of Lech Wałesa in Poland". *Presidential Studies Quarterly*, vol. 26, 1996, p. 321.

> Um líder carismático vitorioso torna-se patologicamente ciumento de seu poder e popularidade. Ele também fica desconfiado, pressentindo inimigos e tramas ao seu redor. Para se livrar dos rivais, isto é, dos mecanismos democráticos comuns, ele promete tudo a todos e não discute programas políticos: ele mesmo se torna o seu próprio programa. Ele sempre fala sobre si mesmo, seus méritos e realizações, descrevendo seus planos nos termos mais escassos e gerais Ele promete acelerações: melhoria rápida para todos... Lech Walesa não será presidente de uma Polônia democrática.[395]

Walesa não podia mais responder aos "intelectuais de Varsóvia" voltando-se aos comitês de cidadãos para apoiarem sua candidatura – ele mesmo havia destruído seus esforços de formação de um partido-movimento do Solidariedade. Com os comitês desmobilizados e o grande público desmoralizado, apenas 54% dos eleitores aptos foram às urnas para escolher entre Walesa e Tymiński – em comparação com a participação de 90% gerada pelos comitês de cidadãos em sua vitória arrebatadora sobre os comunistas em junho de 1988.

Quando vieram os resultados eleitorais, Walesa obteve uma vitória impressionante – derrotando Tymiński por uma margem de 3 a 1. Mas, ao contrário de Nehru, Mandela e De Gasperi, ele estava sozinho no topo, sem o apoio mobilizado da base de um partido-movimento. Nesse aspecto, ele se parecia com de Gaulle, que também conquistara a presidência de cima para baixo.

Com uma grande diferença. Dezoito meses após chegar ao poder, o general agiu decisivamente para promulgar a Constituição da Quinta República e, em seguida, moveu seus partidários políticos para uma posição de comando no Parlamento. Em contraste,

---

395 MICHNIK, Adam. "My vote against Walesa". *In*: GRUDZINSKA- GROSS, Irena; MICHINIK, Adam. *Letters from freedom*: post-cold war realities and perspectives. Berkeley: University of California Press, 1998, pp. 156-160.

Walesa não conseguiu tirar vantagem do momento revolucionário. Agora que havia conquistado a presidência, ele continuou a enfrentar um Sejm contratual controlado por seus amargurados rivais revolucionários.

Para dizer o mínimo, esse não era um ambiente favorável para Walesa trabalhar com o Parlamento para elaborar um texto constitucional comum que eles pudessem apresentar aos seus concidadãos como uma expressão autêntica de sua luta de uma década contra o autoritarismo comunista. No entanto, nossos estudos de casos anteriores demonstraram que os líderes revolucionários às vezes conseguiram transcender as rivalidades pessoais para trabalhar juntos pelo bem comum. Mazowiecki e Walesa aceitariam esse desafio?

10.1.1 A ruptura

Mazowiecki tornou-se primeiro-ministro em agosto de 1989 – dezesseis meses antes de Walesa ascender à presidência em dezembro de 1990. Embora sua primeira prioridade fosse o Plano Balcerowicz, ele estava muito ciente da necessidade premente de uma nova Constituição. Do ponto de vista formal, a base da autoridade do Sejm contratual era a Constituição Comunista de 1952. Mas em 1989 esse texto havia se tornado uma bagunça jurídica. Durante as décadas de ascendência comunista, ele fora repetidamente emendado para fazer uma série de gestos simbólicos a Moscou, ao Ocidente e ao povo polonês. Como era o Partido, não a Constituição, que governava, não havia necessidade imperiosa de coerência textual. A confusão foi agravada pelas inovações neogaullistas aprovadas nas conversações da mesa redonda e promulgadas na Constituição pelo Parlamento Comunista antes de ser dissolvido para novas eleições. Essas revisões de última hora – que descreviam as novas relações de poder entre o presidente, o Senado e o Sejm – estavam cheias de ambiguidades. Isso tornava a necessidade de uma nova Constituição ainda mais premente.

O governo Mazowiecki rapidamente obteve o consentimento do Sejm para instaurar uma comissão constitucional especial para enfrentar essa tarefa formidável. Mas foi difícil selecionar seus 46 membros. O Solidariedade comandava apenas 35% dos assentos do Sejm, então a comissão teria que incluir representantes da "frente única" comunista. No entanto, isso criaria um grande problema quando o Parlamento aprovasse a proposta e a apresentasse aos eleitores em um referendo especial. Neste ponto, a oposição poderia prontamente pedir ao povo que votasse "não", pois a participação comunista teria contaminado todo o empreendimento.[396] Para combater essa dificuldade, Mazowiecki procurou um presidente para a comissão cuja grande contribuição à revolução lhe dava um lugar de honra na narrativa popular.

Ele se voltou a Bronislaw Geremek, seu antigo rival na disputa pelo cargo de primeiro-ministro, e ofereceu a presidência a seu camarada revolucionário de longa data como prêmio de consolação. A carreira anterior de Geremek demonstrava a alta inteligência e a capacidade de estadista necessárias para obter o apoio público para o projeto. No entanto, suas grandes contribuições para a luta do Solidariedade não foram suficientes para evitar que enfrentasse uma forte contestação pelo Senado.

Em contraste com o Sejm contratual, 99 dos 100 membros livremente eleitos do Senado representavam o Solidariedade. Não contaminado por remanescentes comunistas, o Senado nomeou sua própria comissão constitucional. Ao longo do ano seguinte, esse grupo do Senado tomou um rumo cada vez mais independente – finalmente propondo um projeto baseado em princípios muito diferentes daqueles patrocinados pela comissão de Geremek.

---

396 Na verdade, Geremek permitiu que os antigos comunistas dominassem uma subcomissão crucial que lidava com questões básicas de desenho institucional. RAPACZYNSKI, Andrzej. "Constitutional politics in Poland". *In*: HOWARD, A. E. Dick. *Constitution making in Eastern Europe*. Washington: Woodrow Wilson Center Press, 1993, pp. 93-131 e 100.

Quando Walesa conquistou a presidência, tanto o Sejm quanto o Senado estavam nas últimas etapas do desenvolvimento de suas visões concorrentes do futuro constitucional da Polônia – provocando um vibrante debate popular em todo o país.[397]

Antes de passar para a intervenção de Walesa nesse conflito entre as duas câmaras, é importante considerar uma iniciativa de curto prazo que teria um impacto duradouro nos desenvolvimentos futuros.

10.1.2 Um gesto mais que simbólico

Mazowiecki e seus aliados não estavam preparados para aguardar o julgamento da comissão de Geremek sobre um assunto-chave. A Constituição existente proclamava que a Polônia era uma República Popular liderada pelo Partido Comunista e aliada da União Soviética. Isso era simplesmente inaceitável para um governo revolucionário levado ao poder pelo Solidariedade. Em quatro meses, Mazowiecki e seus aliados conqusitaram a maioria absoluta necessária para promulgar emendas constitucionais que apagavam tais referências do texto. Doravante, a "República da Polônia" seria "um estado democrático regido pelo direito, implementando princípios de justiça social".[398]

Para os poloneses comuns, o ponto-chave era o repúdio decisivo à emenda do antigo regime. O significado preciso dos termos incluídos – "democracia", "Estado de Direito", justiça social" – não gerou um debate significativo no Parlamento ou

397 Em contraste com períodos posteriores, as questões constitucionais provocaram ampla discussão popular nessa época. WYRZYKOWSKI. "Constitutional Changes in Poland 1989–1991". 17 *Bull. Austl. Soc'y. of Leg. Phil.* 25, 45 (1992).

398 BRZEZINSKI, Mark; GARLICKI, Leszek. "Polish Constitutional law". *In*: FRANKOWSKI, Stanisław; STEPHAN, Paul (Coord.). *Legal reform in post-communist Europe*: the view from within. Dordrecht: Nijhoff, 1995, pp. 21 e 33.

entre o público. Eles foram incorporados ao texto por alguns parlamentares e juristas liderados por Janina Zakrzewska, cujo passado revolucionário lhe dava autoridade especial no processo de redação. Quando era uma jovem jurista em ascensão, ela aderiu a uma onda anterior de protestos contra os comunistas em 1968 e o continuou a se manifestar contra o regime quando foi demitida de seu posto no *establishment* jurídico. Nas duas décadas seguintes, ela se recusou a seguir o exemplo de tantos de seus colegas que ficaram quietos e mantiveram seus empregos. Agora que a velha ordem estava se desintegrando, o governo Mazowiecki recompensou as duas décadas de atividade revolucionária de Zakrzewska, nomeando-a para o Tribunal Constitucional. Uma vez instalada no cargo, ela liderou um esforço para transformar a fórmula do "Estado de Direito" de 1989 na base para uma afirmação agressiva da revisão judicial.

Isso também foi uma surpresa, uma vez que o Tribunal não tinha a intenção original de desempenhar um papel ativo na supervisão do processo legislativo. Ele foi criado pelo Sejm comunista três meses depois que o general Jaruzelski declarou estado de emergência para esmagar o Solidariedade em dezembro de 1981 – em um esforço desesperado para sugerir que o governo estava de fato comprometido com a restauração final do Estado de Direito.[399]

Esse gesto constitucional não convenceu ninguém em um momento em que ativistas do Solidariedade ainda estavam sob detenção arbitrária pelas forças de segurança polonesas. Além disso, a emenda de Jaruzelski autorizava explicitamente uma maioria de dois terços do Sejm a sobrepujar o novo Tribunal se ele considerasse qualquer lei inconstitucional. Como o Partido estava então no controle total do Parlamento, isso garantia o caráter puramente "decorativo" do Tribunal.

---

399 BRZEZINSKI, Mark. "The emergence of judicial review in Eastern Europe: the case of Poland". *The American Journal of Comparative Law*, vol. 41, 1993, pp. 153 e 169-173.

No entanto, a linha dura do governo se opunha à própria ideia de que os juízes podiam intervir legitimamente para controlar o Partido. Eles sabotaram com sucesso a aprovação da legislação de implementação por três anos. Mesmo quando os comunistas reformistas conseguiram aprovar o estatuto necessário em 1985, seus termos serviam apenas para enfatizar a fraqueza do Tribunal. Os "reformadores" seguiram o modelo gaullista e negaram aos litigantes comuns qualquer acesso ao Tribunal – permitindo que apenas instituições controladas pelos comunistas solicitassem uma decisão. Seu estatuto também proibia explicitamente os juízes de considerarem uma ampla gama de medidas de segurança nacional, incluindo todas aquelas decorrentes do estado de emergência de Jaruzelski.[400]

Os juízes entenderam a mensagem: entre 1986 e 1989, o novo Tribunal recusou-se a invalidar uma única disposição legal – retirando-se ostensivamente de confrontos com os altos níveis dos ramos políticos controlados pelos comunistas. O Tribunal demonstrou uma boa dose de independência em questões menos controversas, mas foi amplamente percebido "como curvando-se à expediência política em detrimento da coerência constitucional".[401]

As coisas começaram a mudar em 1989 – mais ou menos na mesma época em que o governo Mazowiecki estava aprovando suas

---

400 GARLICKI, Lech. "Constitutional court of Poland, 1982–2009". *In*: PASQUINO, Pasquale; BILLI, Francesca (*et al.*). *The political origins of constitutional courts*: Italy, Germany, France, Poland, Canada, United Kingdom. Roma: Fondazione Adriano Olivetti, 2009, pp. 13 e 16-19.

401 BOND, Jonathan. "Concerning constitutional courts in Central and Eastern Europe". 2 *Int'l Public Pol'y R.* 5, 10 (2006). O Tribunal demonstrou maior ativismo ao lidar com regulamentações adminsitrativas em oposição à legislação. Ver GARLICKI, Lech. "Constitutional court of Poland, 1982–2009". *In*: PASQUINO, Pasquale; BILLI, Francesca (*et al.*). *The political origins of constitutional courts*: Italy, Germany, France, Poland, Canada, United Kingdom. Roma: Fondazione Adriano Olivetti, 2009, pp. 19-20.

emendas de dezembro pelo Parlamento.[402] Para começar, seis dos doze juízes originais já tinham data para deixar o Tribunal – proporcionando ao novo governo a oportunidade de fazer nomeações que mudariam a direção do órgão. Dadas as evasões do Tribunal em questões de alta importância, essas vagas não atraíam políticos importantes do Solidariedade, que teriam de desistir de seus empregos atuais. Zakrzewska, em contraste, viu a chance de alçar o Tribunal a uma posição de liderança constitucional. Já em 1964, ela havia publicado um livro sobre revisão judicial.[403] Depois de ser expulsa da academia, ela apoiou uma resolução, endossada pelo Congresso do Solidariedade em 1981, exigindo a revisão judicial de toda a legislação.[404] Agora que o primeiro governo não comunista da Polônia substituía o "Estado de Direito" pelo "papel de liderança do Partido", ela exortou seus colegas a usarem essa fórmula para resgatar o compromisso do Solidariedade com os direitos fundamentais.

Suas iniciativas tiveram algum sucesso. Os outros cinco membros nomeados em dezembro não tinham as fortes credenciais revolucionárias de Zakrzewska. Mas também não eram apologistas da linha dura do antigo regime. Eram professores de direito e juízes que conseguiram conquistar certo grau de independência profissional durante a era comunista. Isso também se aplicava amplamente aos seis remanescentes de 1985, que tendiam a expressar as opiniões da ala reformista do Partido.

Certamente, o Tribunal era bastante cauteloso em questões sensíveis. Lembremos que a Constituição existente o colocava à

---

402 BRZEZINSKI, Mark. "The emergence of judicial review in Eastern Europe: the case of Poland". *The American Journal of Comparative Law*, vol. 41, 1993.

403 ZAKRZEWSKA, Janina. *Kontrola konstytucyjności ustaw*: we współczesnym państwie burżuazyjnym. Warszawa: Wydawnictwo Prawnicze, 1964 (Controle de Constitucionalidade de Leis no Estado Burguês Moderno).

404 BRZEZINSKI, Mark. "The emergence of judicial review in Eastern Europe: the case of Poland". *The American Journal of Comparative Law*, vol. 41, 1993, p. 169.

mercê de dois terços do Sejm – e também havia um risco muito sério de que o governo ou o presidente simplesmente ordenasse que seus subordinados ignorassem as ordens do Tribunal. No entanto, as primeiras intervenções do Tribunal em nome dos direitos fundamentais eliminaram um pouco da urgência do movimento por uma nova Constituição. Como os juízes já estavam transformando as fórmulas abertas de 1989 em leis rígidas, parecia menos imperativo elaborar uma detalhada Declaração de Direitos para submissão imediata ao Povo.

Para colocar o ponto nos termos do meu modelo de "três caminhos", o Tribunal era uma construção de elite, cujos esforços bem-intencionados para garantir os direitos fundamentais estavam tornando mais fácil para a liderança política do Solidariedade adiar um grande impulso no caminho revolucionário a fim de legitimar uma nova Constituição completa, que incluísse uma Declaração de Direitos, em nome do povo polonês.

10.1.3 Impasse

Voltemos a dezembro de 1990 e à ascensão de Walesa à presidência. Àquela altura, tanto o Sejm quanto o Senado estavam nos estágios finais de elaboração de um projeto de Constituição. O plano era submeter o projeto a um referendo ao mesmo tempo em que os eleitores voltavam às urnas para eleger um novo Parlamento.

As duas câmaras apresentavam visões rivais. Sob a liderança de Geremek, o projeto do Sejm protegia uma ampla gama de direitos sociais, mas a Declaração de Direitos do Senado se restringia às liberdades liberais clássicas. As duas propostas também diferiam quanto ao desenho institucional. A proposta do Sejm trazia um modelo parlamentarista, enquanto o Senado refinou o modelo presidencialista herdado da mesa redonda.[405]

---

405 OSIATYNSKI, Wiktor. "Special Report: Poland's Constitutional Ordeal". *East European Constitutional Review*, 2009, pp. 29-38. Ver também, RAPACZYNSKI, Andrzej. "Constitutional politics in Poland". *In*:

Este último ponto foi decisivo para Walesa. Ele havia lutado muito para estabelecer que o Povo confiasse nele, e não em Mazowiecki, para levar adiante o trabalho do Solidariedade. Ele não estava disposto a dar aos "intelectuais de Varsóvia" a chance de minar sua vitória presidencial, dando aos eleitores a chance de aprovar uma Constituição que concedesse o papel de liderança ao primeiro-ministro e sua coalizão parlamentar. Uma vez que Walesa se pronunciou a favor do projeto do Senado, não havia esperança de chegar a um compromisso que atrairia um voto no "sim" na próxima eleição. Em vez disso, o Sejm foi suspenso sem apresentar qualquer proposta, e Walesa e seus rivais do Solidariedade concentraram todas as suas energias em obter vantagens nas próximas eleições parlamentares.

A forma da Constituição da Polônia estava inextrincavelmente entrelaçada com a luta imediata pelo poder entre lideranças de facções rivais.

10.1.4 Crise

Quando a campanha política para o Parlamento começou, os eleitores se viram diante de uma situação política radicalmente nova. Agora que Walesa havia destruído os comitês de cidadãos, os empreendimentos políticos concorrentes formaram uma série de novos partidos para preencher o vácuo de legitimidade. Nove organizações diferentes apresentaram suas próprias chapas de candidatos em todas as 36 regiões do país – e mais 17 concorreram em pelo menos 30 regiões. A cacofonia de vozes gerou confusão e alienação na massa – apenas 43% dos eleitores aptos se deram ao trabalho de ir às urnas em outubro de 1991.

Os ex-comunistas foram os principais beneficiários. O Partido se dissolveu oficialmente e os líderes de sua ala reformista

---

HOWARD, A. E. Dick. *Constitution making in Eastern Europe*. Washington: Woodrow Wilson Center Press, 1993.

se reorganizaram como a Aliança da Esquerda Democrática. Eles podiam contar com os antigos *apparatchicks* do Partido, que ainda detinham uma influência substancial, para conseguir votos para a Aliança. Uma dinâmica semelhante permitiu que o Partido Camponês polonês surgisse dos resquícios da organização rural do antigo regime.[406] Os políticos do antigo regime estavam agora declarando sua lealdade à nova ordem democrática, mas mesmo assim foi surpreendente quando os dois novos partidos obtiveram o mesmo grau de apoio que os dois principais partidos resultantes dos destroços do Solidariedade. Mais precisamente, a União Democrática de Mazowiecki e a Aliança do Centro Cívico de Walesa[407] conquistaram, respectivamente, 12,3% e 8,7% dos assentos do Sejm – somando os mesmos 20% obtidos pela coalizão da Aliança da Esquerda-Camponeses.

Para tornar as coisas ainda mais confusas, Walesa confiou em seu assessor, Jarosław Kaczyński, para gerenciar a Aliança do Centro Cívico para ele – apenas para vê-lo trair sua confiança e tirar dele o controle sobre o partido. Para Kaczyński, Walesa fora indevidamente tolerante com o casamento de conveniência de Mazowiecki com os comunistas no Sejm contratual. Sob o seu comando, a Aliança insistiu que o novo Sejm realizasse um expurgo abrangente dos remanescentes comunistas nas forças armadas e na burocracia. Isso separou os dois partidos do Solidariedade, colocando Kaczyński em conflito com a União Democrática de

406 Para percepções importantes, ver dois livros de Anna Grzymala-Busse: GRZYMALA-BUSSE, Anna. *Redeeming the Communist past*: the regeneration of the Communist Successor parties in East Central Europe. Cambridge: Cambridge University Press, 2002; GRZYMALA-BUSSE, Anna. *Rebuilding Leviathan*: party competition and State Exploitation in Post-Communist Democracies. Ottawa: The Canadian Association of Slavists, 2008.

407 Durante essa eleição, o Acordo do Centro formou uma aliança com alguns pequenos partidos para concorrer como Aliança do Centro Cívico. Para evitar confundir o leitor, mantive o nome previamente estabelecido do Centro.

Mazowiecki, que valorizava a competência burocrática de muitos remanescentes do antigo regime.

O ressurgimento dos ex-comunistas e a divisão entre a Aliança do Centro e a União Democrática foram apenas um prelúdio à confusão criada pela primeira eleição parlamentar livre da Polônia. Seis outros partidos, surgidos de diferentes cisões do Solidariedade, ganharam cada um de 5% a 9% dos assentos do Sejm. Quando somados, eles mantinham o equilíbrio de poder.[408] Mas eles também brigavam entre si – exceto em um ponto importante. Esses grupos dissidentes formaram uma coalizão do "Solidariedade de Direita", que se opunha enfaticamente à continuidade da "terapia de choque" imposta pelo Plano Balcerowicz. Em vez disso, pediam medidas agressivas a favor de um Estado de bem-estar social, a fim de aliviar a dor infligida aos trabalhadores e suas famílias. Essa parte do programa parecia colocá-los à esquerda, não à direita. No entanto, eles ganharam sua designação de direita ao vincular uma identidade política polonesa à Igreja Católica e se opor aos valores secularistas defendidos tanto pelos intelectuais do Solidariedade de Varsóvia quanto pelos ex-comunistas da Aliança da Esquerda.

Dadas suas diferenças com os secularistas, bem como sua demanda por um expurgo dos burocratas e líderes militares dos velhos tempos, seria difícil para a direita construir por conta própria uma coalizão majoritária estável. Ao mesmo tempo, a hostilidade incessante da direita ao Plano Balcerowicz tornaria difícil a colaboração com Mazowiecki e Kaczyński, que comprometeram seus partidos com essa iniciativa cada vez mais impopular.

Apenas uma coisa estava clara: dada a captura da Aliança do Centro por Kaczyński, Walesa poderia – se quisesse – usar seus poderes superpresidenciais para minar qualquer primeiro-ministro

408 MILLARD, Frances. *Democratic elections in Poland, 1991–2007*. Londres: Routledge, 2009, pp. 48/49. Vinte outros partidos ganharam poucos assentos no Sejm. No Senado, ocorreu algo parecido.

que conseguisse obter o apoio de uma coalizão majoritária composta pelas facções antagônicas que haviam preenchido o vácuo deixado pelo colapso dos comitês de cidadãos do Solidariedade.

A fragmentação dos partidos políticos também desferiu um golpe mortal no esforço do novo Parlamento para elaborar uma Constituição permanente. Desta vez, o Sejm e o Senado evitaram o conflito anterior estabelecendo uma comissão constitucional conjunta. No entanto, isso não foi suficiente para conter a fragmentação ideológica dos partidos rivais – cujas lideranças conseguiram gerar seis projetos constitucionais conflitantes. O impasse contínuo poderia ter sido usado por Walesa para demonstrar sua liderança, se fosse capaz de trabalhar com as seis facções para criar um projeto de compromisso que unisse aspectos das diferentes propostas.

Mas ele escolheu um caminho muito diferente. Em vez de liderar um esforço renovado, ele explorou as inconsistências da Constituição existente para seu próprio engrandecimento. Examinando o cenário político fragmentado, ele reivindicou o direito de nomear a si mesmo como primeiro-ministro![409]

Isso foi um choque para os legalistas, que negaram que as emendas da mesa redonda autorizassem a concentração dos poderes presidencial e de primeiro-ministro no mesmo homem. Era politicamente inaceitável para a Direita do Solidariedade, que ganhara muito apoio público ao atacar a "terapia de choque" e temia – corretamente – que Walesa usasse sua presidência e o cargo de primeiro-ministro para manter Balcerowicz no poder.

Essas ansiedades permitiram que Jan Olszewski formasse uma coalizão multipartidária que privou Walesa da maioria parlamentar de que ele precisava para servir como primeiro-ministro. Olszewski exigiu chefiar o governo ele mesmo. Embora as emendas

---

409 WIATR, Jerzy. "President in the Polish Parliamentary Democracy". *Politička misao*, vol. 37, 2000, pp. 89-98 e 92.

da mesa redonda tivessem deixado essa decisão nas mãos do presidente, Walesa não tinha opção a não ser concordar. O novo gabinete proclamou-se então o "primeiro governo verdadeiramente não comunista". Eles imediatamente iniciaram uma campanha agressiva para demitir os velhos *apparatchiks* que permaneciam proeminentes na burocracia e nas forças armadas e denunciaram os governos anteriores do Solidariedade por tê-los mantido no cargo.[410] A campanha aumentou de intensidade quando o primeiro-ministro da defesa civil da Polônia, Jan Parys, desafiou o papel do presidente como comandante em chefe.

Na opinião de Parys, o ministro da defesa tinha autoridade constitucional para forçar os comandantes a se aposentar mais cedo. Ele então advertiu seus partidários de que, em vez de aceitar o controle parlamentar, Walesa poderia tentar um golpe militar para sustentar suas reivindicações presidencialistas de autoridade suprema.[411]

Walesa respondeu exigindo a renúncia de Parys – embora sua autoridade constitucional para fazê-lo não fosse de forma alguma clara.[412] No entanto, o ministro da defesa obedeceu; mas outros membros do gabinete intensificaram o ataque. Em particular, o ministro do interior ameaçou divulgar os arquivos policiais secretos de altos funcionários, inclusive do próprio Walesa. Junto com essa

---

410 JASIEWICZ, Krzysztof. "Poland: Wałesa's legacy to the presidency". *In*: TARAS, Ray. *Postcommunist presidents*. Nova York: Cambridge University Press, 1997, pp. 138-141.

411 MILLARD, Frances. *Politics and Society in Poland*. Florença: Taylor and Francis, 2002, p. 21.

412 Walesa alegou que sua autoridade para "coordenar" a segurança nacional implicitamente o autorizava a nomear os ministros de assuntos internos, defesa nacional e relações exteriores para o Conselho de Ministros. Ele finalmente venceu essa luta. BRZEZINSKI, Mark; GARLICKI, Leszek. "Polish Constitutional law". *In*: FRANKOWSKI, Stanisław; STEPHAN, Paul (Coord.). *Legal reform in post-communist Europe*: the view from within. Dordrecht: Nijhoff, 1995, p. 40.

ameaça, aumentaram os rumores que sugeriam que Walesa havia sido um impostor o tempo todo – e que seu arquivo demonstrava sua colaboração contínua com os serviços de inteligência comunistas durante a década de 1970.[413]

Em resposta a esses rumores sombrios, o presidente deu seu apoio a um esforço da oposição para derrubar o governo do primeiro-ministro Olszewski com uma moção de desconfiança. Isso só levou a uma escalada da luta entre os ramos do Estado – o que levou Olszwski a afirmar, em um discurso dramático na televisão, que a queda de seu governo prefigurava o retorno dos comunistas ao poder.[414] Apesar desse apelo melodramático, o Sejm acabou com o mandato de 24 semanas de Olszewski em junho – deixando caos para trás.

Walesa teve dificuldade para preencher essa lacuna. Sua busca por um aliado plausível para ocupar o cargo vago só foi capaz de provocar o Sejm fracionado a organizar um governo independente do controle presidencial. Para a surpresa de Walesa, Hanna Suchocka saiu da União Democrática de Mazowiecki em julho para liderar uma coalizão díspar de sete partidos – que, apesar de repetidos desacordos políticos, conseguiu se manter no poder por quatorze meses.

Esse momento de relativa calma deu ao Parlamento a chance de fazer um balanço de seu conflito crescente com o presidente. Os esforços recentes de Walesa para se autonomear primeiro-ministro e para dominar as principais posições militares e civis dramatizaram as incertezas constitucionais deixadas pela adoção do modelo gaullista pela mesa redonda. Isso deu ao governo Suchocka a maioria

---

413 MILLARD, Frances. *Politics and Society in Poland*. Florença: Taylor and Francis, 2002, pp. 58/59.

414 JASIEWICZ, Krzysztof. "Poland: Wałesa's legacy to the presidency". *In*: TARAS, Ray. *Postcommunist presidents*. Nova York: Cambridge University Press, 1997, p. 141.

parlamentar absoluta necessária para emendar a constituição e esclarecer os termos da relação entre presidência e parlamento. Essa "pequena Constituição" foi uma questão autoconscientemente provisória – com o objetivo de estabilizar as relações institucionais sem repensar as premissas básicas do sistema presidencial francês.[415]

Quase ao mesmo tempo, o Parlamento relançou seu esforço mais ambicioso de criar uma comissão conjunta Sejm-Senado para começar a trabalhar em uma Constituição permanente. Mas isso só levou à proliferação de seis projetos rivais nos meses seguintes.[416] Quando, em outubro de 1993, a comissão estava prestes a escolher um ponto de partida para o projeto a ser apresentado ao Parlamento, seu trabalho foi interrompido pela queda do governo de Suchocka.

Como antes, Walesa enfrentou um Sejm que era amplamente hostil a ele e a suas políticas – mas desta vez, ele perdeu as esperanças de encontrar outro primeiro-ministro que pudesse sustentar uma aparência de colaboração. Por isso, ele escolheu um caminho alternativo previsto na "pequena Constituição", que mais uma vez seguia o modelo francês, e permitia a ele dissolver o Parlamento, embora este tivesse cumprido apenas dois anos de seu mandato de cinco anos.

Apesar do breve período do mandato do Sejm, ele conseguiu aprovar uma nova lei eleitoral que visava eliminar a extrema fragmentação partidária que gerou tal instabilidade política extrema. De acordo com as novas regras básicas, um partido político não poderia enviar nenhum representante ao Sejm a menos que sua

415 BRZEZINSKI, Mark. "The emergence of judicial review in Eastern Europe: the case of Poland". *The American Journal of Comparative Law*, vol. 41, 1993, p. 111 (sobre o caráter provisório da "pequena Constituição").

416 BRZEZINSKI, Mark. "The emergence of judicial review in Eastern Europe: the case of Poland". *The American Journal of Comparative Law*, vol. 41, 1993, pp. 114/115 (detalhando diferenças claras entre os projetos).

chapa conquistasse pelo menos 5% dos votos nacionais. Além disso, os partidos que ultrapassassem o limite de 7% ganhariam assentos extras, tornando mais fácil criar governos de coalizão sólidos.[417] Ao dar esses passos, o Sejm estava seguindo os passos da Alemanha e de outros países que usaram mecanismos semelhantes para criar sistemas parlamentares estáveis.

Mas no caso da Polônia, essas técnicas padrão tiveram consequências devastadoras.

10.2 A morte do constitucionalismo revolucionário

Por mais heroica que tenha sido sua luta pela liberdade, o desempenho do Solidariedade no governo foi uma decepção terrível. Sem a estrutura organizacional de um partido-movimento, a cena foi dominada pelo amargo combate de Walesa contra seus companheiros revolucionários – primeiro em sua "guerra no topo"; depois, em seu combate com o Parlamento por causa de suas afirmações de autoridade presidencial. Ao mesmo tempo, o apoio da coalizão parlamentar à "terapia de choque" ainda não havia produzido melhorias decisivas nos padrões de vida do trabalhador ou agricultor médio.[418]

A turbulência política e a decepção econômica levaram muitos poloneses a buscar liderança em outro lugar – proporcionando uma abertura para que os ex-comunistas da Aliança da Esquerda e do Partido Camponês mantivessem o apoio surpreendente demonstrado

417 BRZEZINSKI, Mark. "The emergence of judicial review in Eastern Europe: the case of Poland". *The American Journal of Comparative Law*, vol. 41, 1993, pp. 115/116 (para mais detalhes).

418 A situação econômica começou a melhorar em 1991, mas o PIB não voltou aos níveis de 1989 até 1994. BROECK, Mark de. *The "Soaring Eagle"*: anatomy of the Polish Take-Off in the 1990s. Washington: International Monetary Fund, 2000. Disponível em: http://www.imf.org/external/pubs/ft/wp/2000/wp0006.pdf. Acessado em: 10.01.2022.

a eles nas eleições parlamentares anteriores. Mais uma vez, esses dois partidos enfatizaram que não tinham a intenção de voltar aos velhos tempos anteriores a 1989; o que ofereciam era a perspectiva de um governo sensato e estável, que esteve tão visivelmente em falta durante os últimos quatro anos de turbulência pós-revolucionária.[419] Não menos importante, eles ainda podiam apelar aos *apparatchiks* do antigo regime para empregarem sua considerável influência para conseguir votos. Não foi surpresa, então, quando os comunistas "reformados" melhoraram seu desempenho eleitoral: a Aliança da Esquerda Democrática passou de uma participação de 12% em 1991 para 20% em 1993; o Partido Camponês Polonês, de 9% para 15% - somando impressionantes 35% dos votos.

Em contraste, apenas três partidos do Solidariedade conseguiram superar a barreira dos 5%, obtendo apenas 25% dos votos. Dois deles representavam as alas liberais e seculares do movimento: a União Democrática de Mazowiecki (10,6%) e a União Trabalhista (7,3%). O terceiro era o "Bloco Não-partidário da Reforma" de Walesa (5,4%). Mas os partidos da Direita do Solidariedade ficaram um pouco abaixo do limite de 5%, assim como outras facções religiosas e nacionalistas. No geral, um terço do eleitorado "desperdiçou" seu voto em partidos que não conseguiram nenhum assento no Sejm. Essa queda extraordinária permitiu que os ex-comunistas e seus aliados transformassem sua participação de 35% dos votos em uma clara maioria de assentos no novo Sejm (e também no Senado).[420]

---

419 Em geral, GRZYMALA-BUSSE, Anna. *Redeeming the Communist past*: the regeneration of the Communist Successor parties in East Central Europe. Cambridge: Cambridge University Press, 2002, pp. 208-214.

420 Os dois maiores partidos do Solidariedade no Sejm eram a União Democrática (10,6%) e a União Trabalhista (7,3%) – ambos seculares e relativamente liberais. O "Bloco Não Partidário da Reforma" de Walesa (5,4%) também conseguiu ultrapassr o limite, retirando votos suficientes do sindicato do Solidariedade para privá-lo de representação. Ver MILLARD, Frances. *Democratic elections in Poland, 1991–2007*. Londres: Routledge, 2002, pp. 208-214. (tabelas 4.2–4.4 oferecem estatísticas relevantes).

O caráter problemático dessa reviravolta foi dramatizado pela identidade do líder parlamentar da Aliança da Esquerda. Ele era ninguém menos que Aleksander Kwasńiewski, que fora o principal negociador do governo Jaruzelski nas sessões do Magdalenka com Walesa e seus camaradas revolucionários. Diante do terrível simbolismo de transformar esse comunista em primeiro-ministro do país, a Aliança se absteve de impulsionar Kwasńiewski, embora seu partido fosse de longe o maior (37%) no Sejm. Contentou-se em apoiar seu aliado, Waldemar Pawlak, do Partido Camponês (17%), para o cargo mais alto. No entanto, todos reconheciam que Kwasńiewski daria as cartas na coalizão de governo.[421]

Walesa permaneceu como presidente, é claro, e manteve o poder de nomear o primeiro-ministro sob a "pequena Constituição", mas a composição do Sejm não lhe dava escolha a não ser aceitar Pawlak. Porém, ele ainda possuía grandes poderes para vetar legislações e fazer nomeações cruciais, que poderia empregar para dificultar que a coalizão de esquerda governasse de maneira calma e coerente.

Ele agarrou avidamente essa oportunidade – esperando que seu carisma revolucionário fosse resgatado pelos eleitores quando ele concorresse à reeleição no final de seu mandato de cinco anos, em 1995. Em várias ocasiões, suas intervenções foram além dos poderes concedidos a ele pela "pequena Constituição". Mas quando seus oponentes gritaram falta, ele confiou em sua equipe jurídica para fornecer interpretações constitucionais tensas para apoiar seus esforços contínuos para perturbar a coalizão governante.[422]

---

421 MILLARD, Frances. *Democratic elections in Poland, 1991–2007*. Londres: Routledge, 2009, pp. 77/78.

422 JASIEWICZ, Krzysztof. "Poland: Wałesa's legacy to the presidency". *In*: TARAS, Ray. *Postcommunist presidents*. Nova York: Cambridge University Press, 1997, pp. 151-154.

A batalha continuou quando o Parlamento voltou a seu esforço sem fim para fornecer à Polônia uma substituta abrangente da Constituição da era comunista. Para enfatizar a importância dessa tarefa, Kwaśniewski nomeou a si mesmo como presidente da nova comissão constitucional. Walesa respondeu com uma campanha contra a iniciativa de Kwaśniewski. Em sua opinião, era totalmente errado um comunista dos velhos tempos tirar vantagem de peculiaridades da legislação eleitoral, excluindo representantes de um terço do público votante, para fingir que poderia elaborar uma Constituição do Solidariedade em nome do Povo.

O desafio de Walesa era autointeressado – uma vez que era provável que a nova maioria do Sejm propusesse um sistema parlamentar que concederia à presidência um papel figurativo. No entanto, seu desafio atingiu um ponto nevrálgico – e o Parlamento respondeu com uma lei que permitia que grupos não parlamentares participassem das deliberações e apresentassem projetos constitucionais assinados por 500 mil apoiadores.

Essa era uma barreira formidável, mas em seis meses o sindicato do Solidariedade obteve quase um milhão de assinaturas para uma proposta de um governo parlamentar com forte compromisso com os direitos sociais.[423] Isso teve a consequência paradoxal de desacelerar ainda mais o processo, já que a impressionante demonstração do sindicato exigia que a comissão levasse seu projeto a sério. Além disso, ela tinha de considerar também os seis projetos herdados do Parlamento anterior, cada um dos quais com diferentes interpretações dos direitos fundamentais e dos poderes presidenciais.[424]

---

423 BRZEZINSKI, Mark. "The emergence of judicial review in Eastern Europe: the case of Poland". *The American Journal of Comparative Law*, vol. 41, 1993, p. 118.

424 BRZEZINSKI, Mark. "The emergence of judicial review in Eastern Europe: the case of Poland". *The American Journal of Comparative Law*, vol. 41, 1993, p. 123.

À medida que as deliberações se arrastavam, a atenção de Kwaśniewski voltou-se para as próximas eleições presidenciais, marcadas para 1995. Ele estava despontando como o principal desafiante de Walesa e chegaria à campanha com recursos muito substanciais. Os velhos *apparatchiks* comunistas ainda eram muito bons em trazer milhões de poloneses insatisfeitos às urnas no dia das eleições. Em contraste, Walesa foi totalmente incapaz de preencher o vazio deixado pela destruição do Solidariedade como um amplo partido-movimento. Ele iria para a eleição "sem uma máquina política... [ou] um número estável de seguidores entre o eleitorado".[425] O melhor que podia fazer era exortar seus concidadãos a se lembrarem de sua liderança revolucionária durante as gloriosas lutas da década de 1980. Em contraste, Kwaśniewski poderia apontar a conduta geralmente sóbria de sua coalizão parlamentar para fornecer a estabilidade que faltava nos governos anteriores do Solidariedade.

A luta pela presidência entre o herói Revolucionário e o Comunista Reformado provocou um aumento no engajamento público – no segundo turno, 68% dos eleitores aptos compareceram às urnas para opinar sobre o futuro da Polônia.

Kwaśniewski venceu por uma margem de 52% a 48%.[426] Agora que o Solidariedade havia sido banido da presidência e posto à margem no Parlamento, o projeto constitucional poderia finalmente prosseguir para uma conclusão "bem-sucedida" – embora o processo não envolvesse nada semelhante a uma legitimação revolucionária.

---

425 JASIEWICZ, Krzysztof. "Poland: Wałesa's legacy to the presidency". *In*: TARAS, Ray. *Postcommunist presidents*. Nova York: Cambridge University Press, 1997, p. 154.

426 JASIEWICZ, Krzysztof. "Poland: Wałesa's legacy to the presidency". *In*: TARAS, Ray. *Postcommunist presidents*. Nova York: Cambridge University Press, 1997, pp. 158-162. A participação no segundo turno da eleição foi de 68%. A participação nas eleições parlamentares anteriores tinha sido de 43,2% em 1991 e 52,08% em 1993. MILLARD, Frances. *Democratic elections in Poland, 1991–2007*. Londres: Routledge, 2009, p. 209.

A Aliança da Esquerda fez um gesto de reconciliação ao estender a mão para que Bronislaw Geremek ocupasse a presidência da comissão constitucional, que ficou vaga quando Kwaśniewski tornou-se presidente. Mas esse gesto simbólico para o passado heroico do Solidariedade não poderia mudar a realidade de que era a Aliança da Esquerda, e não os velhos revolucionários, que controlava todas as alavancas do poder.

As principais decisões foram tomadas por um pequeno grupo de líderes parlamentares e professores de Direito na comissão constitucional, que prosseguiram com seu trabalho sem o amplo debate popular que acompanhou os esforços anteriores de construção constitucional.[427] A comissão então fez lobby por seu projeto no Parlamento, anunciando concessões *ad hoc* para obter maiorias legislativas esmagadoras.[428]

O caráter de cima para baixo da tomada de decisão foi restringido, entretanto, por um fator final: a Constituição não poderia entrar em vigor sem a aprovação dos eleitores em um referendo. O Solidariedade e os partidos religiosos foram excluídos do processo de redação, e a comissão constitucional tentou evitar a oposição popular procurando um meio-termo para as questões polêmicas da época. Sua proposta reduzia os poderes independentes do chefe do Executivo, mas rejeitava a forma forte de democracia parlamentarista em que – como na Alemanha – o presidente desempenha um papel amplamente cerimonial. A declaração de direitos da comissão

---

427 GARLICKI, Lech; GARLICKA, Zofia. "Constitution making, peace building, and national reconciliation: the experience of Poland". *In*: MILLER, Laurel; AUCOIN, Louis. *Framing the state in times of transition*: case studies in constitution making. Washington: United States Institute of Peace Press, 2010, pp. 391 e 399.

428 KARPOWICZ, Ewa; WESOLOWSKI, Wlodzimierz. "Committees of the polish sejm in two political systems". *In*: OLSON, David; CROWTHER, William. *Committees in Post-Communist democratic parliaments*: comparative institutionalization. Columbus: The Ohio State University Press, 2002, pp. 44 e 47-49.

ia além da concepção liberal clássica, embora apoiasse uma noção bastante limitada de direitos sociais. Finalmente, o projeto fazia esforços desesperados para acomodar os entendimentos seculares e católicos sobre os fundamentos da República.[429] Depois de fazer lobby pela Constituição no Parlamento, a Aliança da Esquerda convocou um referendo especial para maio de 1997, a fim de obter o consentimento popular para sua construção de elite.[430]

Apenas para descobrir que seus esforços para pacificar a oposição haviam fracassado. Com Walesa atuando nos bastidores, o sindicato do Solidariedade liderou a campanha pelo "não". Seu presidente, Marian Krzaklewski, chefiava uma coalizão de trinta e sete (!) Partidos que denunciavam a Constituição como obra de ex-comunistas. Embora a Igreja permanecesse oficialmente neutra, muitas paróquias serviram como pontos de organização para a campanha do "não" – argumentando que a proposta era, em geral, muito secular e oferecia garantias frágeis ao "direito à vida".[431]

O governo tentou desviar desses ataques reformulando o debate. A questão-chave, argumentou o presidente Kwaśniewski, era o futuro relacionamento da Polônia com o Ocidente. Ao romper totalmente com sua Constituição Comunista de 1952, muito

---

429 OSIATYNSKI, Wiktor. "A Brief History of the Constitution". *East European Constitutional* Review, 1997 (panorama das disposições constitucionais); TÓTH, Gábor. "From uneasy compromises to democratic partnership: the prospects of central European Constitutionalism". *European Journal of Law Reform*, 2011, pp. 80 e 88/89 (descrevendo as concessões à Igreja).

430 GRZYMALA-BUSSE, Anna. "Redeeming the past". *In*: EKIERT, Grzegorz; HANSON, Stephen E. *Capitalism and democracy in Central and Eastern Europe*: assessing the legacy of communist rule. Cambridge: Cambridge University Press, 2003, p. 157. ("Como o processo de redação ocorreu na cova dos leões da política diária, a própria legitimidade dos autores foi repetidamente questionada... Na maioria das vezes, os compromissos eram firmados adicionando ao projeto de constituição tudo o que todos desejavam").

431 EBERTS, Mirella. "The Roman Catholic Church and democracy in Poland". *Europe-Asia Studies*, vol. 50, 1998.

emendada, o povo polonês demonstraria que estava comprometido com a democracia liberal e pronto para aderir à União Europeia e à OTAN. Em resposta, os oponentes denunciaram a Aliança da Esquerda por substituir a independência duramente conquistada em relação a Moscou por novas formas de subordinação a Bruxelas e Washington.[432]

Na superfície, pelo menos, esse confronto entre o nacionalismo cristão do Solidariedade e o internacionalismo secular da esquerda levantava grandes questões sobre o legado duradouro da luta revolucionária do passado. No entanto, o povo polonês respondeu com um bocejo coletivo. Ele foi completamente alienado pelas batalhas dos anos Walesa. Em 1989, mais de 90% dos eleitores aptos haviam repudiado os comunistas na oportunidade oferecida pelas eleições quase livres de junho; até mesmo a disputa presidencial de 1995 entre Walesa e Kwaśniewski levou 68% dos eleitores às urnas; mas desta vez, apenas 43% se preocuparam em votar. Quando os votos foram contados, o "sim" superou o "não" por 53% a 47%. Isso significa que apenas um quarto da população em idade eleitoral deu seu consentimento ao esforço dos ex-comunistas para substituir a Constituição Comunista por uma nova carta para a República Polonesa.[433]

---

432 GRZYMALA-BUSSE, Anna. "Redeeming the past". *In*: EKIERT, Grzegorz; HANSON, Stephen E. *Capitalism and democracy in Central and Eastern Europe*: assessing the legacy of communist rule. Cambridge: Cambridge University Press, 2003.

433 Para ser exato, apenas 22.6% da população apta votou no referendo. GÖNENÇ, Levent. *Prospects for constitutionalism in post-communist countries*. The Hague: Nijhoff, 2002, p. 133. Em sua discussão perspicaz, Andrew Arato conclui que a Constituição "parecia um produto imposto e ilegítimo" da perspectiva das "principais forças da sociedade polonesa, inlucindo a Igreja, o Solidariedade e seus descendentes". Ver ARATO, Andrew. *Civil society, constitution, and legitimacy*. Lanham: Rowman and Littlefield, 2000, p. 228.

O baixo comparecimento gerou um grande problema jurídico: a nova Constituição exigia a aprovação da maioria absoluta dos eleitores para ser válida?

A resposta exigia uma intepretação de duas disposições da "pequena Constituição", promulgadas em 1992 para esclarecer os poderes do presidente e do Parlamento. Uma disposição abordava o problema geral dos referendos, e autorizava o Sejm e o presidente a usá-lo sempre que o considerassem apropriado. Mas para evitar o abuso dessa técnica populista, insistia explicitamente que uma maioria absoluta dos eleitores aptos deveria ir às urnas para que um referendo fosse considerado válido.

Uma segunda disposição, entretanto, tratava especificamente dos procedimentos para a validação da nova Constituição. Sobre esse assunto, o presidente e o Parlamento eram afirmativamente obrigados a usar um referendo para estabelecer que o Povo havia de fato aprovado os termos de sua ruptura revolucionária com o antigo regime. Mas, em contraste com a disposição geral, esta especial não exigia explicitamente uma participação de 50%.[434]

Isso levou a uma questão jurídica óbvia: como interpretar tal silêncio?

Uma série de litigantes correu para a Suprema Corte para descobrir: afinal, se uma participação de 50% era exigida como regra geral, não seria ainda mais vital em um referendo com o objetivo de estabelecer que o povo da Polônia de fato aprovava sua nova Constituição?

Em 15 de julho, a Corte disse que não.[435] Após algumas divergências, os juízes consideraram que os redatores da "pequena

434 Nos termos do artigo 19, o presidente pode desencadear um referendo apenas com o consentimento do Senado; o Sejm pode fazer isso sozinho.

435 "Uchwała Sądu Najwyższego z dnia 15 lipca 1997 r. w sprawie ważności referendum konstytucyjnego przeprowadzonego w dniu 25 maja 1997 r".

Constituição" pretendiam isentar o referendo da exigência geral de maioria absoluta. Essa era uma interpretação plausível, mas de forma alguma inevitável, da lei polonesa. Se os juízes tivessem levado o princípio da soberania popular mais a sério, eles teriam forçado os ex-comunistas a fazerem mais concessões ao Solidariedade e à Igreja para obter um apoio popular mais amplo em um referendo posterior. Se esse segundo apelo ao Povo obtivesse um apoio mais amplo, poderia muito bem reforçar a legitimidade da redefinição da identidade política do país na Constituição.

Mas, é claro, essa tentativa desesperada de reconciliação nacional poderia muito bem fracassar – com outro baixo comparecimento apenas enfatizando a alienação política generalizada dos cidadãos –, deixando a elite comunista "reformada" governar sob um texto cuja linhagem remontava à Constituição Comunista de 1952. Mesmo que o segundo referendo gerasse uma forte votação no "sim", não seria possível disfarçar o grande papel desempenhado pelos ex-comunistas na definição dos termos constitucionais do alegado "novo começo" da Polônia.

Os países que trilham o caminho revolucionário podem esperar algo mais – como demonstra a história da Índia, da África do Sul, da França e da Itália. Mas em 1997, a fragmentação do Solidariedade tornou um apoio tão amplo e decisivo de uma Constituição autenticamente revolucionária uma impossibilidade política.

Seria um erro então, julgar os juízes com demasiada severidade quando eles permitiram que a Constituição de 1997 entrasse em vigor sem outra rodada de debates e decisões populares. A decisão expressa uma verdade mais profunda: o momento do

---

(Decisão da Suprema Corte de 15 de julho de 1997 sobre a validade do referendo constitucional ocorrido em 25 de maio de 1997), *Dz.U. 1997 nr 79 poz. 490* (15 jul. 1997).

constitucionalismo revolucionário havia passado. Nenhuma corte poderia mudar essa realidade fundamental.

As raízes dessa tragédia remontam às decisões de curto prazo tomadas por Walesa e Geremek quando lutavam para obter as primeiras concessões do governo comunista nas mesas redondas de 1988. Lembremos que foi o Partido Comunista, não o Solidariedade, que insistiu na criação de uma presidência poderosa. A adoção do modelo superpresidencialista francês foi produto de um acordo em que o Solidariedade ganhou um Senado livremente eleito ao custo de aceitar o general Jaruzelski como um superpresidente de tipo gaullista com poderes extraordinários de emergência que lhe permitiriam tranquilizar o Kremlin de que a Polônia permaneceria fiel ao Pacto de Varsóvia.

Essa decisão de curto prazo poderia ter sido revisada durante o período inicial da ascensão política do Solidariedade se sua liderança revolucionária tivesse feito da construção de uma nova Constituição sua maior prioridade. Mas por razões muito diferentes, tanto o governo de Walesa quanto o de Mazowiecki adiaram essa tarefa, priorizando outras questões, consideradas mais urgentes. Além disso, o sucesso francês em administrar as tensões do superpresidencialismo durante a década de 1980, na Quinta República, acalmou os protagonistas poloneses com uma falsa sensação de segurança.

Atos posteriores de estadistas poderiam ter sustentado a coerência política do Solidariedade por um tempo suficiente para resgatar a promessa do constitucionalismo revolucionário. Mas, uma vez que Walesa e Mazowiecki decidiram competir pela presidência, sua "guerra no topo" tornou impossível para o Solidariedade sobreviver como um partido-movimento capaz de servir de base para um amplo consentimento e uma Constituição digna dos sacrifícios coletivos do povo polonês. A ascensão de Walesa à presidência em 1991, em suma, já havia tornado virtualmente impossível para a Polônia repetir os sucessos alcançados na Índia, Itália, França e na África do Sul.

No entanto, não era inevitável a terrivelmente irônica ascensão dos ex-comunistas ao poder. Mesmo com o Solidariedade dividido em uma série de pequenos partidos, Walesa poderia ter mantido boas relações com o Parlamento por meio de uma atitude de estadista. Mas sua guerra contínua com o Sejm abriu caminho para a Aliança da Esquerda Democrática se apresentar como a melhor esperança do país de um governo estável. Depois que o Solidariedade se desintegrou, os ex-comunistas estavam em posição de transformar suas organizações partidárias estilhaçadas em uma força eficaz para mobilizar os eleitores no referendo constitucional. Isso permitiu que os ex-comunistas se apresentassem como os principais patrocinadores da passagem constitucional da Polônia para a democracia.

Também preparou o terreno para um paradoxo final, que dizia respeito ao Tribunal Constitucional. Lembremos que, quando foi originalmente criado após a repressão de Jaruzelski ao Solidariedade em 1981, o Tribunal foi cercado por limitações rigorosas de sua autoridade. Mais notavelmente, não tinha a última palavra sobre a constitucionalidade da legislação – suas decisões podiam ser revogadas por dois terços do Sejm, que então estava sob o controle total do Partido.

Essa disposição não impediu o Tribunal de iniciar uma jurisprudência de direitos após 1989, mas encorajou cautela – uma vez que repetidas revogações de decisões pelo Parlamento teriam deslegitimado todo o projeto. A Constituição de 1997, no entanto, eliminou o veto do Sejm e reforçou a legitimidade do Tribunal ao incorporar algumas de suas decisões ao próprio texto constitucional. Isso encorajou enormemente o desenvolvimento dinâmico de uma rica jurisprudência de proteção aos direitos fundamentais nas duas décadas seguintes – bem como a necessidade da Polônia de garantir sua admissão na União Europeia, ao demonstrar seu respeito pela dignidade humana. Para resumir o paradoxo em uma única frase: um Tribunal inicialmente criado pela ditadura comunista foi convidado a desenvolver uma poderosa jurisprudência sobre a dignidade humana com base em uma Constituição promulgada pelos ex-comunistas.

10.3 O fracasso fundador e a crise atual

A Polônia está passando atualmente por uma grave crise – com o governo de Varsóvia deflagrando uma ofensiva total contra a Constituição de 1997, que culminou em um ataque à independência do Tribunal Constitucional. Isso fez soar sinais de alerta em todo o mundo – com os defensores dos direitos fundamentais clamando por ações urgentes para evitar um grave revés para o constitucionalismo liberal.

Eu aderi a essa convocação, mas aconteça o que acontecer a seguir, meu objetivo aqui é colocar a crise atual em uma perspectiva comparativa mais profunda.[436] Desse ponto de vista, a maior lição que podemos tirar diz respeito ao perigo de importar o superpresidencialismo francês para situações revolucionárias.

Para dar corpo a meu argumento, comecemos analisando a biografia de Jarosław Kaczyński, o líder do partido político polonês que está liderando o ataque do atual governo à democracia constitucional em geral e à independência judicial em particular.

Kaczyński desempenhou um papel importante na organização do último esforço do Solidariedade para derrotar a Constituição no referendo de 1997. Naquela época, ele denunciou o projeto proposto como obra de internacionalistas de esquerda empenhados em apagar as contribuições revolucionárias das alas católica e nacionalista do Solidariedade. Quando sua campanha pelo "não"

---

436 ACKERMAN, Bruce; KISILOWSKI, Maciej. "Obama is Poland's only hope". *Foreign Policy*, jan. 2016.

fracassou, Kaczyński não desistiu. Sua derrota apenas o convenceu da necessidade imperiosa de construir um novo partido-movimento a partir dos fragmentos deixados pela desintegração do Solidariedade. Em 2001, ele se juntou a seu irmão Lech para estabelecer o Partido Lei e Justiça. Em 2005, participou de uma campanha que levou à eleição de seu irmão como presidente. Jaroslaw atuou como líder parlamentar do partido com menor sucesso – e quando seu irmão morreu em um acidente aéreo, ele não conseguiu substituí-lo como presidente em 2010.

Mas cinco anos depois, o Lei e Justiça ressurgiu como um partido-movimento ainda mais poderoso, conquistando 38% dos votos. Como em 1993, essa forte demonstração foi traduzida em uma maioria absoluta em ambas as casas do Parlamento, uma vez que a esquerda se dividiu em duas facções e nenhuma delas conseguiu a votação necessária para formar bancada – o que deixou 15% do eleitorado sem representação no Parlamento.[437] Mesmo com esse impulso artificial, o Lei e Justiça não comanda atualmente a maioria absoluta parlamentar necessária para emendas constitucionais formais. No entanto, o partido já dá passos firmes para modificar a doutrina e a prática constitucional em direções nacionalistas conservadoras, aprovando legislações que impedem o Tribunal Constitucional de invalidar leis que ameacem os direitos fundamentais.

Um futuro sombrio está surgindo. A crise atual tem muitas causas – dentre as quais, a ânsia de poder absoluto de Kaczyński. Mas a atual tragédia constitucional não deve desviar a atenção de fatores mais estruturais – em especial, a aceitação da Quinta

---

437 Ver ACKERMAN, Bruce; KISILOWSKI, Maciej. "Obama is Poland's only hope". *Foreign Policy*, jan. 2016. Se as duas facções de esquerda tivessem juntado forças, sua entrada no Sejm teria tornado impossível para o Lei e Justiça converter sua participação de 37,5% dos votos em uma maioria dos assentos – exigindo que ele entrasse em uma coalizão com as forças mais moderadas de centro-direita.

República Francesa modelo apropriado para o exercício polonês do constitucionalismo revolucionário.

A influência funesta do modelo gaullista é mais bem avaliada por meio de um experimento de pensamento: suponhamos que a história tivesse tomado um rumo diferente em 1989, e que Walesa e Mazowiecki tivessem rejeitado a forte presidência de estilo francês, que aceitaram apenas com grande relutância nas conversas da mesa redonda. Nesse cenário alternativo, eles não permitiriam que Jaruzelski se tornasse presidente, mas aceitariam que os comunistas mantivessem sua posição no "Sejm contratual" – apaziguando a linha dura do Partido com uma redução dos assentos abertos de 35% para 25% do total. Como essa única decisão teria transformado o futuro do desenvolvimento constitucional da Polônia?

Nesse cenário, assim que a delegação vitoriosa do Solidariedade chegasse a Varsóvia, haveria apenas uma maneira pela qual Walesa poderia levar adiante a transição do Tempo Um para o Tempo Dois. Ele não poderia esperar até que Jaruzelski renunciasse à superpresidência gaullista, uma vez que o cargo não existiria. Se desejasse desempenhar um papel central na formação da nova era democrática polonesa, ele não teria escolha a não ser se tornar primeiro-ministro, liderando o embrionário partido-movimento do Solidariedade a uma vitória esmagadora nas primeiras eleições parlamentares livres da Polônia. Com sua autoridade carismática confirmada pelo eleitorado, ele então convocaria seus colegas de Varsóvia para servir em seu gabinete e trabalhar com ele, como tinham feito no passado, a fim de construir o futuro do país.

Uma vez que seu mandato popular fosse reafirmado, o governo Walesa-Mazowiecki-Geremek poderia apresentar com segurança uma Constituição do Solidariedade ao Povo em um referendo em 1991 ou 1992. Ao elaborar um texto comum, as divisões ideológicas entre os nacionalistas cristãos e os liberais seculares teriam surgido previsivelmente – assim como divisões semelhantes surgiram no Tempo Dois nas repúblicas francesa e italiana do pós-guerra. Mas, como nesses momentos comparáveis, Walesa e seu gabinete poderiam ter convocado seu partido-movimento Solidariedade para mobilizar os comitês de cidadãos para uma vitória esmagadora do "sim".

Com o tempo, as divisões ideológicas entre nacionalistas cristãos como Kaczyński e os "intelectuais de Varsóvia" como Michnik poderiam muito bem dividir o movimento dos cidadãos em partidos rivais. Mas, durante o primeiro período da fundação, teria havido tempo suficiente para Walesa, Mazowiecki e Geremek elaborarem um texto constitucional comum para apresentar aos eleitores em 1991 e 1992 – e obter amplo consentimento para uma Constituição do Solidariedade.

Falando comparativamente, meu cenário polonês hipotético teria se parecido com os desenvolvimentos do mundo real ocorridos na África do Sul mais ou menos na mesma época. Como sua contraparte, a Polônia teria operado sob um governo parlamentar – embora mais baseado no modelo alemão do que no sistema britânico.[438] Como o CNA, o partido-movimento Solidariedade integraria uma ampla gama de ativistas e organizações – variando de socialistas linha-dura a enfáticos liberais defensores do livre mercado. Essas divisões não impediram Mandela e outros líderes do CNA de se unir em torno de uma Constituição capaz de expressar os princípios fundamentais que mobilizaram décadas de luta comum no Tempo Um.

Uma dinâmica muito diferente prevaleceu na Polônia. A Constituição de 1997 foi promulgada durante um momento de alienação popular da política. Pior ainda, Kaczyński desempenhou um papel importante no esforço de organizar fragmentos do Solidariedade para derrotar a Constituição de cima para baixo num referendo com fraco comparecimento – e ele continuou, ao longo

438 Lembremos que, durante o início da década de 1990, a comissão constitucional de Geremek no Sejm favoreceu de fato um modelo parlamentar.

de sua carreira, a ver sua promulgação como uma profunda traição aos princípios do Tempo Um.

Em contraste, ele teria desempenhado um papel muito diferente se, em 1990, Walesa tivesse exigido novas eleições parlamentares para preparar o caminho para uma Constituição do Solidariedade em 1991. Nessa época, ele ainda era um dos assessores mais confiáveis de Walesa, e teria sido um ator chave no esforço de Walesa para se aproximar de Geremek e Mazowiecki, a fim de sustentar um partido-movimento de base ampla, necessário para obter uma vitória retumbante nas urnas no referendo constitucional.

Nesse cenário alternativo, o Kaczyński de hoje não consideraria a Constituição de 1997 como um ato de traição. Ele olharia para trás, para a Constituição de 1992, como uma ocasião em que desempenhou um papel central na organização de comitês de cidadãos para uma votação esmagadora no "sim". Ainda mais importante, os poloneses comuns teriam visto a Constituição do Solidariedade como uma conquista culminante de sua luta revolucionária por um novo começo em sua vida coletiva como concidadãos de uma democracia liberal.

Não afirmo que essa mudança dramática no caráter da memória coletiva teria transformado totalmente a situação atual. Existem muitas outras forças econômicas e sociais importantes que Kaczyński está explorando em seu ímpeto rumo à ditadura. Mas a legitimidade constitucional é *um* fator importante, não é?

Meu experimento mental também convida a uma reflexão mais aprofundada sobre a contribuição do modelo gaullista para a tragédia polonesa. Como vimos, a liderança do Solidariedade inicialmente se opôs ao uso do modelo da Quinta República como base para um acordo de transição com o regime comunista. Nas cruciais sessões de negociação no Magdalenka, foi Kwaśniewski, não Walesa, quem insistiu na presidência de estilo gaullista para garantir que o general Jaruzelski pudesse manter um Parlamento eleito mais democraticamente sob controle. Walesa só aceitou o superpresidencialismo quando os comunistas suavizaram o acordo ao estabelecer um Senado eleito livremente, o que permitiria ao Solidariedade obter o controle de pelo menos um ramo do Estado dominado pelos comunistas. Esse acordo fazia sentido no curto prazo. Mas foi um desastre no médio prazo, uma vez que o Solidariedade conseguiu varrer os comunistas de sua posição dominante nos outros ramos.

Mencionei várias razões que explicam o fracasso de Walesa e Mazowiecki em constitucionalizar o carisma do Solidariedade. Mas há um ponto transcontextual que precisa ser enfatizado – e isso envolve a alta reputação internacional que o modelo gaullista conquistou no final da década de 1980, quando o Solidariedade estava fazendo seu acordo com os comunistas. Nesse ponto, a Quinta República tinha acabado de sobreviver à grave crise de sucessão provocada pelo primeiro mandato de Mitterrand, e seu modelo presidencialista parecia oferecer uma alternativa promissora às formas clássicas de governo parlamentar no continente. Ao manter o sistema da mesa redonda intacto, o Solidariedade estava simplesmente aceitando a sabedoria convencional do momento. Como muitos outros países que se libertaram do império soviético, eles trataram a Quinta República como uma "solução única e universal" para o problema da transição democrática.

A experiência desastrosa da Polônia, no entanto, deve servir como um alerta para o século XXI. Embora eu rejeite profecias, é quase certo que as próximas décadas testemunharão revoluções em escala humana, e a história polonesa sugere cautela na adoção da estrutura gaullista como caminho de transição para a construção de uma Constituição duradoura.

A Polônia dificilmente é o único lugar em que o modelo superpresidencialista gaullista teve um efeito funesto sobre o constitucionalismo revolucionário no último quarto de século. O caso russo também serve como uma ilustração clara. Quando

Boris Yeltsin ascendeu momentaneamente na política russa da década de 1990, o sistema de inspiração gaullista prevalente na época da transição permitiu que ele chegasse à presidência sem tentar construir um partido-movimento de base dedicado a constitucionalizar a revolução democrática liberal. Essa ausência criou um vácuo organizacional que Vladimir Putin e sua coalizão de *apparatchiks* do Partido e oligarcas bilionários conseguiram preencher nas últimas duas décadas.

Contudo, preferi dar ênfase à Polônia porque ela apresentava um ambiente muito mais promissor para a construção de uma constituição que a esmagadora maioria da população consideraria uma expressão autêntica dos ideais expressos durante o período de sacrifício revolucionário do Solidariedade. Em contraste com a Rússia, Walesa e o Solidariedade não tiveram que lidar com os ressentimentos amargos de uma série de nacionalidades e grupos religiosos que foram brutalmente reprimidos durante a era soviética; nem tiveram que enfrentar as humilhações internacionais impostas à Rússia depois de 1989, enquanto ela lutava para encontrar um novo lugar no mundo. Em vez disso, os poloneses se orgulhavam da ampla admiração que o triunfo do Solidariedade suscitou no Ocidente e de finalmente terem conquistado a tão desejada independência em relação a seus senhores russos. Dadas essas condições muito mais propícias, é bem mais difícil de esconder o potencial disruptivo do modelo francês para o constitucionalismo revolucionário.

Portanto, a história polonesa contém uma lição mais ampla. Os futuros revolucionários – e haverá muitos – deverão reconhecer que estão correndo contra o tempo na Fundação. Se não conseguirem constitucionalizar a política de alta energia durante os primeiros anos de sua ascensão, a alienação resultante poderá lançar uma sombra negra sobre o desenvolvimento político de seu país por muito tempo.

CAPÍTULO XI

A CORRIDA CONTRA O TEMPO: BIRMÂNIA E ISRAEL

Birmânia e Israel são importantes cada um a sua própria maneira, mas tratá-los conjuntamente adiciona complexidade às nossas reflexões sobre a corrida contra o tempo. Como na Polônia, as lideranças revolucionárias de ambos os países adiaram a tarefa de construção constitucional na Fundação – apenas para ver seus partidos-movimentos se fragmentarem de maneiras que tornaram impossível gerar uma constituição autêntica mais tarde. Mas as consequências dessas duas "corridas contra o tempo" perdidas foram muito diferentes.

Na Birmânia, isso levou a uma tragédia de escala muito superior a qualquer coisa que a Polônia já experimentou. Em Israel, gerou uma história mais complicada e esperançosa. Apesar da recusa de David Ben-Gurion de constitucionalizar os compromissos da revolução sionista, uma poderosa Suprema Corte despontou como guardiã dos direitos fundamentais. O contraexemplo israelense complexifica o diagnóstico sombrio sugerido por nossos outros estudos de caso. O que explica essa diferença?

11.1 A Birmânia na encruzilhada

Após uma grande vitória eleitoral em 2015, Aung San Suu Kyi e sua Liga Nacional pela Democracia se depararam com o mesmo problema enfrentado por Lech Walesa e pelo Solidariedade em 1989. Apesar do forte apoio de um público mobilizado, os representantes eleitos da Liga operavam sob uma Constituição concebida por um regime militar opressor, que limitava dramaticamente os poderes parlamentares de Suu Kyi e de seu movimento para governar o país.

Suu Kyi poderia aceitar esses limites a seu governo e chegar a um acordo com os generais – ao custo de alienar seus seguidores. Ou ela poderia exigir uma revisão constitucional que privasse os generais de seus poderes – e arriscar que os militares fechassem o Parlamento e tentassem esmagar seu movimento com força bruta.

Como o general Jaruzelski e os comunistas, o governo militar da Birmânia enfrentaria um dilema igual e oposto: se eles se recusassem a cooperar com Suu Kyi, poderiam não ser capazes de suprimir as massivas manifestações da Liga convocadas para apoiar suas demandas. Na verdade, o assassinato de civis pode provocar uma escalada na resistência finalmente induzindo o militar a permitir que a Liga estabeleça o governo civil.

O primeiro movimento pertencia a Suu Kyi e à Liga. Eles jogariam de acordo com as regras estabelecidas pelos generais ou insistiriam em uma transformação constitucional radical?

11.1.1 Preparando o palco

Comecemos com a luta original da Birmânia pela independência nas décadas de 1930 e 1940, liderada pelo pai de Suu Kyi, Aung San – e não apenas porque a centralidade simbólica de Suu Kyi é baseada em sua descendência paterna. Aung San também ajudou a estabelecer uma tradição revolucionária duradoura que ainda molda os entendimentos atuais.

Nossa história começa na década de 1930. Até então, a atual Birmânia era apenas outra província distante do subcontinente indiano que os britânicos governavam a partir de Nova Delhi. A Lei do Governo da Índia de 1935 marcou uma mudança fundamental – que permitiu que os habitantes elegessem assembleias consultivas e participassem de formas mais construtivas de engajamento com as autoridades regionais e centrais. Mas como a Birmânia estava muito distante de Nova Delhi, recebeu tratamento especial em uma Lei do Governo da Birmânia, que a separou da Índia em 1937 e criou um Senado com 36 assentos e uma Câmara de Deputados com 132 assentos para aumentar o apoio popular para a continuidade do governo imperial.

Essa iniciativa foi um momento decisivo para estudantes universitários como Aung San. Ele rejeitou enfaticamente o apelo britânico para que as elites birmanesas desempenhassem um papel de apoio ao governo imperial e se apresentou como um *outsider* revolucionário, organizando uma ampla aliança – que ia de monges budistas a militantes comunistas – que buscava forçar os britânicos a reconhecer a independência da Birmânia.

A Lei do Governo da Birmânia complicava enormemente esse projeto revolucionário. Sem pensar seriamente, a lei definiu a "Birmânia" de uma maneira expansiva. Não incluía apenas a zona de língua birmanesa que compreendia budistas há muito governados por seu próprio monarca. Ela estendia a nova "Birmânia" a uma grande área habitada por grupos que não se consideravam birmaneses, mas falavam suas próprias línguas, afirmavam crenças hindus ou muçulmanas e muitas vezes se viam como comunidades nacionais distintas. Aung San teve um cuidado especial ao definir seu movimento revolucionário de uma forma que respeitasse essas profundas diferenças. Mas esses primeiros esforços foram interrompidos pelas autoridades britânicas – que respondaram à agitação revolucionária de Aung San processando-o por subversão e forçando-o a ir para a clandestinidade no final dos anos 1930.

A Segunda Guerra Mundial acrescentou ainda mais complexidade. Até então, os revolucionários birmaneses empregavam amplamente as técnicas de desobediência civil de Gandhi. A invasão japonesa da Birmânia os levou a seguir um rumo militar, organizando um Exército pela Independência da Birmânia (BIA) para colaborar com o Japão em um esforço conjunto para destruir o domínio imperial britânico. Com as forças de Hirohito na ofensiva, o imperador retribuiu nomeando Aung San como major-general do exército japonês.

Quando as forças japonesas começaram a desmoronar, Aung San trocou de lado e o BIA fez uma aliança de conveniência com a Grã-Bretanha imperial para expulsar os japoneses da Birmânia. Como recompensa, os britânicos ofereceram fazer de Aung San um general em seu recém-organizado Exército Birmanês. Mas Aung San rejeitou a oferta, reafirmando-se como um *outsider* revolucionário à frente de uma ampla Liga Antifascista pela Liberdade Popular, que defendia uma ruptura decisiva com o império.

Quando o governo Attlee abandonou as pretensões imperiais da Grã-Bretanha sobre todo o subcontinente, Aung San viajou para Londres em janeiro de 1947 para obter um acordo para a independência da Birmânia no ano seguinte. Ele então voltou triunfante para liderar a Liga a uma vitória esmagadora nas eleições para a Assembleia Constituinte. Em uma convenção preliminar dos líderes de base da Liga, ele enfatizou que "não é uma lei inerente à Revolução recorrer à violência". Era melhor "comparar a Revolução ao nascimento de uma criança. [Alguns] partos são fáceis e outros difíceis. Muito depende da saúde dos pais e da habilidade da parteira". A Convenção seguinte deveria estabelecer princípios constitucionais para dar "às próprias massas" um senso de "participação direta... [na construção de] seu próprio destino".[439]

É difícil encontrar uma declaração mais autoconsciente do papel do constitucionalismo na legitimação de revoluções em escala humana. Dado seu tempo e lugar, não era de se surpreender que os princípios substantivos que Aung San defendia em nome de sua Liga Democrática fossem amplamente semelhantes aos elaborados por Nehru e o Congresso na Índia: secularismo, socialdemocracia e governo ao estilo de Westminster. A maior diferença era quanto ao *status* das minorias étnicas e religiosas – com Aung San e a Liga garantindo às minorias direitos muito maiores de representação parlamentar e autogoverno regional do que seus colegas indianos.[440]

Então aconteceu o desastre: antes que a Assembleia Constituinte pudesse concluir seu trabalho, o governador-geral convocou Aung San e outros líderes revolucionários para uma sessão de seu conselho executivo, na qual foram assassinados por pistoleiros às ordens de um rival político. Esses assassinatos não impediram os delegados da Liga de adotar uma Constituição que expressasse os princípios fundamentais estabelecidos pelos discursos de Aung San. Mas isso deixou um vácuo de legitimidade no topo da estrutura.

O contraste com a Índia é revelador: na década seguinte, Nehru e o Congresso mantiveram seu ímpeto revolucionário para demonstrar que, apesar de uma série de desafios muito sérios, a Constituição indiana oferecia uma forma prática de governo. Em

---

439 Discurso de Bokyoke Aung San na Convenção, em 23 de maio 1947, SILVERSTEIN, Josef. *The Political Legacy of Aung San*. Nova York: Cornell University Press, ed. rev. 1993, pp. 151 e 159.

440 A introdução de Silvertein ao seu volume editado, (SILVERSTEIN, Josef. *The Political Legacy of Aung San*. Nova York: Cornell University Press, ed. rev. 1993, pp. 151 e 159) fornece uma excelente visão geral.

contraste, dada sua crise de sucessão prematura, a Liga enfrentou um futuro mais incerto, dividindo-se em frações rivais.

O líder que despontou como primeiro-ministro, U Nu, era um estadista competente, mas fora apenas uma figura secundária no movimento revolucionário. Para sustentar sua posição, ele gradualmente comprometeu seu governo com uma versão mais forte do nacionalismo birmanês do que Aung San havia apoiado – alienando os grupos étnicos e religiosos que compreendiam um terço de toda a população.[441] Como essas minorias estavam concentradas em áreas de fronteira, essas regiões se tornaram focos de resistência civil e de guerrilhas na década seguinte.

A batalha pelo controle aumentou ainda mais quando insurgentes comunistas armados se juntaram à luta. Diante de uma resistência formidável, o governo civil confiou cada vez mais em seu braço militar – abrindo espaço para um golpe decisivo do general Ne Win em 1962, que inaugurou meio século de ditadura militar.

Ne Win era de etnia chinesa – uma grande desvantagem, dada a virada nacionalista na política birmanesa. Mas ele também havia sido um dos principais comandantes das forças birmanesas durante e após a luta pela independência nacional – e isso deu credibilidade à sua afirmação de que o Exército era a melhor esperança de a nação seguir trilha aberta por Aung San e construir um "caminho birmanês para o socialismo". Apesar dos slogans de esquerda, Ne Win não criou de fato uma burocracia civil forte para impulsionar o desenvolvimento econômico ou fornecer uma ampla gama de serviços sociais aos pobres. Além disso, seu agressivo nacionalismo birmanês condenou o país a décadas de guerra brutal contra as minorias nas religiões fronteiriças.

---

441 BUTWELL, Richard. *U Nu of Burma*. Stanford: Stanford University Press, cap. 10, 1963.

Mesmo assim, o regime militar teve mais sucesso em manter a lei e a ordem no interior da Birmânia – reprimindo implacavelmente os dissidentes como traidores que ajudavam as rebeliões em andamento nas terras fronteiriças. Essa mistura de guerra e repressão durou por toda uma geração – até ser derrotada pelo movimento pela democracia que varreu o Sudeste Asiático no fim da década de 1980.

É aqui que entra Aung San Suu Kyi. Ela tinha apenas 2 anos quando seu pai foi assassinado e passou a vida adulta no exterior – estudou em Oxford, casou-se com um acadêmico britânico e criou dois filhos em um bairro tranquilo no norte de Oxford. Ela ocasionalmente visitava sua família na Birmânia, mas não havia desenvolvido conexões significativas com ativistas pró-democracia. Foi por acaso que ela estava no país cuidando de sua mãe idosa quando revoltas abertas eclodiram em 1988. Ela permaneceu à margem por meses enquanto os protestos em massa aumentavam, não desempenhando nenhum papel nas manifestações que forçaram Ne Win, então com 77 anos, a deixar o cargo em julho.

Somente no fim de agosto ela finalmente compareceu diante de uma multidão de meio milhão de pessoas para oferecer seu apoio simbólico ao levante. Seu discurso eloquente, conclamando o movimento a se comprometer com a declaração de princípios de seu pai, aumentou a legitimidade do esforço revolucionário. Mas seu conselho estratégico foi mais ambíguo. Ela se absteve de exigir o fim imediato do regime militar. Ela também manteve distância das minorias culturais e religiosas que estavam engajadas em décadas de guerrilha contra o Exército. Em vez disso, instou o movimento birmanês renascente a traçar uma campanha independente de desobediência civil que pudesse gradualmente empurrar os generais para o caminho da democracia.

O alto comando não ficou impressionado com o gradualismo de Suu Kyi. No mês seguinte, um quadro de generais mais jovens respondeu com uma demonstração de força decisiva – com o general Than

Shwe surgindo como comandante supremo do Conselho de Estado para Restauração da Lei e da Ordem (CERLO). O golpe provocou outra rodada de protestos, que o CERLO reprimiu com eficiência brutal – embora a resistência guerrilheira continuasse no campo e as universidades estivessem fechadas por um longo período em resposta a protestos recorrentes.[442] Como parte da campanha de "lei e ordem", o CERLO também apreendeu Suu Kyi e a pôs sob severo confinamento. Foi essa apreensão que a transformou decisivamente em uma figura como Mandela o Walesa, cuja dignidade na adversidade representava um desafio simbólico à legitimidade do regime estabelecido.

A brutalidade do CERLO e a dignidade de Suu Kyi garantiram a condenação internacional generalizada em um momento em que o Império Soviético estava próximo do colapso e a luta pela democracia na China entrava em jogo. Em um esforço desesperado para recuperar a legitimidade, o CERLO anunciou que realizaria eleições "livres" para uma Assembleia Constituinte em 1990 – esperando que seu partido político fantoche não teria problemas em obter uma vitória sobre o fragilizado movimento liderado por uma Suu Kyi confinada.[443]

Eles estavam errados: Suu Kyi e sua Liga Nacional pela Democracia conquistaram 392 dos 492 assentos.[444] Os generais responderam anulando os resultados, prendendo muitos deputados, forçando outros ao exílio e mantendo Suu Kyi em isolamento – onde ela permaneceria por 15 dos próximos 21 anos.[445] O CERLO então

---

442 Em geral, STEINBERG, David. *Burma*: the state of Myanmar. Washington: Georgetown University Press, cap. 1, 2001.

443 STEINBERG, David. *Burma*: the state of Myanmar. Washington: Georgetown University Press, cap. 1, 2001, p. 28.

444 Para uma análise mais elaborada dos resultados eleitorais, ver EUROPA PUBLICATIONS. *The Far East and Australasia 2003*. 34ª ed. Londres: Europa, 2002, p. 863.

445 Aung San Suu Kyi foi posta em prisão domiciliar de 20 de julho de 1989 a 10 de julho de 1995; de 23 de setembro de 2000 a 6 de maio de 2002; e novamente de 30 de maio de 2003 a 13 de novembro de 2010. Ver, em

passou a governar o país como uma ditadura descarada, sem nem mesmo a folha de figueira de uma Constituição de estilo soviético. Em resposta às sanções internacionais, convocou sua própria convenção constitucional em meados da década de 1990 – mas a assembleia não foi a lugar algum, e não gerou nenhuma proposta séria. (O CERLO mais tarde mudou seu nome para Conselho de Estado para a Paz e Desenvolvimento – CEPD –, mas o novo nome não mudou a realidade do poder). Durante todo esse tempo, a junta continuou sua campanha de repressão – matando ou prendendo os líderes do movimento democrático no interior da Birmânia enquanto fazia guerra contra os guerrilheiros nas áreas de fronteira.[446]

11.1.2 Constitucionalismo militarizado

Com a virada do século, os generais começaram um novo esforço para legitimar seu governo. Em 2002, o CEPD libertou Suu Kyi da prisão – apenas para vê-la mobilizar grandes manifestações durante o ano seguinte. Isso levou a mais repressão sangrenta e nova prisão de Suu Kyi. Quando os Estados Unidos ameaçaram com sanções em 2002, o CEPD anunciou um plano de longo prazo para a transição democrática. Mas como na década de 1990, o movimento real ocorreu a passos de caracol. Apenas outra onda massiva de agitação em 2008, na qual monges budistas assumiram a liderança, forçou a mão dos militares. Sem se envolver em uma consulta pública séria, o CEPD respondeu à "Revolução do Açafrão" apresentando um projeto de Constituição aos eleitores em um referendo de maio de 2008 – e então anunciou que 94% haviam marcado "sim" em suas cédulas.[447]

---

geral, POPHAM, Peter. *The lady and the peacock*: the life of Aung San Suu Kyi. Londres: Rider, 2012.

446 GROUP, Karen Human Rights (*et al.*). *Suffering in silence*: the human rights nightmare of the Karen people of Burma. Parkland: Universal, 2001.

447 BBC. "Burma 'approves new constitution'". mai. 2008. Disponível em: http://news.bbc.co.uk/2/hi/asia-pacific/7402105.stm. Acessado em: 10.01.2022.

Esse resultado incrível, junto com relatos generalizados de intimidação e manipulação de votos, desacreditou o referendo no país e no exterior. Não obstante, o regime avançou com seu esforço de autolegitimação, dando substância institucional a suas propostas.

À primeira vista, a nova Constituição parecia relativamente benigna. Estabeleceu uma legislatura bicameral, que elegeria o presidente por maioria de votos em uma sessão conjunta. Também criou um judiciário independente, um formidável conjunto de direitos, e um sistema federal que expressava a diversidade cultural e religiosa do país. No entanto, várias disposições deixavam claro que o General Sênior Than Shwe, que ainda controlava o CEPD, continuaria a exercer autoridade decisiva. Para começar, a Constituição concedia ao comandante em chefe o poder unilateral de nomear um quarto dos membros de cada casa legislativa.[448] Isso daria ao CEPD uma grande vantagem nas próximas eleições, permitindo-lhe obter a maioria parlamentar se os partidos políticos amigos do regime conquistassem um terço dos assentos vagos.

Than Shwe então exigiu garantias adicionais. Disposições específicas garantiam aos generais o controle sobre os principais ministérios e forçavam o presidente a colaborar com um Conselho Nacional de Defesa e Segurança, no qual os militares exerciam poder de veto efetivo.[449] Ainda mais ameaçador, o texto permitia

(expressando ceticismo quanto aos 94% de votos no "sim").

448 Constituição (2008), art. 109 (reservando um quarto dos assentos na Casa dos Representantes); art. 141 (o mesmo para a Casa das Nacionalidades); Disponível em: http://www.wipo.int/wipolex/en/text.jsp?file_id=181169. Acessado em: 31.01.2022.

449 O artigo 201 concedeu ao comandante em chefe autoridade para nomear – direta ou indiretamente – cinco dos onze membros do Conselho, permitindo que ele se sobrepusesse ao presidente ao obter o apoio mais um membro.

à junta impor a lei marcial[450] e imunizava os militares contra processos criminais por qualquer abuso passado ou futuro.[451]

O CEPD, então, tornou praticamente impossível que emendas constitucionais afrouxassem seu controle sobre o poder. Revisões exigiriam o consentimento de uma maioria superior a três quartos do Parlamento. Como o comandante em chefe indicava um quarto dos membros, nenhuma mudança poderia ser feita sem o consentimento dos militares.[452] Than Shwe então tomou medidas decisivas para se blindar da ameaça carismática representada por Suu Kyi. Sem nomeá-la especificamente, sua Constituição proibia o Parlamento de selecionar para a presidência "qualquer pessoa" cujos filhos tivessem dupla nacionalidade – exatamente a situação dela. Visto que seus filhos nascidos na Grã-Bretanha deviam "lealdade a uma potência estrangeira", não se podia confiar em sua mãe para guiar a nação.[453] O melhor que ela poderia esperar era um assento no Parlamento.

A Constituição de 2008, em suma, não fez nenhum esforço para ocultar a reivindicação de hegemonia pelos militares – oferecendo ao movimento democrático um papel subordinado na política, mas apenas ao custo de legitimar o sistema mais amplo por meio de sua participação. O CEPD passou então a anunciar que, pela primeira vez desde o fiasco de 1990, o povo da Birmânia teria a chance de ir às urnas em 2010 para preencher os assentos vagos no Parlamento.

Isso levantou uma questão óbvia: Suu Kyi e a Liga deveriam jogar pelas regras dos generais ou deveriam manter uma postura

---

450 Constituição (2008), art. 410 (definindo emergência); art. 420 (suspendento "direitos fundamentais"); art. 296 (suspendendo o habeas corpus e o devido processo).

451 Constituição (2008), art. 445 (anistia).

452 Constituilção (2008), art. 436.

453 Constituição (2008), art. 59(f).

revolucionária e boicotar as eleições? Nelson Mandela estava precisamente na mesma posição quando saiu da prisão em 1990 – com de Klerk oferecendo ao CNA a oportunidade de obter representação parlamentar dentro de um arranjo constitucional que concedia um veto absoluto ao seu Partido Nacional em questões cruciais.

Mandela se recusou a jogar pelas regras de De Klerk. Em vez disso, o CNA declarou 1991 como um "ano de ação de massas" para uma constituição verdadeiramente democrática – e os revolucionários sustentara seu desafio até que o governo do *apartheid*, e seus poderosos militares, aceitaram uma estrutura de negociação que adotou firmemente o princípio de uma pessoa, um voto. Como parte desse acordo, Mandela e de Klerk chegaram a um arranjo de divisão de poder que deu aos sul-africanos brancos poder de veto em questões-chave por cinco anos. Mas isso provou ser um passo de transição em direção a uma nova Constituição que codificou a ruptura revolucionária do país com seu passado autoritário.

Suu Kyi adotou a mesma estratégia. Ela condenou o gesto constitucional da junta como uma farsa e apelou à Liga para boicotar as eleições. O regime respondeu banindo a Liga e outros partidos revolucionários e mantendo Suu Kyi sob detenção durante a campanha.[454] A própria eleição foi caracterizada por uma abstenção em massa, manipulação flagrante e fraude eleitoral. Quando a junta anunciou que seu fantoche político, o Partido União, Solidariedade e Desenvolvimento (PUSD) conquistou 77% dos assentos em disputa, essa pseudovitória apenas confirmou as piores suspeitas de todos: a tentativa da junta de se legitimar provou-se mais uma vez um fracasso abismal.[455]

---

454 EGRETAUD, Reneaud. "Emerging Patterns of Parliamentary Politics". *In*: STEINBERG, Donald. *Myanmar*: the dynamics of an evolving polity. Colorado: Lynne Rienner, 2015, pp. 59 e 62.

455 EGRETAUD, Reneaud. "Emerging Patterns of Parliamentary Politics". *In*: STEINBERG, Donald. *Myanmar*: the dynamics of an evolving polity. Colorado: Lynne Rienner, 2015, pp. 62/63 (tabela 4.1).

O CEPD respondeu à forte condenação internacional dando pequenos passos para se reabilitar. Pouco depois de anunciar os resultados da eleição, Suu Kyi foi libertada da prisão – inspirando uma nova rodada de agitação por parte do movimento pela democracia. Embora o novo presidente da Câmara já tivesse servido como general comandante, ele conduziu suas sessões de uma maneira surpreendentemente tolerante – permitindo que a pequena minoria de representantes independentes denunciasse as iniciativas do governo no plenário da câmara.[456]

Nada disso foi suficiente para disfarçar a mão de ferro dos militares. Não obstante, as novas instituições estavam gerando movimentos hesitantes em direção a uma política mais aberta.

11.1.3 Transformação constitucional?

Isso levou Suu Kyi a um momento de reavaliação. De acordo com a nova Constituição, os membros do Parlamento eram obrigados a renunciar ao assumir cargos importantes no poder executivo – o que levou ao êxodo de 45 deputados quando entraram no governo do PSDU. Eleições parciais foram programadas para preencher essas vagas em 2012. Nesse ponto, Suu Kyi abandonou seu boicote e a Liga mergulhou na disputa – embora, ao contrário de Mandela, ela não tivesse obtido nenhuma concessão em uma transição de longo prazo para a democracia genuína.

Um fator ajuda a explicar essa diferença: embora a Liga birmanesa e o Congresso Africano pudessem mobilizar manifestações de massas para apoiar suas demandas, a posição de negociação de Mandela foi reforçada pela presença do braço militar do CNA, a Lança da Nação. A ameaça militar do CNA mudou fundamentalmente o cálculo político de De Klerk: se a Lança deflagrasse

---

456 LLOYD-GEORGE, William. “The Dicey Democrat”. *Foreign Policy*, nov. 2012.

uma batalha de tudo ou nada pela transformação revolucionária, ele sabia que seus próprios apoiadores políticos o abandonariam e escolheriam um defensor mais extremo do *apartheid* como primeiro-ministro. Como consequência, era do interesse de De Klerk, assim como de Mandela, reconhecer a necessidade de um acordo explicitamente transitório.

A junta birmanesa não teve incentivo semelhante. Ela havia demonstrado repetidamente sua capacidade de esmagar a oposição aberta no país. Dada a recusa de Suu Kyi em estabelecer uma frente única com as forças guerrilheiras nas regiões de fronteira, os militares estavam razoavelmente confiantes de que isso poderia levar a Liga de volta à clandestinidade. Nesse aspecto fundamental, Suu Kyi estava enfrentando um dilema mais parecido com o de Walesa em 1989 do que com o de Mandela em 1991.

O general Jaruzelski – como Than Shwe – esmagara brutalmente o Solidariedade em 1981, quando este começou a pressionar por uma democracia real. Como Suu Kyi, Walesa também não tinha certeza se Jaruzelski recorreria novamente à repressão em resposta a uma nova onda de manifestações de massas e ocupações de fábricas em 1988. Como consequência, ele aceitou as propostas da mesa redonda dos comunistas de abril de 1989, que pareciam consolidar o antigo regime no futuro previsível – tanto garantindo aos comunistas e seus aliados uma maioria na câmara baixa do Parlamento, quanto garantindo ao general Jaruzelski a presidência. Apesar do esforço de Jaruzelski para manter tudo sob controle, Walesa apostou que os eleitores apoiariam os candidatos do Solidariedade às vagas parlamentares "abertas" criadas pelo acordo da mesa redonda – e desfeririam um golpe decisivo na legitimidade do regime.

Suu Kyi fez a mesma aposta – e venceu. Embora os 45 assentos abertos nas eleições parciais de 2012 fossem apenas uma pequena parte do total, a Liga levou 44 deles, e Suu Kyi entrou no Parlamento como líder da oposição. No mínimo, essa miniavalanche demonstrou que a repressão militar não conseguiu destruir a capacidade da Liga de aproveitar as energias de um movimento de massas pela democracia real no interior do país.

No entanto, as diferenças com a Polônia permaneceram significativas. Mais importante ainda, os comunistas poloneses não tentaram assegurar seu governo permanente nas conversações da mesa redonda de 1989. No máximo, o pacto garantia ao Partido e a seus aliados uma supermaioria no Sejm por cinco anos e a presidência ao general Jaruzelski por seis. Mas não havia nenhuma barreira explícita contra a eleição totalmente democrática de futuros parlamentares e presidentes após o período provisório.

Suu Kyi não obteve nenhum compromisso semelhante. Na verdade, ela não se envolveu em nenhuma negociação explícita com os generais. Ela simplesmente mudou de tática e deixou que a junta reagisse ao fato consumado. Desse ponto de vista, o caráter aparentemente modesto das eleições de 2012 pode ter dado aos militares uma falsa sensação de segurança. A obtenção de 44 assentos pela Liga não representava nenhuma ameaça imediata à posição parlamentar esmagadora do CEPD. Ao permitir que Suu Kyi entrasse na câmara baixa, a junta poderia, no mínimo, conseguir uma vitória de relações públicas que lhe permitiria obter vantagens econômicas ao lidar com as democracias Ocidentais.

Ao cooptar Suu Kyi no curto prazo, no entanto, os generais estavam jogando um jogo constitucional arriscado. O Parlamento de 2010 teria um mandato de cinco anos, dando à Liga a oportunidade de lançar um desafio eleitoral mais sério em 2015. Nesse ínterim, Suu Kyi poderia usar o Parlamento como plataforma para elevar sua posição como porta-voz nacional da democracia genuína – inspirando mais uma rodada de ativismo de base, especialmente nas tradicionais áreas rurais onde a Liga anteriormente tinha uma presença fraca.

11.1.4 O momento da verdade

A construção de um movimento revolucionário mais amplo e mais profundo foi a pré-condição indispensável para a impressionante vitória eleitoral da Liga em novembro de 2015. Nas eleições para a Câmara baixa, a Liga derrotou o partido fantoche dos militares por uma margem de 2 a 1, conquistando 255 dos 323 assentos disponíveis. Mesmo depois que a junta designou 116 representantes adicionais, a Liga permaneceu em maioria – embora os generais ainda mantivessem seu veto sobre emendas constitucionais.[457]

Aqui surge nossa questão fundamental: será que Suu Kyi e a Liga aproveitariam o momento para forçar os militares a reconhecer que sua antiga Constituição havia perdido todas as pretensões de legitimidade – e que os militares dariam lugar a uma nova Assembleia Constituinte que codificaria a demanda popular por uma democracia genuína?

Suu Kyyi estava em uma posição perfeita para dramatizar essa demanda, e se concentrou em uma disposição particularmente absurda. A seção a impedia de pleitear a presidência apenas porque seus filhos nasceram na Grã-Bretanha, o que a tornou mãe de duplos cidadãos. Agora que ela tinha conquistado um mandato tão abrangente, essa era claramente uma razão inaceitável para impedi-la de liderar o povo de Mianmar no caminho para a democracia.

Lembremos, no entanto, que a Constituição da junta também dava ao comandante em chefe o poder de nomear um quarto dos delegados de cada casa – fornecendo-lhe os votos de que precisava para privar a emenda de sua supermaioria necessária. No entanto, se

457 O partido da junta obteve 9,1% dos assentos na câmara baixa e 6,5% na câmara alta. Ver Comissão Eleitoral da União: http://uecmyanmar.org/index.php/2014-02-11-08-31-43/863-20-11-2015-amyothar93 (fonte oficial birmanesa); http://psephos.adam-carr.net/countries/b/burma/burma2015.txt (relatório em inglês). Mas isso saltou para 31,8% e 29,9% depois que o comandante em chefe fez suas nomeações.

o general Than Shwe insistisse no banimento constitucional de Suu Kyi, isso poderia provocar uma revolta de massas em uma escala ainda maior do que aquela que tirou Ne Win do poder em 1988.

Entretanto, se Than Shwe permitisse a revogação dessa disposição, ele demonstraria que seu poder de veto sobre as emendas não era mais crível sob as condições revolucionárias prevalecentes. Isso teria permitido a Suu Kyi, uma vez que ascendesse à presidência, ampliar seu ataque ao sistema convocando a eleição de uma nova Assembleia Constituinte.

Suu Kyi se arriscaria ao exigir a revogação da absurda disposição que a impedia de ocupar a presidência. A junta poderia rejeitar sua demanda, esmagar os protestos populares e substituir o governo parlamentar com uma lei marcial. No entanto, dada a grande vitória eleitoral da Liga, junto com sua mobilização popular, os militares estariam correndo graves riscos ao adotar o caminho do confronto.

Com a proximidade das eleições, a junta preparou-se para lutar. Depois de três dias de debate no antigo Parlamento, os representantes militares rejeitaram uma proposta de redução do número de votos necessários para emendas constitucionais para 70%, o que os privaria de seu poder de veto. Eles também rejeitaram uma proposta de revogação da proibição imposta a Suu Kyi.[458]

Como Suu Kyi responderia? Ela pagaria para ver o blefe dos generais? E se sim, os generais recuariam ou atacariam?

Ao se deparar com esse dilema, Suu Kyi decidiu recuar. Ela não exigiu que os generais permitissem que o Parlamento recém-eleito revertesse as decisões deles, nem que reconhecessem seu direito à presidência. Em vez de dar o primeiro passo em direção a uma

---

458 PARAMESWARAN, Prashanth. "Constitutional Reform Fails in Myanmar Ahead of Polls". *The Diplomat*, jun. 2015.

Constituição revolucionária, ela chegou a um entendimento com a junta que evitou uma contestação frontal à estrutura estabelecida.

Sob esse arranjo *ad hoc*, ela conseguiu que sua maioria parlamentar elegesse seu confidente de longa data, Htin Kyaw, para a presidência; ele então concedeu a Suu Kyi o título de Primeira Conselheira de Estado. Como essa posição era totalmente desconhecida da Constituição de 2008, ele também a nomeou para vários cargos de assuntos externos e internos no gabinete.[459] A mensagem era clara: seria a Primeira Conselheira de Estado, não o presidente, quem tomaria as grandes decisões do governo – mas sua autoridade seria limitada pelas enormes restrições impostas pela constituição dos generais.

Foi precisamente aí que a revolução birmanesa perdeu sua corrida contra o tempo. Ao sair da clandestinidade, a Liga pela Democracia serviu de veículo para uma série de organizações díspares e líderes locais que se uniram em uma luta comum contra o antigo regime. Esses grupos de base não surgiram apenas do interior de língua birmanesa, mas também de muitas minorias étnicas e religiosas nas regiões fronteiriças. O caráter amplo, embora instável, dessa mobilização revolucionária deu a Suu Kyi uma oportunidade inestimável de liderança constitucional.

Lembremos que o pai de Suu Kyi havia posto o país na direção de uma ordem democrática inclusiva radicalmente diferente do regime nacionalista repressivo criado pela junta militar. Antes de seu assassinato em 1947, ele instou a primeira Assembleia Constituinte da Birmânia a conceder autonomia substancial às regiões não birmanesas, ao mesmo tempo que comprometeu a nação como um todo com a proteção dos direitos fundamentais de todos os cidadãos, independentemente de raça ou religião. Visto que sua própria reivindicação de centralidade simbólica estava intimamente

459 MOE, Wai; RAMZY, Austin. "Aung San Suu Kyi Nominated as Minister in Myanmar's Government". *The New York Times*, mar. 2016.

ligada ao martírio de seu pai, Suu Kyi tinha todos os incentivos para instar a nova Assembleia Constituinte a retornar à visão de Aung San e repudiar o nacionalismo birmanês que justificou a guerra sangrenta sem fim contra um terço dos habitantes do país.

Mais uma vez, uma analogia com os desenvolvimentos sul-africanos esclarece as dimensões da oportunidade perdida de Suu Kyi. Durante a década de 1980, a escalada das mobilizações revolucionárias na África do Sul colocou as forças de segurança do governo do *apartheid* cada vez mais na defensiva. Mas, como a Liga pela Democracia, o CNA era composto de grupos culturais díspares com ideologias políticas diferentes.

Em resposta a essa situação, Mandela elaborou uma narrativa que exortava todas as facções do CNA a se lembrarem da última vez que os movimentos de libertação do país se reuniram em solo sul-africano para elaborar uma declaração de princípios fundamentais. Isso aconteceu em 1955, antes que a escalada da repressão do regime do *apartheid* levasse ativistas ao exílio ou à clandestinidade. Apesar da passagem de uma geração, Mandela exortou os elementos díspares do movimento ascendente a reconhecerem a Carta da Liberdade de 1955 como um elo comum que os unia na luta revolucionária. O apoio à Carta, por sua vez, serviu como um elemento-chave na criação da base para a legitimação ampla de uma Constituição revolucionária para a Nova República Sul-Africana.

Uma estratégia como a de Mandela teria sido ainda mais convicente no caso de Suu Kyi – dada a liderança de seu pai na Convenção de Fundação. Mas assim que assumiu o cargo de Primeira Conselheira de Estado e aceitou a legitimidade das restrições constitucionais da junta, ela rapidamente desistiu de seus esforços hesitantes para resgatar esses compromissos.

Por sua vez, sua retirada alienou militantes da minoria que haviam aderido ao apelo da Liga por um avanço radical, abrindo espaço para que os governantes da linha dura interrompessem a frágil paz que prevalecia durante o auge da agitação revolucionária e da incerteza militar. Isso permitiu à junta revigorar a ideologia nacionalista birmanesa que servira como sua principal razão de ser no passado – levando a uma escalada da campanha de repressão, que culminou no trágico genocídio da minoria Rohingya em 2017. No espaço de alguns meses, os militares destruíram 4 mil assentamentos há muito habitados por esse grupo muçulmano – matando dezenas de milhares e forçando 700 mil a cruzar a fronteira para Bangladesh, onde vivem em campos de detenção miseráveis. As coisas podem piorar se o frágil governo de Bangladesh decidir forçar os Rohingya a retornar à Birmânia, onde serão encurralados em campos de extermínio que lembram os da Alemanha de Hitler.

Suu Kyi não pode fazer nada para impedir esses eventos horríveis, agora que ela se meteu na armadilha da Constituição da junta. Não apenas seu fracasso anterior em exigir uma nova Assembleia Constituinte alienou seus partidários em áreas de minorias; o apelo popular da Liga também foi minado no interior da Birmânia pela máquina de propaganda da junta. Os ativistas do movimento ainda estão visivelmente engajados em liderar protestos em centros urbanos e universidades, mas a visão inclusiva da Liga sobre a democracia pode muito bem sofrer um revés em outras partes do interior de língua birmanesa.

Espero estar errado. Só uma coisa está clara: serão necessárias mais do que condenações solenes das Nações Unidas ou do Comitê do Prêmio Nobel para mudar essa dinâmica. Na melhor das hipóteses, o repúdio internacional pode levar Suu Kyi e seu presidente fantoche a renunciar, levando a uma nova rodada de eleições parlamentares em que sua desmoralizada Liga sofreria perdas eleitorais significativas – o que sem dúvida seria exagerado na contagem oficial de votos.

Nesse ponto, os partidos fantoches vitoriosos da junta poderiam autorizar os militares a forçar Suu Kyi, de 72 anos, a viver o resto de sua vida sob detenção. Mesmo se ela permanecer livre, o destino da Liga dependerá da próxima geração de ativistas – que dificilmente reverterão a atual maré autoritária o suficiente para evitar a morte de incontáveis Rohingya e membros de outras minorias nas regiões fronteiriças.

Apesar dessa tragédia, não desejo julgar Suu Kyi tão severamente. Como vimos, se ela tivesse se recusado a assumir a posição de Primeira Conselheira do Estado, os militares poderiam ter respondido à sua demanda por uma revolução constitucional com um contragolpe de estado. No momento da verdade, não estava claro que sua decisão de chegar a um acordo com a junta militar geraria um desfecho tão terrível em tão pouco tempo.

Não cabe a mim, sentado no conforto de meu escritório em Yale, empreender uma "análise de custo-benefício" pseudocientífica que aponte conclusivamente a decisão "correta".

Em vez disso, meu objetivo é reforçar o desafio lançado por meu estudo do caso polonês ao paradigma da "terceira onda" que atualmente prevalece no direito constitucional comparado. As abordagens neo-huntingtonianas enfatizam a necessidade imperativa de os *outsiders* revolucionários chegarem a um compromisso pacífico com os *insiders* autoritários que permita ao sistema evoluir gradualmente para uma ordem democrática estável. Esses estudiosos ignoram inteiramente a possibilidade de que tal barganha, sob condições revolucionárias, pode gerar a desmoralização das massas e o ressurgimento autoritário – e destruir as próprias formas de governo constitucional que os neo-huntingtonianos buscam promover.

Os estudos de caso da Polônia e da Birmânia demonstram as realidades sombrias da corrida contra o tempo, mas o fazem de maneiras diferentes. Na Polônia, o principal vilão da história foi o modelo gaullista de democracia presidencialista – que permitiu a fragmentação prematura do movimento revolucionário, tornando impossível promulgar uma Constituição do Solidariedade que fosse confiável.

O modelo gaullista não pode ser responsabilizado pela tragédia birmanesa. O grande obstáculo aqui foi a recusa descarada da junta em permitir que a Liga fizesse emendas à Constituição para permitir que Suu Kyi servisse como presidente. Se quisermos enriquecer nossa compreensão da operação do modelo gaullista sob condições revolucionárias, teremos que nos envolver em mais estudos de caso. Enfrentarei esse desafio em meu estudo do Irã, no Capítulo 12.

Porém, antes de fazer isso quero complexificar meu diagnóstico pessimista da "corrida contra o tempo" considerando um contraexemplo. Como a Polônia e a Birmânia, o moderno Estado de Israel nasceu na luta revolucionária; e como Lech Walesa e Aung San Suu Kyi, David Ben-Gurion muito autoconscientemente recusou-se a concentrar as energias de seu partido do movimento na tarefa de constitucionalizar os princípios que inspiraram a longa luta dos sionistas por uma pátria. No entanto, a rejeição por Ben-Gurion de uma Constituição Fundadora no Tempo Dois não evitou o surgimento de uma corte constitucional forte, comprometida com a proteção dos direitos fundamentais, no Momento Três.

Por quê?

11.2 Legalismo revolucionário em Israel?

Israel sai de seu momento de fundação sem uma Constituição revolucionária. No entanto, setenta anos depois, o país é uma democracia funcional com uma Suprema Corte forte. O sistema impõe fardos opressivos aos palestinos nos territórios ocupados, mas para os propósitos atuais é mais importante perguntar como os israelenses conseguiram criar um sistema de freios e contrapesos para governar sua competição pelo poder político.

Como sempre, nossa história começa com a luta sionista inicial, por mais de meio século, para estabelecer Israel como uma pátria dedicada a um "novo começo" na vida do povo judeu – e só então prossegue para momentos críticos posteriores da história do país.

11.2.1 Tempo Um: sionismo político e cultural

A Revolução Francesa ofereceu aos judeus da Europa a perspectiva de uma nova identidade política. Talvez eles não precisassem mais estar condenados a viver no continente como párias "matadores de Cristo"; talvez pudessem se juntar a seus concidadãos como membros livres e iguais de uma ordem política iluminista?

Ao longo do século XIX, as elites urbanas levaram a sério essa perspectiva e desenvolveram uma versão reformada do judaísmo que se libertou das tradições ortodoxas. Os judeus reformistas rejeitavam os padrões culturais que os forçavam a viver uma vida que os diferenciava dos costumes sociais prevalentes. Mas esses esforços assimilacionistas geraram reações nativistas em toda a Europa – como o Caso Dreyfus demonstrando que, mesmo na França iluminista, havia um antissemitismo forte e cruel.

Isso levou a um momento de reavaliação agonística. Em seu livro *O Estado Judeu*, Theodor Herzl exortou os judeus seculares e reformistas a desistirem da promessa de assimilação. Publicado em 1896, seu livro imediatamente impulsionou Herzl à vanguarda do esforço de criar uma organização sionista mundial para garantir uma pátria para o povo judeu.

Seu objetivo principal era convencer uma ou outra potência colonial a reservar uma parte de seu império para os sionistas. A localização física da pátria judaica não era de importância fundamental – na verdade, o livro de Herzl tratava a Palestina e a Argentina como opções, e os primeiros sionistas continuaram a debater os méritos da Uganda moderna.[460] O ponto principal era

---

460 O próprio Herzl considerou os prós e os contras da Palestina e da Argentina como pátrias no capítulo dois de *O Estado Judeu* (1896), e a escolha entre

criar um lugar de refúgio para os judeus ameaçados pela violência antissemita e demonstrar que eles eram totalmente capazes de organizar uma sociedade ocidental moderna – refutando assim as afirmações antissemitas em contrário. Embora Herzl desse as boas-vindas a judeus ortodoxos em sua terra natal, ele não esperava que eles desempenhassem um papel de liderança. Seu objetivo era criar um lugar onde os judeus pudessem resgatar os ideais do Iluminismo que os europeus traíram ao sucumbir ao antissemitismo.

A criação da Organização Sionista Mundial (WZO) por Herzl marcou um avanço decisivo, mas sua visão particular lançou um debate mais amplo. A geração de novos líderes judeus do Leste Europeu via as classes agrícolas e trabalhadoras, inspiradas pelos ideais socialistas, como a vanguarda revolucionária do movimento. Para eles, Herzl (que morrera em 1904) falava por uma burguesia austríaca e alemã, cujos ideais liberais tinham pouco apelo para as massas judias que fugiam de enormes pogroms no Império Russo. Esses judeus estavam agora embarcando para o Novo Mundo em um esforço desesperado de construir novas vidas para si próprios; mas para jovens sionistas em ascensão como David Ben-Gurion, o desafio era convencê-los a ir para a Palestina (que ele sempre considerou a pátria judaica). O Novo Mundo era muito mais próspero do que o Oriente Médio, então o projeto sionista fracassaria a menos que prometesse aos judeus algo mais do que riquezas burguesas. Teria que lhes oferecer a oportunidade de construir um país que refutasse, de uma vez por todas, as caricaturas antissemitas que

---

Palestina e Uganda foi um assunto sério nos debates do Sexto e do Sétimo Congressos da Organiação Sionista Mundial em 1903 e 1905. Ver ROVER, Adam. *In the shadow of Zion*: promised lands before Israel. Londres: New York University Press, 2014, pp. 54-81. Após esses congressos, o sionista britânico Israel Zangwill rompeu com a WZO, e estabeleceu uma Associação Territorial Judaica, que "que quase conseguiu estabelecer uma 'Palestina Portuguesa' em Angola nos anos que antecederam a Primeira Guerra Mundial". ROVER, Adam. *In the shadow of Zion*: promised lands before Israel. Londres: New York University Press, 2014, p. 92.

os descreviam como oportunistas avarentos. Inspirados pelos ideais socialistas, eles construiriam um Estado judeu baseado na dignidade do trabalho.[461]

Ben-Gurion já havia se mudado para Jerusalém antes da Primeira Guerra Mundial para ajudar a desenvolver as primeiras cooperativas de trabalhadores. Mas a Palestina despontou decisivamente como o local para o assentamento sionista somente quando Chaim Weizmann convenceu o governo britânico a reconhecê-la como a "pátria judaica" em sua Declaração de Balfour de 1917. Esse notável golpe diplomático permitiu a reconciliação da ênfase original de Herzl na construção do Estado com a ênfase socialista de Ben-Gurion na dignidade do trabalho.[462]

A síntese sionista se tornou mais convincente por um ato de redefinição cultural envolvendo o *status* do hebraico. Durante séculos, o hebraico serviu apenas como a língua da prática religiosa e do estudo talmúdico. Na conduta da vida cotidiana, os judeus europeus falavam ídiche ou ladino entre si e empregavam a língua dominante de sua localidade ao lidar com estranhos. (Os judeus reformistas reverteram essa prioridade e cada vez mais falavam alemão, francês ou inglês em casa e em suas sinagogas). O revigoramento do hebraico exigia um enorme empreendimento acadêmico com o objetivo de transformar um discurso baseado na Bíblia em uma língua capaz de expressar as realidades sociais modernas. Quando isso foi realizado, as escolas sionistas na Palestina começaram, na década de 1920, a formar jovens que falavam hebraico moderno como sua língua "nativa" – inspirando seus pais a se juntarem a

---

461 COHEN, Mitchell. *Zion and state*: nation, class and the shaping of modern Israel. Nova York: Columbia University Press, 1992, p. 97; SHAPIRA, Anita. *Berl*: the biography of a socialist Zionist - Berl Katznelson, 1887–1944. Cambridge: Cambridge University Press, 1984.

462 SCHNEER, Jonathan. *The Balfour Declaration*: the origins of the arab-israeli conflict. Nova York: Random House, 2012.

eles na construção de uma cultura israelense distinta que marcasse uma ruptura brusca com o passado europeu.[463]

Hebraico, socialismo e Estado Judeu. Diferentes líderes enfatizaram diferentes aspectos dessa trindade revolucionária. O surpreendente triunfo diplomático de Weizmann ao obter a Declaração Balfour o impulsionou a uma posição ascendente na Organização Sionista Mundial – o que mais tarde permitiu a ele, em momentos críticos, obter apoio decisivo da administração Roosevelt e das Nações Unidas para a criação de um Estado israelense. Mas a campanha política de Weizmann e seus esforços incessantes para arrecadar dinheiro de elites ricas na Europa e na América o levaram a minimizar as aspirações coletivistas do movimento dos colonos.

Em contraste, Ben-Gurion não deixava dúvidas de que era um forte defensor dos ideais socialistas que inspiravam seus colegas colonos na Palestina. Ele assumiu a liderança da Histadrut, a Federação Geral dos Trabalhadores Hebraicos, estabelecida em uma conferência conjunta dos partidos socialistas em 1920. Sua constituição criou uma "Sociedade de Trabalhadores", que se recusava a "explorar o trabalho dos outros". Para dar substância a esse compromisso, a Federação lançou seu apoio ao crescente movimento dos kibutz, bem como um ambicioso programa de formação profissional e produção industrial cooperativa.

Ao mesmo tempo, a comunidade de colonos organizou sua própria Assembleia Nacional de acordo com linhas gerais de Westminster – e logo obteve das autoridades do Mandato Britânico o reconhecimento oficial por seus esforços.[464] Como líder da Federação

463 FELLMAN, Jack. *The Revival of a Classical Tongue*: Eliezer Ben Yehuda and the Modern Hebrew Language, 2014, p. 96; HALPERIN, Liora. *Babel in Zion*: Jews, nationalism, and language diversity in Palestine, 1920–1948. New Haven: Yale University Press, 2015.

464 SAGER, Samuel. *The Parliamentary system of Israel.* Nova York: Syracuse University Press, 1985, pp. 11-21 (evolução do autogoverno judeu sob o mandato).

dos Trabalhadores, Ben-Gurion organizou uma ala política que rapidamente despontou como o maior grupo parlamentar, embora nunca tenha controlado a maioria e tenha sido obrigado a se engajar na construção de coalizões com outros partidos socialistas para falar em nome da Assembleia.

Em 1930, Ben-Gurion usou esses primeiros sucessos para obter o apoio da WZO e seus formidáveis recursos financeiros para projetos da Federação dos Trabalhadores. Com a aproximação da Segunda Guerra Mundial, as atividades políticas da Federação se cristalizaram na formação de um partido-movimento socialdemocrata, o Mapai, que seria a principal força política durante todo o período de fundação.[465]

As práticas da Assembleia Nacional durante o Mandato estabeleceram uma base promissora para o futuro. Eleições programadas regularmente foram conduzidas com justiça escrupulosa – não houve esforços de Ben-Gurion ou da Federação para converter suas pluralidades em maiorias pela manipulação da contagem dos votos. Em vez disso, a necessidade contínua de gerar coalizões majoritárias encorajou os partidos socialistas concorrentes a evitar o extremismo ideológico e se engajar na acomodação mútua – embora os pequenos partidos ortodoxos fossem deixados de lado.[466] Da mesma maneira, a Federação dos Trabalhadores foi

---

465 SHAPIRA, Anita. *Ben-Gurion*: father of modern Israel. New Haven: Yale University Press, 2014, pp. 98-100 (atividades de construção de coalizão por Ben-Gurion durante o madanto); GALNOOR, Itzhak. *The partition of Palestine*: decision crossroads in the Zionist movement. Nova York: State University of New York Press, 1995, p. 224 (inclinações de construção de coalizão por Ben-Gurion durante os primeiros anos da independência).

466 Para diferentes perspectivas sobre o autogoverno da comunidade ortodoxa durante o mandato, ver HALPERN, Ben; REINHARZ, Jehuda. *Zionism and the creation of a new society*. Nova York: Oxford University Press, 1998, pp. 188-194; SICKER, Martin. *Pangs of the Messiah*: the troubled birth of the Jewish state. Connecticut: Praeger, 2000, pp. 57-64; KLIEMAN, Aaron. *The Rise of Israel*: Zionist political activity in the 1920s and 1930s. Nova York: Garland, 1987, pp. 98-108; ABRAMOV, Sheneur. *Perpetual dilemma*:

notavelmente bem-sucedida em canalizar a assistência econômica maciça da Organização Sionista Mundial para o desenvolvimento sustentado de cooperativas rurais e urbanas.[467]

Tanto em sua atividade política quanto como chefe da Federação, Ben-Gurion estava demonstrando aos colonos e ao mundo que a promessa revolucionária do sionismo não era um sonho: os imigrantes judeus na Palestina estavam construindo uma vibrante socialdemocracia que se comparava favoravelmente com aquelas construídas na Europa e no Novo Mundo durante o período entreguerras.

Esse sucesso teve um impacto extraordinário nos padrões de migração. Entre 1882 e 1903, apenas 25 mil judeus procuraram refúgio na Palestina; e apenas 35 mil se juntaram a eles na década anterior à Primeira Guerra Mundial. Mas uma vez que os Estados Unidos restringiram drasticamente a imigração no início da década de 1920, um grande número de judeus começou a escolher o exemplo inspirador da Palestina em vez das atrações econômicas da América Latina.

Do fim da Primeira Guerra Mundial até a independência de Israel, em 1948, a comunidade de colonos havia aumentado de 100 mil para 750 mil. E dobrou para 1,4 milhão nos três anos seguintes.[468] Metade desses recém-chegados eram refugiados dos

---

Jewish religion in the Jewish state. Rutherford: Fairleigh Dickinson University Press, 1976, p. 90.

467 BROWN, Michael. *The Israeli-American Connection*: its roots in the Yishuv, 1914– 1945. Detroit: Wayne State University Press, 1996; RUSSEL, Raymond. *Utopia in Zion*: the Israeli experience with worker cooperatives. Nova York: State University of New York Press, 1995, pp. 30-35.

468 Israel Central Bureau of Statistics (1° set. 2016). "Population, by Religion". Disponível em: http://www.cbs.gov.il/shnaton67/st02_02.pdf; Israeli Ministry of Aliyah and Integration. "The First Aliyah (1882–1903)". Disponível em: http://www.moia.gov.il/English/FeelingIsrael/AboutIsrael/Pages/aliya1.aspx; KAPLAN, Jonathan. "The Mass Migration of the 1950s". *The Jewish Agency*

campos de extermínio nazistas; a maioria dos outros estava fugindo de países árabes no contexto da luta militar de Israel pela independência.

Isso leva a um fator final na equação do Tempo Um: os militares. Durante a Primeira Guerra Mundial, Vladimir (Ze'ev) Jabotinsky já havia organizado a Legião Judaica, que lutou junto aos britânicos para libertar a Palestina dos turcos.[469] Sua militância o destacou no cenário sionista, alçando-o à posição de rival do diplomata Weizmann e do socialdemocrata Ben-Gurion. Resgatando o grande tema de Herzl, ele permaneceu um forte defensor da modernidade, da ciência e da liberdade, condenando a ortodoxia com fervor. Ao mesmo tempo, era um inimigo do coletivismo socialista/comunista, que via como uma ameaça à dignidade humana. Ao longo das décadas de 1920 e 1930, ele exortou eloquentemente o público europeu a apoiar a luta armada para conquistar a independência da Palestina antes que a próxima onda de antissemitismo subjugasse os judeus da Europa.[470]

Isso era um anátema para Weizmann e Ben-Gurion, que viam a continuidade da cooperação britânica como fundamental para o projeto de assentamento. Ben-Gurion apoiou a criação de uma milícia de colonos, a Haganá, para tomar as medidas necessárias de autodefesa. Mas estava convencido de que apenas as tropas britânicas tinham poder de fogo suficiente para manter a frágil paz que prevalecia entre os colonos judeus e a maioria árabe. Com as perseguições brutais de Hitler e Stálin, no entanto, o eloquente elogio de Jabotinsky ao "novo espécime de judeu... o JUDEU

---

for Israel. Disponível em: http://www.jewishagency.org/society-and-politics/content/36566. Acessado em: 11.01.2022.

469 SCHECHTMAN, Joseph. *The life and times of Vladimir Jabotinsky*: Rebel and Statesman. Silver Spring: Eshel Books, 1986, p. 206.

470 AVISHAI, Bernard. *The tragedy of Zionism*: how its revolutionary past haunts Israeli democracy. Nova York: Helios Press, 2002, pp. 129-131.

LUTADOR"[471] atraiu cada vez mais apoio na Europa e na América. Contudo, ele não estava em posição de desafiar a liderança de Ben-Gurion na comunidade de colonos, já que escolheu passar seus últimos anos no exterior.

Essa lacuna foi preenchida por Menachem Begin, um dos seguidores mais jovens de Jabotinsky. Begin estava na Polônia enquanto os nazistas preparavam sua invasão em 1939, e escapou por pouco para a União Soviética – onde foi capturado pelos comunistas e enviado para o Gulag. Após sua libertação em 1941, ele deu um jeito de fazer a longa jornada para a Palestina e chegou em um momento crítico.[472]

Nacionalistas israelenses militantes, sob a liderança de Avraham Stern, lançaram uma série de ataques terroristas contra os britânicos para preparar o caminho para a independência. Quando Stern foi morto a tiros em abril de 1942, uma paz incômoda prevaleceu – até que Begin convocou os militantes de Irgun para renovar sua campanha terrorista em 1944 e forçar os britânicos a renunciarem ao seu Mandato em favor do Estado judeu.

Ben-Gurion ficou horrorizado com esse empreendimento quixotesco. Nesse ponto da guerra, após a vitória decisiva sobre Rommel no Norte da África, os britânicos estavam dando seguimento a operações de limpeza que acabaram enviando 100 mil soldados para a Palestina. Na opinião de Ben-Gurion, era tolice alienar essas forças quando elas poderiam desempenhar um papel essencial em uma transferência bem-sucedida do poder para o Estado de Israel depois que os nazistas fossem derrotados. Como consequência, ele se voltou decididamente contra Begin – arranjando para que seus próprios guerrilheiros da Haganá cooperassem

---

471 AVISHAI, Bernard. *The tragedy of Zionism*: how its revolutionary past haunts Israeli democracy. Nova York: Helios Press, 2002, pp. 167/168.

472 AVISHAI, Bernard. *The tragedy of Zionism*: how its revolutionary past haunts Israeli democracy. Nova York: Helios Press, 2002, p. 166.

com as forças britânicas na captura de militantes do Irgun e seus apoiadores clandestinos.

Ele continuou colaborando mesmo quando os britânicos tomaram medidas enérgicas para limitar a imigração judaica e proibiram a entrada de navios da Europa que transportassem refugiados dos campos de extermínio. Na visão britânica, isso era necessário para conter uma reação violenta dos árabes que precipitaria uma guerra total. Ben-Gurion concordou relutantemente – recusando-se a ordenar que a Haganá interviesse para impedir a partida dos navios, mesmo quando não havia garantia de que encontrariam um porto seguro em outro lugar.

Tão logo a guerra terminou, Ben-Gurion rapidamente encerrou essa aliança humilhante. Em outubro de 1945, sua Haganá juntou-se ao Irgun de Begin em um Movimento de Resistência Hebraica para preparar forças para a declaração de independência de Israel.[473] Mas essa demonstração de cooperação foi meramente simbólica. Os dois líderes divergiam quanto à questão crítica das táticas militares do mundo real. Na opinião de Begin, a melhor maneira de apressar o dia da independência de Israel era se envolver em uma sangrenta campanha de terror que impusesse custos insuportáveis às tropas e aos civis britânicos. Isso não daria ao governo de Londres escolha a não ser entregar o poder o mais rápido possível. A campanha do Irgun atingiu seu clímax em julho de 1946, quando ele bombardeou a sede do Mandato Britânico no King David Hotel em Jerusalém, causando muitas vítimas.

Ben-Gurion estava se movendo em uma direção diferente. Ele estava bem ciente de que o governo Attlee estava abandonando suas pretensões imperiais em uma ampla faixa da Ásia à África do Sul, e Chaim Weizmann estava dizendo que Attlee também se retiraria da Palestina. Se isso fosse verdade, a única coisa sensata seria

---

473 SHAPIRA, Anita. *Ben-Gurion*: father of modern Israel. New Haven: Yale University Press, 2014, p. 138.

permitir que o exército britânico de ocupação, formado por 100 mil, homens mantivesse a ordem pública. Isso daria tempo aos colonos para prepararem suas forças militares para o terrível momento em que a forças britânicas saíssem de cena, quando os exércitos árabes tentariam esmagar o recém-nascido Estado Judeu em seu berço.

A estratégia de Ben-Gurion foi bem-sucedida. Ele convocou a Federação dos Trabalhadores a usar seu formidável aparato organizacional para fornecer treinamento militar intensivo aos judeus que trabalhavam em cooperativas rurais e urbanas. Esses soldados constituíram o núcleo das novas Forças de Defesa de Israel (FDI), que também incorporaram novos migrantes em suas fileiras. Dado o sucesso de Ben-Gurion em transformar as FDI em uma força de combate eficaz, Begin teve pouca escolha a não ser permitir que seus militantes entrassem no novo exército israelense, perdendo assim sua estrutura de comando distinta, que permitia ao Irgun operar como uma força de combate independente.[474]

Mas Begin voltou-se para a política para continuar contestando a liderança de Ben-Gurion – organizou um partido-movimento revisionista, o Herut, para se opor aos ideais socialistas do Mapai com uma visão alternativa que enfatizava o significado central da liberdade individual.

O desafio individualista de Begin é um indicador da complexidade da política israelense às vésperas da independência de Israel. Ao mesmo tempo que o Herut atacava o socialismo do Mapai, comunistas e socialistas atacavam o Mapai pela esquerda – organizando um partido-movimento rival, o Mapam, que conquistou forte apoio nos círculos de trabalhadores.

Para complicar ainda mais as coisas, os judeus ortodoxos estavam repensando sua posição sobre questões críticas. Por

---

474 GORDIS, Daniel. *Menachem Begin*: the battle for Israel's soul. Nova York: Schocken, 2014, pp. 80-90.

muito tempo, a opinião dominante considerava um sacrilégio que os sionistas insitissem em uma nova Constituição, já que o Antigo Testamento estabelecera que foi Deus, e não o homem, que concedeu ao povo judeu o direito de governar seu território. Mas à medida que o momento da verdade se aproximava, elementos significativos da comunidade ortodoxa se recusavam a ficar de fora. Eles formaram a Frente Religiosa Unida para entrar na briga política.

Será que todos esses rivais encontrariam uma base comum?

11.2.2 Tempo Dois: o momento constitucional perdido

A situação de Israel não era de forma alguma única. Os partidos-movimento na França e na Itália exibiam divisões semelhantes, quase ao mesmo tempo, à medida que emergiam de sua Resistência durante a guerra contra os nazistas e fascistas. Os democratas cristãos devotos, assim como os judeus ortodoxos, se opunham ao secularismo agressivo promovido pelos socialdemocratas e comunistas. Mas, ao mesmo tempo, eles se juntaram aos socialdemocratas para se opor aos comunistas linha-dura que ridicularizavam o constitucionalismo como um "mito burguês". Apesar de suas divisões, os três partidos conseguiram forjar uma Constituição quando governos provisórios não eleitos na França e na Itália convocaram eleições para assembleias constituintes que estabeleceriam o grau relativo de apoio a comunistas/socialistas/democratas cristãos entre os cidadãos em geral.

Os israelenses seguiram a mesma abordagem básica. Durante o Mandato, a legitimidade democrática da Assembleia Nacional foi regularmente revigorada por eleições periódicas. Mas com a eclosão da guerra entre a comunidade judaica e os árabes em 1947, as eleições tornaram-se impossíveis e, assim, remanescentes do governo (junto com os britânicos) continuaram a comandar a comunidade judaica até que o Mandato chegou ao fim com a Declaração de Independência em 1948. Até então, Ben-Gurion serviu como chefe do Executivo Nacional preexistente, com o sólido apoio da Assembleia Nacional, bem como de representantes locais da Organização Sionista Mundial. Assim que Ben-Gurion anunciou a Declaração de 14 de maio, a estrutura do governo mudou. Ele agora operava como chefe de um Conselho de Estado Provisório composto por trinta e sete membros, que incluía representantes de todos os grupos significativos da comunidade de colonos, bem como membros da WZO.[475]

Ben-Gurion não estava disposto a esperar até a Declaração para preparar o país para seu momento fatídico de autodeterminação constitucional. Seu ministro da justiça pediu a Leo Kohn, um distinto jurista, que assumisse a liderança na redação de uma estrutura constitucional séria. Kohn respondeu com uma série de projetos, que foram revisados repetidamente em consultas confidenciais com uma ampla gama de grupos da comunidade. O segundo desses projetos tornou-se a base para as deliberações de um Comitê de Constituição formal criado pelo Conselho Provisório de Estado em 1948. Os sete membros do Comitê representavam as diversas ideologias defendidas por grupos seculares e religiosos dominantes no Conselho. Durante o próximo ano e meio, o Comitê se reuniu vinte e três vezes antes de submeter sua versão final ao Conselho Provisório de trinta e sete membros, que passara a existir após a independência ser declarada em maio.[476]

Analisarei sua decisão em breve. Mas é melhor começarmos com as maneiras pelas quais os partidos políticos concorrentes enquadraram as questões constitucionais enquanto tentavam obter o apoio dos eleitores que estavam indo às urnas para votar pela primeira vez como cidadãos do Estado de Israel.

---

475 SAGER, Samuel. *The Parliamentary system of Israel*. Nova York: Syracuse University Press, 1985, p. 23.

476 RADZYNER, Amihai. "A Constitution for Israel: the design of the Leo Kohn Proposal, 1948". *Israel Studies*, vol. 15, 2010.

Traição

Coube a David Ben-Gurion, como presidente do Conselho, pronunciar as palavras da Declaração de Independência de Israel em um discurso de rádio de Tel Aviv em 15 de maio. Depois de recapitular os pontos de inflexão na história judaica que legitimavam a reivindicação de independência de Israel, a Declaração estabelecia um prazo explícito até "1º de outubro de 1948" para uma "Assembleia Constituinte Eleita adotar" uma "Constituição". Durante esse período de quatro meses e meio, a Declaração atribuía autoridade provisória ao Conselho Provisório, permitindo que a Assembleia concentrasse todas as suas energias a um intenso esforço de construção constitucional.[477]

Ao estabelecer esse processo de duas etapas, a Declaração encaminhou Israel em uma direção diferente daquela percorrida na França e na Itália. Em ambos os lugares, a mesma assembleia funcionou como base para o governo provisório e para a construção constitucional. A Declaração de Israel separou essas funções – instruindo explicitamente o Conselho Provisório a continuar operando enquanto a Assembleia Constituinte fazia seu trabalho. Essa divisão de trabalho, juntamente com o prazo de dezoito semanas, enfatizava a centralidade dada pela Declaração ao constitucionalismo no projeto de construção do Estado de Israel.

No entanto, o Conselho foi obrigado a adiar o prazo da Declaração por duas vezes quando os exércitos árabes e as milícias palestinas tentaram destruir Israel antes que pudesse se organizar de maneira adequada. Mas, uma vez que as Forças de Defesa de

---

477 A Declaração deixa claro que "o Conselho do Povo atuará como um Conselho de Estado Provisório, e seu órgão executivo, a Administração do Povo, será o Governo Provisório do Estado Judeu", e que essas instituições provisórias deverão continuar até o estabelecimento das autoridades eleitas e regulares do Estado, de acordo com a Constituição, que será adotada pela Assembleia Constituinte Eleita o mais tardar em 1º de outubro de 1948. *Declaração de Independência*, ¶ 12.

Israel conseguiram repelir esses ataques iniciais, o Conselho agiu rapidamente para resgatar seu compromisso, apesar das contínuas ameaças militares. Em 25 de janeiro de 1949, *90%* dos homens e mulheres da comunidade de colonos votaram para decidir quais movimentos partidários deveriam assumir a liderança na construção da estrutura de governo de Israel.

Na campanha eleitoral, o Mapai de Ben-Gurion comprometeu-se com o empreendimento constitucional: "Embora a tarefa leve anos, a Assembleia Constituinte estabelecerá princípios, marcará um caminho e estabelecerá um governo que conduzirá o navio do Estado pelas ondas tempestuosas desses mares tropicais".[478] Esse compromisso foi afirmado pelo Herut de Begin, que elaborou um formidável conjunto de princípios constitucionais para orientar seus delegados na Assembleia.[479] Embora o Mapam, de esquerda, não tenha mencionado explicitamente a Constituição em seu programa eleitoral oficial, seus líderes políticos apoiaram sistematicamente o projeto assim que a Assembleia Constituinte passou a existir.[480] Apenas a Frente Religiosa Unida afirmava a necessidade de construir o Estado com base em fundamentos bíblicos – e mesmo assim, havia um apoio significativo na comunidade ortodoxa a

478 Plataforma do Partido dos Trabalhadores de Israel (Mapai) para as Eleições da Assembleia Constituinte, "A tarefa do Estado de Israel" (1949) (arquivo com o autor). [Platform of the Workers of Israel Party (Mapai) for Elections to the Constituent Assembly, "The Task of the State of Israel" (1949) (on file with the author)].

479 O programa constitucional do Herut exigia o amplo uso de referendos públicos, eleições diretas para muitos cargos públicos, governos locais fortes e a proteção dos direitos civis contra afirmações governamentais de poderes de emergência. "The Election Platform for the Constituent Assembly of the Herut Movement, Founder of the National Military Organization". Disponível em: http://www.infocenters.co.il/jabo/jabo_multimedia/%D7%94%20 1/%D7%941%20_%2019_1.pdf. Acessado em: 31.01.2022.

480 RACKMAN, Emanuel. *Israel's emerging Constitution, 1948-51*. Nova York: Columbia University Press, 1954, p. 18.

uma Constituição que expressasse uma compreensão sionista do projeto nacional.[481]

Entretanto, quando a campanha eleitoral estava atingindo seu clímax, o Conselho Provisório anunciou formalmente uma iniciativa que sugeria um afastamento radical em relação ao caminho estabelecido na Declaração. De acordo com sua proposta de Decreto de Transição, o Conselho não permitiria que a Assembleia Constituinte concentrasse suas energias, e as do público em geral, na tarefa de construção constitucional. Em vez disso, ele entregaria imediatamente seus poderes provisórios de governo à Assembleia também.

O Conselho anunciou formalmente de seu Decreto de Transição apenas doze dias antes da eleição, mas ele mal foi notado durante os dias finais da campanha.[482] Certamente Ben-Gurion nada fez para alertar o público sobre sua existência – muito menos para justificá-la. Isso teria provocado um debate acalorado. Diante

---

481 RACKMAN, Emanuel. *Israel's emerging Constitution, 1948-51*. Nova York: Columbia University Press, 1954, p. 31.

482 Houve certa cobertura da mídia quando o Conselho de Estado anunciou formalmente sua decisão em 13 de janeiro. Ver, por exemplo, JEWISH TELEGRAPHIC AGENCY. "Israeli State Council to Transfer Activities to Constituent Assembly; will Then Dissolve". *Jewish Telegraphic Agency*, 14 jan. 1949. Disponível em: https://www.jta.org/1949/01/14/archive/israeli-state-council-to-transfer-activities-to-constituent-assembly-will-then-dissolve. Acessado em: 31.01.2022. Mas esse decreto formal foi enterrado durante os dias finais da campanha – com a mídia se concentrando em questões que os partidos políticos haviam explicitamente colocado no centro de suas plataformas eleitorais. Como não falo hebraico, pedi a um de meus excelentes alunos de direito, Yishai Schwartz, que fizesse uma revisão sistemática dos materiais disponíveis na biblioteca de Yale. Ele não conseguiu descobrir comentários sérios e sustentados sobre o Decreto de Transição. A biblioteca de Yale é um dos maiores arquivos do mundo, mas mesmo seus formidáveis especialistas podem não ter obtido todos os pronunciamentos eleitorais para sua coleção – embora outros estejam agora disponíveis na internet. Portanto, é possível que tenha havido uma maior consciência do significado do Decreto. Mas se o assunto tivesse ganhando destaque genuíno, as buscas sistemáticas que organizei deveriam ter levado à sua detecção.

de seu silêncio, os cidadãos israelenses tinham todos os motivos para acreditar, ao irem às urnas, que Ben-Gurion permaneceria fiel à divisão de autoridade entre a Assembleia Constituinte e o Conselho Provisório que ele mesmo proclamara ao dar voz à Declaração em maio de 1948.

Mas assim que a Assembleia se reuniu três semanas após a eleição, Ben-Gurion imediatamente deu as costas à Declaração e fez da primeira ordem do dia da Assembleia a promulgação de uma Lei de Transição, que concedia a ela os poderes de um parlamento ao estilo de Westminster. Para dar sentido a essa transformação, a Assembleia passaria a se chamar "Knesset". Em 15 de fevereiro de 1949, o ministro da justiça do governo provisório de Ben-Gurion tomou a palavra e propôs sua adoção imediata. Isso fez com que Menachem Begin se levantasse em protesto e propusesse a seguinte emenda:

> O dever principal da Assembleia Constituinte é estabelecer uma Constituição para o Estado e legislar para Israel. O papel da Assembleia Constituinte se encerrará com a aprovação de uma Constituição para o Estado. Em três meses, serão realizadas eleições para a autoridade legislativa, de acordo com a Constituição.[483]

Dada a divergência entre a Declaração de Independência e a Lei de Transição, tal moção normalmente daria origem a um amplo debate – que exigiria que Ben-Gurion explicasse à Assembleia, e ao Povo em geral, por que tal mudança de curso era do interesse nacional.

Nada parecido aconteceu. Em vez disso, o porta-voz recém--eleito da assembleia recusou-se a permitir qualquer debate sobre a moção de Begin, e procedeu imediatamente a uma votação para

483 *Proceedings of the Fourth Meeting of the Constitutional Assembly*, 16 fev. 1949, p. 31.

cima ou para baixo. Não menos notável, os israelenses comuns nem mesmo puderam saber como seus representantes votaram nessa medida fatídica. Os registros da assembleia simplesmente informam que uma votação foi realizada e que "a proposta do Sr. Begin não foi aceita".[484] No mesmo dia, a Lei de Transição foi aprovada na Assembleia por uma margem de 77 a 0, com 11 abstenções – embora 42 membros tenham optado por se ausentar da câmara.

Esse boicote dramatizou o jogo de poder. A Assembleia se recusava a fazer o menor esforço coletivo *para justificar* sua traição à Declaração. Em vez disso, a maioria pretendia tomar para si os enormes poderes de um parlamento ao estilo de Westminster sem que Ben-Gurion dissesse uma única palavra para defender sua extraordinária ascensão ao poder como primeiro-ministro. Durante o ano que se seguiu, a Assembleia passou todo o seu tempo atuando como um parlamento (Knesset) e dedicou zero minutos do debate plenário à Constituição. Quando finalmente votou sua atenção para questões constitucionais, um ano depois, os líderes políticos da nação se enfrentaram de uma forma altamente reveladora.

Mas antes de analisar esses debates, devemos entender melhor a dinâmica que levou Ben-Gurion e seu governo provisório a trair a Declaração de Independência em um momento tão crítico.

O destino do projeto Kohn

Lembremos que, muito antes da Assembleia Constituinte se reunir, o ministro da justiça de Ben-Gurion pediu a Leo Kohn para se envolver na construção de um projeto para a qual seria consultada com uma ampla gama de grupos interessados. Como se aproximava o momento da independência, o governo provisório criou um Comitê formal sobre a Constituição, que adotou o último

---

484 *Proceedings of the Fourth Meeting of the Constitutional Assembly*, p. 37.

projeto de Kohn como base para suas deliberações. Os sete membros do Comitê expressavam as ideologias radicalmente diferentes defendidas pelos principais grupos seculares e religiosos na Palestina. Eles procederam sob condições de estrita confidencialidade, para que a divulgação prematura não tornasse impossível obter um apoio amplo para o produto final. No entanto, seu silêncio público desmentia um esforço intenso para chegar a um acordo formulado num projeto final em outubro de 1948.[485]

Do ponto de vista jurídico, o projeto era uma conquista extraordinária – contendo um sistema rigidamente organizado de setenta e oito artigos (com muitas subseções), apoiado por comentários extensos e perspicazes que destacavam questões críticas para decisão.[486]

O texto de Kohn foi elaborado para obter o mais amplo apoio político possível. Fazia uma série de gestos simbólicos para a comunidade religiosa, começando com um Preâmbulo que declarava estar "estabelecendo nosso Estado sobre fundamentos de paz e justiça, como na visão dos profetas de Israel..." Mas também continha disposições contundentes que proibiam "qualquer tipo de discriminação... com base em raça, religião, idioma ou sexo", e insistiam que "todos os cidadãos gozarão de direitos políticos e civis iguais... e não devem ser discriminados em candidaturas a cargos públicos ou empregos...por conta de sua raça, religião,

---

485 O projeto de Kohn foi publicado em 10 de dezembro de 1948. Proposta de Constituição para o Estado de Israel a ser votada após as eleições de janeiro de 1949, disponível em: https://israeled.org/proposed-constitution-state-israel-2/. Mas parece ter sido concluído em outubro. Ver KOHN, Leo. *A constitution for Israel*: draft and explanatory Statement. Israel: Tel-Aiv, 1948, p. 191. Disponível em: http://storage.archives.gov.il/Archives/0b0717068003715a/Files/0b07170680757b89/00071706.81.D0.6C.F7.pdf (versão em inglês).

486 KOHN, Leo. *A constitution for Israel*: draft and explanatory Statement. Israel: Tel-Aiv, 1948, p. 191. Disponível em: http://storage.archives.gov.il/Archives/0b0717068003715a/ Files/0b07170680757b89/00071706.81.D0.6C.F7.pdf (versão em inglês).

idioma ou sexo". Essas garantias incondicionais deixavam claro que os judeus não reivindicavam nenhum *status* privilegiado sobre os muçulmanos, cristãos ou ateus na nova ordem constitucional. Ao mesmo tempo, o projeto respondia diretamente aos horrores do Holocausto declarando que Israel seria constituído por seu compromisso de "defender a dignidade do Homem".[487]

O Comitê de Kohn tomou medidas enfáticas para garantir que esses grandes princípios fossem efetivados no mundo real. Seu projeto criava uma Alta Corte com o poder de "decidir todas as questões relativas à validade de qualquer lei tendo em conta os termos da Constituição".[488] Não apenas o governo (presumivelmente liderado por Ben-Gurion) teria que obter uma maioria de dois terços para promulgar uma emenda formal renovando a validade da lei contestada, mas teria de fazê-lo em duas ocasiões diferentes, com a segunda votação por supermaioria ocorrendo pelo menos seis meses após a primeira.[489]

Essas disposições certamente provocariam resistência do futuro primeiro-ministro. Mas Ben-Gurion não estava prestando atenção aos procedimentos do Comitê enquanto ele elaborava os termos de sua proposta final. Sua atenção estava concentrada em questões imediatas de vida ou morte – em especial, a recepção de centenas de milhares de refugiados judeus que inundavam sua pátria no momento em que as FDI estavam lutando contra as invasões militares árabes. Quando Ben-Gurion finalmente teve a chance de revisar o projeto de Kohn, os membros do comitê viram, para sua consternação, que ele quase caiu de costas.

Sua reclamação principal não envolvia as disposições relativas à revisão judicial. Testemunhas oculares relatam que, enquanto se recuperava do choque inicial, ele mal conseguiu exclamar que

487 Id. arts. 4(1), 4(2), 12.
488 Id. art. 70.
489 Id. art. 75.

"não queria a visão de Kohn de Israel, mas um Estado judeu *secular*".[490] Ben-Gurion então levou o Conselho a aprovar o Decreto de Transição que concedia à Assembleia Constituinte o poder de servir como um parlamento ao estilo de Westminster durante todo o período em que estivessem empenhados em elaborar uma Constituição digna do povo judeu.[491]

A vontade de poder?

Ran Hirschl relata: "Historiadores e estudiosos do direito, mesmo aqueles inclinados a resistir ao cinismo", adotaram uma visão consensual sobre essa reviravolta dramática. Para eles, a "oposição de Ben-Gurion a uma constituição era fundamentalmente atribuível ao seu medo de perder todo ou parte de [seu] poder".[492]

Comecemos com uma matemática básica. Se Ben-Gurion tivesse sido seriamente perturbado pelos gestos simbólicos de Kohn à comunidade religiosa, teria sido fácil formar uma ampla coalizão na Assembleia para eliminar essas disposições da Constituição final.

Basta contar os votos. O Mapai fortemente secular de Ben-Gurion saiu das eleições como o partido político líder – conquistando 36% dos votos populares e 46 dos 120 assentos da Assembleia. Com

---

490 STRUM, Philippa. "The road not taken: constitutional non-decision making in 1948–1950 and its impact on civil liberties in the Israeli political culture". *In*: TROEN, S. Ilan; LUCAS, Noah. *Israel*: the First Decade of Independence. Albany: State University of New York Press, 1995, p. 88.

491 Decreto (de Transição) da Assembleia Constituinte (1949) 2 L.S.I. 81.

492 HIRSCHL, Ran. *Towards juristocracy*: the origins and consequences of the new constitutionalism. Cambridge: Harvard University Press, 2007, p. 54, citando Gary Jacobsohn. Ver também AVISHAI, Bernard. *The tragedy of Zionism*: how its revolutionary past haunts Israeli democracy. Nova York: Helios Press, 2002, p. 187. Para uma visão mais simpática, ver LERNER, Hanna. *Making constitutions in deeply divided societies*. Cambridge: Cambridge University Press, 2011, pp. 60-62.

essa base forte, ele só precisava de mais 16 deputados para obter uma maioria para aprovar o texto de Kohn adequadamente revisado.

Ele poderia superar esse obstáculo facilmente. Por um lado, a extrema-esquerda representada pelo Mapam conquistou 15% dos votos e 15 assentos,[493] e, apesar do ceticismo de alguns membros, seu líder, Meir Ya'ari, era um forte defensor de uma Constituição "progressista, socialista, secular".[494] Mesmo que alguns dos marxistas radicais do Mapam abandonassem Ya'ari, Ben-Gurion poderia obter os votos de cerca de uma dúzia de membros de partidos seculares menores.[495]

Portanto, não seria difícil encontrar pelo menos 70 ou 75 votos para um projeto que se assemelhasse às Constituições franco-italianas promulgadas mais ou menos na mesma época – que sintetizavam as demandas socialistas por igualdade no mundo real com demandas mais tradicionais por liberdade democrática.

Isso antes mesmo de o Herut de Menachem Begin entrar na contagem. Seu partido político chegou à mesa com 14 assentos que resultaram de 12% dos votos. Como demonstra seu protesto de abertura contra a Lei de Transição, Begin foi particularmente enfático sobre a importância de dar atenção total à missão

---

493 Knesset Election Results [Resultado das Eleições do Knesset]. "Elections to the Constituent Assembly" (25 jan. 1949). Disponível em: https://www.knesset.gov.il/description/eng/eng_mimshal_res1.htm.

494 Declaração de Meir Ya'ari. *The 115 Meeting of the Knesset*, 13 fev. 1950, p. 769.

495 Alguns partidos menores poderiam ter sido prontamente recrutados para uma coalizão política que buscasse redimir o compromisso da Declaração com o constitucionalismo escrito. Eles incluem os Sionistas Gerais (7 assentos), os Progressistas (5 assentos), os Sefarditas (4 assentos), o Partido Democrático de Nazaré (2 assentos) e a Organização Sionista Internacional das Mulheres (1 assento). Para uma discussão mais aprofundada, ver RACKMAN, Emanuel. *Israel's emerging Constitution, 1948-51*. Nova York: Columbia University Press, 1954.

constitucional da Assembleia. Os casos francês e italiano sugerem, além disso, que teria sido perfeitamente possível incorporar o forte compromisso de Begin com a liberdade individual na elaboração da carta de direitos.[496] No fim das contas, teria sido perfeitamente possível para Ben-Gurion reunir noventa ou mais partidários de uma Constituição que expressasse o compromisso revolucionário de Israel com os princípios seculares sionistas.

No entanto, esse amplo apoio teria um preço. Depois que Ben-Gurion unisse forças com o Mapam e o Herut, seria difícil negar cargos de gabinete a seus líderes no governo de coalizão.

Em contraste, outra opção matemática permitiu a Ben--Gurion monopolizar o poder sem freios e contrapesos eficazes. Lembremos que a comunidade ortodoxa tradicional formou uma Frente Religiosa Unida, que obteve 16 assentos no Knesset. Essa delegação, ao se juntar aos 46 deputados do Mapai, formava uma maioria de 62 deputados.[497] É claro que os ortodoxos objetariam qualquer afirmação de princípio do caráter secular do Estado judeu. No entanto, contanto que Ben-Gurion não desafiasse as prerrogativas religiosas dos rabinos, ele poderia agir decisivamente em todas as questões urgentes na agenda imediata. Como disse Bernard Avishai, Ben-Gurion desistiu "da chance de promulgar

496 Plataforma Herut. "The Election Platform for the Constituent Assembly of the Herut Movement, Founder of the National Military Organization". cap. 8. Disponível em: http://www.infocenters.co.il/jabo/jabo_multimedia/%D7%94%20 1/%D7%941%20_%2019_1.pdf. Acessado em: 31.01.2022. Ver também a posição posterior de Menachem Begin no plenário da Assembleia, *The 113 Meeting of the Knesset*, fev. 1950, pp. 736-740. (exigindo uma constituição que restringisse o uso de ordens de emergência, buscas invasivas e censura militar).

497 O primeiro gabinete de Ben-Gurion, que governou de outubro de 1949 a janeiro de 1959, tinha o apoio do Mapai (46 assentos), do Bloco Religioso Unido (16), do Partido Progressista (5), dos Sefarditas (4) e NDP (2) e do NDP (2), somando 73 assentos. "First Knesset: Government 1". Disponível em: https://www.knesset.gov.il/govt/eng/GovtByNumber_eng.asp?govt=1.

uma constituição, mas deu ao Mapai a chance jamais sonhada de formar um gabinete sem nenhum associado real".[498]

Não nego que essa conta de pura maximização de poder tem muito a seu favor. No entanto, argumentarei que o contexto revolucionário acrescenta uma dimensão essencial à recusa fatídica de Ben-Gurion em constitucionalizar a política de alta energia da Fundação.

Resistência parlamentar

Depois que Ben-Gurion fez sua escolha e aprovou a Lei de Transição na Assembleia/Knesset, cabia a seus oponentes seculares dar o próximo passo: eles admitiriam a derrota ou continuariam pressionando por uma tentativa séria de construção constitucional?

Após um ano de agitação, o primeiro-ministro finalmente aceitou a necessidade de um debate sério. Durante fevereiro de 1950, os críticos sionistas denunciaram repetidamente a virada de mesa de Ben-Gurion como uma tomada de poder cínica que traía o profundo significado da longa luta da comunidade judaica pela independência.[499] O arqui-inimigo do primeiro-ministro, Menachem Begin, não insistia apenas em uma forte declaração de direitos, mas também na necessidade de restringir severamente o exercício por Ben-Gurion de amplos poderes de emergência sob estatutos herdados do Mandato.[500] Os líderes de esquerda do Mapam fizeram demandas semelhantes – até mesmo comunistas

---

498 AVISHAI, Bernard. *The tragedy of Zionism*: how its revolutionary past haunts Israeli democracy. Nova York: Helios Press, 2002, p. 187.

499 Declaração de Meir Ya'ari (Mapam), Meir Wilner (Maki), Yaakov Meridor (Herut), e Yaakov Klivnonv (Sionistas Gerais), apresentadas em *Meetings 115–117 of the Knesset*, 13-20 fev. 1950, pp. 766/767, 800, 823 e 835.

500 Statement of Menachem Begin [Declaração de Menachem Begin]. *Proceedings of the 113th Meeting of the First Knesset*, 7 fev. 1950, pp. 737-740 (exigindo uma constituição que restringiesse o uso pelo governo de ordens de emergência, buscas invasivas e censura militar).

se uniram na defesa do constitucionalismo.[501] Ao todo, cerca de quarenta membros da Assembleia apresentaram eloquentes declarações de princípio a favor de uma constituição – provocando confrontos furiosos no plenário, que às vezes levaram ao caos absoluto. De maneira notável, quando Menachem Begin afirmou que apenas uma Constituição escrita poderia conter os abusos da lei marcial por parte do governo, ele foi calado e denunciado por apresentar "um discurso de incitamento, não um discurso pela constituição".[502]

Enquanto a nação assistia, os debates tomaram um rumo que foge do relato de maximização do poder. Essa interpretação padrão supõe que Ben-Gurion poderia contar com o apoio incondicional dos 46 membros do seu partido, o Mapai, garantindo assim uma maioria junto com os 16 membros da Frente Religiosa Unida (e alguns outros aliados de Ben-Gurion). De modo geral, a presunção de lealdade partidária faz sentido em um sistema como o de Westminster, uma vez que primeiros-ministros podem destruir a carreira de membros que se recusam a apoiar o governo em votações importantes. No entanto, essa presunção de lealdade pode não fazer sentido em contextos revolucionários, quando os primeiros-ministros repudiam os princípios do partido-movimento.

Isso é exatamente o que aconteceu no caso de Ben-Gurion. Apesar de sua centralidade simbólica e habilidade política, os principais membros de seu próprio partido começaram a atacar seu fracasso em cumprir os compromissos constitucionais da Declaração. Ouçamos Ben-Zion Dinaburg do Mapai discursando na Câmara em um estágio inicial do debate:

---

501 Statement of Meir Ya'ari, *Proceedings of the 115th Meeting of the Knesset*, 13 fev. 1950, pp. 766/767; Meir Wilner (comunista), *Proceedings of the 116th Meeting of the Knesset*, 14 fev. 1950, p. 80.

502 *Proceedings of the 113th Meeting of the First Knesset*, 7 fev. 1950, pp. 736 e 738.

> O que, em essência, é uma constituição? Uma constituição é, antes de tudo, a expressão da vontade comum das pessoas que vivem juntas sob uma autoridade comum. A constituição estabelece o arcabouço e os princípios segundo os quais as pessoas desejam se comprometer e construir suas vidas juntas...
> Todos os imigrantes que vêm agora para cá entendem o que é a vida nacional? Nem tenho certeza de que todos os que estão aqui há muito tempo entendam o que é uma vida nacional e o que cada cidadão deve ao Estado. Uma constituição não é o maior instrumento para colocar o Estado no coração do soldado?[503]

Dinaburg também enfrentou a objeção frequente de que uma Constituição escrita dava muito poder a juízes não eleitos para tomar decisões cruciais em um momento perigoso:

> Por que deve ser uma corte? Em nossas circunstâncias, podemos decidir que o Knesset selecionará um órgão específico, o comitê constitucional do Knesset, que revisará cada lei que está sob consideração e apresentará sua opinião ao Knesset. Esse poderia ser um comitê *ad hoc* específico para essa finalidade e poderia ter representantes de todos os partidos e pessoas qualificadas.[504]

Ele enfatizou que os franceses e muitas outras nações haviam fracassado repetidamente em sustentar suas democracias apesar de suas constituições escritas. Em contraste, os britânicos não perderam

---

503 Statement of Ben Zion Dinaburg, [Declaração de Ben Zion Dinaburg]. *Proceedings of the 113th Meeting of the Knesset*, 7 fev. 1950, pp. 741/742. Outras figuras importantes, incluindo Zerach Warhaftig do Bloco Religioso Unido, também enfatizaram o papel pedagógico da constituição. Ver: Statement of Ben Zion Dinaburg, [Declaração de Ben Zion Dinaburg]. *Proceedings of the 113th Meeting of the Knesset,* 7 fev. 1950, p. 731.

504 Statement of Ben Zion Dinaburg, [Declaração de Ben Zion Dinaburg]. *Proceedings of the 113th Meeting of the Knesset*, 7 fev. 1950, p. 743.

tempo proclamando grandes princípios constitucionais. Em vez disso, se concentraram nos problemas particularmente urgentes de sua época – e desenvolveram soluções de bom senso que tinham amplo apelo. Esse método "indutivo" permitiu que construíssem uma democracia vibrante passo a passo – e o primeiro-ministro instou seus compatriotas a adotarem a mesma abordagem. Em vez de perder tempo debatendo uma Constituição, o Knesset deveria concentrar todas as suas energias na defesa do país contra ameaças externas, assimilando novos imigrantes, colonizando o Negev e construindo a enorme infraestrutura necessária a uma economia moderna.

Ao defender sua posição, Ben-Gurion ignorou as propostas institucionais inovadoras de Dinaburg e repetiu advertências familiares sobre a supremacia judicial.[505] Mas seu antagonismo aos juristas era secundário em relação à sua insistência de que o Knesset e os cidadãos comuns deveriam seguir o padrão de solução de problemas da Grã-Bretanha no caminho para a democracia e a liberdade.

Tudo o que sabemos sobre Ben-Gurion sugere que sua admiração pelo governo ao estilo de Westminster era inteiramente sincera, e não apenas um esforço de ocasião para embelezar sua tomada de poder. Ela foi um fator significativo em sua decisão muito autoconsciente de perder a "corrida contra o tempo".

---

505 Statement of [Declaração de] David Ben-Gurion, *Proceedings of the 117th Meeting of the Knesset*, 20 fev. 1950, pp. 812-820, que deu ênfase especial à era *Lochner*:

A Suprema Corte arrogou-se o direito – apesar de não haver menção a isso na Constituição – de decidir que os estatutos aprovados pelo representante do povo no Congresso violam a Constituição, e que tem o poder de anular a lei mesmo que a grande maioria do povo e seus representantes a apoiem... e, assim, a Suprema Corte tornou-se um poder bloqueador, conservador e obstrutivo que privilegia os direitos de propriedade em detrimento dos direitos humanos. (Statement of [Declaração de] David Ben-Gurion, *Proceedings of the 117th Meeting of the Knesset*, 20 fev. 1950, p. 816).

A Resolução Harari: uma visão revisionista

Apesar do contra-ataque de Ben-Gurion, seus críticos continuaram a pressionar suas objeções durante os meses seguintes – forçando que a questão retornasse ao plenário em 1950. Nesse ponto, Ben-Gurion mudou de posição novamente. Em vez de continuar sua resistência radical, ele ofereceu a seus oponentes um ramo de oliveira. Ele deu seu apoio a uma resolução apresentada por Yizhar Harari, membro de um pequeno partido liberal, que oferecia uma saída para que ambos os lados ultrapassassem o confronto crescente. A Resolução Harari abria mão da exigência de Menachem Begin de que o Knesset assumisse imediatamente sua tarefa de adotar uma Constituição abrangente em nome do Povo. No entanto, também rejeitava a insistência de Ben-Gurion na resolução de problemas concretos. Em vez disso, estabelecia uma abordagem pragmática que autorizava o Knesset a promulgar Leis Básicas passo a passo.

Para Harari, o desafio era aprender com a experiência. À medida que o governo respondia aos problemas concretos que surgiam em uma ou outra esfera da vida pública, deveria tentar gerar princípios que merecessem elaboração e codificação após sério debate parlamentar. Mas até que isso acontecesse, era melhor evitar os grandes pronunciamentos associados aos paradigmas francês ou estadunidense. Com o tempo, os esforços do Knesset para escrever Leis Básicas de forma fragmentada poderia culminar em uma Constituição abrangente para o povo de Israel.[506] Mas a

---

506 Addenda to the Protocols for the 150th through 152nd meetings for the First Knesset [Adendos aos Protocolos para as 150ª e 152ª reuniões do Primeiro Knesset], 1950, p. 1743. ("O Primeiro Knesset encarrega o Comitê de Constituição, Lei e Justiça de regidir uma proposta de constituição para o Estado. A constituição deve serc ompilada uma seção de cada vez de tal maneira que cada seção constituirá uma Lei Básica. As seções serão apresentadas ao Knesset quando o comitê concluir seu trabalho, e todas as seções juntas devem se combinar para formar a Constituição do Estado de Israel").

Resolução oferecia essa perspectiva para um futuro remoto; no aqui e agora, o pragmatismo de princípio deveria estar na ordem do dia.

Dadas as mudanças de posição anteriores de Ben-Gurion, é fácil ver seu apoio a Harari em termos puramente oportunistas. Ele já tinha 64 anos em 1950, e os dez anos seguintes é que seriam importantes para ele do ponto de vista prático. Se sua posição suprema como primeiro-ministro ao estilo de Westminster estivesse garantida pela década seguinte, isso seria o suficiente para ele. Do ponto de vista do interesse próprio, a questão operacional era se a Resolução proporcionaria aos líderes do Mapai, como Dinaburg, uma maneira de permanecerem leais a seu partido e continuar a apoiá-lo como primeiro-ministro. Desse ângulo, a Resolução tinha a grande vantagem de permitir que eles preservassem seu compromisso com uma constituição escrita ao mesmo tempo que fornecia a Ben-Gurion tudo que ele precisava no curto prazo.

Mas, novamente, essa conta de maximização de poder não faz justiça à lógica revolucionária da situação de Ben-Gurion. Ele não estava preocupado apenas com a próxima década. Ele também estava preocupado com o legado fundamental que deixaria para as futuras gerações de israelenses. A partir dessa perspectiva, a próxima votação da Resolução Harari teria um significado especial.

Se Dinaburg e outros desertassem e obrigassem o Knesset a adotar uma Constituição escrita, Ben-Gurion estaria em uma posição precária. Para sustentar sua liderança no Mapai, ele teria que demonstrar que estava preparado para cumprir as exigências de Dinaburg e promulgar um projeto como o de Kohn como a lei suprema de Israel. Mas ele teria que compartilhar a glória com uma estrela em ascensão que desempenhou um papel central em levar a questão para o centro das atenções; ninguém menos que seu inimigo, Menachem Begin, de 37 anos.

Pior ainda, uma vez que Ben-Gurion deixasse a cena, Begin despontaria como o Pai Fundador da República sobrevivente e usaria sua estatura simbólica aprimorada como uma arma poderosa para derrotar a próxima geração de líderes do Mapai em sua luta por ascensão política.

Em contraste, se Ben-Gurion pudesse evitar deserções do Mapai e obter apoio majoritário para Harari, ele estaria em posição de garantir seu legado de fundação da maneira propriamente britânica - fornecendo exemplos de resolução de problemas por estadistas que serviriam como precedentes concretos para as futuras gerações emularem. Na verdade, se esses precedentes finalmente culminassem em uma Constituição abrangente, isso serviria apenas para consolidar o papel de Ben-Gurion como líder decisivo da revolução.

O ramo de oliveira de Ben-Gurion, em suma, não era apenas o produto da maximização de poder no curto prazo – embora esse certamente fosse um fator vital. Também surgia da preocupação de que a colaboração com Menachem Begin permitisse a Begin surgir como o último Grande Pai Fundador do país e destruir o Mapai e sua tentativa de preservar o legado socialdemocrata da revolução sionista.

Mas agora que Dinaburg e outros tinham se rebelado, Ben-Gurion não podia mais determinar o destino da Resolução Harari. A menos que os rebeldes voltassem ao rebanho, Harari seria derrotado e Ben-Gurion não teria escolha a não ser formar uma coalizão Mapai-Mapam-Herut que promulgaria uma Constituição escrita amplamente semelhante à da França ou da Itália do pós-guerra.

O momento da verdade veio em 13 de junho de 1950, quando o projeto de Harari foi submetido à votação final. Como a Assembleia decidiria?

A resposta é surpreendentemente equívoca. Por um lado, nenhum dos parlamentares que estavam em cima do muro se juntou aos 38 sionistas que votaram "não" para a Resolução. Por outro, o governo conseguiu convencer apenas 50 membros a votarem "sim". Os 19 representantes presentes recusaram-se a tomar um lado – 3 se abstiveram e 11 deixaram a câmara.[507]

50 a 38 a 19: a contagem provou-se de fato decisiva, levando os secularistas a abandonar sua campanha por uma Constituição fundadora. No entanto, ela levanta todos os tipos de quebra-cabeças jurisprudenciais. Lembremos que a Declaração da Independência exigia *explicitamente* que a Assembleia concentrasse todas as suas energias em sua função constitucional. Com que direito uma *minoria* de cinquenta membros dava as costas à Declaração e se recusava a aceitar *qualquer* responsabilidade de apresentar uma proposta abrangente, deixando essa tarefa para um futuro remoto? Essa tomada de poder por cinquenta membros não transformaria a Assembleia Constituinte em um Knesset totalmente à margem da lei, especialmente devido ao entendimento predominante dos eleitores sobre sua missão no momento em que foram às urnas para eleger deputados para a Assembleia?

Deixo esses enigmas para os teóricos positivistas da "ciência pura do direito", que supõem que existe uma linha nítida que separa as afirmações de autoridade política constitucionais das inconstitucionais. O objetivo deste livro é mostrar como a dinâmica revolucionária, de maneira característica, leva os atores a cruzar a linha positivista de maneiras não convencionais – combinando recursos legais e ilegais de maneiras complexas enquanto tentam estabelecer sua autoridade. A partir dessa perspectiva, o desafio é demonstrar como, apesar de toda a sua aparente ilegalidade, Ben-Gurion conseguiu *legitimar* uma decisão coletiva de se

---

507 *Proceedings of the 151st Meeting of the First Knesset*, 13 jun. 1950, pp. 1721-1723. Anteriormente, havia sido realizada uma votação considerando, junto com a Harari, uma moção alternativa "de 37 membros" instruindo o Comitê de Constituição a apresentar uma constituição completa ao plenário antes da dissolução do Knesset. A votação desse pedido foi de 50 para a Harari, 39 para a moção alternativa, 13 abstenções e 11 membros deixando a câmara. *Proceedings of the 151st Meeting of the First Knesset*, 13 jun. 1950, p. 1720.

afastar da Declaração e seguir o caminho do pragmatismo de princípios de Harari.

Antes de avançar para os Tempos Três e Quatro, quero fazer uma pausa para refletir sobre uma consequência imediata da recusa do primeiro-ministro de constitucionalizar seu carisma no Tempo Dois.

A dignidade humana e o Holocausto: a contribuição israelense perdida

Ao mesmo tempo em que Israel estava dando as costas a uma Constituição escrita, as Nações Unidas estavam impulsionando uma nova grande ideia no cenário mundial. A Declaração Universal dos Direitos Humanos de 1948 comprometia todos os seus signatários com o "reconhecimento da dignidade inerente... a todos os membros da família humana".[508] No mesmo ano, a nova Lei Básica da Alemanha Ocidental começou com a proposição "A dignidade humana será inviolável". Até então, os apelos constitucionais à "dignidade humana" eram virtualmente desconhecidos – a única exceção foi seu aparecimento na Constituição da República da Irlanda em 1937.[509] No entanto, desde que a Declaração Universal da ONU e a Lei Básica da Alemanha Ocidental endossaram o conceito, a "dignidade humana" tem sido um dos temas abrangentes que impulsionam o constitucionalismo, moldando profundamente a compreensão mundial sobre os usos legítimos do poder.

Mas estamos falando da década de 1940, não na década de 2010. Naquele momento inicial, é inquestionável que a Assembleia

---

508 *Declaração Universal dos Direitos Humanos* (1948), Preâmbulo, disponível em: https://www.unicef.org/brazil/declaracao-universal-dos-direitos-humanos. [link em port.].

509 McCRUDDEN, Christopher. "Human Dignity and Judicial Interpretation of Human Rights". *European Journal of International Law*, vol. 19, 2008, pp. 655-724.

Constituinte de Israel, se tivesse sido autorizada a cumprir a missão traçada pela Declaração, teria dado uma contribuição precoce e decisiva para a jurisprudência da dignidade.

Lembremos que a versão final de Kohn declarava explicitamente que "o Estado deve... preservar a dignidade do homem". A escolha dessa fórmula não foi de modo algum acidental – Kohn havia sido um consultor dos irlandeses quando eles introduziram o princípio pela primeira vez em sua Constituição de 1937.[510] Mas pelas mãos de Israel, o mesmo princípio teria ganhado importância mundial à luz do Holocausto. O projeto de Kohn desenvolvia ainda mais esse vínculo, mas deixo ao leitor a tarefa de imaginar a profundidade da declaração constitucional que teria surgido após o debate na Assembleia.[511]

Apenas uma coisa está clara: uma Constituição israelense teria surgido como um dos três pilares dos direitos humanos, junto com a Declaração Universal e a Lei Básica Alemã, durante os anos 1950. Independentemente do que ele possa ou não ter realizado, a rejeição de Ben-Gurion de uma Constituição fundadora tornou impossível para Israel dar uma contribuição única para o desenvolvimento mais importante das legislações de direitos humanos na era moderna.

---

510 RADZYNER, Amihai. "A Constitution for Israel: the design of the Leo Kohn Proposal, 1948". *Israel Studies*, vol. 15, 2010, p. 3.

511 Kohn (KOHN, Leo. *A constitution for Israel*: draft and explanatory Statement. Israel: Tel-Aiv, 1948, p. 191. Disponível em: http://storage.archives.gov.il/Archives/0b0717068003715a/ Files/0b07170680757b89/00071706.81.D0.6C.F7.pdf) art. 12:

> O Estado deve assegurar a santidade da vida humana e defender a dignidade do homem. Não haverá pena de morte, nem ninguém será submetido a tortura, açoitamento ou castigo humilhante. É proibida a aplicação de pressão moral ou violência física durante os interrogatórios policiais; as provas obtidas por tais métodos não serão admissíveis perante Corte.

11.2.3 Tempo Três: crise de sucessão

Desde a década de 1990, a Suprema Corte israelense tem de fato elaborado uma poderosa jurisprudência sobre a "dignidade humana" – engajada na mesma conversa jurídica mundial da qual esteve visivelmente ausente durante a primeira geração do pós-guerra. Sob a liderança de seu presidente, Aharon Barak, as opiniões da Corte transformaram o princípio da dignidade abstrata em um conjunto de doutrinas rígidas que poderiam servir como uma estrutura analítica rigorosa para a proteção dos direitos fundamentais.[512] Esse esforço influenciou profundamente cortes em muitos outros lugares. Dado o papel de liderança da Corte de Barak, suas decisões particulares têm sido objeto de intenso escrutínio crítico – alguns juízes e comentadores os denunciam por seu "ativismo judicial", enquanto outros aplaudem suas intervenções em nome dos mais frágeis.[513]

Não me envolverei nesse debate. Em vez disso, considerarei se a própria existência da Corte de Barak refuta uma das principais teses apresentadas em meus outros estudos de caso. Em particular, os casos polonês e birmanês enfatizam o alto significado da "corrida contra o tempo" na Fundação e as trágicas consequências de perder essa corrida. Como, então, a Corte de Barak conseguiu vindicar o princípio da dignidade humana no Tempo Três, apesar da recusa de David Ben-Gurion em constitucionalizá-lo no Tempo Dois?

Nossos estudos sobre Índia, Itália e França permitem perceber algumas coisas. Os partidos-movimento revolucionários em todos os três lugares foram mais bem-sucedidos do que em Israel

---

512 WAGNER, Markus. "Transnational Legal Communication: a Partial Legacy of Supreme Court President Aharon Barak". *Tulsa Law Review*, vol. 47, 2013; McCRUDDEN, Christopher. "Human Dignity and Judicial Interpretation of Human Rights". *European Journal of International Law*, vol. 19, 2008, pp. 655-724.

513 FISS, Owen. "Law is Everywhere". *Yale Law Journal*, 2007, p. 117; BORK, Robert. "Barak's Rule". *Azure*, nº 27, 2007, p. 125.

na constitucionalização de seu carisma imediatamente após a Segunda Guerra Mundial. No entanto, suas cortes constitucionais não começaram imediatamente a fazer uso agressivo de seus poderes de revisão judicial. Elas afirmaram essa autoridade somente mais tarde, quando os líderes simbólicos da revolução morreram ou renunciaram, deixando um "vácuo de legitimidade" que os juízes tentaram preencher durante as crises de sucessão que se seguiram.

O Tempo Três foi complicado em todos os casos: foi preciso muita habilidade política e judicial, bem como pura sorte, para que as cortes fossem reconhecidas como guardiãs supremas de seu legado constitucional revolucionário. Esses estudos de caso anteriores fornecem o ponto de partida para minha análise.

Os comentaristas da Corte de Barak geralmente iniciam sua discussão na década de 1990, quando ela começou a afirmar sua jurisprudência sobre a dignidade em termos notavelmente amplos.[514] Mas partirei de um ponto muito anterior, quando a partida de Ben-Gurion e o declínio do Mapai criaram uma crise de sucessão que exibe semelhanças estruturais com as vividas na França, Itália e Índia. Como nesses casos, a ascensão da Suprema Corte israelense é mais bem entendida como produto de uma postura de estadistas no poder judiciário em um momento em que o país lutava para resolver sua própria crise de sucessão.

Começarei minha história em 1963, quando um Ben-Gurion de 76 anos decidiu que havia chegado o momento de passar sua liderança do Mapai a um sucessor escolhido a dedo. Como nos casos análogos francês/indiano/italiano, ele escolheu um assessor totalmente sem carisma que habilmente lidou com uma série de questões políticas complexas enquanto Ben-Gurion confrontava as

---

514 Para uma exceção esclarecedeora, ver WEILL, Rivka. "The Strategic Court of Aharon Barak and Its Aftermath". (no prelo 2019). Disponível em: https://clb.ac.il/wp-content/uploads/2018/12/Weill-The-Strategic-Court-of-Aharon-Barak.pdf. Acessado em: 31.01.2022.

grandes questões da identidade nacional deixadas pela revolução bem-sucedida do país. Nesse caso particular, Ben-Gurion recorreu a Levi Eshkol, que, como ministro das finanças, fez um excelente trabalho atraindo fluxos maciços de capital da América e da Europa que impulsionaram a economia de Israel com notável sucesso.

Mas ele se arrependeu rapidamente de sua decisão. Quando Eshkol se mostrou resistente a seus comandos, Ben-Gurion saiu melodramaticamente do Mapai e organizou um novo partido-movimento, o Rafi, buscando tirar Eshkol e seus comparsas pouco carismáticos do poder e restaurar o grande espírito da revolução. Mas o Mapai não estava tão frágil quanto Ben-Gurion supôs. Eshkol formou a Aliança dos Trabalhadores com um grupo de esquerda menor, o Ahdut HaAvoda, e obteve uma vitória esmagadora sobre o Rafi.[515] Então veio o surpreendente triunfo militar da Guerra dos Seis Dias, que deu ao Mapai um grande impulso e levou Eshkol a organizar uma incorporação total do Rafi no Partido Trabalhista.[516]

Ben-Gurion discordou ruidosamente e tentou formar mais um partido do movimento rival pouco antes de sua morte, mas o Partido Trabalhista parecia estar administrando sua partida muito bem. Contudo, seu aumento de popularidade durante a guerra teve um custo significativo. Durante os vinte e cinco anos de ascendência de Ben-Gurion, ele tratou firmemente seu antigo

---

515 Com uma participação eleitoral de 86%, a Aliança de Eshkol obteve 37% dos votos e 45 assentos, enquanto o Rafi de Ben-Gurion obteve 9% dos votos e 10 assentos. A Aliança então formou uma coalizão com o Partido Religioso Nacional (11 assentos) e o Mapam (8), bem como um bando de partidos menores: Liberais Independentes (5 assentos), Poalei Agudat Yisrael (2), Progresso e Desenvolvimento (2) e Cooperação e Fraternidade (2). AVNER, Yehuda. *The prime ministers*. Connecticut: Toby, 2010, p. 109; SHALOM, Zaky. *Ben-Gurion's political struggles, 1963-1967*: a lion in winter. Londres: Routledge, 2006, p. 64.

516 MENDILOW, Jonathan. *Ideology, party change, and electoral campaigns in Israel, 1965-2001*. Albany: State University of New York Press, 2003, p. 53.

rival, Menachem Begin, como um pária político – nunca permitindo que o Herut se unisse à coalizão governante do Partido Trabalhista. Mas na corrida para a Guerra dos Seis Dias, Eshkol indicou Begin como ministro sem pasta em um "governo de unidade nacional", e o antigo inimigo de Ben-Gurion continuou no gabinete quando Golda Meir tornou-se primeira-ministra após a morte de Eshkol em 1969.

A entrada de Begin no governo melhorou significativamente sua posição perante o público em geral, mas ele logo reafirmou seu *status* de *outsider* em 1970 ao renunciar em protesto contra o pragmatismo cauteloso de Golda Meir. No entanto, ele não ficou de fora por muito tempo. A Guerra do Yom Kippur marcou uma virada decisiva. O fraco desempenho do exército no campo de batalha forçou Meir a renunciar e deixar Yitzhak Rabin no comando de um governo trabalhista cambaleante após uma série de escândalos de corrupção.

Isso deu a Begin sua abertura. Ele era o último herói revolucionário remanescente que não estava manchado pela corrupção e incompetência dos trabalhistas. Ele também tinha muito mais simpatia pela situação de uma nova onda de imigrantes religiosos do Oriente Médio e da África, que se ressentiam amargamente de serem tratados com desdém por judeus que haviam imigrado da Europa. O próprio Begin tinha convicções seculares, mas era genuinamente solidário com a situação dessa nova geração de imigrantes cujas crenças religiosas os obrigaram a fugir de sua terra natal e buscar refúgio em Israel. Ele agiu decisivamente para se apresentar como o porta-voz desses *outsiders*.

Além disso, suas posições cada vez mais enfáticas a favor do livre mercado poderiam atrair uma nova geração de judeus europeus. Depois de trinta e cinco anos de influxos maciços de capital, esses jovens israelenses estavam muito mais interessados nos desafios do empreendedorismo do que em revigorar os ideais socialistas de seus pais – muitos dos quais também mudaram seu foco para oportunidades de livre mercado.[517]

Tudo isso permitiu a Begin e seu partido – agora chamado de Likud – transformar as eleições de 1977 em uma "revolução política" ou HaMahapakh – como passou a ser chamada. A caracterização revolucionária pode parecer exagerada se olharmos apenas para os resultados eleitorais. O Likud venceu os trabalhistas por 33% a 25%, ganhando 43 assentos contra 32 do rival. Begin só conseguiu obter o controle do Knesset reunindo uma pequena maioria de 61 assentos com a ajuda dos partidos religiosos.[518] Na verdade, o Likud e os trabalhistas competiram em termos eleitorais relativamente iguais nas duas décadas seguintes.

No entanto, se olharmos além dos números, o HaMahapakh representou um momento de transição revolucionária. Marcou o fim de uma era em que os trabalhistas podiam se apresentar como representante privilegiado dos ideais de Nós, o Povo, firmados na Fundação. Embora o partido continuasse a invocar Ben-Gurion e outros heróis revolucionários, o público em geral não concedia mais ao Mapai a centralidade simbólica que ele havia reivindicado com sucesso anteriormente. Doravante, estaria competindo com o Likud e outros rivais com base em suas propostas para o futuro, e não em seu passado heroico. HaMahapakh, em suma, marcou a resolução relativamente bem-sucedida de Israel de sua "crise de sucessão".

---

517 PERETZ, Don. "The earthquake: Israel's ninth Knesset elections". *Middle East Journal*, vol. 31, 1977, pp. 251-256.

518 "Ninth Knesset, Government 18". Disponível em: https://www.knesset.gov.il/govt/eng/GovtByNumber_eng.asp?govt=18. Mais tarde, Begin expandiu sua maioria incluindo um novo partido de centro, o Dash, que implodiu depois de dois anos. ETZIONI-HALEVY, Eva; LIVNE, Moshe. "The Response of the Israeli Establishment to the Yom Kippur War Protest". *Middle East Journal*, vol. 31, 1977, pp. 281-296.

Portanto, é revelador encontrar Aharon Barak entrando na cena pública exatamente neste momento do Tempo Três. O governo trabalhista de Yitzhak Rabin, repleto de escândalos, recorreu a ele em 1975 como parte de seu esforço desesperado para recuperar o apoio público. Barak, de 39 anos, era então um astro acadêmico que recentemente se tornara reitor da Faculdade de Direito da Universidade Hebraica. Quando Rabin o nomeou procurador-geral, Barak recebeu muitos aplausos por sua integridade ao lidar com processos altamente controversos. Isso levou Begin a mantê-lo como procurador-geral depois que o Likud derrotou os trabalhistas nas eleições de 1977. Begin então pediu a Barak para servir como seu consultor jurídico durante as negociações de Camp David – onde mais uma vez o jovem astro recebeu elogios por seu profissionalismo.

O reconhecimento conjunto tanto dos trabalhistas quanto do Likud fez de Barak uma escolha óbvia quando uma vaga na Suprema Corte foi aberta em 1978. Uma vez nomeado, seu apoio bipartidário deu a Barak credibilidade especial para instar seus colegas a preencher o vácuo de legitimidade deixado pela partida da geração fundadora. Com o Partido Trabalhista e o Likud presos em um conflito partidário, coube à Corte elaborar os compromissos fundamentais da nação que pudessem unir todos os israelenses. Se a Corte não o fizesse, quem faria?

A ênfase de Barak na dignidade humana forneceu à Corte uma forma particularmente convincente de cumprir essa missão. Como vimos, se Ben-Gurion tivesse levado o país a abraçar uma Constituição fundadora, ele teria legado um texto em resposta ao horror do Holocausto ao proclamar a determinação de Israel em defender a dignidade humana. Ao abordar esse tema, a Corte estava enraizando o presente contencioso do país em um compromisso comum com seu passado revolucionário.

Para argumentar no interior da estrutura mais ampla exposta até aqui: vimos repetidas vezes cortes assumirem a liderança constitucional para preservar os princípios revolucionários fundamentais quando a geração fundadora saiu de cena. Esses compromissos fundadores foram estruturados em termos diferentes nos diferentes países, de modo que os juízes cumpriram essa função preservacionista desenvolvendo linguagens jurídicas apropriadas a seu contexto temporal e geográfico.

No entanto, a mesma dinâmica de legitimação impulsiona esses empreendimentos preservacionistas, apesar de sua aparência doutrinária diferente. Desse ponto de vista, a virada da Corte israelense em favor da dignidade humana não deveria ser uma surpresa. Quando vista em uma perspectiva comparativa, é simplesmente mais um exemplo de cortes exercendo sua função preservacionista durante uma crise de sucessão.

Essa conclusão aparece, entretanto, apenas quando a Corte de Barak é incluída na estrutura intergeracional que serviu para organizar este livro. Somente ligando os Tempos Um, Dois e Três de forma sistemática podemos vislumbrar uma lógica mais profunda que legitima a ascensão da revisão judicial ao longo dos trinta anos de Barak na Corte. Mas a maioria das discussões adota uma perspectiva de curto prazo – divorciando o Tempo Três de suas raízes revolucionárias nos Tempos Um e Dois – e, sem surpresa, chegam a conclusões muito diferentes.

A influente discussão de Ran Hirschl nos ajuda a compreender isso.[519] Em sua opinião, a Corte de Barak fornece um exemplo particularmente vívido de uma patologia mundial: ao se entregarem a conversas grandiloquentes sobre a "dignidade humana", os juízes contemporâneos usam essa retórica como uma cortina de fumaça para a intervenção judicial a favor dos ricos e poderosos. Essas elites econômicas estão profundamente comprometidas com o individualismo liberal, o livre mercado e o cosmopolitismo global. Mas as

---

519 HIRSCHL, Ran. *Towards juristocracy*: the origins and consequences of the new constitutionalism. Cambridge: Harvard University Press, 2007, p. 54.

classes mais baixas são mais atraídas por apelos à solidariedade coletiva e ao bem-estar social. Quando os políticos democráticos respondem a essas demandas populares de maneiras que ameaçam os compromissos da elite, falar de "dignidade humana" fornece uma linguagem jurídica atraente que a superelite judicial utiliza para vetar demandas democráticas por justiça social.

Para Hirschl, Israel é um exemplo espetacular dessa tendência mundial de "preservação hegemônica" do poder da elite. A Corte de Barak fala pelos judeus cujos pais ou avós escaparam da opressão europeia durante a primeira metade do século XX. Essa "burguesia Ashkenazi" dos velhos tempos é cada vez mais superada numericamente pelos recém-chegados com origens e crenças muito diferentes. Mas eles se recusam a aceitar seu papel diminuído na política democrática e aplaudem a luta contínua da Corte de Barak para manter sua hegemonia constitucional em nome da "dignidade humana".

A análise de Hirschl levanta uma grande questão, que é adequadamente ilustrada por aquele membro paradigmático da chamada burguesia Ashkenazi: Aharon Barak. O futuro presidente da Suprema Corte de Israel nasceu em Kovno, Lituânia, em 1936. Seu pai era advogado e sua mãe professora. Quando os nazistas invadiram o país, eles foram confinados nas condições opressivas do gueto judeu de Kovno. No fim da guerra, a família fugiu da ocupação russa e vagou por anos pela Europa como refugiados antes de conseguir chegar a Israel em 1947 – permitindo que Aharon, de 11 anos, atingisse a idade adulta em meio às grandes lutas políticas e militares da Fundação.

Na avaliação de Hirschl, esses detalhes biográficos servem apenas para explicar o engajamento entusiástico de Barak na "preservação hegemônica" dos valores da elite burguesa quando os colonos Ashkenazi enriqueceram durante o fim do século XX. Em meu relato, o papel de liderança de Barak no desenvolvimento da jurisprudência da Corte a favor da dignidade humana é produto de uma reflexão realizada ao longo da vida sobre o significado do Holocausto na luta revolucionária pela independência de Israel.

Isso não quer dizer que Hirschl esteja errado quando descreve os desafios políticos do país nas primeiras décadas do século XXI. Enquanto escrevo estas linhas, o governo de Benjamin Netanyahu está fazendo um esforço dramático para reorientar a identidade constitucional de Israel – enfatizando suas origens bíblicas em vez dos ideais iluministas dos sionistas que conquistaram a independência de Israel. Desse ponto de vista, há paralelos com os desenvolvimentos atuais na Índia, onde Narendra Modi e o BJP estão tentando interpretar a luta pela independência indiana de maneiras que enfatizem suas raízes hindus em detrimento dos compromissos iluministas de Nehru e seu Partido do Congresso.

No entanto, há também uma diferença óbvia. Em contraste com a Suprema Corte indiana, a Corte israelense não pode apelar para textos incisivos herdados da Constituição fundadora – pois ela não existe. O melhor que pode fazer é apontar para a Lei Básica mais recente sobre a Dignidade Humana aprovada pelo Knesset como parte de um esforço maior na década de 1990 para revigorar a autorização pela Resolução Harari de uma abordagem fragmentada à construção constitucional. Como veremos, a nova iniciativa de Netanyahu foi provocada pelo uso da Lei da Dignidade Humana pela Corte de Barak como plataforma de lançamento de sua iniciativa a favor da dignidade – e por isso ele está tentando aprovar novas Leis Básicas que repudiam as iniciativas da Corte.[520]

Como sempre, é melhor prosseguir passo a passo – traçando a forma como a tradição da Lei Básica evoluiu desde a Resolução Harari até a década de 1990, quando se tornou a base para as

---

520 "Israel's Justice Minister Imposes Four New Supreme Court Justices". *The Economist* (24 fev. 2017); HELLER, Jeffrey. "Bill to declare Israel a Jewish state back on national agenda". *Reuters*, mai. 2017.

iniciativas a favor da dignidade da Corte de Barak – e só então avaliar o atual esforço de Netanyahu para repudiar a jurisprudência da Corte aprovando um novo conjunto de Leis Básicas que impulsionam a identidade constitucional de Israel em uma direção radicalmente diferente.

Então, vamos começar a história no Tempo Dois. Enquanto Ben-Gurion e seu partido permaneceram no poder, a Resolução Harari desempenhou um papel insignificante. As poucas Leis Básicas aprovadas tratavam principalmente de assuntos incontroversos. Mas, depois que o Likud assumiu, os principais professores de Direito e juristas começaram a levar Harari a sério – lembremos que Begin e seu partido político eram oponentes vocais do ato fundador de sabotagem constitucional de Ben-Gurion. Dado o compromisso histórico do Likud com uma Constituição escrita, as elites jurídicas promoveram uma ambiciosa agenda de Leis Básicas durante a década de 1980. No entanto, as coisas andaram a passos de caracol. O governo se concentrou em questões mais urgentes de política externa e interna, e não conseguiu dedicar energia suficiente ao projeto de construção constitucional. No entanto, houve algum movimento ao longo do tempo – com a Lei Básica da Dignidade Humana finalmente entrando na agenda em 1992.[521]

---

521 O professor Amnon Rubinstein foi um membro do Knesset que desempenhou papel importante no patrocínio de um ambicioso projeto de Lei Básica durante a década de 1980. Para enfatizar o compromisso arraigado do Herut, a primeira versão da Lei Básica: Dignidade Humana que Rubinstein submeteu ao Knesset era uma cópia literal de uma proposta que o Herut apresentou durante o início da década de 1960. Ver RUBINSTEIN, Amnon. "The Struggle over a Bill of Rights for Israel". *In*: ELAZAR, Daniel (Coord.). *Constitutionalism*: the Israeli and American experiences. Lanham: University Press of America, 1990, p. 139. Rubinstein analisa a dificuldade de obter atenção política séria para sua iniciativa em prol da dignidade em RUBINSTEIN, Amnon. "Israel's Partial Constitution: the basic laws". *SSRN Electronic Journal*, 2009. Disponível em: https://ssrn.com/abstract=1406945. Acessado em: 10.01.2022; ver também, SAPIR, Gideon. "Constitutional

Essa iniciativa finalmente foi aprovada pelo Knesset, mas nunca recebeu a consideração que merecia. Em vez disso, a atenção dos parlamentares e do público foi desviada para uma segunda iniciativa constitucional apresentada na mesma sessão. A Lei Básica de Governo propôs uma grande mudança no sistema de Westminster do país. Israel não seria mais liderado por um primeiro-ministro que dependia do apoio de uma frágil coalizão majoritária no Knesset. Em vez disso, os reformadores propuseram a criação de uma presidência eleita pelo Povo, que esperavam que facilitaria uma forma mais decisiva de governo quase gaullista.

Sem surpresa, essa proposta presidencialista provocou uma tempestade de debates no parlamento. Ao deslocar a escolha do líder do país para o eleitorado, os membros do Knesset estariam se despojando de sua principal fonte de poder. O governo finalmente obteve o apoio público necessário para superar a resistência apaixonada do Knesset. Mas esse grande debate marginalizou a consideração pública séria e sustentada da lei da Dignidade Humana. De fato, quando seus dedicados proponentes finalmente conseguiram levá-la ao plenário, a maioria dos parlamentares nem sequer compareceu ao Knesset para votar na proposta. Em vez de obter o apoio de uma maioria retumbante, essa Lei Básica foi aprovada por uma votação de 32 a 21 – com apenas um quarto dos 120 membros da assembleia dizendo "sim" à Dignidade Humana![522]

Esse fato bruto lança uma grande sombra sobre a política atual. A Lei Básica recentemente promulgada pelo governo de Netanyahu redefine radicalmente a identidade constitucional do país.

---

revolutions: Israel as a case-study". *International Journal Law in Context*, vol. 5, 2009, p. 355.

522 Para comentários israelenses que enfatizam a problemática gênese democrática da Lei da Dignidade Humana, ver WEILL, Rivka. "Hybrid Constitutionalism: the Israeli Case for Judicial Review and Why We Should Care". *Berkeley Journal of International Law*, vol. 30, 2012, p. 349; GAVISON, Ruth. "Legislatures and the quest for a Constitution: the case of Israel". *Review of Constitutional Studies*, vol. 11, 2003, p. 370.

Não apenas declara que Israel é o "lar nacional do povo judeu, no qual se cumpre seu direito natural, cultural, religioso e histórico à autodeterminação". Ele prossegue proclamando "Jerusalém, completa e unida" como a capital de Israel, ameaçando exterminar as esperanças palestinas de um Estado próprio. Ele até retira o árabe de sua posição de língua oficial ao lado do hebraico – meramente garantindo aos cidadãos palestinos que essa depreciação de sua cultura não altera "o *status* dado à língua árabe antes que essa lei entrasse em vigor".[523]

É muito cedo para dizer como as cortes e o público em geral responderão a essa afirmação notável de primazia judaica. Para os presentes fins, é mais importante enfatizar a forma não menos notável como isso foi realizado. Apesar dos protestos amargos dos dissidentes, Netanyahu forçou sua aprovação no parlamento por uma votação de 62 a 55.

Não tenho dúvida de que os apologistas do governo compararão essa contagem com a votação de 32 a 21 da Lei Básica da Dignidade Humana duas décadas atrás. Eles enfatizarão que a maioria absoluta dos 120 representantes eleitos da nação afirmou a demanda de seus concidadãos por um Estado verdadeiramente judeu – e contrastarão essa afirmação majoritária com a expressão débil da soberania popular que acompanha a Lei da Dignidade.

Essa manobra retórica previsível, no entanto, só serve para reforçar minha tese básica – que enfatiza o significado duradouro da recusa autoconsciente de Ben-Gurion, no Tempo Dois, de constitucionalizar o carisma da luta revolucionária pela independência. Lembremos que o projeto Kohn insistia que a Constituição só poderia ser emendada por meio de um processo prolongado, com

523 WOOTLIFF, Raoul. "Final text of Jewish Nation-State law, approved by the Knesset Early on july 19". *The Times of Israel*, jul. 2018. Disponível em: https://www.timesofisrael.com/final-text-of-jewish-nation-state-bill-set-to-become-law/. Acessado em: 10.01.2022.

duração de muitos meses, que exigia das supermaiorias do Knesset a aprovação de revisões em duas ocasiões distintas. Lembremos também que, quando Ben-Gurion foi finalmente obrigado a permitir que o Knesset debatesse suas responsabilidades constitucionais, orador após orador enfatizaram a grande importância de consolidar os princípios fundamentais sionistas de uma forma que tornasse sua emenda extremamente difícil. Na verdade, a ampla coalizão parlamentar que expressava essas preocupações quase forçou Ben-Gurion a trilhar o caminho do constitucionalismo escrito. Se uma Constituição tivesse surgido em 1951 sob esse cenário alternativo, ela nunca teria permitido que uma única votação de 62 a 55 repudiasse os compromissos centrais da revolução sionista.

Desse ponto de vista, a recente redefinição revolucionária de Netanyahu foi realizada por meios decididamente não revolucionários. Em vez de tentar mobilizar um amplo movimento cidadão de base para gerar um ato autêntico de soberania popular, ele está aproveitando a Resolução Harari para impor uma redefinição de cima para baixo da identidade constitucional em uma nação profundamente dividida.

Em suma, Israel é um caso muito especial. Embora Harari tenha dado a Barak poder para reavaliar a centralidade dos princípios sionistas no Tempo Três, apesar da ausência de uma Constituição revolucionária no Tempo Dois, isso também está permitindo a Netanyahu repudiar esses princípios no Tempo Quatro. Devo enfatizar que a nova Lei Básica de Netanyahu não rejeita explicitamente a jurisprudência sobre a dignidade humana da Corte de Barak; mas é perfeitamente possível que futuros governos obtenham um apoio tênue para Leis Básicas adicionais que alcancem esse resultado.[524]

---

524 O governo Netanyahu também propôs uma legislação que autoriza o Knesset a anular a decisões da Suprema Corte contestadas por 61 de seus membros. Mas é improvável que o parlamento aprove essa medida tão cedo. HELLER, Jeffrey. "Israeli Legislation Reigning in Supreme court wins preliminary approval". *Reuters*, mai. 2018.

Se isso acontecer, o repúdio israelense terá um impacto significativo no debate Constitucional mundial, para o qual a Corte de Barak contribuiu muito nos últimos vinte anos.[525]

Mesmo que Israel abandone seu compromisso com a dignidade humana, posso oferecer um pequeno consolo aos juristas e políticos estrangeiros que testemunharão essa virada trágica. Não será nada fácil para países com fortes Constituições revolucionárias se envolverem em atos semelhantes de repúdio. Em lugares como a Índia ou a África do Sul, os defensores dos compromissos existentes estarão em uma posição muito melhor para forçar seus oponentes a se engajar em esforços populares massivos como aqueles que legitimaram as Constituições da Índia e da África do Sul em primeiro lugar.

Isso não significa que os defensores das Constituições revolucionárias em lugares como a Índia e a África do Sul serão vitoriosos no decorrer da próxima geração. Isso dependerá de seu sucesso em mobilizar o apoio popular em torno de uma visão revitalizada dos ideais do Iluminismo que podem ser contestados pela vida social e econômica do século XXI – e de convencer seus concidadãos de que suas novas iniciativas programáticas são muito mais construtivas do que esforços autoritários para explorar seu descontentamento, demonizando os inimigos domésticos e estrangeiros. Mas isso sugere também que as regras básicas para determinar o destino da luta contínua contra o autoritarismo serão muito diferentes em Israel do que em outros lugares.

Em países que constitucionalizaram suas revoluções no Tempo Dois, será necessário muito tempo e esforço para que os movimentos autoritários vençam sua luta. Uma única vitória nas

---

525 Para as visões complexas de Barak, que negam a autoridade do Knesset para repudiar os valores fundamentais sobre dignidade humana, ver BARAK, Aharon. *Human dignity*: the constitutional value and the constitutional right. Cambridge: Cambridge Univeristy Press, 2015, pp. 283-286.

urnas pode ser suficiente para colocar sua crítica na mesa de um debate sério. Mas não será suficiente para legitimar um mergulho no despotismo. Em vez disso, os aspirantes a déspotas encontrarão previsivelmente a resistência das cortes (e de outras instituições consolidadas) às suas iniciativas. Isso, por sua vez, fornecerá tempo e espaço para que os defensores do regime constitucional mobilizem um esforço cidadão renovado para deter a queda no autoritarismo antes que seja tarde demais. Como consequência, será necessário que o movimento autoritário ganhe *uma série* de eleições de *maneira decisiva* antes de obter a ampla legitimidade necessária para revolucionar seu legado.

Em contraste, só agora estamos começando a avaliar as consequências fatídicas da recusa de Ben-Gurion em permitir que seus companheiros sionistas inscrevessem as lições do Holocausto na Constituição do Estado de Israel. Uma vez que não possibilitou à Corte de Barak reafirmar a proteção da dignidade humana como um princípio duradouro arraigado no próprio cerne de sua identidade revolucionária, essa conquista pode ser apagada por uma série de manobras parlamentares que consigam obter estreitas maiorias no Knesset para Leis Básicas sem a necessidade de debate popular e apoio popular repetido por Nós, o Povo.

CAPÍTULO XII

CONSTITUCIONALIZANDO O CARISMA NO IRÃ

Pode parecer estranho analisar o Irã em um livro que trata de revoluções em escala humana. O país não repudiou o "constitucionalismo ocidental" ao apoiar o grande salto adiante do Aiatolá Khomeini em direção a uma utopia islâmica?

Essa é, pelo menos, a sabedoria convencional. Mas um olhar sobre os acontecimentos recentes é suficiente para levantar dúvidas. Durante sua primeira campanha presidencial em 2013, Hassan Rouhani concorreu como um forte defensor da distensão com o Ocidente, dando ênfase especial a um abrangente acordo sobre arma nucleares. O atual Líder Supremo, Ali Khamenei, se opôs categoricamente a essa iniciativa. Ele deu seu apoio a Saeed Jalili, que serviu como o principal negociador do acordo de armamento do Irã e continuou a defender uma postura linha-dura. Quando os eleitores foram às urnas, eles tinham uma escolha clara.[526]

---

526 HOSSEINIAN, Zahra; GEORGE, Marcus. "Presidential hopefuls clash on Iranian nuclear policy". *Reuters*, jun. 2013. Disponível em: https://www.reuters.com/article/us-iran-election-debate-idUSBRE9560UR20130607.

Eles deram a Rouhani uma vitória esmagadora. O Líder Supremo respondeu com uma retirada estratégica. Dado o poderoso mandato democrático de Rouhani, Khamenei reconheceu que não tinha autoridade *legítima* para bloquear o avanço diplomático de Rouhani. Em vez de invocar seus poderes constitucionais para vetar o acordo de armas nucleares, ele permitiu que ele entrasse em vigor sem qualquer demonstração pública de oposição.

Mas ele não desistiu. Em vez disso, ele viu a eleição presidencial de 2017 como uma oportunidade de conquistar um espaço que o permitisse reafirmar o controle sobre a política externa. Para surpresa de ninguém, Rouhani fez de seu acordo nuclear a peça central de sua campanha eleitoral, conclamando os eleitores a apoiarem sua iniciativa dramática. Mas, desta vez, ele enfrentaria o arquiconservador Ebrahim Raisi, cujos compromissos de longa data com o Aiatolá o levariam a ceder às opiniões de Khamenei sobre assuntos externos.

Quando confrontados com essa perspectiva, os eleitores foram às urnas para justificar a posição de Rouhani, concedendo-lhe uma vitória esmagadora de 57% a 38% sobre Raisi. Dado o reforço do mandato democrático do presidente, o Líder Supremo agora carece de autoridade legítima para exigir que o Irã se retire do acordo nuclear de Rouhani – mesmo em face de seu repúdio por Donald Trump. Apesar desse golpe, Khamenei não tentou sabotar os esforços de Rouhani para sustentar seu acordo de limitação de armas em cooperação com a Europa.

O Líder Supremo é o funcionário mais poderoso do governo iraniano. Mas chamá-lo de Supremo não o torna todo-poderoso – mesmo quando o país está lidando com questões existenciais de

---

Acessado em: 10.01.2022. Voltarei às eleições presidenciais de 2013 e 2017 e fornecerei mais documentação para minhas afirmações sobre elas depois de estabelecer uma base mais sólida para a análise constitucional nas discussões subsequentes dos Tempos Um, Dois e Três.

aniquilação nuclear. Ao contrário, a Constituição do Irã é baseada na separação de poderes – na qual diferentes ramos se envolvem em uma competição contínua pela autoridade efetiva. Como em muitos outros países, o equilíbrio do poder legítimo muda com o tempo, às vezes de forma dramática. Mas, enquanto o Irã não colapsar em um sistema de governo autocrático de cima para baixo, ele se enquadrará na minha definição de governo constitucional.[527]

O governo iraniano não é o único a autorizar funcionários não eleitos a desempenhar um papel de liderança. Os juízes da Suprema Corte estadunidense, como o Líder Supremo, têm mandado vitalício – e também reivindicam o direito de salvaguardar os valores fundamentais do regime quando eles são ameaçados por instituições eleitas pelo Povo. Obviamente, os compromissos de valor dos dois regimes são diferentes; e a Constituição iraniana dá ao Líder Supremo maiores recursos institucionais para resistir à reação das instituições eleitas. Essas diferenças são importantes. Mas elas não devem disfarçar a característica que os Estados Unidos e o Irã têm em comum: ambos são sistemas de separação de poderes provenientes de tradições constitucionais revolucionárias.

Este capítulo tomará a França, não os Estados Unidos, como base de comparação. Como veremos, o Aiatolá Khomeini – que não deve ser confundido com seu sucessor, Ali Khamenei – passou longos anos no exílio como consequência de seus repetidos atos de contestação ao regime do Xá. Por quatorze anos, ele serviu como um símbolo distante de resistência revolucionária – primeiro na Turquia, depois no Iraque e, finalmente, em Paris. Enquanto Khomeini assistia à escalada de uma nova onda de insurgência iraniana em 1978, ele se preparou para um retorno à sua terra natal de uma maneira distinta.

---

527 Para um estudo pioneiro que influenciou meu próprio esforço para estender o princípio do constitucionalismo aos Estados teocráticos, ver HIRSCHL, Ran. *Constitutional theocracy*. Cambridge: Harvard University Press, 2010.

Ele não se contentou com apelos inspiradores aos seus conterrâneos. Ele pediu a seus colaboradores mais próximos que produzissem um elaborado projeto de constituição que fornecesse ao povo iraniano uma estrutura de autogoverno após a revolução. O “projeto de Paris” iniciou um processo dinâmico de deliberação e decisão com o retorno do Aiatolá ao seu país no início de 1979. Em poucos meses, o público estava debatendo uma variedade de propostas provocadas pela iniciativa de Paris. Esse debate amplo e multidimensional levou às eleições, em 3 de agosto de 1979, nas quais os eleitores do Irã escolheram uma Assembleia Constituinte para elaborar um projeto final. Em meados de novembro, a Assembleia apresentou sua proposta aos eleitores – que a aprovaram em um referendo em 3 de dezembro. Isso preparou o cenário para uma segunda rodada de eleições no início de 1980, nas quais os iranianos voltaram às urnas para preencher os cargos que sua Constituição havia criado para governar em seu nome.

Em suma, o Irã oferece um forte contraste com nossos estudos de caso da Polônia, Birmânia e Israel. Enquanto os revolucionários desses países perderam a corrida contra o tempo, os iranianos não permitiram que outras questões prementes – e havia muitas! – os desviassem de priorizar a Constituição como um objeto central de preocupação. Esse sucesso fundador, devo argumentar, foi o ponto de partida de uma dinâmica histórica fascinante que, quarenta anos depois, impõe freios e contrapesos substanciais ao atual Líder Supremo.

O contraexemplo iraniano assume um interesse ainda maior quando exploramos as características específicas de sua construção constitucional. O projeto inicial de Khomeini não apenas foi escrito em Paris; ele deve muito à Constituição da Quinta República – tanto em seu texto quanto em seu desenho institucional.

Isso não aconteceu apenas porque o Aiatolá foi forçado a encontrar refúgio na cidade-luz. A elite educada iraniana foi profundamente influenciada pela cultura francesa ao longo do século

XX. Khomeini e outros líderes xiitas estavam mais interessados em adaptar, em vez de repudiar, as ideias francesas em seu esforço para construir um sistema que fosse islâmico *e* republicano. Como consequência, a Quinta República forneceu o modelo "óbvio" para seus esforços para projetar uma estrutura plausível para a futura República Islâmica do Irã.

Sob a Constituição de 1979, o Líder Supremo tinha seu poder contrabalançado por um sistema de freios e contrapesos exercido pelo presidente, o primeiro-ministro, o parlamento e o conselho constitucional, todos falando pelo Povo de maneiras inspiradas na Quinta República. Isso significa que nossa análise dos desenvolvimentos iranianos exigirá a revisão das conclusões sombrias extraídas de nosso estudo de caso polonês. Argumentei lá que o sistema "superpresidencialista" gaullista foi um fator importante que levou a uma "guerra no topo" que tornou impossível para Walesa e outros líderes revolucionários elaborarem uma Constituição do Solidariedade confiável para marcar o "novo começo" da Polônia. Mas no caso do Irã, o legado gaullista teve o efeito oposto.

Para explicar como e por que, apresentarei meu conhecido modelo de quatro estágios. Como na Índia, África do Sul, Itália e França, o sistema iraniano de freios e contrapesos não se entrincheirou até o Tempo Três, quando a morte do Aiatolá Khomeini abriu uma profunda "crise de sucessão". É precisamente nesse momento que a ordem constitucional de inspiração francesa desempenhou um papel central na definição dos termos sob os quais os membros remanescentes da elite revolucionária poderiam competir legitimamente pelo poder.

Nenhum desses rivais comandava, mesmo que remotamente, a autoridade carismática do Aiatolá – razão pela qual a Constituição de 1979 forneceu uma linha de base crucial em sua luta por ascensão. À medida que a competição se intensificou, Khamenei surgiu como o próximo Líder Supremo, mas como parte de um acordo que exigia que ele aceitasse a legitimidade dos controles sobre seu poder impostos por uma presidência de inspiração gaullista.

O padrão iraniano no Tempo Três envolve grandes variações de temas desenvolvidos em "histórias de sucesso" anteriores envolvendo Índia, África do Sul, Itália, França e Israel. Em todos esses casos, foram os juristas não eleitos que ganharam muito como resultado da crise de sucessão do Tempo Três. No Irã, em contraste, foi o presidente eleito pelo Povo que despontou como uma restrição poderosa ao Líder Supremo, também conhecido como Jurista Guardião.

Essa é uma diferença fundamental, mas ela não deve nos cegar para semelhanças mais profundas: como Nehru e Mandela, De Gasperi e de Gaulle, Khomeini tomou decisões fundadoras no Tempo Dois que moldaram profundamente a ordem constitucional que despontou no Tempo Três – impondo restrições à autoridade do próximo Líder que não existiriam se Khomeini não tivesse constitucionalizado seu carisma no auge da fermentação revolucionária em 1979 e 1980.

O Irã alcançará em breve outro ponto de inflexão. O atual Jurista Guardião tem 79 anos e está chegando a hora de escolher seu substituto. Dependendo das circunstâncias, o próximo Líder Supremo pode tentar se libertar de todos os freios e contrapesos que foram consolidados nos últimos 30 anos – ou pode consolidá-los ainda mais, endossando-os explicitamente. Mesmo que monte um ataque frontal, isso pode servir apenas para provocar um contra-ataque democrático bem-sucedido liderado pela presidência.

Meu objetivo não é prever o futuro. Nem julgar o desempenho da República Islâmica a partir de mus próprios valores liberais. É antes revelar as maneiras pelas quais os desenvolvimentos iranianos têm procedido ao longo do caminho de quatro estágios percorrido pelos outros países que investigamos. O fato de os princípios do Irã serem tão diferentes serve apenas para reforçar minha tese central: que a dinâmica intergeracional do constitucionalismo revolucionário é digna de estudo por si só.

Seguiremos ao Tempo Um – já que o "novo começo" revolucionário do Irã só faz sentido em termos do caráter distinto do regime que ele estava repudiando.

12.1 Tempo Um: a luta pela identidade iraniana

Desde a fundação do Império Aquemênida por Ciro, o Grande, em 550 a. C., as dinastias persas construíram uma série de grandes civilizações no local onde hoje é o Irã. Mas começarei nossa história no século XIX, com a luta da dinastia cajar para defender suas fronteiras contra as ameaças militares representadas pela Grã-Bretanha imperial (pelo sul) e pela Rússia Imperial (pelo norte). Embora os monarcas cajar detivessem a soberania formal, as intervenções britânicas e russas se intensificaram com a descoberta de vastas reservas de petróleo no início do século XX, enfraquecendo ainda mais a dinastia.[528]

Isso propiciou uma abertura para as elites iranianas ocidentalizantes mobilizarem uma campanha que forçou os cajares a aceitar uma monarquia constitucional nos moldes europeus – com os poderes do Xá balanceados por um parlamento (Majlis) sob a Constituição de 1906.[529] Mas a desestabilização do regime tradicional ajudou a provocar uma intervenção militar direta das tropas russas e britânicas com o objetivo de garantir o controle do petróleo do país. Quando o último Xá cajar mostrou-se incapaz de expulsar as tropas britânicas e soviéticas após a Primeira Guerra

---

528 EWANS, Martin. *The great game*: Britain and Russia in Central Asia. Londres: Routledge, 2004.

529 RÖDER, Tilmann. "The separation of powers: historical and comparative perspectives". *In*: GROTE, Rainer; RÖDER, Tilmann. *Constitutionalism in Islamic countries*: between upheaval and continuity. Nova York: Oxford University Press, 2012, pp. 321-372.

Mundial, ele foi desalojado pelo Reza Xá, um general-brigadeiro da Brigada Cossaca Persa, que estabeleceu a dinastia Pahlavi.

O novo Xá manteve o Majlis por uma questão de prerrogativa real, mas dominou completamente seus negócios. No entanto, ele gesticulou em direção à soberania popular ao autorizar as classes superiores a escolher representantes para a Assembleia Nacional.

Esse gesto ganhou um novo significado quando o filho do monarca, Mohammad Reza Xá, assumiu o trono em 1944 e permitiu que uma séria competição partidária surgisse nas eleições para a Assembleia. Isso logo forçou a o Xá a enfrentar uma série de primeiros-ministros que reivindicavam mandatos populares para suas iniciativas. A luta entre o Xá e o Majlis atingiu seu clímax em 1951, quando a Assembleia, por uma votação de 79 a 12, nomeou Mohammad Massadegh, de 70 anos, como primeiro-ministro.

A forte oposição de Mossadegh à dinastia Pahlavi estava arraigada na experiência de toda uma vida. Como muitos outros filhos da elite estabelecida, ele recebeu uma educação de inspiração francesa de pais que estavam tentando se adaptar aos costumes ocidentais. Ele então lançou uma campanha eleitoral no primeiro Majlis convocado em 1906 – onde suas opiniões democráticas fortes e autoconfiantes lhe renderam um assento aos 24 anos de idade. Dois anos depois, em 1908, ele foi para Paris estudar direito – e tornou-se, em 1913, o primeiro iraniano a receber o doutorado por uma universidade europeia. Ele estava se preparando para uma brilhante carreira política como constitucionalista ocidentalizante em sua terra natal. Mas a queda do último cajar e a repressão do primeiro Pahlavi à liberdade de expressão no Majlis levaram Mossadegh a abandonar essas ambições.

Em 1944, quando o filho do Xá reabriu o Majilis à política democrática, Mossadegh aproveitou a oportunidade para entrar novamente na arena. Ele organizou um movimento de massas de base ampla pela autodeterminação nacional. Para a sua Frente Nacional, o Xá era apenas um fantoche imperialista – que deu apoio irrestrito a um acordo de concessão com a Anglo-Iranian Oil Company, comandada pelos britânicos, que distribuía a estrangeiros quase todos os benefícios econômicos do petróleo do país.[530]

A única maneira de romper com o domínio imperialista era quebrar o poder do Xá. O legado constitucional do Irã fornecia o caminho mais óbvio a ser seguido. Embora a promessa inicial do Majilis tenha sido destruída por eventos posteriores, a Frente Nacional de Mossadegh se considerava a ponta de lança de um esforço novo e mais bem-sucedido para reduzir o Xá a uma figura decorativa de uma democracia constitucional de estilo europeu. Se o Xá se recusasse a ceder o poder a um parlamento eleito democraticamente, seria necessário varrer a monarquia e criar uma Nova República. Em ambos os casos, o constitucionalismo foi a chave para a realização do programa econômico da Frente Nacional, que exigia a nacionalização da indústria do petróleo para que iranianos comuns – não plutocratas ocidentais – pudessem lucrar com os recursos naturais de seu país.

Quando visto comparativamente, não havia nada especialmente distinto nas iniciativas da Frente – seu compromisso com a nacionalização e a socialdemocracia têm análogos imediatos em projetos revolucionários na França, Itália, Índia e Israel durante o período pós-guerra. Além do mais, Mossadegh e seus companheiros ativistas foram cada vez mais bem-sucedidos na mobilização de manifestações de massa – que incluíam grupos seculares e islâmicos – para apoiar suas demandas.

Temendo um levante revolucionário, o Xá consentiu com a nomeação Mossadegh como primeiro-ministro pela Assembleia, mas isso apenas agravou o conflito. Quando o Majlis votou pela nacionalização do petróleo do Irã em 1951, os interesses britânicos responderam com um boicote mundial. Mas Clement Attlee

---

530 DIBA, Farhad. *Mohammad Mossadegh*: a political biography. Londres: Croom Helm, 1986.

reconheceu que seu governo não era mais capaz de apoiar um boicote à moda antiga – com uma intervenção militar britânica direta contra o Irã. Em vez disso, a Grã-Bretanha voltou-se para os Estados Unidos da América como a única força que permanecia capaz de medidas decisivas.

Foi precisamente nesse momento que Churchill voltou ao poder em Westminster, e seus agentes convenceram o secretário de Estado John Foster Dulles a ver a crise pelas lentes da Guerra Fria. Nessa visão, havia mais em jogo do que um conflito clássico entre um monarca autocrático e um movimento democrático exigindo justiça social. Mossadegh estava, em vez disso, ameaçando transformar o Irã em um peão da União Soviética – aliando o país aos vermelhos em sua luta global pela dominação mundial. Para eliminar esse perigo claro e presente, Churchill persuadiu Dulles e seu irmão Alan, o chefe da CIA, a engendrar um golpe que derrubou Mossadegh, reverteu as nacionalizações e forneceu ao Xá assistência militar maciça para impor a ordem pública sobre as massas indisciplinadas.[531]

O Xá retribuiu transformando o Irã em uma vitrine para a abordagem pró-mercado do governo Eisenhower para o desenvolvimento do Terceiro Mundo. Durante o restante da década de 1950, as políticas neoliberais do Xá permitiram que uma classe média cada vez mais secular começasse a transformar as cidades em crescimento do Irã em poderosos motores de crescimento econômico. Quando Kennedy sucedeu Eisenhower em 1960, o Xá realinhou suas políticas de acordo com isso. Mais uma vez com o apoio estadunidense, ele iniciou uma "Revolução Branca", que, como a "Nova Fronteira" de Kennedy, proclamou uma batalha renovada por justiça social. O Xá chocou os tradicionalistas ao conceder direito de voto às mulheres e promoveu um amplo programa

531 GASIOROWSKI, Mark; BYRNE, Malcolm. *Mohammad Mosaddeq and the 1953 coup in Iran*. Syracuse: Syracuse University Press, 2004.

social, que incluía a redistribuição de terras aos camponeses, a participação dos trabalhadores nos lucros e um esforço massivo para educar os pobres no campo e na cidade.[532]

Essa virada à esquerda criou a primeira abertura para o engajamento público desde o golpe de inspiração estadunidense de 1953. Os nacionalistas da era Mossadegh denunciaram a Revolução Branca como uma traição ao Povo, a favor do Ocidente, pois o Xá se recusava a nacionalizar a riqueza do petróleo do país em nome do Povo. O Partido Tudeh, dominado pelos comunistas, foi mais longe, saindo da clandestinidade para insistir que apenas uma revolução da classe trabalhadora poderia trazer a justiça para o mundo real. Ao mesmo tempo, a celebração pelo Xá dos ideais seculares ocidentais gerou oposição dos muçulmanos tradicionais, que saíram às ruas para protestar contra duas iniciativas: a concessão do sufrágio às mulheres e a eliminação da exigência de que todos os funcionários públicos fossem muçulmanos.

O Aiatolá Khomeini tornou-se seu principal porta-voz. Recentemente, ele havia conquistado uma posição central na cidade de Qom, o centro dos estudos teológicos xiitas. Os clérigos da cidade sagrada tradicionalmente evitavam o envolvimento político, mas Khomeini quebrou esse tabu para denunciar as iniciativas do Xá em favor das mulheres e das minorias religiosas.[533]

Na visão do Xá, Khomeini estava caindo em sua armadilha. Pahlavi já havia condenado o clero xiita como "reacionários obscurantistas" cujas visões "pequenas, vazias e antigas" seriam subjugadas pela maré crescente da modernidade. Ele dava agora

---

532 KEDDIE, Nikki R.; RICHARD, Yann. *Modern Iran*: roots and results of the revolution. Londres: Yale University Press, 2006, p. 145.

533 WAGNER, Heather. *The Iranian Revolution*. Nova York: Chelsea House, 2010, pp. 39-45 (expansão do sufrágio e permissão a mulheres e não muçulmanos de trabalharem no governo); Ayatollah Khomeini, 1 *Sahifeh: The Corpus of Khomeini's Writings, Letters, Speeches*, 2009, pp. 267/272 (discurso denunciando as ações do Xá).

um passo sem precedentes ao publicar uma carta destacando o protesto público do Aiatolá e insistindo que os apelos reacionários de Khomeini não deveriam bloquear os apelos revolucionários de seu governo por igualdade social e tolerância religiosa.[534]

A atenção especial do Xá provou-se uma dádiva para o Aiatolá, garantindo-lhe centralidade simbólica entre os muitos outros líderes dos movimentos de protesto que proliferavam. A disputa entre Khomeini e o Xá aumentou ainda mais quando o Xá convocou um referendo em 1963 para demonstrar o apoio público à sua revolução – com mulheres indo às urnas pela primeira vez na história iraniana. Khomeini respondeu instando seus seguidores a boicotar a eleição, que ele via como a cunha de entrada para uma maior intervenção estadunidense nos assuntos iranianos.[535] Ele também encorajou fortemente a criação de um movimento islâmico clandestino, que rapidamente tornou sua presença conhecida organizando a distribuição nacional de 250 mil cópias das crescentes denúncias de Khomeini às iniciativas de modernização do Xá. Ao mesmo tempo, Khomeini encorajava a organização de uma milícia islâmica armada.[536]

O Xá considerou isso intolerável e prendeu Khomeini no dia 3 de junho – provocando confrontos sangrentos nas ruas de todo o país. Respondendo aos temores generalizados de que ele seria executado, os principais clérigos se reuniram em defesa de Khomeini, proclamando-o "uma fonte de emulação" – a maior honra no islamismo xiita. Temendo o caos, o Xá recuou

---

534 MILANI, Abbas. *The Shah*. Nova York: Macmillan, 2011, pp. 291-295.

535 O pedido de boicote de Khomeini foi um fracasso. A participação foi de mais de 90%, e o referendo obteve aprovação quase unânime. KAUZ, Ralph *et al.* "Iran". *In*: NOHLEN, Dieter; GROTZ, Florian; HARTMANN, Christof. *Elections in Asia and the Pacific*: a data handbook. Oxford: Oxford University Press, 2001, p. 72.

536 MILANI, Abbas. *The Shah*. Nova York: Macmillan, 2011, p. 296; KHOMEINI, Ruhollah. *Sahifeh-ye Imam*, 1999, p. 414 (texto do discurso).

e libertou o Aiatolá.[537] Mas quando Khomeini continuou sua intensa campanha pública, Pahlavi tomou uma atitude decisiva, forçando o Aiatolá a quatorze anos de exílio. O protesto público foi reprimido por sua temida polícia secreta, a SAVAK, inaugurando um período de crescimento econômico sustentado. Em 1978, Khomeini, com 76 anos, parecia fadado a morrer em Paris, amargamente frustrado com o aparente sucesso do projeto de modernização do Xá.

No entanto, o tempo também estava se esgotando para o Xá, que estava morrendo de câncer. Quando o monarca desapareceu da vista do público, uma ampla coalizão surpreendeu a todos ao organizar com sucesso uma nova onda de protestos contra o regime. Dezenas de milhares logo se manifestaram nas ruas. Os militares responderam com uma repressão sangrenta, mas isso apenas provocou contramanifestações de massa. Embora o regime ainda impedisse Khomeini de retornar ao Irã, o Aiatolá foi além das afirmações simbólicas de liderança para criar, em novembro de 1978, um Conselho Revolucionário secreto com cinco membros para representá-lo na pátria.[538]

A mobilização de massas atingiu novos patamares em 11 de dezembro, quando dois milhões de pessoas invadiram Teerã denunciando o Xá como um fantoche dos estadunidenses. Com os militares enfraquecidos pela convulsão contínua, o Conselho Revolucionário (agora expandido para incluir mais representantes seculares da Frente Nacional) surgiu em público quando o Xá deixou o país para sempre em 16 de janeiro de 1979.

---

537 MILANI, Mohsen. *The making of Iran's Islamic revolution*: from monarchy to Islamic Republic. Colorado: Westview Press, 1988, p. 91.

538 BAKHASH, Shaul. *The reign of the ayatollahs*: Iran and the Islamic revolution. Nova York: Basic Books, 1984, p. 51; ABRAHAMIAN, Ervand. *Iran between two revolutions*. Princeton: Princeton University Press, 1982, p. 505.

Apesar de sua abdicação, Pahlavi não desistiu dos esforços para sustentar o antigo regime. Ele nomeou um "conselho de regência" chefiado por seu último primeiro-ministro, Shapour Bakhtiar, que convocou os insurgentes a se juntar a ele em um governo de unidade nacional sob a Constituição imperial existente. Para demonstrar boa fé, ele dissolveu a brutal SAVAK e convidou Khomeini a voltar de Paris – levando ao retorno do Aiatolá em 1º de fevereiro, com milhões de iranianos invadindo as ruas de Teerã para celebrar essa grande virada em sua história.

O Aiatolá rejeitou desdenhosamente a oferta de Bakhtiar de uma transição negociada, e seu Conselho Revolucionário deu seu apoio a um governo provisório chefiado pelo antigo associado de Khomeini, Mehdi Bazargan. Em meados de fevereiro, o exército do Xá abandonou Bakhtiar e mudou de lado para apoiar o Conselho. Isso rapidamente levou ao colapso da tentativa desesperada de Bakhtiar de salvar o antigo regime. Embora o exército do Xá estivesse desmoralizado e desorganizado pelos eventos recentes, ele reforçou os bandos da milícia revolucionária, conhecidos como a "guarda republicada", na tarefa de impor uma aparência de ordem.[539]

No entanto, as demonstrações de força militar não seriam suficientes para estabilizar a situação. O Aiatolá e o Conselho preencheram rapidamente o vácuo de legitimidade com uma iniciativa constitucional para uma República Islâmica. Como tal regime deveria ser?

12.2 Tempo Dois: constitucionalizando o carisma

O Aiatolá vinha se fazendo essa pergunta há muito tempo. Ao ganhar proeminência em Qom no início da década de 1960,

539 KURZMAN, Chales. "The Qum protests and the coming of the Iranian revolution, 1975 and 1978". *Social Science History*, vol. 27, 2003, pp. 287-325.

Khomeini sugeriu que no futuro o Irã poderia ser governado por um Jurista Guardião selecionado por seu compromisso religioso e por sua visão. Mas durante seus longos anos no exílio, ele não desenvolveu esse tema, que desafiava princípios religiosos de longa data. Em contraste com a prática sunita no mundo islâmico, a tradição xiita dominante no Irã rejeitava a participação clerical nos assuntos de Estado, deixando os assuntos seculares para uma série de dinastias reinantes. A elite clerical, em vez disso, estava comprometida com uma vida de erudição e espiritualidade em Qom e em outros lugares, sem se contaminar com envolvimentos mundanos.[540]

Durante a maior parte de seu exílio prolongado, a recusa de Khomeini em desafiar essa tradição foi politicamente prudente – já que a defesa de um Jurista Guardião provavelmente provocaria denúncias generalizadas de clérigos importantes em Qom. Mas enquanto o Aaiatolá observava os meses finais do levante revolucionário de Paris, ele se deparou com uma decisão crítica: ao apresentar sua visão de uma República Islâmica, ele deveria renovar sua defesa de uma Constituição que daria lugar de destaque a um Jurista Guardião?

Sua resposta foi não. Khomeini pediu a um assessor importante, Hassan Habibi, para assumir a liderança na redação de uma constituição. O "projeto de Paris" produzido pela equipe de Habibi não continha absolutamente nenhuma menção a um Jurista Guardião. Seu arcabouço institucional baseava-se inteiramente no modelo gaullista então vigente na França. O caráter islâmico da Nova República era representado principalmente por uma

540 KHOSRAVI, Mohammad-Ali; MIR-SHEKARI, Asghar. *Daily Life and Socio-Political History of Imam Khomeini*, 2013, pp. 348/349; TABRIZI. *Memoirs of Ayatollah Syed Hossein Mousavi Tabrizi*, 2008, p. 180; Ayatollah Khomeini, 1 *Sahifeh: The Corpus of Khomeini's Writings, Letters, Speeches*, 2009, p. 11 (O aiatolá reconhece a tradicional rejeição xiita a um papel no governo).

declaração de direitos de estilo francês modificada para proteger as práticas religiosas tradicionais.[541]

Com a aprovação do Aiatolá, o projeto de Paris serviu de base para um desenvolvimento posterior por um comitê constitucional especialmente selecionado em Teerã durante os primeiros meses de 1979. Quando o projeto do comitê foi publicado na primavera, a Quinta República continuava a servir como modelo e o gabinete do Jurista Guardião permanecia ausente.[542]

12.2.1 O curso da decisão constitucional

O Conselho Provisório deu início ao processo de decisão constitucional com um referendo especial no fim de março, no qual os eleitores foram às urnas para enfrentar as implicações da queda do Xá: eram a favor ou contra uma República Islâmica?

A resposta dos eleitores levantou mais perguntas do que soluções. Em muitos lugares, não houve esforço para manter as cédulas secretas. Os dissidentes tinham motivos para temer retaliações se votassem no "não".[543] Na melhor das hipóteses, o referendo alertou o público em geral de que a Constituição imperial estava morta e de que algo era necessário para preencher o vazio. A lacuna seria preenchida pelo decreto do Aiatolá?

Esse foi o momento em que o comitê de redação de Teerã iniciou um sério debate constitucional. Em meados de abril, seu

---

541 *Draft of the Constitution of the Islamic Republic* [Projeto da Constituição da República Islâmica] (1979). Disponível em: http://www.iran-amirentezam.com/node/31. Acessado em: 21.01.2022.

542 KATOOZIAN. "A Review of the Development of the Draft of the Constitution". 1 *J. of Con.*, 2005, p. 124.

543 KOVEN, Ronald. "Khomeini Decrees Islamic republic after vote in Iran". *The Washington Post*, abr. 1979; KAUZ, Ralph *et al.* "Iran". *In*: NOHLEN, Dieter; GROTZ, Florian; HARTMANN, Christof. *Elections in Asia and the Pacific*: a data handbook. Oxford: Oxford University Press, 2001, p. 72.

primeiro projeto foi publicado nos jornais, fornecendo um ponto de referência concreto para uma discussão mais séria. Em meados de junho, o Conselho aprovou formalmente esse projeto, mas deixou claro que ele deveria servir apenas como uma etapa preliminar em um processo mais elaborado de duas etapas. A primeira etapa culminaria nas eleições de 3 de agosto para uma Assembleia Constituinte, chamada Assembleia de Especialistas Constitucionais. Depois que os especialistas elaborassem uma versão final, ela seria então submetida ao público em um segundo referendo, que, ao contrário da votação de março, envolveria um sério exercício de decisão democrática. A Constituição entraria em vigor apenas se obtivesse o apoio da maioria do Povo iraniano.

Dado o papel central do primeiro projeto na formação desse debate mais amplo, começaremos traçando suas características principais. A estrutura institucional do projeto seguia o modelo francês ao prever (1) um presidente poderoso e eleito pelo Povo, (2) um primeiro-ministro apoiado por uma maioria do Majlis composto com base no sufrágio universal e (3) um Conselho dos Guardiões que exerceria poderes de revisão judicial como aqueles desempenhados pelo Conselho Constitucional francês.

Tanto o presidente quanto o Majlis baseavam sua legitimidade em um compromisso enfático com a soberania popular. As listas eleitorais seria abertas a todos os iranianos – mulheres e homens, secularistas e religiosos.[544] Esse ato inclusivo de empoderamento democrático foi combinado a um sistema gaullista de freios e contrapesos – o Majlis compartilharia o poder legislativo com um presidente eleito pelo Povo, cujo mandato direto do Povo muitas vezes poderia catapultá-lo a um papel de comando – especialmente porque, como na Quinta República, o presidente teria

---

544 Embora o aiatolá tenha recebido destaque ao se opor à concessão do sufrágio feminino pelo Xá em 1963, ele não levantou objeções à reafirmação dos direitos de voto no projeto de 1979. WAGNER, Heather. *The Iranian Revolution*. Nova York: Chelsea House, 2010, pp. 39-45.

uma grande voz no processo de seleção do primeiro-ministro e dos governos dos departamentos pelo parlamento. No geral, o primeiro projeto fornecia uma estrutura que permitia à Nova República gerar uma liderança democrática forte durante o período tumultuado que se avizinhava.

Ao mesmo tempo, o projeto impunha limites constitucionais significativos ao poder de cima para baixo. Ele elaborou um conjunto formidável de direitos fundamentais que protegiam os iranianos comuns contra abusos políticos. Muitas disposições eram cópias literais do texto francês, mas outras enfatizavam valores distintamente islâmicos que reformulavam a natureza dos direitos fundamentais.[545]

Uma última instituição de inspiração francesa garantiria que os políticos levassem esses direitos a sério. O Conselho Iraniano dos Guardiões era uma adaptação do Conseil Constitutionnel francês. Como o Conseil, os Guardiões ouviriam contestações à constitucionalidade das leis aprovadas pelo parlamento antes de elas entrarem em vigor. Mas sua composição foi alterada para refletir as aspirações distintas da República *Islâmica*. O Conselho seria composto por onze membros – seis juristas seculares e cinco clérigos. Enquanto os principais membros do clero nomeariam os cinco juristas religiosos, o parlamento teria a palavra final sobre sua eleição – mais uma vez enfatizando o fundamento da República na soberania popular, não na vontade de Deus. A seleção dos seis secularistas seria guiada por princípios semelhantes – com as elites judiciárias e acadêmicas nomeando três juristas cada uma e o parlamento tendo a palavra final.

545 *Draft of the Constitution of the Islamic Republic* [Projeto da Constituição da República Islâmica] (1979). Disponível em: http://www.iran-amirentezam.com/node/31. Acessado em: 21.01.2022, art. 2°, inciso 13 (Islã como religião de Estado), art. 5, inciso 27 (direito de exercer uma profissão condicionada aos valores islâmicos).

Quando a legislação proposta foi apresentada ao Conselho, apenas uma maioria de dois terços poderia levantar um desafio constitucional. Isso significava que, para exercer sua prerrogativa constitucional, os cinco membros do clero precisariam do apoio de três juristas seculares.

Os redatores também definiram a relação do Conselho com o Majlis de uma forma que se provaria significativa. Se dois terços do Conselho concluíssem que uma iniciativa legislativa ofendia a Constituição, os legisladores deveriam "reconsiderar ou revisar" a lei. Sua nova versão seria então reenviada para aprovação dos Guardiões em um processo de idas e vindas até que o Conselho retirasse suas objeções. Em contraste, o Conselho da França proferia uma única decisão sobre o estatuto e deixava para o presidente ou primeiro-ministro decidir, por conta própria, como responder.[546]

Resumindo: o primeiro projeto rejeitava a necessidade de um Jurista Guardião para salvaguardar o caráter Islâmico da República. Essa função foi atribuída a um Conselho dos Guardiões no qual os clérigos estavam em minoria e que envolveria o Majlis nas negociações até que satisfizesse as objeções do Conselho. Enquanto isso funcionasse dentro dos limites estabelecidos pelo Conselho, caberia ao presidente, ao primeiro-ministro e ao Majlis democraticamente responsáveis sustentar o compromisso da República revolucionária com o Islã.

A publicação do primeiro projeto no jornal em abril deu início a um intenso debate que preparou o terreno para as eleições de agosto. Uma série de intelectuais proeminentes inundou a mídia com críticas constitucionais e contrapropostas – muitas delas de caráter fortemente secular. Estas foram contestadas por líderes religiosos que pediam uma revisão do projeto em direções mais islâmicas.

---

546 Id. at arts. 10, 142–147.

Durante os dois meses seguintes, as partes do conflito realizaram elaboradas conferências acadêmicas, propondo alternativas concretas ao primeiro projeto. Em uma extremidade do espectro, a Associação Iraniana dos Advogados conduziu uma sessão de oito dias na qual quarenta e oito grupos em grande parte seculares se voltaram aos compromissos islâmicos mais enfáticos do projeto; na outra ponta, o Congresso dos Críticos Muçulmanos da Constituição se opôs ao seu caráter excessivamente secular. Nada menos que sessenta (!) proposta constitucionais surgiram de sessões como essas – bem como um fluxo constante de comentários na mídia.[547]

Essa cacofonia, no entanto, não deve ocultar o apoio dominante à islamização moderada do primeiro projeto em relação ao desenho original de Paris. A voz mais significativa foi a do Aiatolá. Ele abordou diretamente a questão quando o primeiro projeto foi formalmente endossado pelo Conselho Revolucionário em meados de junho:

> Devemos apoiar e confirmar a constituição pra que ela seja como o Islã exige. Ela deve ser aprovada rapidamente. É uma arquitetura elaborada pelo governo e ela está correta.[548]

A Frente Nacional secular, baseada na luta anterior de Mossadegh pela libertação nacional, moveu-se na mesma direção. Seu líder, Karim Sanjabi, ficou "moderadamente satisfeito" com o projeto, descrevendo-o como "progressista, baseado no Islã, na soberania nacional e nas liberdades individuais e sociais".[549]

Dados os eventos posteriores, a recusa de Khomeini em exigir uma posição constitucional dominante para si mesmo foi notável;

547 SCHIRAZI, Asghar. *The constitution of Iran*: politics and the state in the Islamic Republic. Londres: Tauris, 1997.

548 SCHIRAZI, Asghar. *The constitution of Iran*: politics and the state in the Islamic Republic. Londres: Tauris, 1997, p. 23.

549 BAKHASH, Shaul. *The reign of the ayatollahs*: Iran and the Islamic revolution. Nova York: Basic Books, 1984, p. 76.

mas não única. De maneira mais notável, Nelson Mandela enfrentou um problema semelhante, que resolveu de modo semelhante.

Chamemos isso de problema de *isolamento político*. Como Khomeini, Mandela passou longos anos distante dos quadros de liderança e dos movimentos populares que estavam engajados no trabalho árduo da insurgência. Como consequência, ele enfrentou uma dificuldade especial para convencer esses ativistas independentes a aceitar sua liderança quando retornou à vida política do mundo real – especialmente porque esses grupos independentes promoviam uma ampla gama de ideologias. Nesse cenário, Mandela usou a Constituição para legitimar sua centralidade simbólica, encorajando facções rivais a enfatizar o que tinham em comum – sua longa luta contra as imposições ilegítimas do antigo regime.

Khomeini estava seguindo a mesma estratégia. Após seus longos anos no exílio, a defesa da Liderança Suprema teria alienado totalmente os nacionalistas seculares e os marxistas que desempenhavam papeis importantes na organização de greves e protestos em áreas urbanas. Também teria gerado fortes protestos de clérigos importantes em Qom, que viam a posição de Khomeini como uma violação intolerável dos princípios xiitas fundamentais – e que poderiam transmitir sua oposição em mesquitas por todo o país.

A adoção do modelo francês pelo Aiatolá teve o efeito oposto. Ao endossar os princípios estabelecidos no primeiro projeto, ele estava conclamando todos os revolucionários a se unirem em sua aspiração comum a dar um fim definitivo ao domínio imperial e permitir ao povo iraniano construir uma Nova República Islâmica.

Apesar de suas ideologias revolucionárias muito diferentes, Khomeini e Mandela estavam trilhando o mesmo caminho ao liderar seus países em direção a uma revolução em escala humana.

12.2.2 Boicote revolucionário e soberania popular

O Conselho Revolucionário então tomou uma decisão que rompeu esse frágil consenso. Quando endossou o primeiro projeto em meados de junho, o Conselho também emitiu seu apelo formal para que a Assembleia de Especialistas Constitucionais servisse como uma Assembleia Constituinte para elaborar um projeto final a ser aprovado em um referendo. Mas o fez de uma forma altamente controversa.

Em primeiro lugar, definiu a data das eleições para 3 de agosto, admitindo apenas seis semanas de campanha. Em seguida, dividiu o país em distritos que permitiam a eleição de um representante da Assembleia para cada 500 mil eleitores. Mas manipulou os limites distritais para aumentar a representação religiosa conservadora. Como os secularistas estavam concentrados em áreas urbanas, o Conselho podia reduzir sua influência traçando estrategicamente os limites distritais para maximizar a influência das áreas rurais onde a influência clerical era máxima. Os secularistas responderam com indignação. Eles exigiram uma revisão do esquema de representação – ou, pelo menos, um adiamento da eleição de 3 de agosto para permitir que se organizassem de maneira mais eficaz no campo.[550]

O Conselho ignorou essas demandas e avançou com seus planos. Os secularistas responderam com outra rodada de greves e protestos de rua, denunciando o esforço de virar a mesa contra eles. Mas desta vez, os revolucionários religiosos contra-atacaram. Eles já haviam organizado o Partido Republicano Islâmico (PRI), que estava se tornando uma força política potente, e instaram seus membros a interromper os protestos secularistas. A esses

550 O próprio Khomeini reconheceu a presença generalizada de dissenso; ver Gabinete do Imã Khomeini, Qom (11 Moarrão 1400 [1 dez. 1979]). Disponível em: http://tarikhirani.ir/fa/events/3/EventsList//%D9%88%D9%82%D8%A7%DB%8C%D8%B9.%D9%88.%D8%B1%D9%88%DB%8C%D8%AF%D8%A7%D8%AF%D9%87%D8%A7.html?Page=&Lang=fa&EventsId=460&Action=EventsDetail.

ativistas juntaram-se militantes religiosos armados – já conhecidos como Guarda Revolucionária – que, embora relativamente desorganizados, já estavam endurecidos pela batalha contra o Xá e seu exército. Batalhas campais ocorreram em Tabelez e outros lugares, mas a Guarda foi bem-sucedida em reprimir essa nova onda de protestos.[551]

Neste ponto, os secularistas enfrentaram uma grande decisão: eles deveriam boicotar as eleições e tentar desacreditar as reivindicações da Assembleia de falar pelo Povo revolucionário? Ou deveriam aceitar a legitimidade da Assembleia e exortar seus seguidores a irem às urnas e ganhar pelo menos alguns assentos nos centros urbanizados?

A Frente Nacional optou pelo boicote – assim como outros movimentos importantes. Paradoxalmente, a única grande exceção foi o Partido Tudeh (comunista) – que, apesar de seu desprezo pelo "constitucionalismo burguês", apresentou candidatos na esperança de que eleitores com inclinação secular não tivessem escolha a não ser se unir a eles.[552]

Isso não ocorreu – mesmo nas cidades, apenas pequenas minorias estavam dispostas a apoiar a visão dos comunistas, que havia sido duramente condenada pelos principais líderes seculares. Em vez disso, os secularistas alienados simplesmente se recusaram a comparecer às urnas. Apesar dos esforços do Conselho Revolucionário para demonstrar apoio do público ao

---

551 AHVAZI. "Imam Khomeini as Seen by Ayatollah Hashemi Rafsanjani". *Institute for Organizing and Publishing Imam Khomeini's Oeuvres*, 2015, pp. 115-117. Para um relato do conflito armado em Tabriz, ver: http://www.imam-khomeini.ir/fa/c78_60869/10243_==_F_NewsKindIDInvalid/%D8%AD%D8%B2%D8%A8_%D8%AC%D9%85%D9%87%D9%88%D8%B1%DB%8C_%D8%AE%D9%84%D9%82_%D9%85%D8%B3%D9%84%D9%85%D8%A7%D9%86.

552 MENASHRI, David. *Iran*: a decade of war and revolution. Nova York: Holmes & Meier, 1990, p. 86.

seu projeto constitucional, ele só foi capaz de levar metade dos eleitores aptos às urnas.[553]

Esse desempenho fraco enfatiza a importância do boicote. Se os movimentos partidários seculares tivessem instado seus seguidores a votar, eles poderiam ter conquistado um número significativo de assentos. Mas, dada a recusa em participar, o número de vozes seculares poderosas defendendo o primeiro projeto na Assembleia Constituinte foi precisamente zero.

Em contraste, a Assembleia contava com alguns partidários fortes de Khomeini que queriam uma constituição que o instalasse como Jurista Guardião.[554] Se os secularistas estivessem presentes, sua enfática defesa do primeiro projeto teria criado uma abertura para que figuras religiosas mais moderadas ocupassem o centro do debate. A oposição xiita tradicional ao envolvimento clerical na política permaneceu forte em Qom, e a defesa pelos secularistas da rejeição do primeiro projeto ao papel do Jurista teria ressoado entre os tradicionalistas religiosos. Dado o debate apaixonado entre a esquerda secular e a direita khomeinista, teria sido natural que esses centristas operassem como votos decisivos – juntando-se aos secularistas para rejeitar um Jurista Guardião enquanto se juntavam aos khomeinistas para fortalecer os compromissos islâmicos do primeiro projeto e os poderes dos Guardiões para aplicá-los.

Mas o boicote impulsionou a Assembleia em uma direção diferente. Visto que os secularistas estavam ausentes, eles não podiam se juntar à campanha para eleger um tradicionalista religioso para presidir de forma neutra as disputas ideologicamente

---

553 "The 1979 Assembly of Experts for the Drafting of the Constitution Election". *Iran Data Portal* [Portal de Dados do Irã]. Disponível em: http://irandataportal.syr.edu/the-1979-assembly-of-experts-for-the-drafting-of-the--constitution-election.

554 MOSLEM, Mehdi. *Factional politics in post-Khomeini Iran*. Syracuse: Syracuse University Press, 2002, pp. 27/28.

carregadas entre eles e os khomeinistas. Em vez disso, quando a Assembleia reuniu-se no final de agosto, foi escolhido como presidente um partidário muito próximo de Khomeini, Hussein-Ali Montazeri. Na opinião de Montazeri, o mandato da Assembleia era claro: "Uma vez que o povo votou em um Estado islâmico, o Jurista Guardião deve estar no pináculo para garantir que o regime seja de fato islâmico". Isso era verdadeiro "por definição [em uma] República Islâmica", pois "somente um especialista em leis islâmicas e não uma pessoa educada no Ocidente pode discernir o caráter islâmico das leis".[555] Dada a centralidade simbólica do Aiatolá e a ausência de vozes dissidentes, os tradicionalistas não estavam em posição de discordar. Afinal, os clérigos mais estimados de Qom não haviam declarado Khomeini uma "fonte de emulação" para todos os fiéis?

A versão final da Assembleia abriu novos caminhos ao criar uma posição para o Aiatolá como Líder Supremo. Não obstante, não permitia que uma elite clerical monopolizasse sua seleção, da maneira, digamos, que o papa é escolhido pelo Colégio dos Cardeais. Em vez disso, exigia que os principais clérigos islâmicos competissem pela aprovação dos eleitores comuns para a eleição de um Conselho de Especialistas especial. Isso significava que a legitimidade dos futuros Juristas Guardiões dependeria, em última análise, das decisões dos eleitores, que poderiam determinar se a linha-dura ou clérigos mais tolerantes deveriam selecionar o próximo Jurista Guardião de sua *República* Islâmica.

Esse ponto foi enfaticamente reforçado pela manutenção da estrutura gaullista do primeiro projeto pela Assembleia – com um presidente eleito diretamente compartilhando o poder com um primeiro-ministro dependente do apoio de um parlamento eleito democraticamente. Esses dirigentes políticos previsivelmente

---

555 MOSLEM, Mehdi. *Factional politics in post-Khomeini Iran*. Syracuse: Syracuse University Press, 2002, p. 29.

invocariam a vontade do Povo em defesa dos poderes legislativo e executivo conferidos a eles pela Constituição. Enquanto Khomeini fosse Guardião, havia pouco risco de que presidentes ou primeiros-ministros o desafiassem em questões importantes. Mas seus sucessores menos carismáticos enfrentariam contestações muito mais sérias à sua autoridade.

Antecipando esse problema, a Assembleia concedeu ao Líder um Conselho dos Guardiões mais poderoso para auxiliá-lo na defesa de suas reivindicações de supremacia. O primerio projeto dava aos juristas seculares uma maioria de seis a cinco sobre seus colegas religiosos. A versão final acrescentava um sexto conselheiro religioso e concedia aos seis membros religiosos um veto especial a propostas legislativas que acreditassem violar a lei islâmica. Em contraste, todos os doze membros avaliariam se a legislação violava os princípios republicanos inscritos na Constituição e, se a maioria levantasse uma objeção, haveria negociações com o Majlis até que os Guardiões estivessem satisfeitos com a legislação revisada.

Essas mudanças reforçavam definitivamente a posição do Líder Supremo, mas eram virtualmente invisíveis para o público geral. O Conselho era uma importação francesa, sem raízes na prática iraniana anterior, e enquanto o carismático Aiatolá permanecesse como líder, ele não precisaria de sua ajuda para justificar sua supremacia. Só o tempo diria o quanto seus sucessores poderiam contar com os Guardiões para se opor às iniciativas dos ramos eleitos pelo Povo.

Durante a Fundação, havia questões muito mais urgentes com que se preocupar. No momento em que a Assembleia dava os retoques finais na versão definitiva, um grupo que se autodenominava Estudantes Muçulmanos da Linha do Imã Khomeini ocupou a Embaixada dos Estados Unidos para denunciar o Grande Satã por admitir o Xá em seu país (para se tratar de um câncer). Essa ocupação provocou uma efusão de fervor patriótico que garantiu amplo apoio popular à nova Constituição. Por mais que os secularistas se opusessem a iniciativas particulares da Assembleia, teria sido suicídio político para eles lançar uma campanha agressiva pelo voto no "não". Isso teria permitido que seus oponentes religiosos os retratassem como traidores aliados dos imperialistas estadunidenses.[556]

A Assembleia aproveitou ao máximo a oportunidade política e avançou com grande rapidez. Em 15 de novembro, dez dias após a tomada da embaixada, publicou sua versão final e convocou um referendo de três semanas para permitir que o Povo se constituísse como cidadãos da República Islâmica.

O Aiatolá tinha agora uma grande decisão a tomar. Até então, ele se mantivera à parte dos procedimentos da Assembleia, permanecendo indiferente enquanto Montazeri liderava a campanha por sua Liderança Suprema. Mas, uma vez que a Assembleia apresentou seu projeto à nação, o Aiatolá tinha duas opções. Por um lado, ele poderia se declarar Jurista Guardião antes que o referendo ocorresse. Isso teria transformado o voto no "sim" em 3 de dezembro em uma aclamação pública de sua *afirmação divinamente inspirada* de autoridade como Jurista Guardião. Por outro lado, ele poderia permanecer em silêncio até que os resultados do referendo fossem anunciados – dando a entender que era a vontade do Povo, não a vontade de Deus, que servia de fundamento para sua reivindicação de Liderança Suprema.

Era essa decisão, mais do que qualquer coisa inscrita no projeto, que transmitira o caráter da autoridade do Aiatolá aos iranianos comuns. Como Khomeini responderia?

Permanecendo em silêncio.

---

556 Diferentes grupos assumiram diversas posições, com os comunistas até mesmo exortando seus seguidores a apoiarem a República Islâmica com um voto no "sim". Ver PARTIDO TUDEH. *Documents and Statements of the Tudeh Party of Iran* (1980).

O Aiatolá tornou sua posição constitucional mais explícita no estágio seguinte – quando os eleitores voltaram às urnas em fevereiro de 1980 para eleger o primeiro presidente da República. O confidente mais próximo de Khomeini, o Aiatolá Mohammad Beheshti, surgiu como o favorito óbvio. Com o passar dos anos, ele se estabeleceu como uma presença dominante por seu próprio mérito – combinando profundidade filosófica e habilidades de liderança de maneira convincente. Mesmo assim, Khomeini bloqueou seu caminho – declarando que era errado um clérigo competir por esse cargo secular.[557]

Quando três não clérigos entraram na corrida, o Aiatolá professou total neutralidade em relação a eles. Abolhassan Bani-Sadr, contudo, tinha uma reivindicação mais impressionante ao cargo. Quando jovem, ele se engajou ativamente no grande levante contra o Xá de 1963 – e foi recompensando por seus esforços com longos períodos de exílio. Com o tempo, ele se tornou um dos confidentes de Khomeini e, previsivelmente, apoiaria a visão do Guardião de uma República Islâmica. Ao lhe garantir uma vitória esmagadora, os eleitores expressaram sua solidariedade com o regime revolucionário. Mas a ascensão de Bani-Sadr à presidência também simbolizava a divisão de poderes estabelecida pela Constituição – um presidente secular, eleito por sufrágio, era uma força constitucional considerável no novo regime.[558]

As eleições de maio de 1980 para o Majlis reforçaram esse ponto. Mohammad-Ali Rajai, eleito primeiro-ministro, tinha o mesmo perfil de Bani-Sadr. Ele era um muçulmano convicto, mas não um clérigo. Seu Partido Republicano Islâmico (PRI) ganhou 85 dos 270 assentos do Majlis. Como ficou aquém da maioria, Bani-Sadr foi obrigado a moderar o ardor de seu próprio partido-movimento,

---

557 BRUMBERG, Daniel. *Reinventing Khomeini*: the struggle for reform in Iran. Chicago: University of Chicago Press, 2011, pp. 111/112.

558 Para os resultados eleitorais, ver: http://irandataportal.syr.edu/1980-presidential-election (Bani-Sadr obteve 75% dos votos).

formando uma coalizão com outros grupos de orientação religiosa que tinham opiniões diferentes sobre muitos assuntos. Ao mesmo tempo, os partidos políticos seculares também conquistaram uma representação substancial.[559]

Resumindo: embora o Aiatolá fosse uma figura imensamente popular, ele constitucionalizou de maneira coerente seu carisma em uma estrutura complexa firmemente baseada na soberania popular. Dada sua autoridade carismática, ele tinha pouco a temer nesse sistema formal de freios e contrapesos enquanto permanecesse no comando. Mas, como nos casos de De Gaulle e Mandela, a prioridade que ele deu à criação de uma Constituição na Fundação moldaria profundamente a luta pelo poder quando seus sucessores menos carismáticos tentassem substituí-lo.

12.3 Crise de sucessão

O Aiatolá permaneceu no comando até sua morte em 1989. Durante quase todo esse tempo, o Irã esteve em guerra com o Iraque. Essa luta de oito anos foi tema de uma vasta literatura. Mas me concentrarei em como isso transformou a operação concreta da Constituição iraniana. Isso permitirá uma apresentação mais clara das formas paradoxais como as instituições criadas em 1979 moldaram a crise de sucessão de 1989.

12.3.1 Transformações dos tempos de guerra

Saddam Hussein lançou um ataque surpresa em 22 de setembro de 1980, logo após o governo do Irã começar a funcionar. Saddam esperava uma vitória fácil – os fragmentos sobreviventes do exército do Xá estavam desmoralizados e os militantes da Guarda

---

559 Para os resultados eleitorais, ver: https://www.parliran.ir/majles/fa/Content/articles/%D8%AF%D9%88%D8%B1%D9%87%20%D8%A7%D9%88%D9%84.

Revolucionária permaneciam desorganizados. Na verdade, sua "campanha arrasadora" obteve grandes triunfos no curto prazo, permitindo que o Iraque ocupasse vastas áreas do Irã ao longo da fronteira.

Mesmo assim, Teerã não capitulou. O novo governo reuniu com sucesso os iranianos para uma defesa heroica de sua república revolucionária. Isso levou a uma luta longa e sangrenta, que custou a vida de mais de meio milhão de soldados e civis iranianos. (A população total era de cerca de 50 milhões na época).[560] No fim da guerra, uma Guarda Revolucionária endurecida pela batalha havia conseguido recapturar os territórios perdidos.

Os iranianos pagaram um preço terrível por essa vitória. Com famílias em todo o país sofrendo pela perda de entes queridos e muitos sofrendo com ferimentos de guerra, o mandato do Aiatolá como Guardião deu um significado mais profundo a seus anos de autossacrifício. Eles não estavam suportando essa provação apenas para apoiar uma batalha sem fim contra um ditador de meia tigela. Eles estavam envolvidos em uma guerra santa para salvar a Revolução Islâmica contra o secularismo militante de Saddam.

Esse apelo patriótico teve profundas consequências políticas.[561] Embora o boicote secularista à Assembleia Constituinte tenha impulsionado a Constituição em uma direção religiosa, seus partidos políticos ainda haviam conquistado representações significativas no primeiro Majlis. Além disso, o próprio Aiatolá havia barrado a ascensão de um clérigo importante à presidência, abrindo caminho para que um de seus confidentes civis, Abolhassan Bani-Sadr, assumisse o cargo.

---

560 RAZOUX, Pierre. *The Iran-Iraq War*. Cambridge: Harvard University Press, 2015, p. 471.

561 MENASHRI, David. *Iran*: a decade of war and revolution. Nova York: Holmes & Meier, 1990, pp. 168-393.

Mas com o pais cambaleando após suas derrotas iniciais, Khomeini fez de Bani-Sadr um bode expiatório para o fracasso dos militares desorganizados em defender as fronteiras do país contra o forte ataque de Saddam. Em junho de 1981, ele pediu ao parlamento o impeachment do presidente, apesar de sua esmagadora vitória eleitoral dezoito meses antes. O Majlis cumpriu e, de forma ainda mais sinistra, promulgou uma legislação que proibia o principal partido dos secularistas, a Frente Nacional, de se envolver na política eleitoral no futuro.[562]

A transformação do Aiatolá em um símbolo de unidade nacional também desafiou os islâmicos que estavam comprometidos com a separação entre Mesquita e Estado. Desde os primeiros dias da Revolução, essa visão xiita tradicional foi o credo dos Mujahideen, uma poderosa força de guerrilha que embarcou em uma campanha terrorista em retaliação pela derrubada de Bani-Sadr. O ataque mais espetacular ocorreu no final de junho, quando uma bomba explodiu em meio a um conclave de importantes membros do Partido Republicano Islâmico (PRI), matando setenta deles em um único golpe. Entre eles estava o conselheiro mais próximo do Aiatolá, Mahammad Beheshti.[563] A perda pessoal de Khomeini reforçou sua determinação implacável de garantir que clérigos comprometidos ocupassem, dali em diante, todos os cargos importantes do governo em sua guerra santa contra Hussein – que agora também incluía uma campanha brutal de repressão contra traidores internos que haviam pegado em armas contra a República Islâmica.[564]

---

562 KATZMAN, Kenneth. "Iran: The People's Mojahedin Organization of Iran". *In*: BENLIOT, Albert. *Iran*: outlaw, outcast, or normal country? Nova York: Nova Science, 2001, p. 101.

563 MOMEM, Moojan. *An introduction to Shi'i Islam*: the history and doctrines of Twelver Shi'ism. New Haven: Yale University Press, 1987, p. 297.

564 HIRO, Dilip. *Iran under the Ayatollahs*. Londres: Routledge, 1985, pp. 186-223 (descreve a campanha terrorista e sua repressão).

A mudança para um monopólio clerical estava em evidência na próxima eleição presidencial – que foi realizada após mais assassinatos, dramatizando o perigo iminente de um colapso catastrófico. Após o impeachment de Bani-Sadr, o primeiro-ministro Mohammad-Ali Rajai ascendeu à presidência – apenas para ser morto por uma bomba terrorista em agosto, junto com Mohammad-Javad Bahonar, o primeiro-ministro que o teria sucedido. A resposta do PRI em apuros foi convocar uma eleição presidencial especial sob a disposição constitucional de inspiração gaullista apropriada – e dar aos iranianos uma oportunidade coletiva de demonstrar que, apesar de seus inimigos externos e internos, eles lutariam até o fim pela República Islâmica.

Para simbolizar esse compromisso, o PRI escolheu como candidato à presidência um dos mulás mais próximos do Aiatolá, Ali Khamenei. Com a Frente Nacional banida das cédulas, Khamenei basicamente concorreu sem oposição nas eleições de outubro de 1981. No entanto, apesar de sua vitória certa e das condições caóticas dos tempos de guerra, os eleitores comuns conseguiram ir às urnas em grande número, depositando 95% das cédulas em Khamenei, comprometendo-se assim a mais anos de sacrifício de sangue pela Revolução.[565]

Khamenei era um elemento típico da nova geração de clérigos que estava se destacando. Ele havia passado longos anos de exílio com o Aiatolá, mas foi sua perspicácia política, não sua distinção religiosa, que lhe deu a confiança de Khomeini. Na verdade, ele nem mesmo obteve o *status* de *marja* concedido aos clérigos mais respeitados na hierarquia xiita.[566]

O mesmo aconteceu com Akbar Rafsanjani, outro mulá e principal rival de Khamenei nos anos seguintes. Como Khamenei,

---

565 GIELING, Saskia. *Religion and war in revolutionary Iran*. Londres: Tauris, 1999.

566 MURPHY, John. *Ali Khamenei*. Nova York: Chelsea House, 2008.

ele fez grandes sacrifícios pessoais pela Revolução. Permaneceu na pátria e serviu como porta-voz principal da causa islâmica – passando anos na prisão como punição por sua persistente dissidência às políticas secularizadoras do Xá. Após a Revolução, ele foi presidente do Majlis, mas serviu cada vez mais como comandante militar de fato das campanhas da Guarda Republicana contra Hussein.[567] Apesar de sua proeminência, ele também não recebeu o *status* de *marja* dos principais clérigos xiitas em Qom, que continuaram a enfatizar a profundidade espiritual, não a destreza militar, em suas avaliações de distinção religiosa.

No entanto, esses dois mulás de segunda categoria foram notavelmente bem-sucedidos em enfrentar os grandes desafios práticos levantados pelas primeiras vitórias de Saddam. Junto com outros clérigos poderosos, eles começaram a trabalhar para transformar a Guarda Revolucionária em uma força de combate eficaz, enquanto também organizavam um enorme esforço de socorro para cidades e vilas devastadas pelo conflito em curso. Enquanto suas contraofensivas militares repeliam as tropas de Saddam, eles foram recompensados com triunfos eleitorais nas urnas.

Apesar do caos dos tempos de guerra, o calendário constitucional foi cuidadosamente observado. Como a Frente Nacional secular estava banida, apenas o Partido Republicano Islâmico ofereceu aos eleitores uma lista de candidatos do partido-movimento. No entanto, a lista do PRI não ficou sem oposição. Uma série de candidatos independentes entrou na corrida. Mas primeiro eles tiveram que convencer o Ministério do Interior de que acreditavam

---

567 SHIRALINIA, Jafar. *Narrative of the Life of Ayatollah Akbar Hashemi Rafsanjani*. 2ª ed. 2016. Perto do fim da guerra, Rafsanjani foi nomeado comandante em chefe interino – mas na verdade ele havia assumido uma posição central muito antes. HUNTER, Shireen. *Iran after Khomeini*. Westport: Greenwood Publishing Group, 1992, p. 48.

no Islã.[568] O Ministério excluiu agressivamente os secularistas suspeitos, de modo que esses "independentes" eram em geral simpáticos ao PRI. Os secularistas não violentos remanescentes do "Movimento Liberdade" mais uma vez pediram um boicote, mas, ao contrário de 1979, os eleitores os ignoraram e foram às urnas em grande número. Eles deram ao PRI 48% dos votos e 130 assentos; os independentes obtiveram 140, mas a maioria deles eram apoiadores confiáveis do PRI.

No entanto, essa reafirmação retumbante do esforço de guerra não garantiu o controle de Khamenei sobre o parlamento.[569] Ao contrário, a constituição iraniana adaptou o modelo francês de uma forma que favorecia o primeiro-ministro do país, Mir-Hossein Mousavi, em sua disputa pelo poder contra o presidente. Como Khamenei, Mousavi conquistou o cargo em 1981, após o impeachment de Bani-Sadr. Mas ele representava uma facção muito diferente do PRI. Khamenei defendia as visões "direitistas" da classe comercial – os bazares – que queria comprometer o governo com a proteção de suas tradicionais prerrogativas de livre-mercado. Mousavi era um homem forte da esquerda, que usou seu controle sobre os ministérios para promover um elaborado programa estatal que visava fornecer socorro imediato e assistência na reconstrução da população devastada.[570]

Khamenei estava determinado a empurrar a política para a direita quando conseguiu uma ampla maioria de 87% em sua campanha de reeleição em 1985 – com o Ministério mais uma vez deixando seus principais opositores de fora da votação. Em quatro ocasiões diferentes durante o mandato de quatro anos

---

568 MENASHRI, David. *Iran*: a decade of war and revolution. Nova York: Holmes & Meier, 1990, p. 124.

569 Mohammad Ali Zandi. "The Second Majlis Elections". Bagher-ol-Olumn Research Institute (2014).

570 RANDJBAR-DAEMI, Siavush. *The quest for authority in Iran*: a history of the presidency from revolution to Rouhani. Londres: Tauris, 2018, pp. 38-52.

do Majlis, Khamenei tentou substituir Mousavi por um primeiro-ministro de direita de sua escolha; e fracassou em todas elas. Essa demonstração de fraqueza presidencial permitiu que seu rival levasse vantagem nas eleições de 1988. As forças de esquerda organizaram sua própria lista de candidatos e pediram o apoio dos eleitores para a preservação dos programas estatais que estavam proporcionando alívio imediato para seu sofrimento. O resultado foi um mandato eleitoral avassalador. Quando o novo Majlis se reuniu, Mousavi obteve o maior voto de confiança de todos os tempos, garantindo sua reeleição como primeiro-ministro com 204 dos 217 votos. Mas Mousavi meteu os pés pelas mãos quando algumas de suas indicações ministeriais encontraram resistência no parlamento. Para estabelecer sua primazia, ele surpreendeu a todos ao anunciar que estava renunciando ao cargo de primeiro-ministro – esperando que isso levasse seus oponentes obscurantistas a implorar que ele continuasse no poder com a aprovação de suas escolhas ministeriais. Para a surpresa de Mousavi, seus oponentes mantiveram-se firmes – e apesar do mandato de esquerda concedido pelo Povo, Khamenei finalmente conseguiu tirá-lo do cargo.[571]

A luta cada vez mais acirrada entre Khamenei e Mousavi não os impediu de se unirem em apoio a um reinado crescente de terror contra o secularismo em todas as suas formas. A Guarda Revolucionária tinha esmagado os guerrilheiros islâmicos do Mujahideen no início de 1982. Mas operando sob a lei marcial, a Guarda se envolveu em sequestros maciços de supostos secularistas – com suspeitas vagas servindo cada vez mais como justificativa para torturas e assassinatos em uma escala assustadora.[572]

---

571 RANDJBAR-DAEMI, Siavush. *The quest for authority in Iran*: a history of the presidency from revolution to Rouhani. Londres: Tauris, 2018.

572 AXWORTHY, Michael. *Revolutionary Iran*: a history of the Islamic Republic. Nova York: Oxford University Press, 2013, pp. 285-289; HIRO, Dilip. *Iran under the Ayatollahs*. Londres: Routledge, 1985, pp. 186-223.

A histeria dos tempos de guerra parecia estar tornando os debates e decisões ocorridos durante a fundação de 1979 e 1980 totalmente irrelevantes para a política do mundo real. Em vez de operar como um empreendimento colaborativo entre o Guardião divinamente inspirado e os líderes seculares de uma república democrática, o Irã estava seguindo o caminho de uma teocracia brutalmente repressiva liderada por Khamenei como presidente e Rafsanjani como comandante em chefe.

Enquanto tudo isso acontecia, o Aiatolá se afastava das decisões do dia a dia. Agora com mais de 80 anos, ele passava grande parte do tempo recluso nos subúrbios de Teerã tratando de questões teológicas – contando com muitos poucos confidentes para transmitir suas opiniões aos poderosos clérigos que controlavam o exército e o governo. O principal deles era Hussein-Ali Montazeri, que era o principal porta-voz do Aiatolá na Assembleia de Especialistas Constitucionais – e, como seu presidente, havia demonstrado sua lealdade e capacidade política ao obter amplo apoio para a incorporação da Liderança Suprema à estrutura de governo. Depois que o conselheiro anterior do Aiatolá, Beheshti, foi assassinado em 1981, Montazeri tornou-se cada vez mais o principal representante do Aiatolá no trato com os poderosos clérigos do governo e com o exército.[573]

12.3.2 O surgimento da crise de sucessão

Ao contrário de Khamenei e Rafsanjani, Montazieri era um marja cuja profundidade espiritual obteve amplo reconhecimento em Qom. Diante disso, sua associação íntima com o Aiatolá o marcou como seu sucessor óbvio como Jurista Guardião. Lembremos, entretanto, que a Constituição de 1979 não autorizava Khomeini a fazer essa nomeação. Em vez disso, atribuía explicitamente essa tarefa a um conselho especial de especialistas – o primeiro Majlis

573 HOSSEIN-ALI, Montazeri. *Memoirs of Ayatollah Montazeri*, 2000, p. 322.

criou rapidamente um sistema de duas etapas para a seleção. Durante a primeira etapa, os líderes do *establishment* clerical nomeariam uma ampla gama de líderes espirituais como membros do Conselho; mas na segunda etapa, o eleitorado geral faria a escolha final. O Aiatolá apoiou totalmente essa resolução, porque estava em harmonia com os compromissos então prevalecentes com as bases democráticas da República *Islâmica*.

Apesar das interrupções criadas pela guerra de Saddam e pelo impeachment de Bani-Sadr, as eleições para o Conselho ocorreram em 1982 e seus oitenta membros permaneceram no cargo pelos próximos oito anos. Mas em 1985, o Aiatolá havia atingido a idade de 83 anos, e o Conselho decidiu suavizar a transição nomeando seu sucessor com antecedência – Montazieri foi nomeado por unanimidade como o próximo Jurista Guardião.

Talvez sua decisão pudesse ter sido mais difícil se os partidários do presidente Khamenei tivessem apresentado sua candidatura. Ele tinha acabado de obter uma ampla vitória na reeleição, em reconhecimento ao seu sucesso inicial em virar a maré contra as tropas de Saddam. Visto que a Constituição o impedia de exercer um terceiro mandato consecutivo como presidente, por que não designá-lo como o próximo Guardião?

A resposta era fácil: Khamenei não era um marja, e a Constituição proibia explicitamente os clérigos inferiores de serem guardiões. Como a dedicação e a visão religiosa de Montazieri eram reconhecidas por seus companheiros marjas, e Khamenei não conseguiu se qualificar, ninguém no Conselho levou sua candidatura a sério. A escolha de Montazieri por unanimidade contou com o apoio da elite governante e do público em geral.

Com seu cargo de Guardião assegurado no futuro, Montazeri começou a assumir uma postura mais independente ao lidar com o Aiatolá. Em uma série de cartas, ele começou a questionar o caráter islâmico de algumas políticas do regime, especialmente a repressão implacável de prisioneiros políticos. Esses comentários críticos sugeriam que, uma vez instalado como Líder Supremo, ele poderia repudiar o caráter islâmico de algumas decisões importantes tomadas sob a Guarda do Aiatolá.[574]

Essa implicação perturbava cada vez mais Khomeini e, em março de 1989, ele fez algo a respeito. Ele ordenou que Montazeri renunciasse à sua posição como sucessor nomeado. A demanda de Khomeini não tinha fundamento constitucional. Somente os Especialistas, não o Aiatolá, poderiam demitir Montazeri, e somente se considerassem sua conduta "deficiente" em relação aos altos padrões de excelência espiritual estabelecidos no texto. Montazeri estava perfeitamente ciente desse ponto. Afinal, atuara como presidente da Assembleia Constituinte que incluiu esse ponto na Constituição. No entanto, ele se recusou a apelar aos Especialistas para defender seu direito de sucessão, e reconheceu humildemente a autoridade carismática do Aiatolá – apresentando uma carta de renúncia que declarava sua lealdade ao regime.[575]

O anúncio de Montazeri chocou a nação, porque já era óbvio que a saúde do Aiatolá estava piorando rapidamente – na verdade, ele morreria três meses depois. Não foi surpresa, portanto, quando outro distinto marja, Mohammad-Reza Golpayegani, apareceu

---

574 Embora não haja uma edição oficial das cartas de Montazeri, as mais importantes podem ser encontradas em: https://shabtabnews.com/2016/09/27/%-D8%A7%D9%8 6%D8%AA%D8%B4%D8%A7%D8%B1-%D9%86%D8%A7%D9%85%D9%87-%D9%81%D9%88%D9%82-%D9%85%D8%AD%D8%B1%D9%85%D8%A7%D9%86%D9%87-%D8%A2%DB%8C%D8%AA-%D8%A7%D9%84%D9%84%D9%87-%D9%85%D9%86%D8%AA%D8%B8%D8%B1/.

575 SCHIRAZI, Asghar. *The constitution of Iran*: politics and the state in the Islamic Republic. Londres: Tauris, 1997, pp. 72/73; MILANI, Mohsen. *The making of Iran's Islamic revolution*: from monarchy to Islamic Republic. Colorado: Westview Press, 1988, p. 220. O artigo 107 da Constituição de 1980 concedia explicitamente aos Especialistas o poder de demitir um Guardião se ele "tornar-se deficiente em uma das qualificações espirituais" especificadas em outros artigos, ou se "tornar-se evidente que desde o início ele carece de alguma das qualificações".

rapidamente em discussões públicas como principal candidato à Liderança Suprema.

Mas em suas deliberações privadas, os Especialistas não levaram a sério a candidatura de Golpayegani. Ele era de fato um marja distinto, que dedicou sua vida a devoções espirituais com tal intensidade que seus colegas lhe concederam uma distinção especial. Mas ele não tinha experiência política e era totalmente desconhecido do público em geral. A nomeação desse novato teria destruído a confiança geral na própria ideia de que os iranianos deveriam contar com um Jurista Guardião para guiar a República. Na verdade, Montazeri era o *único* marja "que possuía conhecimento teológico adequado, bem como credenciais revolucionárias suficientes" para sustentar a legitimidade do sistema – nas palavras do relato particularmente convincente de Ray Takeyh.[576] Ao demitir Montazeri em seu leito de morte, Khomeini estava questionando se alguém com autoridade religiosa estabelecida poderia servir de forma confiável para guiar a República Islâmica.

De maneira bastante notável, a Constituição havia previsto essa possibilidade. Ela previa que, se nenhum homem santo se mostrasse um sucessor adequado, a Liderança Suprema poderia ser exercida por um Conselho de Três – dos quais apenas um teria de ser um marja. Isso permitiria que Khamenei e Rafsanjani se juntassem a Golpayegani no Conselho, proporcionando assim a arte prática de governo e o reconhecimento público de que o marja tão dolorosamente carecia.

O Conselho dos Três tinha a vantagem adicional de permitir que o presidente do país evitasse uma luta pelo poder público com seu líder militar em um momento em que a nação estaria de luto pela morte de seu maior herói revolucionário. Em vez de desacreditar um ao outro competindo publicamente pela Liderança Suprema, os

---

576 TAKEYH, Ray. *Guardians of the revolution*: Iran and the world in the age of the Ayatollahs. Nova York: Oxford University Press, 2009, p. 117.

dois homens poderiam aumentar muito de estatura endossando o Conselho dos Três e, em seguida, usar Golpayegani como porta-voz para anunciar as decisões finais depois de terem alcançado um compromisso mutuamente satisfatório em negociações reservadas.

Mas essa solução óbvia tinha uma grande fraqueza. Khamenei e Rafsanjani tinham opiniões totalmente diferentes sobre muitos dos problemas urgentes que o país enfrentava após seus longos anos de devastação durante a guerra. Se eles se juntassem a Golpayegani em um Conselho de Três, estariam constantemente pressionando em direções diferentes, e caberia a Golpayegani dar o voto decisivo – transformando o noviço perplexo no Líder Supremo de fato.

O Aiatolá havia estabelecido um precedente como Jurista Guardião difícil de ser seguido por qualquer um. Mas a perspectiva de três Guardiões briguentos servindo como seus sucessores teria desmoralizado totalmente a nação – mais uma vez, colocando em questão a própria legitimidade da liderança clerical suprema. Como consequência, não é surpreendente que tal solução tenha sido considerada e rejeitada algumas semanas antes da morte do Aiatolá. Isso significa que Khomeini e Rafsanjani agora se encontravam em uma corrida desesperada contra o tempo – tornada mais urgente pela deterioração da condição do Aiatolá.[577]

---

577 Na sessão do Conselho dos Especialistas que o nomeou formalmente para a Liderança Suprema, Khamenei observou que a opção do Conselho dos Três surgiu "algumas semanas atrás" e é razoável supor que os Especialistas a rejeitaram em uma sessão confidencial realizada naquele momento – embora os registros desses períoso permaneçam confidenciais. O vídeo recentemente divulgado sobre as deliberações secretas dos Especialistas que levaram à escolha de Khamenei indica, além disso, que eles rejeitaram explicitamente a opção do Conselho dos Três antes de tomar sua decisão final. BBC Persa. "A Recently Surfaced Video of the Assembly of Experts Election of Ayatollah Khameini as the Supreme Leader". Disponível em: https://www.youtube.com/watch?v=u_UvvEwAqZo. Acessado em: 10.01.2022; ver também, RANDJBAR-DAEMI, Siavush. *The quest for authority in Iran*: a history of the presidency from revolution to Rouhani. Londres: Tauris, 2018, p. 62. É

Eles estavam diante de dois problemas óbvios. Em primeiro lugar, a ascensão de qualquer um deles era patentemente ilegal, uma vez que a Constituição reservava expressamente a posição aos marjas. Em segundo lugar, eles tinham que decidir qual dos dois deveria ascender à liderança. Se eles não conseguissem chegar a um acordo antes da morte do Aiatolá, sua competição pública poderia degenerar rapidamente em violentos confrontos de rua entre seus partidários.

Comecemos com a segunda questão – vamos chamá-la de problema de *consentimento mútuo*. É aqui que o legado gaullista se tornou um recurso precioso. Como na França e na Polônia, a divisão do poder entre o presidente e o primeiro-ministro já havia gerado intenso conflito no Irã, onde Khamenei travou uma luta contínua pelo poder com Mir-Hossein Mousavi como primeiro--ministro. Mas, como consequência do fracasso de Mousavi em estabelecer sua supremacia, não havia nenhuma figura poderosa o suficiente para defender as prerrogativas institucionais desse cargo. Assim, Khomeini e Rafsanjani poderiam usar o cargo de primeiro-ministro como moeda de troca em seus esforços para resolver seu problema de consentimento mútuo. Se a Constituição fosse emendada para abolir esse cargo, o presidente surgiria agora como a *única* figura com mandato popular.

Uma superpresidência gaullista era particularmente atraente para Rafsanjani. Ele havia desenvolvido grande habilidade em se apresentar em ocasiões públicas de uma forma altamente persuasiva. Isso aumentaria enormemente sua legitimidade em qualquer impasse contra o Jurista Guardião. Mesmo que o Guardião se opusesse às iniciativas presidenciais por seus méritos, ele teria dificuldade em pedir ao Conselho dos Guardiões que as vetasse, uma vez que o superpresidente gaullista teria um forte mandato democrático.

---

indiscutível, então, que o Conselho dos Três foi percebido como uma opção constitucionalmente disponível no momento em que os Especialistas agiram ilegalmente ao selecionar um não marja como Líder.

Em contraste, Khamenei projetou uma personalidade pública austera que tornava impossível para ele competir contra seu rival em um concurso de popularidade. Ele estava perfeitamente ciente de suas limitações como político populista. No entanto, sua severa persona pública estava mais de acordo com a reivindicação de supremacia espiritual do Jurista Guardião. Embora Khamenei reconhecesse que não poderia herdar a autoridade carismática do Aiatolá, os precedentes do Aiatolá ajudariam a legitimar os próprios esforços de Khamenei para moldar o futuro do país.

Foram necessárias negociações intensas e secretas, sob enorme pressão do tempo, para que os dois homens vissem que uma superpresidência gaullista era de interesse mútuo. Até hoje, não sabemos o que aconteceu a portas fechadas. Mas uma análise simplificada é suficiente para apresentar minha primeira tese fundamental: o acordo nunca poderia ter ocorrido se a Constituição original não estivesse baseada no modelo da Quinta República.

Suponhamos que a Assembleia Constituinte de 1979 tivesse rejeitado o modelo gaullista e posto inequivocamente o Líder Supremo no topo da hierarquia de governo. Nesse cenário, a Constituição teria concedido ao Líder Supremo autoridade para governar de cima para baixo – em colaboração, suponhamos, com clérigos importantes à maneira da Igreja Católica. Dentro dessa estrutura puramente teocrática, Rafsanjani teria enfrentado uma escolha dura em 1989: se ele não conseguisse competir com Khamenei pela Liderança Suprema, teria que aceitar uma posição claramente subordinada na estrutura de poder.

A única coisa que permitiu a Rafsanjani escapar desse dilema foi a decisão de 1979 de integrar a Liderança Suprema em um sistema gaullista no qual o presidente, o primeiro-ministro e o Majlis extraíam sua autoridade da soberania popular, sem qualquer pretensão de inspiração divina. Em outras palavras, foi a estrutura *democrática* estabelecida no Tempo Dois que tornou possível resolver a crise de sucessão *religiosa* no Tempo Três. Essa é a primeira grande – embora paradoxal – tese que apresentarei aqui.

Não menos paradoxal: a criação de uma superpresidência democrática ocorreu em um momento em que a guerra santa contra Hussein estava chegando ao seu fim triunfante, e o caráter teocrático do regime estava alcançando novos patamares. Sem levarmos em consideração a relação entre o Tempo Dois e o Tempo Três, seria difícil explicar por que o reforço das bases *democráticas* do regime ocorreu em um momento tão enfaticamente *teocrático*.

Resta ainda um problema final. Se Khamenei e Rafsanjani adotassem a solução gaullista, isso só aumentaria a ilegalidade de seu arranjo. Já era inconstitucional que qualquer um deles ascendesse à Liderança, pois eram clérigos de segunda classe. Mas a criação de uma superpresidência gaullista exigia outra ampla série de emendas constitucionais. Não era necessário apenas abolir o gabinete do primeiro-ministro, mas também revisar sistematicamente uma série de disposições para recalibrar a relação do superpresidente com o Líder Supremo, o Majlis e outros ramos do governo.

Os Especialistas não tinham poder para fazer essas alterações. Eles tinham o direito exclusivo de indicar o próximo Líder Supremo, mas não tinham autoridade para propor ou promulgar emendas. Com efeito, a Constituição ratificada pelos eleitores em 1980 não continha quaisquer disposições para a sua revisão subsequente. De uma forma ou de outra, a liderança revolucionária teria que convencer o país de que, quando Khamenei e Rafsanjani passassem a exercer seus poderes como Líder Supremo e superpresidente, eles não estariam realizando atos de autoridade totalmente ilegais.

Ou tal exercício de legitimação pública não seria realmente necessário?

Existem muitos lugares no mundo onde ocorreram tomadas de poder sem qualquer esforço sério para constitucionalizá-las. É muito significativo, então, que a elite revolucionária do Irã tenha feito um esforço determinado para abrir um caminho constitucional que pudesse, o mais rápido possível, retificar a situação anômala em que Khamenei e Rafsanjani se encontrariam quando o Aiatolá morresse.

Em 24 de abril de 1989 – dois meses após a renúncia de Montazeri e seis semanas antes da morte do Aiatolá – Khomeini enviou uma carta ao gabinete da presidência criando uma "Assembleia para a Revisão da Constituição". Ele nomeou vinte altos funcionários para compô-la, e o Majlis nomeou outros cinco em seguida. É impossível determinar se Khomeini estava suficientemente consciente para fazer essas nomeações durante as últimas semanas de sua vida. Durante o verão de 1988, a grave doença do Aiatolá já havia se tornado um assunto de conhecimento público, e é bem possível que Khamenei e Rafsanjani tenham desempenhado um papel fundamental na seleção do grupo *ad hoc*.[578]

Qualquer que seja a verdade, uma vez que os membros se reuniram, eles imediatamente entraram em ação para completar sua tarefa antes do falecimento do Aiatolá.[579] Dadas as mudanças textuais abrangentes necessárias para constituir o novo arranjo entre os dois líderes, a assembleia revisora estava muito longe de completar o projeto final em 3 de junho, quando o Aiatolá morreu. No entanto, Khamenei e Rafsanjani estavam suficientemente confiantes de que uma solução satisfatória estaria disponível para que implementassem seu acordo da única maneira remotamente

---

578 AXWORTHY, Michael. *Revolutionary Iran*: a history of the Islamic Republic. Nova York: Oxford University Press, 2013, p. 297. Me fio no relato do professor Axworthy de que a doença grave do aiatolá já havia chegado ao conhecimento do público no verão de 1988, mas devo enfatizar que Axworthy não faz nenhum julgamento quanto às capacidades mentais de Khomeini. Se existirem documentos reveladores sobre esse assunto, o governo iraniano tem sido bem-sucedido em evitar que vazem ao público.

579 RANDJBAR-DAEMI, Siavush. *The quest for authority in Iran*: a history of the presidency from revolution to Rouhani. Londres: Tauris, 2018, pp. 59-61.

confiável. Os dois homens saíram do leito de morte de Khomeini para declarar que o próprio Aiatolá havia nomeado Khamenei como seu sucessor.

Como uma questão constitucional, seu apelo conjunto à autoridade carismática de Khomeini era totalmente inadequado. Como vimos, a Constituição não permitia que o Aiatolá escolhesse seu sucessor e concedia essa autoridade exclusivamente ao Conselho de Especialistas. Como consequência, após o anúncio conjunto, os dois homens seguiram imediatamente para a a sala onde os Especialistas os aguardavam. Após um período de deliberação a portas fechadas, Rafsanjani reapareceu para declarar que os Especialistas haviam de fato nomeado Khamenei como o próximo Guardião da República.

Muito recentemente, no entanto, o vídeo completo das deliberações dos Especialistas finalmente vazou para o público. Ele dramatiza os problemas de legitimidade que venho explorando. Assim que Rafsanjani informou formalmente o Conselho dos desejos do Aiatolá, Khamenei se levantou para dizer aos especialistas que ele simplesmente não aceitaria a nomeação:

> Também mencionei isso ao sr. Hashemi (Rafsanjani) algumas semanas atrás, quando esse problema surgiu. Eu disse [a ele], com toda a seriedade, que não aceitaria isso. Vamos deixar de lado o fato de que realmente não sou digno dessa posição – que é algo que sei, e que talvez todos vocês também saibam. Há um problema técnico aqui. Essa seria uma Liderança ilusória, não real. Nem sou qualificado de acordo com a Constituição, nem sou qualificado como Líder religioso como muitos de vocês. Meu comando não terá o peso de um Líder. Que tipo de Liderança seria essa? A Constituição exige que o Líder seja um marja.[580]

---

580 BBC Persa. “A Recently Surfaced Video of the Assembly of Experts Election of Ayatollah Khameini as the Supreme Leader”. Disponível em: https://www.

A rejeição inequívoca de Khamenei da Liderança provocou um pandemônio geral, com um dos Especialistas gritando que a ordem constitucional era "apenas temporária", dado o plano da assembleia revisora de uma emenda constitucional para legalizá-la retroativamente. Mas Khamenei recusou-se a recuar e continuou a se opor à sua nomeação para uma "Liderança ilusória".

Com a decisão do Conselho em risco, Rafsanjani subiu ao parlatório para insistir que os Especialistas cedessem à sua exigência de uma votação imediata. Mas desta vez ele não se contentou com uma invocação problemática da vontade do Aiatolá. Ele não apenas repetiu que o problema da ilegalidade seria "temporário". Ele também abordou a questão mais profunda colocada pela afirmação sincera de Khamenei de que uma mudança na Constituição não seria suficiente para resolver a crença generalizada de que ele simplesmente não tinha a excelência espiritual exigida para a Liderança Suprema. Para Rafsanjani, essas dúvidas generalizadas também poderiam ser resolvidas com o tempo "com a ajuda de outros".[581] Mas, por enquanto, ele insistiu que nada de produtivo viria de um debate posterior – e que havia chegado o momento de a assembleia parar de falar e começar a votar.

O Conselho concordou. Mas, a portas fechadas, dezoito membros continuaram horrorizados com a ilegalidade de toda a situação e deram votos de dissenso ao marja Golpayegani. No entanto, os outros sessenta membros reconheceram que não tinham escolha real a não ser eleger Khamenei para dar ao país um governo eficaz em um momento crítico de sua história.

Curiosamente, os protagonistas estavam excessivamente otimistas quanto à facilidade com que a assembleia constitucional *ad hoc* alcançaria seu objetivo. Demorou até o fim de julho, após

---

youtube.com/watch?v=u_UvvEwAqZo. Acessado em: 10.01.2022.

581 BBC Persa. "A Recently Surfaced Video of the Assembly of Experts Election of Ayatollah Khameini as the Supreme Leader". Disponível em: https://www.youtube.com/watch?v=u_UvvEwAqZo. Acessado em: 10.01.2022.

vinte e três sessões formais adicionais, antes que os membros finalmente convergissem para uma abordagem comum. Assim que o governo interino passou a existir formalmente, ele nomeou sua própria comissão de seis homens para dar continuidade a esse trabalho e apresentou um elaborado conjunto de disposições para a aprovação popular em um referendo no início de dezembro.[582] Ao mesmo tempo, os eleitores votaram para preencher o cargo de superpresidente criado pelas amplas revisões constitucionais. Os resultados revelaram que os iranianos comuns deram sua aprovação esmagadora tanto para a constitucionalização da ascensão de Khamenei à Liderança Suprema quanto para a eleição de Rafsanjani como superpresidente – com 98% votando "sim" para a Constituição e 96% votando "sim" para Rafsanjani.

Um desempenho notável. Lembremos que a crise de sucessão havia começado apenas dezessete meses antes – quando o aiatolá forçou Montazeri a renunciar à Liderança Suprema em março de 1988. Essa simples afirmação de autoridade carismática do Aiatolá Khomeini ameaçava inaugurar uma era sangrenta de ditadura teocrática. Mesmo assim, o referendo de dezembro de 1989 conduziu o país a uma nova era de freios e contrapesos, com base em uma demonstração democrática de consentimento de Nós, o Povo do Irã.

12.3.3 Freios e contrapesos

Para ter uma noção melhor do novo equilíbrio de poder, devemos retornar a outra decisão fatídica tomada durante os dias finais do governo do Aiatolá. Ela diz respeito ao futuro do Partido Republicano Islâmico, o movimento religioso organizado que dominava a vida política desde que a secular Frente Nacional foi proibida em 1981.

582 RANDJBAR-DAEMI, Siavush. *The quest for authority in Iran*: a history of the presidency from revolution to Rouhani. Londres: Tauris, 2018, p. 65.

Como sugeri, o PRI estava dividido em questões fundamentais. A ala esquerda, liderada pelo primeiro-ministro Mousavi com o apoio da Guarda Revolucionária, enfatizava a necessidade de dar continuidade aos projetos de reconstrução e socorro durante a guerra. A ala direita, liderada por Khamenei com o apoio da classe dos comerciantes tradicionais, pressionava por abordagens mais amigáveis ao mercado.

A política externa gerava divisões semelhantes. Khamenei e a direita religiosa enfatizavam o perigo contínuo representado pelo imperialismo estadunidense. Os oponentes, liderados por Rafsanjani, insistiam que uma política de reaproximação com o Ocidente permitiria ao Irã colher vastas receitas do petróleo nos mercados mundiais e então usar esse enorme fundo para inaugurar um avanço econômico decisivo.

Embora esses debates tivessem sido moldados pela história e pela situação particulares do Irã, muitos outros países estavam enfrentando questões semelhantes em 1989 – com o cosmopolitismo de livre mercado desafiando as políticas relativamente socialistas e centradas na nação da geração anterior. Por exemplo, os Congressos da Índia e da África do Sul debatiam as mesmas questões quase ao mesmo tempo.

Havia uma grande diferença. Os partidos do Congresso em ambos os países conseguiram manter sua unidade em meio a essas disputas acirradas, mas o PRI não. Em meados da década, esquerda e direita estavam envolvidas em um conflito aberto, organizando chapas rivais para as eleições parlamentares e competindo pelo controle da agenda legislativa.[583] Essa divisão teve consequências imprevistas depois que o Aiatolá saiu de cena. Quando Khamenei foi presidente na década de 1980, ele também atuava como presidente do PRI. Se o partido tivesse continuado a existir após sua

583 KEDDIE, Nikki; RICHARD, Yann. *Modern Iran*: roots and results of Revolution. Connecticut: Yale University Press, 2003, p. 260.

ascensão à Liderança Suprema, ele poderia ter usado sua influência entre os antigos líderes do PRI como um contrapeso ao apelo de Rafsanjani às massas. Mas uma vez que Rafsanjani foi liberado das restrições do PRI, não havia nada que o impedisse de usar seu mandato democrático para promulgar um amplo programa de livre mercado ao qual Khamenei se opusera repetidamente em sua vida pública pregressa.

Isso levou a um teste precoce dos novos poderes concedidos ao Líder Supremo pelas amplas emendas constitucionais que resolveram a crise de sucessão. Essas revisões não simplesmente eliminaram a disposição que exigia que o Guardião Islâmico fosse um marja; elas declaravam que Khamenei e seus sucessores deveriam ser reconhecidos como o Líder *Absolutamente* Supremo da República. Além disso, lhe davam novas ferramentas institucionais para insistir em sua supremacia.

Essas inovações tinham raízes em desenvolvimentos institucionais anteriores. Mesmo antes de o PRI finalmente rachar, a batalha contínua entre frações do partido gerou sérios problemas constitucionais. À medida que as coalizões de esquerda e direita mutantes promulgavam legislações no Majlis, esses estatutos frequentemente encontravam oposição dos doze juristas do Conselho dos Guardiões.

As objeções do Conselho tiveram uma recepção mista. Alguns pronunciamentos induziram mudanças legislativas significativas, mas outros foram recebidos com amargas denúncias de parlamentares decepcionados.[584] Eles não apenas contestavam as interpretações dos Guardiões dos textos relevantes, mas abriam disputas intramuros sobre a melhor resposta legislativa às objeções dos Guardiões. Nesse ínterim, questões de grande importância eram deixadas no limbo, sem qualquer resolução decisiva – exigindo

584 RANDJBAR-DAEMI, Siavush. *The quest for authority in Iran*: a history of the presidency from revolution to Rouhani. Londres: Tauris, 2018.

que o Aiatolá, normalmente trabalhando por meio de Montazeri e outros confidentes, se empenhasse em esforços *ad hoc* para resolver impasses específicos. Mas, à medida que esses impasses se multiplicavam e as energias do Aiatolá declinavam em 1988, Khomeini mais uma vez criou uma resposta institucional *ad hoc* a um problema sistêmico que não havia sido previsto pela Constituição de 1979. Seu decreto de fevereiro de 1988 criou um "Conselho de Discernimento" autorizado a resolver os impasses entre ramos do governo, dotando suas soluções de força de lei.

As emendas adotadas pelo Povo em 1989 confirmaram essa decisão no leito de morte. Elas também deram a Khamenei o poder unilateral de nomear um grupo de membros permanentes que poderiam desempenhar um papel dominante na definição da agenda dos funcionários mais transitórios de outros órgãos governamentais que serviriam como membros do Conselho de Discernimento.[585]

Mas, paradoxalmente, essa concessão de poder apenas demonstrou que a afirmação da supremacia absoluta de Khamenei pelo texto dificilmente seria suficiente para conceder a ele o respeito genuíno da elite religiosa e política. Como não podia contar com a lealdade de seguidores devotados, ele usou sua autoridade de nomeação para cooptar o apoio de oponentes em potencial. Em vez de usar o Conselho como arma contra as iniciativas do presidente, ele fez de Rafsanjani o chefe do próprio Conselho de Discernimento.

Isso fazia sentido, dado o diagnóstico de Khamenei de sua própria situação na sessão crucial do Conselho de Especialistas que autorizou sua ascensão. Naquela época, ele expressou abertamente o medo de que, como um clérigo de segunda classe, seus "comandos não carregassem o peso de um líder". Em vez de se cegar para a realidade política, ele aceitou o conselho dado na mesma sessão por Rafsanjani, que lhe garantiu que seu profundo problema de legitimidade poderia ser resolvido, com o tempo, "com alguma ajuda de outros".

---

585 *Constituição do Irã*, art. 112 (1990).

Da mesma forma, Khamenei não podia esperar que os Guardiões o apoiassem se ele condenasse as iniciativas do presidente. Os seis juristas religiosos do Conselho eram, como grupo, clérigos muito mais ilustres do que o próprio Líder Supremo. Khamenei não poderia contar com eles para apoiar suas reivindicações de poder se eles acreditassem que as iniciativas de Rafsanjani eram mais bem embasadas pelos textos sagrados. Da mesma forma, Khamenei não podia contar com os seis juristas civis do Conselho, especialmente se suas opiniões fossem inconsistentes com aquelas arraigadas na tradição francesa que teve impacto tão profundo na cultura jurídica do país. Todos os membros do Conselho consistentemente se submeteram à autoridade carismática do Aiatolá Khomeini, mas o novo Líder Supremo teria que ganhar o respeito dessas elites céticas por meio de sua conduta no cargo. Reconhecendo essa realidade, Khamenei recusou-se a provocar um teste prematuro de sua legitimidade ao convocar os Guardiões a bloquear as iniciativas de Rafsanjani. Apesar de seu histórico de oposição a iniciativas semelhantes, ele permaneceu em silêncio enquanto Rafsanjani conduzia seu ambicioso programa de desregulamentação e privatização.

Além disso, durante os primeiros anos de sua presidência, os Guardiões ainda não haviam invocado outra disposição de inspiração francesa que se tornaria importante em lutas posteriores pelo poder. Como o Conseil Constitutionnel francês, os Guardiões haviam recebido duas funções distintas de seu texto constitucional regulamentar. Eles não tinham apenas a tarefa de avaliar a constitucionalidade das novas legislações. Também tinham o dever de "supervisionar" todas as eleições nacionais.

Quando Rafsanjani se preparava para concorrer a um segundo mandato em 1992, os Guardiões interpretaram essa disposição de maneira excepcionalmente agressiva – afirmando que poderiam excluir candidatos da votação se os considerassem "moralmente ou religiosamente inadequados" para o cargo. Durante a década de 1980, o Ministério do Interior abusou repetidamente de uma autoridade semelhante para excluir da competição eleitoral os oponentes do *establishment* clerical governante – mas pelo menos podia invocar a situação de emergência dos tempos de guerra para justificar suas ações excludentes. No entanto, a reivindicação de autoridade pelos Guardiões normalizou essa prática dentro da estrutura constitucional da República do pós-guerra.[586]

O Conselho exerceu seu poder de exclusão de diferentes maneiras – provocando uma série de contramovimentos populistas que tentaram vindicar princípios democráticos ao longo do tempo. Mas mesmo quando suas exclusões tiveram um grande impacto de curto prazo, elas não necessariamente deram a Khamenei alguma vantagem sobre outros concorrentes à presidência. Como veremos, foi Rafsanjani, e não o Líder Supremo, que tirou vantagem das decisões dos Guardiões em sua campanha à reeleição de 1993.

12.4 Tempo Quatro: a mudança do pêndulo do poder

Não posso fornecer um relato detalhado da luta entre o Líder Supremo e o superpresidente após a morte do Aiatolá. O melhor que posso fazer é fornecer uma visão geral, sugerindo como o pêndulo do poder oscilou da autoridade democrática para a autoridade religiosa, e de volta, sem que nenhum dos lados saísse com uma vitória final.[587]

---

586 Id. art 99. A interpretação autoengrandecedora dos Guardiões está disponível em: http://www.shora-gc.ir/portal/Home/ShowPage.aspx?Object=News&ID=9c349336-a860-4b81-b498 -b9e0d414dc93&LayoutID=41ac3004 -064d-4591 -9605 -3bb75173947b&CategoryID=e2beada8-28bd-4ff4-a9f-8-84d4ee0a2973.

587 Minha visão geral é amplamente consistente com a análise muito mais detalhada apresentada em um livro publicado recentemente por RANDJBAR-DAEMI, Siavush. *The quest for authority in Iran*: a history of the presidency from revolution to Rouhani. Londres: Tauris, 2018, pp. 68-273. Como esse trabalho fornece citações exaustivas da literatura acadêmica e fontes originais, recomendo-o particularmente aos leitores que desejem explorar as questões mais intensivamente.

Comecemos com o sucesso de Rafsanjani em aprovar seu ambicioso programa no Majlis sem Khamenei ou os Guardiões levantarem qualquer objeção. As amplas reformas pró-mercado do presidente geraram grandes esperanças de um *boom* no pós-guerra, mas não produziram os resultados rápidos que ele havia prometido ao público. Seu programa de privatização também foi manchado por escândalos de corrupção. Como consequência, a campanha de Rafsanjani pela reeleição em 1993 gerou uma resposta fraca. Só metade dos eleitores se deu ao trabalho de ir às urnas – e o presidente obteve uma vitória extremamente estreita sobre três concorrentes relativamente indistintos. A personalidade severa e a integridade indubitável de Khamenei foram agora transformadas em uma grande vantagem em seu confronto com um presidente que não podia mais reivindicar um mandato democrático decisivo – e o equilíbrio de poder mudou fortemente na direção do Líder durante o segundo mandato de Rafsanjani.

No entanto, ciclo eleitoral seguinte pôs o Líder Supremo de volta na defensiva. A vitória de Mohammad Khatami nas eleições presidenciais de 1997 representou um grande desafio para ele. Khatami havia feito campanha com um programa de liberalização cultural no país e de distensão no exterior – posições totalmente inconsistentes com as visões profundamente conservadoras de Khamenei. No entanto, sua candidatura inspirou uma enorme onda de apoio popular. Só metade do eleitorado votou em 1993, mas 80% foram às urnas em 1997 – e concedeu a Khatami uma vitória esmagadora, dando a ele 75% dos votos, enquanto seus dois rivais mais conservadores obtiveram juntos apenas 25%.

O teste seguinte ocorreu nas eleições parlamentares de 2000, nas quais a "Frente Khordad", que representava as forças da reforma, enfrentou os Seguidores do Imã e do Líder ("Imã" se referia a Khomeini, e "Líder" se referia a Khamenei). Quando o resultado chegou, a Frente esmagou os Seguidores, obtendo uma maioria absoluta de 222 assentos contra 74 de seus oponentes.

Chegara a hora do confronto, com Khatami conduzindo uma reforma radical na agenda do Majlis, e Khamenei invocando todos os poderes dos Guardiões e do Conselho de Discernimento para bloquear essas iniciativas. O confronto dramatizou o que estava em jogo quando Khatami apelou ao Povo para apoiá-lo em sua campanha pela reeleição em 2001. Os eleitores responderam concedendo-lhe um mandato ainda mais enfático – dando a ele 77% dos votos, enquanto seu rival mais próximo obteve 16%.

No entanto, Khamenei recusou-se a ceder e tomou medidas desesperadas para barrar o ímpeto dos reformistas. Com a proximidade das eleições parlamentares de 2004, o Conselho dos Guardiões invocou seus poderes de desqualificação de maneira draconiana. Não apenas negou a inclusão nas cédulas a 2.500 candidatos (metade dos inscritos). Proibiu 80 membros titulares do Majlis de concorrer à reeleição – entendendo que seu apoio aos esforços de Khatami na liberalização cultural os tornara "moralmente" ou "religiosamente inadequados". Como consequência, os reformistas só puderam apresentar 191 candidatos (fracos) na disputa pelos 285 assentos no Majlis – e apenas 47 deles conseguiram ser eleitos. Khatami deixou o cargo dois anos depois sem nada significativo para mostrar em seus esforços para liberalizar a República Islâmica, a não ser alguns protestos dispersos e manifestações de rua.[588]

Nesse ponto, o Líder Supremo passou à ofensiva. A eleição presidencial de 2005 testemunhou um movimento de massas, baseado em uma rede nacional de mesquitas, em apoio a Mahmoud Ahmadinejad, que denunciou Khatami e outros elitistas cosmopolitas por traírem os princípios fundamentais do Islã. Ele enfrentou Rafsanjani, o presidente modernista paradigmático. (Embora a Constituição exija que os presidentes deixem o cargo após dois

---

588 Para uma discussão completa da presidência de Khatami, ver TAZMINI, Ghoncheh. *Khatami's Iran*: the Islamic Republic and the turbulent path to reform. Londres: Tauris, 2009.

mandatos, ela segue o paradigma francês ao permitir que concorram novamente depois de outra pessoa ocupar o cargo). Ahmadinejad obteve 62% dos votos, sinalizando o alvorecer de uma nova era, simbolizada por sua decisão sem precedentes de beijar o anel do Líder Supremo em sua cerimônia de posse.

Ahmadinejad enfrentou uma realidade política muito diferente quando embarcou em sua campanha de reeleição em 2009. Quatro anos antes, o movimento reformista havia sido gravemente desmoralizado pelo fracasso total de Khatami em realizar seu programa durante seus oito anos no cargo – levando a grandes quedas de participação nas regiões urbanas que haviam sido mais favoráveis a Khatami durante suas campanhas anteriores. Mas a virada radical de Ahmadinejad à direita desencadeou uma forte reação de oponentes reformistas determinados a repudiar uma ortodoxia cada vez mais opressora.

Sentindo que sua hora finalmente havia chegado, o primeiro-ministro de esquerda dos anos 1980 – Mir-Hussein Mousavi – de repente ressurgiu de décadas de aposentadoria política para declarar sua candidatura. Seu anúncio catalisou um esforço dos antigos revolucionários e jovens ativistas, que se uniram em um esforço coletivo para impulsionar sua candidatura. À medida que o dia das eleições se aproximava, Mousavi liderava as pesquisas e os reformadores esperavam confiantemente uma vitória arrebatadora.

Mas, pela primeira vez na história da República, o *establishment* clerical recorreu à fraude generalizada para reprimir a ameaça democrática à sua autoridade. O Ministério do Interior anunciou rapidamente, para espanto geral, que Ahmadinejad havia obtido uma vitória esmagadora, registrando uma maioria de 63% sobre seus oponentes. Esse resultado incrível provocou imediatamente manifestações de massas denunciando a contagem de votos. Erguendo a bandeira da Revolução Verde, em emulação das "Revoluções Coloridas" da Europa Oriental e das Filipinas, os manifestantes exigiram uma nova eleição – ou pelo menos uma recontagem honesta. As forças de segurança responderam com violência brutal, jogando milhares de pessoas em prisões conhecidas por estupros e torturas.

A resposta constitucional do regime apenas minou ainda mais sua legitimidade. Como parte de sua autoridade de supervisão sobre as eleições, os Guardiões assumiram a tarefa de revisar as acusações de fraude eleitoral e coerção que fervilhavam no país. Ao manterem a vitória de Ahmadinejad, eles perderam sua integridade aos olhos do público. Dada a flagrante fraude eleitoral, o presidente tornou-se totalmente dependente da autoridade religiosa de Khamenei para apoiar sua reivindicação de poder – mas, ao fornecer-lhe um apoio crucial, Khamenei envolveu-se no esquema fraudulento.

Lembremos que os ensinamentos xiitas tradicionalmente alertavam que a sede de poder corromperia profundamente o caráter da experiência religiosa. O clérigo de segunda classe, fingindo ser o Aiatolá, seria um exemplo dramático dessa verdade profunda?

A eleição presidencial seguinte seria um teste crucial. Se o Conselho dos Guardiões eliminasse todos os adversários sérios do candidato preferido de Khamenei, ou trapaceasse na contagem dos votos, isso provavelmente provocaria uma repetição do levante popular que eclodiu quatro anos antes. Só que desta vez, o Líder Supremo não podia ter certeza de que outra resposta duramente repressiva seria bem-sucedida. Khamenei lembrava-se vividamente de que esforços semelhantes do Xá para restaurar a lei e a ordem não conseguiram sufocar os protestos populares em 1978. Em vez disso, eles levaram a uma escalada revolucionária que suplantou o antigo regime. Mesmo que esses eventos dramáticos na história da Revolução não tivessem sido vividos pela geração mais jovem, eles ainda assim avultaram na memória coletiva. Khamenei correria o risco de uma repetição, na qual poderia ser condenado a desempenhar o trágico papel do Xá?

A resposta foi não. Desta vez, os Guardiões promulgaram uma nova lei parlamentar que delegava a supervisão das eleições a uma comissão especial de onze membros, da qual os Guardiões estavam totalmente excluídos. De acordo com o novo estatuto, sete assentos estavam reservados a "pessoas de confiança" e apenas quatro representavam os ministérios encarregados profissionalmente de organizar a votação. Em 2013, por exemplo, as "pessoas de confiança" incluíam um reitor universitário, um clérigo estimado, dois membros do parlamento e notáveis semelhantes.[589]

Castigados pela eliminação de sua jurisdição geral de supervisão, os Guardiões também adotaram uma abordagem mais comedida para selecionar os candidatos à presidência. Eles se recusaram a permitir que Rafsanjani ou Khatami entrassem na corrida e renovassem seus antigos desafios à Liderança de Khamenei. Mas permitiram que um reformador mais pragmático, Hassan Rouhani, concorresse com um programa que renovava a campanha por um Islã mais tolerante no país e um avanço pró-Ocidente no exterior.

Visando a minimizar os riscos representados a Khamenei por sua decisão de permitir que Rouhani ocupasse lugar no centro das atenções, os Guardiões também permitiram que sete outros candidatos entrassem na disputa. Eles esperavam que esses rivais atraíssem votos suficientes de seus diferentes constituintes para privar Rouhani de um poderoso mandato democrático, mesmo se ele ficasse em primeiro lugar.

Essa estratégia inteligente provou-se um fracasso total. A campanha de Rouhani inspirou um grande aumento no engajamento dos cidadãos. Embora em 2007 apenas uma minoria de iranianos

---

589 De acordo com o novo estatuto, a maioria do comitê é composta por sete membros especialmente notáveis por seu "caráter confiável". Os outros quatro representam as burocracias encarregadas de conduzir as eleições de maneira profissional – três representando o Ministério do Interior e um os serviços de inteligência. Ver: http://www.shora-gc.ir/Portal/File/ShowFile.aspx?ID=bb3d98d1-8f15-4586-99f1-233c61080f9e.

tenha se dado ao trabalho de votar, 70% dos votos apoiaram o apelo de Rouhani por um avanço no relacionamento do Irã com o Ocidente. Além disso, a proliferação de candidaturas rivais não impediu Rouhani de sair com uma vitória de 51% - enquanto o candidato favorito do Líder Supremo, Saeed Jalili, que adotou uma linha especialmente dura contra a iniciativa nuclear de Rouhani com o Ocidente, acabou com menos de 10%. Como vimos na introdução deste capítulo, sua derrota nas urnas exigiu que Khamenei e os Guardiões permitissem a Khatami comprometer o país com um dramático acordo nuclear com o Ocidente, que simbolizava a determinação dos eleitores em exigir uma mudança radical na política externa.

Quatro anos depois, no entanto, os Guardiões encontraram uma estratégia muito diferente para dar um fim rápido a esse "novo começo", derrotando o esforço de Rouhani para obter a reeleição. Em vez de permitir que uma série de candidatos concorresse, eles permitiram apenas que um único candidato forte, o conservador religioso Ebrahim Raisi, entrasse em campo contra ele. Mas essa estratégia também fracassou: Rouhani esmagou Raisi com uma avalanche, 57% a 38%.

A renovação do mandato do presidente pôs Khamenei mais uma vez na defensiva. Por mais que quisesse repudiar o acordo nuclear de Rouhani, ele carecia de apoio do povo iraniano para fazê-lo – embora Donald Trump tenha feito o possível para desacreditar a abertura de Rouhani ao Ocidente. A verdade é visível a todos: é o superpresidente gaullista, não o Líder Absolutamente Supremo, o ator decisivo nesta questão de vida ou morte para a República Islâmica.

Não quero exagerar. Talvez Khamenei descubra que a oposição de Trump pode lhe dar a oportunidade de sabotar o empreendimento. Talvez a próxima eleição dê um mandato democrático a um presidente conservador, que aproveitará a oportunidade para liderar o país de volta na direção de Khamenei. Mas oscilações semelhantes no equilíbrio da autoridade entre ramos eleitos e não eleitos têm ocorrido regularmente em todos os nossos outros estudos de caso. Elas não marcam o Irã como um caso radicalmente diferente dos outros que exploramos neste livro.

Certamente a Constituição iraniana dá ao Jurista Guardião muito mais poder para repelir os avanços de seus adversários democráticos do que os vetos de juristas em outros países – pelo menos no papel. Mas a história mostra que a autoridade do Líder para fazer uso eficaz desses poderes depende de algo mais fundamental – até que ponto ele, ao contrário de seus rivais na presidência e no parlamento, conquistou a autoridade para definir o significado duradouro dos valores afirmados pela Constituição revolucionária do Irã.

Esse ponto básico define a linha clara que tracei entre o constitucionalismo e o despotismo no mundo moderno. Os ditadores também encontram resistência aos seus comandos, mas se recusam a reconhecer que tais demonstrações de oposição são legítimas. Os regimes constitucionais, em contraste, exigem que os funcionários mais poderosos se envolvam em uma competição contínua com os rivais institucionais pela palavra final sobre o curso futuro do desenvolvimento político.

O Irã passa nesse teste; muitos outros países do Oriente Médio não. Eles são despotismos mal disfarçados.

Este não é um ponto que deva ser esquecido em meio aos tuítes e tragédias dos dias atuais.

CAPÍTULO XIII

EXCEPCIONALISMO AMERICANO?

13.1 Cosmopolitismo arraigado

A América é única?

Durante o último quarto de século, a Suprema Corte dos Estados Unidos se dividiu em dois campos rivais nessa questão. Os excepcionalistas americanos, liderados por Scalia e Thomas, argumentam que a lei fundamental do país seria distorcida e degradada se os juízes dessem ouvidos a seus homólogos estrangeiros. Os cosmopolitas constitucionais, liderados por Beyer e Kennedy, respondem que tais atos de ignorância intencional apenas tiveram sucesso em privar os estadunidenses das percepções profundas que outras nações obtiveram ao confrontar questões fundamentais.

Quero ir além dessa dicotomia simplista. Para começar, darei um passo na direção de Scalia/Thomas e insistirei que de fato houve algo muito especial na Fundação Americana. Os estadunidenses do século XVIII foram profundamente influenciados pelas memórias da luta anterior de Oliver Cromwell para varrer a monarquia e estabelecer uma Nova República durante a década de 1650. Esse sangrento esforço britânico terminou com um fracasso caótico e o retorno do domínio real. Os colonos americanos estavam bem cientes de que sua luta contra o rei George III poderia levar a um desastre semelhante. Não bastava expulsar o rei; eles lutavam para impedir o retorno da autocracia e estabelecer uma ordem constitucional que pudesse ganhar amplo reconhecimento popular como uma expressão *autêntica* dos princípios revolucionários que motivavam sua luta.

Mas é mais fácil falar do que fazer. Scalia/Thomas estão absolutamente certos quanto à importância do sucesso da Fundação em constitucionalizar o carisma. No entanto, este livro mostra que Breyer/Kennedy também estão certos em insistir que as primeiras realizações estadunidenses não são mais únicas. O desafio é refletir sobre as lições aprendidas com os experimentos mais recentes do constitucionalismo revolucionário e considerar como elas podem informar uma compreensão do passado, do presente e do futuro dos Estados Unidos da América.

Na busca por essa compreensão, os estadunidenses devem ser cautelosos com uma forma indiscriminada de cosmopolitismo. Embora alguns países tenham percorrido o caminho revolucionário do constitucionalismo, muitos não o fizeram. A lista de rejeicionistas é longa e impressionante. Inclui Alemanha, Japão e Espanha; Grã-Bretanha, Austrália e Canadá, bem como a União Europeia. Também inclui alguns exemplos especialmente reveladores na América Latina. As constituições desses países foram construídas e sustentadas pelas elites sem o envolvimento revolucionário de movimentos de massas.

Considerarei essas constituições elitistas no próximo volume. Mas, por enquanto, o sucesso de alguns regimes elitistas deve alertar os estadunidenses contra uma forma excessivamente entusiástica de cosmopolitismo, incapaz de reconhecer que a mesma fórmula jurídica pode assumir significados muito diferentes em culturas radicalmente diferentes. Para dar um exemplo, o princípio da "dignidade humana" é usado de maneiras muito diferentes na cultura revolucionária de Israel, na cultura antirrevolucionária da Alemanha e na cultura pró-*establishment* de raiz inglesa do

Canadá. É possível, claro, que as doutrinas alemãs ou canadenses sobre a "dignidade" tenham mais a oferecer aos Estados Unidos do que abordagens israelenses.

Mas os americanos devem considerar o assunto com cuidado antes de chegar a essa conclusão. Eles não devem presumir que o debate sobre a dignidade comporta uma estrutura única de análise. Às vezes, faz sentido adotar doutrinas que dividem as constituições revolucionárias daquelas das elites; mas às vezes não. O principal é avaliar a necessidade de uma reflexão autoconsciente sobre a ultrapassagem de limites antes de resolver o problema.

Os estadunidenses devem tratar a experiência constitucional de nações como Índia ou França, África do Sul ou Polônia com respeito especial. Esses países estão percorrendo o mesmo caminho iluminista que os Estados Unidos seguem desde a Fundação. Como consequência, elas realmente nos oferecem lições valiosas em nossa jornada pela estrada revolucionária rumo à legitimidade constitucional.

Para resumir meu ponto de vista em uma frase, defendo um *cosmopolitismo arraigado* – uma abordagem que reconheça que a cultura constitucional dos Estados Unidos da América é de fato excepcional quando comparada a muitos outros sistemas relativamente bem-sucedidos; mas que não é de forma alguma única e que temos algo especial a aprender com as nações irmãs, cujas constituições surgiram de revoluções em escala humana.

É fácil emitir grandes pronunciamentos pedindo novas abordagens para velhos debates. A parte difícil é mostrar que o cosmopolitismo arraigado realmente gera novas compreensões. Não pretendo que este capítulo seja suficiente para resolver todas as dúvidas razoáveis. Na melhor das hipóteses, minhas explorações serão suficientemente reveladoras para encorajar outros a se juntarem à caça.

Comecemos vendo a Fundação Americana a partir das perspectivas proporcionadas pelas experiências revolucionárias da França de Charles de Gaulle e da África do Sul de Nelson Mandela. Em seguida, pularemos alguns séculos para a era de Donald Trump. Sugiro que as raízes da crise de Trump remontam ao New Deal – e que temos algo valioso a aprender com o esforço de Roosevelt para constitucionalizar a socialdemocracia na América se o compararmos a esforços semelhantes de Nehru na Índia e Ben-Gurion em Israel. Em contraste com Nehru, Roosevelt recusou-se a codificar o amplo ataque do New Deal ao capitalismo do laissez-faire em uma série de disposições constitucionais formais elaborando princípios fundamentais de igualdade social e econômica. Como Ben-Gurion, ele temia que os juízes usassem seus poderes de "interpretação" para transformar esses novos compromissos textuais em armas jurídicas contra a visão do New Deal do Estado de Bem-Estar. Em vez de escrever as coisas no papel, ele considerava mais sensato forçar as cortes a reconhecer que sofrem de uma profunda dificuldade "contramajoritária", que as obriga a submeter-se aos ramos políticos.

A recusa de FDR de liderar uma campanha popular para propor e ratificar as emendas do New Deal teve um impacto profundo nos próximos sessenta anos de desenvolvimento constitucional. À medida que minha discussão se move do período de ascensão do New Deal para a Revolução Reagan e além, invocarei uma gama maior de comparações para explorar as maneiras pelas quais a recusa de Roosevelt em constitucionalizar o carisma na década de 1930 continua a assombrar a América do século XXI à medida que enfrenta a paródia demagógica de governo do Povo do presidente Trump.

13.2 A fundação revisitada

Comecemos do início – e consideremos o que podemos aprender sobre a Fundação da América no século XVIII com as experiências revolucionárias da França e da África do Sul modernas.[590]

---

590 Esta seção se baseia na análise passo a passo da revolta dos Fundadores contra os Artigos apresentada em: ACKERMAN, Bruce. *Transformations*. Cambridge: Belknap Press of Harvard University, 1998, pp. 32-95. Como

Comecemos com alguns paralelos notáveis entre George Washington e Charles de Gaulle. Foi uma derrota avassaladora, não uma vitória triunfante, que impulsionou esses homens ao centro do palco revolucionário. Em contraste com seus colegas generais, de Gaulle não respondeu à derrota militar da França em 1940 desistindo da luta. Em vez disso, ele se retirou para Londres e convocou seus concidadãos a organizarem uma resistência revolucionária ao regime nazista.

O mesmo ocorreu com Washington. Uma vez nomeado comandante geral na primavera de 1775, ele conseguiu perder Boston, Nova York e Filadélfia rapidamente – retirando-se para Valley Forge no inverno de 1777 à beira da derrota total. No entanto, ele se recusou a colaborar com o inimigo à maneira de Benedict Arnold e outros oportunistas. Em vez disso, seu ataque de guerrilha contra os britânicos em Trenton inspirou revolucionários americanos desmoralizados a continuar sua luta pela libertação nacional contra todas as probabilidades.

Um segundo paralelo surge mais tarde no Tempo Um – quando os dois líderes militares finalmente obtiveram vitórias decisivas sobre seus inimigos após um longo período de luta incerta. Com suas vitórias em Yorktown em 1781 e em Paris em 1944, Washington e de Gaulle despontaram como líderes carismáticos incontestáveis de seus movimentos de libertação nacional. No entanto, apesar de sua centralidade simbólica, eles não conseguiram desempenhar um papel central na construção das primeiras constituições que governaram a vida política de seus povos recém-libertos.

---

outros trabalhos desse gênero, por exemplo, KLARMAN, Michael. *The framers' coup*: the making of the United States Constitution. Nova York: Oxford University Press, 2016, meu livro anterior envolveu-se na exploração sustentada das fontes originais. Em vez de citar novamente a documentação fornecida em *Transformations*, uso estas notas apenas para me referir a textos que ganham nova importância dentro da perspectiva comparativa apresentada neste capítulo.

De Gaulle tentou assumir a liderança, mas seus esforços foram derrotados por seus companheiros revolucionários da Resistência. Com os eleitores repetidamente repudiando sua visão presidencialista de democracia constitucional, o herói dos Franceses Livres foi forçado a recuar em desespero para Colombey-les-Deux-Églises. Em contraste, Washington manteve relações cordiais com seus colegas revolucionários. No entanto, ele também se retirou para sua propriedade em Mount Vernon, e deixou que seus camaradas fizessem o trabalho árduo necessário para obter o consentimento unânime de todos os treze estados para a primeira Constituição da América: os Artigos da Confederação *e União Perpétua*. (Observe que o texto oficial inclui as três últimas palavras em itálico, não apenas as três primeiras).

O paralelo de Gaulle/Washington continua na etapa seguinte, quando a Quarta República e a Confederação Americana enfrentam crises existenciais. Nesse ponto, os dois generais ressurgem dramaticamente no palco político – pelas mesmas duas razões.

Primeiro, suas lutas durante a guerra os marcaram como patriotas paradigmáticos que se sacrificaram muito pela Revolução quando ela corria perigo. Segundo, o fato de não se engajarem diretamente na política da Quarta República/Confederação significava que eles não estavam contaminados pelos alegados fracassos desses regimes. Com seu carisma revolucionário intacto, seu apelo por um segundo "novo começo" previsivelmente ganharia uma audiência respeitosa do público, que se lembraria vividamente da resposta triunfante do Povo aos apelos anteriores de De Gaulle/Washington durante as horas mais sombrias da luta revolucionária contra os nazistas/Rei George III. Para colocar essa dinâmica carismática em uma fórmula: triunfo passado + posterior desengajamento = reafirmação carismática da autoridade revolucionária.

Chamemos isso de *lógica do reengajamento carismático*, da qual vemos uma exibição vívida na França. Mas, dois séculos antes, James Madison já estava bem ciente de sua importância.

Como veremos, a Convenção Constitucional se reuniu em circunstâncias que prejudicaram gravemente sua autoridade *jurídica* para varrer os Artigos da Confederação e substituí-los por uma nova estrutura revolucionária em nome de Nós, o Povo. Na visão de Madison, a presença de Washington na Convenção era absolutamente necessária para preencher essa lacuna de legitimidade. Em sua correspondência revelada posteriormente, ele implorava ao general que encerrasse sua postura de distanciamento e voltasse à luta presidindo a Convenção – dramatizando a seu conterrâneo a necessidade imperiosa de salvar a Revolução apoiando uma transformação radical nos arranjos constitucionais da República.

Foi difícil convencer Washington. Mas, no fim, ele respondeu positivamente ao apelo de seu amigo e transmitiu à Convenção sua autoridade carismática.[591] Certamente, o apoio dramático do general para garantir o sucesso final da Convenção não foi suficiente para lhe dar legitimidade para seu retorno no Tempo Dois. No entanto, foi absolutamente necessário – precisamente pela mesma razão que o sucesso passado do general de Gaulle em falar pelo Povo durante a Segunda Guerra Mundial foi essencial para lhe dar ampla legitimidade popular para seu esforço de varrer a Quarta República e substituí-la pela Quinta.

Apesar dessa semelhança, há duas grandes diferenças na maneira como de Gaulle e Washington aplicaram a lógica do reengajamento carismático. Na França, a conquista revolucionária da Quarta República começa com uma nota fortemente militarista – com de Gaulle apoiando sua reivindicação de falar pelo Povo com a ameaça de um golpe militar. Em contraste, antes de ir para a Filadélfia, Washington já havia resistido à tentação militarista – recusando-se a atender aos apelos de seu exército para tomar o poder do Congresso Continental e insistindo que seus camaradas

---

591 WILLS, Gary. *Cincinnatus*: George Washington and the Enlightenment. Nova York: Doubleday, 1984, pp. 92-148.

de armas deveriam se despedir da vida militar tão logo derrotaram os britânicos. Isso significava que o sucesso da Convenção da Filadélfia em se sobrepor à Confederação seria determinado em terreno civil.

Os dois generais também diferiam em sua relação pessoal com as propostas constitucionais radicais que obtiveram seu apoio. De Gaulle vinha denunciando repetidamente a Quarta República desde sua fundação em 1946. Como consequência, não havia segredo sobre suas ambições constitucionais de derrubar o regime estabelecido em 1958 – todos reconheciam que, se ele tivesse sucesso, a Nova República seria reorganizada em linhas presidencialistas.

As visões constitucionais concretas de Washington eram um mistério para o público em geral – e talvez até mesmo para ele. Como consequência, as perspectivas de seu sucesso na liderança de uma campanha contra a autoridade da Confederação pareciam relativamente sombrias. Ele não apenas se recusou a suplementar sua capacidade carismática de "falar pelo Povo", envolvendo-se em ameaças gaullistas de força militar. Ele nem mesmo deixou claro o que pensava, se é que algo, que "o Povo" estava exigindo quando ele tomou a frente da Convenção ilegal de Madison.

Madison era mais parecido com Washington do que geralmente se reconhece. Ele juntou-se a Hamilton e Jay na redação dos Artigos Federalistas *depois* que a Convenção avançou com sua iniciativa. Mas nem ele nem seus colaboradores recorreram aos jornais *antes* da Convenção para explicar aos seus concidadãos por que os Artigos da Confederação precisavam ser corrigidos em primeiro lugar. Pior ainda, Madison & Companhia não declararam claramente que pretendiam repudiar, em vez de alterar, os Artigos.

Ao se reunirem na Filadélfia, os delegados da Convenção se viram profundamente divididos quanto a essa questão. Somente durante os últimos dias a maioria votou decisivamente a favor de uma ruptura revolucionária com o sistema existente. No entanto, eles mantiveram essa decisão – e todas as outras – em segredo durante os quatro meses que levaram para chegar a um acordo completo sobre sua Constituição revolucionária. Eles apenas disseram ao público em geral o que "Nós, o Povo" estava tentando realizar no momento em que deixaram a Filadélfia. O caráter conspiratório de seu encontro minou ainda mais a legitimidade de seu empreendimento.

Os próprios Artigos tinham sido elaborados de uma forma muito mais aberta e deliberativa. Depois que os representantes dos governos revolucionários estaduais declararam sua independência no primeiro Congresso Continental, eles imediatamente começaram a trabalhar em uma constituição para a Nova República. Em 1777, o Segundo Congresso Continental elaborou os termos dos Artigos após um amplo debate, enviando-os aos estados para aprovação.

A campanha de ratificação teve um sucesso notável. Apesar de seus interesses e ideologias diferentes, doze governos revolucionários concordaram com os Artigos em dois anos. Quando Maryland aderiu, no início de 1781, sua aprovação representou um notável triunfo na arte do autogoverno. Ao aderir à Confederação, os estados desistiram explicitamente de suas reivindicações de soberania, afirmando solenemente que "a União será perpétua" e que seu governo será chamado de "Estados Unidos da América". Em troca, cada estado insistiu em manter o direito de vetar qualquer tentativa de alterar os Artigos definidores sua União perpétua. A disposição final declarava que nenhuma emenda proposta seria válida "a menos que tal alteração fosse acordada em um congresso dos Estados Unidos e posteriormente confirmada pelas legislaturas de cada estado".

Essas palavras enfatizam o caráter verdadeiramente revolucionário do ataque da Convenção da Filadélfia aos "Estados Unidos da América". Ele não apenas usurpou a autoridade exclusiva do Congresso da Confederação de propor emendas abrangentes em nome do povo americano; afirmou que apenas nove estados, não treze, precisavam chegar a um acordo antes que o novo governo pudesse existir.

Além disso, uma vez que os Artigos da Confederação obtiveram aprovação unânime em março de 1781 e "os Estados Unidos da América" passaram a ter existência constitucional, o recém-criado Congresso Continental não foi, como diz a lenda, transparentemente indiferente aos grandes desafios enfrentados pela nação. Ao contrário, eles passaram em seu primeiro grande teste com louvor.

Quando George Washington derrotou os britânicos em Yorktown em outubro de 1781, a questão crítica era se o Congresso poderia negociar um tratado de paz capaz de convencer os colonos libertos de que seus sacrifícios de guerra tinham valido a pena. Previsivelmente, diferentes grupos de interesse fizeram diferentes demandas, mas uma questão foi absolutamente fundamental.

Ela envolvia a definição territorial dos Estados Unidos. Como a Declaração da Independência deixava claro, os revolucionários insistiam em reivindicar vastas áreas selvagens para sua nova nação. No entanto, houve resistência a essa demanda não só dos britânicos, mas também do aliado essencial da América, Luís XVI da França. O governo do rei francês estava cansado de gastar grandes somas para apoiar a rebelião americana e pressionou o Congresso a aceitar um tratado reconhecendo a soberania dos Estados Unidos apenas sobre uma estreita faixa de terra que se estendia da costa oriental aos Montes Apalaches.[592] Se os negociadores americanos tivessem sucumbido à pressão francesa, o Congresso teria de fato enfrentado uma crise de legitimação de primeira ordem. Mas a equipe de negociação americana, liderada por John Jay e John

---

592 MORRIS, Richard. *The peacemakers*. Nova York: Harper & Row, 1965, pp. 179-181, 1965; BEMIS, Samuel. "The Rayneval Memorandum of 1782 on Western Boundaries and Some Comments on the French Historian Doniol". *Proceedings of the American Antiquarian Society*, 1937, pp. 15-92.

Adams, conseguiu salvar o dia. Em um brilhante golpe diplomático, eles induziram os britânicos a reconhecer a soberania dos Estados Unidos sobre os "Territórios do Noroeste", incluindo todas as terras da Coroa ao sul do Canadá.[593]

Não menos notável, o Congresso Continental deu sequência a essa vitória diplomática com uma série de decretos que não apenas proporcionaram aos colonos do Noroeste um sistema de autogoverno, mas também as condições em que poderiam ser admitidos na União. O mais famoso é que o último desses decretos estabelecia que "nem a escravidão nem a servidão involuntária" jamais prevaleceriam nas terras obtidas dos britânicos. O Congresso Continental promulgou esta famosa Lei do Noroeste em 13 de julho de 1787 – no mesmo momento em que a Convenção da Filadélfia finalmente alcançou seu Grande Compromisso, que impedia seu governo de abolir o comércio de escravos por vinte anos e forneceu ao Sul uma fórmula para a representação no Congresso que garantiria sua capacidade de proteger a posse de escravos domésticos por muitas décadas.

O Congresso Continental também estava à beira de uma ruptura em uma segunda questão crítica. Conforme formulados originalmente, os Artigos negavam ao Congresso o poder de forçar os estados a arcar com sua parcela das despesas nacionais – levando a uma grave fraqueza fiscal. Até que Maryland assinasse os Artigos em 1781, o Congresso não tinha escolha a não ser apelar aos sentimentos patrióticos da legislatura de cada estado para fornecer os fundos necessários para sustentar o esforço de guerra – com sucesso limitado. Mas agora que a Confederação havia passado a existir constitucionalmente, o Congresso nomeou Robert Morris como superintendente de finanças para fortalecer sua capacidade fiscal. Morris tomou uma série de medidas polêmicas para lidar

593 McCULLOUGH, David. *John Adams*. Nova York: Simon & Schuster, cap. 5, 2001.

com problemas de curto prazo e também levou o Congresso a propor uma emenda constitucional que autorizaria o Tesouro Federal a obrigar os estados a pagar. Em dois anos, a emenda obteve a aprovação de doze estados, mas Rhode Island recusou-se a concordar. Em vez de aceitar um não como resposta, Morris e o Congresso imediatamente propuseram uma nova emenda que lhe garantia poder de tributar em 1783. Até mesmo Rhode Island deu seu consentimento desta vez, e em 1786 a iniciativa "chegou perto de ser adotada", com todos os treze estados aprovando resoluções que autorizavam a alteração.[594]

Mas a resolução de Nova York levantava um problema. Embora tivesse aprovado explicitamente a emenda, ela incorporava tantas ressalvas que o Congresso se recusou a aceitá-la, a menos que o estado apoiasse o novo poder tributário do Congresso de uma maneira mais afirmativa. Nesse ínterim, o Congresso criou um comitê para implementar a emenda "assim que o Estado de Nova York tiver aprovado uma lei de adesão ao referido sistema".[595]

Não pela última vez, o destino de uma União mais forte dependia de Nova York. Mas, apesar de sua posição poderosa na cidade e de suas fortes convicções nacionalistas, Alexander Hamilton recusou-se a apoiar a reforma pragmática do sistema existente. Ele se contentaria com nada menos do que uma revolução contra a "União perpétua" estabelecida cinco anos antes – e em 1786 ele já estava se juntando a Madison e outros para convocar os estados para uma Convenção que acabaria por se reunir na Filadélfia durante o verão de 1787.

---

594 Cito o principal livro acadêmico sobre o período, RAKOVE, Jack. *The Beginnings of National Politics*: an interpretive history of the Continental Congress. Nova York: Knopf, 1979, p. 338.

595 Fizpatrick ed., *30 Journals of Continental Congress*, 27 jul. 1786, p. 443. Condições mais modestas foram impostas a Delaware e à Pensilvânia, mas se Nova York tivesse aceito, havia todos os motivos para esperar que esses dois estados também as aceitassem.

Uma vez que a deserção de nacionalistas como Hamilton era suficiente para minar a delegação sincera por Nova York do poder tributário à Confederação, a Convenção da Filadélfia previsivelmente enfrentaria um obstáculo familiar para obter o apoio unânime das legislaturas estaduais para sua própria assembleia revolucionária. Previsivelmente, Rhode Island denunciou toda a empreitada, boicotando a reunião da Filadélfia com o fundamento de que os Artigos autorizavam apenas o Congresso Continental, e mais ninguém, a propor emendas à união *perpétua*.

Nova York também levantou um grande problema. Sua legislatura havia enviado três delegados à Convenção, mas só permitiu que uma maioria aprovasse qualquer proposta em nome do estado. Mesmo assim, dois nova-iorquinos – John Lansing e Robert Yates – saíram para protestar contra o caráter centralizador da nova iniciativa, deixando apenas Alexander Hamilton nas sessões secretas. Como consequência, a Convenção nem mesmo fingiu que a assinatura de Hamilton era suficiente para vincular seu estado. Na lista de chamada final, apenas onze delegações estaduais foram enumeradas como tendo aprovado a Constituição – Nova York e Rhode Island foram omitidas da lista.

Pior ainda, outros delegados seguiram o exemplo dos nova-iorquinos e se retiraram em resposta às demandas centralizadoras da maioria. Esses boicotes não impediram os delegados restantes de assinar o texto final em nome de seus estados. No entanto, eles lançam uma sombra escura sobre a legitimidade do processo. Ao cabo, apenas 39 dos 55 delegados que foram à Filadélfia assinaram o documento final.

A conduta ilegal de mais uma delegação também lançava dúvidas sobre a iniciativa da Convenção. A legislatura de Delaware instruiu expressamente seus representantes a rejeitar qualquer proposta que a privasse de igual poder de voto no Congresso. Mas os delegados de Delaware optaram por ignorar esse comando expresso e aceitaram um acordo em que os estados mais populosos superariam em muito o seu próprio estado na Câmara dos Representantes recém-criada. A Convenção optou por incluir Delaware entre os onze estados que aprovaram o documento final, apesar da flagrante violação dos comandos de sua legislatura por seus delegados.

Para agravar ainda mais seu problema de legitimação, todos os signatários contestaram a disposição que emendava Artigos de mais dois modos. Em primeiro lugar, a Convenção excluía inteiramente as legislaturas estaduais do processo de ratificação, afirmando que apenas convenções de ratificação especialmente eleitas poderiam determinar o destino de sua iniciativa. Essa afirmação de poder, no Artigo Sétimo da Constituição, era especialmente notável, visto que todos os delegados haviam sido enviados à Filadélfia pelas próprias legislaturas estaduais que agora eles estavam excluindo do processo de ratificação. Os delegados foram para a Filadélfia como agentes dos governos constitucionalmente estabelecidos de seus estados e partiram como revolucionários autoproclamados, com a pretensão falar a voz autêntica de "Nós, o Povo dos Estados Unidos".

Isso preparou o terreno para um ato final de autoengrandecimento. Os Artigos exigiam explicitamente que todas as trezes legislaturas concordassem com quaisquer emendas a seu plano original de autogoverno revolucionário. Não obstante, a Convenção da Filadélfia proclamava que, se apenas nove estados ratificassem as convenções aprovadas, o novo governo passaria a ter existência constitucional. Na verdade, quando o presidente Washington e o primeiro Congresso dos EUA assumiram o poder na cidade de Nova York em 1789, dois estados – Rhode Island e Carolina do Norte – ainda não haviam aderido à União. Falando constitucionalmente, eles permaneceram membros fiéis da "União perpétua" que todos os treze estados haviam estabelecido anteriormente como "Estados Unidos da América".

Portanto, a Nova República começou como um oximoro: era uma associação *secessionista* de *nacionalistas* em revolta contra os

Estados perpetuamente *Unidos*. O *status* de oximoro da Constituição chegou ao fim apenas em maio de 1790, quando a resistência final, Rhode Island, deu seu consentimento. Mesmo assim, a convenção de ratificação desse estado se reuniu em flagrante violação à lei de Rhode Island, e só consentiu com a nova União em resposta a uma ameaça do congresso de um boicote econômico devastador se ela continuasse fiel aos Artigos da Confederação.

O consentimento forçado de Rhode Island foi o último de uma longa série de episódios profundamente problemáticos, ilegais de acordo com os Artigos, por meio dos quais Madison & Companhia conduziram seu ataque à União Perpétua e triunfaram pela mais estreita das margens. Forneci um relato passo a passo dessa história em *We the People* [Nós, o Povo]. Mas meu trabalho anterior enquadrou essa história em termos puramente estadunidenses – sem perguntar como sua dinâmica revolucionária se compara àquelas que surgiram mais recentemente em outras partes do mundo.

Quando vemos o ataque dos delegados que se reuniram na Filadélfia à legalidade de uma perspectiva comparativa, dois pontos ajudam a explicar seu sucesso improvável. O primeiro é cultural. Muitas outras culturas constitucionais ensinam seus cidadãos a igualar ilegalidade com ilegitimidade, mas os ingleses do século XVIII reconheciam uma terceira possibilidade. Em sua tradição constitucional, "convenção" era o nome de um parlamento juridicamente defeituoso. Em vez de olhar para essas "convenções" com suspeita, os britânicos celebravam suas possibilidades construtivas – uma vez que as grandes conquistas da Revolução Gloriosa de 1688 teriam sido impossíveis sem esse veículo capaz de cruzar fronteiras.

Para entender o por quê, consideremos que um parlamento, segundo a legislação inglesa, é um órgão tripartite que consiste de Monarca + Câmara dos Lordes + Câmara dos Comuns. Isso significava que, depois que o rei Jaime II fugiu do país, seus oponentes triunfantes enfrentaram um enigma constitucional: como o rei estava ausente, um parlamento não poderia ser adequadamente convocado entronar Guilherme e Maria. Ainda mais importante, os *whigs* vitoriosos estavam determinados a impedir que a nova linhagem de Hanover repetisse os abusos dos Stuarts. Como consequência, as duas Casas de Westminster aprovaram uma Declaração de Direitos durante o tempo em que o trono permaneceu vago e, em seguida, insistiram que o novo rei e a nova rainha jurassem obedecer à Declaração antes de serem autorizados a ascender ao poder.

Para atingir esses objetivos, os *whigs* enfrentaram um obstáculo final. A quantidade de membros tanto na Câmara dos Comuns quanto na dos Lordes havia sido muito reduzida na luta para derrubar os Stuarts, e os remanescentes desordenados sentados em Westminster não podiam nem mesmo fingir operar como câmaras do parlamento totalmente legítimas. Em vez de impor sua vontade por decreto, os vencedores convocaram a eleição de uma nova Câmara dos Comuns para se juntar aos Lordes em uma "Convenção" para governar o reino na ausência de um rei.

Foi essa adoção autoconsciente de uma "convenção" juridicamente problemática como órgão legislativo superior *legítimo* que serviu como o grande precedente dos colonos americanos em sua própria luta de libertação contra o governo arbitrário de George III. Desde o início de sua revolta, eles convocaram inúmeras "convenções" para fazer suas demandas a Londres de uma reforma dos modos de governo colonial estabelecidos pela Coroa, que os americanos consideravam cada vez mais inaceitáveis.

No então, o governo por meio de uma convenção gera um problema óbvio: é muito fácil para um ou outro grupo de encrenqueiros locais chamar-se de "convenção" e fazer exigências em nome do Povo. Como, então, evitar que uma multiplicidade de "convenções" revolucionárias fragmentasse o movimento, permitindo assim que as tropas do Rei George esmagassem os revolucionários divididos em sua luta pela libertação nacional?

É aqui que um segundo fator fundamental ajuda a explicar o sucesso estadunidense. Desde o início, os colonos britânicos haviam recebido poderes substanciais de autogoverno em suas assembleias coloniais – e foram essas assembleias que lideraram a revolução. Elas sinalizaram sua rejeição às demandas imperiais *chamando a si mesmas* de "convenções" e recusando-se a se encontrar com os representantes do rei da maneira tradicional. Como essas "convenções" eram eleitas de uma forma arraigada em um século de prática, ninguém as considerava um bando de "encrenqueiros". Se alguém pudesse decidir apropriadamente que havia chegado a hora de uma "convenção" revolucionária, esses membros devidamente eleitos de sua comunidade seriam os responsáveis!

Foi essa lógica que permitiu às convenções estaduais invocar o precedente da Revolução Gloriosa de uma forma amplamente credível. Isso, por sua vez, forneceu o contexto no qual Washington e outros heróis revolucionários poderiam afirmar com credibilidade que havia chegado o momento de revolucionários *responsáveis* usarem métodos "convencionais" para lançar uma *segunda* revolução contra o governo estabelecido pelos Artigos.

Resumindo: a liderança simbólica de Washington era importante – mas não deve ser entendida em um vácuo cultural. Quando os federalistas persuadiram a maioria das legislaturas estaduais a enviar delegados para outra "Convenção" na Filadélfia, eles estavam construindo sobre uma ideia distinta de quebra de limites herdada da Inglaterra e uma prática profundamente arraigada de autogoverno desenvolvida ao longo do século anterior.

Teoria + prática = uma assembleia *legitimamente* ilegal. Nossos estudos de caso anteriores revelam uma série de variações desse tema – embora eu as tenha chamado de "adaptações não convencionais", dada a evolução subsequente do significado de "convenção" na linguagem comum. Além disso, vários desses casos fornecem prespectivas particularmente perspicazes sobre a situação dos Fundadores, mas, por enquanto, vamos nos concentrar em apenas um. Ele envolve outra luta pela independência contra o Império Britânico – desta vez, na Índia.

Mais uma vez, os britânicos forneceram aos residentes locais instituições de autogoverno, culminando na Lei do Governo da Índia de 1935. Como vimos, Nehru e outros líderes do Partido do Congresso usaram essas assembleias para demonstrar que seu movimento visava a algo mais do que atos episódicos de desobediência civil – mas era inteiramente capaz de se envolver em atos responsáveis de autogoverno. Com certeza, as assembleias indianas não eram tão arraigadas historicamente, ou tão poderosas, quanto suas contrapartes na América do Norte britânica. No entanto, a combinação de autogoverno engajado *e* desobediência civil organizada de 1935 foi crucial na preparação do caminho para um amplo reconhecimento da reivindicação *legítima* do Congresso de falar pelo Povo no momento da independência da Índia em 1948.

É claro que Washington e a Convenção tiveram um trabalho muito mais difícil do que Nehru e sua assembleia. Enquanto o Partido do Congresso ocupava um vácuo deixado pelos britânicos, aqueles que se reuniam na Filadélfia se rebelavam contra uma União perpétua já estabelecida por seus companheiros revolucionários. Não é de admirar, então, que seus esforços desesperados para legitimar sua tomada de poder gerassem protestos poderosos contra seu golpe.

O mais significativo veio da convenção de ratificação de Nova York, que deu seu consentimento com a mais estreita margem. Como parte do compromisso final que permitiu a aprovação de sua resolução de ratificação, a convenção de Nova York convocou outros estados a se unirem a ela na organização de outra convenção nacional para repensar as mudanças radicais que os delegados estavam impondo ao país a partir da Filadélfia. Em sua carta circular aos estados irmãos, os nova-iorquinos explicaram que "vários dos artigos parecem tão excepcionais para a maioria de nós, que nada a não ser a plena confiança de que seriam revisados por uma convenção geral... poderia ter garantido que um número suficiente [de nós] o tivesse ratificado".[596]

O esforço de Nova York para repudiar a Convenção da Filadélfia explica por que Madison fez a Declaração de Direitos tramitar no Congresso em uma velocidade vertiginosa em sua sessão de abertura. Em 28 de setembro de 1789, ele e seus aliados haviam conquistado a maioria de dois terços necessária para enviar as emendas às legislaturas estaduais para consentimento. Nesse momento nem a Carolina do Norte nem Rhode Island tinham assinado a Constituição. O objetivo de Madison era persuadi-los, e aos céticos em Nova York e em outros lugares, a desistir de suas demandas por outra convenção revolucionária e canalizar suas energias para a ratificação de emendas que respondessem a seus temores de uma tirania centralizadora.

Sua resposta rápida foi um sucesso estratégico e aumentou muito a legitimidade de todo o projeto federalista. Ao aderir à campanha pelas emendas de Madison, os principais antifederalistas estavam agora erguendo a estrutura construída na Filadélfia, em vez de dedicar suas energias à mobilização de um movimento nacional para destruí-la.

O esforço de propaganda de Madison foi amplamente comparável às dinâmicas francesa e italiana, que ganharam ampla credibilidade para suas constituições revolucionárias após a Segunda Guerra Mundial. Como no caso estadunidense, as diferenças ideológicas que separavam os movimentos de resistência de comunistas, socialistas e democratas cristãos durante a guerra ressurgiram rapidamente quando os nazistas foram derrotados. No entanto, esses rivais amargos conseguiram suspender seus desacordos

---

596 2 Elliott ed., *The Debates in the Several State Conventions on the Adoption of the Federal Constitution*, 2ª ed. 1854, p. 322; ACKERMAN, Bruce. *Transformations*. Cambridge: Belknap Press of Harvard University, 1998, p. 63 (que fornece mais detalhes).

orientando-se ao futuro por tempo suficiente para construir uma Constituição capaz de expressar os princípios comuns que unificavam sua resistência passada à opressão totalitária.

Os federalistas foram os primeiros, mas não os últimos, a ter sucesso em transformar o ato de criação constitucional em um empreendimento unificador – e o grande significado de sua conquista só é enfatizado pelo fracasso de outros revolucionários, em lugares como a Polônia e Israel, em realizar semelhante. No entanto, esse triunfo fundador não garantia a sobrevivência de curto prazo da Constituição, muito menos sua resistência a longo prazo.

13.3 Tempo Três: crise de sucessão

Washington conquistou sua centralidade carismática à maneira de Charles de Gaulle, mas estava determinado a conduzir sua presidência à maneira de Nelson Mandela. Ao formar seu governo, ele estendeu a mão a outros líderes revolucionários que perseguiam ideologias e interesses regionais muito diferentes. Ao mesmo tempo, tentou ficar acima das brigas como presidente de todo o Povo.[597]

No entanto, ele teve muito menos sucesso do que seu homólogo sul-africano em preparar o caminho para uma transferência tranquila de poder para seus sucessores. Mandela deixou a presidência depois que o colapso da União Soviética pôs fim à luta mundial entre o comunismo e o capitalismo que havia dominado o pós-guerra. Isso deu uma grande vantagem para Thabo Mbeki, que havia feito as pazes com o consenso neoliberal emergente, em

---

597 ACKERMAN, Bruce. *The failure of the founding fathers*. Cambridge: Harvard University Press, 2005, pp. 3-108, 269-275 e 298-327., fornece um relato mais detalhado dos eventos discutidos nesta seção. As notas fornecidas aqui devem ser vistas como um suplemento à documentação muito mais elaborada fornecida em meu trabalho anterior.

sua competição com guerreiros de classe impenitentes pelo cargo mais alto.

George Washington, em contraste, deixou a presidência em um momento em que a Revolução Francesa desafiava os estadunidenses a redefinir os próprios fundamentos de sua identidade constitucional. Quando o presidente fez seu juramento em 1789, os parisienses ainda não haviam invadido a Bastilha; quando fez seu segundo juramento em 1793, Luís XVI era enviado para a guilhotina por uma república revolucionária que, como sua contraparte do Novo Mundo, afirmava sua autoridade para falar em nome do Povo. Esses eventos dramáticos capturaram a imaginação do público estadunidense – à medida que os jornais rivais forneciam relatos concorrentes que alimentavam inúmeros debates locais que dividiram os cidadãos em campos pró-frances e anti-francês, quebrando a ampla coalizão que anteriormente havia dado seu apoio à Constituição e ao projeto de Declaração de Direitos.

Os principais candidatos à sucessão de Washington – John Adams e Thomas Jefferson – superaram seus concorrentes precisamente porque, como embaixadores na Grã-Bretanha e na França durante a década de 1780, expressaram essas posições concorrentes com clareza incomparável. O francófono Jefferson se engajara com uma atitude extraordinariamente equilibrada durante sua estada de cinco anos entre 1785 e 1790 – envolvendo-se em complexas iniciativas diplomáticas junto ao governo real em Versalhes e em conversas notavelmente frutíferas com os principais intelectuais do Iluminismo em Paris. Chamado de volta por Washington para servir como secretário de Estado, Jefferson insistiu que o tratado da América de 1778 com Luís XVI tinha assumido um significado ainda maior agora que os franceses derrubaram seu rei em nome dos mesmos ideais iluministas que haviam inspirado a Convenção da Filadélfia. Era justo, então, que os Estados Unidos reafirmassem suas obrigações com o tratado e ajudassem sua república irmã em sua luta pela sobrevivência contra o rei George III e seus aliados no continente.

Para John Adams, esse tipo de conversa não passava de um disparate idealista, que obscurecia realidades militares cruciais. Seu ponto básico: se a América ficasse do lado da França, isso seria um convite a uma invasão britânica do Canadá e a um ataque contínuo em alto mar pela Marinha Real. A América estava despreparada militarmente para resistir a esse ataque em duas frentes. A única maneira de salvar a República Americana era abandonar a França e manter a paz com a Grã-Bretanha.

Adams estava em uma posição única para defender esse argumento. Como embaixador na Grã-Bretanha em 1783, ele já havia declarado sua independência em relação à França ao negociar um tratado de paz com a Grã-Bretanha que reconhecia a independência americana. Lembremos que o rei francês, cansado do esgotamento infinito de seus recursos pelos americanos, exigiu que o Congresso da Confederação aceitasse um tratado que reconhecesse a soberania americana apenas sobre uma estreita faixa da costa leste limitada pelos Montes Apalaches. Foi apenas convencendo os britânicos de que uma oferta mais generosa era de seu interesse econômico que Adams garantiu um golpe diplomático ao obter o reconhecimento da soberania americana sobre os Territórios do Noroeste. Se a reaproximação com o rei George III teve tanto sucesso em 1783, por que não funcionaria novamente se Adams ganhasse a presidência em 1797?

Jefferson e Adams eram porta-estandartes na luta pela identidade política dos Estados Unidos, mas suas longas estadas no exterior os separaram da política doméstica do mundo real. Nenhum deles tinha chance de chegar à presidência sem a ajuda de líderes com raízes mais profundas no país – e foi aqui que Madison e Hamilton forneceram assistência essencial. Eles já haviam juntado forças em apoio ao ataque da Convenção da Filadélfia à Confederação. Mas agora eles se separaram, com Hamilton adotando uma linha pró-britânica como Secretário do Tesouro de Washington e operando como líder de fato de um Partido Federalista radicalmente reorganizado. Madison começou a organizar a oposição antifederalista ao servir na Câmara dos Representantes, dando amplo apoio a Jefferson como secretário de Estado.

Apesar de suas aspirações semelhantes às de Mandela, Washington teve muito mais dificuldade em superar esses debates amargos. Ele cada vez mais deu seu apoio a uma política externa pró-britânica – bem como à campanha de Hamilton para criar um Banco dos Estados Unidos inspirado no Banco da Inglaterra. Isso levou Jefferson a renunciar ao cargo de secretário de Estado em 1793 e retirar-se para um exílio político autoimposto em Monticello. Nesse ínterim, Madison havia liderado uma série de desafios eleitorais republicanos em todo o estado à ascensão federalista. Quando Washington chocou a nação ao se recusar a concorrer a um terceiro mandato em 1796, ambos os partidos do movimento mobilizaram seus apoiadores para conquistar a presidência para seus projetos ideológicos rivais.

Quando os resultados chegaram, Adams saiu vitorioso por uma margem estreita, enquanto seus colegas federalistas conquistaram forte maioria na Câmara e no Senado. Como consequência, o novo presidente estava em posição de justificar seus pontos de vista pró-britânicos. Com o consentimento do Congresso, ele impôs um embargo ao comércio com a França – apoiando-o com ordens para que sua pequena marinha capturasse quaisquer navios que ousassem desafiar a proibição. Ao mesmo tempo, ele tomou medidas agressivas para evitar que seus oponentes desafiassem sua posição anti-francesa, encorajando o Congresso a aprovar a Lei de Sedição de 1798, que tornava crime fazer falsas declarações críticas ao governo federal.

Isso provocou Jefferson e Madison a denunciarem o estatuto em resoluções apoiadas por legislaturas dominadas pelos republicanos em Kentucky e Virgínia. Ambas as resoluções não apenas declaravam que a lei de sedição violava a Declaração de Direitos; elas alegavam que, como o Congresso havia quebrado o pacto constitucional, os estados tinham o direito soberano de bloquear qualquer esforço para fazer cumprir a lei de sedição dentro de seus limites. Essa dramática reafirmação da soberania dos estados foi uma reviravolta radical, especialmente para Madison, que liderara a campanha pela supremacia nacional na Convenção da Filadélfia.

Mas essas objeções lógicas eram irrelevantes: os republicanos estavam lutando por sua sobrevivência política. Enquanto se organizavam em um esforço desesperado para ganhar a presidência para Jefferson em 1800, o judiciário federal respondeu jogando uma série de editores de jornais republicanos na prisão por sua oposição sediciosa à campanha militar de Adams contra a Revolução Francesa.

Para os republicanos, isso enquadrava as eleições presidenciais de 1800 em termos especialmente rígidos: os federalistas não estavam apenas traindo a França; eles estavam se aliando ao mesmo rei britânico cujo comportamento opressor havia provocado a Declaração de Independência. Portanto, a eleição de 1800 reduzia-se a uma pergunta simples: o povo estadunidense escolheria Jefferson, o autor da Declaração, ou Adams, o aliado do Rei George III?

Quando vista de um ângulo comparativo, a eleição representou um caso clássico de crise de sucessão, na qual a saída de Washington abriu uma competição feroz entre visões rivais pelo significado da Fundação. Mais uma vez, o cenário emergente assemelha-se mais à dinâmica do Tempo Três ocorrida na Índia. Lá também, Indira Gandhi e seu Novo Partido do Congresso haviam liderado uma ruptura radical com os compromissos centrais codificados pela Constituição de 1950 – jogando os velhos defensores revolucionários do legado nehruviano na prisão durante seu notório estado de emergência. Quando Gandhi convocou novas eleições para ratificar essa medida e libertou seus oponentes da prisão, eles conseguiram reunir o país contra seus esforços para repudiar a estrutura constitucional estabelecida no Tempo Dois.

A mesma lógica ocorreu na América, embora de forma menos dramática. Os editores do jornal jeffersoniano foram presos por se oporem à aliança de Adams com o rei George III, mas não houve uma perseguição aos líderes oposicionistas como a de Indira. Em vez disso, as redes do partido republicano em cada estado permaneceram intactas. Ao mesmo tempo, Adams não sofreu uma derrota eleitoral esmagadora como a que tirou Indira Gandhi do poder imediatamente após o estado de emergência. Em vez disso, ele foi derrotado por pouco por Jefferson, que reclamou a presidência com base em uma votação de 73 a 65 no Colégio Eleitoral. Ambos os candidatos dependiam muito do apoio de suas regiões de origem, com Adams levando a Nova Inglaterra e Jefferson grande parte do sul. Mas no caso de Jefferson, seu companheiro de chapa à vice-presidência, Aaron Burr, fez uma contribuição crítica – conquistando os 12 votos de seu estado natal, Nova York, para a chapa republicana.

Sem a vitória de Burr, Adams teria conseguido um segundo mandato. Se isso tivesse ocorrido, há boas razões para acreditar que Jefferson teria continuado seus protestos públicos contra as políticas pró-britânicas de Adams, lançando alegações que o partido federalista teria denunciado como "falsas" sob a Lei de Sedição. Uma vez que os juízes federais haviam atuado de bom grado nos julgamentos de sedição durante o período que antecedeu as eleições de 1800, há todos os motivos para esperar que eles continuariam jogando republicanos proeminentes na prisão durante o segundo mandato de Adams. De fato, os processos de sedição continuaram na Nova Inglaterra federalista até 1803, quando a administração de Jefferson conseguiu forçar seu encerramento.

Pior ainda, a crise de sucessão não foi resolvida pela aparente vitória de Jefferson no Colégio Eleitoral – o resultado permaneceu controverso por causa da forma como a Convenção da Filadélfia havia projetado o sistema de seleção presidencial em 1787. Embora grande parte da Constituição fale em termos de princípios relativamente abstratos, isso não é verdade quando o texto se volta para a seleção presidencial. Em vez disso, o texto constitucional apresenta um conjunto elaborado de regras rígidas que governam o processo – dedicando quase 500 palavras de seu texto de 4.500 palavras a esse único assunto. No entanto, todo esse detalhamento textual não foi produto de deliberação sustentada. Foi um trabalho urgente que surgiu apenas no final do processo, como resultado da determinação implacável dos delegados de deixarem a Filadélfia e voltar para casa em meados de setembro. Na ânsia de sair da cidade, os delegados cometeram uma série de erros graves que colocavam em questão a vitória de Jefferson no Colégio Eleitoral e geraram uma crise de sucessão que ameaçava sair do controle e varrer todo o sistema institucional criado pelos Fundadores.

Antes de nos voltarmos a um relato detalhado da crise do Colégio Eleitoral de 1800, consideremos primeiro os erros cometidos em 1787 e como eles levaram a República à beira da destruição na virada do século.

13.3.1 Erros da fundação

No início dos debates da Convenção, os delegados viram-se repetidamente em desacordo ao confrontar questões básicas de definição dos poderes e da seleção do presidente. Quando sua energia começou a diminuir no calor do verão, os delegados passaram a responsabilidade a um comitê especial de três membros e o encarregaram de propor compromissos sensatos em questões-chave. Para garantir sua imparcialidade, David Brearley, e não James Madison, foi posto no comando.

Esse esforço de reconciliação acabou sendo um fiasco. Dada a ânsia da Convenção de encerrar seus negócios, Brearley esperava emitir um relatório até 1º de setembro. Mas em 21 de agosto ele escreveu a seu colega delegado, William Paterson, que "não há perspectiva de aprovação" antes do fim de setembro. Em sua carta, ele implorou a Paterson, que estava em Nova Jersey na época, que voltasse à Filadélfia para ajudá-lo:

> Cada artigo é rediscutido com tanta seriedade e obstinação como antes de ser acordado. Recentemente, estabelecemos uma regra para nos reunirmos das dez e às quatro, o que cumprimos pontualmente [de modo a permitir que os membros compareçam às sessões plenárias]. Você não poderia descer e nos ajudar – temos muitos motivos para desejar isso; nosso dever, da maneira como estamos agora, é muito difícil para três, mas uma razão muito mais forte é que, na verdade, precisamos de suas habilidades.[598]

A Convenção não estava disposta a esperar o retorno de Paterson. Em vez disso, forneceu reforços a Brearley no mesmo dia em que ele escreveu sua carta desesperada – transformando seu pequeno grupo em um Comitê de Partes Adiadas de onze membros, com um representante de cada um dos estados então presentes. Isso ampliou a base de apoio potencial do comitê, mas ele recebeu o prazo impossível de 1º de setembro para começar a relatar suas recomendações ao plenário da Convenção.

Na terça-feira, 4 de setembro, *Gouverneur* Morris argumentou a favor das propostas do comitê sobre a presidência. Embora seu plano concreto não tenha dado em nada, duas de suas propostas dominaram os dois dias seguintes de frenético debate – com a Convenção lançando nove votos contra e favor na quarta-feira e vinte na quinta-feira em um esforço desesperado para chegar ao "sim" antes de iniciarem seu êxodo da Filadélfia.

Ao fazer sua apresentação, *Gouverneur* Morris deixou claro que "muitos" membros eram a favor de "uma escolha imediata pelo

---

598 Carta de David Brearley a William Paterson, 21 ago. 1787, em FARRAND, Max. *The records of the Federal Convention of 1787*. New Haven: Yale University Press, 1911, p. 73.

povo" do presidente da nação. Mesmo assim, o comitê se absteve de apresentar ao plenário uma proposta de "eleição direta". Se eles tivessem feito isso, a América poderia não ter testemunhado repetidamente candidatos chegando à Casa Branca apesar de terem perdido a votação popular.

Isso nos leva à segunda decisão importante do comitê. Em vez de prosseguir com a eleição direta, ele propôs a criação de um Colégio Eleitoral para escolher o chefe de estado do país. Embora seu desenho específico do Colégio tenha sido rejeitado, sua fórmula para a representação dos estados perdurou. Ela celebremente garantiu três delegados aos estados menores– dois com base em sua representação igual no Senado, um como seu único representante na Câmara.[599]

Ao mesmo tempo, garantiu aos estados mais populosos muito mais eleitores, com base em suas delegações mais numerosas na Câmara. Em 1800, isso significava que a Virgínia obteria 24 votos, enquanto Delaware obteria apenas 3. Mas as implicações matemáticas já eram óbvias em 1787, e os estados menores insistiram em algum dispositivo que impedisse três ou quatro estados maiores de se unirem para lançar todos os seus votos em um único candidato – dando a esse candidato a maioria do Colégio Eleitoral, mesmo que os demais estados se opusessem fortemente. Depois de uma rápida série de votações (inconclusivas) na quinta-feira, 6 de setembro, a Convenção encontrou uma maneira particularmente inteligente de acalmar as ansiedades dos estados menores.

---

599 FARRAND, Max. *The records of the Federal Convention of 1787*. New Haven: Yale University Press, 1911, pp. 508 e 520 (matérias de jornal resumindo a contagem dos votos); FARRAND, Max. *The records of the Federal Convention of 1787*. New Haven: Yale University Press, 1911, p. 500 (Notas de Madison, reportando o discurso de Madison); FARRAND, Max. *The records of the Federal Convention of 1787*. New Haven: Yale University Press, 1911, p. 76 (carta de Edmund Randolph a sua esposa, 2 set.: "Espero deixar este lugar no sábado, dia 7"); (Carta de Madison a seu pai, 4. set.: "A Convenção ainda não foi encerrada, a sessão provavelmente continuará, mas por pouco mais tempo").

Ela envolvia a vice-presidência.[600] Em vez de instruir os eleitores a indicarem um candidato como presidente e outro como vice-presidente, a Convenção instruiria cada eleitor a dar *dois* votos para o cargo mais alto – com a condição de que apenas um dos candidatos poderia ser proveniente de seu Estado de origem. Isso exigia que os eleitores olhassem além de suas fronteiras, em busca de pelo menos um candidato com reputação verdadeiramente nacional para o serviço público – "personagens continentais", como eram chamados na época.

Esse sistema de voto duplo parecia perfeitamente plausível em 1787. Dados os atos anteriores de Washington como estadista, estava claro que o Colégio o elegeria presidente por uma maioria esmagadora. Uma vez que ele estabelecera um precedente para estadistas de espírito público, era razoável esperar que os membros dos futuros Colégios Eleitorais procurariam candidatos que, como Washington, estivessem empenhados em transcender as preocupações provinciais em busca do interesse nacional. Mesmo que tal personagem continental viesse do minúsculo Delaware, eleitores da Virgínia ou de Nova York poderiam muito bem votar nele – dado que não poderiam votar em outro candidato de seu estado natal. Ao impor essa restrição ao segundo voto de cada eleitor, a Convenção fez o melhor que pôde para amenizar as ansiedades dos estados menores, preservando a vantagem dos grandes estados na escolha do chefe de estado do país – e por isso não surpreende que a proposta do "voto duplo" tenha obtido o apoio de uma grande maioria.

No entanto, essa solução supersagaz gerou um novo conjunto de problemas técnicos. Mesmo que a regra do "voto duplo" motivasse a busca por equivalentes a Washington, vários personagens

---

600 FARRAND, Max. *The records of the Federal Convention of 1787*. New Haven: Yale University Press, 1911, pp. 527/528 (Notas de Madison, reportando a proposta de Williamson de seleção pela Câmara operando sob uma regra especial na qual cada delegação de estado deteria um único voto).

continentais poderiam surgir como favoritos, sem que nenhum deles conquistasse a maioria dos votos. Ou, em raras ocasiões, dois favoritos poderiam obter a maioria dos votos, mas terminar empatados – o que exigiria que alguma instituição realizasse como desempate. Para seu grande crédito, a Convenção vislumbrou imediatamente esse problema e não encerrou sua sessão de quinta-feira sem resolvê-lo. Os delegados finalmente decidiram negar ao Senado qualquer papel de desempate – porque, ao contrário da Câmara, seus membros não eram eleitos diretamente pelos eleitores, mas escolhidos pelos legislativos estaduais e, portanto, não tinham legitimidade democrática para decidir esses casos.

Essa solução sensata, no entanto, mais uma vez ameaçava dar a alguns grandes estados a voz decisiva. Assim, a Convenção tentou responder às objeções dos pequenos estados criando uma regra de votação especial para reger as decisões da Câmara quando o Colégio Eleitoral não conseguisse escolher um vencedor claramente majoritário. Nesse caso especial, cada delegação da Câmara – qualquer que fosse seu tamanho – teria um único voto para decidir quem ascenderia à presidência. Se a maioria das delegações estaduais não convergisse inicialmente para um único candidato, seria necessário que continuassem votando até que um número suficiente de delegações mudasse de sua escolha principal para um candidato de "compromisso" que fosse aceitável para a maioria dos estados.[601]

Em suma, a Convenção dedicou um tremendo dia de trabalho à resolução de diversos problemas técnicos em um esforço para chegar a uma solução sensata para a luta pelo poder entre grandes e pequenos estados na nova federação. Mas quando os delegados voltaram no dia seguinte para dar acabamento ao seu projeto, houve uma mudança de última hora que colocava em risco

601 FARRAND, Max. *The records of the Federal Convention of 1787*. New Haven: Yale University Press, 1911.

tudo o que haviam conquistado. Como Roger Sherman apontou para seus colegas, o projeto havia deixado o vice-presidente "sem função" até o momento, a menos que o presidente em exercício fosse incapaz de desempenhar seus deveres.[602] Em resposta, a Convenção votou para dar a ele uma função estável, nomeando-o presidente do Senado.

Isso criava um problema óbvio. Afinal, o vice-presidente em exercício havia terminado a disputa eleitoral anterior em segundo lugar – e, portanto, era um provável candidato ao cargo mais importante na próxima oportunidade. Se o vice-presidente se candidatasse na próxima eleição e fosse necessário um desempate, ele poderia usar sua posição como presidente do procedimento de desempate para manipular as regras a seu favor. A Convenção, em resumo, corria o risco de violar um princípio fundamental de justiça – "ninguém deve ser juiz de seu próprio caso" – em uma situação em que poderia permitir que um candidato se infiltrasse na Casa Branca. No entanto, na pressa de passar para outras questões, os delegados não avaliaram a ligação entre sua decisão de fazer do vice-presidente o presidente do Senado e sua decisão anterior de dar ao presidente do Senado a tarefa de presidir o processo de seleção presidencial pela Câmara.[603]

Os estadunidenses pagariam um alto preço em 1800 por esse erro de 1787. Como Adams havia derrotado Jefferson por pouco em 1796, seu rival se tornaria vice-presidente e presidiria a contagem de votos em fevereiro de 1801. Quando as urnas da Georgia foram abertas, elas continham irregularidades muito sérias – que, se reconhecidas, teriam posto a ascensão de Jefferson à presidência

---

602 FARRAND, Max. *The records of the Federal Convention of 1787*. New Haven: Yale University Press, 1911 p. 537 (Notas de Madison, atribuindo a observação a Roger Sherman).

603 FARRAND, Max. *The records of the Federal Convention of 1787*. New Haven: Yale University Press, 1911, pp. 537/538 (Notas de Madison, 7 set. 1787, reportando uma variedade de objeções que deixaram de notar o problema central posto pelo papel de presidência do vice-presidente).

em sério perigo. Como veremos, a decisão interessada de Jefferson sobre as urnas da Georgia precipitou uma grave crise.

Mas, primeiro, é importante ver como outro erro de última hora na Filadélfia alavancou a crise a proporções verdadeiramente existenciais. Como os delegados da Convenção correram para as saídas no início de setembro, eles não conseguiram revisar o texto constitucional para garantir que, caso o Colégio Eleitoral não escolhesse um vencedor por maioria clara, seria a Câmara recém-eleita a desempatar o pleito. Em vez disso, sua versão final permitia que a Câmara pato manco, eleita em 1798, continuasse existindo até que o novo presidente assumisse o cargo em 4 de março de 1801.[604] Em termos práticos, isso fazia toda a diferença. Havia dezesseis estados na União em 1800, e Jefferson precisava do apoio de nove delegações da Câmara para chegar à presidência. Mas a velha Câmara, eleita em 1798, era controlada por uma maioria federalista – distribuída entre os estados de uma forma que privava Jefferson dos nove estado de que necessitava.

É claro que se os republicanos tivessem obtido uma vitória decisiva no Colégio Eleitoral, eles poderiam evitar a ameaça de um confronto feroz entre a maioria federalista que apoiava Adams na Câmara e os esforços egoístas de Jefferson, como seu presidente, para chegar à Casa Branca.

Este é o ponto em que um último fator entra na mistura. Tal problema não pode ser atribuído de forma justa ao desejo dos delegados da Filadélfia de sair da cidade em meados de setembro. Mesmo que tivessem levado mais tempo, eles não poderiam ter previsto a tomada da Bastilha em 1789, ou a forma como a Revolução Francesa dividiria a ampla coalizão que conseguiu obter amplo apoio público para a Constituição de 1787.

---

604 Somente em 1933 a Vigésima Emenda pôs fim à prática das sessões do pato manco autorizada pelos Fundadores. ACKERMAN, Bruce. *The case against lameduck impeachment*. Nova York: Seven Stories Press, 1999, pp. 17-41.

13.3.2 Impasse na Câmara, crise no país

Quando Washington deixou o cargo, as disposições textuais de desempate apresentaram desafios imprevistos aos federalistas e republicanos enquanto lutavam para obter o controle da presidência. Em 1796, por exemplo, ambas as partes acharam fácil aceitar Adams e Jefferson como seus porta-estandartes presidenciais. No entanto, eles ainda não haviam alcançado o mesmo grau de disciplina organizacional na questão da escolha do vice-presidente. Embora Adamas tivesse conquistado o primeiro lugar com 71 votos, apenas 59 eleitores federalistas votaram em Thomas Pinckney, a escolha de seu partido para o segundo lugar. É por isso que os 68 votos de Jefferson foram suficientes para conquistar a vice-presidência.

Em 1800, os eleitores de cada partido já tinham aprendido com esse erro. Os federalistas apoiaram Pinckney firmemente e os republicanos apoiaram Burr em suas segundas cédulas para presidente. Mas os federalistas estavam cientes do fato de que, segundo as regras de 1787, eles dariam o direito de escolha à Câmara se Adams e Pinckney tivessem exatamente o mesmo número de votos. Como consequência, um de seus eleitores votou em John Jay para vice-presidente – deixando Pinckney com apenas 64 votos contra 65 de Adams. Portanto, se Adams tivesse vencido, ele teria saído com uma maioria no Colégio Eleitoral e feito um desvio pela Câmara para ascender imediatamente à presidência.

Os republicanos não estavam tão bem-organizados. Eles permitiram que todos os seus 73 eleitores votassem em Burr, assim como em Jefferson – gerando um empate que levou a eleição para a Câmara. Isso não deveria ser um problema, uma vez que os republicanos também chegaram ao poder na Câmara, controlando mais de 60% dos assentos – o que tornava fácil para eles fazer a maioria das delegações estaduais votarem em Jefferson. Mas é precisamente aqui que um resultado terrível foi gerado pelo fracasso dos delegados da Filadélfia em garantir que a Câmara recém-eleita tomaria essa decisão. Com Burr e Jefferson empatados, caberia à Câmara pato manco, de maioria federalista, escolher entre eles em 11 de fevereiro de 1801.

Pior ainda, de acordo com o cronograma previsto pela Constituição, os mandatos de quatro anos da Câmara federalista e do presidente Adams expirariam em 4 de março – deixando o país totalmente à deriva se a Câmara federalista se recusasse a eleger Jefferson como seu sucessor. Com a ansiedade varrendo o país com a perspectiva de uma cadeira presidencial vazia, os jornais federalistas publicaram um ensaio de John Marshall que colocava mais lenha na fogueira.

Ele foi publicado no início de janeiro, um mês antes de a Câmara começar a votar no início de fevereiro – dando a muitos cidadãos comuns, bem como a todos os protagonistas, tempo para apreciar sua mensagem ameaçadora. Adotando o costume da época, Marshall publicou seu ensaio sob um pseudônimo – Horácio, um guerreiro romano que sacrificou heroicamente sua vida para salvar a antiga República da destruição. Ele argumentava que John Adams poderia nomear constitucionalmente seu secretário de estado para servir como chefe interino do executivo enquanto os estados organizavam um segundo turno de eleições para a presidência.

Horácio defendeu sua posição com o vigor característico de Marshall – fornecendo um poderoso suporte textual para sua posição. No entanto, o argumento assumiu um caráter dramaticamente egoísta, pois o próprio Marshall era o secretário de estado de Adams! Além disso, quando a Câmara começou a votar para o próximo presidente no início e fevereiro, o Senado federalista também havia confirmado a nomeação de Marshall para a presidência da Suprema Corte dos Estados Unidos!!

Horácio estava preparando o cenário para uma luta que abalaria os próprios alicerces da Nova República. Quando o relógio marcou meia-noite de 3 de março, Marshall não apenas ameaçava despontar como presidente interino, mas também serviria como secretário de estado e presidente permanente da Suprema Corte.

Jefferson, em contraste, não gozaria de nenhum cargo oficial agora que seu mandato de vice-presidente havia expirado. No entanto, o fato é que ele havia vencido a eleição, e ninguém poderia esperar que seus seguidores mobilizados permitissem que o jogo de poder federalista continuasse incontestado.

Jefferson estava bem ciente do perigo crescente quando subiu ao púlpito para presidir a abertura das urnas do Colégio Eleitoral em 11 de fevereiro. No entanto, ele se recusou a contatar os federalistas para encorajar uma resolução bipartidária. Quando o escrivão abriu os documentos da Geórgia, ficou perfeitamente claro que eles não tinham sido preparados da maneira exigida pelo texto constitucional, embora estivesse claro que os eleitores da Geórgia tinham escolhido Jefferson e Burr para os dois primeiros lugares. Se os quatro votos da Geórgia fossem excluídos, os dois candidatos republicanos ficariam com apenas 70 votos – um a menos do que os 71 necessários para obter a maioria do Colégio Eleitoral. O fato de isso ainda os colocar à frente de Adams (65) e Pinckney (64) não era suficiente, de acordo com as regras, para eliminar seus rivais da disputa. Em vez disso, a Câmara federalista estaria livre para votar nos candidatos federalistas para servirem como presidente e vice-presidente, em vez de seus rivais republicanos.

Vendo essa oportunidade, os federalistas pediram a palavra para exigir que os votos da Geórgia fossem anulados – e que, no mínimo, o processo fosse suspenso enquanto uma comissão especial de inquérito era enviada à Geórgia para descobrir a verdade. Nesse ponto, Jefferson enfrentou seu próprio momento da verdade. Se ele decidisse cumprir seus deveres como presidente imparcial, seu próximo passo era claro: permitir um debate pleno e livre sobre o assunto para dar à Câmara a oportunidade de chegar a um julgamento sóbrio sobre a maneira adequada de responder às irregularidades da votação na Geórgia. No entanto, ele seguiu um caminho muito diferente. Ele determinou peremptoriamente que as objeções federalistas estavam fora da ordem – e, com o pandemônio estourando no plenário, ordenou que o escrivão computasse os quatro votos da Geórgia na coluna com o seu nome.

A conduta abertamente interessada de Jefferson acabou com todas as esperanças de uma solução bipartidária da crise. Nos sete dias seguintes, o país viu a Câmara se engajar em trinta e cinco rodadas de votação, todas com o mesmo resultado. Como a essa altura Adams estava fora da disputa, as delegações federalistas de seis estados fizeram a segunda melhor coisa e votaram contra Jefferson, marcando sua cédula a favor de Burr; dois estados racharam e se abstiveram. Os oito estados restantes votaram em Jefferson, deixando-o com um voto a menos do que os nove exigidos pelo texto constitucional.

Quando o relógio avançava para o 4 de março, outra figura acrescentou seu ego considerável à disputa. Aaron Burr tinha o poder de resolver o impasse, deixando claro que não aceitaria a presidência, apesar dos seis votos federalistas em seu nome. Mas ele se recusou a fazer isso. Em vez disso, seus partidários começaram a fazer campanha por um "acordo" no qual a Câmara apoiaria Burr em vez de Jefferson em um esforço para unificar o país. Afinal, os doze votos de Nova York tinham dado aos republicanos sua margem de vitória. Se o estado tivesse acompanhado os federalistas, Jefferson teria perdido para Adams por 77 a 61. Então, era realmente errado eleger Burr presidente?

Republicanos leais imediatamente denunciaram os partidários de Burr por levantarem essa questão. Todos sabiam que Jefferson fora o porta-estandarte na campanha dos republicanos por sua "Revolução de 1800" contra a política anglófila de Adams. Um "acordo" no qual Jefferson servisse como vice-presidente de Burr transformaria a recente eleição em uma farsa.

Com as fileiras republicanas em turbulência e a ascensão de Marshall como presidente/secretário de estado/presidente da Corte cada vez mais provável em 4 de março, chegaram notícias de uma perspectiva ainda mais sombria. Milícias rivais do Norte e do Sul começaram a se organizar para uma marcha sobre Washington, D. C., para resolver o impasse pela força. Mais uma vez, o paralelo com a França é impressionante – o caos na Convenção Nacional foi a gota d'água para a ascensão de Napoleão ao poder das cinzas da república revolucionária.

Esse é o momento em que Alexander Hamilton apareceu para desempenhar um papel decisivo na prevenção de uma conclusão desastrosa para o impasse da Câmara. Tendo servido como secretário do Tesouro durante a administração de Washington, ele tinha ligações de longa data com federalistas na Câmara, mas rompeu com Adams nos últimos anos e se opôs à sua reeleição. Como consequência, ele se contentou em ficar à margem enquanto os protagonistas avançavam em direção ao precipício. Mas a ascensão de Burr como um potencial "candidato de compromisso" o estimulou a entrar em ação. Nos últimos vinte anos, os dois homens tinham se envolvido em uma luta feroz pelo poder político em Nova York, que logo culminaria em um duelo que levaria à morte de Hamilton. Neste ponto, no entanto, Hamilton aproveitou a oportunidade para evitar que Burr se tornasse presidente, uma vez que isso teria permitido que ele usasse seus poderes executivos para destruir a posição política de Hamilton em Nova York.

Esse perigo claro e presente fez os desacordos filosóficos de Hamilton com Jefferson parecerem comparativamente triviais. De repente, ele interveio na disputa e desempenhou um papel fundamental na resolução do impasse na trigésima sexta votação – persuadindo federalistas em Maryland e Vermont a pararem de votar em Burr e colocar seus estados na coluna de Jefferson, dando a ele sua maioria de nove estados. Ao dar esse passo, Hamilton também foi motivado pela gravidade da crise; mas sua passividade anterior sugere que a perspectiva de uma presidência de Burr desempenhou um papel fundamental para acabar com o impasse na Câmara antes que as milícias entrassem em ação.

Há, é claro, muito mais a dizer sobre essa história, que elaborei em outro lugar com mais detalhes.[605] No entanto, juristas modernos como Scalia e Gorsuch, bem como seus apoiadores acadêmicos, a apagaram de sua compreensão dita originalista da Constituição – porque ela desafia a premissa básica de toda a sua abordagem. É simplesmente errado que os chamados originalistas vejam a Convenção Constitucional como um "milagre da Filadélfia" que colocou firmemente a nação no caminho da grandeza pelos próximos dois séculos. A verdade é muito diferente: dados os erros dos delegados enquanto corriam para as saídas, o milagre é que a Constituição tenha conseguido sobreviver além de 1800.

Para colocar o ponto de vista comparativamente: se compararmos os delegados da Filadélfia com os outros estudos de caso realizados neste livro, apenas o Solidariedade fez um trabalho pior em forjar uma constituição no Tempo Dois para sustentar a legitimidade do governo durante sua crise de sucessão no Tempo Três. É verdade que outras repúblicas revolucionárias também tiveram dificuldade em preencher o "vácuo de legitimidade" deixado pela partida de Nehru ou Mandela, de Gaulle ou De Gasperi. Em cada caso, a ordem constitucional estabelecida na Fundação só conseguiu sobreviver por meio de uma combinação de política, concessões e pura sorte. Mas é puro paroquialismo dos originalistas supor que a Convenção foi algo único, e magicamente colocou o país em um caminho sólido para o progresso.

Em vez disso, 1787 inaugurou um ciclo revolucionário. À medida que cada nova geração de estadunidenses subia ao poder,

605 ACKERMAN, Bruce. *The failure of the founding fathers*. Cambridge: Harvard University Press, 2005, pp. 111-266, argumenta que a eleição de 1800 é apenas a primeira de uma série de crises de sucessão, que continuaram pelas Adminsitrações Jefferson e Madison, que abalaram os próprios alicerces da nova ordem constitucional. Mas, para os propósitos atuais, basta mostrar como a crise de 1800 explode os mitos que cercam o "milagre da Filadélfia" defendidos pelos chamados originalistas dos dias atuais.

novos movimentos surgiam exigindo revisões radicais dos entendimentos constitucionais estabelecidos. Às vezes, esses movimentos revolucionários tiveram sucesso e às vezes fracassaram, mas seus desafios ao *status quo* sempre tiveram impacto sobre a estrutura constitucional preexistente.

É especialmente importante reconhecer isso no momento presente. Embora a autopromoção flagrante de Donald Trump e os tuítes mentirosos sejam quintessencialmente algo do século XXI, sua mensagem ressoa no interior de uma longa tradição. Goste-se ou não, seu chamado furioso para "drenar o pântano" o marca como mais um *outsider* revolucionário determinado a varrer a velha elite *insider* em nome do Povo dos Estados Unidos. Nesse aspecto fundamental, ele não difere de George Washington, Abraham Lincoln ou Franklin Roosevelt, ou dos revolucionários menos bem-sucedidos de outras gerações que usaram suas presidências como veículos para "novos começos" radicais.

A mensagem de Trump e seu uso do poder diferem dramaticamente desses exercícios anteriores de liderança presidencial. No entanto, se o consideramos algo único, ficamos cegos para a possibilidade de que os americanos do século XXI tenham algo valioso a aprender com os precedentes estabelecidos por presidentes revolucionários anteriores ao tentarem obter uma perspectiva sobre suas dificuldades atuais.

Há muitas presidências anteriores que podem nos fornecer o contexto muito necessário, mas me concentrarei no esforço de Franklin Roosevelt para conquistar legitimidade constitucional para o New Deal na década de 1930. Argumentarei que o legado da crise do empacotamento da corte de 1937 contribui significativamente para os perigos autoritários representados por Trump – e que, se os estadunidenses quiserem derrotar com sucesso essa ameaça muito real, eles devem reverter algumas decisões básicas feitas por Roosevelt em sua luta épica com a Suprema Corte.

13.4 A revolução do New Deal

Os Estados Unidos foram palco de três grandes revoluções constitucionais. A primeira foi liderada pelos federalistas no século XVIII; a segunda, pelos republicanos radicais no século XIX; a terceira, pelos democratas do New Deal no século XX.

Todos os três movimentos compartilhavam um objetivo comum – uma transferência radical de poder dos estados para o governo central. Sem essa transferência, o país não poderia enfrentar, e muito menos resolver, as crises que ameaçavam dominá-lo – ou assim afirmavam os revolucionários em todas as três eras. Em cada século, os insurgentes concentraram suas críticas em um aspecto diferente do arranjo da divisão de poderes entre o centro e a periferia. Em 1787, a Convenção tinha como alvo o sistema centrado no Estado estabelecido pelos Artigos e transferiu alguns poderes importantes para o governo central. Mas, à medida que a geração fundadora saiu de cena, ele passou a ser a federação, na qual os estados ainda desempenhavam um papel dominante.

Após a Guerra Civil, os republicanos radicais do Congresso reverteram esse equilíbrio. Suas Emendas da Reconstrução puseram fim à escravidão e autorizaram a intervenção federal na vida política e social do país de maneiras que antes eram impensáveis. No entanto, a federação centrada na nação que surgiu nas décadas seguintes ainda reservava grande autonomia aos estados.

Foi apenas a revolução do New Deal, na década de 1930, que repudiou a "soberania dos estados" como uma restrição fundamental ao exercício do poder nacional. No terceiro mandato de Roosevelt, a Corte do New Deal deixou claro que o federalismo não impunha limites à autoridade recém-conquistada do governo nacional de buscar justiça social e bem-estar econômico para a nação como um todo. Isso não implicava que o federalismo não fosse importante. Mas, de agora em diante, caberia ao presidente e ao Congresso determinar quando os direitos dos estados obstavam o amplo mandato nacional recentemente concedido por "Nós, o Povo dos Estados *Unidos*".[606]

A vitória dos partidários do New Deal não foi fácil. Como seus predecessores, eles tinham objetivos revolucionários que provocaram forte oposição dos tradicionalistas que lutavam fortemente para defender o *status quo*. Mas, na década de 1940, os principais políticos de ambos os partidos já haviam aceitado as premissas básicas do regime do New Deal, deixando à margem seus opositores mais amargos. Foi somente com a revolução de Reagan na década de 1980 que os oponentes do governo nacional ilimitado começaram a se recuperar seriamente. Sugiro, no entanto, que esses esforços mais recentes para repudiar o New Deal são mais bem compreendidos se primeiro considerarmos alguns aspectos definidores da revolução de Roosevelt que prepararam o cenário para esforços mais recentes para restringir as ambições regulatórias de políticos e burocratas em Washington, D. C.

Meu ponto principal: os partidários do New Deal não conquistaram sua vitória seguindo o roteiro fornecido pelos Fundadores federalistas e pelos Republicanos da Reconstrução. Eles não tentaram legitimar sua revolução nacionalista forjando um conjunto de textos constitucionais em nome de Nós, o Povo. Eles alcançaram o mesmo fim por meios diferentes. Após a derrocada eleitoral sem precedentes de Roosevelt em 1936, o presidente ameaçou empacotar a Suprema Corte se ela continuasse a vetar suas iniciativas. Quando os conservadores na Corte fizeram sua "mudança no tempo" e recuaram de sua ofensiva, Roosevelt selou sua vitória substituindo-os por partidários do New Deal comprometidos quando os veteranos deixaram a Corte.

---

606 Os parágrafos precedentes resumem o argumento básico apresentado em minha trilogia, *We the People* [Nós, o Povo]. As notas finais desta seção suplementam as citações mais extensas em ACKERMAN, Bruce. *Transformations*. Cambridge: Belknap Press of Harvard University, 1998, pp. 255-382 e 476-490.

Na década de 1940, os estadunidenses estavam testemunhando uma reviravolta dramática. No nível jurídico, as opiniões da Suprema Corte estavam varrendo os resquícios da jurisprudência da Antiga Corte e construindo as bases da ordem do New Deal que a substituiria. No nível político, os republicanos tradicionais estavam se voltando para candidatos, como Thomas E. Dewey, que haviam feito as pazes com o New Deal. Esse duplo desenvolvimento transmitia uma mensagem clara – a Revolução de Roosevelt tinha realmente conquistado o apoio amplo e firme do povo estadunidense.

No entanto, o fracasso de Roosevelt em codificar a política de alta energia do New Deal em textos constitucionais decisivos foi uma questão de grande importância. Essa é a lição sugerida pela comparação de líderes como Nehru ou de Gaulle, que constitucionalizaram seu carisma, com líderes como Walesa ou Ben-Gurion, que não o fizeram. No entanto, analistas estadunidenses normalmente falham em refletir sobre as implicações da decisão de Roosevelt de seguir o caminho de Ben-Gurion em vez do de Nehru.

É perfeitamente compreensível que os comentaristas normalmente descartem o cenário de emenda do New Deal – dado o requisito do Artigo 5º de aprovação por dois terços de ambas as câmaras e três quartos dos estados, os presidentes geralmente não levam a opção de emenda a sério quando realmente querem realizar algo. Mas a avalanche eleitoral de 1936 foi tão grande que o Artigo 5º deixara de ser um obstáculo significativo – e o constitucionalismo escrito era uma opção muito viva.

Os presidentes geralmente consideram uma grande vitória se seu partido controla o Congresso por uma margem de 60% a 40%. Mas, desta vez, os democratas conquistaram três quartos dos assentos tanto na Câmara quanto no Senado. Isso deu a Roosevelt muito espaço para reunir maiorias de dois terços para constitucionalizar os princípios fundamentais da revolução do

New Deal, especialmente porque ele também podia contar com o apoio significativo de republicanos progressistas.

As perspectivas de ratificação pelos estados também eram brilhantes. O presidente acabara de varrer 46 dos 48 estados em sua campanha contra Alf Landon – 10 a mais do que o exigido pelo Artigo 5º. Além disso, o Congresso havia adotado recentemente uma técnica que aumentaria muito as perspectivas de sucesso. Em 1933, o Congresso do New Deal aproveitou a oportunidade para propor a revogação da Décima Oitava Emenda, promulgada em 1920, que proibia a venda de álcool em qualquer parte do país. Mas eles temiam que, se a ratificação fosse deixada para os legisladores estaduais, treze deles se recusariam a endossar sua iniciativa. Assim, eles invocaram a disposição do Artigo 5º que autorizava o Congresso a exigir que os estados convocassem convenções de ratificação especialmente eleitas para determinar o destino da emenda.

Isso abriu o caminho para uma ratificação rápida. Em 20 de fevereiro de 1933, dois terços do Congresso propuseram a emenda de revogação; até 5 de dezembro do mesmo ano, três quartos dos estados a haviam aprovado. Ao organizar as eleições para suas convenções de ratificação, cada estado distribuiu cédulas que permitiam que chapas rivais de delegados se comprometessem previamente com um voto "sim" ou "não" na revogação. Isso converteu o processo de ratificação em um referendo popular em ondas. As primeiras vitórias do "sim" registradas em estados como Michigan, Wyoming e Nova Jersey catalisaram um debate nacional nos meses seguintes, à medida que cidadãos de diferentes regiões iam às urnas. Apenas a Carolina do Sul votou "não", indicando uma resistência mais forte do Sul à revogação. Mas as outras regiões votaram unanimemente no "sim", proporcionando uma demonstração convincente de amplo apoio popular.[607]

607 BACON, Donald (*et al.*). *The encyclopedia of the United States Congress*. vol. 4, Nova York: Simon & Schuster, 1995, p. 1996.

Era natural, então, que Roosevelt iniciasse conversas confidenciais com seus principais conselheiros sobre a opção de realizar emendas enquanto eles discutiam respostas potenciais à primeira rodada de vetos da Velha Corte a iniciativas importantes do New Deal em 1935. Durante seu primeiro mandato, no entanto, Roosevelt limitou-se a denúncias públicas da Velha Corte e esperou por um mandato popular renovado antes de tomar medidas decisivas.[608]

Contudo, à medida que se aproximava a eleição de 1936, a plataforma democrata, escrita sob orientação expressa do presidente, prometia explicitamente buscar emendas de esclarecimento se "problemas nacionais urgentes" não pudessem ser resolvidos "por meio da legislação Constitucional". Nesse ínterim, os partidários do New Deal no Congresso apresentaram uma ampla gama de propostas de emendas – 39 ao todo – a serem consideradas seriamente depois que os eleitores fossem às urnas.[609]

Com o caminho para o constitucionalismo escrito preparado com antecedência, os líderes do Congresso imediatamente prepararam o país para levá-lo a sério após a avalanche do New Deal. Aqui entra o porta-voz da Câmara, William Bankhead, que que transformou essa questão em uma das principais prioridades, assim que o novo Congresso entrou em funcionamento no início de janeiro de 1937:

> Espero que seja encontrada uma forma de alcançar [nossos objetivos] sem recurso a uma emenda constitucional, mas, a menos que mude o pessoal da Suprema Corte, nos

608 LEUCHTENBERG, William. *The Supreme Court reborn*: the constitutional revolution in the age of Roosevelt. Nova York: Oxford University Press, 1995, p. 86.

609 ACKERMAN, Bruce. *Transformations*. Cambridge: Belknap Press of Harvard University, 1998, pp. 306-311 (que descreve a plataforma democrata e os discursos de campanha de Landon e Roosevelt lidando com as implicações constitucionais revolucionárias da eleição).

> deparararemos com a mesma situação que enfrentamos antes. Não vejo como podemos fugir de uma emenda constitucional.

Isso foi notícia de primeira página do *New York Times*, assim como uma declaração semelhante do líder da maioria no Senado, Joseph Robinson.[610]

Não pode haver dúvida, então, de que Roosevelt estava tomando uma decisão altamente autoconsciente quando rejeitou a iniciativa de seus líderes congressistas e escolheu o empacotamento da corte como forma de sustentar seu mandato esmagador concedido pelo Povo.

Seu plano, anunciado no início de fevereiro, tinha uma grande atração de curto prazo. Não exigia o processo de debate e decisão em duas etapas – primeiro pelo Congresso, depois pelos americanos comuns – estabelecido no Artigo 5º. Em vez disso, ele poderia obter uma vitória rápida usando suas enormes supermaiorias no Congresso para aprovar um estatuto ordinário expandindo o tamanho da Suprema Corte e usar o resto da sessão legislativa para promulgar outra rodada de programas de bem-estar social que abririam o caminho para mais vitórias eleitorais em 1938 e adiante. Além disso, havia um amplo precedente para o Congresso expandir a Corte pela aprovação de um estatuto regular. Durante o século XIX, isso acontecera com frequência. Portanto, Roosevelt de modo algum estava desbravando novos caminhos.[611]

Embora a iniciativa do presidente fizesse sentido no curto prazo, ela teve um custo de longo prazo para o sistema legislativo

---

610 CATLEDGE, Turner. "Amendment Rises as a Session Issue". *The New York Times*, jan. 1937, p. 1 (citando Joseph Robinson, Líder da Maioria no Senado); N.Y. Times. "Basic Law Change Gains in Congress", p. 1 (8 jan. 1937) (reportando a visão do Porta-Voz da Câmara Bankhead).

611 ACKERMAN, Bruce. *Transformations*. Cambridge: Belknap Press of Harvard University, 1998, pp. 239-241.

superior. O empacotamento da corte exigia apenas que a Câmara e o Senado concordassem que a Velha Corte era um obstáculo ao "progresso", deixando que as nomeações judiciais do presidente definissem a natureza dos compromissos progressistas da revolução de Roosevelt. Não era necessário que os ramos políticos liderassem um amplo debate popular e trabalhassem para elaborar os princípios afirmativos do constitucionalismo do New Deal. Não menos importante, o empacotamento da corte não exigia que os progressistas saíssem de Washington, D. C., para mobilizar amplo apoio popular a suas emendas em referendos estaduais. Em vez de tornar a soberania popular uma realidade viva, o empacotamento da corte deixaria aos juízes a tarefa de criar uma nova ordem constitucional via pareceres jurídicos, com base em uma linguagem legalista que exigia treinamento profissional para ser compreendida.

Quando Roosevelt anunciou pela primeira vez o empacotamento da corte em 5 de fevereiro, ele ignorou esses pontos. Ele apresentou seu plano como uma mera medida de eficiência, que autorizaria novas nomeações de jovens para permitir que os juízes idosos da Corte – cinco tinham mais de 75 anos – fizessem seu trabalho com eficácia. Ao evitar as grandes questões, ele tinha uma grande chance de levar o projeto de lei ao Congresso em questão de semanas, não meses. Havia apenas 89 republicanos na Câmara e 16 no Senado, então eles não tinham como bloquear a iniciativa. Na verdade, sua forte oposição só jogaria a favor do presidente. Ele havia derrotado esses "monarquistas econômicos" em 1936 e podia contar com seus apoiadores no Congresso para derrotá-los novamente caso transformassem o empacotamento da corte em uma questão partidária.

Reconhecendo isso, os republicanos fizeram algo bastante extraordinário. Eles se calaram e tentaram recrutar democratas progressistas para liderar a oposição. Mas essa tática de desespero parecia fadada ao fracasso. Roosevelt se lembraria por muito tempo dos vira-casacas democratas que o traíram quando ele lançou sua primeira iniciativa pós-avalanche. Eles podiam esperar que ele retaliaria de todas as maneiras, especialmente se conseguissem derrotar o empacotamento da corte. Portanto, os custos políticos para um importante democrata desertar para a oposição eram enormes. Além disso, as chances de sucesso eram muito baixas, uma vez que tantos democratas deviam seus assentos ao apoio de Roosevelt e poderiam facilmente perdê-los na próxima eleição se ele apoiasse um rival que parecesse mais fiel ao programa do presidente. Então, por que qualquer partidário do New Deal sério arriscaria o pescoço para liderar uma "missão impossível"?

Burton Wheeler compreendeu perfeitamente o perigo. No entanto, ele se mostrou à altura da ocasião. Ele era um importante partidário do New Deal, com sérias ambições presidenciais, e correria um risco especialmente grande ao se juntar aos republicanos amargurados em uma campanha contra o triunfante Roosevelt. No entanto, em duas semanas, ele anunciou sua oposição pública ao plano do presidente.

A crítica de Wheeler atingia o cerne das responsabilidades legislativas superiores do New Deal. Ele concordava totalmente com Roosevelt que a Suprema Corte deveria ser obrigada a abandonar sua defesa desesperada da velha ordem constitucional. Mas o empacotamento da corte era um atalho ilegítimo – repudiava o passado sem dar ao Congresso e aos estados a chance de definir e debater os princípios constitucionais afirmativos que guiariam o Estado regulador ativista no futuro. Uma vez que as emendas do New Deal estivessem nos livros, Wheeler estava confiante de que a Corte entraria na linha, mesmo se nenhum dos juízes se aposentasse nesse meio tempo.

O notável ato de coragem política de Wheeler provocou a irrupção imediata de um debate na imprensa e no Capitólio – chamando a atenção do público a questões cruciais que poderiam ter sido prontamente obscurecidas por controvérsias sobre detalhes do plano do presidente. Também forneceu cobertura política para muitos outros democratas no Congresso permanecerem evasivos até que vissem como o público em geral reagiria. Isso impossibilitou as táticas iniciais de rolo compressor do presidente, não lhe dando escolha a não ser responder à crítica de Wheeler antes que ela ganhasse mais impulso.

A contraofensiva de Roosevelt atingiu seu clímax em seu "bate-papo ao pé da lareira" de 9 de março, quando dezenas de milhões de ouvintes de rádio ouviram Roosevelt fazer um ataque ponto a ponto à posição de Wheeler:

> Existem muitos tipos de alterações propostas. Cada um é radicalmente diferente do outro. Levaria meses ou anos para se obter qualquer acordo substancial sobre o tipo e a linguagem de uma emenda. Levaria meses ou anos depois disso para se obter uma maioria de dois terços a favor dessa emenda em ambas as Casas do Congresso.
>
> Então viria o longo curso de ratificação por três quartos dos estados. Nenhuma emenda a que quaisquer interesses econômicos poderosos ou líderes de qualquer partido político poderoso tenham motivos para se opor jamais foi ratificada dentro de um prazo razoável. E treze estados contendo apenas 5% da população votante podem bloquear a ratificação, mesmo que os trinta e cinco estados com 95% da população sejam a favor dela...
>
> E lembremos de uma coisa. Mesmo que uma emenda fosse aprovada, e mesmo que ela fosse ratificada nos próximos anos, seu significado dependeria do tipo de juízes que ocupariam assento na Suprema Corte. Uma emenda, como o restante da Constituição, é o que os juízes dizem que é, e não o que seus formuladores ou vocês esperam que seja.[612]

---

612 Discurso no rádio, 17 fev. 1937, NBC 737–12, disco 3691–2 (arquivos da NBC); ACKERMAN, Bruce. *Transformations*. Çambridge: Belknap Press of Harvard University, 1998, pp. 326/327 (que fornece o texto do discurso citado aqui); ACKERMAN, Bruce. *Transformations*. Cambridge: Belknap Press of Harvard University, 1998, pp. 324-344 (que põe o discurso em seu contexto maior).

A defesa do presidente baseou-se em uma petição de princípio. Ela supunha que, seguindo o curso estabelecido por Wheeler, Roosevelt ficaria à margem e permitiria que senadores e representantes discutissem interminavelmente sobre os termos das emendas apropriadas ao New Deal.

Nada disso aconteceria. Roosevelt já estava preparando o caminho para as emendas do New Deal antes da eleição. Junto com seus principais consultores, ele estava em uma posição perfeita para elaborar um pacote de emendas em um curto espaço de tempo. Dadas suas supermaiorias, Roosevelt poderia ter obtido prontamente o apoio de dois terços de ambas as casas depois de alguns meses de intenso debate. Ele também poderia instar o Congresso a seguir o precedente da revogação da proibição e pedir a ratificação por convenções estaduais especialmente eleitas. Se levou apenas nove meses para os eleitores em 36 estados aprovarem essa emenda em 1933, havia todos os motivos para prever outra vitória rápida agora que Roosevelt tinha conquistado 46 dos 48 estados – com os republicanos marcando mais de 40% dos votos no "não" em no máximo 10 deles. Conclui-se que o presidente não foi persuasivo ao afirmar que as iniciativas do Congresso sofreriam um atraso intolerável durante o "longo curso de ratificação por três quartos dos estados".[613]

O contra-argumento final de Roosevelt também não foi convincente. Ele alegou que mesmo que emendas fossem promulgadas seu "significado dependeria do tipo de juízes que ocupariam assento na Suprema Corte" – portanto, trazer partidários do New Deal para a Corte seria decisivo em qualquer caso. No momento de seu "bate-papo ao pé da lareira", dois estatutos históricos recentemente promulgados – a Lei Wagner e a Lei da Previdência Social – aguardavam decisão da Corte. Portanto, o presidente

613 ACKERMAN, Bruce. *Transformations*. Cambridge: Belknap Press of Harvard University, 1998.

parecia estar sugerindo que os "Nove Velhos" revogariam esses estatutos, mesmo quando o Congresso estava prestes a apresentar as emendas do Artigo 5º endossando sua constitucionalidade. Mas o presidente da Suprema Corte, o politicamente astuto Charles Evans Hughes, nunca teria permitido que tal confronto contraproducente ocorresse. Um veto judicial a qualquer um dos estatutos teria levado o Congresso a aprovar o pacote de emendas do presidente imediatamente. Em vez de cometer suicídio institucional, Hugher teria levado a maioria a adiar a decisão dos casos até o mandato de 1938, agendando novas discussões enquanto as emendas eram submetidas à decisão dos estados. Enquanto os democratas do New Deal acumulavam votos no "sim" para suas emendas em estado após estado, a Corte de Hughes poderia simplesmente esperar 36 votos no "sim" para discutir esses desafios à legislação histórica. Mas isso nunca teria causado danos duradouros à legitimidade da Corte ao lançar um contra-ataque em nome de uma ordem constitucional moribunda.

No entanto, quando tomadas literalmente, as observações de Roosevelt poderiam compor um cenário diferente, embora igualmente implausível. Nesta interpretação, os conservadores linha-dura da Corte esperariam até que as emendas fossem ratificadas. Só então eles embarcariam em uma campanha para "reinterpretar" seus termos de uma forma que anulasse as intenções dos partidários do New Deal que trabalharam tão arduamente para implementá-las.

Contudo, era perfeitamente óbvio que Hughes e outros centristas também se recusariam a apoiar tal esforço. Conservadores judiciais como os juízes Butler e Van Devanter estavam muito velhos e logo deixariam a Corte, mesmo que o presidente não tentasse empacotá-la. O presidente da Suprema Corte Hughes logo teria que lidar com um número crescente de nomeados de Roosevelt de maneira construtiva. Como consequência, ele nunca cumpriria a previsão pseudorrealista de Roosevelt nem alienaria os recém-chegados ao endossar uma rodada final de 5 votos a 4 contra o New Deal. Independentemente do empacotamento da corte, Roosevelt estava totalmente errado em suas previsões pseudorrealistas. Mas se as emendas tivessem sido promulgadas, a autoridade final a sustentar essa ruptura teria sido Nós, o Povo, não Nós, os Juízes.

Independentemente de seus méritos, o "bate-papo ao pé da lareira" de Roosevelt foi um esforço dramático para mobilizar apoio público para a defesa que seu governo fazia do empacotamento da corte perante o Comitê Judiciário do Senado, que seu reuniria pela primeira vez no dia seguinte, 10 de março. Uma vez que o presidente não esperava que essas apresentações mais formais persuadissem Wheeler e outros críticos, ele precisava apenas do apoio de 49 dos 79 democratas para aprovar seu projeto no Senado. Quanto mais rápido a audiência no Senado ocorresse, mais fácil seria para o líder da maioria democrata, Joseph Robinson, levar o projeto de lei à Câmara, onde o porta-voz William Bankhead garantiria sua rápida aprovação pelos 334 membros democratas.

Para acelerar esse processo, o governo limitou suas apresentações ao Comitê Judiciário do Senado a duas semanas, de modo que seu projeto de lei pudesse chegar ao plenário em meados de abril, uma vez que Wheeler e seus críticos teriam igual tempo para apresentar sua refutação. Tudo isso parecia uma estratégia sensata no início de março, quando os grandes casos do New Deal ainda estavam pendentes na Corte. Mas a política de empacotar a corte mudou drasticamente quando os juízes começaram sua "mudança no tempo" – que culminou em decisões que sustentaram a Lei Wagner em 12 de abril e a Lei da Previdência Social em 24 de maio.

Esses votos, junto com a aposentadoria de Willis Van Devanter, alteraram dramaticamente a equação política. Os partidários do New Deal no Capitólio não acreditavam mais que a iniciativa de Roosevelt era necessária para salvar o New Deal. Mas mesmo que o empacotamento da corte tivesse se tornado um luxo, eles acharam muito difícil rejeitar as exigências do presidente. Roosevelt por pouco não conseguiu obter o apoio da maioria depois que o debate no plenário do Senado atingiu seu clímax em julho.[614]

O significado duradouro da mudança da Corte e a da derrota do presidente tem sido uma fonte inesgotável de controvérsia para gerações de advogados estadunidenses. Mas do ponto de vista comparativo, o confronto anterior do presidente com Wheeler tem maiores consequências. Ele exigiu que Roosevelt abordasse a mesma questão levantada em pontos de inflexão semelhantes em cada um de nossos estudos de caso anteriores: a constitucionalização do carisma. Dado o caráter fatídico dessa escolha, vale a pena avaliarmos o caminho não percorrido. A adoção de constituições revolucionárias fez uma grande diferença em estágios posteriores na Índia, África do Sul, Itália, França e Irã. Portanto, é razoável supor que a ratificação das emendas do New Deal teve consequências de longo prazo comparáveis na modelagem do desenvolvimento estadunidense.

13.5 Reescrevendo a Constituição?

Se Roosevelt tivesse conduzido o país pelo caminho do Artigo 5º, não seria mais possível para os estadunidenses modernos considerarem Madison & Companhia os principais autores de sua Constituição. Como os cidadãos franceses da Quinta República, eles ainda teriam orgulho de sua Declaração de Direitos do século XVIII e de outros princípios duradouros estabelecidos na Fundação. Mas as emendas do New Deal também exigiriam que eles reconhecessem que a Constituição ia decisivamente além das noções de liberdade do século XVIII, e que o Povo do século XX estava insistindo que todos os estadunidenses recebessem os direitos sociais e econômicos necessários para o exercício significativo da liberdade. Ao dar esse passo, os Estados Unidos teriam assumido

614 LEUCHTENBERG, William. "FDR's court-packing plan: a second life, a second death". *Duke University School of Law*, 1985, p. 673.

o seu lugar entre as repúblicas revolucionárias da Índia e África do Sul, França e Itália e muitos outros lugares, cujas constituições do século XX comprometeram explicitamente seu Povo com a busca sistemática de justiça social.

Com as emendas do New Deal firmemente ancoradas no exercício da soberania popular, a Constituição escrita serviria como uma repreensão permanente aos juízes originalistas que atualmente se orgulham de suas abordagens textualistas à interpretação jurídica. Essa abordagem levou juristas como Antonin Scalia e Neil Gorsuch a verem a Fundação como a base para uma condenação constitucional abrangente de um poderoso governo nacional comprometido com o bem-estar geral. Mas sob o cenário de emenda do New Deal, uma visão diferente da Fundação surgiria – uma que enfatizaria suas semelhanças básicas com o projeto do New Deal.

Preparei o cenário para essa reorientação em minha leitura revisionista da era da fundação. Meu argumento enfatizou que o principal desafio da Convenção da Filadélfia era convencer o país de que a Confederação havia dado muito poder a cada estado individual – e que a única maneira de resolver os problemas da América era transferir aspectos cruciais da soberania dos estados para o governo central.

Esse é precisamente o mesmo diagnóstico que Roosevelt apresentou ao Congresso em 1937. Sob o cenário da "emenda escrita", ele teria se envolvido em um exercício ao estilo madisoniano – conclamando o Congresso a redefinir os poderes do governo central de modo a capacitá-lo para enfrentar os problemas econômicos e sociais da vida do século XX. Assim como no verão de 1787, também na primavera de 1937 o chamado de Roosevelt teria provocado um processo de debate e decisão de duas fases. A primeira rodada teria ocorrido no Capitólio – onde os partidários do New Deal teriam elaborado suas propostas de emenda de uma forma mais publicamente responsável do que o que ocorreu durante as sessões secretas na Filadélfia. Uma vez que tivessem obtido as necessárias maiorias de dois terços no Congresso, eles teriam seguido exatamente o mesmo caminho traçado pela Convenção – conclamando os estados a convocarem convenções de ratificação especialmente eleitas para determinar o destino dessas medidas.

Isso teria transformado 1938 em uma repetição de 1788. Em estado após estado, os estadunidenses seriam chamados a debater as grandes questões enquanto decidiam entre as chapas rivais de delegados da convenção. À medida que os partidários do New Deal mobilizassem seus apoiadores de base para ir às urnas e votar no "sim", a série cumulativa de votos no "sim" teria culminado em uma demonstração de soberania popular semelhante àquela alcançada pelos Federalistas 150 anos antes – permitindo que o Povo Americano mostrasse seu apoio autoconsciente a um avanço decisivo para "uma União mais perfeita".

Na verdade, a versão do New Deal das duas etapas dos federalistas teria sido muito mais convincente do que o exercício madisoniano original. Lembremos da série crescente de déficits de legitimidade que prejudicaram a reivindicação da Convenção da Filadélfia de falar pelo Povo. Esses problemas foram agravados pelas dificuldades dos federalistas em obter o consentimento das convenções estaduais para suas iniciativas centralizadoras – a ponto de o primeiro Congresso começar sua vida política como uma assembleia separatista representando, na melhor das hipóteses, apenas onze dos trezes estados.

Em contraste, o movimento dos partidários do New Deal por um "novo começo" constitucional teve o apoio mobilizado de uma esmagadora maioria dos estadunidenses. É por isso que as barreiras supermajoritárias do Artigo 5º não teriam impedido Roosevelt de obter o apoio de Nós, o Povo, para um governo nacional ativo com os poderes necessários para alcançar a justiça econômica e o bem-estar social nas condições do mundo real da vida moderna.

Não nego que os 17 milhões de estadunidenses que votaram em Alf Landon e outros candidatos republicanos em 1936 teriam ficado amargamente desapontados se os partidários do New Deal tivessem repetido sua avalanche de 1936, mobilizando dezenas de milhões de partidários de base para obter 36 ratificações estaduais de emendas transformadoras nos próximos um ou dois anos. Mas, em contraste com a Fundação, havia uma coisa que esses oponentes amargos não poderiam negar – que uma esmagadora maioria dos estadunidenses, em um raro momento de alta mobilização e autoconsciência política, haviam chegado a essa decisão fatídica com os olhos bem abertos.

13.6 Nós, os Juízes?

A escolha de Roosevelt de empacotar a corte pôs o país em um caminho diferente. Suas implicações maiores, no entanto, só se tornaram aparentes muito mais tarde. Apesar de sua derrota no Senado em 1937, Roosevelt de fato conseguiu empacotar a Suprema Corte. Quando os conservadores da linha antiga deixaram o tribunal, o presidente sistematicamente os substituiu por decididos partidários do New Deal – que, no início da década de 1940, estavam unanimemente divulgando precedentes abrangentes que serviriam de base para o governo ativista durante o restante do século XX.

Essa revolução feita por juízes só começou a se desfazer com a ascensão de Ronald Reagan à presidência em 1980. A eleição de Reagan marcou o primeiro grande sucesso de um longo esforço de ativistas e intelectuais conservadores para transformar os republicanos em um partido do movimento clássico. Seu objetivo principal era mobilizar o Povo contra o legado do "governo grande" do New Deal e inaugurar uma nova era de liberdade baseada no livre mercado. Uma vez no poder, Reagan seguiu o precedente de Roosevelt ao reivindicar um mandato do Povo para revolucionar o direito constitucional.

Ele também seguiu Roosevelt na maneira como tentou atingir esse objetivo. Ele não se baseou nas emendas do Artigo 5º para definir a nova visão constitucional do Partido Republicano para a América. Em vez disso, passou a nomear intelectuais jurídicos como Antonin Scalia para a Suprema Corte para lhe fornecer a inteligência necessária para repudiar os princípios do New Deal legados por gente como Felix Frankfurter e Robert Jackson.

Chamemos isso de *estratégia de nomeação transformativa*. Tudo começou a se desfazer quando Reagan indicou Robert Bork para reforçar a revolução judicial posta em movimento por Scalia. Se o Senado tivesse aprovado a nomeação de Bork, Reagan estaria no caminho certo para reencenar o precedente de Roosevelt – mas desta vez ele teria usado a técnica de nomeação transformativa de Roosevelt para repudiar as doutrinas do New Deal que Frankfurter e Jackson haviam formulado, e seus sucessores haviam desenvolvido, ao longo das décadas seguintes.

Bork não escondeu suas ambições. Ele usou seu testemunho perante o Comitê Judiciário do Senado para declarar uma guerra originalista ao *status quo* – elaborando as diferentes maneiras pelas quais as doutrinas do New Deal haviam obscurecido o esplendor da visão fundadora de um governo central limitado. Com esses pronunciamentos, Bork avisou o país que Reagan estava determinado a repudiar o legado revolucionário de Roosevelt pela própria técnica de nomeação transformadora por meio da qual seu antecessor o criou em primeiro lugar.

Se essa jogada tivesse dado certo, a ascensão de Bork à Corte teria garantido o lugar de Reagan na história como o maior presidente do século XX. Mas em sua ambição de superar Roosevelt, Reagan falhou em apreciar uma aritmética básica. Quando Scalia foi nomeado, os republicanos estavam no controle do Senado; mas sofreram uma grande derrota de 1986, e os democratas estavam agora no comando por uma margem de 55 a 45. Consequentemente, eles estavam em boa posição para derrotar sua nomeação – levando à nomeação de Anthony Kennedy em seu lugar.

Kennedy não era nenhum Bork – essa foi a mensagem-chave que ele transmitiu em suas audiências no Senado, quando afirmou a vitalidade contínua dos principais precedentes da era pós-Roosevelt. Em vez disso, ele acreditava firmemente em mudanças intersticiais passo a passo na doutrina existente – cujo caráter era totalmente obscuro (talvez até para ele mesmo).[615]

A mudança de Bork para Kennedy ensinou aos futuros presidentes uma lição importante. Eles simplesmente tinham muito a perder se seus indicados emitissem protestos radicais em suas audiências de confirmação. Eles poderiam alcançar seus objetivos constitucionais de forma mais eficaz por meio de "nomeações furtivas". Nesta estratégia, o presidente reivindica um "mandato vindo do Povo" para suas nomeações furtivas, mas os nomeados se recusam a seguir os precedentes estabelecidos por Frankfurter e Bork e explicar ao comitê judiciário do Senado o caráter da revolução doutrinária que eles apoiarão assim que ascenderem ao cargo. Isso torna muito mais difícil para os cidadãos comuns entender os riscos envolvidos na nomeação – uma vez que as previsões dos oponentes podem ser prontamente desfeitas pelos defensores do nomeado como exageros partidários. Dada a confusão generalizada entre o público, as chances de sucesso do presidente são altas, especialmente se seu partido estiver no controle do Senado.

As nomeações furtivas transformam as nomeações para a Suprema Corte em ocasiões para jogos de poder partidário, sem qualquer esforço sério para envolver o povo americano em um debate autoconsciente sobre o futuro constitucional da nação. Elas seriam vistas como radicalmente ilegítimos se Roosevelt não

615 ACKERMAN, Bruce. "Transformative appointments". *Harvard Law Review Association*, 1998, p. 1164; ACKERMAN, Bruce. *Transformations*. Cambridge: Belknap Press of Harvard University, 1998, pp. 394/395.

tivesse estabelecido os precedentes de revolucionar a Constituição por meio de nomeações judiciais.

Roosevelt apoiou sua reivindicação de um mandato popular com supermaiorias que permanecem sem paralelo até os dias de hoje. Em contraste, os presidentes revolucionários da era atual desejam alcançar o mesmo fim furtivamente, com base em maiorias tênues. O caráter patológico dessa dinâmica foi dramatizado pela recente polêmica sobre Merrick Garland, indicado de Obama para substituir Antonin Scalia em 2016. A recusa do Senado republicano em conceder uma audiência a Garland não tinha precedentes no período moderno. Mas as práticas "furtivas" recentes tornaram-na mais aceitável porque todos esperavam que o juiz Garland tornasse a audiência o mais enfadonha e pouco informativa possível – privando o público em geral de uma oportunidade semelhante à de Bork de entender o que Garland estava realmente planejando fazer quando chegasse à Corte. Então, por que não esperar que o presidente recém-eleito faça essa escolha fatídica? Afinal, se a cadeira de Scalia permanecer vaga, a questão não terá um papel na próxima eleição presidencial – permitindo que os eleitores se posicionem?

É neste ponto que as consequências de longo prazo do afastamento de Roosevelt do constitucionalismo escrito podem ser apreciadas como um todo. Depois de setenta anos, ninguém espera que um presidente revolucione o *status quo* por meio de um processo de duas etapas em que a proposta de emendas formais do Congresso é apenas um prelúdio para um debate nacional provocado por eleições para convenções de ratificação. Dadas as nomeações secretas, a natureza das questões críticas nem mesmo é transmitida de forma vívida nas audiências do Senado – o único momento em que os cidadãos comuns estão sintonizados. Em vez disso, elas são levadas em consideração apenas durante as campanhas eleitorais presidenciais – nas quais precisam competir com muitas outras questões apresentadas pelos candidatos republicanos e democratas. Os eleitores que se opõem à filosofia judicial de um candidato podem muito bem favorecer as políticas econômicas e sociais do candidato – e votar com base nisso. Pior ainda, políticos bem-sucedidos na era da internet geralmente evitarão elaboradas dissertações constitucionais durante a campanha. Embora Donald Trump certamente tenha avisado aos estadunidenses que pretendia usar a presidência para "drenar o pântano" em Washington, D. C., ele não tinha interesse em elaborar as implicações constitucionais de sua posição. Em vez disso, ele meramente sinalizou para um conjunto muito distinto de grupos de interesse conservadores que eles poderiam contar com ele para apoiar seus juízes favoritos quando uma vaga na Suprema Corte se abrisse.

Embora a recusa de Trump em levar a Constituição a sério tenha sido especialmente espetacular, a maioria dos outros candidatos seguirá por um caminho semelhante – procurando frases de efeito evocativas enquanto enterram fundo seus comentários constitucionais em seus sites de campanha. Barack Obama foi uma exceção, é claro, mas conseguiu desacreditar o processo de outra forma. Embora tenha levado a Constituição a sério em alguns de seus discursos atrapalhados, quando chegou à Casa Branca, ele traiu seus compromissos mais enfáticos contra a guerra unilateral criada pela presidência – ensinando assim o público a desconsiderar a retórica constitucional da campanha eleitoral, mesmo quando soa sóbria e sincera.[616]

É apenas repensando o afastamento de Roosevelt do constitucionalismo escrito que os estadunidenses de hoje podem mais uma vez se envolver no tipo de debate público que tornará a soberania popular uma realidade viva no século XXI. Em trabalhos anteriores, esbocei um caminho em direção a esse futuro constitucional alternativo.[617]

---

616 ACKERMAN, Bruce. "Lost inside the Beltway: a response to professor Morrison". *Harvard Law Review*, vol. 124, 2011, p. 13; ACKERMAN, Bruce. "Is America's War on Isis Unconstitutional?" *The New York Times*, mai. 2016.

617 ACKERMAN, Bruce. *Transformations*. Cambridge: Belknap Press of Harvard University, 1998, pp. 403-420; ACKERMAN, Bruce. "What Is to

Minha proposta de Iniciativa de Soberania Popular autorizaria um presidente, após sua reeleição bem-sucedida, a pedir ao Congresso que apresentasse as emendas propostas aos eleitores em um referendo *nacional* na próxima eleição presidencial. Se o Congresso concordar, isso significa que os eleitores tomarão suas decisões quando o presidente que as propôs está prestes a deixar o cargo. Mesmo que o presidente consiga convencer a maioria a aprovar as iniciativas, isso não deve ser suficiente para torná-las parte da Constituição viva do século XXI. Em vez disso, isso prepararia o cenário para um segundo referendo nas próximas eleições presidenciais quatro anos depois. Nesse ínterim, o pacote de emendas seria exposto a inúmeras conversas no trabalho, em casa e na sociedade civil – em um momento em que o residente que o iniciou está se aposentando a deve depender fortemente de líderes políticos em ascensão para defender a posição. Somente se esse segundo referendo produzir uma forte votação no "sim", o pacote de emendas deve ser reconhecido como parte da Constituição do século XXI.

A iniciativa representa um afastamento decisivo da paródia de soberania popular atualmente em exibição com Donald Trump, que com uma maioria frágil no Senado, reivindica a autoridade para revolucionar a Constituição por meio de nomeações furtivas.

O verdadeiro custo do jogo de poder de Trump ficará claro apenas na próxima década. O país está atualmente divido entre dois partidos do movimento concorrentes, com republicanos conservadores e democratas progressistas defendendo futuros radicalmente diferentes, enquanto os centristas balançam a cabeça em descrença. Mesmo que, por exemplo, os democratas ganhem a presidência e o congresso em 2020, é perfeitamente possível que sua ascensão seja breve e que um partido republicano revitalizado

---

Be Done?". *In*: SKOWRONEK, Stephen (*et al.*). *The Progressives' century*: democratic reform and constitutional government in the United States. New Haven: Yale University, 2016, pp. 478-494.

renove com sucesso sua campanha contra o "governo grande" e retorne ao poder em 2024.

O movimento de pêndulo em Washington, D. C., pode gerar prontamente uma crise constitucional que fará com que a luta pelo empacotamento da corte em 1937 pareça inofensiva em comparação. Suponhamos, por exemplo, que o presidente Trump e o Senado republicano tenham sucesso em acompanhar suas nomeações de Neil Gorsuch e Brett Kavanaugh de outro chamado originalista, e que os democratas vitoriosos de 2020 promulguem um forte programa legislativo revigorando os compromissos do New Deal e de uma Grande Sociedade com a justiça econômica e social.

Isso deixará a Corte de Trump em uma posição difícil. Se ela derrubar a nova onda de legislações progressistas, colocará o empacotamento da corte de volta na pauta. Finalmente, se o presidente e o Congresso recém-eleitos aceitarem humildemente os vetos da Corte, estarão traindo dezenas de milhões de ativistas de base cujas energias alimentaram seu recente triunfo sobre Trump. Mas se os originalistas na Corte se engajarem em uma própria versão da "mudança no tempo" de 1937 e apoiarem o New Deal dos democratas, os juízes estarão traindo os milhões de partidários conservadores que contavam com eles para defender a visão de Scalia/Gorsuch da Fundação contra distorções progressistas. Seja qual for a escolha da Corte, o resultado alienará profundamente um grande número de cidadãos comuns.

Para avaliar plenamente as dimensões do problema, suponhamos que a Corte de Trump se recuse a mudar e elimine os elementos-chave do programa democrata para maior justiça econômica e social. Isso forçará o presidente e o Congresso a fazerem suas próprias escolhas difíceis. Se permitirem que o veto da Corte de Trump seja válido, eles alienam seus apoiadores mais comprometidos. Mas a única maneira de resgatar seus compromissos de campanha é empacotar a Corte para superar a resistência dos juízes conservadores da linha dura que poderão estar em posição de invalidar legislações progressistas pela próxima década ou até mais. Nesse cenário, os democratas aprovam uma legislação que expande a Corte de 9 para 13 membros, e nomeiam quatro juízes progressistas para as vagas recém-criadas – ignorando os protestos amargos das minorias republicanas no Capitólio.

Isso colocará o futuro constitucional da América no centro da campanha presidencial em 2024 – embora, mesmo aqui, o drama do empacotamento da corte competirá com outras questões polêmicas levantadas por candidatos rivais em sua luta pela Casa Branca. Suponhamos que, quando todos os votos são contados, os republicanos saem vitoriosos – apenas para enfrentar um novo dilema. Eles deveriam prosseguir com sua vitória encolhendo a Corte para nove membros, ordenando que os quatro novos juízes assumissem suas funções judiciais em cortes de apelação? Afinal, a redução de membros de cortes não é sem precedentes na história estadunidense – os republicanos poderiam recorrer a exemplos importantes da Reconstrução para apoiar seu argumento.[618] É claro que eles admitiriam que a redução da corte é um passo muito sério. Mas não é ainda mais importante reverter o ultrajante empacotamento judicial dos democratas e permitir que os chamados originalistas preservem a visão dos Fundadores da Constituição?

Independentemente do que aconteça a seguir, as coisas podem tomar um rumo ainda mais sombrio se o pêndulo continuar a oscilar da direita para a esquerda e vice-versa, em 2028 e depois. Deixo por conta dos leitores a dramatização desses cenários sombrios. Resumindo: agora que a campanha furtiva de Trump foi bem-sucedida, será muito difícil evitar uma crise de proporções devastadoras. Grandes atos de estadismo serão necessários para preservar algo de valor de nossa tradição constitucional. Se os futuros líderes da direita e da esquerda quiserem aproveitar essa

618 ACKERMAN, Bruce. *Transformations*. Cambridge: Belknap Press of Harvard University, 1998, pp. 239-241 (que resume os precedentes da Reconstrução de "contraempacotamento" e "contradiminuição").

oportunidade, exorto-os a refletir sobre as trágicas consequências que se seguiram à adoção de revoluções constitucionais por Roosevelt por meio de nomeações transformadoras – e a fazer do constitucionalismo escrito uma opção séria para a próxima geração de estadunidenses.

A Iniciativa de Soberania Popular representa um obstáculo formidável para os movimentos políticos que buscam redefinir os compromissos constitucionais do país. Mas esse é precisamente o seu objetivo. Dado o atual grau de polarização, deve ser necessário que os ativistas de direita e da esquerda alcancem o centro a fim de elaborar contribuições duradouras para a identidade constitucional da América. Se a Iniciativa fosse promulgada como lei, também moderaria o ardor dos revolucionários judiciais na Corte – que seriam obrigados a reconhecer que sua marca de "originalismo" pode muito bem provocar o Povo dos Estados Unidos a repudiar a Corte de Trump ao promulgar um pacote de emendas muito diferente para orientar o país no futuro.

Não pretendo insistir nos detalhes de minha proposta. Tampouco suponho que a Iniciativa ganhará imediatamente uma posição de destaque nas agendas de curto prazo dos partidos Democrata ou Republicano. Mas se, como temo, a América está à beira de uma crise muito grave, algo como a Iniciativa pode muito bem se oferecer a líderes políticos sérios como uma resposta construtiva à onda de alienação constitucional que provavelmente envenenará a política nacional na próxima década.

É claro que reconheço a duradoura verdade madisoniana de que "um estadista esclarecido pode nem sempre estar no comando". É perfeitamente possível que a liderança pós-Trump de ambos os partidos permita que a "Constituição" degenere em uma cortina de fumaça ideológica para a maioria judicial temporariamente ascendente em Washington, D. C.

Mesmo assim, estadistas em outros lugares conseguiram superar divisões amargas e trabalhar juntos para permitir que seus concidadãos assumissem o controle de seu destino constitucional – pensemos na Itália e na França após a Segunda Guerra Mundial. A história estadunidense também oferece exemplos mais promissores de respostas construtivas à crise constitucional. Talvez a atual geração de estadunidenses também esteja à altura da situação e faça sua parte para garantir que a promessa de governo pelo Povo não desapareça da face da terra.[619]

619 Não estou sugerindo que uma Iniciativa de Soberania Popular servirá como uma cura para todos os problemas constitucionais. Ofereço propostas adicionais para uma reforma séria em: ACKERMAN, Bruce. *The decline and fall of the American republic*. Cambridge: Belknap Press of Harvard University, 2010. Mas este não é o lugar para uma apresentação abrangente de minha agenda de reformas.

REFERÊNCIAS BIBLIOGRÁFICAS

ABRAHAMIAN, Ervand. *Iran between two revolutions*. Princeton: Princeton University Press, 1982.

ABRAMOV, Sheneur. *Perpetual dilemma*: Jewish religion in the Jewish state. Rutherford: Fairleigh Dickinson University Press, 1976.

ACKERMAN, Bruce. "Is America's War on Isis Unconstitutional?" *The New York Times*, mai. 2016.

______. "Lost inside the Beltway: a response to professor Morrison". *Harvard Law Review*, vol. 124, 2011.

______. "Populismus heist angst vor dem volk". *In*: SCHERER, Bernd; ARNOLD, Sven (Coord.). *Die alte und die neue welt*: transatlantische Gespräche. Göttingen: Wallstein, 2008.

______. "Temporal horizons of justice". *The Journal of Philosophy*, vol. 94, 1997. Disponível em: https://www.jstor.org/stable/2564543. Acessado em: 11.01.2022.

______. "Transformative appointments". *Harvard Law Review Association*, 1998.

______. "What is neutral about neutrality?" *Ethics*, vol. 93, 1983. Disponível em: https://www.jstor.org/stable/2380430. Acessado em: 11.01.2022.

______. “What Is to Be Done?” *In*: SKOWRONEK, Stephen (*et al.*). *The Progressives’ century*: democratic reform and constitutional government in the United States. New Haven: Yale University, 2016.

______. “Why Britain needs a written constitution-and can’t wait for Parliament to write one”, *The Political Quarterly*, vol. 89, jun. 2018. Disponível em: https://doi.org/10.1111/1467-923X.12524. Acessado em: 06.01.2022.

______. “Why dialogue?” *The Journal of Philosophy*, vol. 86, 1989. Disponível em: https://www.jstor.org/stable/2027173. Acessado em: 11.01.2022.

______. *Social justice in the liberal state*. New Haven: Yale University Press, 1980.

______. *The case against lameduck impeachment*. Nova York: Seven Stories Press, 1999.

______. *The decline and fall of the American republic*. Cambridge: Belknap Press of Harvard University, 2010.

______. *The failure of the founding fathers*. Cambridge: Harvard University Press, 2005.

______. *Transformations*. Cambridge: Belknap Press of Harvard University, 1998.

______. *We the people*. Cambridge: Harvard University Press, 1991.

______. *We the people*. Cambridge: Harvard University Press, 1998.

______. *We the people*. vol. 3, Cambridge: Harvard University Press, 2014.

ACKERMAN, Bruce; KISILOWSKI, Maciej. “Obama is Poland’s only hope”. *Foreign Policy*, jan. 2016.

ACKERMAN, Bruce; MATSUDAIRA, Tokujin. “Dishonest Abe”. *Foreign Policy*, jun. 2014. Disponível em: https://foreignpolicy.com/2014/06/24/dishonest-abe/. Acessado em: 06.01.2022.

AGOSTI, Aldo. *Palmiro Togliatti*: a biography. Londres: Tauris, 2008.

ALAM, Javeed. “The nation and the State in India”. *In*: HASAN, Zoya (*et al.*). *India’s living constitution*: ideas, practices, controversies. Londres: Anthem, 2005.

ANDERSON, Perry. *The Indian ideology*. Nova Delhi: Three Essays Collective, 2012.

ANDHYARUJINA, T. R. *The Kesavananda Bharati case*: the untold story of struggle for supremacy by Supreme Court and parliament. Nova Delhi: Universal Law Publishing, 2011.

ANDREW, Christopher. *The sword and the shield*. Nova York: Basic Books, 2000.

ARATO, Andrew. "Civil society against the State: Poland 1980–81". *Telos*, 1981.

ARATO, Andrew. *Civil society, constitution, and legitimacy*. Lanham: Rowman and Littlefield, 2000.

ARENDT, Hannah. *Sobre a revolução*. Trad. Denise Bottmann. São Paulo: Companhia das Letras, 2011.

ARGUELHES, Diego. *Old courts, new beginnings*: judicial continuity and constitutional transformation in Argentina and Brazil. Universidade de Yale, 2014. Dissertação (Doutorado).

ASH, Timothy Garton. *The Polish Revolution*: solidarity 1980-82. Londres: Jonathan Cape, 1983.

ASMAL, Kader; HADLAND, Adrian; LEVY, Moira. *Kader Asmal*: politics in my blood - a memoir. África do Sul: Jacana Media, 2011.

ASSOCIATED PRESS. "Walesa Says He'll Fight Government's Plans to Close Gdansk Shipyard" (31 out. 1988).

ATTALI, Jacques. *Verbatim I*: chronique des années, 1981-1986. Paris: Fayard, 1933.

AUSTIN, Granville. *Working a democratic constitution*: the Indian experience. Nova York: Oxford University Press, 1999.

AVISHAI, Bernard. *The tragedy of Zionism*: how its revolutionary past haunts Israeli democracy. Nova York: Helios Press, 2002.

AVNER, Yehuda. *The prime ministers*. Connecticut: Toby, 2010.

AVRIL, Pierre; GICQUEL, Jean. "Chronique constitutionnelle française (1er juillet-30 septembre 2008)". *Pouvoirs*, vol. 128, 2008.

AXWORTHY, Michael. *Revolutionary Iran*: a history of the Islamic Republic. Nova York: Oxford University Press, 2013.

BACON, Donald (*et al.*). *The encyclopedia of the United States Congress*. vol. 4, Nova York: Simon & Schuster, 1995.

BAKHASH, Shaul. *The reign of the ayatollahs*: Iran and the Islamic revolution. Nova York: Basic Books, 1984.

BALLADUR, Edouard. *Une Ve République plus démocratique*. Paris: Fayard, 2008.

BANAC, Ivo. *Eastern Europe in revolution*. Ithaca: Cornell University Press, 1992.

BARAK, Aharon. *Human dignity*: the constitutional value and the constitutional right. Cambridge: Cambridge Univeristy Press, 2015.

BARRILLON, Raymond. "A l'appel de M. Monnerville, les radicaux s'élevent contre 'un référendum manifestement illégal et anticonstitutionnel'". *Le Monde*, out. 1962.

BARSOTTI, Vittoria (*et al.*). *Italian constitutional justice in global context*. Oxford: Oxford University Press, 2015.

BARTOLE, Sergio. *Interpretazioni e trasformazioni della Constituzione repubblicana*. Bologna: II Mulino, 2004.

BBC Persa. "A Recently Surfaced Video of the Assembly of Experts Election of Ayatollah Khameini as the Supreme Leader". Disponível em: https://www.youtube.com/watch?v=u_UvvEwAqZo. Acessado em: 10.01.2022.

BBC. "Burma 'approves new constitution'". mai. 2008. Disponível em: http://news.bbc.co.uk/2/hi/asia-pacific/7402105.stm. Acessado em: 10.01.2022.

BEARDSLEY, James. "The constitutional council and constitutional liberties in France". *The American Journal of Comparative Law*, vol. 20, 1972.

BEMIS, Samuel. "The Rayneval Memorandum of 1782 on Western Boundaries and Some Comments on the French Historian Doniol". *Proceedings of the American Antiquarian Society*, 1937.

BERMAN, Harold. *Law and revolution*: the formation of the western legal tradition. Cambridge: Harvard University Press, 1983.

BERSTEIN, Serge. *The republic of de Gaulle, 1958–1969*. Cambridge: Cambridge University Press, 1993.

BLAIR, David. "Jacob zuma 'should' face 783 criminal charges, declares South African court". *The Telegraph*, 2016. Disponível em: http://

www.telegraph.co.uk/news/2016/04/29/south-african-court-clears-way-for-jacob-zuma-to-face-783-crimin/. Acessado em: 07.01.2022.

BOHLE, Dorothee; NEUNHÖFFER, Gisela. "Why is there no third way?". *In*: PLEHWE, Dieter (*et al.*). *Neoliberal Hegemony*: a global critique. Londres: Routledge, 2006.

BOND, Jonathan. "Concerning constitutional courts in Central and Eastern Europe". 2 *Int'l Public Pol'y R*. 5, 10 (2006).

BONINI, Francesco. *Storia della Corte costituzionale*. Roma: La Nuova Italia, 1996.

BORK, Robert. "Barak's Rule". *Azure*, nº 27, 2007.

BORRELL, John. "Poland: Electrician vs. Intellectual". *Time*, 19 nov. 1990.

BOUDOU, Guillaume. "Autopsie de la décision du Conseil constitutionnel du 16 Juillet 1971 sur la liberté d'association". *Revue Française de Droit Constitutionnel*, nº 97, 2014.

BOUGRAB, Jeannette. *Aux origines de la Constitution de la IVe République*. Paris: Dalloz, 2002.

BOYES, Roger. *The naked president*: a political life of Lech Walesa. Londres: Secker and Warburg, 1994.

BOYES, Roger. *The naked presidente*: a political life of Lech Walesa. Londres: Secker & Warburg, 1994.

BROECK, Mark de. *The 'Soaring Eagle'*: anatomy of the Polish Take-Off in the 1990s. Washington: International Monetary Fund, 2000. Disponível em: http://www.imf.org/external/pubs/ft/wp/2000/wp0006.pdf. Acessado em: 10.01.2022.

BROWN, Michael. *The Israeli-American Connection*: its roots in the Yishuv, 1914– 1945. Detroit: Wayne State University Press, 1996.

BRUMBERG, Daniel. *Reinventing Khomeini*: the struggle for reform in Iran. Chicago: University of Chicago Press, 2001.

BRUNKHORST, Hauke. *A critical theory of legal revolutions*. Londres: Bloomsbury, 2014.

BRZEZINSKI, Mark. "The emergence of judicial review in Eastern Europe: the case of Poland". *The American Journal of Comparative Law*, vol. 41, 1993.

______. *The struggle for constitutionalism in Poland*. Basingstoke: Macmillan, 2000.

BRZEZINSKI, Mark; GARLICKI, Leszek. "Polish Constitutional law". *In*: FRANKOWSKI, Stanisław; STEPHAN, Paul (Coord.). *Legal reform in post-communist Europe*: the view from within. Dordrecht: Nijhoff, 1995.

BURATTI, Andrea. FIORAVANTI, Marco (Coord.). *Costituenti ombra*: altri luoghi e altre figure della cultura politica italiana, 1943-48. Roma: Carocci, 2010.

BUTLER, David; KITZINGER, Uwe. *The 1975 referendum*. Basingstoke: Macmillan, 1996.

BUTWELL, Richard. *U Nu of Burma*. Stanford: Stanford University Press, 1963.

CALAMANDREI, Piero. *House of Representatives, Session n. 597.24052/3* (20 nov. 1950).

CALAMANDREI, Piero; BOBBIO, Norberto. *Scritti e discorsi politici*. Florença: La Nuova Italia, 1966.

CANNON, Lucia. "Polish transition strategy". *In*: ZACEK, Jane; KIM, Ilpyong (Coord.). *The legacy of the Soviet bloc*. Gainesville: University Press of Florida, 1997.

CARCASSONNE, Guy. "Le Parlement et la QPC". *Pouvoirs*, vol. 137, 2011.

CARCASSONNE, Guy. "Les membres du Conseil Constitutionnel, 1958-2008". *Cahiers du Conseil Constitutionnel*, 2009.

CARRILLO, Elisa. *Alcide De Gasperi*: the long apprenticeship. Notre Dame: University of Notre Dame Press, 1965.

CASTLE, Marjorie. *Triggering communism's collapse*: perceptions and power in Poland's transition. Lanham: Rowman & Littlefield, 2003.

CATLEDGE, Turner. "Amendment Rises as a Session Issue". *New York Times*, jan. 1937.

CAU, Maurizio. "Alcide De Gasperi: a political thinker or a thinking politician?". *Modern Italy*, vol. 14, 2009.

CHANDRA, Bipan; MUKHERJEE, Mridula; MUKHERJEE, Aditya. *India since independence*. Nova Delhi: Penguin, 2008.

CHANDRACHUD. "Nehru, Non-Judicial Review and Constitutional Supremacy". *Indian Journal of Constitutional & Administrative Law*, 45, 2018.

CHASTENET. "Apres la Tourmente". *La Vie Française 1* (1958).

CHEVALLIER, Jean-Jacques (*et al.*). *Histoire de la Ve République, 1958–2015*. 15ª ed. Paris: Dalloz, 2015.

CODESA: Opening Statement by State President F.W. de Klerk (20 dez.1991). Disponível em: http://www.anc.org.za/content/codesa-opening-statement-state-president-fw-de-klerk.

CODESA: Response by Nelson Mandela, to the Opening Statement by State President F. W. de Klerk (20 dez. 1991). Disponível em: http://www.anc.org.za/content/codesa-response-nelson-mandela-opening-statement-state-president-fw-de-klerk.

COHEN, Mitchell. *Zion and state*: nation, class and the shaping of modern Israel. Nova York: Columbia University Press, 1992.

COLLINGS, Justin. *Democracy's guardians*: a history of the German Federal Constitutional Court, 1951-2001. Nova York: Oxford University Press, 2016.

COPPA, Frank; REPETTO-ALAIA, Margherita. *The formation of the Italian republic*: proceedings of the International symposium on postwar Italy. Nova York: Lang, 1993.

CRAMPTON, Richard. *Eastern Europe in the twentieth century - and after*. Londres: Routledge, 2002.

CRAVERI, Piero. *De Gasperi*. Bologna: II Mulino, 2006.

CRÉMIEUX-BRILHAC, Jean-Louis. *La France libre*. Paris: Gallimard, 1996.

DALE, Gareth. *Popular Protest in East Germany*, 1999.

DE, Rohit. *A people's constitution*: the everyday life of law in the Indian republic. Nova Jersey: Princeton University Press, 2018.

DÉBATS DE L'ASSEMBLÉE NATIONALE CONSTITUANTE. *Journal Officiel de la République Française*, Paris, n° 84, 28 ago. 1946. Disponível em: http://4e.republique.jo-an.fr/numero/1946_i84.pdf.

DENQUIN, Jean-Marie. *1958*: la genese de la Veme République. Paris: Presses Universitaires de France, 1988.

DIBA, Farhad. *Mohammad Mossadegh*: a political biography. Londres: Croom Helm, 1986.

DIGITHÈQUE MJP. *Constitution de la République française adoptée par l'Assemblée nationale constituante le 19 avril 1946*, art. 36. Disponível em: http://mjp.univ-perp.fr/france/co1946p.htm . Acessado em: 10.01.2022.

DOMBER, Gregory. *Empowering revolution*: America, Poland and the end of the Cold War. Chapel Hill: University of North Carolina Press, 2014.

DUVERGER, Maurice. *The french political system*. Chicago: University of Chicago Press, 1958.

EBERTS, Mirella. "The Roman Catholic Church and democracy in Poland". *Europe-Asia Studies*, vol. 50, 1998.

EBRAHIM, Hassem. *The soul of the nation*: constitution-making in South Africa. Cape Town: Oxford University Press, 1998.

EGRETAUD, Reneaud. "Emerging Patterns of Parliamentary Politics". *In*: STEINBERG, Donald. *Myanmar*: the dynamics of an evolving polity. Colorado: Lynne Rienner, 2015.

EINAUDI, Luigi. "Major et Sanior Partes, or on toleration and political adhesion". *In*: EMPOLI, Domenico da (*et al.*). *Luigi Einaudi*: selected political essays. Nova York: Macmillan, 2014.

EKIERT, Grzegorz. *The state against society*: political crises and their aftermath in East Central Europe. Princeton: Princeton University Press, 1996.

ELGEY, Georgette. *Histoire de la IVe République*: la république des tourmentes, 1954–1959. Paris: Fayard, 2008.

ELIA, Leopoldo. "Opening Address: The Republican Constitution and the Development of Democracy in Italy". *In*: COPPA, Frank; REPETTO-ALAIA, Margherita. *The formation of the Italian republic*: proceedings of the International symposium on postwar Italy. Nova York: Lang, 1993.

ELLIS, Stephen. *External mission*: the ANC in exile, 1960–1990. Nova York: Oxford University Press, 2013.

ELLWOOD, David. *Italy, 1943–1945*. Leicester: Leicester University Press, 1985.

ELSTER, Jon. *Securities against Misrule*. Cambridge: Cambridge University Press, 2013.

_____. *Ulysses and the sirens*. Cambridge: Cambridge University Press, 1984.

_____. *Ulysses Unbound. Cambridge*: Cambridge University Press, 2000.

ESTERHUYSE, Willie. *Endgame*: secret talks and the end of apartheid. Cape Town: Tafelberg, 2012.

ETZIONI-HALEVY, Eva; LIVNE, Moshe. "The Response of the Israeli Establishment to the Yom Kippur War Protest". *Middle East Journal*, vol. 31, 1977.

EUROPA PUBLICATIONS. *The Far East and Australasia 2003*. 34ª ed. Londres: Europa, 2002.

EWANS, Martin. *The great game*: Britain and Russia in Central Asia. Londres: Routledge, 2004.

FARRAND, Max. *The records of the Federal Convention of 1787*. New Haven: Yale University Press, 1911.

FAVOREU, Louis. *Les grandes décisions du Conseil constitutionnel*. Paris: Sirey, 1975.

FAVOREU, Louis (Coord.). *Nationalisations et constitution*. Paris: Economica, 1982.

FAVOREU, Louis. *Le politique saisie par le droit*: alternances, cohabitation et conseil constitutionnel. Paris: Economica, 1988.

FEDERATION OF SOUTH AFRICAN WOMEN. "The freedom charter". *Historical Papers Research Archive*, 2013. Disponível em: http://www.historicalpapers.wits.ac.za/inventories/inv_pdfo/AD1137/AD1137-Ea6-1-001-jpeg.pdf. Acessado em: 06.01.2022.

FELLMAN, Jack. *The Revival of a Classical Tongue*: Eliezer Ben Yehuda and the Modern Hebrew Language, 2014.

FERNANDEZ-MIRANDA, Alfonso; FERNANDEZ-MIRANDA, Pilar. *Lo que el Rey me ha pedido*. Barcelona: Plaza y Janés, 1995.

FISS, Owen. "Law is Everywhere". *Yale Law Journal*, 2007.

FOWKES, James. *Building the constitution*: the practice of constitutional interpretation in post-apartheid South Africa. Cambridge: Cambridge University Press, 2016.

FRANÇOIS, Bastien. *La constitution Sarkozy*. Paris: Odile Jacob, 2009.

FREEDOM HOUSE. Nations in Transit, 2015. Disponível em: https://freedomhouse.org/sites/default/files/FHNIT201506.06.15FINAL.pdf.

GALNOOR, Itzhak. *The partition of Palestine*: decision crossroads in the Zionistmovement. Nova York: State University of New York Press, 1995.

GAMBINO, Antonio. *Storia del dopoguerra*: dalla liberazione al potere DC. Roma: Laterza, 1975.

GANTIER, Gilbert. "Devra-t-on, pourra-t-on dénationaliser?". *Le Monde*,17 fev. 1982.

GARDBAUM, Stephen. *The new Commonwealth model of constitutionalism*. Nova York: Cambridge University Press, 2013.

GARLICKI, Lech. "Constitutional court of Poland, 1982–2009". *In*: PASQUINO, Pasquale; BILLI, Francesca (*et al.*). *The political origins of constitutional courts*: Italy, Germany, France, Poland, Canada, United Kingdom. Roma: Fondazione Adriano Olivetti, 2009.

GARLICKI, Lech; GARLICKA, Zofia. "Constitution Making, Peace Building, and National Reconciliation: the experience of Poland". *In*: MILLER, Laurel; AUCOIN, Louis. *Framing the state in times of transition*: case studies in constitution making. Washington: United States Institute of Peace Press, 2010.

GASIOROWSKI, Mark; BYRNE, Malcolm. *Mohammad Mosaddeq and the 1953 coup in Iran*. Syracuse: Syracuse University Press, 2004.

GASPERI, Alcide de. *Lettere dalla prigione*, 1927-1928. Roma: Cinque lune, 1974.

GASPERI, Alcide de; GUISO, Nicola. *Idee sulla democrazia cristiana*. Roma: Cinque lune, 1974.

GAULLE, Charles de. "Television address of november 7, 1962". Disponível em: http://www.inafr/video/CAF89051357. Acessado em: 07.01.2022.

_____. *Address to the National Assembly (June 1, 1958)*. Disponível em: http://www.charles-de-gaulle.org/wp-content/uploads/2017/03/Discours-prononcé-place-de-la-République-a-Paris.pdf.

_____. *Memoirs of hope*: renewal and endeavor. Nova York: Simon and Schuster, 1971.

GAULLE, Philippe de. *Mémoires accessoires, 1946–1982*. Paris: Plon, 1997.

GAVISON, Ruth. "Legislatures and the quest for a Constitution: the case of Israel". *Review of Constitutional Studies*, vol. 11, 2003.

GERHART, Gail; GLASER, Clive. *From protest to challenge - a documentary history of African Politics in South Africa, 1882–1990*: challenge and victory, 1980–1990. Bloomington: Indiana University Press, 2010.

GEVISSER, Mark. *A legacy of liberation*. Londres: Macmillan, 2009.

GIELING, Saskia. *Religion and war in revolutionary Iran*. Londres: Tauris, 1999.

GILCHER-HOLTEY, Ingrid. *Die 'phantasie an die macht'*: mai 68 in Frankreich. Frankfurt am Main: Suhrkamp, 1995.

GILES, Frank. *The locust years*: the story of the Fourth French Republic. Londres: Secker & Warburg, 1991.

GINSBORG, Paul. *A history of contemporary Italy*: society and politics, 1943-1988. Londres: Penguin, 1990.

GINSBURG, Tom; LANSBERG-RODRIGUEZ, Daniel; Versteeg, Mila. "When to overthrow your Government: the right to resist in the world's Constitutions". *UCLA Law Review*, vol. 60, 2013.

GOGUEL, François. *France under the Fourth Republic*. Nova York: Cornell University Press, 1952.

GÖNENÇ, Levent. *Prospects for constitutionalism in post-communist countries*. The Hague: Nijhoff, 2002.

GORDIS, Daniel. *Menachem Begin*: the battle for Israel's soul. Nova York: Schocken, 2014.

GRABOWSKI, Tomek. "The party that never was: the Rise and Fall of the Solidarity Citizens' Committees in Poland". *East European Politics and Societies*, vol. 10, 1996.

GROUP, Karen Human Rights (*et al.*). *Suffering in silence*: the human rights nightmare of the Karen people of Burma. Parkland: Universal, 2001.

GRZYMALA- BUSSE, Anna. "Redeeming the past". *In*: EKIERT, Grzegorz; HANSON, Stephen E. *Capitalism and democracy in Central and*

Eastern Europe: assessing the legacy of communist rule. Cambridge: Cambridge University Press, 2003.

______. *Rebuilding Leviathan*: party competition and State Exploitation in Post-Communist Democracies. Ottawa: The Canadian Association of Slavists, 2008.

______. *Redeeming the Communist past*: the regeneration of the Communist Successor parties in East Central Europe. Cambridge: Cambridge University Press, 2002.

GUHA, Ramachandra. *India after Gandhi*: the history of the world's largest democracy. Londres: Macmillan, 2007.

HAILBRONNER, Michaela. "Rethinking the rise of the German Constitutional Court: from anti-Nazism to value formalism". *International Journal of Constitutional Law*, vol. 12, 2014. Disponível em: https://doi.org/10.1093/icon/mou047. Acessado em: 06.01.2022.

HALPERIN, Liora. *Babel in Zion*: Jews, nationalism, and language diversity in Palestine, 1920–1948. New Haven: Yale University Press, 2015.

HALPERN, Ben; REINHARZ, Jehuda. *Zionism and the creation of a new society*. Nova York: Oxford University Press, 1998.

HAMON, Francis; TROPER, Michel. *Droit constitutionnel*. 36ª ed. Trad. Berstein. Paris: LGDJ, 2015.

HAYDEN, Jacqueline. *Poles apart*: Solidarity and the new Poland. Dublin: Irish Academic Press, 1994.

______. *The Collapse of Communist Power in Poland*. Inglaterra: Taylor & Francis, 2006.

HELLER, Jeffrey. "Bill to declare Israel a Jewish state back on national agenda". *Reuters*, mai. 2017.

HELLER, Jeffrey. "Israeli Legislation Reigning in Supreme court wins preliminary approval". *Reuters*, mai. 2018.

HIRO, Dilip. *Iran under the Ayatollahs*. Londres: Routledge, 1985.

HIRSCHL, Ran. *Comparative matters*: the renaissance of comparative constitutional law. Nova York: Oxford University Press, 2014.

HIRSCHL, Ran. *Constitutional theocracy*. Cambridge: Harvard University Press, 2010.

HIRSCHL, Ran. *Towards juristocracy*: the origins and consequences of the new constitutionalism. Cambridge: Harvard University Press, 2007.

HOLMES, Stephen. *Passions and constraint*: on the theory of liberal democracy. Chicago: University of Chicago Press, 1995.

HOSSEINIAN, Zahra; GEORGE, Marcus. "Presidential hopefuls clash on Iranian nuclear policy". *Reuters*, jun. 2013. Disponível em: https://www.reuters.com/article/us-iran-election-debate-idUSBRE9560UR20130607. Acessado em: 10.01.2022.

HUNTER, Shireen. *Iran after Khomeini*. Westport: Greenwood Publishing Group, 1992.

JACOBSOHN, Gary. "Theorizing the constitutional revolution". *Journal of Law and Courts*, vol. 2, 2012.

JAFFRELOT, Christophe. *Dr. Ambedkar and Untouchability*: analysing and fighting caste. Londres: Hurst, 2005.

JAGGI, Stephan. *The 1989 revolution in East Germany and its impact on unified Germany's constitutional law*. Baden-Baden: Nomos, 2016.

JANOT. "Du discours de Bayeux a la Constitution de la Ve République". *108 Espoir 12*, 1996.

JASIEWICZ, Krzysztof. "Poland: Wałesa's legacy to the presidency". *In*: TARAS, Ray. *Postcommunist presidents*. Nova York: Cambridge University Press, 1997.

JAUME, Lucien. "Constituent power in France: the revolution and its consequences". *In*: LOUGHLIN, Martin; WALKER, Neil. *The paradox of constitutionalism*: constituent power and constitutional form. Oxford: Oxford University Press, 2008.

JENNINGS, Eric. *La France libre fut africaine*. Paris: Perrin, 2014.

JEWISH TELEGRAPHIC AGENCY. "Israeli State Council to Transfer Activities to Constituent Assembly; will Then Dissolve". *Jewish Telegraphic Agency*, 14 jan. 1949. Disponível em: https://www.jta.org/1949/01/14/archive/israeli-state-council-to-transfer-activities-to-constituent-assembly-will-then-dissolve. Acessado em: 31.01.2022.

JOHNS, Sheridan; DAVIS JUNIOR, Hunt. *Mandela, Tambo, and the African National Congress - the struggle against apartheid, 1948–1990*: a documentary survey. Nova York: Oxford University Press, 1991.

JUNG, Courtney; LUST-OKSAR, Ellen; SHAPIRO, Ian. "Problems and prospects for democratic settlements: South Africa as a model for the middle East and Northern Ireland?". *The Real World of Democratic Theory*, 2011. DisponíveL em: https://doi.org/10.1515/9781400836833.80. Acesssado em: 11.01.2022.

KAHN, Paul. *Political theology*: four new chapters on the concept of sovereignty. Nova York: Columbia University Press, 2011.

KALYANI, Ramnath. "ADM Jabalpur's antecedents: political emergencies, civil liberties, and arguments from colonial continuities in India". *The American University International Law Review*, vol. 31, 2016.

KALYVAS, Andreas. *Democracy and the politics of the extraordinary*. Nova York: Cambridge University Press, 2008.

KAPLAN, Jonathan. "The Mass Migration of the 1950s". *The Jewish Agency for Israel*. Disponível em: http://www.jewishagency.org/society-and-politics/content/36566. Acessado em: 11.01.2022.

KARPOWICZ, Ewa; WESOLOWSKI, Wlodzimierz. "Committees of the polish sejm in two political systems". *In*: OLSON, David; CROWTHER, William. *Committees in Post-Communist democratic parliaments*: comparative institutionalization. Columbus: The Ohio State University Press, 2002.

KATZMAN, Kenneth. "Iran: The People's Mojahedin Organization of Iran". *In*: BENLIOT, Albert. *Iran*: outlaw, outcast, or normal country? Nova York: Nova Science, 2001.

KAUZ, Ralph *et al.* "Iran". *In*: NOHLEN, Dieter; GROTZ, Florian; HARTMANN, Christof. *Elections in Asia and the Pacific*: a data handbook. Oxford: Oxford University Press, 2001.

KEAY, Jon. *Midnight's descendants*: south Asia from partition to the presente day. Londres: William Collins, 2014.

KEDDIE, Nikki R.; RICHARD, Yann. *Modern Iran*: roots and results of the revolution. Londres: Yale University Press, 2006.

______. *Modern Iran*: roots and results of Revolution. Connecticut: Yale University Press, 2003.

KEELER, John; STONE, Alec. "Judicial confrontation in Mitterrand's France". *In*: HOFFMAN, Stanley (*et al.*). *The Mitterrand experiment*: continuity and change in modern France. Cambridge: Polity Press, 1987.

KEMP-WELCH, A. *Poland under Communism*: a Cold War history. Nova York: Cambridge University Press, 2008.

KERTZER, David. *The Pope and Mussolini*. Nova York: Random House, 2014.

KHOSLA, Madhav. "Making social rights conditional: lessons from India". *International Journal of Constitutional Law*, vol. 8, 2010.

KLARMAN, Michael. *The framers' coup*: the making of the United States Constitution. Nova York: Oxford University Press, 2016.

KLIEMAN, Aaron. *The Rise of Israel*: Zionist political activity in the 1920s and 1930s. Nova York: Garland, 1987.

KLUG, Heinz. *Constituting democracy*: law, globalism, and South Africa's political reconstruction. Cambridge: Cambridge University Press, 2000.

KNOTT, Sarah. "Narrating the age of revolution". *The William and Mary Quarterly*, vol. 73, 2016. Disponível em: https://www.jstor.org/stable/10.5309/willmaryquar.73.1.0003. Acessado em: 11.01.2022.

KOHN, Leo. A constitution for Israel: draft and explanatory Statement. Israel: Tel-Aiv, 1948. Disponível em: http://storage.archives.gov.il/Archives/0b0717068003715a/Files/0b07170680757b89/00071706.81.D0.6C.F7.pdf (versão em inglês).

KOMMERS, Donald. *Germany's Constitutional Odyssey*, cap. 3. (no prelo).

KOSZKOWSKI, Wojciech. "Points of departure". *In*: CHODAKIEWICZ, Jan (*et al.*). *Poland's Transformation*: a work in progress. Londres: Routledge, 2003.

KOVEN, Ronald. "Khomeini Decrees Islamic republic after vote in Iran". *The Washington Post*, abr. 1979.

KRAMER, Mark. "The Soviet Union, the Warsaw Pact, and the Polish Crisis of 1980–81". *In*: TREPANIER, Lee (*et al.*). *The solidarity movement and perspectives on the last de cade of the Cold War*. Polônia: Oficyna Wydawnicza, 2010.

KRISHNASWAMY, Sudhir. *Democracy and constitutionalism in India*: a study of the basic structure doctrine. Nova Delhi: Oxford University Press, 2009.

KUBIK, Jan. *The Power of Symbols against the Symbols of Power*. University Park: Pennsylvania State University Press, 2010.

KUBIK, Jan; LINCH, Amy. "The original sin of Poland's Third Republic". *In*: ALEKSANDROWICZ, Dariusz (*et al.*). *The Polish solidarity movement in retrospect*: a story of failure or success? Berlim: GSFP, 2009.

KUMARASINGHAM, Harshan. *A political legacy of the British Empire*. Londres: Tauris, 2013.

KURZMAN, Chales. "The Qum protests and the coming of the Iranian revolution, 1975 and 1978". *Social Science History*, vol. 27, 2003.

LABA, Roman. *The roots of solidarity*: a political sociology of Poland's working-class and democratization. Princeton: Princeton University Press, 1991.

LACOUTURE, Jean. *De Gaulle*: the ruler, 1945-1970. Londres: Harvill, 1991.

______. *Mitterrand*: une histoire de français. Paris: Seuil, 1998.

LAING, Aislinn. "Jacob Zuma faces impeachment as court rules he failed to uphold South Africa's Constitution". *The Telegraph*, 2016. Disponível em: http://www.telegraph.co.uk/news/2016/03/31/zuma-faces-impeachment-bid-as-top-court-rules-he-broke-constitut/. Acessado em: 07.01.2022.

LAURENS, André. "Le Conseil constitutionnel donne un coup d'arret au pouvoir et afirme son indépendance". *Le Monde*, jul. 1971.

LE MONDE. *En province*. mai. 1958. Disponível em: https://www.lemonde.fr/archives/article/1958/05/30/en-province_2288198_1819218.html. Acessado em: 11.01.2022.

LE MONDE. *Plusieurs blessés*. jun. 1958. Disponível em: https://www.lemonde.fr/archives/article/1958/06/02/plusieurs-blesses_2304528_1819218.html. Acessado em: 11.01.2022.

LÉGIFRANCE. "Loi constitutionnelle n. 2008-724 du 23 juillet 2008 de modernisation des institutions de la Ve République". *Journal officiel "Lois et Décrets"*, 2008.

LERNER, Hanna. *Making constitutions in deeply divided societies*. Nova York: Cambridge University Press, 2011.

LEUCHTENBERG, William. "FDR's court-packing plan: a second life, a second death". *Duke University School of Law*, 1985.

______. *The Supreme Court reborn*: the constitutional revolution in the age of Roosevelt. Nova York: Oxford University Press, 1995.

LIJPHART, Arend. "South African democracy: majoritarian or consociational?". *Democratization*, vol. 5, 1998.

______. *Patterns of democracy*: government forms and performance in thirty - six countries. 2ª ed. New Haven: Yale University Press, 2012.

LINZ, Juan. "The Perils of Presidentialism". *Journal of Democracy*, vol. 1, 1990.

LINZ, Juan; STEPAN, Alfred. *Problems of democratic transition and consolidation*: Southern Europe, South America, and Post-Communist Europe. Baltimore: John Hopkins, 1996.

LLOYD-GEORGE, William. "The Dicey Democrat". *Foreign Policy*, nov. 2012. Disponível em: https://foreignpolicy.com/2012/11/28/the-dicey-democrat/. Acessado em: 10.01.2022.

MacMILLAN, Hugh. *The Lusaka years*: the ANC in exile in Zambia. Auckland Park: Jacana, 2013.

MacRAE JUNIOR, Duncan. *Parliament, parties and society in France, 1946–1958*. Nova York: St. Martin's Press, 1967.

MAHRENHOLZ, Ernst. *Die Verfassung und das volk*. Munique: C. F. von Siemens Stiftung, 1992.

MANCA, Anna. "State Building by Means of Constitution in the Italian Constitutional Monarchy". *In*: GROTKE, Kelly; PRUTSCH, Marcus (Coord.). *Constitutionalism, legitimacy and power*: nineteenth-century experiences. Nova York: Oxford University Press, 2014.

MANDELA, Nelson. *Long walk to freedom*. Nova York: Litte, Brown and Company, 1994.

MANTENA, Karuna. "On Gandhi's critique of the state: sources, contexts, conjunctures". *Modern Intellectual History*, vol. 9, 2012.

MARAVALL, José. *The transition to democracy in Spain*. Londres: Croom Helm, 1982.

McCULLOUGH, David. *John Adams*. Nova York: Simon & Schuster, 2001.

McCRUDDEN, Christopher. "Human Dignity and Judicial Interpretation of Human Rights". *European Journal of International Law*, vol. 19, 2008.

MEHTA, Pratap. "The Indian Supreme Court and the art of democratic positioning". *In*: TUSHNET, Mark; KHOSLA, Madhav. *Unstable constitutionalism*: law and politics in south Asia. Nova York: Cambridge University Press, 2016.

MEHTA, Uday. "Indian constitutionalism: the social and the political vision". *In*: JAYAL, Niraja; MEHTA, Pratap. *The Oxford companion to politics in India*. Nova Delhi: Oxford University Press, 2010.

MENASHRI, David. *Iran*: a decade of war and revolution. Nova York: Holmes & Meier, 1990.

MENDILOW, Jonathan. *Ideology, party change, and electoral campaigns in Israel, 1965-2001*. Albany: State University of New York Press, 2003.

MERILLAT, Herbert Christian Laing. *Land and the constitution in India*. Londres: Columbia University Press, 1970.

MICHNIK, Adam. "My vote against Walesa". *In*: GRUDZINSKA-GROSS, Irena; MICHINIK, Adam. *Letters from freedom*: post-cold war realities and perspectives. Berkeley: University of California Press, 1998.

MILANI, Abbas. *The Shah*. Nova York: Macmillan, 2011.

MILANI, Mohsen. *The making of Iran's Islamic revolution*: from monarchy to Islamic Republic. Colorado: Westview Press, 1988.

MILLARD, Frances. *Democratic elections in Poland, 1991–2007*. Londres: Routledge, 2010.

______. *Democratic elections in Poland, 1991–2007*. Londres: Routledge, 2009.

______. *Politics and Society in Poland*. Florença: Taylor and Francis, 2002.

MINISTÉRIO DO INTERIOR. "Referendum sulla forma istituzionale dello stato". Disponível em: http://elezionistorico.interno.gov.it/index.php?tpel=F&dtel=02/06/1946&tpa=I&tpe=A&lev0=0&levsut0=0&es0=S&ms=S. Acessado em: 11.01.2022.

MOE, Wai; RAMZY, Austin. "Aung San Suu Kyi Nominated as Minister in Myanmar's Government". *The New York Times*, mar. 2016. Disponível em: https://www.nytimes.com/2016/03/23/world/asia/myanmar-aung-san-suu-kyi-cabinet.html. Acessado em: 10.01.2022.

MOMEM, Moojan. *An introduction to Shi'i Islam*: the history and doctrines of Twelver Shi'ism. New Haven: Yale University Press, 1987.

MONTANELLI, Indro; CERVI, Mario. *Storia d'Italia*. Milão: Rizzoli, 2006.

MORABITO, Marcel. *Histoire constitutionnelle de la France de 1789 a nos jours*. 12ª ed. Paris: Montchrestien, 2012.

MORRIS, Richard. *The peacemakers*. Nova York: Harper & Row, 1965.

MOSLEM, Mehdi. *Factional politics in post-Khomeini Iran*. Syracuse: Syracuse University Press, 2002.

MOUFFE, Chantal. *Agonistics*: thinking the world politically. Londres: Verso, 2013.

MOYN, Samuel. *Christian human rights*. Philadelphia: University of Pennsylvania Press, 2015.

MUKHERJEE, Mithi. *India in the shadows of empire*: a legal and political history, 1774-1950. Nova Delhi: Oxford University Press, 2010.

MURKENS, Jo. "Unintended democracy". *In*: GROTKE, Kelly; PRUTSCH, Marcus (Coord.). *Constitutionalism, legitimacy and power*: nineteenth-century experiences. Nova York: Oxford University Press, 2014.

MURPHY, John. *Ali Khamenei*. Nova York: Chelsea House, 2008.

NANDA, Bal (*et al.*). *Gandhi and Nehru*. Nova Delhi: Oxford University Press, 1979.

NASSIF, Hicham. "Generals and autocrats: how coup-proofing predetermined the military elite's behavior in the Arab Spring". *Political Science Quarterly*, vol. 130, 2015.

NEEDHAM, Anuradha; RAJAN, Rajeswari. *The crisis of secularism in India*. Durham: Duke University Press, 2007.

NEHRU, Jawaharlal. "Speech on the granting of independence, 14 August 1947". *In*: MacARTHUR, Brian. *The penguin book of twentieth century speeches*. Londres: Viking, 1992.

NORD, Philip. *France's New Deal*: from the thirties to the postwar era. Princeton: Princeton University Press, 2012.

NUSSBAUM, Martha. *The clash within*: democracy, religious, violence, and India's future. Londres: Belknap Press, 2007.

ORENSTEIN, Mitchell. *Out of the red*: building capitalism and democracy in postcommunist Europe. Michigan: University of Michigan Press, 2001.

OSA, Maryjane. *Solidarity and contention*: networks of Polish opposition. Minneapolis: University of Minnesota Press, 2003.

OSIATYNSKI, Wiktor. "Special Report: Poland's Constitutional Ordeal". *East European Constitutional Review*, 2009.

______. "The roundtable talks in Poland". *In*: ELSTER, Jon (Coord.). *The roundtable talks and the breakdown of communism*. Londres: University of Chicago Press, 1996.

______. "A Brief History of the Constitution". *East European Constitutional Review*, 1997.

OST, David. *Solidarity and the politics of anti-politics*: opposition and reform in Poland since 1968. Philadelphia: Temple University Press, 1990.

OST, David. *Labor and Union Identity in Poland, 1989–2000*. Washington: NCEER, 2000.

PALADIN, Livio. *Per una storia costituzionale dell'Italia repubblicana*. Bologna: II Mulino, 2004.

PALEWSKI, Gaston. "Propos". *La Nouvelle Revue des Deux Mondes*, jan. 1981.

PARAMESWARAN, Prashanth. "Constitutional Reform Fails in Myanmar Ahead of Polls". *The Diplomat*, jun. 2015. Disponível em: https://thediplomat.com/2015/06/myanmar-fails-to-curb-its-militarys-power-ahead-of-elections/. Acessado em: 10.01.2022.

PARLIAMENTARY RESEARCH SERVICE. "The national Judicial Appointments Commission Bill, 2014". Disponível em: http://www.prsindia.org/billtrack/the-national-judicial-appointments-commission-bill-2014-3359. Acessado em: 06.01.2022.

PARTI COMMUNISTE FRANÇAIS. *Programme commun de gouvernement du Parti communiste et du Parti socialiste*. Paris: Editions sociales, 1972.

PASQUINO, Gianfranco. "Italy's transition to democracy, 1943–1948". *In*: O'DONNELL, Guillermo (*et al.*). *Transitions from authoritarian rule*: southern Europe. Baltimore: Johns Hopkins, 1986.

PENN, Shana. *Solidarity's secret*: the women who defeated communism in Poland. Ann Arbor: University of Michigan Press, 2005.

PERETZ, Don. "The earthquake: Israel's ninth Knesset elections". *Middle East Journal*, vol. 31, 1977.

PICCOLI, Paolo. VADAGNINI, Armando. *De Gasperi*: un trentino nella storia d'Europa. Soveria Mannelli: Rubbetino, 2004.

PLESSIS, Max. "Between apology and utopia: the Constitutional Court and public opinion". *South African Journal on Human Rights*, vol. 18, 2002.

POHER, Alain. *Trois fois president*: mémoires. Paris: Plon, 1993.

POPHAM, Peter. *The lady and the peacock*: the life of Aung San Suu Kyi. Londres: Rider, 2012.

PRZEWORSKI, Adam. *Democracy and the limits of self- government*. Cambridge: Cambridge University Press, 2010.

RACHWALD, Arthur. *In search of Poland*: the superpowers'response to solidarity, 1980-1989. Califórnia: Hoover Institution Press, 1990.

RACKMAN, Emanuel. *Israel's emerging Constitution, 1948-51*. Nova York: Columbia University Press, 1954.

RADZYNER, Amihai. "A Constitution for Israel: the design of the Leo Kohn Proposal, 1948". *Israel Studies*, vol. 15, 2010.

RAKOVE, Jack. *The Beginnings of National Politics*: an interpretive history of the Continental Congress. Nova York: Knopf, 1979.

RANDJBAR-DAEMI, Siavush. *The quest for authority in Iran*: a history of the presidency from revolution to Rouhani. Londres: Tauris, 2018.

RAO, Benegal Shiva. *The framing of the Indian constitution*: select documents. Nova Delhi: Indian Institute of Public Administration, 1967.

RAPACZYNSKI, Andrzej. "Constitutional politics in Poland". *In*: HOWARD, A. E. Dick. *Constitution making in Eastern Europe*. Washington: Woodrow Wilson Center Press, 1993.

RAZOUX, Pierre. *The Iran-Iraq War*. Cambridge: Harvard University Press, 2015.

READ, James; SHAPIRO, Ian. "Transforming power relationships: leadership, risk, and hope". *American Political Science Review*, vol. 108, 2014.

REUTERS. "Walesa Begs Workers to Give Talks a Chance" (1º mar. 1989).

RIALL, Lucy. *Risorgimento*: the history of Italy from Napoleon to nation-state. Nova York: Macmillan, 2009.

ROBINSON, Nick. "Structure Matters: the impact of Court Structure on the Indian and U.S. Supreme Courts". *The American Journal of Comparative Law*, vol. 61, 2013.

RÖDER, Tilmann. "The separation of powers: historical and comparative perspectives". *In*: GROTE, Rainer; RÖDER, Tilmann. *Constitutionalism in Islamic countries*: between upheaval and continuity. Nova York: Oxford University Press, 2012.

ROGOFF, Martin. *French constitutional law*: cases and materials. Durham: Carolina Academic Press, 2011.

ROLLAT, Alain. "Exprimant les réserves du gouvernement le PS met en cause, a son tour, le role du Conseil". *Le Monde*, jan. 1982.

ROSANVALLON, Pierre. *Le sacre du citoyen*: histoire du suffrage universel en France. Paris: Gallimard, 1992.

ROTHSCHILD, Joseph. *Return to Diversity*. Nova York: Oxford University Press, 2007.

ROUX, Theunis. *The politics of principle*: the first South African Constitutional Court, 1995-2005. Cambridge: Cambridge University Press, 2013.

ROVER, Adam. *In the shadow of Zion*: promised lands before Israel. Londres: New York University Press, 2014.

RUBINSTEIN, Amnon. "Israel's Partial Constitution: the basic laws". *SSRN Electronic Journal*, 2009. Disponível em: https://ssrn.com/abstract=1406945. Acessado em: 10.01.2022.

______. "The Struggle over a Bill of Rights for Israel". *In*: ELAZAR, Daniel (Coord.). *Constitutionalism*: the Israeli and American experiences. Lanham: University Press of America, 1990.

RUPARELIA, Sanjay. *Divided we govern*: coalition politics in modern India. Nova York: Oxford University Press, 2015.

RUSSEL, Raymond. *Utopia in Zion*: the Israeli experience with worker cooperatives. Nova York: State University of New York Press, 1995.

SAGER, Samuel. *The Parliamentary system of Israel*. Nova York: Syracuse University Press, 1985.

SAPIR, Gideon. "Constitutional revolutions: Israel as a case-study". *International Journal Law in Context*, vol. 5, 2009.

SARKAR, Sumit. *Modern India, 1885-1947*. Londres: Macmillan, 2005.

SATHE, S. P. "India: from positivism to structuralism". *In*: GOLDSWORTHY, Jeffrey. *Interpreting constitutions*: a comparative study. Nova York: Oxford University Press, 2006.

SCHECHTMAN, Joseph. *The life and times of Vladimir Jabotinsky*: Rebel and Statesman. Silver Spring: Eshel Books, 1986.

SCHIRAZI, Asghar. *The constitution of Iran*: politics and the state in the Islamic Republic. Londres: Tauris, 1997.

SCHNEER, Jonathan. *The Balfour Declaration*: the origins of the arab-israeli conflict. Nova York: Random House, 2012.

SCHUMPETER, Joseph A. *Capitalismo, socialismo e democracia*. Trad. Luiz Antonio Oliveira de Araújo. São Paulo: Unesp, 2017.

SCHUMPETER, Joseph A. *Capitalism, Socialism and Democracy* (3rd ed. 1950). [SCHUMPETER, Joseph A. Capitalismo, socialismo e democracia. Trad. Luiz Antonio Oliveira de Araújo. São Paulo: Unesp, 2017.

SECCHIA, Pietro; FRASSATI, Filippo. *Storia della resistenza*: la guerra di liberazione in Italia, 1943-1945. Roma: Riuniti, 1965.

SEEKINGS, Jeremy. *The UDF*: a history of the united democratic front in South Africa. Oxford: James Currey, 2000.

SEN, Sarbani. *The constitution of India*: popular sovereignty and democratic transformations. Nova York: Oxford University Press, 2007.

SÉNAT. *Projet de loi constitutionnelle n. 1203*. Disponível em: https://www.senat.fr/evenement/revision/pjlc90.html. Acessado em: 07.01.2022.

SHALOM, Zaky. *Ben-Gurion's political struggles, 1963-1967*: a lion in winter. Londres: Routledge, 2006.

SHAPIRA, Anita. *Ben-Gurion*: father of modern Israel. New Haven: Yale University Press, 2014.

_____. *Berl*: the biography of a socialist Zionist - Berl Katznelson, 1887–1944. Cambridge: Cambridge University Press, 1984.

SHAPIRO, Ian; JUNG, Courtney. "South Africa's negotiated transition: democracy, opposition, and the new Constitutional order". *In*: _____. *Democracy place*. Londres: Conell University Press, 1996.

SHAPIRO, Ian; TEBEAU, Kathleen. "Introduction". *In*: _____. *After apartheid*: reinventing South Africa? Charlottesville: University of Virginia Press, 2011.

SHENNAN, Andrew. *De Gaulle*. Nova York: Longman, 1993.

SHIRALINIA, Jafar. *Narrative of the Life of Ayatollah Akbar Hashemi Rafsanjani*. 2ª ed. 2016.

SICKER, Martin. *Pangs of the Messiah*: the troubled birth of the Jewish state. Connecticut: Praeger, 2000.

SILVERSTEIN, Josef. *The Political Legacy of Aung San*. Nova York: Cornell University Press, ed. rev. 1993.

SIMONCINI, Andrea. "L'istituzione della Corte costituzionale e la sua affermazione". *Giornale di Storia Costituzionale*, 2006.

SIMPSON, Peggy. "The Troubled Reign of Lech Wałesa in Poland". *Presidential Studies Quarterly*, vol. 26, 1996.

SMITH, Denis Mack. *The making of Italy, 1796–1866*. Londres: Macmillan, 1988.

SOUTH AFRICA PARLIAMENTARY CHAMBER. *House of Assembly elections held in 1989*. Disponível em: http://www.ipu.org/parline-e/reports/arc/2291_89.htm. Acessado em: 07.01.2022.

SPARKS, Allister. *Tomorrow is another country*. Nova York: Farrar, Straus & Giroux, 1994.

SPITZ, Richard; CHASKALSON, Matthew. *The politics of transition*. Johannesburg: Witwatersrand University Press, 2000.

STEINBERG, David. *Burma*: the state of Myanmar. Washington: Georgetown University Press, 2001.

STEPHENSON, Scott. *From dialogue to disagreement in comparative rights constitutionalism*. Annandale: The Federation Press, 2016.

STIFF, Peter. *Warfare by other means*: South Africa in the 1980s and 1990s. Alberton: Galago, 2001.

STOKES, Gale. *The Walls Came Tumbling Down*. Nova York: Oxford University Press, 1993.

STOKES, Gale. *From Stalinism to pluralism*: a documentary history of Eastern Europe since 1945. Nova York: Oxford University Press, 1991.

STRUM, Philippa. "The road not taken: constitutional non-decision making in 1948–1950 and its impact on civil liberties in the Israeli political culture". *In*: TROEN, S. Ilan; LUCAS, Noah. *Israel*: the First Decade of Independence. Albany: State University of New York Press, 1995.

SULA, Piotr. "Post-Communist Parties in Poland after 1989". *In*: BACKES, Uwe; MOREAU, Patrick (Coord.). *Communist and Post-Communist Parties in Europe*, Göttingen: Vandenhoeck & Ruprecht, 2008.

SWAMINATHAN, Shivprasad. "India's benign constitutional Revolution". *The Hindu*, nov. 2016. Disponível em: http://www.thehindu.com / opinion/lead/India%E2%80%99s-benign-constitutional-revolution/ article12318419.ece. Acessado em: 06.01.2022.

SWEET, Alec Stone. *The birth of judicial politics in France*: the Constitutional Council in comparative perspective. Nova York: Oxford University Press, 1992.

SZULKIN, Ryszard. "The 1990 Presidential Election in Poland". *Scandinavian Political Studies*, vol. 16, 1993.

TAGLIABUE, John. "Jaruzelski Wins Polish Presidency by Minimum Votes". *The New York Times*, jul. 1989.

______. "Jaruzelski, Changing Mind, Will Seek Presidency". *The New York Times*, jul. 1989.

TAKEYH, Ray. *Guardians of the revolution*: Iran and the world in the age of the Ayatollahs. Nova York: Oxford University Press, 2009.

TARROW, Sidney. "The people maybe? Opening the civil rights revolution to social movements". *Tulsa Law Review*, vol. 50, 2014.

TARROW, Sidney; McADAM, Doug; TILLY, Charles. *Dynamics of contention*. Nova York: Cambridge University Press, 2001.

TAZMINI, Ghoncheh. *Khatami's Iran*: the Islamic Republic and the turbulent path to reform. Londres: Tauris, 2009.

TERTRAIS, Hugues. *Le piastre et le fusil*: le cout de la guerre d'indochine, 1945–1954. Paris: Comité pour l'histoire économique et financière de la France, 2002.

TOGLIATTI, Palmiro. *De Gasperi il restauratore*: è possibile un giudizio equanime sull'opera di Alcide Degasperi?. Roma: Gaffi, 2004.

TOMLINSON, B. R. *The Indian National Congress and the Raj*. Londres: Macmillan, 1972.

TÓTH, Gábor. "From Uneasy Compromises to Democratic Partnership: the Prospects of Central European Constitutionalism". *European Journal of Law Reform*, 2011.

TRANIELLO, Francesco. "Political catholicism, catholic organization, and catholic laity in the reconstruction years". *In*: COPPA, Frank; REPETTO-ALAIA, Margherita. *The formation of the Italian republic*: proceedings of the International symposium on postwar Italy. Nova York: Lang, 1993.

TROPER, Michel. "Constitutional law". *In*: BERMANN, George; PICARD, Etienne. *Introduction to French law*. Alphan aan den Rijin: Kluwer law international, 2008.

TUDOR, Maya. *The promise of power*: the origins of democracy in India and autocracy in Pakistan. Cambridge: Cambridge University Press, 2013.

TUPINI, Giorgio. *I democratici cristiani*. Milão: Garzanti, 1954.

TURTON, Anthony. *Shaking hands with Billy*: the private memoirs of Anthony Richard Turton. Durban: Just Done Productions, 2010.

TUSSEAU, Guillaume. "La fin d'une exception française?". *Pouvoirs*, nº 137, 2011.

VAISSE, Maurice. "France's nuclear choice, 1945–1958". *Vingtieme Siecle Revue D'Histoire*, nº 36, 1992.

VENKATESAN, V. "Judicial challenge". *Frontline*, fev. 2007.

VENTRESCA, Robert. *From fascism to democracy*: culture and politics in the Italian election of 1948. Toronto: University of Toronto Press, 2004.

VIANSSON-PONTÉ, Pierre. "Le Conseil d'État juge inconstitutionnel le recours a l'article 11". *Le Monde*, out. 1962.

VOEGELIN, Eric. *The New Science of Politics* (1951) [ed. bras.: VOEGELIN, Eric. A nova ciência da política. Trad. José Viegas Filho. 2ª ed. Brasília: Editora Universidade de Brasília, 1982].

WAGNER, Heather. *The Iranian Revolution*. Nova York: Chelsea House, 2010.

WAGNER, Markus. "Transnational Legal Communication: a Partial Legacy of Supreme Court President Aharon Barak". *Tulsa Law Review*, vol. 47, 2013.

WAHL, Nicholas. "Aux origines de la nouvelle Constitution". *Revue française de science politique*, 1959.

WALKER, Mark. *The strategic use of referendums*: power, legitimacy, and democracy. Nova York: Macmillan, 2003.

WEILL, Rivka. "Hybrid Constitutionalism: The Israeli Case for Judicial Review and Why We Should Care". *Berkeley Journal of International Law*, vol. 30, 2012.

WEILL, Rivka. "The Strategic Court of Aharon Barak and Its Aftermath". (no prelo 2019). Disponível em: https://clb.ac.il/wp-content/uploads/2018/12/Weill-The-Strategic-Court-of-Aharon-Barak.pdf. Acessado em: 31.01.2022.

WIATR, Jerzy. "President in the Polish Parliamentary Democracy". *Politička misao*, vol. 37, 2000.

WILLIAMS, Philip. *Crisis and compromise*: politics in the Fourth Republic. Londres: Longman, 1964.

WILLS, Gary. *Cincinnatus*: George Washington and the Enlightenment. Nova York: Doubleday, 1984.

WINOCK, Michel. *L'agonie de la IVe République, 13 mai 1958*. Paris: Gallimard, 2006.

WOLIN, Richard; KAIL, Michel. "Le moment maoiste parfait de Sartre". *Revue L'Homme et la Société*, 2013.

WOOTLIFF, Raoul. "Final text of Jewish Nation-State law, approved by the Knesset Early on july 19". *The Times of Israel*, jul. 2018. Disponível em: https://www.timesofisrael.com/final-text-of-jewish-nation-state-bill-set-to-become-law/. Acessado em: 10.01.2022.

WYRZYKOWSKI. "Constitutional Changes in Poland 1989–1991". 17 *Bull. Austl. Soc'y. of Leg. Phil.* 25, 45 (1992).

ZAKRZEWSKA, Janina. *Kontrola konstytucyjności ustaw*: we współczesnym państwie burżuazyjnym. Warszawa: Wydawnictwo Prawnicze, 1964.

ZUZOWSKI, Robert. "The origins of open organized dissent in today's Poland: KOR and other dissident groups". *East European Quarterly*, vol. 25, 1991.

ZUZOWSKI, Robert. "The polish intelligentsia: KOR and solidarity". *Australian Journal of Political Science*, vol. 26, 1991.

NOTAS

A Editora Contracorrente se preocupa com todos os detalhes de suas obras!
Aos curiosos, informamos que este livro foi impresso no mês de março de 2022, em papel Pólen Soft 80g, pela Gráfica Grafilar.